# 절대 솔루션

절대합격
JLPT N1
나홀로 30일 완성

## 1. 수험의 신 '서경원'의 저자 직강 온라인 라이브 강의(월 1회)

수험 일본어의 절대 강자 서경원 선생님이 월 1회 온라인 라이브 강의를 제공합니다.
(자세한 사항은 유튜브 혹은 네이버 블로그 '서경원의 일본, 일본어 이야기'에 공지)

## 2. 핵심문제풀이 무료 동영상 31강

- 교재 속 핵심문제를 고르고 골라, 저자 직강으로 풀어 드립니다.
- 해당 QR코드를 찍으면 편리하게 학습 동영상으로 바로 연결됩니다.
- YBM 홈페이지(www.ybmbooks.com) 혹은 유튜브에서 'YBM Books'나 '절대합격 JLPT N1 나홀로 30일 완성' 검색 후 시청하세요.

동영상

## 3. 저자가 직접 답해 주는 온라인 개인지도

학습 중 도움이 필요할 때는 저자에게 SOS를 치세요. agaru1004@hanmail.net으로
궁금한 사항을 보내시면 서경원 선생님으로부터 친절한 답변이 도착합니다.

## 4. 청해 고득점을 위한 다양한 버전의 음원 | 음원 무료 다운로드 www.ybmbooks.com

음원

| | 종류 | 청취 방법 |
|---|---|---|
| 1 | 학습용(1.0배속)<br>1) 문자·어휘(일본어+한국어) 2) 청해 3) 실전모의고사 | 1) 교재 속의 QR코드<br>2) 음원 다운로드 |
| 2 | 청해 문항별1(1.0배속) | 음원 다운로드 |
| 3 | 청해 문항별2(1.2배속) | 음원 다운로드 |
| 4 | 실전모의고사 고사장 소음 | 음원 다운로드 |
| 5 | 문자·어휘(일본어만) | 음원 다운로드 |

## 5. 최종 점검을 위한 실전모의고사 1회분

모든 준비를 마쳤다면 이제 실전 타임! 고사장에 들어가기 전, 실전 대응 훈련을 위한 실전모의고사로
실전 감각을 키우세요.

나홀로 30일 완성

N1

# 절대합격 JLPT

서경원, 허윤정, YBM 일본어연구소 저

YBM 홀딩스

# 절대합격 JLPT N1

나홀로 30일 완성

발행인 권오찬
펴낸곳 와이비엠홀딩스

저자 서경원, 허윤정, YBM 일본어연구소
기획 고성희
마케팅 정연철, 박천산, 고영노, 박찬경, 김동진, 김윤하
디자인 이미화, 박성희

초판 인쇄 2022년 10월 1일
초판 발행 2022년 10월 5일

신고일자 2012년 4월 12일
신고번호 제2012-000060호
주소 서울시 종로구 종로 104
전화 (02)2000-0154
팩스 (02)2271-0172
홈페이지 www.ybmbooks.com

ISBN 978-89-6348-183-8

# 머리말

기존 일본어 능력시험에서 새로운 시험으로 개정된 지 벌써 10년이 지났습니다. 새롭게 바뀐 일본어 능력시험의 특징 중 하나는 단순한 암기가 아닌 전반적인 일본어에 대한 이해가 중요하다는 점입니다.

구체적인 예로 개정되기 전의 문법 문제는 응시 레벨에 맞는 문법만 암기하면 좋은 점수를 받을 수 있었지만, 개정된 시험에서는 회화체로 구성된 문장이 등장하며 문맥을 통해 정답을 찾아야 하는 문제도 출제됨으로써 단순한 암기만으로는 고득점을 기대하기 힘들어졌습니다.

또한 각 과목별 과락 점수가 있으므로 설령 한 과목에서 좋은 점수를 받더라도 다른 과목 점수가 낮으면 시험에 떨어질 수도 있습니다.

본 교재는 이러한 개정된 시험의 특징과 개정 후의 기출 문제를 철저하게 분석하여 각 과목별로 혼자서도 충분히 학습이 가능하도록 구성했습니다.

본 교재의 특징을 간단히 정리하면 다음과 같습니다.
우선 혼자서 모든 과목을 학습하기에 최적화된 교재라고 자부합니다.
파트별 출제 유형에 대한 분석부터 실제 시험 예시, 확인 문제, 출제 예상 어휘나 표현까지 순차적으로 습득하시면 각 과목의 출제 유형에 대한 완벽한 이해는 물론, 앞으로 출제가 예상되는 부분까지도 학습할 수 있습니다.

다음으로 수록한 모든 내용을 100% 문제로 확인할 수 있다는 점도 본 교재만의 특징이라고 할 수 있습니다. 예를 들어 '언어지식의 문자·어휘' 부분은 기출 어휘와 출제 예상 어휘를 단순히 제시하는 것에 그치지 않고 100% 확인 문제로 다시 풀어봄으로써 완벽하게 숙지할 수 있도록 했습니다.

또한 본 교재는 학습에서 이해가 안 되는 부분을 대표 저자인 서경원 선생님의 온라인 라이브 강의를 통해 바로 질문하고 확인할 수 있으며, 구체적인 학습 방법에 대한 조언 및 방향 설정도 가능합니다.

아무쪼록 본 교재가 여러분의 일본어 능력시험 준비에 조금이나마 도움이 되길 바라며 나아가 모든 분들의 합격을 진심으로 기원합니다.

서경원 · 허윤정 · YBM 일본어연구소 드림

# JLPT(일본어 능력시험)란?

## JLPT(일본어 능력시험)란?

일본어를 모국어로 하지 않는 사람을 대상으로 일본어 능력을 객관적으로 측정하고 인정함을 목적으로 하는 공식 시험이다. 일본국제교류기금과 일본국제교육지원협회가 공동으로 주최하며, 연 2회(7월·12월 첫째 주 일요일) 실시되고 있다.

## 시험 레벨과 인정 기준

시험은 5개 레벨(N1, N2, N3, N4, N5)로 나뉘어져 있으며, 각 레벨에 따라 N1, N2는 '언어지식(문자·어휘·문법)·독해', '청해'의 2섹션으로, N3~N5는 '언어지식(문자·어휘)', '언어지식(문법)·독해', '청해'의 3섹션으로 나뉘어져 있다.

| 레벨 | 인정 기준 |
|---|---|
| N1 | 폭넓은 장면에서 사용되는 일본어를 이해할 수 있다. |
| N2 | 일상적인 장면에서 사용되는 일본어 이해에 더해, 보다 폭넓은 장면에서 사용되는 일본어를 어느 정도 이해할 수 있다. |
| N3 | 일상적인 장면에서 사용되는 일본어를 어느 정도 이해할 수 있다. |
| N4 | 기본적인 일본어를 이해할 수 있다. |
| N5 | 기본적인 일본어를 어느 정도 이해할 수 있다. |

## 시험 과목과 시험 시간

시험은 2교시에 걸쳐 치러지며, N3~N5의 경우, 1교시에 '언어지식(문자·어휘)'과 '언어지식(문법)·독해'가 휴식 시간 없이 연결 실시된다.

| 레벨 | 1교시 | | 휴식 | 2교시 | |
|---|---|---|---|---|---|
| N1 | 언어지식(문자·어휘·문법)·독해 | 110분 | 20분 | 청해 | 60분 |
| N2 | 언어지식(문자·어휘·문법)·독해 | 105분 | 20분 | 청해 | 50분 |
| N3 | 언어지식(문자·어휘) | 30분 | 20분 | 청해 | 40분 |
| | 언어지식(문법)·독해 | 70분 | | | |
| N4 | 언어지식(문자·어휘) | 25분 | 20분 | 청해 | 35분 |
| | 언어지식(문법)·독해 | 55분 | | | |
| N5 | 언어지식(문자·어휘) | 20분 | 20분 | 청해 | 30분 |
| | 언어지식(문법)·독해 | 40분 | | | |

## 합격 기준

매 시험의 난이도가 변동되는 것을 감안해 항상 같은 척도로 측정할 수 있도록 '등화(等化)'라는 상대 평가 방식이 적용되며, JLPT에 합격하기 위해서는 아래와 같이 레벨별 '종합 득점의 합격점'과 '과목별 기준점' 이상을 획득해야 한다.

| 레벨 | 합격점 / 종합 득점 | 과목별 기준점 / 과목별 종합 득점 | | |
|---|---|---|---|---|
| | | 언어지식<br>(문자·어휘·문법) | 독해 | 청해 |
| N1 | 100점 / 180점 | 19점 / 60점 | 19점 / 60점 | 19점 / 60점 |
| N2 | 90점 / 180점 | 19점 / 60점 | 19점 / 60점 | 19점 / 60점 |
| N3 | 95점 / 180점 | 19점 / 60점 | 19점 / 60점 | 19점 / 60점 |
| N4 | 90점 / 180점 | 38점 / 120점 | | 19점 / 60점 |
| N5 | 80점 / 180점 | 38점 / 120점 | | 19점 / 60점 |

## N1 시험 문제 구성

| | 문제 유형 | | 문항 수 | 평가 내용 |
|---|---|---|---|---|
| 언어 지식 (문자·어휘) | 문제 1 | 한자 읽기 | 6 | 밑줄 친 부분의 한자를 히라가나로 어떻게 읽는지 묻는 문제 |
| | 문제 2 | 문맥 규정 | 7 | 괄호 안에 들어갈 적당한 어휘를 고르는 문제 |
| | 문제 3 | 교체 유의어 | 6 | 밑줄 친 단어나 표현과 가장 가까운 의미를 지닌 선택지를 고르는 문제 |
| | 문제 4 | 용법 | 6 | 어휘의 올바른 쓰임새를 묻는 문제 |
| 언어 지식 (문법) | 문제 5 | 문법 형식 판단 | 10 | 괄호 안에 들어갈 적당한 문법표현을 찾는 문제 |
| | 문제 6 | 문맥 배열 | 5 | 문장 내용에 맞게 빈칸에 들어갈 말의 순서를 배열하는 문제 |
| | 문제 7 | 글의 흐름 | 5 | 글의 흐름에 맞게 빈칸에 들어갈 가장 적당한 선택지를 고르는 문제 |
| 독해 | 문제 8 | 내용 이해 1<br>(단문) | 4 | 200자 내외의 짧은 글(일상생활, 업무 관련 설명문이나 지시문)을 읽고 전체적인 주제나 내용, 필자가 하고 싶은 말 등을 찾는 문제 |
| | 문제 9 | 내용 이해 2<br>(중문) | 9 | 500자 내외의 글(쉬운 평론, 해설, 에세이 등)을 읽고 핵심 키워드, 인과 관계, 이유나 원인, 필자의 생각 등을 찾는 문제 |
| | 문제 10 | 내용 이해 3<br>(장문) | 4 | 1,000자 내외의 긴 지문을 읽고 내용의 개요나 주제, 세부적인 내용 일치 여부, 필자의 주장이나 생각 등을 찾는 문제 |
| | 문제 11 | 통합 이해 | 2 | 600자 내외의 글(2개의 지문)을 읽고 어떤 주제에 대한 의견이나 생각을 비교, 통합하여 찾는 문제 |
| | 문제 12 | 주장 이해<br>(장문) | 4 | 1,000자 내외의 글(평론이나 사설 등)을 읽고 필자의 주장이나 의도를 찾는 문제 |
| | 문제 13 | 정보 검색 | 2 | 700자 내외의 글(광고나 팸플릿, 정보지, 비즈니스 문서 등)에서 필요한 정보를 찾아내는 문제 |
| 청해 | 문제 1 | 과제 이해 | 6 | 과제 해결에 필요한 정보를 듣고 선택지에서 가장 적당한 행동을 찾는 문제 |
| | 문제 2 | 포인트 이해 | 7 | 결론이 있는 이야기를 듣고 사전에 제시되는 질문에 근거해 이야기에서 포인트를 파악하는 문제 |
| | 문제 3 | 개요 이해 | 6 | 이야기를 듣고 말하는 사람의 의도나 주장 등을 이해했는지 묻는 문제 |
| | 문제 4 | 즉시 응답 | 14 | 짧은 발화를 듣고 즉시 적당한 응답을 찾는 문제 |
| | 문제 5 | 통합 이해 | 4 | 긴 이야기를 듣고 여러 정보를 비교, 통합하여 내용을 이해했는지 묻는 문제 |

# 이 책의 구성과 활용

『절대합격 JLPT N1 나홀로 30일 완성』은 JLPT(일본어 능력시험) N1 종합 대비서로, '언어지식(문자・어휘)', '언어지식(문법)', '독해', '청해'의 4SECTION과 'JLPT N1 실전모의고사'로 구성되어 있습니다.

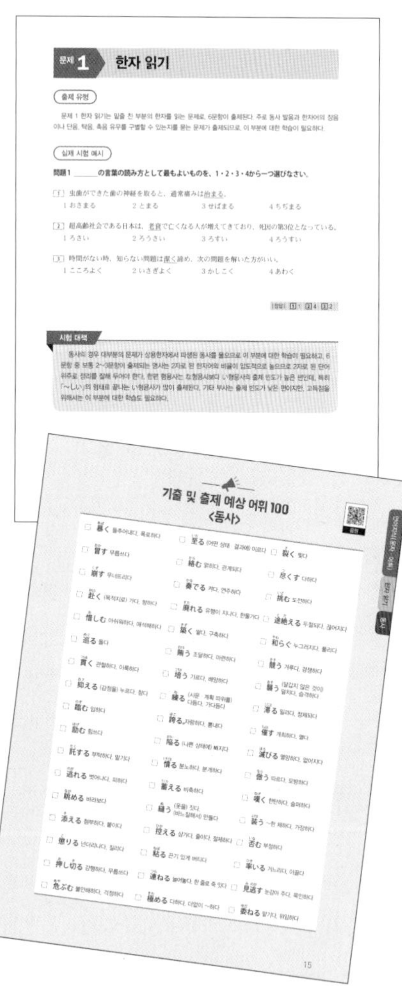

## SECTION 1 언어지식(문자・어휘)

### 출제 유형/실제 시험 예시/시험 대책

언어지식(문자・어휘) 섹션의 〈문제 1(한자 읽기)~문제 4(용법)〉까지의 각 출제 유형에 대한 분석 및 실제 시험 예, 시험 대책까지 시험 전에 알아두면 좋을 사전 지식을 정리해 두었습니다.

### 기출 및 출제 예상 어휘

동사, 명사, い형용사, な형용사, 부사 등 품사별로 각 문제 유형에 출제된 기출 어휘 및 출제 예상 어휘를 정리해 두었습니다.
해당 품사별로 학습 후 실제 시험과 동일한 형식의 확인 문제를 통해 완벽히 숙지하였는지 다시 한 번 확인할 수 있습니다.
단, 〈문제 2(문맥 규정)~문제 4(용법)〉의 경우 품사를 아우르는 유형이므로 전 품사를 통합하여 제시하였습니다.

### 점수 UP! UP!

고득점을 위해 각 문제 유형별로 출제 확률이 높은 어휘를 품사별로 추가 선정하여 정리해 두었습니다.
단, 〈문제 2(문맥 규정)~문제 4(용법)〉의 경우 품사를 아우르는 유형이므로 전 품사를 통합하여 제시하였습니다.

## JLPT N1 실전모의고사

실전 대응력을 높일 수 있도록 〈JLPT N1 실전모의고사〉를 부록으로 권말에 구성해 두었습니다. 섹션별 기본 학습을 마친 후 실제 시험과 동일한 환경을 만들어 권말의 '해답용지'를 이용해 실전처럼 문제를 풀어 보세요. 정답을 확인한 뒤에는 오답을 다시 한 번 확인하여 두 번 실수하지 않도록 정리해 두세요.

## SECTION 2 언어지식(문법)

### 출제 유형/실제 시험 예시/시험 대책

언어지식(문법) 섹션의 〈문제 5(문법 형식 판단)~문제 7(글의 흐름)〉까지의 각 출제 유형에 대한 분석 및 실제 시험 예, 시험 대책까지 시험 전에 알아두면 좋을 사전 지식을 정리해 두었습니다.

### 기출 문법표현 84 & 기타 문법표현 12

N1 레벨의 핵심 문법표현 84개와 기타 문법표현 12개를 선정하여 학습에 부담이 없도록 회차당 12개씩 총 8회차로 구성하였습니다. 문법표현을 학습한 뒤에는 실제 시험과 동일한 형식의 확인 문제를 통해 완벽히 숙지하였는지 다시 한 번 확인할 수 있습니다.

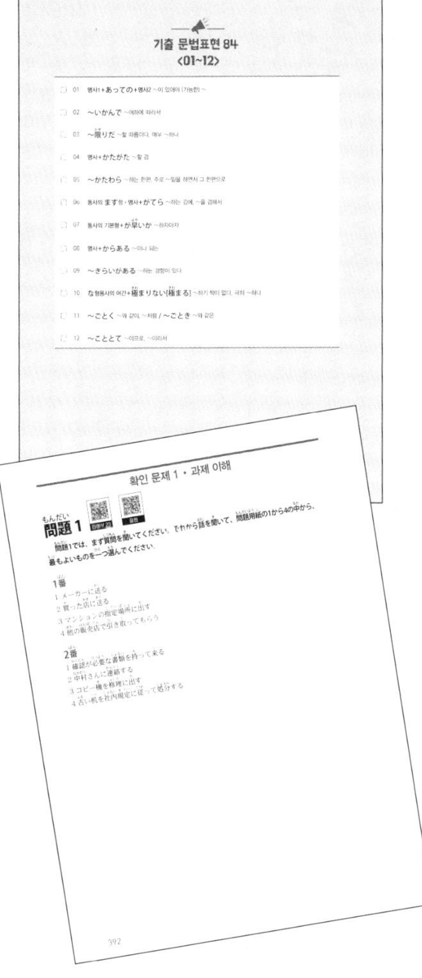

기출 문법표현 84
<01~12>

- 01 명사1+あっての+명사2 ~이 있어야 (가능한) ~
- 02 ~いかんで ~여하에 따라서
- 03 ~限りだ ~할 따름이다, 매우 ~하나
- 04 명사+かたがた ~할 겸
- 05 ~かたわら ~하는 한편, 주로 ~일을 하면서 그 한편으로
- 06 동사의 ます형·명사+がてら ~하는 김에, ~을 겸해서
- 07 동사의 기본형+が早いか ~하자마자
- 08 명사+からある ~이나 되는
- 09 ~きらいがある ~하는 경향이 있다
- 10 な형용사의 어간+極まりない[極まる] ~하기 짝이 없다, 극히 ~하다
- 11 ~ごとく ~와 같이, ~처럼 / ~ごとき ~와 같은
- 12 ~こととて ~이므로, ~이라서

확인 문제 1 · 과제 이해

問題 1

問題1では、まず質問を聞いてください。それから話を聞いて、問題用紙の1から4の中から、最もよいものを一つ選んでください。

1番
1 メーカーに送る
2 買った店に送る
3 マンションの指定場所に出す
4 他の販売店で引き取ってもらう

2番
1 確認が必要な書類を持って来る
2 中村さんに連絡する
3 コピー機を修理に出す
4 古い机を社内規定に従って処分する

392

## SECTION 3 독해

### 출제 유형/실제 시험 예시/시험 대책

독해 섹션의 〈문제 8(내용 이해 1(단문))~문제 13(정보 검색)〉까지의 각 출제 유형에 대한 분석 및 자주 나오는 질문 유형, 실제 시험 예, 시험 대책까지 시험 전에 알아두면 좋을 사전 지식을 정리해 두었습니다.

### 확인 문제

문제 유형별로 실제 시험과 동일한 형식의 확인 문제를 통해 실전 연습은 물론, 독해 능력도 기를 수 있습니다.

## SECTION 4 청해

### 출제 유형/실제 시험 예시/시험 대책

청해 섹션의 〈문제 1(과제 이해)~문제 5(통합 이해)〉까지의 각 출제 유형에 대한 분석 및 실제 시험 예, 시험 대책까지 시험 전에 알아두면 좋을 사전 지식을 정리해 두었습니다.

### 확인 문제

문제 유형별로 실제 시험과 동일한 형식의 확인 문제를 통해 실전 연습은 물론, 청해 능력도 기를 수 있습니다.

**▶ 문자·어휘 및 청해 MP3** 다양한 MP3 버전으로 청해 고득점에 도전하세요.

1. 〈문자·어휘〉의 기본 어휘를 두 가지 버전의 MP3로 들으면서 암기하세요.
   - 일본어+한국어
   - 일본어만
2. 〈청해 MP3〉는 원하는 형식과 속도로 골라 들으세요.
   - 1배속: 실전 연습 버전 (학습용, 청해 문항별)
   - 1.2배속: 빨리 듣기 연습 버전 (청해 문항별)
   - 실전모의고사 고사장 소음: 고사장 소음 대비 연습 버전

**▶ 핵심문제풀이 무료 동영상 31강** 핵심문제만을 엄선하여 동영상에 담았습니다. JLPT 전문가의 상세한 문제 풀이를 통해 더욱 효과적인 학습을 할 수 있습니다.

# 목차

# 학습 스케줄 30일 완성

| 1일 | 2일 | 3일 | 4일 | 5일 |
|---|---|---|---|---|
| 한자 읽기<br>동사 1<br>(확인 문제 1~5) | 한자 읽기<br>동사 2<br>(확인 문제 6~10) | 한자 읽기<br>명사 1<br>(확인 문제 1~5) | 한자 읽기<br>명사 2<br>(확인 문제 6~10) | 한자 읽기<br>い형용사&な형용사, 부사<br>(확인 문제 1~5) |
| **6일** | **7일** | **8일** | **9일** | **10일** |
| 문맥 규정 1<br>(확인 문제 1~5) | 문맥 규정 2<br>(확인 문제 6~10) | 교체 유의어 1<br>(확인 문제 1~5) | 교체 유의어 2<br>(확인 문제 6~10) | 용법 1<br>(확인 문제 1~4) |
| **11일** | **12일** | **13일** | **14일** | **15일** |
| 용법 2<br>(확인 문제 5~8) | 문법 1<br>(확인 문제 1~3) | 문법 2<br>(확인 문제 4~6) | 문법 3<br>(확인 문제 7~10) | 내용 이해 1<br>(단문)<br>(확인 문제 1~3) |
| **16일** | **17일** | **18일** | **19일** | **20일** |
| 내용 이해 2<br>(중문)<br>(확인 문제 1~3) | 내용 이해 3<br>(장문)<br>(확인 문제 1~3) | 통합 이해<br>(확인 문제 1~3) | 주장 이해<br>(장문)<br>(확인 문제 1~3) | 정보 검색<br>(확인 문제 1~3) |
| **21일** | **22일** | **23일** | **24일** | **25일** |
| 과제 이해<br>(확인 문제 1~3) | 포인트 이해<br>(확인 문제 1~3) | 개요 이해<br>(확인 문제 1~3) | 즉시 응답<br>(확인 문제 1~3) | 통합 이해<br>(확인 문제 1~3) |
| **26일** | **27일** | **28일** | **29일** | **30일** |
| 실전모의고사<br>언어지식(문자 · 어휘) | 실전모의고사<br>언어지식(문법) | 실전모의고사<br>독해 | 실전모의고사<br>청해 | 전체 복습 |

# 학습 스케줄 60일 완성

| 1일 | 2일 | 3일 | 4일 | 5일 |
|---|---|---|---|---|
| 한자 읽기<br>동사 1<br>(확인 문제 1~5) | 한자 읽기<br>동사 2<br>(확인 문제 6~10) | 한자 읽기<br>동사 1, 2<br>복습 | 한자 읽기<br>명사 1<br>(확인 문제 1~5) | 한자 읽기<br>명사 2<br>(확인 문제 6~10) |
| **6일** | **7일** | **8일** | **9일** | **10일** |
| 한자 읽기<br>명사 1, 2<br>복습 | 한자 읽기<br>い형용사&な형용사, 부사<br>(확인 문제 1~5) | 한자 읽기<br>い형용사&な형용사, 부사<br>복습 | 문맥 규정 1<br>(확인 문제 1~5) | 문맥 규정 2<br>(확인 문제 6~10) |
| **11일** | **12일** | **13일** | **14일** | **15일** |
| 문맥 규정<br>복습 | 교체 유의어 1<br>(확인 문제 1~5) | 교체 유의어 2<br>(확인 문제 6~10) | 교체 유의어<br>복습 | 용법 1<br>(확인 문제 1~4) |
| **16일** | **17일** | **18일** | **19일** | **20일** |
| 용법 2<br>(확인 문제 5~8) | 용법<br>복습 | 문자 · 어휘<br>전체 복습 | 문법 1<br>(확인 문제 1~3) | 문법 2<br>(확인 문제 4~6) |
| **21일** | **22일** | **23일** | **24일** | **25일** |
| 문법 3<br>(확인 문제 7~10) | 문법<br>복습 1 | 문법<br>복습 2 | 내용 이해 1<br>(단문)<br>(확인 문제 1~3) | 내용 이해 1<br>(단문)<br>복습 |
| **26일** | **27일** | **28일** | **29일** | **30일** |
| 내용 이해 2<br>(중문)<br>(확인 문제 1~3) | 내용 이해 2<br>(중문)<br>복습 | 내용 이해 3<br>(장문)<br>(확인 문제 1~3) | 내용 이해 3<br>(장문)<br>복습 | 통합 이해<br>(확인 문제 1~3) |
| **31일** | **32일** | **33일** | **34일** | **35일** |
| 통합 이해<br>복습 | 주장 이해<br>(장문)<br>(확인 문제 1~3) | 주장 이해<br>(장문)<br>복습 | 정보 검색<br>(확인 문제 1~3) | 정보 검색<br>복습 |
| **36일** | **37일** | **38일** | **39일** | **40일** |
| 과제 이해<br>(확인 문제 1~3) | 과제 이해<br>복습 | 포인트 이해<br>(확인 문제 1~3) | 포인트 이해<br>복습 | 개요 이해<br>(확인 문제 1~3) |
| **41일** | **42일** | **43일** | **44일** | **45일** |
| 개요 이해<br>복습 | 즉시 응답<br>(확인 문제 1~3) | 즉시 응답<br>복습 | 통합 이해<br>(확인 문제 1~3) | 통합 이해<br>복습 |
| **46일** | **47일** | **48일** | **49일** | **50일** |
| 실전모의고사<br>언어지식(문자 · 어휘) | 실전모의고사<br>언어지식(문자 · 어휘)<br>복습 | 실전모의고사<br>언어지식(문법) | 실전모의고사<br>언어지식(문법)<br>복습 | 실전모의고사<br>독해 1<br>(내용 이해 1, 2) |
| **51일** | **52일** | **53일** | **54일** | **55일** |
| 실전모의고사<br>독해 1<br>복습 | 실전모의고사<br>독해 2<br>(내용 이해 3, 통합 이해) | 실전모의고사<br>독해 2<br>복습 | 실전모의고사<br>독해 3<br>(주장 이해, 정보 검색) | 실전모의고사<br>독해 3<br>복습 |
| **56일** | **57일** | **58일** | **59일** | **60일** |
| 실전모의고사<br>청해 1<br>(과제 이해, 포인트 이해) | 실전모의고사<br>청해 1<br>복습 | 실전모의고사<br>청해 2<br>(개요 이해, 즉시 응답, 통합 이해) | 실전모의고사<br>청해 2<br>복습 | 전체 복습 |

SECTION 1

# 언어지식
# (문자·어휘)

# 문제 1 한자 읽기

## 출제 유형

문제 1 한자 읽기는 밑줄 친 부분의 한자를 읽는 문제로, 6문항이 출제된다. 주로 동사 발음과 한자어의 장음이나 단음, 탁음, 촉음 유무를 구별할 수 있는지를 묻는 문제가 출제되므로, 이 부분에 대한 학습이 필요하다.

## 실제 시험 예시

**問題1 ＿＿＿＿の言葉の読み方として最もよいものを、1・2・3・4から一つ選びなさい。**

1 虫歯ができた歯の神経を取ると、通常痛みは<u>治まる</u>。

1 おさまる　　2 とまる　　3 せばまる　　4 ちぢまる

2 超高齢社会である日本は、<u>老衰</u>で亡くなる人が増えてきており、死因の第3位となっている。

1 ろさい　　2 ろうさい　　3 ろすい　　4 ろうすい

3 時間がない時、知らない問題は<u>潔く</u>諦め、次の問題を解いた方がいい。

1 こころよく　　2 いさぎよく　　3 かしこく　　4 あわく

|정답| 1 1　2 4　3 2

## 시험 대책

동사의 경우 대부분의 문제가 상용한자에서 파생된 동사를 물으므로 이 부분에 대한 학습이 필요하고, 6문항 중 보통 2~3문항이 출제되는 명사는 2자로 된 한자어의 비율이 압도적으로 높으므로 2자로 된 단어 위주로 정리를 잘해 두어야 한다. 한편 형용사는 な형용사보다 い형용사의 출제 빈도가 높은 편인데, 특히 「～しい」의 형태로 끝나는 い형용사가 많이 출제된다. 기타 부사는 출제 빈도가 낮은 편이지만, 고득점을 위해서는 이 부분에 대한 학습도 필요하다.

# 기출 및 출제 예상 어휘 100 <동사>

| | | |
|---|---|---|
| □ 暴(あば)く 들추어내다, 폭로하다 | □ 至(いた)る (어떤 상태・결과에) 이르다 | □ 裂(さ)く 찢다 |
| □ 冒(おか)す 무릅쓰다 | □ 絡(から)む 얽히다, 관계되다 | □ 尽(つ)くす 다하다 |
| □ 崩(くず)す 무너뜨리다 | □ 奏(かな)でる 켜다, 연주하다 | □ 挑(いど)む 도전하다 |
| □ 赴(おもむ)く (목적지로) 가다, 향하다 | □ 廃(すた)れる 유행이 지나다, 한물가다 | □ 途絶(とだ)える 두절되다, 끊어지다 |
| □ 惜(お)しむ 아쉬워하다, 애석해하다 | □ 築(きず)く 쌓다, 구축하다 | □ 和(やわ)らぐ 누그러지다, 풀리다 |
| □ 巡(めぐ)る 돌다 | □ 賄(まかな)う 조달하다, 마련하다 | □ 競(きそ)う 겨루다, 경쟁하다 |
| □ 貫(つらぬ)く 관철하다, 이룩하다 | □ 培(つちか)う 기르다, 배양하다 | □ 襲(おそ)う (달갑지 않은 것이) 덮치다, 습격하다 |
| □ 抑(おさ)える (감정을) 누르다, 참다 | □ 練(ね)る (시문・계획 따위를) 다듬다, 가다듬다 | □ 滞(とどこお)る 밀리다, 정체되다 |
| □ 臨(のぞ)む 임하다 | □ 誇(ほこ)る 자랑하다, 뽐내다 | □ 催(もよお)す 개최하다, 열다 |
| □ 励(はげ)む 힘쓰다 | □ 陥(おちい)る (나쁜 상태에) 빠지다 | □ 滅(ほろ)びる 멸망하다, 없어지다 |
| □ 託(たく)する 부탁하다, 맡기다 | □ 憤(いきどお)る 분노하다, 분개하다 | □ 倣(なら)う 따르다, 모방하다 |
| □ 逃(のが)れる 벗어나다, 피하다 | □ 蓄(たくわ)える 비축하다 | □ 嘆(なげ)く 한탄하다, 슬퍼하다 |
| □ 眺(なが)める 바라보다 | □ 縫(ぬ)う (옷을) 짓다, (바느질해서) 만들다 | □ 装(よそお)う ~한 체하다, 가장하다 |
| □ 添(そ)える 첨부하다, 붙이다 | □ 控(ひか)える 삼가다, 줄이다, 절제하다 | □ 否(いな)む 부정하다 |
| □ 懲(こ)りる 넌더리나다, 질리다 | □ 粘(ねば)る 끈기 있게 버티다 | □ 率(ひき)いる 거느리다, 이끌다 |
| □ 押(お)し切(き)る 강행하다, 무릅쓰다 | □ 連(つら)ねる 늘어놓다, 한 줄로 죽 잇다 | □ 見逃(みのが)す 눈감아 주다, 묵인하다 |
| □ 危(あや)ぶむ 불안해하다, 걱정하다 | □ 極(きわ)める 다하다, 더없이 ~하다 | □ 委(ゆだ)ねる 맡기다, 위임하다 |

| | | |
|---|---|---|
| □ 漏(も)らす 누설하다 | □ 図(はか)る 도모하다, 꾀하다 | □ 操(あやつ)る 조종하다 |
| □ 潤(うるお)す 혜택을 주다, 윤택하게 하다 | □ 敷(し)く 깔다, 펴다 | □ 覆(くつがえ)す 뒤집다, 뒤엎다 |
| □ 掲(かか)げる 달다, 게양하다 | □ 唱(とな)える 주장하다, 주창하다 | □ 阻(はば)む 저지하다, 막다 |
| □ 値(あたい)する ~할 가치가 있다, ~할 만하다 | □ 飽(あ)きる 질리다, 싫증나다 | □ 欺(あざむ)く 속이다, 기만하다 |
| □ 澄(す)む 맑다, 맑아지다 | □ 輝(かがや)く 빛나다, 반짝이다 | □ 漂(ただよ)う 감돌다 |
| □ 構(かま)える (다음 동작에 대비한) 자세를 취하다, 겨누다 | □ 捧(ささ)げる 바치다 | □ 枯(か)れる (초목이) 시들다, 마르다 |
| □ 果(は)てる 끝나다 | □ 背(そむ)く 저버리다, 배반하다 | □ 載(の)る (신문 · 잡지 등에) 실리다 |
| □ 告(つ)げる 고하다, 알리다 | □ 偏(かたよ)る (한쪽으로) 쏠리다, 치우치다 | □ 費(つい)やす 쓰다, 소비하다 |
| □ 悟(さと)る 깊이 이해하다, 깨닫다 | □ 迫(せま)る 다가오다 | □ 慎(つつし)む 삼가다, 조심하다 |
| □ 企(くわだ)てる 꾀하다, 기도하다 | □ 締(し)める (바싹) 죄다, 졸라매다 | □ 稼(かせ)ぐ (돈을) 벌다 |
| □ 砕(くだ)ける 깨지다, 부서지다 | □ 勧(すす)める 권하다 | □ 償(つぐな)う 보상하다, 변상하다 |
| □ 遮(さえぎ)る 막다, 가로막다 | □ 駆(か)ける (사람 · 말 따위가) 전속력으로 달리다, 뛰다 | □ 募(つの)る (점점) 더해지다, 심해지다 |
| □ 拒(こば)む 거절하다, 거부하다 | □ 慕(した)う 그리워하다, 연모하다 | □ 脱(だっ)する (단계 · 정도를) 벗어나다, 넘다 |
| □ 戒(いまし)める 타이르다, 훈계하다 | □ 害(がい)する 해치다, 상하게 하다 | □ 司(つかさど)る 관장하다, 담당하다 |
| □ 受(う)け止(と)める 받아들이다, 제대로 대응하다 | □ 訴(うった)える 호소하다 | □ 避(さ)ける 피하다 |
| □ 打(う)ち切(き)る 중단하다, 중지하다 | □ 押(お)し寄(よ)せる 밀어닥치다, 몰려들다 | □ 促(うなが)す 재촉하다, 촉구하다 |
| □ 怠(おこた)る 게을리하다 | | |

# 확인 문제 1 • 동사

**問題1 ＿＿＿＿の言葉の読み方として最もよいものを、1・2・3・4から一つ選びなさい。**

1 賛成と反対が対立し、結論を出すには至らなかった。

1 こらなかった　2 もらなかった　3 いたらなかった　4 こおらなかった

2 組合代表である彼の発言が、合意を阻んだ。

1 こばんだ　2 はばんだ　3 くんだ　4 むすんだ

3 あの山を崩して道を整備するには、1,000万円以上かかるという。

1 ただして　2 ひるがえして　3 ともして　4 くずして

4 あの店は、夜景を眺めながらお酒を楽しめる、落ち着いた雰囲気が魅力的です。

1 ながめ　2 もとめ　3 つとめ　4 ふくめ

5 彼女は、株式投資で大金を稼いだそうだ。

1 つないだ　2 といだ　3 かせいだ　4 とついだ

6 この映画は、幾度（いくど）見ても飽きないわね。

1 いきない　2 つきない　3 おきない　4 あきない

7 仕事を進めていく上で、周囲の人と信頼関係を築くことは非常に重要です。

1 きずく　2 とく　3 うなずく　4 えがく

8 根も葉もない彼女の話には、もう懲りた。

1 たりた　2 こりた　3 かりた　4 おりた

9 好きなものばかり食べていると、栄養が偏りがちになる。

1 ちぎり　2 おこたり　3 かたより　4 もぐり

10 非常識極まりない彼の行動に、怒（いか）りを抑えることができなかった。

1 ささえる　2 おさえる　3 なえる　4 こえる

# 확인 문제 1 • 정답 및 해석(동사)

1 정답 3
해석 찬성과 반대가 대립해서 결론을 내기에는 이르지 않았다.
어휘 賛成(さんせい) 찬성 反対(はんたい) 반대 対立(たいりつ) 대립 結論(けつろん)を出(だ)す 결론을 내다
至(いた)る (어떤 상태 · 결과에) 이르다 こ(凝)る 응고하다, 열중하다 も(盛)る (그릇에) 수북이 담다 こお(凍)る (추위로) 얼다

2 정답 2
해석 조합 대표인 그의 발언이 합의를 막았다.
어휘 組合(くみあい) 조합 代表(だいひょう) 대표 発言(はつげん) 발언 合意(ごうい) 합의 阻(はば)む 저지하다, 막다
こば(拒)む 거부하다, 저지하다, 막다 く(組)む 짜다, (조직을) 만들다 むす(結)ぶ 매다, 묶다

3 정답 4
해석 저 산을 무너뜨려서 길을 정비하려면 1,000만 엔 이상 든다고 한다.
어휘 崩(くず)す 무너뜨리다 整備(せいび) 정비 동사의 보통형+には ~하려면 かかる (비용이) 들다
ただ(正)す (틀린 곳을) 고치다, (잘못된 것을) 바로잡다 ひるがえ(翻)す 뒤집다, (태도 · 생각 등을) 번복하다
とも(点)す (불을) 켜다

4 정답 1
해석 저 가게는 야경을 바라보면서 술을 즐길 수 있는 안정된 분위기가 매력적입니다.
어휘 夜景(やけい) 야경 眺(なが)める 바라보다 落(お)ち着(つ)く 안정되다, 침착해지다 雰囲気(ふんいき) 분위기
魅力的(みりょくてき)だ 매력적이다 もと(求)める 요구하다, (요)청하다 つと(努)める 힘쓰다, 노력하다
ふく(含)める 포함하다

5 정답 3
해석 그녀는 주식 투자로 큰돈을 벌었다고 한다.
어휘 株式(かぶしき) 주식 投資(とうし) 투자 大金(たいきん) 큰돈 稼(かせ)ぐ (돈을) 벌다 つな(繋)ぐ 잇다, 연결하다
と(研)ぐ (칼 등을) 갈다 とつ(嫁)ぐ 시집가다, 출가하다

6 정답 4
해석 이 영화는 몇 번 봐도 질리지 않네.
어휘 幾度(いくど) 몇 번 飽(あ)きる 질리다, 싫증나다 い(生)きる 살다, 살아가다 つ(尽)きる 다하다, 떨어지다
お(起)きる 일어나다, 발생하다

7 정답 1
해석 일을 진행해 나가는 데 있어서 주위 사람과 신뢰관계를 쌓는 것은 대단히 중요합니다.
어휘 進(すす)める 진행하다 동사의 기본형+上(うえ)で ~하는 데 있어서 信頼(しんらい) 신뢰 築(きず)く 쌓다, 구축하다
と(解)く (의문 · 문제 등을) 풀다 うなず(頷)く 고개를 끄덕이다, 수긍하다 えが(描)く (그림을) 그리다(=描(か)く)

8 정답 2
해석 아무 근거도 없는 그녀의 이야기에는 이제 질렸다.
어휘 根(ね)も葉(は)もない 뿌리도 잎도 없다, 아무 근거도 없다 懲(こ)りる 넌더리나다, 질리다 た(足)りる 족하다, 충분하다
か(借)りる 빌리다 お(降)りる (탈것에서) 내리다

9 정답 3
해석 좋아하는 것만 먹으면 영양이 한쪽으로 치우치기 쉬워진다.
어휘 ~ばかり ~만, ~뿐 栄養(えいよう) 영양 偏(かたよ)る (한쪽으로) 쏠리다, 치우치다
동사의 ます형+がちだ (자칫) ~하기 쉽다 ちぎ(千切)る 잘게 찢다 おこた(怠)る 게을리하다 もぐ(潜)る 잠수하다, 숨어들다

10 정답 2
해석 몰상식하기 짝이 없는 그의 행동에 분노를 참을 수 없었다.
어휘 非常識(ひじょうしき) 비상식, 몰상식 な형용사의 어간+極(きわ)まりない ~하기 짝이 없다, 극히 ~하다
行動(こうどう) 행동 怒(いか)り 화, 분노 抑(おさ)える (감정을) 누르다, 참다 ささ(支)える 떠받치다, 지탱하다
な(萎)える 힘이 풀리다, 시들다 こ(超)える (정도를) 넘다

# 확인 문제 2・동사

**問題1 ＿＿＿の言葉の読み方として最もよいものを、1・2・3・4から一つ選びなさい。**

11 遂にその歌手の新しいアルバムの発売日が迫ってきた。

1 うやまって　2 うまって　3 せまって　4 ととのって

12 付き合っていた彼女に、いきなり別れを告げられた。

1 とげられた　2 つげられた　3 まげられた　4 かしげられた

13 水が澄んでいて、川底まではっきり見える。

1 すんで　2 まなんで　3 とうとんで　4 ぬすんで

14 残暑もようやく和らいできたようですね。

1 やすらいで　2 うすらいで　3 ゆらいで　4 やわらいで

15 最後まで最善を尽くして戦った選手たちに拍手を送りましょう。

1 はくして　2 つくして　3 かくして　4 なくして

16 来月、ヨーロッパの古城を巡るツアーに参加するつもりだ。

1 かおる　2 さとる　3 さぐる　4 めぐる

17 ここ数日、仕事が滞っている。

1 とどこおって　2 まかなって　3 やしなって　4 ともなって

18 それは、裏で誰かが操っているという単なる「陰謀論」に過ぎない。

1 とむらって　2 あやつって　3 ためらって　4 さからって

19 酔った勢いでつい口を滑らして、取引先に会社の秘密を漏らしてしまった。

1 ぬらして　2 もらして　3 くらして　4 こらして

20 ベストメンバーで試合に臨んだが、期待外れの結果に終わってしまった。

1 むすんだ　2 しんだ　3 のぞんだ　4 いとなんだ

# 확인 문제 2 • 정답 및 해석(동사)

**11** 정답 **3**
해석 마침내 그 가수의 새 앨범 발매일이 다가왔다.
어휘 遂(つい)に 마침내, 드디어 歌手(かしゅ) 가수 アルバム 앨범 発売日(はつばいび) 발매일 迫(せま)る 다가오다 うやま(敬)う 공경하다 う(埋)まる 묻히다, 메워지다 ととの(整)う 갖추어지다

**12** 정답 **2**
해석 사귀고 있던 여자친구가 갑자기 이별을 고했다.
어휘 付(つ)き合(あ)う 사귀다, 교제하다 彼女(かのじょ) 여자친구 いきなり 갑자기 別(わか)れ 이별 告(つ)げる 고하다, 알리다 と(遂)げる 이루다, 완수하다 ま(曲)げる 구부리다 かし(傾)げる 갸웃하다, 기울이다

**13** 정답 **1**
해석 물이 맑아서 강바닥까지 뚜렷이 보인다.
어휘 水(みず) 물 澄(す)む 맑다, 맑아지다 川底(かわぞこ) 강바닥 はっきり 뚜렷이, 분명히 見(み)える 보이다 まな(学)ぶ 배우다, 익히다 とうと(尊)ぶ 존경하다, 공경하다 ぬす(盗)む 훔치다

**14** 정답 **4**
해석 늦더위도 겨우 누그러진 것 같네요.
어휘 残暑(ざんしょ) 잔서, 늦더위 ようやく 겨우, 간신히 和(やわ)らぐ 누그러지다, 풀리다 やす(安)らぐ (마음이) 편안해지다 うす(薄)らぐ 엷어지다, 누그러지다 ゆ(揺)らぐ 흔들리다, 동요되다

**15** 정답 **2**
해석 마지막까지 최선을 다해서 싸운 선수들에게 박수를 보냅시다.
어휘 最後(さいご) 최후, 마지막 最善(さいぜん) 최선 尽(つ)くす 다하다 戦(たたか)う 싸우다 拍手(はくしゅ) 박수 送(おく)る 보내다 はく(博)す 얻다, (명성 등을) 떨치다(=博(はく)する) かく(隠)す 숨기다 な(無)くす 잃어버리다, 없애다

**16** 정답 **4**
해석 다음 달에 유럽의 고성(古城)을 도는 단체여행에 참가할 생각이다.
어휘 ヨーロッパ 유럽 古城(こじょう) 고성, 옛성 巡(めぐ)る 돌다 ツアー 투어, (여행사 등이 기획하는) 단체여행 参加(さんか) 참가 かお(香)る 향기를 풍기다 さと(悟)る 깊이 이해하다, 깨닫다 さぐ(探)る 더듬어 찾다, (원인 등을) 찾다

**17** 정답 **1**
해석 요 며칠 일이 밀려 있다.
어휘 ここ 요, 요새 数日(すうじつ) 수일, 2·3일에서 5·6일 정도의 일수 滞(とどこお)る 밀리다, 정체되다 まかな(賄)う 조달하다, 마련하다 やしな(養)う 기르다, 양육하다 ともな(伴)う 동반하다, 따르다

**18** 정답 **2**
해석 그것은 배후에서 누군가가 조종하고 있다는 단순한 '음모론'에 지나지 않는다.
어휘 裏(うら) 뒤, 배후 操(あやつ)る 조종하다 単(たん)なる 단순한 陰謀論(いんぼうろん) 음모론 ～に過(す)ぎない ～에 지나지 않다 とむら(弔)う 조문하다, 애도하다 ためら(躊躇)う 망설이다, 주저하다 さか(逆)らう 거역하다, 거스르다

**19** 정답 **2**
해석 술 취한 기운에 그만 입을 잘못 놀려서 거래처에 회사의 비밀을 누설하고 말았다.
어휘 酔(よ)う (술에) 취하다 勢(いきお)い 여세, 기운 つい 그만, 무심코 口(くち)を滑(すべ)らす 입을 잘못 놀리다 取引先(とりひきさき) 거래처 秘密(ひみつ) 비밀 漏(も)らす 누설하다 ぬ(濡)らす 적시다 く(暮)らす 살다, 생활하다 こ(凝)らす (눈·귀·마음 등을) 한곳에 집중하다

**20** 정답 **3**
해석 베스트 멤버로 시합에 임했지만, 기대 밖의 결과로 끝나고 말았다.
어휘 ベストメンバー 베스트 멤버 試合(しあい) 시합 臨(のぞ)む 임하다 期待外(きたいはず)れ 기대하고 있던 일이 실현되지 않은 채 끝남, 기대가 빗나감 終(お)わる 끝나다 むす(結)ぶ 매다, 묶다 し(死)ぬ 죽다 いとな(営)む 영위하다, 경영하다

# 확인 문제 3 • 동사

**問題1 ＿＿＿の言葉の読み方として最もよいものを、1・2・3・4から一つ選びなさい。**

21 社内での私用電話は控えるよう、気を付けてください。
1 ひかえる　2 かなえる　3 となえる　4 あまえる

22 50人の学生がコンテストで技（わざ）を競った。
1 かなった　2 やしなった　3 きそった　4 とむらった

23 彼も人生のどん底（ぞこ）まで落ち、このまま自分の人生が果てるかと恐れた時があったという。
1 いてる　2 はてる　3 すてる　4 あてる

24 このことは簡単ではないだろうが、挑んでみる価値は十分にあると思う。
1 いとなんで　2 むすんで　3 さけんで　4 いどんで

25 会社のためにやったとはいえ、彼のした行動は人の道に背く行為であった。
1 しく　2 おもむく　3 そむく　4 わく

26 山田先生の理論は、今までの定説を覆す画期的な理論であった。
1 くつがえす　2 かえす　3 うながす　4 そそのかす

27 インターネットに、政治家の不正を暴く記事が出ていた。
1 なげく　2 あばく　3 かたむく　4 かがやく

28 今回の件は、金銭が絡んだ問題なので、慎重に扱うべきだ。
1 おしんだ　2 あゆんだ　3 からんだ　4 あんだ

29 大脳辺縁系（だいのうへんえんけい）は、人の喜怒哀楽などの感情を司る部分である。
1 つかさどる　2 たどる　3 いきどおる　4 さかのぼる

30 参道には土産物店が軒（のき）を連ねており、朝早くから参拝客で賑わっていた。
1 つらねて　2 たばねて　3 たずねて　4 ゆだねて

# 확인 문제 3 • 정답 및 해석(동사)

21 정답 1
해석 사내에서의 개인 용무 전화는 삼가도록 주의해 주세요.
어휘 社内(しゃない) 사내 私用(しよう) 개인 용무 控(ひか)える 삼가다, 줄이다, 절제하다
気(き)を付(つ)ける 조심[주의]하다 かな(叶)える 이루어 주다, 들어주다 とな(唱)える 주창하다, 주장하다
あま(甘)える 응석부리다, 어리광부리다

22 정답 3
해석 50명의 학생이 콘테스트에서 기량을 겨루었다.
어휘 コンテスト 콘테스트 技(わざ) 기량 競(きそ)う 겨루다, 경쟁하다 かな(叶)う (소원·꿈 등이) 이루어지다
やしな(養)う 기르다, 양육하다 とむら(弔)う 조문하다, 애도하다

23 정답 2
해석 그도 인생의 밑바닥까지 떨어져 이대로 자신의 인생이 끝나는가 하고 두려워했던 때가 있었다고 한다.
어휘 人生(じんせい) 인생 どん底(ぞこ) 밑바닥 落(お)ちる 떨어지다 果(は)てる 끝나다 恐(おそ)れる 두려워하다
い(凍)てる 얼다, 얼어붙다 す(捨)てる 버리다 あ(当)てる 맞히다

24 정답 4
해석 이 일은 간단하지는 않겠지만, 도전해 볼 가치는 충분히 있다고 생각한다.
어휘 挑(いど)む 도전하다 価値(かち) 가치 十分(じゅうぶん)に 충분히 いとな(営)む 영위하다, 경영하다
むす(結)ぶ 매다, 묶다 さけ(叫)ぶ 외치다

25 정답 3
해석 회사를 위해서 했다고 해도 그가 한 행동은 사람의 도리를 저버리는 행위였다.
어휘 ～とはいえ ~라고 해도 行動(こうどう) 행동 道(みち) (지켜야 할) 도리 背(そむ)く 저버리다, 배반하다
行為(こうい) 행위 し(敷)く 깔다, 펴다 おもむ(赴)く (목적지로) 가다, 향하다 わ(沸)く 끓다

26 정답 1
해석 야마다 선생님의 이론은 지금까지의 정설을 뒤엎는 획기적인 이론이었다.
어휘 理論(りろん) 이론 定説(ていせつ) 정설 覆(くつがえ)す 뒤집다, 뒤엎다 画期的(かっきてき)だ 획기적이다
かえ(返)す 돌려주다 うなが(促)す 재촉하다, 촉구하다 そそのか(唆)す 부추기다

27 정답 2
해석 인터넷에 정치가의 부정을 폭로하는 기사가 나 있었다.
어휘 インターネット 인터넷 政治家(せいじか) 정치가 不正(ふせい) 부정 暴(あば)く 들추어내다, 폭로하다
記事(きじ)が出(で)る 기사가 나다 なげ(嘆)く 한탄하다, 슬퍼하다 かたむ(傾)く 기울다, 기울어지다
かがや(輝)く 빛나다, 반짝이다

28 정답 3
해석 이번 건은 금전이 얽힌 문제이기 때문에 신중하게 처리해야 한다.
어휘 金銭(きんせん) 금전 絡(から)む 얽히다, 관계되다 慎重(しんちょう)だ 신중하다
扱(あつか)う (일을) 다루다, 취급하다 동사의 기본형+べきだ (마땅히) ~해야 한다 お(惜)しむ 아끼다 あゆ(歩)む 걷다
あ(編)む 짜다, 뜨다, 뜨개질하다

29 정답 1
해석 대뇌변연계는 인간의 희노애락 등의 감정을 담당하는 부분이다.
어휘 大脳辺縁系(だいのうへんえんけい) 대뇌변연계 *본능·정동(情動)을 지배하는 중추로, 개체나 종(種)의 생존의 기본을 이루는 자율적 생명활동과 유쾌·불쾌·공포·분노 등과 같은 정동(情動)의 근본과 관련된다고 여겨짐
喜怒哀楽(きどあいらく) 희노애락 司(つかさど)る 관장하다, 담당하다 たど(辿)る (모르는 길을 고생해 가며) 다다르다
いきどお(憤)る 분노하다, 분개하다 さかのぼ(遡)る 거슬러 올라가다, 소급하다

30 정답 1
해석 참배로에는 기념품 가게가 늘어서 있어서 아침 일찍부터 참배객으로 떠들썩했다.
어휘 参道(さんどう) 참배로 土産物店(みやげものてん) 토산품[기념품] 가게
連(つら)ねる 늘어놓다, 한 줄로 죽 잇다 *「軒(のき)を連(つら)ねる」-집이나 가게 등이 늘어서 있다 *처마와 처마가 서로 마주 닿을 정도로 집이 빽빽이 들어서 있는 모양을 말함 参拝客(さんぱいきゃく) 참배객 賑(にぎ)わう 떠들썩하다, 활기차다
たば(束)ねる 다발로 묶다 たず(訪)ねる 방문하다 ゆだ(委)ねる 맡기다, 위임하다

# 확인 문제 4 • 동사

**問題1 ＿＿＿＿の言葉の読み方として最もよいものを、1・2・3・4から一つ選びなさい。**

31 どんなに辛くても、人生は生きるに値するものです。
1 ようする　2 あいする　3 あたいする　4 かいする

32 出発時間が間もなく来るため、別れを惜しむ暇さえなかった。
1 おしむ　2 たのしむ　3 いつくしむ　4 きしむ

33 ミスをしたといえども、今までの彼の功績を全て否むことはできないだろう。
1 のぞむ　2 いなむ　3 たのむ　4 かすむ

34 彼女に「そんな危険を冒してまで、なぜその道を選ぶの?」と言われてしまった。
1 もどして　2 おかして　3 いかして　4 とかして

35 そのギターリストは難しい曲を見事に奏でた。
1 ひいでた　2 なでた　3 ゆでた　4 かなでた

36 彼は地震などの非常時に備えて家の中にたくさんの食糧を蓄えていた。
1 そえて　2 すえて　3 たくわえて　4 ふまえて

37 植物の汁（しる）を吸う害虫を放置しておくと、生育が悪くなり、枯れる原因に繋がる。
1 おそれる　2 ゆれる　3 それる　4 かれる

38 彼らは原発（げんぱつ）施設へのテロ攻撃を企てた疑いで、全員拘束（こうそく）された。
1 すてた　2 くわだてた　3 いてた　4 へだてた

39 彼には、人の話を遮る悪い癖がある。
1 さとる　2 たまる　3 すくう　4 さえぎる

40 スキャンダルを揉み消そうとした政治家は、かえって前より不利な立場に陥った。
1 ゆずった　2 おちいった　3 みのった　4 ほった

# 확인 문제 4 • 정답 및 해석(동사)

31 정답 3
해석 아무리 괴로워도 인생은 살 가치가 있는 법입니다.
어휘 どんなに 아무리 辛(つら)い 괴롭다 人生(じんせい) 인생 生(い)きる 살다, 살아가다
値(あたい)する (「～に」의 꼴로) ~할 가치가 있다, ~할 만하다 ～ものだ ~인 법[것]이다 *상식 · 진리 · 본성
よう(要)する 요하다, 필요로 하다 あい(愛)する 사랑하다 かい(介)する 중간에 세우다, 개재시키다

32 정답 1
해석 출발 시간이 곧 오기 때문에 이별을 아쉬워할 틈조차 없었다.
어휘 間(ま)もなく 곧, 머지않아 別(わか)れ 이별, 헤어짐 惜(お)しむ 아쉬워하다, 애석해하다 暇(ひま) 사이, 틈, 시간
～さえ ~조차 たの(楽)しむ 즐기다 いつく(慈)しむ 애지중지하다 きし(軋)む 삐걱거리다

33 정답 2
해석 실수를 했다고는 해도 지금까지의 그의 공적을 모두 부정할 수는 없을 것이다.
어휘 ～といえども ~라 해도, ~라 할지라도 功績(こうせき) 공적 否(いな)む 부정하다
のぞ(望)む 바라다, 원하다, 기대하다 たの(頼)む 부탁하다 かす(霞)む 안개가 끼다

34 정답 2
해석 여자친구에게 "그런 위험을 무릅쓰면서까지 왜 그 길을 택하는 거야?"라는 말을 들어 버렸다.
어휘 彼女(かのじょ) 여자친구 危険(きけん) 위험 冒(おか)す 무릅쓰다 選(えら)ぶ 택하다 もど(戻)す 되돌리다
い(生)かす 살리다, 발휘하다, 활용하다 と(溶)かす 녹이다

35 정답 4
해석 그 기타리스트는 어려운 곡을 멋지게 연주했다.
어휘 ギターリスト 기타리스트, 기타 연주자 見事(みごと)だ 멋지다, 훌륭하다 奏(かな)でる 켜다, 연주하다
ひい(秀)でる 뛰어나다, 빼어나다 な(撫)でる 쓰다듬다 ゆ(茹)でる 데치다, 삶다

36 정답 3
해석 그는 지진 등의 비상시에 대비해 집 안에 많은 식량을 비축하고 있었다.
어휘 地震(じしん) 지진 非常時(ひじょうじ) 비상시 備(そな)える 대비하다 食糧(しょくりょう) 식량
蓄(たくわ)える 비축하다 そ(添)える 첨부하다, 붙이다 す(据)える (물건을) 놓다, 설치하다 ふ(踏)まえる 입각하다

37 정답 4
해석 식물의 즙을 빨아먹는 해충을 방치해 두면 생육이 나빠져 시드는 원인으로 이어진다.
어휘 植物(しょくぶつ) 식물 汁(しる) 즙 吸(す)う 빨아먹다 害虫(がいちゅう) 해충 放置(ほうち) 방치
生育(せいいく) (식물의) 생육 枯(か)れる (초목이) 시들다, 마르다 原因(げんいん) 원인 繋(つな)がる 이어지다, 연결되다
おそ(恐)れる 두려워하다 ゆ(揺)れる 흔들리다 そ(逸)れる 벗어나다

38 정답 2
해석 그들은 원자력발전 시설에 대한 테러 공격을 기도한 혐의로 전원 구속되었다.
어휘 原発(げんぱつ) 원자력발전 *「原子力発電(げんしりょくはつでん)」의 준말 施設(しせつ) 시설 テロ 테러
攻撃(こうげき) 공격 企(くわだ)てる 꾀하다, 기도하다 疑(うたが)い 혐의 拘束(こうそく) 구속 す(捨)てる 버리다
い(凍)てる 얼다, 얼어붙다 へだ(隔)てる 사이에 두다, 칸을 막다

39 정답 4
해석 그에게는 남의 이야기를 가로막는 나쁜 버릇이 있다.
어휘 遮(さえぎ)る 막다, 가로막다 癖(くせ) 버릇 さと(悟)る 깊이 이해하다, 깨닫다 た(溜)まる (한곳에) 모이다, 괴다
すく(救)う 구하다, 살리다

40 정답 2
해석 스캔들을 무마하려고 했던 정치가는 오히려 전보다 불리한 입장에 빠졌다.
어휘 スキャンダル 스캔들 揉(も)み消(け)す (사건 등을) 무마하다 政治家(せいじか) 정치가 かえって 도리어, 오히려
不利(ふり)だ 불리하다 立場(たちば) 입장 陥(おちい)る (나쁜 상태에) 빠지다 ゆず(譲)る 양보하다, 물려주다
みの(実)る 열매를 맺다 ほ(掘)る 땅을 파다

# 확인 문제 5 • 동사

**問題1 ＿＿＿＿の言葉の読み方として最もよいものを、1・2・3・4から一つ選びなさい。**

41 最後まで自分の信念を貫くのは難しい。
1 なげく　　2 つらぬく　　3 あざむく　　4 そむく

42 各航空会社は国際線の需要拡大を図るために値下げ競争をしている。
1 はかる　　2 いかる　　3 さとる　　4 ゆする

43 この食パンは、カットするよりも裂いて召し上がった方がより食感がよくなります。
1 えがいて　　2 さいて　　3 といて　　4 すいて

44 その兵士は銃を構えて敵が来るのを待っていた。
1 とらえて　　2 かまえて　　3 かかえて　　4 ささえて

45 お歳暮(せいぼ)を贈る際は、送り状を忘れずに添えましょう。
1 たえ　　2 もえ　　3 なえ　　4 そえ

46 火災現場は、目も当てられないほど悲惨を極めた。
1 きわめた　　2 さめた　　3 もめた　　4 ちぢめた

47 相手が話をしている時に私語を慎むことは、礼儀の基本中の基本である。
1 いむ　　2 つつしむ　　3 かがむ　　4 くやむ

48 昔は、祝日になると軒先(のきさき)に国旗を掲げる家が多かった。
1 かかげる　　2 さげる　　3 さまたげる　　4 しいたげる

49 店内は、大人数の宴会を催すことができるほど広々としていた。
1 のがす　　2 ほどこす　　3 もよおす　　4 しめす

50 先月建てられたこの劇場は、近代的な装備を誇っている。
1 ゆって　　2 ふって　　3 しかって　　4 ほこって

# 확인 문제 5 • 정답 및 해석(동사)

41 정답 2
해석 마지막까지 자신의 신념을 관철하는 것은 어렵다.
어휘 最後(さいご) 최후, 마지막 信念(しんねん) 신념 貫(つらぬ)く 관철하다, 이룩하다 なげ(嘆)く 한탄하다, 슬퍼하다 あざむ(欺)く 속이다, 기만하다 そむ(背)く 저버리다, 배반하다

42 정답 1
해석 각 항공사는 국제선의 수요 확대를 도모하기 위해서 가격 인하 경쟁을 하고 있다.
어휘 航空会社(こうくうがいしゃ) 항공사 国際線(こくさいせん) 국제선 需要(じゅよう) 수요 拡大(かくだい) 확대 図(はか)る 도모하다, 꾀하다 동사의 보통형+ために ~하기 위해서 値下(ねさ)げ 가격 인하 競争(きょうそう) 경쟁 いか(怒)る 노하다, 화내다 さと(悟)る 깊이 이해하다, 깨닫다 ゆ(揺)する 흔들다

43 정답 2
해석 이 식빵은 자르는 것보다도 찢어서 드시는 편이 보다 식감이 좋아집니다.
어휘 食(しょく)パン 식빵 カット 자름 裂(さ)く 찢다
召(め)し上(あ)がる 드시다 *「食(た)べる」(먹다), 「飲(の)む」(마시다)의 존경어 食感(しょっかん) 식감
えが(描)く (그림을) 그리다(=描(か)く) と(解)く (의문 · 문제를) 풀다 す(好)く 좋아하다

44 정답 2
해석 그 병사는 총을 겨누고 적이 오는 것을 기다리고 있었다.
어휘 兵士(へいし) 병사 銃(じゅう) 총 構(かま)える (다음 동작에 대비한) 자세를 취하다, 겨누다 敵(てき) 적
と(捕)らえる 잡다, 파악하다 かか(抱)える 안다, (어려움 등을) 떠안다 ささ(支)える 떠받치다, 지탱하다

45 정답 4
해석 연말 선물을 보낼 때는 송장을 잊지 말고 첨부합시다.
어휘 お歳暮(せいぼ) 연말 선물 贈(おく)る 보내다, 주다, 선사하다 送(おく)り状(じょう) 송장 忘(わす)れる 잊다
~ずに ~하지 말고 添(そ)える 첨부하다, 붙이다 た(耐)える 참다, 견디다 も(燃)える (불에) 타다
な(萎)える 힘이 풀리다, 시들다

46 정답 1
해석 화재 현장은 차마 눈 뜨고 볼 수 없을 만큼 더없이 비참했다.
어휘 火災(かさい) 화재 現場(げんば) 현장 目(め)も当(あ)てられない (차마) 눈 뜨고 볼 수 없다 悲惨(ひさん) 비참
極(きわ)める 다하다, 더없이 ~하다 さ(覚)める (잠 등이) 깨다, (눈이) 뜨이다 も(揉)める 옥신각신하다
ちぢ(縮)める 줄이다, 단축시키다

47 정답 2
해석 상대가 이야기를 하고 있을 때 사담을 삼가는 것은 예의의 기본 중의 기본이다.
어휘 私語(しご) 사어, 사담 慎(つつし)む 삼가다, 조심하다 礼儀(れいぎ) 예의 基本(きほん) 기본
い(忌)む 꺼리다, 기피하다 かが(屈)む 굽히다, 구부리다 く(悔)やむ 후회하다, 애도하다

48 정답 1
해석 옛날에는 경축일이 되면 처마 끝에 국기를 다는 집이 많았다.
어휘 祝日(しゅくじつ) 경축일 軒先(のきさき) 처마 끝 国旗(こっき) 국기 掲(かか)げる 달다, 게양하다
さ(下)げる (밑으로) 내리다 さまた(妨)げる 방해하다 しいた(虐)げる 못살게 굴다, 학대하다

49 정답 3
해석 가게 안은 많은 인원수의 연회를 열 수 있을 만큼 널찍했다.
어휘 大人数(おおにんずう) 인원수가 많음, 많은 인원 宴会(えんかい) 연회 催(もよお)す 개최하다, 열다
広々(ひろびろ) 널찍한 모양 のが(逃)す 놓치다 ほどこ(施)す 행하다, 시행하다 しめ(示)す 보이다, 나타내다

50 정답 4
해석 지난달에 지어진 이 극장은 근대적인 장비를 뽐내고 있다.
어휘 建(た)てる (집을) 짓다, 세우다 劇場(げきじょう) 극장 近代的(きんだいてき)だ 근대적이다 装備(そうび) 장비
誇(ほこ)る 자랑하다, 뽐내다 ゆ(揺)る 흔들다 ふ(降)る (비 · 눈 등이) 내리다, 오다 しか(叱)る 꾸짖다, 야단치다

## 확인 문제 6 • 동사



**問題1 ＿＿＿の言葉の読み方として最もよいものを、1・2・3・4から一つ選びなさい。**

51 住民の反対を押し切って、ゴミ焼却施設の建設が開始された。
1 けしきって 2 かしきって 3 だしきって 4 おしきって

52 二度と失敗をしないように、十分に計画を練った。
1 さった 2 けった 3 ねった 4 ゆった

53 私の今の成績では、試験に合格できるかどうか危ぶまれる。
1 にぶまれる 2 さげぶまれる 3 あやぶまれる 4 とぶまれる

54 選手たちは、オリンピック出場を目指し、朝から練習に励んでいる。
1 たのんで 2 はげんで 3 はぐくんで 4 のぞんで

55 最後まで粘って合格を掴(つか)み取(と)ってください。
1 ねばって 2 せまって 3 まって 4 もって

56 彼女は自分の服を全部自力で縫っているそうだ。
1 ともなって 2 はって 3 へって 4 ぬって

57 大きな爆発事故が起きたので、救急隊として現地へ赴いた。
1 おもむいた 2 かたむいた 3 しりぞいた 4 とおのいた

58 そんなことは、先例に倣って決めた方がいいと思うけど。
1 さわって 2 したって 3 はやって 4 ならって

59 賑やかだったこの街も、今ではすっかり廃れてしまったね。
1 すたれて 2 あきれて 3 うまれて 4 たれて

60 彼は深夜のバイトで、学費と生活費を賄っている。
1 さからって 2 つどって 3 そって 4 まかなって

# 확인 문제 6 • 정답 및 해석(동사)

51 정답 4
해석 주민의 반대를 무릅쓰고 쓰레기 소각시설 건설이 개시되었다.
어휘 住民(じゅうみん) 주민 押(お)し切(き)る 강행하다, 무릅쓰다 焼却(しょうきゃく) 소각 施設(しせつ) 시설 建設(けんせつ) 건설 か(貸)しき(切)る 전세 내다 だ(出)しき(切)る (있는 것을) 전부 내다

52 정답 3
해석 두 번 다시 실패를 하지 않도록 충분히 계획을 다듬었다.
어휘 二度(にど)と 두 번 다시 失敗(しっぱい) 실패 十分(じゅうぶん)に 충분히 計画(けいかく) 계획 練(ね)る (시문 · 계획 따위를) 다듬다, 가다듬다 さ(去)る 떠나다 け(蹴)る 차다, 걷어차다 ゆ(揺)る 흔들다

53 정답 3
해석 내 지금 성적으로는 시험에 합격할 수 있을지 어떨지 걱정된다.
어휘 成績(せいせき) 성적 合格(ごうかく) 합격 ～かどうか ～일지 어떨지 危(あや)ぶむ 불안해하다, 걱정하다 *「危(あや)ぶまれる」–불안해지다, 걱정되다

54 정답 2
해석 선수들은 올림픽 출전을 목표로 하여 아침부터 연습에 힘쓰고 있다.
어휘 出場(しゅつじょう) (경기 등에) 출전함, 참가함 目指(めざ)す 목표로 하다, 지향하다 練習(れんしゅう) 연습 励(はげ)む 힘쓰다 たの(頼)む 부탁하다 はぐく(育)む 키우다, 보호 육성하다 のぞ(臨)む 임하다

55 정답 1
해석 마지막까지 끈기 있게 버텨서 합격을 거머쥐세요.
어휘 最後(さいご) 최후, 마지막 粘(ねば)る 끈기 있게 버티다 掴(つか)み取(と)る 움켜쥐다, 노력해서 손에 넣다 せま(迫)る 다가오다 ま(舞)う 흩날리다, 춤추다 も(盛)る (그릇에) 수북이 담다

56 정답 4
해석 그녀는 자신의 옷을 전부 혼자 힘으로 만들고 있다고 한다.
어휘 服(ふく) 옷 自力(じりき) 자력, 혼자의 힘 縫(ぬ)う (옷을) 짓다, (바느질해서) 만들다 ともな(伴)う 동반하다, 따르다 は(貼)る 붙이다 へ(減)る 줄다, 줄어들다

57 정답 1
해석 큰 폭발 사고가 일어났기 때문에 구급대로서 현지로 향했다.
어휘 爆発(ばくはつ) 폭발 起(お)きる 일어나다, 발생하다 救急隊(きゅうきゅうたい) 구급대 現地(げんち) 현지 赴(おもむ)く (목적지로) 가다, 향하다 かたむ(傾)く 기울다, 기울어지다 しりぞ(退)く 물러나다 とおの(遠退)く 멀어지다, (발길이) 뜸해지다

58 정답 4
해석 그런 일은 선례를 따라서 결정하는 편이 좋다고 생각하는데.
어휘 先例(せんれい) 선례 倣(なら)う 따르다, 모방하다 決(き)める 정하다, 결정하다 さわ(触)る 만지다, 손을 대다 した(慕)う 그리워하다, 연모하다 はや(流行)る 유행하다

59 정답 1
해석 번화했던 이 거리도 지금은 완전히 한물가 버렸네.
어휘 賑(にぎ)やかだ 번화하다, 떠들썩하다 街(まち) 거리 すっかり 완전히 廃(すた)れる 유행이 지나다, 한물가다 あき(呆)れる 기가 막히다 う(生)まれる 태어나다, 생겨나다 た(垂)れる 드리워지다

60 정답 4
해석 그는 심야의 아르바이트로 학비와 생활비를 마련하고 있다.
어휘 深夜(しんや) 심야 学費(がくひ) 학비 生活費(せいかつひ) 생활비 賄(まかな)う 조달하다, 마련하다 さか(逆)らう 거역하다, 거스르다 つど(集)う 모이다 そ(剃)る 깎다

# 확인 문제 7 • 동사

**問題1 ＿＿＿＿の言葉の読み方として最もよいものを、1・2・3・4から一つ選びなさい。**

61 様々な国の協力で、難民たちは安全な地域に<u>逃れる</u>ことができた。

1 たおれる　　2 たれる　　3 のがれる　　4 もたれる

62 どんなに頑張っても素人の域は<u>脱し</u>切れない。

1 だっし　　2 かし　　3 たっし　　4 せっし

63 私は正義感が強くて、不正行為をそのまま<u>見逃す</u>ことができない。

1 みのがす　　2 みとおす　　3 みくだす　　4 みおろす

64 最近、宅配便を<u>装った</u>強盗事件などが多発している。

1 ただよった　　2 みなぎった　　3 さかのぼった　　4 よそおった

65 上司のパワハラを会社に<u>訴えても</u>、十分に対応してくれなかった。

1 たえても　　2 うったえても　　3 ふるえても　　4 かなえても

66 公害や環境問題などにより、数世紀以内に世界が<u>滅びる</u>かもしれない。

1 ほろびる　　2 あびる　　3 おびる　　4 こびる

67 長年チームを<u>率いて</u>きた監督が、今年で退任することになった。

1 もちいて　　2 くいて　　3 ひきいて　　4 しいて

68 コスト削減のために生産を外部に<u>託して</u>いるが、品質や情報管理に不安が残る。

1 ゆるして　　2 ともして　　3 そらして　　4 たくして

69 効率的な行政を図るためには、民間でできるものは民間に<u>委ねた</u>方がいい。

1 まねた　　2 はねた　　3 たずねた　　4 ゆだねた

70 人たちは、天才作曲家の夭折（ようせつ）を<u>嘆いた</u>。

1 さばいた　　2 なげいた　　3 とどいた　　4 ういた

# 확인 문제 7 • 정답 및 해석(동사)

61 정답 3
해석 여러 나라의 협력으로 난민들은 안전한 지역으로 피할 수 있었다.
어휘 協力(きょうりょく) 협력 難民(なんみん) 난민 地域(ちいき) 지역 逃(のが)れる 벗어나다, 피하다
たお(倒)れる 쓰러지다, 넘어지다 た(垂)れる 드리워지다 もた(凭)れる 기대다, 의지하다

62 정답 1
해석 아무리 노력해도 아마추어 단계는 완전히 벗어날 수 없다.
어휘 どんなに 아무리 頑張(がんば)る (끝까지) 노력하다, 열심히 하다
素人(しろうと) (직업으로서가 아니라) 취미 삼아 하는 사람, 아마추어 域(いき) 경지, 단계
脱(だっ)する (단계 · 정도를) 벗어나다, 넘다 동사의 ます형+切(き)れない 완전히[다] ~할 수 없다 か(化)する 화하다, 변하다
たっ(達)する 이르다, 도달하다, 달하다 せっ(接)する 접하다, 인접하다

63 정답 1
해석 나는 정의감이 강해서 부정행위를 그냥 그대로 묵인할 수 없다.
어휘 正義感(せいぎかん) 정의감 不正行為(ふせいこうい) 부정행위 そのまま (그냥) 그대로
見逃(みのが)す 눈감아 주다, 묵인하다 みとお(見通)す (장래를) 내다보다, 전망하다 みくだ(見下)す 깔보다, 멸시하다
みお(見下)ろす 내려다보다

64 정답 4
해석 요즘 택배를 가장한 강도사건 등이 많이 발생하고 있다.
어휘 宅配便(たくはいびん) 택배 装(よそお)う ~인 체하다, 가장하다 強盗(ごうとう) 강도
多発(たはつ) 다발, 빈발, 많이 발생함 ただよ(漂)う 감돌다 みなぎ(漲)る (물 · 힘 · 의욕이) 넘쳐흐르다
さかのぼ(遡)る 거슬러 올라가다

65 정답 2
해석 직장 상사의 괴롭힘을 회사에 호소해도 충분히 대응해 주지 않았다.
어휘 上司(じょうし) 상사 パワハラ 직장 권력[상사]의 괴롭힘 *「パワーハラスメント((일본식 조어) power+harassment)」의 준말 訴(うった)える 호소하다 対応(たいおう) 대응 た(耐)える 참다, 견디다
ふる(震)える 흔들리다, 떨리다 かな(叶)える 이루어 주다, 들어주다

66 정답 1
해석 공해와 환경문제 등으로 인해 수 세기 이내에 세계가 멸망할지도 모른다.
어휘 公害(こうがい) 공해 環境(かんきょう) 환경 数世紀(すうせいき) 수 세기 滅(ほろ)びる 멸망하다, 없어지다
あ(浴)びる 뒤집어쓰다 お(帯)びる (몸에) 차다 こ(媚)びる 알랑거리다, 아첨하다

67 정답 3
해석 오랫동안 팀을 이끌어 온 감독이 올해로 퇴임하게 되었다.
어휘 長年(ながねん) 긴[오랜] 세월, 오랫동안 チーム 팀 率(ひき)いる 거느리다, 이끌다 監督(かんとく) 감독
退任(たいにん) 퇴임 もち(用)いる 사용하다, 이용하다 く(悔)いる 후회하다, 뉘우치다 し(強)いる 강요하다

68 정답 4
해석 비용 삭감을 위해서 생산을 외부에 맡기고 있는데, 품질과 정보 관리에 불안이 남는다.
어휘 コスト 경비, 비용 削減(さくげん) 삭감 生産(せいさん) 생산 外部(がいぶ) 외부 託(たく)する 부탁하다, 맡기다
品質(ひんしつ) 품질 情報(じょうほう) 정보 管理(かんり) 관리 不安(ふあん) 불안 残(のこ)る 남다
ゆる(許)す 용서하다, 허락하다 とも(点)す (불을) 켜다 そら(逸)す (딴 데로) 돌리다

69 정답 4
해석 효율적인 행정을 도모하기 위해서는 민간에서 할 수 있는 것은 민간에게 위임하는 편이 좋다.
어휘 効率的(こうりつてき)だ 효율적이다 行政(ぎょうせい) 행정 図(はか)る 도모하다, 꾀하다 民間(みんかん) 민간
委(ゆだ)ねる 맡기다, 위임하다 まね(真似)る 흉내 내다, 모방하다 は(跳)ねる 뛰어오르다, 튀다 たず(訪)ねる 방문하다

70 정답 2
해석 사람들은 천재 작곡가의 요절을 한탄했다.
어휘 天才(てんさい) 천재 作曲家(さっきょくか) 작곡가 夭折(ようせつ) 요절 嘆(なげ)く 한탄하다, 슬퍼하다
さば(裁)く 시비를 가리다, 심판하다 とど(届)く (보낸 물건이) 도착하다 う(浮)く (물에) 뜨다

# 확인 문제 8・동사

**問題1 ＿＿＿＿の言葉の読み方として最もよいものを、1・2・3・4から一つ選びなさい。**

71 田中さんがその申し出を拒んだなんて、不思議ですね。

1 いどんだ　2 こばんだ　3 あんだ　4 ふくんだ

72 秘密が漏れないように固く戒めた。

1 とがめた　2 うすめた　3 あきらめた　4 いましめた

73 繁華街は不景気の影響で人通りが途絶え、シャッターを下ろした店が目立っていた。

1 うえ　2 あまえ　3 とだえ　4 うろたえ

74 対人関係の基礎は子供時代の遊びで培われる。

1 まわれる　2 おわれる　3 つちかわれる　4 うやまわれる

75 彼女は外国人に対する差別にとても憤っていた。

1 たかぶって　2 さまよって　3 いきどおって　4 よみがえって

76 誰も予想できなかった津波が、突然村を襲って大きな被害を受けた。

1 ためらって　2 はじらって　3 やとって　4 おそって

77 手鏡が床に落ちて砕けてしまった。

1 くだけて　2 ぬけて　3 まけて　4 おじけて

78 輸出の大幅な増加が、その国の経済を潤した。

1 うるおした　2 ころした　3 てらした　4 そらした

79 私は親友の急死に世の無常を悟った。

1 つのった　2 ほった　3 ひるがえった　4 さとった

80 彼は多くの人の信頼を欺いて、不正な行為を繰り返してきた。

1 といて　2 あざむいて　3 すいて　4 まねいて

# 확인 문제 8 • 정답 및 해석(동사)

71 정답 2
해석 다나카 씨가 그 제의를 거부했다니, 이상하네요.
어휘 申(もう)し出(で) 제의, 신청 拒(こば)む 거절하다, 거부하다 ～なんて ～라니, ～하다니
不思議(ふしぎ)だ 불가사의하다, 이상하다 いど(挑)む 도전하다 あ(編)む 짜다, 뜨다, 뜨개질하다 ふく(含)む 포함하다

72 정답 4
해석 비밀이 새지 않도록 단단히 타일렀다.
어휘 秘密(ひみつ) 비밀 漏(も)れる (비밀이) 새다, 누설되다 固(かた)い 엄하다 戒(いまし)める 타이르다, 훈계하다
とが(咎)める 나무라다, 책망하다 うす(薄)める 묽게 하다, 엷게 하다 あきら(諦)める 체념하다, 단념하다

73 정답 3
해석 번화가는 불경기의 영향으로 사람의 왕래가 끊어져 셔터를 내린 가게가 눈에 띄었다.
어휘 繁華街(はんかがい) 번화가 不景気(ふけいき) 불경기 人通(ひとどお)り 사람의 왕래
途絶(とだ)える 두절되다, 끊어지다 シャッター 셔터 下(お)ろす (높은 데서 낮은 데로) 내리다 目立(めだ)つ 눈에 띄다
う(植)える 심다 あま(甘)える 응석부리다 うろた(狼狽)える 허둥거리다, 당황하다

74 정답 3
해석 대인관계의 기초는 어린 시절의 놀이에서 길러진다.
어휘 対人(たいじん) 대인 関係(かんけい) 관계 基礎(きそ) 기초 子供時代(こどもじだい) 어린 시절 遊(あそ)び 놀이
培(つちか)う 기르다, 배양하다 *「培(つちか)われる」- 길러지다 ま(舞)う 흩날리다, 춤추다 お(負)う 지다, 짊어지다
うやま(敬)う 공경하다

75 정답 3
해석 그녀는 외국인에 대한 차별에 매우 분개하고 있었다.
어휘 差別(さべつ) 차별 憤(いきどお)る 분노하다, 분개하다 たか(高)ぶる 흥분하다, 뽐내다 さまよ(彷徨)う 방황하다
よみがえ(蘇)る 되살아나다, 소생하다

76 정답 4
해석 아무도 예상 못했던 쓰나미가 갑자기 마을을 덮쳐 큰 피해를 입었다.
어휘 予想(よそう) 예상 津波(つなみ) 쓰나미, 지진 해일 突然(とつぜん) 갑자기
襲(おそ)う (달갑지 않은 것이) 덮치다, 습격하다 大(おお)きな 큰 被害(ひがい)を受(う)ける 피해를 입다
ためら(躊躇)う 망설이다, 주저하다 は(恥)じらう 부끄러워하다, 수줍어하다 やと(雇)う (사람을) 고용하다

77 정답 1
해석 손거울이 바닥에 떨어져 깨지고 말았다.
어휘 手鏡(てかがみ) 손거울 床(ゆか) 마루, 바닥 落(お)ちる 떨어지다 砕(くだ)ける 깨지다, 부서지다
ぬ(抜)ける 빠지다, 누락되다 ま(負)ける 지다, 패하다 お(怖)じける 겁먹다, 두려워하다

78 정답 1
해석 수출의 대폭적인 증가가 그 나라의 경제를 윤택하게 했다.
어휘 輸出(ゆしゅつ) 수출 大幅(おおはば)だ 대폭적이다 増加(ぞうか) 증가 経済(けいざい) 경제
潤(うるお)す 혜택을 주다, 윤택하게 하다 ころ(殺)す 죽이다 て(照)らす (빛을) 비추다 そ(逸)らす (방향을) 딴 데로 돌리다

79 정답 4
해석 나는 친한 친구의 갑작스러운 죽음에 세상의 무상함을 깨달았다.
어휘 親友(しんゆう) 친한 친구 急死(きゅうし) 급사, 갑자기 죽음 世(よ) 세상 無常(むじょう) 무상, 덧없음
悟(さと)る 깊이 이해하다, 깨닫다 つの(募)る 모집하다 ほ(掘)る (땅을) 파다 ひるがえ(翻)る 뒤집히다, 펄럭이다

80 정답 2
해석 그는 많은 사람의 신뢰를 기만하고 부정한 행위를 반복해 왔다.
어휘 信頼(しんらい) 신뢰 欺(あざむ)く 속이다, 기만하다 不正(ふせい)だ 부정하다 行為(こうい) 행위
繰(く)り返(かえ)す 되풀이하다, 반복하다 と(溶)く 풀다, 녹이다 す(空)く (빈자리가) 나다, 비다
まね(招)く 초대하다, 초래하다

# 확인 문제 9 • 동사

**問題1 ＿＿＿の言葉の読み方として最もよいものを、1・2・3・4から一つ選びなさい。**

81 この度のご指摘、真摯(しんし)に受け止め、改善に努めます。
1 うけやめ　2 うけきめ　3 うけとめ　4 うけしめ

82 体に良いとされている成分でも、必要以上に取ると健康を害してしまうことがある。
1 さっして　2 がいして　3 たいして　4 こして

83 リフレッシュのために、彼女に旅行に行くことを勧めた。
1 すすめた　2 いためた　3 とがめた　4 ふくめた

84 急いで駅まで駆けていったが、終電には間に合わなかった。
1 さけて　2 かけて　3 いけて　4 とけて

85 最近、家計が苦しくなったので財布の紐を締めている。
1 さめて　2 いましめて　3 かすめて　4 しめて

86 中高年のサラリーマンは仕事に追われて健康管理を怠るきらいがあると言われている。
1 あやつる　2 おこたる　3 つかまる　4 ちらかる

87 もう少しで寝る時間なので、布団を敷いて歯磨きをした。
1 さばいて　2 のぞいて　3 しいて　4 そむいて

88 政府は、軍備拡張の必要性を唱えている。
1 かかえて　2 となえて　3 むかえて　4 たたえて

89 大自然に囲まれた湖の表面が、日の光で輝いていた。
1 かがやいて　2 かいて　3 みちびいて　4 うなずいて

90 池田先生は、日本の方言研究に一生を捧げた方である。
1 かしげた　2 とげた　3 ささげた　4 しいたげた

# 확인 문제 9 • 정답 및 해석(동사)

81 정답 3
해석 이번 지적, 진지하게 받아들여 개선에 노력하겠습니다.
어휘 この度(たび) 이번, 금번 *격식 차린 말씨 指摘(してき) 지적 真摯(しんし)だ 진지하다
受(う)け止(と)める 받아들이다, 제대로 대응하다 改善(かいぜん) 개선 努(つと)める 힘쓰다, 노력하다

82 정답 2
해석 몸에 좋다고 여겨지는 성분이라도 필요 이상으로 섭취하면 건강을 해치고 마는 경우가 있다.
어휘 成分(せいぶん) 성분 取(と)る 먹다, 섭취하다 健康(けんこう) 건강 害(がい)する 해치다, 상하게 하다
さっ(察)する 헤아리다, 살피다 たい(対)する 대하다, 상대하다 こ(鼓)する 북을 치다, 두드리다

83 정답 1
해석 기분 전환을 위해서 그녀에게 여행을 갈 것을 권했다.
어휘 リフレッシュ 기분을 새롭게 함 勧(すす)める 권하다 いた(痛)める 아프게 하다 とが(咎)める 나무라다, 책망하다
ふく(含)める 포함시키다, 포함하다

84 정답 2
해석 서둘러 역까지 뛰어갔지만, 막차에는 시간에 맞추지 못했다.
어휘 急(いそ)ぐ 서두르다 駆(か)ける (사람·말 따위가) 전속력으로 달리다, 뛰다
終電(しゅうでん) (전철의) 막차 *「終電車(しゅうでんしゃ)」의 준말 間(ま)に合(あ)う 시간에 맞게 대다, 늦지 않다
さ(避)ける 피하다 い(生)ける (꽃·가지를) 꽂다, 심다 と(溶)ける 녹다

85 정답 4
해석 최근 생계가 어려워져서 허리띠를 졸라매고 있다.
어휘 家計(かけい) 가계, 생계 苦(くる)しい 어렵다, 가난하다 財布(さいふ) 지갑 紐(ひも) 끈
締(し)める (바싹) 죄다, 졸라매다 *「財布(さいふ)の紐(ひも)を締(し)める」-돈을 아껴 쓰다, 허리띠를 졸라매다
さ(冷)める 식다 いまし(戒)める 타이르다, 훈계하다 かす(掠)める (슬쩍) 훔치다, (눈을) 속이다

86 정답 2
해석 중노년 샐러리맨은 일에 쫓겨 건강관리를 게을리하는 경향이 있다고들 한다.
어휘 中高年(ちゅうこうねん) 중년과 노년 追(お)う 쫓다 *「追(お)われる」-쫓기다 怠(おこた)る 게을리하다
～きらいがある ～하는 경향이 있다 *좋지 않은 일에 씀 あやつ(操)る (뒤에서 사람을) 부리다, 조종하다
つか(捕)まる 잡다, 붙잡다 ち(散)らかる 흩어지다, 어질러지다

87 정답 3
해석 조금 있으면 잘 시간이라서 이불을 펴고 양치질을 했다.
어휘 寝(ね)る 자다 布団(ふとん) 이부자리, 이불, 요 敷(し)く 깔다, 펴다 歯磨(はみが)き 양치질
さば(裁)く 시비를 가리다, 심판하다 のぞ(除)く 제외하다 そむ(背)く 저버리다, 배반하다

88 정답 2
해석 정부는 군비 확장의 필요성을 주장하고 있다.
어휘 政府(せいふ) 정부 軍備(ぐんび) 군비 拡張(かくちょう) 확장 唱(とな)える 주장하다, 주창하다
かか(抱)える 안다, (문제 등을) 떠안다 むか(迎)える (사람·때를) 맞다, 맞이하다 たた(称)える 칭찬하다, 칭송하다, 기리다

89 정답 1
해석 대자연에 둘러싸인 호수 표면이 햇빛으로 반짝이고 있었다.
어휘 大自然(だいしぜん) 대자연 囲(かこ)む 둘러싸다 湖(みずうみ) 호수 表面(ひょうめん) 표면 光(ひかり) 빛
輝(かがや)く 빛나다, 반짝이다 か(掻)く 긁다 みちび(導)く 안내하다, 이끌다 うなず(頷)く 고개를 끄덕이다, 수긍하다

90 정답 3
해석 이케다 선생님은 일본의 방언 연구에 평생을 바친 분이다.
어휘 方言(ほうげん) 방언 研究(けんきゅう) 연구 一生(いっしょう) 일생, 평생 捧(ささ)げる 바치다
かし(傾)げる 갸웃하다, 기울이다 と(遂)げる 이루다, 완수하다 しいた(虐)げる 못살게 굴다, 학대하다

# 확인 문제 10 • 동사

**問題1 ＿＿＿＿の言葉の読み方として最もよいものを、1・2・3・4から一つ選びなさい。**

91 今回の交渉は、解決の見込みが全く見えなかったため打ち切るしかなかった。
1 たちきる　2 もちきる　3 かちきる　4 うちきる

92 ここに載っている記事や写真は、利用目的に合わせて個人に提供している。
1 くって　2 さって　3 ゆって　4 のって

93 売り場には人が押し寄せ、収拾がつかない状態だ。
1 だしよせ　2 おしよせ　3 かしよせ　4 さしよせ

94 重いものを持つのは避けるようにしてください。
1 たける　2 もうける　3 さける　4 いける

95 昨日は、亡き父を慕って一日中泣きました。
1 したって　2 うしなって　3 やしなって　4 かなって

96 うちの子が隣の窓ガラスを壊して償った。
1 おった　2 こった　3 つぐなった　4 そった

97 たくさんの時間とお金を費やしたが、実験は失敗してしまった。
1 ついやした　2 ふやした　3 もやした　4 はやした

98 同期が次々にリストラの対象となり、私の不安も日に日に募った。
1 おこたった　2 ちぎった　3 つのった　4 やとった

99 彼女の部屋の中には、薔薇(ばら)の香りが漂っていた。
1 せまって　2 こうむって　3 やぶって　4 ただよって

100 米国は、日本企業の参入を促している。
1 しるして　2 おどして　3 ともして　4 うながして

# 확인 문제 10 • 정답 및 해석(동사)

91 정답 4
해석 이번 교섭은 해결 전망이 전혀 보이지 않았기 때문에 중단할 수밖에 없었다.
어휘 今回(こんかい) 이번 交渉(こうしょう) 교섭 解決(かいけつ) 해결 見込(みこ)み 예상, 전망 見(み)える 보이다
打(う)ち切(き)る 중단하다, 중지하다 ～しかない ～할 수밖에 없다 た(断)ちき(切)る 끊다, 자르다
も(持)ちき(切)る 끝까지 지니다[유지하다], 전부 들다, 지탱하다

92 정답 4
해석 여기에 실려 있는 기사나 사진은 이용 목적에 맞춰 개인에게 제공하고 있다.
어휘 載(の)る (신문·잡지 등에) 실리다 記事(きじ) 기사 写真(しゃしん) 사진 利用(りよう) 이용 目的(もくてき) 목적
合(あ)わせる 맞추다 個人(こじん) 개인 提供(ていきょう) 제공 く(繰)る (실 등을) 감다 さ(去)る 떠나다
ゆ(揺)る 흔들다

93 정답 2
해석 매장에는 사람이 몰려들어 수습이 안 되는 상태다.
어휘 売(う)り場(ば) 매장 押(お)し寄(よ)せる 밀어닥치다, 몰려들다 収拾(しゅうしゅう)がつく 수습이 되다
状態(じょうたい) 상태

94 정답 3
해석 무거운 물건을 드는 것은 피하도록 하세요.
어휘 持(も)つ 들다 避(さ)ける 피하다 た(長)ける 뛰어나다 もう(設)ける 만들다, 마련하다, 설치하다
い(生)ける (꽃·가지를) 꽂다, 심다

95 정답 1
해석 어제는 돌아가신 아버지를 그리워하며 하루 종일 울었습니다.
어휘 亡(な)き 죽고 없는, 고(故) *「亡(な)き父(ちち)」－돌아가신 아버지 慕(した)う 그리워하다, 연모하다
一日中(いちにちじゅう) 하루 종일 泣(な)く 울다 うしな(失)う 잃다 やしな(養)う 기르다, 양육하다
かな(敵)う 필적하다, 대적하다

96 정답 3
해석 우리 아이가 옆집 유리창을 깨뜨려서 변상했다.
어휘 窓(まど)ガラス 창유리 壊(こわ)す 부수다, 깨뜨리다 償(つぐな)う 보상하다, 변상하다 お(負)う (책임 등을) 지다
こ(請)う 청하다, 요구하다 そ(沿)う 따르다

97 정답 1
해석 많은 시간과 돈을 썼지만, 실험은 실패하고 말았다.
어휘 費(つい)やす 쓰다, 소비하다 実験(じっけん) 실험 失敗(しっぱい) 실패 ふ(増)やす 늘리다
も(燃)やす (불에) 태우다 は(生)やす (수염·털·초목 등을) 자라게 하다, 기르다

98 정답 3
해석 동기가 차례차례 구조조정 대상이 되어 내 불안도 날로 심해졌다.
어휘 同期(どうき) 동기 次々(つぎつぎ)に 잇따라, 차례차례 リストラ 구조조정 *「リストラクチャリング」의 준말
対象(たいしょう) 대상 不安(ふあん) 불안 日(ひ)に日(ひ)に 나날이, 날로 募(つの)る (점점) 더해지다, 심해지다
おこた(怠)る 게을리하다 ちぎ(千切)る 잘게 찢다 やと(雇)う 고용하다

99 정답 4
해석 그녀의 방 안에는 장미 향기가 감돌고 있었다.
어휘 薔薇(ばら) 장미 香(かお)り 향기 漂(ただよ)う 감돌다 せま(迫)る 다가오다 こうむ(被)る (피해 등을) 입다, 받다
やぶ(破)る (약속 등을) 깨다, 어기다

100 정답 4
해석 미국은 일본 기업의 참가를 촉구하고 있다.
어휘 米国(べいこく) 미국 参入(さんにゅう) (새로운 역할을 가지고) 참가함 促(うなが)す 재촉하다, 촉구하다
しる(記)す 적다, 기록하다 おど(脅)す 위협하다, 협박하다 とも(点)す (불을) 켜다

# 점수 UP! UP!
## <동사>

| | | |
|---|---|---|
| ☐ 反(そ)る (활처럼) 휘다 | ☐ 余(あま)る 남다 | ☐ 尋(たず)ねる 묻다 |
| ☐ 擦(す)れる 스치다 | ☐ 狭(せば)める 좁히다 | ☐ 逃(のが)す 놓치다 |
| ☐ 著(あらわ)す 저술하다 | ☐ 汚(けが)す 더럽히다 | ☐ 兼(か)ねる 겸하다 |
| ☐ 保(たも)つ 유지하다 | ☐ 強(し)いる 강요하다 | ☐ 隔(へだ)てる 사이를 두다 |
| ☐ 治(おさ)まる (아픔이) 가라앉다 | ☐ 仰(あお)ぐ 우러러보다 | ☐ 炒(いた)める 볶다 |
| ☐ 脅(おびや)かす 위협하다 | ☐ 滑(すべ)る 미끄러지다 | ☐ 賜(たまわ)る (윗사람에게서) 받다, 내려 주시다 |
| ☐ 舞(ま)う 흩날리다, 춤추다 | ☐ 葬(ほうむ)る 매장하다 | ☐ 巧(たく)む 꾸미다, 기교를 부리다 |
| ☐ 慈(いつく)しむ 애지중지하다 | ☐ 凝(こ)る 응고하다, 열중하다 | ☐ 説(と)く 설명하다, 타이르다 |
| ☐ 縮(ちぢ)まる (시간 · 거리 따위가) 짧아지다 | ☐ 称(しょう)する 칭하다, 부르다 | ☐ 垂(た)れる 드리워지다 |
| ☐ 改(あらた)める (좋게) 고치다, 바로잡다 | ☐ 裁(さば)く 시비를 가리다, 심판하다 | ☐ 努(つと)める 힘쓰다, 노력하다 |
| ☐ 利(き)く 듣다, 효과가 있다 | ☐ 謝(あやま)る 사과하다 | ☐ 束(たば)ねる 다발을 묶다 |
| ☐ 商(あきな)う 장사하다 | ☐ 尊(とうと)ぶ 존경하다, 공경하다 | ☐ 計(はか)らう (적절히) 조처하다 |
| ☐ 侵(おか)す 침범하다, 침해하다 | ☐ 定(さだ)まる 정해지다, 결정되다 | ☐ 整(ととの)う 갖추어지다, 준비가 다 되다 |
| ☐ 老(お)いる 늙다, 노쇠하다 | ☐ 配(くば)る 나누어 주다, 배포하다 | ☐ 秀(ひい)でる 뛰어나다, 빼어나다 |
| ☐ 紛(まぎ)れる 혼동되다, 헷갈리다 | ☐ 染(そ)める 물들이다, 염색하다 | ☐ 膨(ふく)れる 부풀다, 불룩해지다 |
| ☐ 衰(おとろ)える (세력이) 약해지다, (체력이) 쇠약해지다 | ☐ 徹(てっ)する 사무치다, 철저하다 | ☐ 萎(な)える 힘이 풀리다, 시들다 |
| ☐ 省(かえり)みる 뒤돌아보다, 반성하다 | ☐ 据(す)える (물건을) 놓다, 설치하다 | ☐ 育(はぐく)む 양육하다, (발전하도록) 보호 육성하다 |

# 기출 및 출제 예상 어휘 100
## <명사>

| | | |
|---|---|---|
| □ 丘(おか) 언덕 | □ 連日(れんじつ) 연일 | □ 無言(むごん) 무언 |
| □ 名誉(めいよ) 명예 | □ 閲覧(えつらん) 열람 | □ 履歴(りれき) 이력 |
| □ 侮辱(ぶじょく) 모욕 | □ 捕獲(ほかく) 포획 | □ 拒否(きょひ) 거부 |
| □ 改革(かいかく) 개혁 | □ 解雇(かいこ) 해고 | □ 沿岸(えんがん) 연안 |
| □ 演奏(えんそう) 연주 | □ 復興(ふっこう) 부흥 | □ 変遷(へんせん) 변천 |
| □ 把握(はあく) 파악 | □ 凝縮(ぎょうしゅく) 응축 | □ 赴任(ふにん) 부임 |
| □ 驚嘆(きょうたん) 경탄 | □ 閉鎖(へいさ) 폐쇄 | □ 介護(かいご) 간병 |
| □ 花壇(かだん) 화단 | □ 開拓(かいたく) 개척 | □ 搬送(はんそう) 반송, 후송 |
| □ 忍耐(にんたい) 인내 | □ 破損(はそん) 파손 | □ 貧富(ひんぷ) 빈부 |
| □ 妥協(だきょう) 타협 | □ 排出(はいしゅつ) 배출 | □ 欠陥(けっかん) 결함 |
| □ 拘束(こうそく) 구속 | □ 契約(けいやく) 계약 | □ 人柄(ひとがら) 인품 |
| □ 措置(そち) 조치 | □ 暴露(ばくろ) 폭로 | □ 繁殖(はんしょく) 번식 |
| □ 群集(ぐんしゅう) 군집 | □ 繁盛(はんじょう) 번성, 번창 | □ 貢献(こうけん) 공헌 |
| □ 垣根(かきね) 울타리 | □ 画一的(かくいつてき) 획일적 | □ 獲物(えもの) 사냥감 |
| □ 偽り(いつわり) 거짓, 허위 | □ 工夫(くふう) 궁리 | □ 浜辺(はまべ) 바닷가, 해변 |
| □ 嫌悪感(けんおかん) 혐오감 | □ 日夜(にちや) 밤낮, 낮과 밤 | □ 披露(ひろう) 피로, 공개함 |
| □ 跡地(あとち) 철거 부지 | □ 本筋(ほんすじ) 본래의 줄거리, 본론 | □ 枠(わく) 테두리 |

| | | |
|---|---|---|
| □ 由緒(ゆいしょ) 유서 | □ 融通(ゆうずう) 융통성 | □ 利益(りえき) 이익 |
| □ 網羅(もうら) 망라 | □ 治癒(ちゆ) 치유 | □ 躍進(やくしん) 약진 |
| □ 考慮(こうりょ) 고려 | □ 添付(てんぷ) 첨부 | □ 催促(さいそく) 재촉 |
| □ 振興(しんこう) 진흥 | □ 人脈(じんみゃく) 인맥 | □ 鑑定(かんてい) 감정 |
| □ 概略(がいりゃく) 개략, 개요 | □ 合併(がっぺい) 합병 | □ 姿勢(しせい) 자세 |
| □ 雑菌(ざっきん) 잡균 | □ 根拠(こんきょ) 근거 | □ 克服(こくふく) 극복 |
| □ 小銭(こぜに) 잔돈 | □ 興奮(こうふん) 흥분 | □ 干渉(かんしょう) 간섭 |
| □ 威厳(いげん) 위엄 | □ 自粛(じしゅく) 자숙 | □ 承諾(しょうだく) 승낙 |
| □ 指図(さしず) 지시 | □ 趣旨(しゅし) 취지 | □ 実費(じっぴ) 실비, 실제로 드는 비용 |
| □ 債務(さいむ) 채무 | □ 遺憾(いかん) 유감 | □ 訴訟(そしょう) 소송 |
| □ 需要(じゅよう) 수요 | □ 樹木(じゅもく) 수목 | □ 沈黙(ちんもく) 침묵 |
| □ 緩和(かんわ) 완화 | □ 推理(すいり) 추리 | □ 中枢(ちゅうすう) 중추 |
| □ 執着(しゅうちゃく) 집착 | □ 憩い(いこい) 휴식, 쉼 | □ 丘陵(きゅうりょう) 구릉, 언덕 |
| □ 阻止(そし) 저지 | □ 献立(こんだて) 식단, 메뉴 | □ 陳列(ちんれつ) 진열 |
| □ 兆し(きざし) 조짐, 징조 | □ 相場(そうば) 시세 | □ 憤り(いきどおり) 분노 |
| □ 手際(てぎわ) 솜씨, 수완 | □ 巡り(めぐり) 회전, 순환 | □ 釈明(しゃくめい) 석명, 해명 |
| □ 斜面(しゃめん) 사면, 경사면 | | |

동영상 02

# 확인 문제 1 • 명사

**問題1 ＿＿＿＿の言葉の読み方として最もよいものを、1・2・3・4から一つ選びなさい。**

1 契約も取れたことだし、今日は思う存分飲みましょう。
1 きやく　2 かいやく　3 こうやく　4 けいやく

2 フィギュアスケートのメダリストである彼女の素晴らしい演技は、驚嘆に値する。
1 こうたん　2 こうだん　3 きょうたん　4 きょうだん

3 今週末、庭の片側に花壇を作ろうと思っている。
1 かさん　2 かざん　3 かだん　4 かたん

4 演奏が終わると、観客から割れような拍手が起こった。
1 えんそう　2 えんぞう　3 えんしょう　4 えんじょう

5 うちの学校は丘の上に建っているので、町中が見える。
1 ひたい　2 のき　3 なえ　4 おか

6 今の危機を克服するために、みんなで知恵を絞った。
1 こふく　2 こくふく　3 かふく　4 かくふく

7 ビジネス社会で「人脈」を得るには、まず自分自身が「人のために役に立つ」という姿勢が大事だ。
1 じんまく　2 にんまく　3 じんみゃく　4 にんみゃく

8 最近、無言電話が多くて困っている。
1 むげん　2 むごん　3 ぶげん　4 ぶごん

9 さっきの彼の発言は、今回の会議の趣旨にはそぐわないと思う。
1 ちゅし　2 ちゅうし　3 しゅし　4 しゅうし

10 こんな侮辱を受けたのは、生まれてはじめてだ。
1 ぶじょく　2 ぶぞく　3 ふじょく　4 ふぞく

# 확인 문제 1 • 정답 및 해석(명사)



1 정답 4
해석 계약도 땄으니, 오늘은 실컷 마십시다.
어휘 契約(けいやく) 계약 取(と)れる 얻다, 따다
～ことだし ~하기도 하고[하니] *「～し」의 격식 차린 표현으로, 평판 · 결정 · 희망의 이유, 근거가 되는 사정, 상황을 이야기할 때 씀
思(おも)う存分(ぞんぶん) 실컷 きやく(規約) 규약 かいやく(解約) 해약 こうやく(公約) 공약

2 정답 3
해석 피겨 스케이트 메달리스트인 그녀의 멋진 연기는 경탄할 만하다.
어휘 フィギュアスケート 피겨 스케이트 メダリスト 메달리스트 素晴(すば)らしい 훌륭하다, 멋지다 演技(えんぎ) 연기
驚嘆(きょうたん) 경탄 値(あたい)する (「～に」의 꼴로) ~할 가치가 있다, ~할 만하다 こうたん(後端) 후단, 뒤쪽 끝
こうだん(公団) 공단 きょうだん(教壇) 교단

3 정답 3
해석 이번 주말에 마당 한쪽에 화단을 만들려고 생각하고 있다.
어휘 今週末(こんしゅうまつ) 이번 주말 庭(にわ) 뜰, 마당, 정원 片側(かたがわ) 한쪽 花壇(かだん) 화단
かさん(加算) 가산, 합산, 덧셈 かざん(火山) 화산 かたん(荷担) 가담

4 정답 1
해석 연주가 끝나자, 관객으로부터 우레와 같은 박수가 일었다.
어휘 演奏(えんそう) 연주 終(お)わる 끝나다 観客(かんきゃく) 관객 割(わ)れような 떠나갈 듯 요란한, 우레와 같은
拍手(はくしゅ) 박수 起(お)こる 일어나다, 발생하다 えんぞう(塩蔵) 염장, 소금에 절여 저장함 えんしょう(炎症) 염증
えんじょう(炎上) 불탐, 불타오름

5 정답 4
해석 우리 학교는 언덕 위에 서 있기 때문에 마을 전체가 보인다.
어휘 うち 우리 丘(おか) 언덕 建(た)つ (건물 등이) 서다, 세워지다 町中(まちじゅう) 온 동네, 마을 전체
見(み)える 보이다 ひたい(額) 이마 のき(軒) 처마 なえ(苗) 모종

6 정답 2
해석 지금의 위기를 극복하기 위해서 다 함께 지혜를 짜냈다.
어휘 危機(きき) 위기 克服(こくふく) 극복 知恵(ちえ)を絞(しぼ)る 지혜를 짜내다
こふく(鼓腹) 고복, 배를 두드림 *먹을 것이 넉넉하여 안락한 모양 かふく(禍福) 화복 かくふく(拡幅) (도로 등의) 폭을 넓힘

7 정답 3
해석 비즈니스 사회에서 '인맥'을 얻으려면, 우선 자기 자신이 '남을 위해 도움이 되겠다'라는 자세가 중요하다.
어휘 人脈(じんみゃく) 인맥 得(え)る 얻다 동사의 보통형+には ~하려면 自分自身(じぶんじしん) 자기 자신
役(やく)に立(た)つ 도움이 되다 姿勢(しせい) 자세 大事(だいじ)だ 중요하다 じんまく(陣幕) 진막, 진영 둘레에 친 막

8 정답 2
해석 요즘 말 없는 전화가 많아서 곤란하다.
어휘 無言(むごん) 무언, 침묵, 말 없음 困(こま)る 곤란하다, 난처하다 むげん(無限) 무한
ぶげん(侮言) 모언, 업신여겨 하는 말

9 정답 3
해석 조금 전 그의 발언은 이번 회의의 취지에는 맞지 않는다고 생각한다.
어휘 発言(はつげん) 발언 趣旨(しゅし) 취지 そぐわない 맞지 않다, 어울리지 않다 ちゅうし(中止) 중지
しゅうし(収支) 수지, 수입과 지출

10 정답 1
해석 이런 모욕을 받은 것은 태어나서 처음이다.
어휘 侮辱(ぶじょく)を受(う)ける 모욕을 받다 生(う)まれる 태어나다 ～てはじめて ~해서 처음(으로), ~하고서야 비로소
ぶぞく(部族) 부족 ふぞく(付属) 부속

# 확인 문제 2 • 명사

**問題1 ＿＿＿＿の言葉の読み方として最もよいものを、1・2・3・4から一つ選びなさい。**

11 彼女は東京大学から名誉博士の称号を受けたそうだ。

1 めいよ　2 めいえ　3 なよ　4 なよう

12 連日猛暑が続いて、アイスクリームが飛ぶように売れた。

1 れんじつ　2 れんにち　3 れんひ　4 れんび

13 思い切った経済政策により経済改革が行われた。

1 かいとく　2 がいとく　3 かいかく　4 がいかく

14 知らない人からの電話は受けたくないので、番号非通知の着信は拒否する設定にしている。

1 きょうひ　2 きょひ　3 きょうび　4 きょび

15 状況をもう少し細かく把握した上で決めましょう。

1 ひあく　2 びあく　3 はあく　4 ぱあく

16 A社で発売した新車は、エンジン部品に欠陥が見つかり、全車両がリコールになった。

1 しっかん　2 いっかん　3 けっかん　4 だっかん

17 無分別な捕獲によって、絶滅の危機に瀕している動物が多いです。

1 ほうちょく　2 ほちょく　3 ほうかく　4 ほかく

18 彼女は業務にミスが多くて結局、解雇されてしまった。

1 かいこ　2 かいご　3 かいこう　4 がいこう

19 介護サービスを利用するには、ケアプランの作成が必要です。

1 ふご　2 ふごう　3 かいご　4 かいごう

20 一般的に「人格者」とは、誰からも尊敬される優れた人柄の持ち主のことである。

1 じんへい　2 にんへい　3 ひとがら　4 とがら

# 확인 문제 2 • 정답 및 해석(명사)



11 정답 1
해석 그녀는 도쿄대학교로부터 명예박사 칭호를 받았다고 한다.
어휘 名誉(めいよ) 명예 博士(はかせ) 박사 称号(しょうごう) 칭호 受(う)ける 받다
품사의 보통형+そうだ ~라고 한다 *전문

12 정답 1
해석 연일 심한 더위가 계속되어 아이스크림이 날개 돋친 듯이 팔렸다.
어휘 連日(れんじつ) 연일 猛暑(もうしょ) 맹서, 혹서, 심한 더위 飛(と)ぶように 날개 돋친 듯이, 불티나게
売(う)れる (잘) 팔리다

13 정답 3
해석 과감한 경제 정책에 의해 경제 개혁이 이루어졌다.
어휘 思(おも)い切(き)った 과감한 経済(けいざい) 경제 政策(せいさく) 정책 改革(かいかく) 개혁
行(おこな)う 하다, 행하다, 실시하다 がいかく(外郭) 외곽

14 정답 2
해석 모르는 사람한테서 오는 전화는 받고 싶지 않아서 발신자 표시제한의 착신은 거부하는 설정으로 하고 있다.
어휘 番号非通知(ばんごうひつうち) 발신자 표시제한 着信(ちゃくしん) 착신 拒否(きょひ) 거부
設定(せってい) 설정

15 정답 3
해석 상황을 조금 더 세세히 파악한 후에 결정합시다.
어휘 状況(じょうきょう) 상황 細(こま)かい 자세하다, 세세하다 把握(はあく) 파악
동사의 た형+上(うえ)で ~한 후에, ~한 다음에 決(き)める 정하다, 결정하다

16 정답 3
해석 A사에서 발매한 신차는 엔진 부품에 결함이 발견되어 전 차량이 리콜되었다.
어휘 発売(はつばい) 발매 新車(しんしゃ) 신차 エンジン 엔진 部品(ぶひん) 부품 欠陥(けっかん) 결함
見(み)つかる 발견되다, 찾게 되다 全(ぜん) 전, 모든 車両(しゃりょう) 차량 リコール 리콜 しっかん(疾患) 질환
いっかん(一貫) 일관 だっかん(奪還) 탈환

17 정답 4
해석 무분별한 포획에 의해서 멸종 위기에 처해 있는 동물이 많습니다.
어휘 無分別(むぶんべつ)だ 무분별하다 捕獲(ほかく) 포획 絶滅(ぜつめつ) 절멸, 멸종 危機(きき) 위기
瀕(ひん)する (절박한 사태에) 직면하다, 처하다 ほうちょく(奉勅) 봉칙, 칙명을 받듦

18 정답 1
해석 그녀는 업무에 실수가 많아서 결국 해고되고 말았다.
어휘 業務(ぎょうむ) 업무 ミス 미스, 실수 結局(けっきょく) 결국 解雇(かいこ) 해고 かいご(介護) 간병
かいこう(開講) 개강 がいこう(外交) 외교

19 정답 3
해석 간병 서비스를 이용하려면 케어 플랜 작성이 필요합니다.
어휘 介護(かいご) 간병 利用(りよう) 이용 동사의 보통형+には ~하려면
ケアプラン 케어 플랜 *간병 대상자에게 필요한 서비스를 일 · 주 · 월 단위로 효과적으로 조합한 계획
作成(さくせい) 작성 ふご(畚) 대 · 짚 등으로 엮어서 만든 그릇의 총칭 ふごう(符号) 부호 かいごう(会合) 회합

20 정답 3
해석 일반적으로 '인격자'란 누구에게나 존경받는 뛰어난 인품의 소유자를 말한다.
어휘 一般的(いっぱんてき)だ 일반적이다 人格者(じんかくしゃ) 인격자 ~とは ~라고 하는 것은, ~란 *정의
尊敬(そんけい) 존경 優(すぐ)れる 뛰어나다, 우수하다 人柄(ひとがら) 인품 持(も)ち主(ぬし) 소유자, 소유주
명사+の+ことだ ~을 말한다

# 확인 문제 3 • 명사

**問題1 ＿＿＿＿の言葉の読み方として最もよいものを、1・2・3・4から一つ選びなさい。**

21 彼女は彼に対して、離婚訴訟を起こした。

1 そしょう　　2 そうしょう　　3 そそう　　4 そうそう

22 いつも前向きな姿勢で試合に臨む彼の態度は、見習いたいものだ。

1 させい　　2 ざせい　　3 じせい　　4 しせい

23 投薬ミス防止に画期的な検索システムが開発されました。

1 かくぎてき　　2 かっきてき　　3 がくぎてき　　4 がっきてき

24 私は教授の質問に、資料の正確な根拠を提示できなかった。

1 こんきょ　　2 こんきょう　　3 きんきょ　　4 きんきょう

25 この出版社は推理小説シリーズを続刊している。

1 しんり　　2 ごうり　　3 すいり　　4 しゃり

26 先方にご迷惑をおかけしないよう、万全の措置を取ってください。

1 さち　　2 さいち　　3 そち　　4 そうち

27 条件によっては、妥協の余地がない場合もある。

1 たきょ　　2 だきょ　　3 たきょう　　4 だきょう

28 インフルエンザにかかった場合は、医者の指示に従い、安静にしてください。

1 さしと　　2 しと　　3 しじ　　4 しず

29 洗濯槽に汚れた衣類を放置しておくと、洗濯槽の湿気と汚れで菌が繁殖してカビのもとになる。

1 びんしょく　　2 ひんしょく　　3 ばんしょく　　4 はんしょく

30 鷹（たか）はスピードが速く、獲物を見つけると、急降下して瞬時に捕まえてしまう。

1 えもの　　2 かくもの　　3 えぶつ　　4 かくぶつ

# 확인 문제 3 • 정답 및 해석(명사)



21 정답 1
해석 그녀는 그에 대해 이혼 소송을 제기했다.
어휘 離婚(りこん) 이혼 訴訟(そしょう)を起(お)こす 소송을 제기하다 そうしょう(総称) 총칭 そそう(粗相) 실수 そうそう(早々) 부랴부랴, 서둘러

22 정답 4
해석 항상 적극적인 자세로 시합에 임하는 그의 태도는 정말 본받고 싶다.
어휘 前向(まえむ)きだ (사고나 행동이) 적극적이다 姿勢(しせい) 자세 試合(しあい) 시합 臨(のぞ)む 임하다 態度(たいど) 태도 見習(みなら)う 본받다 ～たいものだ 정말 ～하고 싶다 *소원 じせい(自制) 자제

23 정답 2
해석 투약 실수 방지에 획기적인 검색 시스템이 개발되었습니다.
어휘 投薬(とうやく) 투약 ミス 미스, 실수 防止(ぼうし) 방지 画期的(かっきてき) 획기적임 検索(けんさく) 검색 システム 시스템 開発(かいはつ) 개발

24 정답 1
해석 나는 교수님 질문에 자료의 정확한 근거를 제시하지 못했다.
어휘 教授(きょうじゅ) 교수 質問(しつもん) 질문 資料(しりょう) 자료 正確(せいかく)だ 정확하다 根拠(こんきょ) 근거 提示(ていじ) 제시 きんきょう(近況) 근황

25 정답 3
해석 이 출판사는 추리 소설 시리즈를 계속해서 발간하고 있다.
어휘 出版社(しゅっぱんしゃ) 출판사 推理(すいり) 추리 小説(しょうせつ) 소설 シリーズ 시리즈 続刊(ぞっかん) 속간, (책 등을) 계속하여 간행함 しんり(心理) 심리 ごうり(合理) 합리 しゃり(舎利) 사리, 유골

26 정답 3
해석 상대방에 폐를 끼치지 않도록 만전의 조치를 취해 주세요.
어휘 先方(せんぽう) 상대방, 상대편 迷惑(めいわく)をかける 폐를 끼치다 お+동사의 ます형+する ～하다, ～해 드리다 *겸양표현 万全(ばんぜん) 만전 措置(そち) 조치 取(と)る 취하다 さち(幸) 행복 さいち(才知) 재치 そうち(装置) 장치

27 정답 4
해석 조건에 따라서는 타협의 여지가 없는 경우도 있다.
어휘 条件(じょうけん) 조건 ～によっては ～에 따라서는 妥協(だきょう) 타협 余地(よち) 여지 場合(ばあい) 경우 たきょう(他郷) 타향

28 정답 3
해석 독감에 걸린 경우에는 의사의 지시에 따라 안정을 취해 주세요.
어휘 インフルエンザにかかる 인플루엔자[독감]에 걸리다 医者(いしゃ) 의사 指示(しじ) 지시 従(したが)う (명령 등에) 따르다 安静(あんせい)にする 안정을 취하다 しず(賤) 미천함, 미천한 사람

29 정답 4
해석 세탁조에 더러워진 옷을 방치해 두면 세탁조의 습기와 오염물질로 균이 번식해서 곰팡이의 원인이 된다.
어휘 洗濯槽(せんたくそう) 세탁조 汚(よご)れる 더러워지다 放置(ほうち) 방치 湿気(しっけ) 습기 汚(よご)れ 더러움, 때 菌(きん) 균 繁殖(はんしょく) 번식 カビ 곰팡이 もと 원인 ばんしょく(晩食) 저녁식사

30 정답 1
해석 매는 속도가 빨라서 사냥감을 발견하면 급강하해서 순식간에 붙잡아 버린다.
어휘 鷹(たか) 매 スピード 스피드, 속도 速(はや)い (속도가) 빠르다 獲物(えもの) 사냥감 見(み)つける 찾(아내)다, 발견하다 急降下(きゅうこうか) 급강하 瞬時(しゅんじ)に 순식간에 捕(つか)まえる 잡다, 붙잡다

# 확인 문제 4 • 명사

**問題1 ＿＿＿＿の言葉の読み方として最もよいものを、1・2・3・4から一つ選びなさい。**

31 そう興奮しないで、冷静になりなさい。

1 こうふん　2 こふん　3 きょふん　4 きょうふん

32 公共の場では、他人に不快感や嫌悪感を与える行為をしてはいけない。

1 けんあくかん　2 けんおかん　3 かんあくかん　4 かんおかん

33 今回の試合を通じて先輩たちに忍耐の大切さを教えられた。

1 かんたい　2 ふんたい　3 にんたい　4 じんたい

34 黄砂、埃、雑菌は接触性皮膚炎を誘発する。

1 ざっきん　2 さいきん　3 ぞきん　4 ぞうきん

35 昔、この沿岸では、ニシンがたくさん取れたそうだ。

1 しんがん　2 えんがん　3 ふんがん　4 のんがん

36 会社内では、社内規定によって閲覧できるサイトが限られている。

1 さつらん　2 たつらん　3 かつらん　4 えつらん

37 詳しくは添付ファイルをご確認ください。

1 せんぷ　2 てんぷ　3 かんぷ　4 ねんぷ

38 お腹空いちゃった。もう一度電話して催促してよ。

1 さいそく　2 とくそく　3 きそく　4 じそく

39 凝縮は蒸発とは逆の変化で、気体が液体になることである。

1 きょしゅく　2 きょうしゅく　3 ぎょしゅく　4 ぎょうしゅく

40 「古刹(こさつ)」とは、由緒ある古い寺を言う。

1 ゆしょ　2 ゆしょう　3 ゆいしょ　4 ゆいしょう

# 확인 문제 4 • 정답 및 해석(명사)

31 정답 1
해석 그렇게 흥분하지 말고 냉정해지세요.
어휘 そう 그렇게 興奮(こうふん) 흥분 冷静(れいせい)だ 냉정하다 こふん(古墳) 고분

32 정답 2
해석 공공장소에서는 타인에게 불쾌감이나 혐오감을 주는 행위를 해서는 안 된다.
어휘 公共(こうきょう)の場(ば) 공공장소 他人(たにん) 타인, 남 不快感(ふかいかん) 불쾌감
嫌悪感(けんおかん) 혐오감 与(あた)える (주의·영향 등을) 주다 行為(こうい) 행위 ～てはいけない ~해서는 안 된다

33 정답 3
해석 이번 시합을 통해서 선배들에게 인내의 소중함을 배웠다.
어휘 今回(こんかい) 이번 試合(しあい) 시합 ～を通(つう)じて ~을 통해서 先輩(せんぱい) 선배
忍耐(にんたい) 인내 大切(たいせつ)さ 소중함 教(おし)える 가르치다 かんたい(歓待) 환대
ふんたい(粉黛) 분대, 분과 눈썹먹, 화장 じんたい(人体) 인체

34 정답 1
해석 황사, 먼지, 잡균은 접촉성 피부염을 유발한다.
어휘 黄砂(こうさ) 황사 埃(ほこり) 먼지 雑菌(ざっきん) 잡균 接触性(せっしょくせい) 접촉성
皮膚炎(ひふえん) 피부염 誘発(ゆうはつ) 유발 さいきん(最近) 최근 ぞうきん(雑巾) 걸레

35 정답 2
해석 옛날에 이 연안에서는 청어가 많이 잡혔다고 한다.
어휘 沿岸(えんがん) 연안 ニシン 청어 取(と)れる (물고기·짐승이) 잡히다 품사의 보통형+そうだ ~라고 한다 *전문
しんがん(心願) 심원, 염원

36 정답 4
해석 회사 내에서는 사내 규정에 따라 열람할 수 있는 사이트가 제한되어 있다.
어휘 社内(しゃない) 사내 規定(きてい) 규정 ～によって ~에 따라 閲覧(えつらん) 열람 サイト 사이트
限(かぎ)る 제한하다, 한정하다

37 정답 2
해석 상세한 것은 첨부파일을 확인해 주십시오.
어휘 詳(くわ)しい 상세하다, 자세하다 添付(てんぷ)ファイル 첨부파일 ご+한자명사+ください ~해 주십시오 *존경표현
せんぷ(宣布) 선포 かんぷ(還付) 환부, 환급 ねんぷ(年譜) 연보, 사람이 한평생 동안 지낸 일을 연월순(年月順)으로 간략하게 적은 기록

38 정답 1
해석 배고파. 한 번 더 전화해서 재촉해.
어휘 お腹(なか)(が)空(す)く 배(가) 고프다 催促(さいそく) 재촉 とくそく(督促) 독촉 きそく(規則) 규칙
じそく(時速) 시속

39 정답 4
해석 응축은 증발과는 반대의 변화로 기체가 액체로 되는 것이다.
어휘 凝縮(ぎょうしゅく) [물리] 응축, 기체가 액체로 변함 蒸発(じょうはつ) 증발 逆(ぎゃく) 역, 반대, 거꾸로 됨
変化(へんか) 변화 気体(きたい) 기체 液体(えきたい) 액체 きょうしゅく(恐縮) 송구함, 죄송함

40 정답 3
해석 '고찰(古刹)'이란 유서 있는 오래된 절을 말한다.
어휘 古刹(こさつ) 고찰, 역사가 오래된 옛절 由緒(ゆいしょ) 유서 古(ふる)い 오래되다 寺(てら) 절

## 확인 문제 5 • 명사

**問題1 ＿＿＿＿の言葉の読み方として最もよいものを、1・2・3・4から一つ選びなさい。**

41 山田さんは、来月沖縄に単身赴任することになった。

1 ふにん　　2 ふうにん　　3 くにん　　4 くうにん

42 今度採用した経歴社員は、履歴が華やかだ。

1 いれき　　2 りれき　　3 はれき　　4 かれき

43 彼は現代医学の発展に大いに貢献した。

1 こけん　　2 こうけん　　3 こげん　　4 こうげん

44 この町は、津波による荒れ果てた状態から見事に復興を果たした。

1 かっこ　　2 かっこう　　3 ふっこう　　4 ふこう

45 言葉の意味は、時代と共に変遷するものである。

1 へんかん　　2 べんかん　　3 へんぜん　　4 へんせん

46 リンパマッサージだけで、ある程度体の毒素を排出することができるという。

1 ばいしゅつ　　2 はいしゅつ　　3 びしゅつ　　4 ひしゅつ

47 人の秘密を暴露することは、自分の品位も下げることである。

1 ぼうろ　　2 ばくろ　　3 ぼうろう　　4 ばくろう

48 介護施設などでは、緊急時を除いて身体拘束は原則として禁止されている。

1 こそく　　2 ごそく　　3 こうそく　　4 ごうそく

49 商売繁盛はいいけど、正月ぐらいは家族と一緒にゆっくりしたいです。

1 はんせい　　2 はんぜい　　3 はんじょ　　4 はんじょう

50 工場の跡地には、もう雑草が生(お)い茂(しげ)っていた。

1 あとじ　　2 あきじ　　3 あとち　　4 あきち

# 확인 문제 5 • 정답 및 해석(명사)



41 정답 1
해석 야마다 씨는 다음 달에 오키나와에 단신 부임하게 되었다.
어휘 単身(たんしん) 단신, 혼자의 몸 赴任(ふにん) 부임 동사의 보통형+ことになる ~하게 되다 くにん(九人) 아홉 명

42 정답 2
해석 이번에 채용한 경력사원은 이력이 화려하다.
어휘 今度(こんど) 이번 採用(さいよう) 채용 経歴(けいれき) 경력 社員(しゃいん) 사원 履歴(りれき) 이력
華(はな)やかだ 화려하다 か(枯)れき(木) 고목, 마른 나무

43 정답 2
해석 그는 현대의학 발전에 크게 공헌했다.
어휘 現代(げんだい) 현대 医学(いがく) 의학 発展(はってん) 발전 大(おお)いに 크게 貢献(こうけん) 공헌

44 정답 3
해석 이 마을은 쓰나미에 의한 아주 황폐한 상태에서 멋지게 부흥을 이루었다.
어휘 町(まち) 마을 津波(つなみ) 쓰나미, 지진해일 荒(あ)れ果(は)てる 아주 황폐하다 状態(じょうたい) 상태
見事(みごと)だ 멋지다, 훌륭하다 復興(ふっこう)を果(は)たす 부흥을 이루다 かっこ(括弧) 괄호
かっこう(格好) 모습, 꼴 ふこう(不幸) 불행

45 정답 4
해석 말의 의미는 시대와 함께 변천하는 법이다.
어휘 言葉(ことば) 말 意味(いみ) 의미 時代(じだい) 시대 ～と共(とも)に ~와 함께 変遷(へんせん) 변천
～ものだ ~하는 법[것]이다 *상식 · 진리 · 본성 へんかん(変換) 변환

46 정답 2
해석 림프 마사지만으로 어느 정도 몸의 독소를 배출할 수 있다고 한다.
어휘 リンパ [생물] 림프 マッサージ 마사지 ～だけで ~만으로 ある 어느 程度(ていど) 정도 毒素(どくそ) 독소
排出(はいしゅつ) 배출 ～という ~라고 한다

47 정답 2
해석 다른 사람의 비밀을 폭로하는 것은 자신의 품위도 떨어뜨리는 일이다.
어휘 秘密(ひみつ) 비밀 暴露(ばくろ) 폭로 品位(ひんい) 품위 下(さ)げる (질 · 품위를) 떨어뜨리다 ぼうろう(望楼) 망루
ばくろう(博労) 소 · 말의 거간꾼

48 정답 3
해석 간병 시설 등에서는 긴급 시를 제외하고 신체 구속은 원칙적으로 금지되어 있다.
어휘 介護(かいご) 간병 施設(しせつ) 시설 緊急時(きんきゅうじ) 긴급 시 除(のぞ)く 제외하다 身体(しんたい) 신체
拘束(こうそく) 구속 原則(げんそく) 원칙 禁止(きんし) 금지 こそく(姑息) 고식, 일시적인 방편
ごそく(五則) 도량형의 준거가 되는 다섯 가지, 규(規(ぶんまわし), 컴퍼스) · 거(矩(じょうぎ), 자) · 권(権(はかり), 저울) ·
형(衡(はかりざお), 저울대) · 승(縄(すみなわ), 먹줄)이 총칭

49 정답 4
해석 장사가 번성하는 것은 좋은데, 설 정도는 가족과 함께 느긋하게 지내고 싶습니다.
어휘 商売(しょうばい) 장사 繁盛(はんじょう) 번성, 번창 *「商売繁盛(しょうばいはんじょう)」- 장사가 잘되어 크게
이익을 얻는 것 正月(しょうがつ) 설 家族(かぞく) 가족 一緒(いっしょ)に 함께, 같이 ゆっくり 느긋하게
はんせい(反省) 반성 はんぜい(反税) 납세 반대

50 정답 3
해석 공장의 철거 부지에는 이미 잡초가 무성해 있었다.
어휘 工場(こうじょう) 공장 跡地(あとち) 철거 부지 もう 이미, 벌써 雑草(ざっそう) 잡초
生(お)い茂(しげ)る 우거지다, 무성하다 あ(空)きち(地) 공터

## 확인 문제 6 • 명사

**問題1 ＿＿＿＿の言葉の読み方として最もよいものを、1・2・3・4から一つ選びなさい。**

51 彼の主張は実現可能性が全くないから、考慮の余地もない。

1 こりょ　　2 こうりょ　　3 こりょう　　4 こうりょう

52 長期不況の影響で、貧富の差が広がりつつある。

1 ひんぶ　　2 ひんぷ　　3 ぶんぶ　　4 ぶんぷ

53 債務不履行とは、契約によって約束した義務を果たさないことです。

1 ふむ　　2 かいむ　　3 ないむ　　4 さいむ

54 今朝のニュースによると、成田空港は大雪のため一時的に閉鎖されたそうだ。

1 かいさ　　2 かいざ　　3 へいさ　　4 へいざ

55 時間を効率的に使うために、色々と工夫している。

1 こふう　　2 こうふう　　3 くふう　　4 くうふう

56 息子はまだ字を書くのが下手で、いつもノートの枠からはみ出してしまう。

1 いずみ　　2 かみなり　　3 わく　　4 はこ

57 駅の広場に数万の群衆が集まった。

1 ごんしゅう　　2 ぎんしゅう　　3 ぐんしゅう　　4 がんしゅう

58 あの会社は、親会社と子会社を合併し、重複事業を統合しようとしている。

1 ごうべい　　2 こうへい　　3 かつへい　　4 がっぺい

59 彼女は、真面目すぎて融通の利かない人だ。

1 ゆつう　　2 ゆうつう　　3 ゆずう　　4 ゆうずう

60 自然治癒力は、人間にもともと備わっている能力の一つである。

1 ちゆ　　2 じゆ　　3 ちゆう　　4 じゆう

# 확인 문제 6 • 정답 및 해석(명사)



51 정답 2
해석 그의 주장은 실현 가능성이 전혀 없으니까, 고려의 여지도 없다.
어휘 主張(しゅちょう) 주장 実現(じつげん) 실현 可能性(かのうせい) 가능성 全(まった)く (부정어 수반) 전혀
考慮(こうりょ) 고려 余地(よち) 여지 こりょう(糊料) 접착제, 풀 こうりょう(香料) 향료

52 정답 2
해석 장기 불황의 영향으로 빈부의 차가 확대되고 있다.
어휘 長期(ちょうき) 장기 不況(ふきょう) 불황 影響(えいきょう) 영향 貧富(ひんぷ) 빈부 差(さ) 차, 차이
広(ひろ)がる 확대되다 동사의 ます형+つつある ~하고 있다 ぶんぶ(文武) 문무 ぶんぷ(分布) 분포

53 정답 4
해석 채무 불이행이란 계약에 의해 약속한 의무를 다하지 않는 것입니다.
어휘 債務(さいむ) 채무 不履行(ふりこう) 불이행 ~とは ~라고 하는 것은, ~란 *정의 契約(けいやく) 계약
約束(やくそく) 약속 義務(ぎむ) 의무 果(は)たす 완수하다, 다하다 かいむ(皆無) 개무, 전무, 전혀 없음
ないむ(内務) 내무, 국내 행정

54 정답 3
해석 오늘 아침 뉴스에 의하면 나리타 공항은 큰눈 때문에 일시적으로 폐쇄되었다고 한다.
어휘 今朝(けさ) 오늘 아침 ニュース 뉴스 ~によると ~에 의하면[따르면] 空港(くうこう) 공항
大雪(おおゆき) 대설, 큰눈 一時的(いちじてき)だ 일시적이다 閉鎖(へいさ) 폐쇄
품사의 보통형+そうだ ~라고 한다 *전문

55 정답 3
해석 시간을 효율적으로 쓰기 위해서 여러 가지로 궁리하고 있다.
어휘 効率的(こうりつてき)だ 효율적이다 使(つか)う 쓰다, 사용하다 色々(いろいろ)と 여러 가지로
工夫(くふう) 궁리 こふう(古風) 고풍 こうふう(校風) 교풍

56 정답 3
해석 아들은 아직 글씨를 쓰는 것이 서툴러서 항상 노트 테두리에서 삐져 나와 버린다.
어휘 息子(むすこ) (자신의) 아들 字(じ) 글씨, 글자 下手(へた)だ 잘 못하다, 서투르다 ノート 노트 枠(わく) 테두리
はみ出(だ)す 비어져 나오다 いずみ(泉) 샘, 샘물 かみなり(雷) 천둥, 벼락 はこ(箱) 상자

57 정답 3
해석 역 광장에 수만의 군중이 모였다.
어휘 広場(ひろば) 광장 数万(すうまん) 수만 群衆(ぐんしゅう) 군중 集(あつ)まる 모이다
がんしゅう(含羞) 함수, 부끄러워함

58 정답 4
해석 저 회사는 모회사와 자회사를 합병하여 중복 사업을 통합하려 하고 있다.
어휘 親会社(おやがいしゃ) 모회사 子会社(こがいしゃ) 자회사 合併(がっぺい) 합병 重複(じゅうふく) 중복
事業(じぎょう) 사업 統合(とうごう) 통합 こうへい(公平) 공평

59 정답 4
해석 그녀는 너무 성실해서 융통성이 없는 사람이다.
어휘 真面目(まじめ)だ 성실하다 な형용사의 어간+すぎる 너무 ~하다
融通(ゆうずう) 융통성 *「融通(ゆうずう)が利(き)かない」- 융통성이 없다

60 정답 1
해석 자연 치유력은 인간에게 원래 갖추어져 있는 능력 중 하나다.
어휘 自然(しぜん) 자연 治癒(ちゆ) 치유 *「治癒力(ちゆりょく)」- 치유력 人間(にんげん) 인간 もともと 원래
備(そな)わる 갖추어지다 能力(のうりょく) 능력 ちゆう(知友) 지우, 친구 じゆう(自由) 자유

## 확인 문제 7 • 명사

**問題1 ＿＿＿＿の言葉の読み方として最もよいものを、1・2・3・4から一つ選びなさい。**

61 彼らは、日夜を問わず、ワクチンの研究・開発に励んでいる。
1 にちや　2 じつや　3 にちよ　4 じつよ

62 当社は自動車産業の新しい市場の開拓と海外への輸出に取り組んでいます。
1 かいてき　2 へいてき　3 かいたく　4 へいたく

63 店先には、所狭しと商品が陳列されている。
1 きんれつ　2 とんれつ　3 ちんれつ　4 さんれつ

64 子育てに親の威厳があるかどうかは大した問題ではなく、親と子の信頼関係が重要である。
1 いげん　2 おんげん　3 かげん　4 たげん

65 災害が起きた時、木々の生(お)い茂(しげ)った斜面が崩れ落ちることも多い。
1 しゃめん　2 さめん　3 けいめん　4 こうめん

66 その俳優は飲酒運転の疑いで当分の間活動を休み、自粛すると明らかにした。
1 じしゅく　2 じおく　3 じちく　4 じかく

67 授業参観で、子供たちの日頃の学習経過を披露する機会が設けられた。
1 ひろ　2 ひろう　3 きろ　4 きろう

68 道の両側は竹の垣根で囲まれています。
1 こんね　2 こんき　3 かきね　4 しきね

69 そこには、緩やかな丘陵地帯や河川、湿地などの地形が広がっていた。
1 おうりょう　2 こうりょう　3 きゅうりょう　4 みりょう

70 主人は肉が嫌いで子供は魚が嫌いなので、献立を考えるのに苦労します。
1 けんだち　2 こんだち　3 けんだて　4 こんだて

# 확인 문제 7 • 정답 및 해석(명사)



61 정답 1
해석 그들은 밤낮을 가리지 않고 백신 연구 · 개발에 힘쓰고 있다.
어휘 彼(かれ)ら 그들 日夜(にちや) 밤낮, 낮과 밤 ～を問(と)わず ~을 불문하고, ~을 가리지 않고 ワクチン [의학] 백신 研究(けんきゅう) 연구 開発(かいはつ) 개발 励(はげ)む 힘쓰다

62 정답 3
해석 당사는 자동차 산업의 새로운 시장 개척과 해외로의 수출에 몰두하고 있습니다.
어휘 当社(とうしゃ) 당사 自動車(じどうしゃ) 자동차 産業(さんぎょう) 산업 開拓(かいたく) 개척 海外(かいがい) 해외 輸出(ゆしゅつ) 수출 取(と)り組(く)む 몰두하다 かいてき(快適) 쾌적 へいたく(弊宅) 폐가 *자기 집의 겸칭

63 정답 3
해석 가게 앞에는 빼곡히 상품이 진열되어 있다.
어휘 店先(みせさき) 가게 앞 所狭(ところせま)しと (부사적으로 쓰여) 빼곡히, 빽빽이, 잔뜩 *장소가 비좁게 느껴질 정도로 물건이 꽉 차 있는 모양 商品(しょうひん) 상품 陳列(ちんれつ) 진열

64 정답 1
해석 육아에 부모의 위엄이 있는지 어떤지는 별문제는 아니며 부모와 자식의 신뢰 관계가 중요하다.
어휘 子育(こそだ)て 육아 親(おや) 부모 威厳(いげん) 위엄 ～かどうか ~인지 어떤지 大(たい)した (부정어 수반) 별, 큰, 대단한 子(こ) 자식 信頼(しんらい) 신뢰 関係(かんけい) 관계 重要(じゅうよう)だ 중요하다 おんげん(音源) 음원 かげん(加減) 가감 たげん(多言) 다언, 말이 많음

65 정답 1
해석 재해가 발생했을 때 나무들이 우거진 경사면이 붕괴되는 경우도 많다.
어휘 災害(さいがい) 재해 起(お)きる 일어나다, 발생하다 木々(きぎ) 나무들, 많은 나무 生(お)い茂(しげ)る 우거지다 斜面(しゃめん) 사면, 경사면 崩(くず)れ落(お)ちる 무너져 내리다, 붕괴되다 こうめん(後面) 후면, 뒷면

66 정답 1
해석 그 배우는 음주운전 혐의로 당분간 활동을 중단하고 자숙하겠다고 밝혔다.
어휘 俳優(はいゆう) 배우 飲酒運転(いんしゅうんてん) 음주운전 疑(うたが)い 혐의 当分(とうぶん)の間(あいだ) 당분간 活動(かつどう) 활동 休(やす)む 쉬다, 중단하다 自粛(じしゅく) 자숙 明(あき)らかにする 분명히 하다, 밝히다

67 정답 2
해석 수업 참관으로 아이들의 평소 학습 경과를 피로[공개]할 기회가 마련되었다.
어휘 授業(じゅぎょう) 수업 参観(さんかん) 참관 日頃(ひごろ) 평소 学習(がくしゅう) 학습 経過(けいか) 경과 披露(ひろう) 피로, 공개함 機会(きかい) 기회 設(もう)ける 마련하다 きろ(帰路) 귀로 きろう(耆老) 기로, 60~70세 정도의 노인

68 정답 3
해석 길 양쪽은 대나무 울타리로 둘러싸여 있습니다.
어휘 道(みち) 길 両側(りょうがわ) 양측, 양쪽 竹(たけ) 대나무 垣根(かきね) 울타리 囲(かこ)む 둘러싸다 こんき(根気) 끈기 しきね(敷寝) (밑에) 깔고 잠

69 정답 3
해석 그곳에는 완만한 구릉지대와 하천, 습지 등의 지형이 펼쳐져 있었다.
어휘 緩(ゆる)やかだ 완만하다 丘陵(きゅうりょう) 구릉, 언덕 地帯(ちたい) 지대 河川(かせん) 하천 湿地(しっち) 습지 地形(ちけい) 지형 広(ひろ)がる 펼쳐지다, 전개되다 おうりょう(横領) 횡령 こうりょう(香料) 향료 みりょう(魅了) 매료

70 정답 4
해석 남편은 고기를 싫어하고 아이는 생선을 싫어해서 식단을 생각하는 데 애를 먹고 있습니다.
어휘 主人(しゅじん) (자신의) 남편 肉(にく) 고기 嫌(きら)いだ 싫어하다 魚(さかな) 생선 献立(こんだて) 식단, 메뉴 苦労(くろう) 고생, 애씀

## 확인 문제 8 • 명사

**問題1 ＿＿＿の言葉の読み方として最もよいものを、1・2・3・4から一つ選びなさい。**

71 前半期は去年の倍以上の利益を収めたそうだ。
1 りえき　2 しえき　3 いえき　4 だえき

72 中国の規制緩和により、中国への輸出が増え続けている。
1 おんわ　2 だんわ　3 しんわ　4 かんわ

73 中村会長は、地域商店街の振興に力を注いできた。
1 しんこう　2 じんこう　3 ふんこう　4 ぶんこう

74 このサイトには、就活にまつわる情報が網羅されている。
1 もうら　2 もら　3 こうら　4 こら

75 鳥居の向こうには、樹木がうっそうと茂(しげ)っている。
1 しゅもく　2 じゅもく　3 しゅうむく　4 じゅうむく

76 血行障害で血の巡りが悪くなると、体の末端の冷えを引き起こしやすくなる。
1 さぐり　2 たより　3 めぐり　4 いかり

77 鈴木君は、いつも仕事が迅速で手際がいいですね。
1 しゅさい　2 てさい　3 しゅわ　4 てぎわ

78 足踏み状態が続いた日本経済も、回復に向けた兆しが見え始めている。
1 ためし　2 きざし　3 しるし　4 まなざし

79 窓口やATMでたくさんの小銭を入金する時に、手数料が必要な金融機関が増えている。
1 しょうせん　2 こせん　3 ごぜん　4 こぜに

80 朝早く起きて、浜辺をのんびりと散歩しながら初秋の海を満喫した。
1 へいへん　2 はまへん　3 へいべ　4 はまべ

# 확인 문제 8 • 정답 및 해석(명사)



71 정답 1
해석 전반기는 작년의 배 이상의 이익을 얻었다고 한다.
어휘 前半期(ぜんはんき) 전반기 去年(きょねん) 작년 倍(ばい) 배 以上(いじょう) 이상 利益(りえき) 이익
収(おさ)める 얻다, 거두다 しえき(使役) 사역 いえき(胃液) 위액 だえき(唾液) 타액, 침

72 정답 4
해석 중국의 규제 완화에 따라 중국으로의 수출이 계속 늘고 있다.
어휘 中国(ちゅうごく) 중국 規制(きせい) 규제 緩和(かんわ) 완화 輸出(ゆしゅつ) 수출 増(ふ)える 늘다, 늘어나다
동사의 ます형+続(つづ)ける 계속 ~하다 おんわ(穏和) 온화 だんわ(談話) 담화 しんわ(神話) 신화

73 정답 1
해석 나카무라 회장은 지역 상점가의 진흥에 힘을 쏟아 왔다.
어휘 会長(かいちょう) 회장 地域(ちいき) 지역 商店街(しょうてんがい) 상점가 振興(しんこう) 진흥 力(ちから) 힘
注(そそ)ぐ 집중시키다, 쏟다, 기울이다 じんこう(人工) 인공 ぶんこう(分校) 분교

74 정답 1
해석 이 사이트에는 취직활동에 관련된 정보가 망라되어 있다.
어휘 サイト 사이트 就活(しゅうかつ) 취직활동 *「就職活動(しゅうしょくかつどう)」의 준말 まつわる 얽히다, 관련되다
情報(じょうほう) 정보 網羅(もうら) 망라 こうら(甲羅) 갑각, (거북의) 등딱지

75 정답 2
해석 도리이(鳥居) 너머에는 수목이 울창하게 우거져 있다.
어휘 鳥居(とりい) 도리이 *신사 입구의 문 向(む)こう 저쪽, (목적지의) 그쪽 樹木(じゅもく) 수목, 나무
うっそうと 울창하게 茂(しげ)る 우거지다, 무성해지다 しゅもく(種目) 종목

76 정답 3
해석 혈액 순환 장애로 피 순환이 나빠지면 몸 말단의 냉증을 일으키기 쉬워진다.
어휘 血行(けっこう) 혈행, 혈액 순환 障害(しょうがい) 장애 血(ち) 피 巡(めぐ)り 회전, 순환 体(からだ) 몸, 신체
末端(まったん) 말단 冷(ひ)え (몸이) 냉해짐, 냉증 引(ひ)き起(お)こす 일으키다, 야기하다
동사의 ます형+やすい ~하기 쉽다

77 정답 4
해석 스즈키 군은 항상 일이 신속하고 수완이 좋네요.
어휘 迅速(じんそく)だ 신속하다, 재빠르다 手際(てぎわ) 솜씨, 수완 しゅさい(主催) 주최 しゅわ(手話) 수화

78 정답 2
해석 답보 상태가 이어진 일본 경제도 회복을 향한 조짐이 보이기 시작하고 있다.
어휘 足踏(あしぶ)み 답보 状態(じょうたい) 상태 続(つづ)く 이어지다, 계속되다 経済(けいざい) 경제
回復(かいふく) 회복 向(む)ける 향하다 兆(きざ)し 조짐, 징조 見(み)える 보이다
동사의 ます형+始(はじ)める ~하기 시작하다 ため(試)し 시험, 시도 しるし(印) 표, 표시 まなざ(眼差)し 눈길, 시선

79 정답 4
해석 창구나 현금자동지급기에서 많은 잔돈을 입금할 때 수수료가 필요한 금융기관이 늘고 있다.
어휘 窓口(まどぐち) 창구 ATM(エーティーエム) 현금자동지급기 小銭(こぜに) 잔돈 入金(にゅうきん) 입금
手数料(てすうりょう) 수수료 金融(きんゆう) 금융 機関(きかん) 기관 増(ふ)える 늘다, 늘어나다
しょうせん(商船) 상선 こせん(弧線) 호선, 활 모양의 선 ごぜん(午前) 오전

80 정답 4
해석 아침 일찍 일어나 해변을 느긋하게 산책하면서 초가을의 바다를 만끽했다.
어휘 朝早(あさはや)く 아침 일찍 起(お)きる 일어나다, 기상하다 浜辺(はまべ) 바닷가, 해변 のんびりと 느긋하게
散歩(さんぽ) 산책 初秋(しょしゅう) 초가을 海(うみ) 바다 満喫(まんきつ) 만끽

# 확인 문제 9 • 명사

**問題1 ＿＿＿＿の言葉の読み方として最もよいものを、1・2・3・4から一つ選びなさい。**

81 市場価格は、いつも需要と供給が一致する点に近付いていく。
1 しゅよう　2 しゅうよう　3 じゅよう　4 じゅうよう

82 ホテル代や交通費などの実費は、後程（のちほど）ご精算ください。
1 じっぴ　2 じつひ　3 しっぴ　4 しつひ

83 申し訳ございませんでした。破損した分は早速お届けいたします。
1 きそん　2 はそん　3 しそん　4 ふそん

84 今まで彼が歩んできた人生が、全て偽りだったのが今回の出来事で明らかになった。
1 さわり　2 すべり　3 いつわり　4 くさり

85 残念なことに、今のところこの病気の進行を阻止する方法はないそうだ。
1 そうし　2 とうし　3 とし　4 そし

86 今回のオリンピックで日本代表として活躍できなかったことは、遺憾にたえない。
1 いかん　2 ゆかん　3 ふかん　4 ゆうかん

87 円高の影響で為替相場が毎日変わる。
1 そうば　2 しょうば　3 そうじょう　4 しょうじょう

88 今まで全部予選で落ちた母校だが、今年は準決勝まで躍進した。
1 かいしん　2 とうしん　3 やくしん　4 たくしん

89 この居酒屋は、近くに勤めている多くのサラリーマンの憩いの場となっている。
1 つぐない　2 まよい　3 いきおい　4 いこい

90 取引先との打ち合わせの結果、当社の見積りで承諾を得ました。
1 しょだく　2 しょうだく　3 じょだく　4 じょうだく

# 확인 문제 9 • 정답 및 해석(명사)



81 정답 3
해석 시장가격은 언제나 수요와 공급이 일치하는 점에 가까워진다.
어휘 市場価格(しじょうかかく) 시장가격 *상품이 시장에서 그때그때 실제적으로 거래되는 가격 需要(じゅよう) 수요 供給(きょうきゅう) 공급 一致(いっち) 일치 点(てん) 점 近付(ちかづ)く 가까워지다 しゅよう(主要) 주요 しゅうよう(収容) 수용 じゅうよう(重要) 중요

82 정답 1
해석 호텔비와 교통비 등의 실비는 나중에 정산해 주십시오.
어휘 ホテル代(だい) 호텔비 交通費(こうつうひ) 교통비 実費(じっぴ) 실비, 실제로 드는 비용 後程(のちほど) 뒤에, 나중에 ご+한자명사+ください ~해 주십시오 *존경표현 精算(せいさん) 정산 しっぴ(失費) (생각지 않은) 지출, 비용

83 정답 2
해석 죄송했습니다. 파손된 분량은 즉시 보내 드리겠습니다.
어휘 申(もう)し訳(わけ)ございませんでした 죄송했습니다 *「申(もう)し訳(わけ)ありませんでした」보다 정중한 표현 破損(はそん) 파손 分(ぶん) 분, 부분 早速(さっそく) 당장, 즉시 お+동사의 ます형+いたす ~하다, ~해 드리다 *겸양표현 届(とど)ける 보내다, (물건을) 가지고 가다, 배달하다 きそん(既存) 기존 しそん(子孫) 자손 ふそん(不遜) 불손

84 정답 3
해석 지금까지 그가 걸어온 인생이 모두 거짓이었다는 것이 이번 일로 밝혀졌다.
어휘 今(いま)まで 지금까지 歩(あゆ)む 걷다 人生(じんせい) 인생 全(すべ)て 모두, 전부 偽(いつわ)り 거짓, 허위 今回(こんかい) 이번 出来事(できごと) 일어난 일 明(あき)らかになる 밝혀지다 さわ(触)り 촉감 すべ(滑)り 미끄러짐 くさ(腐)り 부패, 썩음

85 정답 4
해석 유감스럽게도 지금으로서는 이 병의 진행을 저지할 방법은 없다고 한다.
어휘 残念(ざんねん)なことに 유감스럽게도 今(いま)のところ 지금으로서는 病気(びょうき) 병 進行(しんこう) 진행 阻止(そし) 저지 方法(ほうほう) 방법 そうし(創始) 창시 とうし(投資) 투자 とし(都市) 도시

86 정답 1
해석 이번 올림픽에서 일본 대표로서 활약할 수 없었던 것은 매우 유감스럽다.
어휘 オリンピック 올림픽 代表(だいひょう) 대표 活躍(かつやく) 활약 遺憾(いかん) 유감 *「遺憾(いかん)にたえない」-유감스럽기 그지없다, 매우 유감스럽다 ゆかん(湯灌) 입관하기 전에 시체를 더운물로 깨끗이 닦아내는 일 ふかん(不完) 불완전 ゆうかん(夕刊) 석간

87 정답 1
해석 엔고의 영향으로 환시세가 매일 바뀐다.
어휘 円高(えんだか) 엔고, 엔화 강세 影響(えいきょう) 영향 為替(かわせ) 환 相場(そうば) 시세 毎日(まいにち) 매일 変(か)わる 바뀌다 そうじょう(相乗) 상승 しょうじょう(症状) 증상

88 정답 3
해석 지금까지 전부 예선에서 떨어졌던 모교지만, 올해는 준결승까지 약진했다.
어휘 予選(よせん) 예선 落(お)ちる 떨어지다 母校(ぼこう) 모교 準決勝(じゅんけっしょう) 준결승 躍進(やくしん) 약진 かいしん(回診) 회진 とうしん(答申) 답신 たくしん(宅診) 택진, 의사가 자택에서 환자를 진찰함

89 정답 4
해석 이 선술집은 근처에 근무하고 있는 많은 샐러리맨의 휴식의 장이 되고 있다.
어휘 居酒屋(いざかや) 선술집 近(ちか)く 근처 勤(つと)める 근무하다 サラリーマン 샐러리맨 憩(いこ)い 휴식, 쉼 場(ば) 장, 장소 つぐな(償)い 보상, 보답, 속죄 まよ(迷)い 망설임 いきお(勢)い 기세

90 정답 2
해석 거래처와의 협의 결과, 당사의 견적으로 승낙을 얻었습니다.
어휘 取引先(とりひきさき) 거래처 打(う)ち合(あ)わせ 협의, 사전 미팅 結果(けっか) 결과 当社(とうしゃ) 당사 見積(みつ)もり 견적 承諾(しょうだく) 승낙 得(え)る 얻다

## 확인 문제 10 • 명사

**問題1 ＿＿＿＿の言葉の読み方として最もよいものを、1・2・3・4から一つ選びなさい。**

91 会社の上司がプライベートなことに干渉してくる。
1 こしょう　2 こうしょう　3 かんしょう　4 がんしょう

92 その歌手は、長い沈黙を破って今日新しい曲を発表した。
1 しんぼく　2 ちんぼく　3 しんもく　4 ちんもく

93 高速鑑定サービスをご利用になれば、ご依頼後24時間以内に結果をお受け取りになれます。
1 かんてい　2 こんてい　3 さんてい　4 しんてい

94 彼の侮蔑的な言辞に憤りを感じました。
1 ふさがり　2 かぶり　3 さとり　4 いきどおり

95 彼女ときたら、いつも自分の収入に見合わないブランド品に執着している。
1 しゅちゃく　2 しゅうちゃく　3 しっちゃく　4 じっちゃく

96 次の会議まで時間がないので、作成した提案書の概略だけ教えてください。
1 こうりゃく　2 しんりゃく　3 がいりゃく　4 けいりゃく

97 有名俳優である彼が、病院に救急搬送されたと聞いて心配する声が絶えなかった。
1 はんそう　2 うんそう　3 こんそう　4 しんそう

98 彼はこれまで提起された「学歴詐称」疑惑について、何の釈明もない。
1 しきめい　2 しきみょう　3 しゃくめい　4 しゃくみょう

99 今の話は、本筋からちょっと逸(そ)れているので、元の話題に戻りましょう。
1 ほんきん　2 ほんすじ　3 もときん　4 もとすじ

100 この薬は、中枢神経に直接作用するため、吸収が速いのが特長である。
1 ちゅうかい　2 ちゅうさい　3 ちゅうとう　4 ちゅうすう

# 확인 문제 10 • 정답 및 해석(명사)



91 정답 3
해석 회사 상사가 개인적인 일에 간섭해 온다.
어휘 上司(じょうし) 상사 プライベートだ 개인적이다, 사적이다 干渉(かんしょう) 간섭 こしょう(故障) 고장 こうしょう(交渉) 교섭 がんしょう(岩礁) 암초

92 정답 4
해석 그 가수는 긴 침묵을 깨고 오늘 신곡을 발표했다.
어휘 歌手(かしゅ) 가수 沈黙(ちんもく) 침묵 破(やぶ)る 깨다 曲(きょく) 곡 発表(はっぴょう) 발표

93 정답 1
해석 고속 감정(鑑定) 서비스를 이용하시면 의뢰 후 24시간 이내에 결과를 받으실 수 있습니다.
어휘 高速(こうそく) 고속 鑑定(かんてい) 감정, 사물의 진위 · 좋고 나쁨 등을 확인하는 것 ご+한자명사+になる/お+동사의 ます형+になる ~하시다 *존경표현 利用(りよう) 이용 依頼(いらい) 의뢰 以内(いない) 이내 結果(けっか) 결과 受(う)け取(と)る 받다, 수취하다 こんてい(根底) 근저, 근본 さんてい(算定) 산정 しんてい(進呈) 진정, 증정, 드림

94 정답 4
해석 그의 모멸적인 언사에 분노를 느꼈습니다.
어휘 侮蔑的(ぶべつてき)だ 모멸적이다 言辞(げんじ) 언사 憤(いきどお)り 분노 感(かん)じる 느끼다

95 정답 2
해석 그녀로 말하자면 항상 자신의 수입에 걸맞지 않는 명품에 집착하고 있다.
어휘 ～ときたら ~로 말하자면 収入(しゅうにゅう) 수입 見合(みあ)う 걸맞다 ブランド品(ひん) 명품 執着(しゅうちゃく) 집착 しっちゃく(失着) 실착, 바둑에서 잘못된 수를 두는 것 じっちゃく(実着) 착실함

96 정답 3
해석 다음 회의까지 시간이 없으므로, 작성한 제안서의 개요만 가르쳐 주십시오.
어휘 作成(さくせい) 작성 提案書(ていあんしょ) 제안서 概略(がいりゃく) 개략, 개요 教(おし)える 가르치다, 알려 주다 こうりゃく(攻略) 공략 しんりゃく(侵略) 침략 けいりゃく(計略) 계략

97 정답 1
해석 유명 배우인 그가 병원에 긴급 후송되었다고 듣고 걱정하는 목소리가 끊이지 않았다.
어휘 有名俳優(ゆうめいはいゆう) 유명 배우 救急(きゅうきゅう) 구급, 긴급 搬送(はんそう) 반송, 후송, 옮겨짐 声(こえ) 목소리 絶(た)える 중단되다, 끊이다

98 정답 3
해석 그는 지금까지 제기된 '학력사칭' 의혹에 대해서 아무런 해명도 없다.
어휘 これまで 지금까지 提起(ていき) 제기 学歴(がくれき) 학력 詐称(さしょう) 사칭 疑惑(ぎわく) 의혹 何(なん)の 아무런 釈明(しゃくめい) 석명, 해명

99 정답 2
해석 지금 이야기는 본론에서 조금 벗어났으니까, 원래 화제로 되돌아갑시다.
어휘 話(はなし) 이야기 本筋(ほんすじ) 본래의 줄거리, 본론 逸(そ)れる 빗나가다, 벗어나다 元(もと) 본래, 원래 話題(わだい) 화제 戻(もど)る 되돌아가다 ほんきん(本金) 원금, 자본금 もときん(元金) 자본금, 자금, 원금

100 정답 4
해석 이 약은 중추신경에 직접 작용하기 때문에 흡수가 빠른 것이 장점이다.
어휘 薬(くすり) 약 中枢(ちゅうすう) 중추 *「中枢神経(ちゅうすうしんけい)」-중추신경, 뇌와 척수의 총칭 直接(ちょくせつ) 직접 作用(さよう) 작용 吸収(きゅうしゅう) 흡수 速(はや)い (속도가) 빠르다 特長(とくちょう) 특장, 특징을 이루는 장점, 특별한 장점 ちゅうかい(仲介) 중개 ちゅうさい(仲裁) 중재 ちゅうとう(中等) 중등

음원

# 점수 UP! UP!
## <명사>

| | | |
|---|---|---|
| □ 崇拝(すうはい) 숭배 | □ 修行(しゅぎょう) 수행 | □ 生涯(しょうがい) 생애 |
| □ 逸話(いつわ) 일화 | □ 収益(しゅうえき) 수익 | □ 典型(てんけい) 전형 |
| □ 神秘(しんぴ) 신비 | □ 地獄(じごく) 지옥 | □ 邸宅(ていたく) 저택 |
| □ 暗示(あんじ) 암시 | □ 隠居(いんきょ) 은거 | □ 暗黙(あんもく) 암묵 |
| □ 証言(しょうげん) 증언 | □ 経緯(けいい) 경위 | □ 完備(かんび) 완비 |
| □ 奨励(しょうれい) 장려 | □ 匿名(とくめい) 익명 | □ 欠乏(けつぼう) 결핍 |
| □ 類似(るいじ) 유사 | □ 関税(かんぜい) 관세 | □ 印鑑(いんかん) 인감 |
| □ 浸食(しんしょく) 침식 | □ 萎縮(いしゅく) 위축 | □ 仮病(けびょう) 꾀병 |
| □ 寓話(ぐうわ) 우화 | □ 仮説(かせつ) 가설 | □ 吟味(ぎんみ) 음미 |
| □ 是正(ぜせい) 시정 | □ 激怒(げきど) 격노 | □ 挫折(ざせつ) 좌절 |
| □ 結晶(けっしょう) 결정 | □ 戯曲(ぎきょく) 희곡 | □ 有無(うむ) 유무 |
| □ 折衷(せっちゅう) 절충 | □ 陰謀(いんぼう) 음모 | □ 錯誤(さくご) 착오 |
| □ 老衰(ろうすい) 노쇠 | □ 控除(こうじょ) 공제 | □ 徴収(ちょうしゅう) 징수 |
| □ 計略(けいりゃく) 계략 | □ 犠牲(ぎせい) 희생 | □ 浪費(ろうひ) 낭비 |
| □ 潜入(せんにゅう) 잠입 | □ 類推(るいすい) 유추 | □ 嗜好(しこう) 기호 |
| □ 沈没(ちんぼつ) 침몰 | □ 色彩(しきさい) 색채 | □ 運搬(うんぱん) 운반 |
| □ 既婚者(きこんしゃ) 기혼자 | □ 境内(けいだい) (신사 · 절의) 경내 | □ 愛想(あいそ) 붙임성 |

| | | |
|---|---|---|
| □ 疾患(しっかん) 질환 | □ 芝居(しばい) 연극 | □ 飽和(ほうわ) 포화 |
| □ 持続(じぞく) 지속 | □ 腐食(ふしょく) 부식 | □ 破綻(はたん) 파탄 |
| □ 戸籍(こせき) 호적 | □ 細菌(さいきん) 세균 | □ 人質(ひとじち) 인질 |
| □ 衛生(えいせい) 위생 | □ 黄金(おうごん) 황금 | □ 風俗(ふうぞく) 풍속 |
| □ 脚本(きゃくほん) 각본 | □ 雇用(こよう) 고용 | □ 脅迫(きょうはく) 협박 |
| □ 楽譜(がくふ) 악보 | □ 架空(かくう) 가공 | □ 偽造(ぎぞう) 위조 |
| □ 怪獣(かいじゅう) 괴수 | □ 荒廃(こうはい) 황폐 | □ 慢性(まんせい) 만성 |
| □ 購読(こうどく) 구독 | □ 行楽(こうらく) 행락 | □ 突破(とっぱ) 돌파 |
| □ 温暖(おんだん) 온난 | □ 改善(かいぜん) 개선 | □ 公募(こうぼ) 공모 |
| □ 強盗(ごうとう) 강도 | □ 採決(さいけつ) 채결 | □ 改定(かいてい) 개정 |
| □ 奇跡(きせき) 기적 | □ 協調(きょうちょう) 협조 | □ 採集(さいしゅう) 채집 |
| □ 孤独(こどく) 고독 | □ 農耕(のうこう) 농경 | □ 寄付(きふ) 기부 |
| □ 海峡(かいきょう) 해협 | □ 危篤(きとく) 위독 | □ 利潤(りじゅん) 이윤 |
| □ 漁村(ぎょそん) 어촌 | □ 採択(さいたく) 채택 | □ 細胞(さいぼう) 세포 |
| □ 裁量(さいりょう) 재량 | □ 派遣(はけん) 파견 | □ 執筆(しっぴつ) 집필 |
| □ 公(おおやけ) 공적, 공공 | □ 祝賀会(しゅくがかい) 축하회 | □ 朗読(ろうどく) 낭독 |
| □ 香辛料(こうしんりょう) 향신료 | □ 汚職(おしょく) 오직, 독직, 부정 | □ 貝殻(かいがら) 패각, 조개껍데기 |

# 기출 및 출제 예상 어휘 50 <い형용사&な형용사, 부사>

- □ 淡(あわ)い (빛깔이) 옅다, 연하다
- □ 疎(うと)い (물정에) 어둡다
- □ 卑(いや)しい 천하다
- □ 詳(くわ)しい 잘 알고 있다, 정통하다, 밝다
- □ 著(いちじる)しい 뚜렷하다, 현저하다
- □ 夥(おびただ)しい (수량이) 매우 많다, 엄청나다
- □ 心地(ここち)よい 기분 좋다, 상쾌하다
- □ 紛(まぎ)らわしい 헷갈리기[혼동하기] 쉽다
- □ 乏(とぼ)しい 모자라다, 부족하다
- □ 切(せつ)ない 애달프다
- □ 好(この)ましい 바람직하다
- □ 生臭(なまぐさ)い 비린내가 나다
- □ 素早(すばや)い 재빠르다, 날쌔다
- □ 甚(はなは)だしい (정도가) 지나치다, 심하다
- □ 奥床(おくゆか)しい (말이나 태도가) 고상하다, 우아하다
- □ 厳(おごそ)かだ 엄숙하다
- □ 愚(おろ)かだ 어리석다
- □ 頑丈(がんじょう)だ 견고하다, 튼튼하다
- □ 巧妙(こうみょう)だ 교묘하다
- □ 猛烈(もうれつ)だ 맹렬하다
- □ 微妙(びみょう)だ 미묘하다
- □ 朗(ほが)らかだ 명랑하다, 쾌활하다
- □ 華(はな)やかだ 화려하다
- □ 理不尽(りふじん)だ 불합리하다, 부당하다
- □ 速(すみ)やかだ 신속하다, 재빠르다
- □ 肝心(かんじん)だ (가장) 중요하다
- □ 意地悪(いじわる)だ 심술궂다
- □ 健(すこ)やかだ 건강하다, 튼튼하다
- □ 清(きよ)らかだ 맑다, 깨끗하다
- □ 手薄(てうす)だ (수중에 가진 것이) 적다, 부족하다
- □ 婉曲(えんきょく)だ 완곡하다
- □ 臆病(おくびょう)だ 겁이 많다
- □ 淑(しと)やかだ 정숙하다, 우아하다
- □ 無邪気(むじゃき)だ 천진난만하다, 순진하다
- □ 滑稽(こっけい)だ 익살스럽다
- □ 几帳面(きちょうめん)だ 꼼꼼하다
- □ 鮮(あざ)やかだ 선명하다
- □ 再(ふたた)び 재차, 다시
- □ 散々(さんざん) 몹시, 호되게
- □ 軒並(のきな)み 일제히, 모두
- □ 漠然(ばくぜん)と 막연하게
- □ 依然(いぜん)として 여전히
- □ 予(あらかじ)め 미리, 사전에
- □ 努(つと)めて 애써, 되도록
- □ 随時(ずいじ) 수시, 그때그때, 언제든지
- □ 一概(いちがい)に 일률적으로
- □ 遂(つい)に 마침내, 드디어
- □ 未(いま)だに 아직(까지)도
- □ 精一杯(せいいっぱい) 힘껏, 최대한으로
- □ 無性(むしょう)に 공연히, 까닭 없이

# 확인 문제 1 · い형용사&な형용사, 부사

**問題1 ＿＿＿の言葉の読み方として最もよいものを、1・2・3・4から一つ選びなさい。**

1 大きな地震の後は、その付近で再び地震が起きる場合が多い。
1 たび　　2 およぴ　　3 ふたたび　　4 ならび

2 昨日は猛烈な吹雪のため、山小屋から一歩も出られなかった。
1 もれつ　　2 もうれつ　　3 これつ　　4 こうれつ

3 彼は子供の頃から、昆虫や動物に詳しかった。
1 まぶしかった　　2 したしかった　　3 たのもしかった　　4 くわしかった

4 最近、若者の間では清涼感のある淡い色の服が流行っているそうだ。
1 にくい　　2 にぶい　　3 くさい　　4 あわい

5 他社を訪問する場合は、予め先方の都合を確認しておく。
1 みじめ　　2 あらかじめ　　3 たしかめ　　4 うすめ

6 無茶なダイエットで体を壊すのは愚かなことだ。
1 おろか　　2 おろそか　　3 かすか　　4 しずか

7 華やかなドレスを着た花嫁が入場してきた。
1 かろやか　　2 あでやか　　3 さわやか　　4 はなやか

8 寝ている子供の無邪気な顔ほどかわいいものはない。
1 むじゃき　　2 ぶじゃき　　3 むじゃけ　　4 ぶじゃけ

9 「優柔不断」とは、ぐずぐずして物事を決められず、決断力が乏しいことを言う。
1 むなしい　　2 いやしい　　3 とぼしい　　4 おしい

10 先月食料品の売り上げが著しく伸びたのに引き換え、衣類品の売り上げは落ち込んだ。
1 うらやましく　　2 ゆかしく　　3 みぐるしく　　4 いちじるしく

# 확인 문제 1 • 정답 및 해석(い형용사&な형용사, 부사)

1 정답 3
해석 큰 지진 후에는 그 부근에서 다시 지진이 일어나는 경우가 많다.
어휘 大(おお)きな 큰 地震(じしん) 지진 後(あと) 뒤, 후 付近(ふきん) 부근 再(ふたた)び 재차, 다시
起(お)きる 일어나다, 발생하다 場合(ばあい) 경우 たび(度) 때, 번 およ(及)び 및 なら(並)び 열, 줄

2 정답 2
해석 어제는 맹렬한 눈보라 때문에 산막에서 한 발짝도 나갈 수 없었다.
어휘 猛烈(もうれつ)だ 맹렬하다 吹雪(ふぶき) 눈보라 山小屋(やまごや) 산막, (등산객의 휴식 · 숙박을 위한) 산속의 오두막집
一歩(いっぽ) 한 발, 한 걸음 出(で)る 나가다 こうれつ(後列) 후열, 뒷줄

3 정답 4
해석 그는 어릴 때부터 곤충이나 동물에 훤했다.
어휘 昆虫(こんちゅう) 곤충 動物(どうぶつ) 동물 詳(くわ)しい 잘 알고 있다, 정통하다, 밝다 まぶ(眩)しい 눈부시다
した(親)しい 친하다 たの(頼)もしい 믿음직스럽다

4 정답 4
해석 최근 젊은이 사이에서는 청량감이 있는 옅은 색의 옷이 유행하고 있다고 한다.
어휘 若者(わかもの) 젊은이 間(あいだ) 사이 清涼感(せいりょうかん) 청량감 淡(あわ)い (빛깔이) 옅다, 연하다
色(いろ) 색 服(ふく) 옷 流行(はや)る 유행하다 품사의 보통형+そうだ ~라고 한다 *전문 にく(憎)い 밉다
にぶ(鈍)い 둔하다 くさ(臭)い 고약한 냄새가 나다

5 정답 2
해석 타사를 방문할 때에는 미리 상대방의 사정을 확인해 둔다.
어휘 他社(たしゃ) 타사, 다른 회사 訪問(ほうもん) 방문 場合(ばあい) 경우 予(あらかじ)め 미리, 사전에
先方(せんぽう) 상대방, 상대편 都合(つごう) 사정, 형편 確認(かくにん) 확인 みじ(惨)め 비참함, 참혹함
たし(確)かめ 확인 うす(薄)め 묽게 함, 엷게 함

6 정답 1
해석 지나친 다이어트로 건강을 해치는 것은 어리석은 짓이다.
어휘 無茶(むちゃ)だ (정도가) 지나치다 ダイエット 다이어트 体(からだ)を壊(こわ)す 건강을 해치다
愚(おろ)かだ 어리석다 おろそ(疎)かだ 소홀하다 かす(微)かだ 희미하다, 미약하다 しず(静)かだ 조용하다

7 정답 4
해석 화려한 드레스를 입은 신부가 입장했다.
어휘 華(はな)やかだ 화려하다 ドレス 드레스 着(き)る (옷을) 입다 花嫁(はなよめ) 신부 入場(にゅうじょう) 입장
かろ(軽)やかだ 가뿐하다, 경쾌하다 あで(艶)やかだ 아리땁다, 요염하다 さわ(爽)やかだ 상쾌하다, 산뜻하다

8 정답 1
해석 자고 있는 아이의 천진난만한 얼굴만큼 사랑스러운 것은 없다.
어휘 寝(ね)る 자다 無邪気(むじゃき)だ 천진난만하다, 순진하다 顔(かお) 얼굴 ～ほど ~정도, ~만큼
かわいい 귀엽다, 사랑스럽다

9 정답 3
해석 '우유부단'이란 우물쭈물하며 매사를 결정짓지 못해 결단력이 부족한 것을 말한다.
어휘 優柔不断(ゆうじゅうふだん) 우유부단, 어물어물 망설이기만 하고 결단성이 없음 ～とは ~라고 하는 것은, ~란 *정의
ぐずぐず 꾸물꾸물, 우물쭈물 *판단 · 행동이 느리고 굼뜬 모양 物事(ものごと) 물건과 일, (일체의) 사물
決(き)める 정하다, 결정하다 ～ず(に) ~하지 않고 決断力(けつだんりょく) 결단력 乏(とぼ)しい 모자라다, 부족하다
むな(空)しい 허무하다 いや(卑)しい 천하다, 저속하다 お(惜)しい 아깝다, 애석하다

10 정답 4
해석 지난달에 식료품 매상이 현저히 는 것에 비해 의류품 매상은 떨어졌다.
어휘 先月(せんげつ) 지난달 食料品(しょくりょうひん) 식료품 売(う)り上(あ)げ 매상, 매출
著(いちじる)しい 뚜렷하다, 현저하다 伸(の)びる 늘다, 신장하다 ～に引(ひ)き換(か)え ~에 비해
衣類品(いるいひん) 의류품 落(お)ち込(こ)む (나쁜 상태에) 빠지다, 떨어지다 うらや(羨)ましい 부럽다
ゆか(床)しい 그립다 みぐる(見苦)しい 보기 흉하다, 꼴사납다

# 확인 문제 2 • い형용사&な형용사, 부사



**問題1 ＿＿＿＿の言葉の読み方として最もよいものを、1・2・3・4から一つ選びなさい。**

11 普段、全くニュースを見ない彼は、やはり時事問題にちょっと疎かった。

1 さとかった　2 うとかった　3 にぶかった　4 とうとかった

12 入社して間もない頃は「こんな仕事のやり方じゃだめだ」と上司に散々怒られたものだ。

1 さんざん　2 どうどう　3 かんかん　4 しゅじゅ

13 卒業式は、講堂で厳かな雰囲気の中で行われた。

1 ひそか　2 かすか　3 はるか　4 おごそか

14 6か月間もかけて書いてきた卒業論文を今日遂に書き上げた。

1 まさに　2 ついに　3 まことに　4 さらに

15 このかばんは、ずいぶん頑丈にできていますね。

1 こうじょう　2 うんじょう　3 がんじょう　4 しんじょう

16 自己PRで朗らかな性格をうまくアピールできれば、採用担当者の心が掴(つか)めるだろう。

1 ほがらか　2 やすらか　3 うららか　4 なめらか

17 半導体供給の問題で、自動車メーカーの生産が軒並み減少した。

1 いきなみ　2 のきなみ　3 さきなみ　4 みきなみ

18 ご家族の皆様には、お健やかにお過ごしのことと存じます。

1 にぎやか　2 しとやか　3 あざやか　4 すこやか

19 この海域には毎年、夥しい量の魚の群れが集まってきます。

1 おびただしい　2 うらやましい　3 はなはだしい　4 いまいましい

20 古代ギリシアでは労働は卑しいものと見なされ、労働に携わるのは奴隷と下層市民であった。

1 まぎらわしい　2 いちじるしい　3 いやしい　4 くわしい

# 확인 문제 2 • 정답 및 해석(い형용사&な형용사, 부사)

11 정답 2
해석 평소에 전혀 뉴스를 보지 않는 그는 역시 시사문제에 조금 어두웠다.
어휘 普段(ふだん) 평소 全(まった)く (부정어 수반) 전혀 ニュース 뉴스 やはり 역시 時事問題(じじもんだい) 시사문제 疎(うと)い (물정에) 어둡다 さと(聡)い 총명하다 にぶ(鈍)い 둔하다 とうと(尊)い 고귀하다

12 정답 1
해석 입사해서 얼마 되지 않았을 무렵에는 '이런 작업 방식은 안 된다'라고 상사에게 호되게 꾸중 듣곤 했다.
어휘 入社(にゅうしゃ) 입사 間(ま)もない (~한 지) 얼마 안 되다 やり方(かた) (하는) 방식, 방법 だめだ 안 된다 散々(さんざん) 몹시, 호되게 怒(おこ)る 성내다, 화를 내다 동사의 た형+ものだ ~하곤 했다 *회상 どうどう(堂々) 당당 かんかん(閑々) 한가로움 しゅじゅ(種々) 가지가지, 여러 가지

13 정답 4
해석 졸업식은 강당에서 엄숙한 분위기 속에서 열렸다.
어휘 卒業式(そつぎょうしき) 졸업식 講堂(こうどう) 강당 厳(おごそ)かだ 엄숙하다 雰囲気(ふんいき) 분위기 行(おこな)う 하다, 행하다, 실시하다 ひそ(密)かだ 은밀하다, 몰래 하다 かす(微)かだ 희미하다, 미약하다 はる(遥)かだ 아득하다

14 정답 2
해석 6개월이나 시간을 들여 써 온 졸업논문을 오늘 마침내 탈고했다.
어휘 かける (돈 · 시간 등을) 들이다, 쓰다 遂(つい)に 마침내, 드디어 書(か)き上(あ)げる 다 쓰다, 탈고하다 まさ(正)に 바로, 틀림없이, 정말로 まこと(誠)に 참으로, 정말로 さら(更)に 게다가, 더욱더

15 정답 3
해석 이 가방은 꽤 견고하게 만들어져 있네요.
어휘 ずいぶん 꽤, 몹시, 퍽 頑丈(がんじょう)だ 견고하다, 튼튼하다 できる 만들어지다

16 정답 1
해석 자기소개에서 쾌활한 성격을 잘 어필할 수 있으면 채용 담당자의 마음을 사로잡을 수 있을 것이다.
어휘 自己PR(じこピーアール) 자기소개 朗(ほが)らかだ 명랑하다, 쾌활하다 アピール 어필, 호소 採用(さいよう) 채용 担当者(たんとうしゃ) 담당자 心(こころ)を掴(つか)む 타인의 마음을 잡다, 사람의 마음을 끌어당기다

17 정답 2
해석 반도체 공급 문제로 자동차 제조회사의 생산이 일제히 감소했다.
어휘 半導体(はんどうたい) 반도체 供給(きょうきゅう) 공급 メーカー 메이커, 제조회사 生産(せいさん) 생산 軒並(のきな)み 일제히, 모두 減少(げんしょう) 감소

18 정답 4
해석 가족분들께서는 건강하게 지내시리라 생각합니다.
어휘 皆様(みなさま) 여러분 *「皆(みな)さん」보다 정중한 말씨임 健(すこ)やかだ 건강하다, 튼튼하다 過(す)ごし (시간을) 보냄, 지냄 存(ぞん)じる 생각하다 *「考(かんが)える」, 「思(おも)う」의 겸양어 にぎ(賑)やかだ 번화하다, 떠들썩하다 しと(淑)やかだ 정숙하다, 우아하다 あざ(鮮)やかだ 선명하다

19 정답 1
해석 이 해역에는 매년 매우 많은 양의 물고기 떼가 모여듭니다.
어휘 海域(かいいき) 해역 毎年(まいとし) 매년 夥(おびただ)しい (수량이) 매우 많다, 엄청나다 魚(さかな) 물고기 群(む)れ 떼, 무리 集(あつ)まる 모이다 うらや(羨)ましい 부럽다 はなは(甚)だしい (정도가) 지나치다, 심하다 いまいま(忌々)しい 분하다, 화가 치밀다

20 정답 3
해석 고대 그리스에서는 노동은 천한 것이라고 간주되어, 노동에 종사하는 것은 노예와 하층 시민이었다.
어휘 古代(こだい) 고대 ギリシア 그리스 労働(ろうどう) 노동 卑(いや)しい 천하다 見(み)なす 간주하다 携(たずさ)わる 관계하다, 종사하다 奴隷(どれい) 노예 下層(かそう) 하층 市民(しみん) 시민 まぎ(紛)らわしい 헷갈리기[혼동하기] 쉽다 いちじる(著)しい 뚜렷하다, 현저하다 くわ(詳)しい 잘 알고 있다, 정통하다, 밝다

# 확인 문제 3 • い형용사&な형용사, 부사



**問題1 ＿＿＿＿の言葉の読み方として最もよいものを、1・2・3・4から一つ選びなさい。**

21 犯人は、巧妙な手口で老人から金品を騙し取った。
1 こみょう　2 こうみょう　3 こめい　4 こうめい

22 あの手この手を尽くして店の宣伝をしているのだが、依然として反響があまりない。
1 かんぜんとして　2 あぜんとして　3 いぜんとして　4 ぼうぜんとして

23 友人からの飲み会への誘いを婉曲に断った。
1 ふんきょく　2 しんきょく　3 わんきょく　4 えんきょく

24 高いか安いかは商品の質によって違うので、一概には言えないのではないだろうか。
1 いちがいに　2 いっかいに　3 いっせいに　4 いちどうに

25 魚は新鮮なうちに調理しないと、すぐに生臭くなってしまいます。
1 なまくさく　2 なまぐさく　3 せいくさく　4 せいぐさく

26 無礼な彼の態度に努めて怒らないように努力はしたものの、結局我慢できず怒ってしまった。
1 さめて　2 あらためて　3 つとめて　4 きわめて

27 連休を台無しにする意地悪な雨が本当に嫌だ。
1 いじわる　2 いちわる　3 いじあく　4 いちあく

28 ダイエット中だが、無性に甘いものが食べたくなる。
1 ぶせいに　2 ぶぜいに　3 むじょうに　4 むしょうに

29 坂本さんは、男性の前では淑やかに振る舞う。
1 はなやか　2 しとやか　3 ゆるやか　4 おだやか

30 お問い合わせにつきましては、適切かつ速やかに対応いたします。
1 まろやか　2 すみやか　3 なごやか　4 みやびやか

# 확인 문제 3 • 정답 및 해석(い형용사&な형용사, 부사)

21 정답 2
해석 범인은 교묘한 수법으로 노인으로부터 금품을 가로챘다.
어휘 犯人(はんにん) 범인 巧妙(こうみょう)だ 교묘하다 手口(てぐち) (범죄) 수법 老人(ろうじん) 노인
金品(きんぴん) 금품 騙(だま)し取(と)る 속여서 빼앗다, 가로채다

22 정답 3
해석 갖가지 방법을 다해 가게 선전을 하고 있지만, 여전히 반응이 별로 없다.
어휘 あの手(て)この手(て) 이런 수 저런 수, 갖가지 방법[수단] 尽(つ)くす 다하다 宣伝(せんでん) 선전
依然(いぜん)として 여전히 反響(はんきょう) 반향, 반응 あまり (부정어 수반) 그다지, 별로

23 정답 4
해석 친구의 술자리 초대를 완곡하게 거절했다.
어휘 友人(ゆうじん) 친구 飲(の)み会(かい) 술자리, 회식 誘(さそ)い 권유, 초대 婉曲(えんきょく)だ 완곡하다
断(ことわ)る 거절하다

24 정답 1
해석 비싼지 싼지는 상품의 질에 따라 다르기 때문에 일률적으로는 말할 수 없는 것이 아닐까?
어휘 高(たか)い 비싸다 安(やす)い 싸다 商品(しょうひん) 상품 質(しつ) 질 ～によって ～에 따라 違(ちが)う 다르다
一概(いちがい)に 일률적으로 いっせい(一斉)に 일제히

25 정답 2
해석 생선은 신선할 때 조리하지 않으면 바로 비린내가 나게 되고 맙니다.
어휘 魚(さかな) 생선 新鮮(しんせん)だ 신선하다 ～うちに ～동안에, ～사이에 調理(ちょうり) 조리 すぐに 곧, 바로
生臭(なまぐさ)い 비린내가 나다

26 정답 3
해석 무례한 그의 태도에 애써 화내지 않도록 노력은 했지만, 결국 참지 못하고 화를 내 버렸다.
어휘 無礼(ぶれい)だ 무례하다 態度(たいど) 태도 努(つと)めて 애써, 되도록 怒(おこ)る 성내다, 화를 내다
努力(どりょく) 노력 ～ものの ～이지만 結局(けっきょく) 결국 我慢(がまん) 참음, 견딤 あらた(改)めて 새삼스럽게
きわ(極)めて 극히, 지극히

27 정답 1
해석 연휴를 엉망으로 만드는 심술궂은 비가 정말로 싫다.
어휘 連休(れんきゅう) 연휴 台無(だいな)し 형편없이 됨, 엉망이 됨, 잡침 意地悪(いじわる)だ 심술궂다 雨(あめ) 비
本当(ほんとう)に 정말로 嫌(いや)だ 싫다

28 정답 4
해석 다이어트 중인데 까닭 없이 단것이 먹고 싶어진다.
어휘 ダイエット 다이어트 無性(むしょう)に 공연히, 까닭 없이 甘(あま)い 달다

29 정답 2
해석 사카모토 씨는 남자 앞에서는 정숙하게 행동한다.
어휘 男性(だんせい) 남성, 남자 前(まえ) 앞 淑(しと)やかだ 정숙하다, 우아하다 振(ふ)る舞(ま)う 행동하다, 처신하다
はな(華)やかだ 화려하다 ゆる(緩)やかだ 완만하다 おだ(穏)やかだ 온화하다

30 정답 2
해석 문의하신 것에 대해서는 적절하고도 신속하게 대응하겠습니다.
어휘 問(と)い合(あ)わせ 문의 ～につきましては ～에 대해서는 *「～については」의 공손한 표현
適切(てきせつ)だ 적절하다 かつ 동시에, 또한 速(すみ)やかだ 신속하다, 빠르다 対応(たいおう) 대응
まろ(円)やかだ 둥그스름하다, (맛이) 부드럽다 なご(和)やかだ (기색·공기가) 부드럽다, 온화하다
みやび(雅)やかだ 우아[고상]하고 품위가 있다

# 확인 문제 4 · い형용사&な형용사, 부사

**問題1 ＿＿＿の言葉の読み方として最もよいものを、1・2・3・4から一つ選びなさい。**

31 目にも留まらぬ素早い手さばきに、観衆は皆舌を巻いた。
1 そばやい　2 すばやい　3 そっぱやい　4 さっぱやい

32 実験中は微妙な変化にもよく注意してください。
1 みみょ　2 みみょう　3 びみょ　4 びみょう

33 この部品は壊れやすいので、慎重に取り扱うことが肝心だ。
1 かんしん　2 かんじん　3 こんしん　4 こんじん

34 この服、天然素材を使用していて心地よい肌触りだね。
1 こころちよい　2 こころじよい　3 ここちよい　4 ここじよい

35 皆様のご期待に添うべく、精一杯努力してまいります。
1 せいいっぱい　2 ぜいいっぱい　3 しょういっぱい　4 じょういっぱい

36 彼女は、男女1,000人を対象にした調査で「奥床しい」女性芸能人の1位に選ばれた。
1 おくしかしい　2 おくとかしい　3 おくゆかしい　4 おくいかしい

37 その会社は、有名会社の商標と紛らわしい商標を使用している。
1 わずらわしい　2 まぎらわしい　3 けがらわしい　4 こならわしい

38 私の生まれ育った青森は、自然の風景が美しくて清らかな所です。
1 ほがらか　2 やすらか　3 きよらか　4 なめらか

39 ピエロの滑稽な仕種(しぐさ)を見て、子供たちは手を叩きながら笑った。
1 かっけい　2 かいけい　3 こっけい　4 こうけい

40 どうにかして臆病で小心な性格を治したいです。
1 たくびょう　2 さくびょう　3 おくびょう　4 そくびょう

# 확인 문제 4 • 정답 및 해석(い형용사&な형용사, 부사)

31 정답 2
해석 알아차릴 수 없을 만큼 재빠른 손놀림에 관중은 모두 혀를 내둘렀다.
어휘 目(め)にも留(と)まらぬ 알아차릴 수 없을 만큼 빠름 素早(すばや)い 재빠르다, 날쌔다 手(て)さばき 솜씨, 손놀림 観衆(かんしゅう) 관중 舌(した)を巻(ま)く 혀를 내두르다, 몹시 놀라다, 감탄하다

32 정답 4
해석 실험 중에는 미묘한 변화에도 잘 주의해 주세요.
어휘 実験(じっけん) 실험 微妙(びみょう)だ 미묘하다 変化(へんか) 변화 注意(ちゅうい) 주의

33 정답 2
해석 이 부품은 부서지기 쉬우므로 신중하게 다루는 것이 중요하다.
어휘 部品(ぶひん) 부품 壊(こわ)れる 부서지다, 파손되다 동사의 ます형+やすい ~하기 쉽다 慎重(しんちょう)だ 신중하다 取(と)り扱(あつか)う (물건을) 다루다 肝心(かんじん)だ (가장) 중요하다

34 정답 3
해석 이 옷, 천연 소재를 사용해서 기분 좋은 촉감이네.
어휘 服(ふく) 옷 天然(てんねん) 천연 素材(そざい) 소재 使用(しよう) 사용 心地(ここち)よい 기분 좋다, 상쾌하다 肌触(はだざわ)り 촉감, 감촉

35 정답 1
해석 여러분의 기대에 부합하기 위해 힘껏 노력해 나가겠습니다.
어휘 皆様(みなさま) 여러분 *「皆(みな)さん」보다 정중한 말씨임 期待(きたい) 기대 添(そ)う (기대 · 목적에) 부합되다[따르다] ～べく ~하기에, ~하기 위해 *그렇게 할 것을 목적으로 무엇인가를 함을 나타내는 말 精一杯(せいいっぱい) 힘껏, 최대한으로 努力(どりょく) 노력 ～てまいる ~해 가다[나가다] *「～ていく」의 겸양표현

36 정답 3
해석 그녀는 남녀 1,000명을 대상으로 한 조사에서 '우아한' 여자 연예인 1위에 뽑혔다.
어휘 男女(だんじょ) 남녀 対象(たいしょう) 대상 調査(ちょうさ) 조사 奥床(おくゆか)しい (말이나 태도가) 고상하다, 우아하다 女性(じょせい) 여성, 여자 芸能人(げいのうじん) 연예인 選(えら)ぶ 뽑다, 선발하다

37 정답 2
해석 그 회사는 유명회사 상표와 혼동하기 쉬운 상표를 사용하고 있다.
어휘 有名(ゆうめいがいしゃ) 유명회사 商標(しょうひょう) 상표 紛(まぎ)らわしい 헷갈리기[혼동하기] 쉽다 わずら(煩)わしい 귀찮다, 성가시다 けが(汚)らわしい 더럽다, 불결하다

38 정답 3
해석 제가 나고 자란 아오모리(青森)는 자연 풍경이 아름답고 깨끗한 곳입니다.
어휘 生(う)まれ育(そだ)つ 그 고장에서 태어나 자라다 青森(あおもり) 아오모리 *지명 自然(しぜん) 자연 風景(ふうけい) 풍경 美(うつく)しい 아름답다 清(きよ)らかだ 맑다, 깨끗하다 ほが(朗)らかだ 명랑하다, 쾌활하다 やす(安)らかだ 편안하다, 평온하다 なめ(滑)らかだ 매끄럽다

39 정답 3
해석 피에로의 익살스러운 몸짓을 보고 아이들은 손뼉을 치면서 웃었다.
어휘 ピエロ 피에로 滑稽(こっけい)だ 익살스럽다 仕種(しぐさ) (배우의) 연기, 몸짓 手(て)を叩(たた)く 손뼉을 치다 笑(わら)う 웃다

40 정답 3
해석 어떻게든 겁이 많고 소심한 성격을 고치고 싶습니다.
어휘 どうにかして 어떤 수단 · 방법을 다해서라도, 어떻게 해서든지 臆病(おくびょう)だ 겁이 많다 小心(しょうしん)だ 소심하다 性格(せいかく) 성격 治(なお)す 고치다, 치료하다

## 확인 문제 5 • い형용사&な형용사, 부사



**問題1 ＿＿＿＿の言葉の読み方として最もよいものを、1・2・3・4から一つ選びなさい。**

41 10年前に起きた連続殺人事件は、未だに解決されていない。

1 まつだに　2 みだに　3 すえだに　4 いまだに

42 「自分を変えたい」と漠然と考えているだけでは、いつまで経っても変えられない。

1 もぜんと　2 もうぜんと　3 はくぜんと　4 ばくぜんと

43 こんなやり方でこの問題を解決するのは、好ましくないと思う。

1 あつかましく　2 このましく　3 いさましく　4 あさましく

44 悲しくて切ない愛の物語に涙が止まりません。

1 せつない　2 さいない　3 きりない　4 きらない

45 最近売り上げが伸び、在庫が手薄になって困っている。

1 しゅはく　2 てはく　3 しゅうす　4 てうす

46 高橋さんって、本当に几帳面な人ですよね。

1 おおざっぱ　2 いじわる　3 きちょうめん　4 むじゃき

47 この村は過疎化が甚だしく、毎年人口がどんどん減っている。

1 おびただしく　2 あわただしく　3 はなはだしく　4 おりめただしく

48 去年、亡くなった父の面影は、今でも私の心に鮮やかに残っている。

1 こまやか　2 あざやか　3 しとやか　4 すこやか

49 キャッシュカードの暗証番号は、随時ATMで変更できますのでご利用ください。

1 すいじ　2 ずいじ　3 たいじ　4 だいじ

50 上司が理不尽な要求ばかりしてきて、悩んでいる。

1 りふしん　2 りぶしん　3 りふじん　4 りぶじん

# 확인 문제 5 • 정답 및 해석(い형용사&な형용사, 부사)

41 정답 4
해석 10년 전에 일어난 연쇄살인사건은 아직도 해결되지 않았다.
어휘 起(お)きる 일어나다, 발생하다 連続殺人事件(れんぞくさつじんじけん) 연쇄살인사건 未(いま)だに 아직(까지)도 解決(かいけつ) 해결

42 정답 4
해석 '자신을 바꾸고 싶다'고 막연하게 생각하고 있는 것만으로는 언제까지 시간이 지나도 바꿀 수 없다.
어휘 変(か)える 바꾸다 漠然(ばくぜん)と 막연하게 ～だけでは ~만으로는 いつまで 언제까지 経(た)つ (시간이) 지나다, 경과하다 もうぜん(猛然)と 맹렬하게

43 정답 2
해석 이런 방식으로 이 문제를 해결하는 것은 바람직하지 않다고 생각한다.
어휘 こんな 이런 やり方(かた) (하는) 방식, 방법 解決(かいけつ) 해결 好(この)ましい 바람직하다 あつ(厚)かましい 뻔뻔스럽다, 염치없다 いさ(勇)ましい 용감하다 あさ(浅)ましい 비참하다, 딱하다

44 정답 1
해석 슬프고 애달픈 사랑 이야기에 눈물이 멎지 않습니다.
어휘 悲(かな)しい 슬프다 切(せつ)ない 애달프다 愛(あい) 사랑 物語(ものがたり) 이야기 涙(なみだ)が止(と)まる 눈물이 멎다

45 정답 4
해석 최근 매상이 늘어 재고가 부족해져서 난처하다.
어휘 最近(さいきん) 최근, 요즘 売(う)り上(あ)げ 매상, 매출 伸(の)びる 늘다, 신장하다 在庫(ざいこ) 재고 手薄(てうす)だ (수중에 가진 것이) 적다, 부족하다 困(こま)る 곤란하다, 난처하다

46 정답 3
해석 다카하시 씨는 정말로 꼼꼼한 사람이네요.
어휘 本当(ほんとう)に 정말로 几帳面(きちょうめん)だ 꼼꼼하다
おおざっぱ(大雑把)だ (찬찬하지 못하고) 거칠다, 엉성하다 いじわる(意地悪)だ 심술궂다
むじゃき(無邪気)だ 천진난만하다, 순진하다

47 정답 3
해석 이 마을은 과소화(過疎化)가 심해서 매년 인구가 점점 줄고 있다.
어휘 村(むら) 마을 過疎化(かそか) 인구나 건물, 산업 따위가 어떤 곳에 지나치게 적은 상태로 됨
甚(はなは)だしい (정도가) 지나치다, 심하다 毎年(まいとし) 매년 人口(じんこう) 인구 どんどん 점점
減(へ)る 줄다, 줄어들다 おびただ(夥)しい (수량이) 매우 많다, 엄청나다 あわ(慌)ただしい 분주하다, 어수선하다
お(折)りめただ(目正)しい 예의범절이 깍듯하다, 예의 바르다

48 정답 2
해석 작년에 돌아가신 아버지의 모습은 지금도 내 마음에 선명하게 남아 있다.
어휘 去年(きょねん) 작년 亡(な)くなる 죽다, 돌아가다 面影(おもかげ) (기억 속에 떠오르는) 모습 心(こころ) 마음
鮮(あざ)やかだ 선명하다 こま(細)やかだ 자상하다, 세심하다 しと(淑)やかだ 정숙하다
すこ(健)やかだ 건강하다, 튼튼하다

49 정답 2
해석 현금인출카드의 비밀번호는 언제든지 현금자동지급기에서 변경할 수 있으니 이용해 주십시오. .
어휘 キャッシュカード 캐시카드, 현금인출카드
暗証番号(あんしょうばんごう) 현금자동지급기(ATM) 등에 사용하는 비밀번호
随時(ずいじ) 수시, 그때그때, 언제든지 ATM(エーティーエム) 현금자동지급기 変更(へんこう) 변경
ご+한자명사+ください ~해 주십시오 *존경표현 すいじ(炊事) 취사 たいじ(胎児) 태아 だいじ(大事) 대사, 큰일, 소중함

50 정답 3
해석 상사가 부당한 요구만 해 와서 고민하고 있다.
어휘 上司(じょうし) 상사 理不尽(りふじん)だ 불합리하다, 부당하다 要求(ようきゅう) 요구 ～ばかり ~만, ~뿐
悩(なや)む 고민하다

# 점수 UP! UP!
# <い형용사&な형용사, 부사>

- ☐ 蒸(む)し暑(あつ)い 무덥다
- ☐ 手厚(てあつ)い 극진하다, 융숭하다
- ☐ 情(なさ)けない 한심하다
- ☐ 粘(ねば)り強(づよ)い 끈기 있다, 끈질기다
- ☐ 心細(こころぼそ)い 불안하다
- ☐ 潔(いさぎよ)い (미련 없이) 깨끗하다
- ☐ 手荒(てあら)い 난폭하다, 거칠다
- ☐ 渋(しぶ)い 떫다, (표정이) 떨떠름하다
- ☐ 賢(かしこ)い 영리하다, 현명하다
- ☐ 尊(とうと)い 소중하다, 고귀하다
- ☐ 呆気(あっけ)ない (기대에 못 미쳐) 싱겁다, 맥없다
- ☐ 何気(なにげ)ない (마음이) 아무렇지도 않다, 무심하다
- ☐ 待(ま)ち遠(どお)しい 몹시 기다려지다
- ☐ 疑(うたが)わしい 의심스럽다
- ☐ 清々(すがすが)しい 상쾌하다, 시원하다
- ☐ 華々(はなばな)しい 화려하다
- ☐ 煩(わずら)わしい 귀찮다, 성가시다
- ☐ 情(なさ)け深(ぶか)い 인정이 많다
- ☐ 労(いたわ)しい 가엾다, 애처롭다
- ☐ 好(この)ましい 호감이 가다, 바람직하다
- ☐ 悩(なや)ましい 괴롭다, 고민스럽다
- ☐ 新(あら)ただ 새롭다
- ☐ 軽薄(けいはく)だ 경박하다
- ☐ 旺盛(おうせい)だ 왕성하다
- ☐ 穏(おだ)やかだ 온화하다
- ☐ 半端(はんぱ)だ 어중간하다
- ☐ 抜本的(ばっぽんてき)だ 발본적이다
- ☐ 失敬(しっけい)だ 무례하다
- ☐ 陳腐(ちんぷ)だ 진부하다
- ☐ 空(うつ)ろだ 얼빠지다, 공허하다
- ☐ 迅速(じんそく)だ 신속하다, 재빠르다
- ☐ 質素(しっそ)だ 검소하다
- ☐ 痛快(つうかい)だ 통쾌하다
- ☐ 厳正(げんせい)だ 엄정하다
- ☐ 素直(すなお)だ 순진하다, 고분고분하다
- ☐ 高慢(こうまん)だ 교만하다
- ☐ 円(つぶ)らだ 동그랗고 귀엽다
- ☐ 顕著(けんちょ)だ 현저하다
- ☐ 克明(こくめい)だ 극명하다
- ☐ 強気(つよき)だ (태도 등이) 강경하다
- ☐ 豪華(ごうか)だ 호화롭다
- ☐ 唐突(とうとつ)だ 당돌하다
- ☐ 無難(ぶなん)だ 무난하다
- ☐ 愚(おろ)かだ 어리석다
- ☐ 強(したた)かだ 만만치 않다
- ☐ 案外(あんがい) 의외로
- ☐ 堂々(どうどう)と 당당히
- ☐ 時折(ときおり) 때때로, 가끔
- ☐ 尚更(なおさら) 더욱더
- ☐ 長々(ながなが) 오랫동안, 장황하게
- ☐ 漫然(まんぜん)と 만연히, 멍하게

# 문제 2 문맥 규정

## 출제 유형

문제 2 문맥 규정은 괄호 안에 들어갈 적절한 어휘를 찾는 문제로, 7문항이 출제된다. 가장 많이 출제되는 것은 명사로, 한자어, 가타카나어 등을 묻는다. 그다음으로 동사, 부사, い형용사, な형용사 순으로 출제된다.

## 실제 시험 예시

**問題2 (　　　)に入れるのに最もよいものを、1・2・3・4から一つ選びなさい。**

1　(　　　)諦めないで、もう少し頑張ってみよう。

1 のっぺり　　2 むっと　　3 あっさり　　4 ぴんと

2　部長は朝から機嫌が悪いから、気に(　　　)ようなことは言わない方がいい。

1 著す　　2 障る　　3 揉める　　4 蘇る

3　何度も断っても諦めないなんて、本当に(　　　)人だね。

1 しぶとい　　2 物寂しい　　3 姦しい　　4 怪しい

|정답| 1 3　2 2　3 1

## 시험 대책

문맥 규정에서 명사는 평균 4문제 이상 출제되고 있으므로, 이 부분에 대한 집중적인 학습이 필요하다. 또한 동사는 상용한자의 동사가 기본으로, 한자 읽기에 출제된 동사들이 문맥 규정에 출제되는 경우도 있으므로 함께 묶어서 학습해 두어야 한다. 마지막으로 한자 읽기에서 부사 비중은 낮은 편이지만, 이 파트에서는 부사나 의성어 및 의태어 등도 꽤 비중 있게 출제되고 있으므로 이에 대한 학습도 꼭 필요하다.

# 기출 및 출제 예상 어휘 100 <문맥 규정>

- ☐ 担う(になう) 짊어지다, (책임 따위를) 떠맡다
- ☐ はじく 튀기다
- ☐ 揺らぐ(ゆらぐ) (마음이) 흔들리다
- ☐ 施す(ほどこす) 시행하다, 실시하다
- ☐ 尽くす(つくす) 다하다
- ☐ 滲む(にじむ) 번지다, 스미다
- ☐ 練る(ねる) (계획 등을) 짜다
- ☐ 辿る(たどる) (모르는 길을 고생해 가며) 다다르다
- ☐ 蘇る(よみがえる) 되살아나다, 소생하다
- ☐ 染みる(しみる) (액체 · 냄새가) 배다, 배어들다
- ☐ 紛れる(まぎれる) (비슷하여) 헷갈리다, 혼동되다
- ☐ 称える(たたえる) 칭송하다, 기리다
- ☐ 切り出す(きりだす) (말을) 꺼내다
- ☐ 取り戻す(とりもどす) 되찾다, 회복하다
- ☐ 危ぶむ(あやぶむ) 불안해하다, 걱정하다
- ☐ なだめる 달래다, 진정시키다
- ☐ 食い止める(くいとめる) 막다, 저지하다

- ☐ 立て替える(たてかえる) 대신 지불하다
- ☐ 駆け付ける(かけつける) 달려오다, 달려가다
- ☐ 非(ひ) 잘못
- ☐ 却下(きゃっか) 각하, 기각
- ☐ 異色(いしょく) 이색, 이색적임
- ☐ 駆使(くし) 구사
- ☐ 一環(いっかん) 일환
- ☐ 打診(だしん) 타진
- ☐ 余波(よは) 여파, 영향
- ☐ 経緯(けいい) 경위
- ☐ 利益(りえき) 이익
- ☐ 逸脱(いつだつ) 일탈
- ☐ 合意(ごうい) 합의
- ☐ 起伏(きふく) 기복
- ☐ 強制(きょうせい) 강제, 강요
- ☐ 流出(りゅうしゅつ) 유출
- ☐ 撤去(てっきょ) 철거

- ☐ 予断(よだん) 예단, 예측
- ☐ 教訓(きょうくん) 교훈
- ☐ 表明(ひょうめい) 표명
- ☐ 言及(げんきゅう) 언급
- ☐ 推移(すいい) 추이
- ☐ 直面(ちょくめん) 직면
- ☐ 愛着(あいちゃく) 애착
- ☐ 禁物(きんもつ) 금물
- ☐ 在庫(ざいこ) 재고
- ☐ 本音(ほんね) 본심
- ☐ 腕前(うでまえ) 솜씨, 기량, 수완
- ☐ 支障(ししょう) 지장
- ☐ 従事(じゅうじ) 종사
- ☐ 人手(ひとで) 일손
- ☐ 念願(ねんがん) 염원
- ☐ 基盤(きばん) 기반
- ☐ 一掃(いっそう) 일소, 한꺼번에 싹 제거함

- ☐ 該当(がいとう) 해당
- ☐ 遮断(しゃだん) 차단
- ☐ 歴然(れきぜん) 분명함, 뚜렷함
- ☐ 精神的(せいしんてき) 정신적
- ☐ 気掛かり(きがかり) 마음에 걸림, 걱정, 염려
- ☐ シェア 셰어, (상품의) 점유율
- ☐ ノルマ 노르마, 할당된 노동 기준량
- ☐ リスク 리스크, 위험
- ☐ センサー 센서, 감지기
- ☐ クレーム 클레임, 불평, 불만
- ☐ ノウハウ 노하우
- ☐ メディア 미디어
- ☐ レイアウト 레이아웃, (건물 안의 방·가구 설비 등의) 배치
- ☐ だるい 나른하다
- ☐ 夥しい(おびただしい) (수량이) 매우 많다, 엄청나다
- ☐ 幅広い(はばひろい) 폭넓다
- ☐ 心細い(こころぼそい) 불안하다, 마음이 안 놓이다
- ☐ 心地よい(ここちよい) 기분 좋다, 상쾌하다
- ☐ 凄まじい(すさまじい) 대단하다, 굉장하다
- ☐ 旺盛だ(おうせいだ) 왕성하다
- ☐ 頑固だ(がんこだ) 완고하다, 고집스럽다
- ☐ 堅実だ(けんじつだ) 견실하다
- ☐ 盛大だ(せいだいだ) 성대하다
- ☐ 絶大だ(ぜつだいだ) 지대하다, 아주 크다
- ☐ 壮大だ(そうだいだ) 장대하다
- ☐ 大らかだ(おおらかだ) 대범하다
- ☐ 多角的だ(たかくてきだ) 다각적이다
- ☐ 頻繁に(ひんぱんに) 빈번하게
- ☐ 無性に(むしょうに) 공연히, 까닭 없이
- ☐ コンスタントに 일정하게, 꾸준히
- ☐ くよくよ 끙끙
- ☐ すんなり 척척, 순조롭게, 쉽게
- ☐ てきぱき 척척
- ☐ ひしひし 뼈저리게, 절실하게
- ☐ へとへと 몹시 피곤함, 녹초가 됨
- ☐ まちまち 각기 다름
- ☐ みっちり 충분히, 단단히, 착실하게
- ☐ やんわり 부드럽게, 완곡하게
- ☐ がらり 싹, 확 *어떤 상태가 갑자기 변하는 모양
- ☐ うずうず 어떤 행동을 하고 싶어서 좀이 쑤시는 모양
- ☐ ぎくしゃく 사물의 진행이나 동작이 순조롭지 못한 모양
- ☐ じめじめ 습기가 많은 모양
- ☐ ずっしり 묵직한 느낌이 드는 모양
- ☐ せかせか 종종걸음을 치는 모양
- ☐ そわそわ 안절부절못하는 모양
- ☐ 専ら(もっぱら) 오로지
- ☐ いとも 매우, 아주
- ☐ 強いて(しいて) 억지로, 굳이
- ☐ とりわけ 특히, 유독, 유달리

# 확인 문제 1・문맥 규정

**問題2 (　　　)に入れるのに最もよいものを、1・2・3・4から一つ選びなさい。**

1 裁判所は、被告の費用請求を(　　　)した。
1 漏洩　2 参入　3 摂取　4 却下

2 昨日、玄関の前に防犯用のモーション(　　　)を設置した。
1 フライト　2 センサー　3 イラスト　4 リラックス

3 アメリカで生まれ育った彼は、英語を自由自在に(　　　)する。
1 駆使　2 変動　3 倒置　4 談話

4 彼女ときたら、感情の(　　　)が激しくて付き合いにくい。
1 拡張　2 起伏　3 重荷　4 噴火

5 中村先生は、10年前から青少年の(　　　)行動と背景要因について研究している。
1 加熱　2 進化　3 増減　4 逸脱

6 うちの部長って、(　　　)で融通の利かない人なんだ。
1 新鮮　2 頑固　3 明朗　4 柔軟

7 今年は(　　　)雪が多い気がしますね。
1 とりわけ　2 かろうじて　3 あらかじめ　4 ふいに

8 大型台風が関東地方に上陸し、各地が(　　　)暴風雨に見舞われた。
1 頼もしい　2 清々しい　3 凄まじい　4 脆い

9 突然、忘れていた記憶が(　　　)くる経験は、誰にでもあるでしょう。
1 躊躇って　2 賄って　3 沿って　4 蘇って

10 彼は、早く試合に出たくて(　　　)している。
1 ふらふら　2 がちがち　3 うずうず　4 はらはら

# 확인 문제 1 • 정답 및 해석(문맥 규정)

1 정답 4
해석 법원은 피고의 비용 청구를 (기각)했다.
어휘 裁判所(さいばんしょ) 재판소, 법원 被告(ひこく) 피고 費用(ひよう) 비용 請求(せいきゅう) 청구
却下(きゃっか) 각하, 기각 漏洩(ろうえい) 누설 参入(さんにゅう) 참가함, 가입함 摂取(せっしゅ) 섭취

2 정답 2
해석 어제 현관 앞에 방범용 모션 (센서)를 설치했다.
어휘 玄関(げんかん) 현관 防犯用(ぼうはんよう) 방범용 モーション 모션, 움직임 センサー 센서, 감지기
設置(せっち) 설치 フライト 플라이트, 비행기의 정기 비행
イラスト 일러스트, 삽화 *「イラストレーション」(일러스트레이션)의 준말 リラックス 릴랙스, 긴장을 풂

3 정답 1
해석 미국에서 나고 자란 그는 영어를 자유자재로 (구사)한다.
어휘 アメリカ 아메리카, 미국 生(う)まれ育(そだ)つ 그 고장에서 태어나 자라다 英語(えいご) 영어
自由自在(じゆうじざい) 자유자재 駆使(くし) 구사 変動(へんどう) 변동 倒置(とうち) 도치 談話(だんわ) 담화

4 정답 2
해석 그녀로 말하자면 감정 (기복)이 심해서 사귀기 힘들다.
어휘 ～ときたら ～로 말하자면 感情(かんじょう) 감정 起伏(きふく) 기복 激(はげ)しい 심하다
付(つ)き合(あ)う 사귀다, 교제하다 동사의 ます형+にくい ~하기 어렵다[힘들다] 拡張(かくちょう) 확장
重荷(おもに) 무거운 짐[부담] 噴火(ふんか) 분화

5 정답 4
해석 나카무라 선생님은 10년 전부터 청소년의 (일탈) 행동과 배경 요인에 대해서 연구하고 있다.
어휘 青少年(せいしょうねん) 청소년 逸脱(いつだつ) 일탈 行動(こうどう) 행동 背景(はいけい) 배경
要因(よういん) 요인 研究(けんきゅう) 연구 加熱(かねつ) 가열 進化(しんか) 진화 増減(ぞうげん) 증감

6 정답 2
해석 우리 부장님은 (완고)하고 융통성이 없는 사람이야.
어휘 頑固(がんこ)だ 완고하다, 고집스럽다 融通(ゆうずう) 융통성 *「融通(ゆうずう)が利(き)かない」- 융통성이 없다
新鮮(しんせん)だ 신선하다 明朗(めいろう)だ 명랑하다 柔軟(じゅうなん)だ 유연하다

7 정답 1
해석 올해는 (유독) 눈이 많이 내리는 것 같네요.
어휘 今年(ことし) 올해 とりわけ 특히, 유독, 유달리 雪(ゆき) 눈 気(き)がする 느낌[생각]이 들다
かろ(辛)うじて 겨우, 간신히 あらかじ(予)め 미리, 사전에 ふいに 갑자기, 별안간에, 느닷없이

8 정답 3
해석 대형 태풍이 관동 지방에 상륙해 각지가 (굉장한) 폭풍우에 휩쓸렸다.
어휘 大型(おおがた) 대형 台風(たいふう) 태풍 関東地方(かんとうちほう) 관동 지방 上陸(じょうりく) 상륙
各地(かくち) 각지 凄(すさ)まじい 대단하다, 굉장하다 暴風雨(ぼうふうう) 폭풍우
見舞(みま)う (반갑지 않은 것이) 닥쳐 오다, 덮치다 *「見舞(みま)われる」-(재난 등을) 만나다, 당하다
頼(たの)もしい 믿음직스럽다 清々(すがすが)しい 상쾌하다, 시원하다 脆(もろ)い 깨지기 쉽다, 여리다

9 정답 4
해석 갑자기 잊고 있던 기억이 (되살아난) 경험은 누구나 있겠죠.
어휘 突然(とつぜん) 돌연, 갑자기 忘(わす)れる 잊다 記憶(きおく) 기억 蘇(よみがえ)る 되살아나다, 소생하다
経験(けいけん) 경험 躊躇(ためら)う 주저하다, 망설이다 賄(まかな)う 조달하다, 마련하다 沿(そ)う 따르다

10 정답 3
해석 그는 빨리 시합에 나가고 싶어서 (좀이 쑤셔) 하고 있다.
어휘 早(はや)く 빨리 試合(しあい) 시합 出(で)る (시합 등에) 나가다, 출전하다
うずうず 어떤 행동을 하고 싶어서 좀이 쑤시는 모양 ふらふら 어슬렁어슬렁 がちがち 딱딱 *단단한 물건이 부딪치는 소리
はらはら 아슬아슬, 조마조마

# 확인 문제 2 • 문맥 규정

**問題2（　　）に入れるのに最もよいものを、1・2・3・4から一つ選びなさい。**

11 その製品は欠陥があったため、顧客から次々と（　　）が寄せられた。
1 アレンジ　2 ストレス　3 アイドル　4 クレーム

12 企業の（　　）を伸長させるためには、コスト削減への取り組みが必要となる。
1 精算　2 利益　3 分離　4 加速

13 この問題に対して、否定的な見解を（　　）している研究者も多い。
1 表明　2 賛否　3 受容　4 反発

14 彼は好奇心が（　　）で、失敗を恐れない性格である。
1 過疎　2 不足　3 傲慢　4 旺盛

15 この技術は化粧品や医薬品など、（　　）分野に応用できます。
1 著しい　2 幅広い　3 淡い　4 鈍い

16 彼女のテニスはプロ並みの（　　）だ。とても歯が立たないから、彼女との試合は避けている。
1 弱腰　2 後頭　3 腕前　4 足下

17 シャツに（　　）汚れは、何回も洗濯をしてもなかなか落ちない。
1 染みた　2 入り込んだ　3 滑った　4 遡った

18 あの二人、同じような格好をしていて（　　）やすいですね。
1 司り　2 膨れ　3 慣れ　4 紛れ

19 明日は息子の大学の合格発表日なので、（　　）している。
1 そわそわ　2 ころころ　3 がらがら　4 ぬるぬる

20 ずっと不利だった戦いの形勢が、（　　）一変して味方に有利となった。
1 きっかり　2 そっと　3 がらり　4 うっかり

# 확인 문제 2 • 정답 및 해석(문맥 규정)

**11** 정답 4
해석 그 제품은 결함이 있었기 때문에 고객으로부터 잇따라 (클레임)이 들어왔다.
어휘 製品(せいひん) 제품 欠陥(けっかん) 결함 顧客(こきゃく) 고객 次々(つぎつぎ)と 잇따라, 계속해서
クレーム 클레임, 불평, 불만 寄(よ)せる 밀려오다, 밀어닥치다 アレンジ 어레인지, 배치 ストレス 스트레스
アイドル 아이돌

**12** 정답 2
해석 기업의 (이익)을 신장시키기 위해서는 경비 삭감에 대한 대처가 필요하다.
어휘 企業(きぎょう) 기업 利益(りえき) 이익 伸長(しんちょう) (힘·길이의) 신장 コスト 경비, 비용
削減(さくげん) 삭감 取(と)り組(く)み 대처 精算(せいさん) 정산 分離(ぶんり) 분리 加速(かそく) 가속

**13** 정답 1
해석 이 문제에 대해서 부정적인 견해를 (표명)하고 있는 연구자도 많다.
어휘 ～に対(たい)して ～에 대해서 否定的(ひていてき)だ 부정적이다 見解(けんかい) 견해 表明(ひょうめい) 표명
研究者(けんきゅうしゃ) 연구자 賛否(さんぴ) 찬부, 찬반 受容(じゅよう) 수용 反発(はんぱつ) 반발

**14** 정답 4
해석 그는 호기심이 (왕성)하고 실패를 두려워하지 않는 성격이다.
어휘 好奇心(こうきしん) 호기심 旺盛(おうせい)だ 왕성하다 失敗(しっぱい) 실패 恐(おそ)れる 두려워하다
過疎(かそ)だ 과소하다, 지나치게 드물다 不足(ふそく)だ 부족하다 傲慢(ごうまん)だ 오만하다, 거만하다

**15** 정답 2
해석 이 기술은 화장품이나 의약품 등 (폭넓은) 분야에 응용할 수 있습니다.
어휘 技術(ぎじゅつ) 기술 化粧品(けしょうひん) 화장품 医薬品(いやくひん) 의약품 幅広(はばひろ)い 폭넓다
分野(ぶんや) 분야 応用(おうよう) 응용 著(いちじる)しい 두드러지다, 현저하다 淡(あわ)い (빛깔이) 옅다, 연하다
鈍(にぶ)い 둔하다

**16** 정답 3
해석 그녀의 테니스는 프로 수준의 (기량)이다. 도저히 당해낼 수 없기 때문에 그녀와의 시합은 피하고 있다.
어휘 テニス 테니스 プロ 프로 명사+並(な)み ～와 같음, 동등함 腕前(うでまえ) 솜씨, 기량, 수완
とても (부정어 수반) 도저히 歯(は)が立(た)たない 당해낼 수 없다, 감당할 수 없다 避(さ)ける 피하다
弱腰(よわごし) 허리의 잘록한 부분, 옆구리 後頭(こうとう) 후두, 뒤통수 足下(あしもと) 발밑

**17** 정답 1
해석 셔츠에 (밴) 자국은 여러 번 세탁을 해도 좀처럼 빠지지 않는다.
어휘 シャツ 셔츠 染(し)みる (액체·냄새가) 배다, 배어들다 汚(よご)れ 때, 더러워진 자국이나 흔적
何回(なんかい)も 몇 번이나, 여러 번 洗濯(せんたく) 세탁 なかなか (부정어 수반) 좀처럼
落(お)ちる (때·빛깔 등이) 빠지다, 바래다 入(はい)り込(こ)む 속으로[깊숙이] 파고 들어가다 滑(すべ)る 미끄러지다
遡(さかのぼ)る 거슬러 올라가다

**18** 정답 4
해석 저 두 사람, 같은 차림을 하고 있어서 (혼동되기) 쉽겠네요.
어휘 格好(かっこう) 모습, 차림 紛(まぎ)れる (비슷하여) 헷갈리다, 혼동되다 동사의 ます형+やすい ～하기 쉽다
司(つかさど)る 관장하다, 담당하다 膨(ふく)れる 부풀다, 불룩해지다 慣(な)れる 익숙해지다

**19** 정답 1
해석 내일은 아들의 대학 합격 발표일이어서 (안절부절못)하고 있다.
어휘 息子(むすこ) (자신의) 아들 大学(だいがく) 대학(교) 発表日(はっぴょうび) 발표일 そわそわ 안절부절못하는 모양
ころころ 대굴대굴 *작은 물건이 굴러가는 모양 がらがら 텅텅 비어 있는 모양 ぬるぬる 미끈미끈 *미끄러운 모양

**20** 정답 3
해석 쭉 불리했던 싸움의 형세가 (확) 일변하여 아군에게 유리해졌다.
어휘 ずっと 쭉, 계속 不利(ふり)だ 불리하다 形勢(けいせい) 형세 がらり 싹, 확 *어떤 상태가 갑자기 변하는 모양
一変(いっぺん) 일변, 아주 변함 味方(みかた) 자기 편, 아군 きっかり 꼭, 딱, 정확히 そっと 조용히, 가만히, 살짝
うっかり 무심코, 깜빡

# 확인 문제 3 • 문맥 규정

**問題2（　　）に入れるのに最もよいものを、1・2・3・4から一つ選びなさい。**

21 （　　）の拡大とその波及効果に、最初に注目したのは広告業界である。
1 メディア　　2 バランス　　3 カクテル　　4 トラウマ

22 詳しい（　　）は知らないが、彼女は突然仕事を辞めたそうだ。
1 経験　　2 経緯　　3 経歴　　4 経路

23 息子のためにアドバイスするのは大切だけど、進む道を（　　）するのはやりすぎだと思う。
1 拡充　　2 能率　　3 強制　　4 平等

24 新型感染症は、今も（　　）を許さない状況が続いている。
1 予感　　2 予知　　3 予習　　4 予断

25 （　　）言うなら、こちらの方がいいね。
1 頻りに　　2 しばしば　　3 強いて　　4 辛うじて

26 この試案については、もっと（　　）に検討する必要があると思います。
1 圧倒的　　2 多角的　　3 一時的　　4 消極的

27 非常ベルが鳴ると、警備員が（　　）。
1 乗り換えた　　2 駆け付けた　　3 踏み切った　　4 受け入れた

28 （　　）数の鳥が、電線や屋根に止まっていた。
1 羨ましい　　2 もっともらしい　　3 甚だしい　　4 夥しい

29 当社では、充実したプログラムで、次世代を（　　）優れた人材を育成しています。
1 担う　　2 慈しむ　　3 欺く　　4 阻む

30 試合でとんでもないミスをして負けてしまい、チームメートと（　　）している。
1 さらさら　　2 ぎくしゃく　　3 なよなよ　　4 ぎりぎり

# 확인 문제 3 • 정답 및 해석(문맥 규정)

21 정답 1
해석 (미디어)의 확대와 그 파급 효과에 처음으로 주목한 것은 광고업계다.
어휘 メディア 미디어 拡大(かくだい) 확대 波及(はきゅう) 파급 効果(こうか) 효과 最初(さいしょ) 최초, 맨 처음 注目(ちゅうもく) 주목 広告(こうこく) 광고 業界(ぎょうかい) 업계 バランス 밸런스, 균형 カクテル 칵테일 トラウマ 트라우마

22 정답 2
해석 자세한 (경위)는 모르겠지만, 그녀는 갑자기 일을 그만뒀다고 한다.
어휘 詳(くわ)しい 상세하다, 자세하다 経緯(けいい) 경위 突然(とつぜん) 돌연, 갑자기 辞(や)める (일자리를) 그만두다 품사의 보통형+そうだ ~라고 한다 *전문 経験(けいけん) 경험 経歴(けいれき) 경력 経路(けいろ) 경로

23 정답 3
해석 아들을 위해서 조언하는 것은 중요하지만, 나아갈 길을 (강요)하는 것은 너무 지나치다고 생각한다.
어휘 息子(むすこ) (자신의) 아들 アドバイス 조언, 충고 大切(たいせつ)だ 중요하다 進(すす)む 나아가다 強制(きょうせい) 강제, 강요 やりすぎ 도를 지나침 拡充(かくじゅう) 확충 能率(のうりつ) 능률 平等(びょうどう) 평등

24 정답 4
해석 신형 감염증은 지금도 (예측)을 불허하는 상황이 이어지고 있다.
어휘 新型(しんがた) 신형 感染症(かんせんしょう) 감염증
予断(よだん) 예단, 예측 *「予断(よだん)を許(ゆる)さない」－예측을 불허하다 状況(じょうきょう) 상황
続(つづ)く 이어지다, 계속되다 予感(よかん) 예감 予知(よち) 예지 予習(よしゅう) 예습

25 정답 3
해석 (굳이) 말하자면 이쪽이 좋네.
어휘 強(し)いて 억지로, 굳이 頻(しき)りに 자주, 빈번히 しばしば 자주 辛(かろ)うじて 겨우, 간신히

26 정답 2
해석 이 시안에 대해서는 좀 더 (다각적)으로 검토할 필요가 있다고 생각합니다.
어휘 試案(しあん) 시안 もっと 더, 좀 더 多角的(たかくてき)だ 다각적이다 検討(けんとう) 검토 圧倒的(あっとうてき)だ 압도적이다 一時的(いちじてき)だ 일시적이다 消極的(しょうきょくてき)だ 소극적이다

27 정답 2
해석 비상벨이 울리자 경비원이 (달려왔다).
어휘 非常(ひじょう)ベル 비상벨 鳴(な)る 울리다, 소리가 나다 警備員(けいびいん) 경비원
駆(か)け付(つ)ける 달려오다, 달려가다 乗(の)り換(か)える 갈아타다 踏(ふ)み切(き)る 결단하다, 단행하다
受(う)け入(い)れる 받아들이다, 수용하다

28 정답 4
해석 (엄청난) 수의 까마귀가 전선과 지붕에 앉아 있었다.
어휘 夥(おびただ)しい (수량이) 매우 많다, 엄청나다 数(かず) 수 烏(からす) 까마귀 電線(でんせん) 전선
屋根(やね) 지붕 止(と)まる (새·벌레 등이) 앉다 羨(うらや)ましい 부럽다 もっともらしい 그럴 듯하다, 천연덕스럽다
甚(はなは)だしい (정도가) 지나치다, 심하다

29 정답 1
해석 당사에서는 충실한 프로그램으로 차세대를 (짊어질) 뛰어난 인재를 육성하고 있습니다.
어휘 当社(とうしゃ) 당사 充実(じゅうじつ) 충실 プログラム 프로그램 次世代(じせだい) 차세대
担(にな)う 짊어지다, (책임 따위를) 떠맡다 優(すぐ)れる 뛰어나다, 우수하다 人材(じんざい) 인재 育成(いくせい) 육성
慈(いつく)しむ 애지중지하다, 사랑하다 欺(あざむ)く 속이다, 기만하다 阻(はば)む 저지하다, 방해하다

30 정답 2
해석 시합에서 터무니없는 실수를 해서 져 버려서 팀 동료와 (서먹서먹)해졌다.
어휘 試合(しあい) 시합 とんでもない 터무니없다, 당치도 않다 ミス 미스, 실수 負(ま)ける 지다, 패하다
チームメート 팀 동료 ぎくしゃく 사물의 진행이나 동작이 순조롭지 못한 모양 さらさら 사물이 막힘없이 나아가는 모양
なよなよ 나긋나긋한 모양 ぎりぎり 빠듯한 모양

# 확인 문제 4 • 문맥 규정

**問題2（　　）に入れるのに最もよいものを、1・2・3・4から一つ選びなさい。**

31 度重(たびかさ)なる議論の末、両社はようやく（　　）に達した。
1 否定　　2 提案　　3 論争　　4 合意

32 彼は、大手企業で医薬品の研究に（　　）しているそうだ。
1 到達　　2 委託　　3 従事　　4 脱落

33 （　　）打撃を受けると、うつ病に繋がることがある。
1 精神的　　2 理想的　　3 積極的　　4 意地悪

34 新年早々、海外の航空会社から技術提携の（　　）があった。
1 連結　　2 打診　　3 侮辱　　4 陳述

35 人は酒が回ると気が大きくなり、（　　）をぽろりと漏らすことがある。
1 本音　　2 心理　　3 露骨　　4 完了

36 あの頃は、両国間で（　　）武力抗争が起こっていた時代だった。
1 一向に　　2 即座に　　3 頻繁に　　4 不意に

37 鈴木さんはリスクが大きい投資は全くせず、（　　）な方法で資産を増やしている。
1 迷惑　　2 不備　　3 堅実　　4 痛切

38 彼は、30キロのダンベルを（　　）簡単に持ち上げてしまった。
1 たとえ　　2 さぞ　　3 いっそ　　4 いとも

39 私が1時間もかかって解いた問題を、友達は5分で（　　）解いた。
1 すんなり　　2 ふんわり　　3 ざっくり　　4 うっかり

40 体力の弱い母が、今度の手術に耐えられるか（　　）。
1 辿られる　　2 埋められる　　3 危ぶまれる　　4 親しまれる

# 확인 문제 4 • 정답 및 해석(문맥 규정)

31 정답 4
해석 거듭된 논의 끝에 양 사는 겨우 (합의)에 도달했다.
어휘 度重(たびかさ)なる 거듭되다, 되풀이되다 議論(ぎろん) 의논, 논의 명사+の+末(すえ) ~한 끝에
ようやく 겨우, 간신히 合意(ごうい) 합의 達(たっ)する 이르다, 도달하다, 달하다 否定(ひてい) 부정
提案(ていあん) 제안 論争(ろんそう) 논쟁

32 정답 3
해석 그는 대기업에서 의약품 연구에 (종사)하고 있다고 한다.
어휘 大手企業(おおてきぎょう) 대기업 医薬品(いやくひん) 의약품 研究(けんきゅう) 연구 従事(じゅうじ) 종사
품사의 보통형+そうだ ~라고 한다 *전문 到達(とうたつ) 도달 委託(いたく) 위탁 脱落(だつらく) 탈락

33 정답 1
해석 (정신적) 타격을 입으면 우울증으로 이어지는 경우가 있다.
어휘 精神的(せいしんてき) 정신적 打撃(だげき) 타격 受(う)ける 받다, 입다 うつ病(びょう) 우울증
繋(つな)がる 이어지다, 연결되다 理想的(りそうてき) 이상적 積極的(せっきょくてき) 적극적 意地悪(いじわる) 심술궂음

34 정답 2
해석 신년 초에 해외 항공사로부터 기술 제휴 (타진)이 있었다.
어휘 新年(しんねん) 신년, 새해 早々(そうそう) (새로운 상황을 가리키는 말을 받아) ~하자마자, ~하자 곧
海外(かいがい) 해외 航空会社(こうくうがいしゃ) 항공사 技術(ぎじゅつ) 기술 提携(ていけい) 제휴
打診(だしん) 타진 連結(れんけつ) 연결 侮辱(ぶじょく) 모욕 陳述(ちんじゅつ) 진술

35 정답 1
해석 사람은 술기운이 돌면 배짱이 세져서 그만 (본심)을 말하는 경우가 있다.
어휘 回(まわ)る (어떤 기운이) 돌다, 퍼지다 気(き)が大(おお)きい 도량이 크다, 배짱이 세다, 담력이 크다 本音(ほんね) 본심
ぽろりと 무의식중에 겉으로 나타내는 모양 漏(も)らす 누설하다, (불평 등을) 말하다 露骨(ろこつ) 노골
完了(かんりょう) 완료

36 정답 3
해석 그 무렵은 양국 간에 (빈번하게) 무력 항쟁이 일어났던 시대였다.
어휘 頻繁(ひんぱん)に 빈번하게 武力(ぶりょく) 무력 抗争(こうそう) 항쟁 起(お)こる 일어나다, 발생하다
一向(いっこう)に (부정어 수반) 조금도, 전혀 即座(そくざ)に 즉석에서, 그 자리에서 不意(ふい)に 갑자기, 느닷없이

37 정답 3
해석 스즈키 씨는 리스크가 큰 투자는 전혀 하지 않고 (견실)한 방법으로 자산을 늘리고 있다.
어휘 リスク 리스크, 위험 投資(とうし) 투자 全(まった)く (부정어 수반) 전혀
~ず(に) ~하지 않고 *「する」(하다)의 경우 「しず(に)」가 아니라 「せず(に)」가 된다는 점에 주의
堅実(けんじつ)だ 견실하다 資産(しさん) 자산 増(ふ)やす 늘리다 迷惑(めいわく)だ 귀찮다, 성가시다
不備(ふび)だ 미비하다, 갖추어지지 않다 痛切(つうせつ)だ 통절하다, 절실하다

38 정답 4
해석 그는 30kg 덤벨을 (아주) 간단히 들어 올려 버렸다.
어휘 いとも 매우, 아주 持(も)ち上(あ)げる 들어 올리다 たとえ 설령, 설사 さぞ 틀림없이, 필시, 아마 いっそ 차라리

39 정답 1
해석 내가 1시간이나 걸려서 푼 문제를 친구는 5분 만에 (쉽게) 풀었다.
어휘 숫자+も ~이나 かかる (시간이) 걸리다 解(と)く (의문·문제를) 풀다
すんなり 척척, 순조롭게, 쉽게 *일이 저항 없이 잘 되는 모양 ふんわり 포근히, 두둥실
ざっくり 짝, 쩍 *힘을 주어 한 번에 자르거나 쪼개는 모양 うっかり 무심코, 깜빡

40 정답 3
해석 체력이 약한 어머니가 이번 수술을 견딜 수 있을지 (걱정된다).
어휘 体力(たいりょく) 체력 弱(よわ)い 약하다 手術(しゅじゅつ) 수술 耐(た)える 참다, 견디다
危(あや)ぶむ 불안해하다, 걱정하다 *「危(あや)ぶまれる」-걱정되다 辿(たど)る (모르는 길을 고생해 가며) 다다르다
埋(う)める (손해·부족을) 메우다, 보충하다 親(した)しむ 친하게 지내다

# 확인 문제 5 • 문맥 규정

**問題2（　　）に入れるのに最もよいものを、1・2・3・4から一つ選びなさい。**

41 この問題は見逃すわけにはいかないから、次の会議で（　　）すべきである。
1 言語　2 言及　3 言動　4 無言

42 被災地への通路が（　　）され、土砂崩れなどが発生している。
1 切断　2 絶滅　3 遮断　4 消滅

43 読まなくなった漫画本でも、（　　）があってなかなか捨てられません。
1 叱責　2 問答　3 錯覚　4 愛着

44 寝不足が続くと、日常生活に（　　）を来たします。
1 支障　2 均衡　3 浪費　4 干渉

45 2か月連続で（　　）を達成できず、上司に叱られてしまった。
1 アクセル　2 コンパ　3 ジレンマ　4 ノルマ

46 勉強は全くせず、ゲームばかりしている息子の将来が（　　）だ。
1 気配り　2 気掛かり　3 気兼ね　4 気取り

47 高齢化、人口減少が続く日本で、（　　）不足は避けられないだろう。
1 人手　2 人影　3 人波　4 人柄

48 新製品の企画を（　　）るんだけど、行き詰まっちゃって。
1 重んじて　2 憤って　3 練って　4 悟って

49 夫は口数は少ないですが、（　　）で穏やかな性格です。
1 愚か　2 大らか　3 厳か　4 密か

50 容疑者は自分は犯行を犯していないと主張しているが、その証拠は（　　）としている。
1 歴然　2 依然　3 呆然　4 断然

# 확인 문제 5 • 정답 및 해석(문맥 규정)

41 정답 2
해석 이 문제는 간과할 수는 없으니까, 다음 회의에서 (언급)해야 한다.
어휘 見逃(みのが)す 간과하다 ～わけにはいかない ～할 수는 없다 次(つぎ) 다음 言及(げんきゅう) 언급
동사의 기본형+べきだ (마땅히) ～해야 한다 *단, 「する」의 경우에는 「するべきだ」, 「すべきだ」 모두 쓸 수 있음
言語(げんご) 언어 言動(げんどう) 언동 無言(むごん) 무언, 말이 없음

42 정답 3
해석 재해지로의 통로가 (차단)되어 산사태 등이 발생하고 있다.
어휘 被災地(ひさいち) 재해지, 피해지 通路(つうろ) 통로 遮断(しゃだん) 차단 土砂崩(どしゃくず)れ 토사 붕괴, 산사태
発生(はっせい) 발생 切断(せつだん) 절단 絶滅(ぜつめつ) 절멸, 멸종 消滅(しょうめつ) 소멸

43 정답 4
해석 읽지 않게 된 만화책이라도 (애착)이 있어서 좀처럼 버릴 수 없습니다.
어휘 漫画本(まんがほん) 만화책 愛着(あいちゃく) 애착 なかなか (부정어 수반) 좀처럼 捨(す)てる 버리다
叱責(しっせき) 질책 問答(もんどう) 문답 錯覚(さっかく) 착각

44 정답 1
해석 수면 부족이 계속되면 일상생활에 (지장)을 초래합니다.
어휘 寝不足(ねぶそく) 수면 부족 続(つづ)く 이어지다, 계속되다 日常生活(にちじょうせいかつ) 일상생활
支障(ししょう) 지장 来(き)たす 초래하다 均衡(きんこう) 균형 浪費(ろうひ) 낭비 干渉(かんしょう) 간섭

45 정답 4
해석 2개월 연속으로 (노르마)를 달성하지 못해서 상사에게 야단맞고 말았다.
어휘 連続(れんぞく) 연속 ノルマ 노르마, 할당된 노동 기준량 達成(たっせい) 달성 ～ず ～하지 않아서
上司(じょうし) 상사 叱(しか)る 꾸짖다, 야단치다 アクセル 액셀, (자동차 등의) 가속 장치
コンパ (학생 용어) 회비를 추렴해서 개최하는 모임, 다과회, 친목회 ジレンマ 딜레마

46 정답 2
해석 공부는 전혀 하지 않고 게임만 하고 있는 아들의 장래가 (걱정)이다.
어휘 全(まった)く (부정어 수반) 전혀 ～ず(に) ～하지 않고 ～ばかり ～만, ～뿐 将来(しょうらい) 장래
気掛(きが)かり 마음에 걸림, 걱정, 염려 気配(きくば)り 배려 気兼(きが)ね 눈치를 봄, 신경을 씀 気取(きど)り 거드름, 허세

47 정답 1
해석 고령화, 인구 감소가 이어지는 일본에서 (일손) 부족은 피할 수 없을 것이다.
어휘 高齢化(こうれいか) 고령화 人口(じんこう) 인구 減少(げんしょう) 감소
人手(ひとで) 일손 *「人手不足(ひとでぶそく)」-일손 부족 避(さ)ける 피하다 人影(ひとかげ) 사람의 그림자, 사람의 모습
人波(ひとなみ) 인파 人柄(ひとがら) 인품, 사람됨

48 정답 3
해석 신제품 기획을 (짜고) 있는데, 벽에 부딪쳐서 말이야.
어휘 新製品(しんせいひん) 신제품 企画(きかく) 기획 練(ね)る (계획 등을) 짜다
行(い)き詰(づ)まる (일이) 정돈 상태에 빠지다, 벽에 부딪치다 重(おも)んじる 중히 여기다, 존중하다
憤(いきどお)る 분노하다, 분개하다 悟(さと)る 깊이 이해하다, 깨닫다

49 정답 2
해석 남편은 말수는 적지만, (대범)하고 온화한 성격입니다.
어휘 夫(おっと) (자신의) 남편 口数(くちかず) 말수 少(すく)ない 적다 大(おお)らかだ 대범하다
穏(おだ)やかだ 온화하다 性格(せいかく) 성격 愚(おろ)かだ 어리석다 厳(おごそ)かだ 엄숙하다 密(ひそ)かだ 은밀하다

50 정답 1
해석 용의자는 자신은 범행을 저지르지 않았다고 주장하고 있지만, 그 증거는 (분명)하다.
어휘 容疑者(ようぎしゃ) 용의자 自分(じぶん) 자기, 자신, 나 犯行(はんこう) 범행 犯(おか)す 범하다, 저지르다
主張(しゅちょう) 주장 証拠(しょうこ) 증거 歴然(れきぜん) 분명함, 뚜렷함 依然(いぜん) 의연, 여전히
呆然(ぼうぜん) 멍함, 어리둥절함 断然(だんぜん) 단연, 단호히

# 확인 문제 6 • 문맥 규정

**問題2 (　　　)に入れるのに最もよいものを、1・2・3・4から一つ選びなさい。**

51 彼ときたら、みんなが間違っていると言っても、絶対に自分の(　　　)を認めない。
1 是　2 非　3 無　4 負

52 最近は全く業種が違う企業同士が(　　　)のコラボを発表することが増えてきている。
1 色彩　2 音色　3 色感　4 異色

53 市では、屋上に無許可で増築工事を行っているビルに対し、強制(　　　)命令を下した。
1 撤去　2 回収　3 挽回　4 実績

54 運転する時、油断は(　　　)です。
1 膨大　2 拡張　3 奨励　4 禁物

55 交通事故で植物状態となった父は、1か月ぶりに意識を(　　　)。
1 取り扱った　2 取り組んだ　3 取り戻した　4 取り入れた

56 遺跡の(　　　)なスケールについ圧倒され、言葉が出なかった。
1 偉大　2 壮大　3 寛大　4 盛大

57 昨夏(さくか)以降、コンビニ、ドラッグストアが(　　　)高い伸びを示している。
1 エスカレートに　2 プライベートに　3 デリケートに　4 コンスタントに

58 この度退任されるに当たり、その功績を(　　　)、深く感謝の意を表します。
1 称え　2 唱え　3 整え　4 構え

59 風邪でも引いたのか、朝から体が(　　　)仕事が捗(はかど)らない。
1 やましくて　2 うっとうしくて　3 だるくて　4 とうとくて

60 私は、友人からの誘いを(　　　)断った。
1 こじんまり　2 ちゃっかり　3 どんより　4 やんわり

# 확인 문제 6 • 정답 및 해석(문맥 규정)

51 정답 2
해석 그로 말하자면 모두가 틀렸다고 해도 절대로 자신의 (잘못)을 인정하지 않는다.
어휘 ～ときたら ～로 말하자면 間違(まちが)う 잘못되다, 틀리다 絶対(ぜったい)に 절대로 自分(じぶん) 자기, 자신, 나
非(ひ) 잘못 認(みと)める 인정하다 是(ぜ) 옳음, 도리에 맞음 無(む) 무, 없음 負(ふ) (수학·전기) 음(陰), 마이너스

52 정답 4
해석 최근에는 전혀 업종이 다른 기업끼리가 (이색적)인 컬래버를 발표하는 경우가 늘어나고 있다.
어휘 業種(ぎょうしゅ) 업종 違(ちが)う 다르다 企業(きぎょう) 기업 ～同士(どうし) ～끼리
異色(いしょく) 이색, 이색적임 コラボ 컬래버, 공동 작업[제작] *「コラボレーション」의 준말 発表(はっぴょう) 발표
増(ふ)える 늘다, 늘어나다 色彩(しきさい) 색채 音色(ねいろ) 음색 色感(しきかん) 색감

53 정답 1
해석 시에서는 옥상에 무허가로 증축 공사를 하고 있는 빌딩에 대해 강제 (철거) 명령을 내렸다.
어휘 屋上(おくじょう) 옥상 無許可(むきょか) 무허가 増築(ぞうちく) 증축 行(おこな)う 하다, 행하다, 실시하다
～に対(たい)し ～에 대해 強制(きょうせい) 강제 撤去(てっきょ) 철거 命令(めいれい) 명령
下(くだ)す (명령 등을) 하달하다, 내리다 回収(かいしゅう) 회수 挽回(ばんかい) 만회 実績(じっせき) 실적

54 정답 4
해석 운전할 때 방심은 (금물)입니다.
어휘 油断(ゆだん) 방심 禁物(きんもつ) 금물 膨大(ぼうだい) 방대 拡張(かくちょう) 확장 奨励(しょうれい) 장려

55 정답 3
해석 교통사고로 식물인간 상태가 되었던 아버지는 한 달 만에 의식을 (되찾았다).
어휘 交通事故(こうつうじこ) 교통사고 植物状態(しょくぶつじょうたい) 식물인간이 된 상태 ～ぶりに ～만에
意識(いしき) 의식 取(と)り戻(もど)す 되찾다, 회복하다 取(と)り扱(あつか)う 취급하다, 다루다
取(と)り組(く)む 몰두하다, 대처하다 取(と)り入(い)れる 받아들이다, 도입하다

56 정답 2
해석 유적의 (장대)한 스케일에 그만 압도되어 말이 나오지 않았다.
어휘 遺跡(いせき) 유적 壮大(そうだい)だ 장대하다 スケール 스케일 つい 그만 圧倒(あっとう) 압도 言葉(ことば) 말
出(で)る 나오다 偉大(いだい)だ 위대하다 寛大(かんだい)だ 관대하다 盛大(せいだい)だ 성대하다

57 정답 4
해석 작년 여름 이후 편의점, 드러그 스토어가 (꾸준히) 높은 성장을 보이고 있다.
어휘 昨夏(さくか) 작년 여름 以降(いこう) 이후 コンビニ 편의점 *「コンビニエンスストア」의 준말
ドラッグストア 드러그 스토어, 간단한 약이나 일용품을 파는 가게 コンスタントに 일정하게, 꾸준히 伸(の)び 신장, 성장(률)
示(しめ)す 보이다, 나타내다 エスカレートに (분쟁 따위가) 단계적으로 확대되어서 プライベートに 개인적으로, 사적으로
デリケートに 섬세하게

58 정답 1
해석 이번에 퇴임에 즈음하여 그 공적을 (기려) 깊이 감사의 뜻을 표합니다.
어휘 この度(たび) 이번, 금번 *「今度(こんど)」의 격식 차린 말씨 退任(たいにん) 퇴임
～に当(あ)たり ～에 즈음하여, ～할 때 功績(こうせき) 공적 称(たた)える 칭송하다, 기리다 感謝(かんしゃ) 감사
意(い) 마음, 기분, 뜻 表(あらわ)す 나타내다, 표하다 唱(とな)える 외치다, 주창하다, 주장하다
整(ととの)える 정돈하다, 조절하다, 갖추다 構(かま)える (다음 동작에 대비한) 자세를 취하다, 겨누다

59 정답 3
해석 감기라도 걸린 것인지 아침부터 몸이 (나른해서) 일이 진척되지 않는다.
어휘 風邪(かぜ)を引(ひ)く 감기에 걸리다 だるい 나른하다 捗(はかど)る 진척되다 やま(疚)しい 꺼림칙하다
うっとう(鬱陶)しい 찌무룩하다, 울적하다 とうと(尊)い 고귀하다

60 정답 4
해석 나는 친구의 권유를 (완곡하게) 거절했다.
어휘 友人(ゆうじん) 친구 誘(さそ)い 권유 やんわり 부드럽게, 완곡하게 断(ことわ)る 거절하다
こじんまり 조촐하고 아담한 모양 ちゃっかり 빈틈없이, 약삭빠르게 どんより 날씨가 잔뜩 흐린 모양

# 확인 문제 7 • 문맥 규정

**問題2 (　　　)に入れるのに最もよいものを、1・2・3・4から一つ選びなさい。**

61 その色は今、(　　　)が無くなっていますが、違う色なら同じ形のがあります。
1 在庫　　2 増産　　3 面目　　4 加減

62 働き方改革の(　　　)で、うちの会社にもフレックス勤務制度が導入された。
1 一同　　2 一因　　3 一環　　4 一切

63 この仕事の(　　　)は、中村先輩から一々教えてもらった。
1 プラン　　2 キャラクター　　3 スピーチ　　4 ノウハウ

64 私一人では到底持ち上げられなかった(　　　)とした箱を、彼は簡単に持ち上げた。
1 ずっしり　　2 あっさり　　3 ぎっくり　　4 うっかり

65 日帰り旅行だとはいえ、旅費が3千円だけではちょっと(　　　)。
1 くすぐったい　　2 心細い　　3 じれったい　　4 喧しい

66 途中ですごく迷ったが、3時間もかかって辛うじて頂上へ(　　　)ことができた。
1 もがく　　2 漏れる　　3 辿る　　4 誓う

67 昨日は(　　　)で、帰宅してすぐ寝てしまった。
1 のろのろ　　2 ぶかぶか　　3 ぎらぎら　　4 へとへと

68 マジックで文字を書いたら、下の紙に(　　　)しまった。
1 滲んで　　2 拭いて　　3 励んで　　4 伴って

69 息子は、公園の池の水を(　　　)ながら遊んでいた。
1 延ばし　　2 載せ　　3 生かし　　4 はじき

70 うちの子が学校に行きたがらないので、毎朝(　　　)すかしたりで手を焼いています。
1 咎めたり　　2 掲げたり　　3 なだめたり　　4 鍛えたり

# 확인 문제 7 • 정답 및 해석(문맥 규정)

61 정답 1
해석 그 색은 지금 (재고)가 다 떨어졌습니다만, 다른 색이라면 같은 모양의 것이 있습니다.
어휘 色(いろ) 색 在庫(ざいこ) 재고 無(な)くなる 없어지다, 다 떨어지다 違(ちが)う 다르다, 틀리다 同(おな)じだ 같다
形(かたち) 모양, 형태 増産(ぞうさん) 증산 面目(めんぼく) 면목, 체면 加減(かげん) 가감, 조절함

62 정답 3
해석 노동 방식 개혁의 (일환)으로 우리 회사에도 탄력근무제도가 도입되었다.
어휘 働(はたら)き方(かた) 일하는 방식 改革(かいかく) 개혁 一環(いっかん) 일환 うち 우리
フレックス勤務制度(きんむせいど) 탄력근무제도 *근로자가 근무 시간과 출퇴근 시간을 탄력적으로 조절하여 근무하는 제도
導入(どうにゅう) 도입 一同(いちどう) 일동 一因(いちいん) 한 원인 一切(いっさい) (부정어 수반) 일절, 전혀

63 정답 4
해석 이 일의 (노하우)는 나카무라 선배가 전부 가르쳐 주었다.
어휘 ノウハウ 노하우 先輩(せんぱい) 선배 一々(いちいち) 일일이, 빠짐없이, 전부 教(おし)える 가르치다, 알려 주다
~てもらう (남에게) ~해 받다, (남이) ~해 주다 プラン 플랜, 계획 キャラクター 캐릭터 スピーチ 스피치, 연설

64 정답 1
해석 나 혼자서는 도저히 들어 올릴 수 없었던 (묵직)한 상자를 그는 간단히 들어 올렸다.
어휘 到底(とうてい) (부정어 수반) 도저히 持(も)ち上(あ)げる 들어 올리다 ずっしり 묵직한 느낌이 드는 모양
箱(はこ) 상자 簡単(かんたん)だ 간단하다 あっさり 간단하게, 쉽게 ぎっくり 움찔, 덜컥 *허를 찔려 놀라는 모양
うっかり 무심코, 깜빡

65 정답 2
해석 당일치기 여행이라고 해도 여비가 3천 엔뿐이어서는 조금 (불안하다).
어휘 日帰(ひがえ)り 당일치기 ~とはいえ ~라고 해도 旅費(りょひ) 여비 心細(こころぼそ)い 불안하다, 마음이 안 놓이다
くすぐったい 겸연쩍다, 멋쩍다 じれったい 안타깝다 喧(やかま)しい 시끄럽다

66 정답 3
해석 도중에 몹시 헤맸지만, 3시간이나 걸려서 겨우 정상에 (다다를) 수 있었다.
어휘 途中(とちゅう) 도중 すごく 굉장히, 몹시 迷(まよ)う 길을 잃다, 헤매다 숫자+も ~이나 かかる (시간이) 걸리다
辛(かろ)うじて 겨우 頂上(ちょうじょう) 정상 辿(たど)る (모르는 길을 고생해 가며) 다다르다
もがく 발버둥치다, 안달하다 漏(も)れる 새다, 누설되다 誓(ちか)う 맹세하다

67 정답 4
해석 어제는 (녹초가 되)어 귀가해서 바로 자 버렸다.
어휘 へとへと 몹시 피곤함, 녹초가 됨 帰宅(きたく) 귀가 寝(ね)る 자다 のろのろ 느릿느릿 ぶかぶか 헐렁헐렁
ぎらぎら 쨍쨍, 번쩍번쩍

68 정답 1
해석 매직으로 글자를 썼더니 아랫종이에 (스미고) 말았다.
어휘 マジック 매직 文字(もじ) 글자 紙(かみ) 종이 滲(にじ)む 번지다, 스미다 拭(ふ)く 닦다 励(はげ)む 힘쓰다
伴(ともな)う 동반하다, 따르다

69 정답 4
해석 아들은 공원의 연못물을 (튀기)면서 놀고 있었다.
어휘 息子(むすこ) (자신의) 아들 池(いけ) 연못 はじく 튀기다 延(の)ばす 연기하다 載(の)せる 게재하다, 올리다, 싣다
生(い)かす 살리다, 발휘하다

70 정답 3
해석 우리 애가 학교에 가기 싫어해서 매일 아침 (달래고) 어르느라 애를 먹고 있습니다.
어휘 동사의 ます형+たがる (제삼자가) ~하고 싶어하다 なだめる 달래다, 진정시키다 すかす 달래다, 어르다
手(て)を焼(や)く 애를 먹다 咎(とが)める 나무라다, 책망하다 掲(かか)げる 내달다, 내걸다 鍛(きた)える (심신을) 단련하다

# 확인 문제 8 • 문맥 규정

**問題2 (　　　)に入れるのに最もよいものを、1・2・3・4から一つ選びなさい。**

71 台風の（　　　）を受けて、一部の野菜の価格が3倍以上にまで高騰した。
1 余地　2 余分　3 余波　4 余裕

72 今度の災害の（　　　）は、きっと未来の礎(いしずえ)になるに違いない。
1 教養　2 教育　3 教師　4 教訓

73 インターネット上で個人情報が（　　　）したというニュースが多い。
1 吟味　2 流出　3 認定　4 噴出

74 近年、オフィスのデザインや（　　　）にこだわりを持つ企業が増えている。
1 ペーパーテスト　2 レイアウト　3 ターゲット　4 メリット

75 創立50周年記念パーティーは、（　　　）に開催する予定です。
1 寛大　2 無謀　3 深刻　4 盛大

76 彼女は思い詰めた顔で、彼に別れ話を（　　　）。
1 切り出した　2 巻き返した　3 差し出した　4 押し切った

77 息子は就職もせず、（　　　）ゲームばかりしていてとても心配だ。
1 押し並べて　2 まして　3 専ら　4 じっくり

78 まだ時間は十分残っているから、そんなに（　　　）しないで落ち着きなさい。
1 ぷりぷり　2 せかせか　3 ぼつぼつ　4 ちらほら

79 政府は輸入は抑制し、輸出は奨励する政策を（　　　）いる。
1 施して　2 臨んで　3 からかって　4 尊んで

80 練習を（　　　）やって実力を付けて勝ちたいです。
1 きっちり　2 くっきり　3 みっちり　4 おっとり

# 확인 문제 8 • 정답 및 해석(문맥 규정)

71 정답 3
해석 대풍의 (영향)을 받아서 일부 채소 가격이 3배 이상으로까지 크게 올랐다.
어휘 台風(たいふう) 태풍 余波(よは) 여파, 영향 受(う)ける 받다 野菜(やさい) 채소 価格(かかく) 가격
高騰(こうとう) 고등, 급등, 물가나 가격 등이 높이 올라감 余地(よち) 여지 余分(よぶん) 여분 余裕(よゆう) 여유

72 정답 4
해석 이번 재해의 (교훈)은 틀림없이 미래의 초석이 될 것임에 틀림없다.
어휘 災害(さいがい) 재해 教訓(きょうくん) 교훈 きっと 분명히, 틀림없이 未来(みらい) 미래
礎(いしずえ) 초석, 어떤 사물의 기초를 비유적으로 이르는 말 ～に違(ちが)いない ～임에 틀림없다
教養(きょうよう) 교양 教育(きょういく) 교육 教師(きょうし) 교사

73 정답 2
해석 인터넷상에서 개인정보가 (유출)되었다는 뉴스가 많다.
어휘 インターネット上(じょう) 인터넷상 個人情報(こじんじょうほう) 개인정보 流出(りゅうしゅつ) 유출
ニュース 뉴스 吟味(ぎんみ) 음미 認定(にんてい) 인정 噴出(ふんしゅつ) 분출

74 정답 2
해석 근래 사무실 디자인과 (레이아웃)에 특별히 신경을 쓰는 기업이 늘고 있다.
어휘 近年(きんねん) 근래, 요즘 オフィス 오피스, 사무실 デザイン 디자인
レイアウト 레이아웃, (건물 안의 방 · 가구 설비 등의) 배치 こだわりを持(も)つ 특별히 신경을 쓰다 企業(きぎょう) 기업
増(ふ)える 늘다, 늘어나다 ペーパーテスト 필기시험 ターゲット 타깃, 표적 メリット 메리트, 장점, 이점

75 정답 4
해석 창립 50주년 기념 파티는 (성대)하게 개최할 예정입니다.
어휘 創立(そうりつ) 창립 ～周年(しゅうねん) ~주년 記念(きねん) 기념 パーティー 파티 盛大(せいだい)だ 성대하다
開催(かいさい) 개최 予定(よてい) 예정 寛大(かんだい)だ 관대하다 無謀(むぼう)だ 무모하다
深刻(しんこく)だ 심각하다

76 정답 1
해석 그녀는 골똘히 생각한 얼굴로 그에게 헤어지자는 이야기를 (꺼냈다).
어휘 思(おも)い詰(つ)める 골똘히 생각하다 顔(かお) 얼굴 別(わか)れ話(ばなし) 헤어지자고 하는 이야기
切(き)り出(だ)す (말을) 꺼내다 巻(ま)き返(かえ)す 되감다, 반격하다 差(さ)し出(だ)す 내밀다, 제출하다
押(お)し切(き)る 강행하다, 무릅쓰다

77 정답 3
해석 아들은 취직도 하지 않고 (오로지) 게임만 하고 있어서 너무 걱정이다.
어휘 就職(しゅうしょく) 취직 ～ず(に) ~하지 않고 *「する」(하다)의 경우 「しず(に)」가 아니라 「せず(に)」가 된다는
점에 주의 専(もっぱ)ら 오로지 ゲーム 게임 ～ばかり ~만, ~뿐 押(お)し並(な)べて 대체로 まして 하물며, 더구나
じっくり 차분하게, 곰곰이

78 정답 2
해석 아직 시간은 충분히 남아 있으니까, 그렇게 (종종거리)지 말고 침착해.
어휘 十分(じゅうぶん)(に) 충분히 残(のこ)る 남다 せかせか 종종걸음을 치는 모양 落(お)ち着(つ)く (언동이) 침착하다
ぷりぷり (화가 나서) 팅팅, 뾰로통 ぼつぼつ 차차, 슬슬 ちらほら 하나둘씩, 드문드문, 간간이

79 정답 1
해석 정부는 수입은 억제하고 수출은 장려하는 정책을 (시행하고) 있다.
어휘 政府(せいふ) 정부 輸入(ゆにゅう) 수입 抑制(よくせい) 억제 輸出(ゆしゅつ) 수출 奨励(しょうれい) 장려
政策(せいさく) 정책 施(ほどこ)す 시행하다, 실시하다 臨(のぞ)む 임하다 からかう 조롱하다, 놀리다
尊(とうと)ぶ 존경하다, 공경하다

80 정답 3
해석 연습을 (충분히) 하여 실력을 길러서 이기고 싶습니다.
어휘 練習(れんしゅう) 연습 みっちり 충분히, 단단히, 착실하게 やる 하다 実力(じつりょく)を付(つ)ける 실력을 기르다
勝(か)つ 이기다 きっちり 꽉, 꼭 *빈틈이 없는 모양 くっきり 뚜렷하게, 선명하게 おっとり 의젓하게

# 확인 문제 9 • 문맥 규정

**問題2 (　　)に入れるのに最もよいものを、1・2・3・4から一つ選びなさい。**

81 (　　)のプロデビューだったが、呆気(あっけ)なく1回戦で負けてしまった。
1 執念　2 念願　3 懸念　4 念頭

82 株式投資は常に(　　)と背中合わせなので、あくまでも自己責任が原則である。
1 ジーンズ　2 ポリシー　3 リスク　4 レジャー

83 今までの財務的(　　)を見ながら、これからの事業展開を検討している。
1 人件　2 労働　3 分散　4 推移

84 このバンドは、今アメリカで(　　)人気を得ているそうだ。
1 絶大な　2 裕福な　3 切実な　4 微妙な

85 未成年喫煙を(　　)する方法について議論が続いたが、これといった結論は出なかった。
1 一念　2 一瞬　3 一面　4 一掃

86 外に出ると、(　　)そよ風が吹いていた。
1 初々しい　2 心地よい　3 物足りない　4 果てしない

87 もう過ぎたことだし、今更(　　)していても始まらないよ。
1 くらくら　2 ざらざら　3 こくりこくり　4 くよくよ

88 今お金がないなら、君の分も私が(　　)おくよ。
1 立て替えて　2 思い止まって　3 横切って　4 見直して

89 思わぬ事件で、今まで持っていた信念が大きく(　　)しまった。
1 載って　2 迷って　3 揺らいで　4 囲んで

90 彼女はからっとした性格で、仕事も(　　)手際よく片付ける。
1 てきぱき　2 こそこそ　3 つべこべ　4 どたばた

# 확인 문제 9 • 정답 및 해석(문맥 규정)

81 정답 2
해석 (염원)하던 프로 데뷔였지만, 싱겁게 1회전에서 패하고 말았다.
어휘 念願(ねんがん) 염원 プロ 프로 デビュー 데뷔 呆気(あっけ)ない (기대에 못 미쳐) 싱겁다, 맥없다
～回戦(かいせん) ～회전 負(ま)ける 지다, 패하다 執念(しゅうねん) 집념 懸念(けねん) 걱정, 근심 念頭(ねんとう) 염두

82 정답 3
해석 주식 투자는 항상 (리스크)와 표리 관계에 있기 때문에 어디까지나 자기 책임이 원칙이다.
어휘 株式(かぶしき) 주식 投資(とうし) 투자 常(つね)に 항상 リスク 리스크, 위험
背中合(せなかあ)わせ 등을 맞댐, 표리 관계에 있음 あくまでも 어디까지나 自己(じこ) 자기 責任(せきにん) 책임
原則(げんそく) 원칙 ジーンズ 진, 청바지 ポリシー 폴리시, 정책 レジャー 레저

83 정답 4
해석 지금까지의 재무적 (추이)를 보면서 앞으로의 사업 전개를 검토하고 있다.
어휘 財務的(ざいむてき) 재무적 推移(すいい) 추이 これから 앞으로 事業(じぎょう) 사업 展開(てんかい) 전개
検討(けんとう) 검토 人件(じんけん) 인건, 인사(人事)에 관한 사항 労働(ろうどう) 노동 分散(ぶんさん) 분산

84 정답 1
해석 이 밴드는 지금 미국에서 (아주 큰) 인기를 얻고 있다고 한다.
어휘 バンド 밴드 絶大(ぜつだい)だ 지대하다, 아주 크다 人気(にんき)を得(え)る 인기를 얻다
裕福(ゆうふく)だ 유복하다 切実(せつじつ)だ 절실하다 微妙(びみょう)だ 미묘하다

85 정답 4
해석 미성년 흡연을 (일소)할 방법에 대해서 논의가 이어졌지만, 이렇다 할 결론은 나오지 않았다.
어휘 未成年(みせいねん) 미성년 喫煙(きつえん) 흡연 一掃(いっそう) 일소, 한꺼번에 싹 제거함 議論(ぎろん) 의논, 논의
続(つづ)く 계속되다, 이어지다 これといった 이렇다 할 結論(けつろん) 결론 出(で)る 나오다 一念(いちねん) 일념
一瞬(いっしゅん) 일순, 순간, 한순간 一面(いちめん) (사물의) 일면, 한쪽 면

86 정답 2
해석 밖에 나가자, (기분 좋은) 산들바람이 불고 있었다.
어휘 外(そと) 밖 出(で)る 나가다 心地(ここち)よい 기분 좋다, 상쾌하다 そよ風(かぜ) 미풍, 산들바람
吹(ふ)く (바람이) 불다 初々(ういうい)しい 앳되다 物足(ものた)りない 약간 부족하다, 어딘지 아쉽다
果(は)てしない 끝없다, 한없다

87 정답 4
해석 이미 지난 일이고 이제 와서 (끙끙)거려도 소용없어.
어휘 もう 이미, 벌써 過(す)ぎる (시간 · 기한이) 지나다, 끝나다 今更(いまさら) 이제 와서
くよくよ 끙끙 *사소한 일을 걱정하는 모양 ～ても始(はじ)まらない ～해도 소용없다 くらくら 어질어질
ざらざら (표면이) 까칠까칠, 까슬까슬 こくりこくり 꾸벅꾸벅, 끄덕끄덕

88 정답 1
해석 지금 돈이 없으면 네 몫도 내가 (대신 내) 둘게.
어휘 分(ぶん) 몫 立(た)て替(か)える 대신 지불하다 思(おも)い止(とど)まる 단념하다
横切(よこぎ)る 가로지르다, 횡단하다 見直(みなお)す 다시 살펴보다, 재검토하다

89 정답 3
해석 뜻밖의 사건으로 지금까지 가지고 있던 신념이 크게 (흔들려) 버렸다.
어휘 思(おも)わぬ 뜻밖의, 예상치 않은 事件(じけん) 사건 持(も)つ 가지다 信念(しんねん) 신념
揺(ゆ)らぐ (마음이) 흔들리다 載(の)る (신문 · 잡지 등에) 실리다 迷(まよ)う 망설이다 囲(かこ)む 둘러싸다

90 정답 1
해석 그녀는 쾌활한 성격으로, 일도 (척척) 솜씨 좋게 처리한다.
어휘 からっと (「～した」의 꼴로) (성격이) 구김 없는, 쾌활한 性格(せいかく) 성격 てきぱき 척척 *일을 잘 해내는 모양
手際(てぎわ) 솜씨, 수완 片付(かたづ)ける 해치우다, 처리하다 こそこそ 살금살금, 소곤소곤 つべこべ 이러쿵저러쿵
どたばた 우당탕, 요란스럽게

# 확인 문제 10 • 문맥 규정

**問題2 (　　　)に入れるのに最もよいものを、1・2・3・4から一つ選びなさい。**

91 現在、世界経済はインフレや雇用減少などの深刻な課題に（　　　）している。
1 直面　2 降伏　3 老朽　4 採用

92 非正規雇用の拡大で、若者世代の経済（　　　）が弱くなっている。
1 基金　2 基盤　3 基地　4 基準

93 下記の条件に（　　　）する場合、追加料金が加算されます。
1 上下　2 追求　3 該当　4 哀悼

94 携帯電話会社の（　　　）競争が激しくなっている。
1 ナンセンス　2 バランス　3 ワンクッション　4 シェア

95 雨が降った後は（　　　）して、洗濯物も乾きにくい。
1 だぶだぶ　2 じめじめ　3 さくさく　4 そよそよ

96 みんな（　　　）のことを言ってちゃ、まとまらないじゃないですか。
1 まちまち　2 がらがら　3 ぶらぶら　4 ばらばら

97 （　　　）腹が立って、自分の感情を抑えることができない。
1 前以て　2 微塵も　3 無性に　4 締めて

98 残念なことに、火の手を（　　　）ことができなかった。
1 持ち越す　2 乗り換える　3 切り詰める　4 食い止める

99 最善を（　　　）が、残念な結果に終わってしまった。
1 深めた　2 尽くした　3 阻んだ　4 否んだ

100 一人暮らしをしてはじめて、親のありがたさを（　　　）と感じた。
1 ひしひし　2 むくむく　3 へろへろ　4 ふわふわ

# 확인 문제 10 • 정답 및 해석(문맥 규정)

91 정답 1
해석 현재 세계 경제는 인플레와 고용 감소 등의 심각한 과제에 (직면)해 있다.
어휘 経済(けいざい) 경제 インフレ 인플레 *「インフレーション」(인플레이션)의 준말 雇用(こよう) 고용 減少(げんしょう) 감소 深刻(しんこく)だ 심각하다 課題(かだい) 과제 直面(ちょくめん) 직면 降伏(こうふく) 항복 老朽(ろうきゅう) 노후 採用(さいよう) 채용

92 정답 2
해석 비정규 고용의 확대로 젊은 세대의 경제 (기반)이 약해지고 있다.
어휘 非正規(ひせいき) 비정규 拡大(かくだい) 확대 若者世代(わかものせだい) 젊은 세대 基盤(きばん) 기반 弱(よわ)い 약하다 基金(ききん) 기금 基地(きち) 기지 基準(きじゅん) 기준

93 정답 3
해석 하기 조건에 (해당)하는 경우, 추가 요금이 가산됩니다.
어휘 下記(かき) 하기, 어떤 사실을 알리기 위하여 본문 아래에 적는 일, 또는 그런 기록 条件(じょうけん) 조건 該当(がいとう) 해당 追加(ついか) 추가 料金(りょうきん) 요금 加算(かさん) 가산 上下(じょうげ) 상하 追求(ついきゅう) 추구 哀悼(あいとう) 애도

94 정답 4
해석 휴대전화 회사의 (점유율) 경쟁이 격해지고 있다.
어휘 携帯電話(けいたいでんわ) 휴대전화 シェア 셰어, (상품의) 점유율 競争(きょうそう) 경쟁 激(はげ)しい 심하다, 격하다, 격렬하다 ナンセンス 난센스, 이치에 맞지 않거나 평범하지 않은 말 또는 일 バランス 밸런스, 균형 ワンクッション 원 쿠션, 충격을 완화시키기 위해 사이에 마련하는 단계

95 정답 2
해석 비가 내린 후에는 (습)해서 빨래도 잘 마르지 않는다.
어휘 じめじめ 습기가 많은 모양 洗濯物(せんたくもの) 세탁물, 빨래 乾(かわ)く 마르다, 건조하다 동사의 ます형+にくい ~하기 어렵다[힘들다] だぶだぶ 헐렁헐렁, 출렁출렁 さくさく 사박사박, 사각사각 そよそよ 산들산들, 살랑살랑

96 정답 1
해석 모두 (각기 다른) 것을 말해서는 결말이 안 나잖아요.
어휘 まちまち 각기 다름 まとまる 결정[결말]이 나다 がらがら 텅텅 빔 ぶらぶら 어슬렁어슬렁, 빈둥빈둥 ばらばら 뿔뿔이

97 정답 3
해석 (공연히) 화가 나서 내 감정을 억누를 수 없다.
어휘 無性(むしょう)に 공연히, 까닭 없이 腹(はら)が立(た)つ 화가 나다 感情(かんじょう) 감정 抑(おさ)える (감정을) 누르다, 참다 前以(まえもっ)て 미리, 사전에 微塵(みじん)も (부정어 수반) 추호도, 조금도 締(し)めて 모두 합쳐

98 정답 4
해석 유감스럽게도 불길을 (막을) 수 없었다.
어휘 残念(ざんねん)なことに 유감스럽게도 火(ひ)の手(て) 불길 食(く)い止(と)める 막다, 저지하다 동사의 기본형+ことができる ~할 수 있다 持(も)ち越(こ)す 넘기다, 미루다 乗(の)り換(か)える 갈아타다 切(き)り詰(つ)める (잘라서) 줄이다, 절약하다

99 정답 2
해석 최선을 (다했)지만, 유감스러운 결과로 끝나 버렸다.
어휘 最善(さいぜん) 최선 尽(つ)くす 다하다 残念(ざんねん)だ 아쉽다, 유감스럽다 結果(けっか) 결과 終(お)わる 끝나다 深(ふか)める 깊게 하다 阻(はば)む 저지하다, 막다 否(いな)む 부정하다

100 정답 1
해석 혼자 살면서 비로소 부모님의 고마움을 (절실하게) 느꼈다.
어휘 一人暮(ひとりぐ)らし 혼자서 삶 ～てはじめて ~해서 처음(으로), ~하고서야 비로소 親(おや) 부모 ありがたさ 고마움 ひしひし 뼈저리게, 절실하게 むくむく 뭉게뭉게, 포동포동 へろへろ 맥빠진 모양 ふわふわ 둥둥, 푹신푹신

# 점수 UP! UP!
## <문맥 규정>

- ☐ 覆(くつがえ)す 뒤집다, 뒤엎다
- ☐ 催(もよお)す 개최하다, 열다
- ☐ 著(あらわ)す (책을) 쓰다, 저술하다
- ☐ けなす 헐뜯다, 비방하다
- ☐ 障(さわ)る 지장이 있다, 해롭다
- ☐ 報(ほう)じる 알리다, 보도하다
- ☐ 弾(はず)む 튀다, 들뜨다
- ☐ 和(やわ)らぐ 누그러지다, 풀리다
- ☐ 揉(も)める 옥신각신하다
- ☐ とぼける 얼빠지다, 시치미를 떼다
- ☐ 持(も)て成(な)す 대접하다, 접대하다
- ☐ 言(い)い張(は)る 우겨대다, 주장하다
- ☐ 荷(に) 짐, 책임
- ☐ 一任(いちにん) 일임
- ☐ 可決(かけつ) 가결
- ☐ 加工(かこう) 가공
- ☐ 解除(かいじょ) 해제

- ☐ 会心(かいしん) 회심
- ☐ 稼働(かどう) 가동
- ☐ 起用(きよう) 기용
- ☐ 究明(きゅうめい) 규명
- ☐ 結束(けっそく) 결속
- ☐ 経歴(けいれき) 경력
- ☐ 実情(じつじょう) 실정
- ☐ 摂取(せっしゅ) 섭취
- ☐ 妥協(だきょう) 타협
- ☐ 念頭(ねんとう) 염두
- ☐ 強(つよ)み 강점, 장점
- ☐ 修復(しゅうふく) 수복, 복원
- ☐ 並行(へいこう) 병행
- ☐ 逸材(いつざい) 뛰어난 재능[인재]
- ☐ 不備(ふび) 미비
- ☐ 大筋(おおすじ) 대강, 요점
- ☐ ウエート 무게, 중점

- ☐ キャリア 커리어, 경력
- ☐ ストック 재고
- ☐ フォロー 보조, 지원
- ☐ ニュアンス 뉘앙스
- ☐ 姦(かしま)しい 시끄럽다
- ☐ しぶとい 끈질기다
- ☐ 紛(まぎ)らわしい 헷갈리기[혼동하기] 쉽다
- ☐ 物寂(ものさび)しい 어쩐지 쓸쓸하다, 호젓하다
- ☐ 愚(おろ)かだ 어리석다
- ☐ 円滑(えんかつ)だ 원활하다
- ☐ 強硬(きょうこう)だ 강경하다
- ☐ 無謀(むぼう)だ 무모하다
- ☐ あっさり 간단하게, 쉽게
- ☐ のっぺり (얼굴이) 편편한
- ☐ ぴんと (생각이) 번쩍, 퍼뜩
- ☐ むっと (화가) 불끈
- ☐ 急遽(きゅうきょ) 급거, 허둥지둥, 갑작스럽게

# 문제 3 교체 유의어

## 출제 유형

문제 3 교체 유의어는 밑줄 친 단어나 표현과 가장 가까운 의미의 선택지를 고르는 문제로, 6문항이 출제된다. 실제 시험에서는 평균적으로 동사와 명사가 각각 2문항씩, 형용사나 부사가 각각 1문항 정도 출제되고 있다.

## 실제 시험 예시

**問題 3 ＿＿＿＿の言葉に意味が最も近いものを、1・2・3・4から一つ選びなさい。**

1 残念なことに、事件解決の<u>手掛かり</u>は、何一つ見つかっていない。

1 ヒント　　2 ニュアンス　　3 スピーチ　　4 アナウンス

2 書き入れ時(かきいれどき)なのに、彼は<u>サボって</u>ばかりいた。

1 眠って　　2 憤って　　3 怠って　　4 頼んで

3 今度の出来事で、両親のありがたさを<u>痛切に</u>感じた。

1 いらいら　　2 のろのろ　　3 まごまご　　4 ひしひし

|정답| 1 1　2 3　3 4

## 시험 대책

교체 유의어는 말 그대로 가장 가까운 의미를 지닌 어휘를 고르는 문제이므로, 평소에 어떤 단어나 표현이 나오면 유사한 의미의 표현으로는 무엇이 있는지 찾아서 정리해 두어야 한다. 또한 앞서 언급했듯이 품사별로 보면 동사나 명사의 출제 빈도가 높으므로, 이 두 품사에 대한 집중적인 학습이 필요하다.

# 기출 및 출제 예상 어휘 100 <교체 유의어>

- ☐ 渋(しぶ)る ≒ しようとしない
  주저하다, 꺼리다 ≒ 하려고 하지 않다
- ☐ 安堵(あんど)する ≒ ほっとする
  안도[안심]하다 ≒ 안심하다
- ☐ 凝視(ぎょうし)する ≒ じっと見(み)る
  응시하다 ≒ 지긋이 보다
- ☐ 撤回(てっかい)する ≒ 取(と)り消(け)す
  철회하다 ≒ 취소하다
- ☐ 吟味(ぎんみ)する ≒ 調(しら)べる
  음미하다, (잘) 조사하다 ≒ 조사하다
- ☐ 妨害(ぼうがい)する ≒ 邪魔(じゃま)する
  방해하다 ≒ 방해하다
- ☐ 張(は)り合(あ)う ≒ 競(きそ)い合(あ)う
  겨루다, 경쟁하다 ≒ 서로 지지 않으려고 경쟁하다
- ☐ 打(う)ち込(こ)む ≒ 熱中(ねっちゅう)する
  몰두하다 ≒ 열중하다
- ☐ 仕上(しあ)がる ≒ 完成(かんせい)する
  완성되다 ≒ 완성되다
- ☐ 戸惑(とまど)う ≒ 困(こま)る
  당황하다 ≒ 곤란하다
- ☐ 怯(おび)える ≒ 怖(こわ)がる
  무서워하다, 겁먹다 ≒ 무서워하다
- ☐ しくじる ≒ 失敗(しっぱい)する
  실수하다, 그르치다 ≒ 실패하다, 실수하다
- ☐ ばてる ≒ 疲(つか)れる
  지치다, 녹초가 되다 ≒ 지치다, 피로해지다
- ☐ 急(せ)かす ≒ 急(いそ)がせる
  재촉하다 ≒ 재촉하다
- ☐ ぼやく ≒ 愚痴(ぐち)をこぼす
  투덜거리다 ≒ 푸념을 늘어놓다
- ☐ 全(まっと)うする ≒ 完了(かんりょう)する
  완수하다, 다하다 ≒ 완료하다
- ☐ ありふれる ≒ 平凡(へいぼん)だ
  흔해빠지다, 흔히 있다 ≒ 평범하다
- ☐ うろたえる ≒ 慌(あわ)てる
  허둥거리다, 당황하다 ≒ 당황하다
- ☐ 呟(つぶや)く ≒ 小(ちい)さな声(こえ)で言(い)う
  중얼거리다 ≒ 작은 목소리로 말하다
- ☐ 錯覚(さっかく)する ≒ 勘違(かんちが)いする
  착각하다 ≒ 착각하다
- ☐ ずれ込(こ)む ≒ 遅(おそ)くなる
  기한이 뒤로 밀리다, 늦춰지다 ≒ 늦어지다
- ☐ 殺到(さっとう)する ≒ 一度(いちど)に大勢(おおぜい)来(く)る
  쇄도하다 ≒ 한꺼번에 많은 사람이 오다
- ☐ 照会(しょうかい)する ≒ 問(と)い合(あ)わせる
  조회하다 ≒ 문의하다
- ☐ 紛糾(ふんきゅう)する ≒ 混乱(こんらん)する
  (뒤얽혀 말썽이 많아) 시끄럽게 되다 ≒ 혼란스럽다
- ☐ 回想(かいそう)する ≒ 思(おも)い返(かえ)す
  회상하다 ≒ 돌이켜 생각하다, 회상하다
- ☐ 誇張(こちょう)する ≒ 大(おお)げさだ
  과장하다 ≒ 과장되다
- ☐ 断念(だんねん)する ≒ 諦(あきら)める
  단념하다 ≒ 체념하다, 단념하다
- ☐ 仰天(ぎょうてん)する ≒ とても驚(おどろ)く
  깜짝 놀라다 ≒ 아주 놀라다

□ お詫(わ)びする ≒ 謝(あやま)る
사죄하다 ≒ 사과하다

□ むっとする ≒ 怒(おこ)る
화가 치밀다 ≒ 성내다, 화를 내다

□ 触発(しょくはつ)される ≒ 刺激(しげき)を受(う)ける
자극되다 ≒ 자극을 받다

□ 漠然(ばくぜん)としている ≒ ぼんやりしている
막연하다 ≒ 어렴풋하다

□ スライスする ≒ 薄(うす)く切(き)る
슬라이스하다 ≒ 얇게 자르다

□ 術(すべ) ≒ 方法(ほうほう)
방법 ≒ 방법

□ 架空(かくう) ≒ 想像(そうぞう)
가공, 허구 ≒ 상상

□ 脈絡(みゃくらく) ≒ 繋(つな)がり
맥락 ≒ 연결

□ 寄与(きよ) ≒ 貢献(こうけん)
기여 ≒ 공헌

□ 抱負(ほうふ) ≒ 決意(けつい)
포부 ≒ 결의

□ 難点(なんてん) ≒ 欠点(けってん)
난점, 결점 ≒ 결점

□ 先方(せんぽう) ≒ 相手(あいて)
상대편 ≒ 상대

□ 弁解(べんかい) ≒ 言(い)い訳(わけ)
변명 ≒ 변명

□ 手分(てわ)け ≒ 分担(ぶんたん)
분담 ≒ 분담

□ 雑踏(ざっとう) ≒ 人込(ひとご)み
붐빔, 혼잡 ≒ 붐빔

□ 助言(じょげん) ≒ アドバイス
조언 ≒ 조언

□ 無償(むしょう) ≒ ただ
무상 ≒ 무료, 공짜

□ 糸口(いとぐち) ≒ ヒント
실마리, 단서 ≒ 힌트

□ 裏付(うらづ)け ≒ 証拠(しょうこ)
뒷받침, 확실한 증거 ≒ 증거

□ 手立(てだ)て ≒ 方法(ほうほう)
수단, 방법 ≒ 방법

□ 気掛(きが)かり ≒ 心配(しんぱい)
마음에 걸림, 걱정, 염려 ≒ 걱정

□ 不用意(ふようい) ≒ 不注意(ふちゅうい)
부주의, 조심성이 없음 ≒ 부주의

□ 意気込(いきご)み ≒ 意欲(いよく)
기세, 패기, 열의 ≒ 의욕

□ ゆとり ≒ 余裕(よゆう)
여유 ≒ 여유

□ めいめい ≒ 一人一人(ひとりひとり)
각자 ≒ 한 사람 한 사람

□ クレーム ≒ 苦情(くじょう)
클레임, 불평, 불만 ≒ 불평, 불만

□ コンパクト ≒ 小型(こがた)
소형 ≒ 소형

□ スケール ≒ 規模(きぼ)
스케일 ≒ 규모

- □ エキスパート ≒ 専門家(せんもんか)
  전문가 ≒ 전문가
- □ バックアップ ≒ 支援(しえん)
  후원 ≒ 지원
- □ メカニズム ≒ 仕組(しく)み
  메커니즘 ≒ 구조
- □ 若干(じゃっかん) ≒ わずか
  약간 ≒ 조금, 약간
- □ 当面(とうめん) ≒ しばらくは
  당분간 ≒ 당분간은
- □ 極力(きょくりょく) ≒ できるだけ
  극력, 힘껏 ≒ 가능한 한, 되도록
- □ 異例(いれい)の ≒ 珍(めずら)しい
  이례적인 ≒ 드문
- □ 従来(じゅうらい)の ≒ これまでの
  종래의 ≒ 지금까지의
- □ 案(あん)の定(じょう) ≒ やはり
  아니나 다를까 ≒ 역시
- □ 密(ひそ)かに ≒ こっそり
  은밀히, 몰래 ≒ 몰래
- □ 故意(こい)に ≒ わざと
  고의로, 의도적으로 ≒ (고의적으로) 일부러
- □ 不意(ふい)に ≒ 突然(とつぜん)
  갑자기 ≒ 돌연, 갑자기
- □ 格段(かくだん)に ≒ 大幅(おおはば)に
  현격히 ≒ 대폭적으로, 큰 폭으로
- □ 煩(わずら)わしい ≒ 面倒(めんどう)だ
  번거롭다 ≒ 귀찮다

- □ 清々(すがすが)しい ≒ 爽(さわ)やかだ
  상쾌하다, 시원하다 ≒ 상쾌하다
- □ 抜群(ばつぐん)だ ≒ 他(ほか)と比(くら)べて特(とく)に良(よ)い
  발군이다, 뛰어나다 ≒ 다른 것과 비교해 특히 좋다
- □ 頑(かたく)なだ ≒ 頑固(がんこ)だ
  완고하다, 고집스럽다 ≒ 완고하다, 고집스럽다
- □ 簡素(かんそ)だ ≒ シンプルだ
  간소하다 ≒ 단순하다, 간단하다
- □ 互角(ごかく)だ ≒ 大体同(だいたいおな)じだ
  호각이다, 백중지세다 ≒ 대체로 같다
- □ 不審(ふしん)だ ≒ 怪(あや)しい
  수상하다 ≒ 수상하다
- □ 厄介(やっかい)だ ≒ 面倒(めんどう)だ
  성가시다 ≒ 귀찮다, 성가시다
- □ 寡黙(かもく)だ ≒ 口数(くちかず)が少(すく)ない
  과묵하다 ≒ 말수가 적다
- □ お手上(てあ)げだ ≒ どうしようもない
  (어찌할 도리가 없어) 손을 들다, 두 손 들다
  ≒ 어쩔 수 없다, 속수무책이다
- □ ルーズだ ≒ だらしない
  칠칠치 못하다 ≒ 칠칠치 못하다
- □ 予(あらかじ)め ≒ 事前(じぜん)に
  미리, 사전에 ≒ 사전에
- □ 端的(たんてき)に ≒ 明白(めいはく)に
  단적으로 ≒ 명백하게
- □ 入念(にゅうねん)に ≒ 細(こま)かく丁寧(ていねい)に
  공들여, 꼼꼼히 ≒ 세심하게 정성을 들여
- □ 克明(こくめい)に ≒ 詳(くわ)しく丁寧(ていねい)に
  극명하게, 세심하게 정성을 들여 ≒ 자세하고 정성을 들여

□ 速やかに ≒ できるだけ早く
신속하게 ≒ 가능한 한[되도록] 빨리

□ ろくに ≒ 大して
(부정어 수반) 제대로 ≒ (부정어 수반) 그다지, 별로

□ つぶさに ≒ 詳細に
자세히 ≒ 상세히

□ ストレートに ≒ 率直に
단도직입적으로, 솔직하게 ≒ 솔직하게

□ 些細な ≒ 小さな
사소한 ≒ 작은

□ エレガントな ≒ 上品な
우아한 ≒ 고상한, 품위가 있는

□ 束の間も ≒ ごく短い時間でも
잠깐 동안도, 잠시도 ≒ 극히 짧은 시간이라도

□ 頻りに ≒ 何度も
자주 ≒ 몇 번이나, 여러 번

□ 自ずと ≒ 自然に
저절로, 자연히 ≒ 자연히, 저절로

□ 至って ≒ 非常に
매우, 극히, 대단히 ≒ 대단히, 매우

□ 辛うじて ≒ 何とか
겨우, 간신히 ≒ 그럭저럭, 간신히

□ 粘り強く ≒ 諦めずに
끈기 있게, 끈질기게 ≒ 단념하지 않고

□ ありありと ≒ はっきり
뚜렷이, 역력히 ≒ 뚜렷이, 분명히

□ おおむね ≒ 大体
대체로, 대강 ≒ 대체로, 대강

□ かねがね ≒ 以前から
전부터 ≒ 이전부터

□ ことごとく ≒ すべて
모두, 전부, 모조리 ≒ 모두, 전부

# 확인 문제 1 • 교체 유의어

동영상 05



**問題 3 ＿＿＿の言葉に意味が最も近いものを、1・2・3・4から一つ選びなさい。**

1 この本に出ている人物は、全て架空の人物である。
1 想像　2 実在　3 危害　4 崇拝

2 まだ30代の吉村部長が副社長に昇進したことは、異例の昇進であると言える。
1 素晴らしい　2 幸せな　3 珍しい　4 申し分ない

3 事件現場の近くで、不審な人物を見たという新しい証言が出た。
1 いい加減な　2 曖昧な　3 頼もしい　4 怪しい

4 「煽り運転」は、他の車両の通行を妨害し、交通事故に繋がりかねない極めて危険な行為である。
1 参考し　2 邪魔し　3 理解し　4 協力し

5 この数値が、あの会社の経営難を端的に示している。
1 主に　2 朗らかに　3 明白に　4 素早く

6 中国と粘り強く交渉を続けたところ、交渉がまとまった。
1 諦めずに　2 果敢に　3 油断せずに　4 真剣に

7 今年の夏は、昨年より若干暑かった。
1 相変わらず　2 みじんも　3 だいぶ　4 わずか

8 来週から試合なので、彼は週末にも野球の練習に打ち込んでいた。
1 怠って　2 熱中して　3 参加して　4 発散して

9 A教授は、日本社会の変化を外国人の立場からつぶさに観察してきた方である。
1 のほほんと　2 一歩離れて　3 繰り返して　4 詳細に

10 大勢の人が、災害地の状況を緊迫に伝えるスクリーンを凝視していた。
1 じっと見て　2 ちらっと見て　3 ぼうっと見て　4 ざっと見て

# 확인 문제 1 • 정답 및 해석(교체 유의어)

**1** 정답 1
해석 이 책에 나오는 인물은 모두 가공의 인물이다.
어휘 架空(かくう) 가공, 허구 想像(そうぞう) 상상 実在(じつざい) 실재 危害(きがい) 위해 崇拝(すうはい) 숭배

**2** 정답 3
해석 아직 30대인 요시무라 부장이 부사장으로 승진한 것은 이례적인 승진이라고 할 수 있다.
어휘 副社長(ふくしゃちょう) 부사장 昇進(しょうしん) 승진 異例(いれい) 이례, 전례가 없음
素晴(すば)らしい 훌륭하다, 멋지다, 근사하다 幸(しあわ)せだ 행복하다 珍(めずら)しい 드물다
申(もう)し分(ぶん)ない 나무랄 데 없다, 더할 나위 없다

**3** 정답 4
해석 사건 현장 근처에서 수상한 인물을 봤다는 새 증언이 나왔다.
어휘 現場(げんば) 현장 不審(ふしん)だ 수상하다 証言(しょうげん) 증언 いい加減(かげん)だ 무책임하다, 엉터리다
曖昧(あいまい)だ 애매하다 頼(たの)もしい 믿음직스럽다 怪(あや)しい 수상하다

**4** 정답 2
해석 '난폭 운전'은 다른 차량의 통행을 방해해서 교통사고로 이어질지도 모르는 극히 위험한 행위다.
어휘 煽(あお)り運転(うんてん) 난폭 운전 車両(しゃりょう) 차량 通行(つうこう) 통행 妨害(ぼうがい)する 방해하다
繋(つな)がる 이어지다, 연결되다 동사의 ます형+かねない ~할 수도 있다, ~할지도 모른다 極(きわ)めて 극히, 지극히
危険(きけん)だ 위험하다 行為(こうい) 행위 参考(さんこう)する 참고하다 邪魔(じゃま)する 방해하다
理解(りかい)する 이해하다 協力(きょうりょく)する 협력하다

**5** 정답 3
해석 이 수치가 그 회사의 경영난을 단적으로 보여주고 있다.
어휘 数値(すうち) 수치 経営難(けいえいなん) 경영난 端的(たんてき)だ 단적이다 示(しめ)す 보이다, 나타내다
主(おも)に 주로 朗(ほが)らかだ 명랑하다 明白(めいはく)だ 명백하다 素早(すばや)い 재빠르다, 날쌔다

**6** 정답 1
해석 중국과 끈질기게 교섭을 계속한 결과, 교섭이 성립되었다.
어휘 粘(ねば)り強(づよ)い 끈기 있다, 끈질기다 交渉(こうしょう) 교섭 続(つづ)ける 계속하다
동사의 た형+ところ ~했더니, ~한 결과 まとまる 이루어지다, 성립되다 諦(あきら)める 체념하다, 단념하다
~ずに ~하지 않고 果敢(かかん)だ 과감하다 油断(ゆだん)する 방심하다 真剣(しんけん)だ 진지하다

**7** 정답 4
해석 올여름은 작년보다 약간 더웠다.
어휘 昨年(さくねん) 작년 *「去年(きょねん)」의 격식 차린 말씨 若干(じゃっかん) 약간 暑(あつ)い 덥다
相変(あいか)わらず 여전히, 변함없이 みじんも (부정어 수반) 조금도, 추호도 だいぶ(大分) 꽤, 상당히 わずか 조금, 약간

**8** 정답 2
해석 다음 주부터 시합이라서 그는 주말에도 야구 연습에 몰두하고 있었다.
어휘 試合(しあい) 시합 週末(しゅうまつ) 주말 野球(やきゅう) 야구 練習(れんしゅう) 연습 打(う)ち込(こ)む 몰두하다
怠(おこた)る 게을리하다 熱中(ねっちゅう)する 열중하다 参加(さんか)する 참가하다 発散(はっさん)する 발산하다

**9** 정답 4
해석 A교수는 일본 사회의 변화를 외국인의 입장에서 자세히 관찰해 온 분이다.
어휘 立場(たちば) 입장 つぶさに 자세히 観察(かんさつ) 관찰 のほほんと 빈둥빈둥 一歩(いっぽ) 한 발, 한 걸음
離(はな)れる 떨어지다 繰(く)り返(かえ)す 되풀이하다, 반복하다 詳細(しょうさい)だ 상세하다

**10** 정답 1
해석 많은 사람이 재해지의 상황을 긴박하게 전하는 스크린을 응시하고 있었다.
어휘 大勢(おおぜい) 많은 사람, 여럿 災害地(さいがいち) 재해지, 재해를 입은 지역 状況(じょうきょう) 상황
緊迫(きんぱく)だ 긴박하다 伝(つた)える 전하다 スクリーン 스크린 凝視(ぎょうし)する 응시하다 じっと 지긋이
見(み)る 보다 ちらっと 흘끗, 잠깐, 언뜻 *순간적으로 보이거나 느끼는 모양 ぼうっと 멍하니 ざっと 대충, 대략

# 확인 문제 2・교체 유의어

**問題3 ＿＿＿の言葉に意味が最も近いものを、1・2・3・4から一つ選びなさい。**

11 余程粘り強く説得しない限り、先方が承知するとは思えない。
1 相手 2 観客 3 同僚 4 上司

12 毎日毎日クレームの処理ばかりでげんなりする。
1 関心 2 苦情 3 興味 4 談話

13 あらゆる手立てを講じて何としてもこの状況を乗り切っていきたい。
1 方法 2 主張 3 理論 4 見方

14 彼の話は脈絡が全くなく、何を言いたいのか、さっぱりわからない。
1 面白み 2 真実性 3 繋がり 4 文句

15 片手で簡単に扱えるような、コンパクトサイズのスマホが欲しい。
1 軽い 2 おしゃれ 3 小型 4 四角い

16 駅まで走って行ったおかげで、辛うじて終電に間に合った。
1 まさか 2 直ちに 3 たまに 4 何とか

17 迷惑にならないよう、極力努力するつもりです。
1 できるだけ 2 頻りに 3 一向に 4 ようやく

18 今朝は開店の時からお客が殺到して、休む暇も全くなかった。
1 全く来なくて 2 ちょくちょく来て 3 一度に大勢来て 4 来る気配もなくて

19 彼女は来ないだろうとは思っていたが、案の定来なかった。
1 意外に 2 やはり 3 てっきり 4 ふと

20 中村先生は、人工知能のエキスパートとして世界中に知られている。
1 素人 2 開発者 3 専門家 4 発明家

## 확인 문제 2 • 정답 및 해석(교체 유의어)

11 **정답** 1
**해석** 상당히 끈덕지게 설득하지 않는 한, 상대편이 승낙할 거라고는 생각되지 않는다.
**어휘** 余程(よほど) 상당히, 꽤, 어지간히 粘(ねば)り強(づよ)い 끈기 있다, 끈질기다, 끈덕지다 説得(せっとく) 설득 ～限(かぎ)り ～(하는) 한 先方(せんぽう) 상대편 承知(しょうち) 승낙 ～とは ～라고는 思(おも)える 생각되다 相手(あいて) 상대 観客(かんきゃく) 관객 同僚(どうりょう) 동료 上司(じょうし) 상사

12 **정답** 2
**해석** 매일매일 클레임 처리뿐이라 진절머리가 난다.
**어휘** クレーム 클레임, 불평, 불만 処理(しょり) 처리 ～ばかり ～만, ～뿐 げんなりする 진절머리가 나다, 지긋지긋하다 関心(かんしん) 관심 苦情(くじょう) 불평, 불만 興味(きょうみ) 흥미 談話(だんわ) 담화

13 **정답** 1
**해석** 모든 방법을 강구해서 꼭 이 상황을 극복해 나가고 싶다.
**어휘** あらゆる 모든 手立(てだ)て 수단, 방법 講(こう)じる 강구하다 何(なん)としても 무슨 일이 있어도, 꼭 状況(じょうきょう) 상황 乗(の)り切(き)る 극복하다 方法(ほうほう) 방법 主張(しゅちょう) 주장 理論(りろん) 이론 見方(みかた) 보는 방법, 견해

14 **정답** 3
**해석** 그의 이야기는 맥락이 전혀 없어서 무엇을 말하고 싶은 것인지 전혀 모르겠다.
**어휘** 話(はなし) 이야기 脈略(みゃくりゃく) 맥락 さっぱり (부정어 수반) 전혀 わかる 알다, 이해하다 面白(おもしろ)み 재미 真実性(しんじつせい) 진실성 繋(つな)がり 연결 文句(もんく) 불평, 불만

15 **정답** 3
**해석** 한 손으로 간단하게 조작할 수 있을 것 같은 소형 사이즈의 스마트폰을 갖고 싶다.
**어휘** 片手(かたて) 한 손 簡単(かんたん)だ 간단하다 扱(あつか)う (기계를) 다루다, 조작하다 コンパクト 소형 サイズ 사이즈, 크기 スマホ 스마트폰 *「スマートフォン」의 준말 欲(ほ)しい 갖고 싶다 軽(かる)い 가볍다 おしゃれ 멋을 부림, 모양을 냄 小型(こがた) 소형 四角(しかく)い 네모지다, 네모나다

16 **정답** 4
**해석** 역까지 달려간 덕분에 겨우 마지막 전철 시간에 맞췄다.
**어휘** 走(はし)る 달리다 ～おかげで ～덕분에 辛(かろ)うじて 겨우, 간신히 終電(しゅうでん) (그날 배차의) 마지막 전철, 막차 *「終電車(しゅうでんしゃ)」의 준말 間(ま)に合(あ)う 시간에 맞게 대다, 늦지 않다 まさか 설마 直(ただ)ちに 바로, 곧 たまに 가끔 何(なん)とか 그럭저럭, 간신히

17 **정답** 1
**해석** 폐가 되지 않도록 극력 노력할 생각입니다.
**어휘** 迷惑(めいわく)になる 폐가 되다 極力(きょくりょく) 극력, 힘껏 努力(どりょく) 노력 つもり 생각, 작정 できるだけ 가능한 한, 되도록 頻(しき)りに 자주, 빈번히 一向(いっこう)に (부정어 수반) 조금도, 전혀 ようやく 겨우, 간신히

18 **정답** 3
**해석** 오늘 아침은 개점 때부터 손님이 쇄도해서 쉴 틈도 전혀 없었다.
**어휘** 今朝(けさ) 오늘 아침 開店(かいてん) 개점 殺到(さっとう)する 쇄도하다 休(やす)む 쉬다 暇(ひま) (한가한) 짬, 틈, 시간 全(まった)く (부정어 수반) 전혀 ちょくちょく (속어) 이따금, 가끔 一度(いちど)に 일시에, 동시에, 한꺼번에 大勢(おおぜい) 많은 사람, 여럿 気配(けはい) 기색, 낌새, 기미

19 **정답** 2
**해석** 그녀는 오지 않을 것이라고 생각하고는 있었는데, 아니나 다를까 오지 않았다.
**어휘** 案(あん)の定(じょう) 아니나 다를까 意外(いがい)に 의외로 やはり 역시 てっきり 틀림없이 ふと 문득

20 **정답** 3
**해석** 나카무라 선생님은 인공지능의 전문가로서 전 세계에 알려져 있다.
**어휘** 人工知能(じんこうちのう) 인공지능 エキスパート 전문가 世界中(せかいじゅう) 전 세계 知(し)られる 알려지다 素人(しろうと) 비전문가, 초심자 開発者(かいはつしゃ) 개발자 専門家(せんもんか) 전문가 発明家(はつめいか) 발명가

# 확인 문제 3 • 교체 유의어

**問題 3 ＿＿＿＿の言葉に意味が最も近いものを、1・2・3・4から一つ選びなさい。**

21 いつも仕事に追われていて、心に<u>ゆとり</u>がない。

1 連休　2 心理　3 満足　4 余裕

22 現在、彼女はアジアにおける美の<u>メカニズム</u>について研究している。

1 仕組み　2 表現法　3 認識　4 歴史

23 スライスハムは、もともと薄く<u>スライスして</u>あるので使いやすいです。

1 油で揚げて　2 軽く焼いて　3 薄く切って　4 ふかふかに蒸して

24 地震が起こったら慌てず、<u>速やかに</u>安全な場所に避難してください。

1 静かに　2 できるだけ早く　3 礼儀正しく　4 徐々に

25 もはや逃れる<u>術</u>はない。大人しく自首しろ。

1 価値　2 方法　3 事実　4 能力

26 SNSなどから得た情報は、よく<u>吟味する</u>必要があると思います。

1 調べる　2 掲げる　3 見積もる　4 戒める

27 二人は今度のドラマの主役の座を巡って<u>張り合った</u>。

1 助け合った　2 話し合った　3 傷付け合った　4 競い合った

28 <u>束の間も</u>彼女のことを忘れたことがない。

1 一挙に　2 ごく短い時間でも　3 努めて　4 即座に

29 彼は歩きながら、何か独り言を<u>呟いて</u>いた。

1 厳しく言って　2 ゆっくり言って　3 小さな声で言って　4 大げさに言って

30 いくら注意しても聞かないし、息子には本当に<u>お手上げだ</u>。

1 感無量だ　2 どうしようもない　3 感心する　4 いらいらする

# 확인 문제 3 • 정답 및 해석(교체 유의어)

21 정답 4
해석 늘 일에 쫓기고 있어서 마음에 여유가 없다.
어휘 追(お)う 쫓다 *「追(お)われる」- 쫓기다 ゆとり 여유 連休(れんきゅう) 연휴 心理(しんり) 심리
満足(まんぞく) 만족 余裕(よゆう) 여유

22 정답 1
해석 현재 그녀는 아시아에서의 미(美)의 메커니즘에 대해서 연구하고 있다.
어휘 アジア 아시아 ～における ～에 있어서의, ～에서의 美(び) 미 メカニズム 메커니즘 研究(けんきゅう) 연구
仕組(しく)み 구조 表現法(ひょうげんほう) 표현법 認識(にんしき) 인식 歴史(れきし) 역사

23 정답 3
해석 슬라이스 햄은 원래 얇게 슬라이스되어 있어서 사용하기 편리합니다.
어휘 スライスハム 슬라이스 햄 もともと 원래 薄(うす)い 얇다 スライスする 슬라이스하다
타동사+てある ～해져 있다 *상태표현 使(つか)う 쓰다, 사용하다 동사의 ます형+やすい ～하기 쉽다[편하다]
油(あぶら) 기름 揚(あ)げる 튀기다 軽(かる)い (정도가) 가볍다 焼(や)く 굽다 切(き)る 자르다
ふかふか (빵·만두 등이) 말랑말랑 蒸(む)す (김으로) 찌다

24 정답 2
해석 지진이 일어나면 당황하지 말고 신속하게 안전한 장소로 피난해 주십시오.
어휘 地震(じしん) 지진 起(お)こる 일어나다, 발생하다 慌(あわ)てる 당황하다 ～ずに ～하지 말고
速(すみ)やかだ 신속하다 安全(あんぜん)だ 안전하다 場所(ばしょ) 장소 避難(ひなん) 피난 静(しず)かだ 조용하다
できるだけ 가능한 한, 되도록 早(はや)く 빨리 礼儀正(れいぎただ)しい 예의 바르다 徐々(じょじょ)に 서서히

25 정답 2
해석 이제는 도망칠 방법은 없다. 순순히 자수해라.
어휘 もはや 이제는, 이미 逃(のが)れる 달아나다, 도망치다 術(すべ) 방법 大人(おとな)しい 얌전하다 自首(じしゅ) 자수
価値(かち) 가치 方法(ほうほう) 방법 事実(じじつ) 사실 能力(のうりょく) 능력

26 정답 1
해석 SNS 등에서 얻은 정보는 잘 음미할 필요가 있다고 생각합니다.
어휘 得(え)る 얻다 情報(じょうほう) 정보 吟味(ぎんみ)する 음미하다, (잘) 조사하다 調(しら)べる 조사하다
掲(かか)げる 내달다, 내걸다 見積(みつ)もる 어림하다, 대중잡다 戒(いまし)める 타이르다, 훈계하다

27 정답 4
해석 두 사람은 이번 드라마의 주역 자리를 둘러싸고 경쟁했다.
어휘 ドラマ 드라마 主役(しゅやく) 주역 座(ざ) (지위·신분의) 자리 ～を巡(めぐ)って ～을 둘러싸고
張(は)り合(あ)う 겨루다, 경쟁하다 助(たす)け合(あ)う 서로 돕다 話(はな)し合(あ)う 서로 이야기하다, 의논하다
傷付(きずつ)ける 상처를 입히다, 다치게 하다 동사의 ます형+合(あ)う 서로 ～하다
競(きそ)い合(あ)う 서로 지지 않으려고 경쟁하다

28 정답 2
해석 잠시도 그녀를 잊은 적이 없다.
어휘 束(つか)の間(ま)も 잠깐 동안도, 잠시도 忘(わす)れる 잊다 동사의 た형+ことがない ～한 적이 없다
一挙(いっきょ)に 일거에, 단번에 ごく 극히 努(つと)めて 애써, 되도록 即座(そくざ)に 즉석에서, 그 자리에서

29 정답 3
해석 그는 걸으면서 뭔가 혼잣말을 중얼거리고 있었다.
어휘 独(ひと)り言(ごと) 혼잣말 呟(つぶや)く 중얼거리다 厳(きび)しい 엄하다, 엄격하다 ゆっくり 천천히
小(ちい)さな 작은 声(こえ) 목소리 大(おお)げさだ 과장되다

30 정답 2
해석 아무리 주의를 줘도 듣지 않고, 아들에게는 정말로 두 손 들었다.
어휘 いくら～ても 아무리 ～해도 注意(ちゅうい)する 주의를 주다 ～し ～하고 息子(むすこ) (자신의) 아들
お手上(てあ)げだ (어찌할 도리가 없어) 손을 들다, 두 손 들다 感無量(かんむりょう)だ 감개무량하다
どうしようもない 어쩔 수 없다, 속수무책이다 感心(かんしん)する 감탄하다 いらいらする 안달하다

# 확인 문제 4 • 교체 유의어

**問題 3 ＿＿＿＿の言葉に意味が最も近いものを、1・2・3・4から一つ選びなさい。**

31 高校生の頃、スケールの大きな仕事と就職率の良さに惹(ひ)かれてこの学科に入学した。
1 利益　2 規模　3 安定性　4 やり甲斐

32 この問題は、従来の方法では解決できないだろう。
1 これからの　2 昔とは違う　3 新しい　4 これまでの

33 新年会で、社長は今年の抱負や営業方針などについて語った。
1 見方　2 決意　3 長所　4 反省

34 爆破事件解決の糸口が掴(つか)めないまま、一か月が過ぎてしまった。
1 アイロニー　2 スピーチ　3 ヒント　4 コメント

35 加藤さんはいい人だけど、すぐ煽(おだ)てに乗るのが彼の難点だ。
1 要点　2 頂点　3 欠点　4 焦点

36 昨夜は赤ちゃんに泣かれて、ろくに眠れなかった。
1 大して　2 強いて　3 たまたま　4 とっくに

37 そこに行くたびに、当時の恐ろしい光景がありありと蘇(よみがえ)ってくる。
1 微かに　2 次々に　3 不意に　4 はっきり

38 この本は、平安末期の政情を克明に記録した史料として名高い。
1 詳しく丁寧に　2 まとめて　3 主観的に　4 いい加減に

39 まだはっきり決まったわけではないので、このことは密かにお願いします。
1 すっかり　2 たっぷり　3 こっそり　4 やんわり

40 その時、彼は何かに怯えているようだった。
1 悔やんで　2 焦って　3 怖がって　4 ためらって

# 확인 문제 4 • 정답 및 해석(교체 유의어)

31 정답 2
해석 고등학생 때 스케일이 큰 일과 취직률이 좋은 것에 이끌려 이 학과에 입학했다.
어휘 高校生(こうこうせい) 고등학생 スケール 스케일 大(おお)きな 큰 就職率(しゅうしょくりつ) 취직률
良(よ)さ 좋음 惹(ひ)かれる (마음 등이) 끌리다 学科(がっか) 학과 入学(にゅうがく) 입학 利益(りえき) 이익
規模(きぼ) 규모 安全性(あんぜんせい) 안정성 やり甲斐(がい) 하는 보람, 할 만한 가치

32 정답 4
해석 이 문제는 종래의 방법으로는 해결할 수 없을 것이다.
어휘 従来(じゅうらい) 종래 解決(かいけつ) 해결 これから 앞으로, 이제부터 違(ちが)う 다르다 これまで 지금까지

33 정답 2
해석 신년회에서 사장님은 올해의 포부와 영업 방침 등에 대해서 말했다.
어휘 抱負(ほうふ) 포부 方針(ほうしん) 방침 語(かた)る 말하다, 이야기하다 見方(みかた) 보는 방법, 견해
決意(けつい) 결의 長所(ちょうしょ) 장점 反省(はんせい) 반성

34 정답 3
해석 폭파 사건 해결의 실마리가 잡히지 않은 채 한 달이 지나 버렸다.
어휘 爆破(ばくは) 폭파 解決(かいけつ) 해결 糸口(いとぐち) 실마리, 단서 掴(つか)む 잡다, 손에 넣다
過(す)ぎる (시간 · 세월이) 지나다 アイロニー 아이러니 スピーチ 스피치, 연설 ヒント 힌트 コメント 코멘트, 논평, 의견

35 정답 3
해석 가토 씨는 좋은 사람이지만, 금방 부추김에 넘어가는 것이 그의 결점이다.
어휘 すぐ 곧, 바로 煽(おだ)てに乗(の)る 부추김에 넘어가다 難点(なんてん) 난점, 결점 要点(ようてん) 요점
頂点(ちょうてん) 정점 欠点(けってん) 결점 焦点(しょうてん) 초점

36 정답 1
해석 어젯밤은 아기가 울어서 제대로 잘 수 없었다.
어휘 昨夜(ゆうべ) 어젯밤 赤(あか)ちゃん 아기 泣(な)く 울다 ろくに (부정어 수반) 제대로 眠(ねむ)る 자다, 잠들다
大(たい)して (부정어 수반) 그다지, 별로 強(し)いて 굳이 たまたま 우연히 とっくに 훨씬 전에, 벌써

37 정답 4
해석 그곳에 갈 때마다 당시의 무서운 광경이 뚜렷이 되살아난다.
어휘 동사의 기본형+たびに ~할 때마다 当時(とうじ) 당시 恐(おそ)ろしい 무섭다, 두렵다 光景(こうけい) 광경
ありありと 뚜렷이, 역력히 蘇(よみがえ)る 되살아나다 微(かす)かに 희미하게 次々(つぎつぎ)に 잇따라, 계속해서
不意(ふい)に 돌연히, 갑자기 はっきり 뚜렷이, 분명히

38 정답 1
해석 이 책은 헤이안(平安) 시대 말기의 정치 정세를 극명하게 기록한 사료로 유명하다.
어휘 平安(へいあん) 헤이안 시대 *「平安時代(へいあんじだい)」의 준말로, 794년 간무왕이 헤이안쿄[平安京(へいあんきょう), 지금의 京都(きょうと)]로 천도한 때부터 미나모토노 요리토모가 가마쿠라 막부를 개설한 1185년까지의 일본 정권을 말함
末期(まっき) 말기 政情(せいじょう) 정정, 정치 정세 克明(こくめい)だ 극명하다, 세심하게 정성을 들이다
記録(きろく) 기록 史料(しりょう) 사료 名高(なだか)い 유명하다 詳(くわ)しい 상세하다, 자세하다
丁寧(ていねい)だ (주의 깊고) 신중하다, 정성스럽다 まとめる 한데 모으다, 정리하다 主観的(しゅかんてき)だ 주관적이다
いい加減(かげん)だ 무책임하다, 엉터리다

39 정답 3
해석 아직 확실히 결정된 것이 아니므로 이 일은 은밀히 부탁드립니다.
어휘 ～わけではない (전부) ~인 것은 아니다, (반드시) ~라고는 할 수 없다 密(ひそ)かだ 은밀하다, 몰래 하다
すっかり 완전히 たっぷり 듬뿍, 많이 こっそり 몰래 やんわり 살며시, 부드럽게

40 정답 3
해석 그때 그는 뭔가에 겁먹고 있는 것 같았다.
어휘 怯(おび)える 무서워하다, 겁먹다 悔(く)やむ 후회하다 焦(あせ)る 안달하다, 초조해하다 怖(こわ)がる 무서워하다
ためらう 망설이다, 주저하다

## 확인 문제 5 • 교체 유의어



**問題 3 ＿＿＿の言葉に意味が最も近いものを、1・2・3・4から一つ選びなさい。**

41 有望な社員だと思うからこそ、助言をするのだ。
1 ステージ　2 アドバイス　3 アルバイト　4 ストレス

42 彼の新しい研究は、医療技術の進展に寄与するだろう。
1 参入　2 着手　3 感謝　4 貢献

43 私の誤りによって、こういう事態になってしまったことには弁解の余地がない。
1 言い訳　2 賛成　3 反対　4 主張

44 調べてみたところ、彼女の不用意な発言が事件の発端であった。
1 未完成　2 不注意　3 非常識　4 無意味

45 ご高名は、かねがねお聞きしておりました。
1 なるべく　2 以前から　3 たぶん　4 いきなり

46 不意に曲がり角から子供が飛び出してきて、危うくぶつかるところだった。
1 直ちに　2 敢えて　3 度々　4 突然

47 山田君は普段は寡黙だが、時にはユーモア溢れる話もする。
1 秘密を言わない　2 口数が少ない　3 おしゃべりだ　4 神経質だ

48 彼女の失言が、事態をさらに厄介にした。
1 面倒に　2 意地悪に　3 せっかちに　4 わがままに

49 彼は、他国で無事に任務を全うして先月に帰国した。
1 放棄して　2 担当して　3 完了して　4 観察して

50 私のくだらない冗談に、彼女はむっとした表情をした。
1 怒った　2 柔らかい　3 驚いた　4 疲れた

# 확인 문제 5 • 정답 및 해석(교체 유의어)

41 정답 2
해석 유망한 사원이라고 생각하기 때문에 조언을 하는 것이다.
어휘 有望(ゆうぼう)だ 유망하다 社員(しゃいん) 사원 ～からこそ ～이니까, ～이기 때문에 助言(じょげん) 조언
ステージ 스테이지, 무대 アドバイス 조언 アルバイト 아르바이트 ストレス 스트레스

42 정답 4
해석 그의 새 연구는 의료 기술 진전에 기여할 것이다.
어휘 研究(けんきゅう) 연구 医療(いりょう) 의료 技術(ぎじゅつ) 기술 進展(しんてん) 진전 寄与(きよ) 기여
参入(さんにゅう) 참가, 가입 着手(ちゃくしゅ) 착수 感謝(かんしゃ) 감사 貢献(こうけん) 공헌

43 정답 1
해석 나의 잘못으로 인해 이런 사태가 되어 버린 것에는 변명의 여지가 없다.
어휘 誤(あやま)り 잘못 ～によって ～에 의해서 こういう 이러한, 이런 事態(じたい) 사태 弁解(べんかい) 변명
余地(よち) 여지 言(い)い訳(わけ) 변명 賛成(さんせい) 찬성 反対(はんたい) 반대 主張(しゅちょう) 주장

44 정답 2
해석 조사해 봤더니 그녀의 부주의한 발언이 사건의 발단이었다.
어휘 調(しら)べる 조사하다 동사의 た형+ところ ～했더니, ～한 결과 不用意(ふようい) 부주의, 조심성이 없음
発言(はつげん) 발언 事件(じけん) 사건 発端(ほったん) 발단 未完成(みかんせい) 미완성 不注意(ふちゅうい) 부주의
非常識(ひじょうしき) 비상식, 몰상식 無意味(むいみ) 무의미

45 정답 2
해석 존함은 전부터 듣고 있었습니다.
어휘 高名(こうめい) 존함 かねがね 전부터 お+동사의 ます형+する ～하다, ～해 드리다 *겸양표현
～ておる ～하고 있다 *「～ている」의 겸양표현 なるべく 되도록, 가능한 한 以前(いぜん) 이전 たぶん 아마
いきなり 갑자기

46 정답 4
해석 갑자기 길모퉁이에서 아이가 뛰어나와서 하마터면 부딪칠 뻔했다.
어휘 不意(ふい)に 갑자기 曲(ま)がり角(かど) 길모퉁이 飛(と)び出(だ)す (갑자기) 뛰어나오다
危(あや)うく～ところだった 하마터면 ～할 뻔했다 ぶつかる 부딪치다 直(ただ)ちに 당장, 즉시 敢(あ)えて 감히, 굳이
度々(たびたび) 자주 突然(とつぜん) 돌연, 갑자기

47 정답 2
해석 야마다 군은 평소에는 과묵하지만, 때로는 유머 넘치는 이야기도 한다.
어휘 普段(ふだん) 평소 寡黙(かもく)だ 과묵하다 ユーモア 유머 溢(あふ)れる 넘치다 秘密(ひみつ) 비밀
口数(くちかず) 말수 少(すく)ない 적다 おしゃべり 수다스러움 神経質(しんけいしつ)だ 신경질적이다

48 정답 1
해석 그녀의 실언이 사태를 더욱 성가시게 했다.
어휘 失言(しつげん) 실언 事態(じたい) 사태 さらに 더욱, 한층 厄介(やっかい)だ 성가시다
面倒(めんどう)だ 귀찮다, 성가시다 意地悪(いじわる)だ 심술궂다 せっかちだ 성급하다 わがままだ 제멋대로다

49 정답 3
해석 그는 타국에서 무사히 임무를 완수하고 지난달에 귀국했다.
어휘 他国(たこく) 타국 無事(ぶじ)だ 무사하다 任務(にんむ) 임무 全(まっと)うする 완수하다, 다하다
先月(せんげつ) 지난달 帰国(きこく) 귀국 放棄(ほうき)する 포기하다 担当(たんとう)する 담당하다
完了(かんりょう)する 완료하다 観察(かんさつ)する 관찰하다

50 정답 1
해석 나의 시시한 농담에 그녀는 화가 치민 표정을 지었다.
어휘 くだらない 시시하다, 형편없다 冗談(じょうだん) 농담 むっとする 화가 치밀다
表情(ひょうじょう)をする 표정을 짓다 怒(おこ)る 성내다, 화를 내다 柔(やわ)らかい 부드럽다 驚(おどろ)く 놀라다
疲(つか)れる 지치다, 피로해지다

# 확인 문제 6 • 교체 유의어

**問題 3 ＿＿＿＿の言葉に意味が最も近いものを、1・2・3・4から一つ選びなさい。**

51 入院している彼に詳しい事情を聞くのは当面難しいだろう。
1 少なくとも　2 しばらくは　3 早速　4 次々に

52 割れたり欠けたりした食器を無償で新しいものと交換致します。
1 一人で　2 熱心に　3 ただで　4 仕方なく

53 故意に騙したようで、少し後ろめたい気がした。
1 わざと　2 さっさと　3 思わず　4 きっかり

54 彼女のエレガントな姿に、すっかり魅了されてしまった。
1 勇ましい　2 退屈な　3 地味な　4 上品な

55 試製品は遅くても明日までには仕上がるだろう。
1 完成する　2 悪化する　3 普及する　4 進展する

56 体力が落ちたのか、久々に運動したら、すぐにばててしまった。
1 取り組んで　2 喜んで　3 生き残って　4 疲れて

57 この本はありふれた恋愛小説なのだが、何か引き込まれてしまう。
1 類を見ない　2 平凡な　3 斬新な　4 怖い

58 吉田さんの仕事ぶりはいつ見てもルーズだ。
1 緻密だ　2 意地悪だ　3 強かだ　4 だらしない

59 彼女はいつも給料が少ないとぼやいているが、だからといって辞めるつもりはないようだ。
1 だだをこねて　2 迷って　3 愚痴をこぼして　4 頼って

60 佐藤さんって、頑なで融通が利かない人ですね。
1 頑固で　2 几帳面で　3 軽率で　4 無邪気で

# 확인 문제 6 • 정답 및 해석(교체 유의어)

51 정답 2
해석 입원해 있는 그에게 상세한 사정을 묻는 것은 당분간 힘들 것이다.
어휘 入院(にゅういん) 입원 詳(くわ)しい 상세하다, 자세하다 事情(じじょう) 사정 聞(き)く 묻다 当面(とうめん) 당분간 少(すく)なくとも 적어도 しばらくは 당분간은 早速(さっそく) 당장, 즉시 次々(つぎつぎ)に 잇따라, 계속해서

52 정답 3
해석 깨지거나 이가 빠지거나 한 식기를 무상으로 새것과 교환해 드립니다.
어휘 割(わ)れる 깨지다 欠(か)ける 이지러지다, (식기 등이) 이가 빠지다 食器(しょっき) 식기 無償(むしょう) 무상 交換(こうかん) 교환 熱心(ねっしん)だ 열심이다 ただ 무료, 공짜 仕方(しかた)ない 어쩔 수 없다

53 정답 1
해석 고의로 속인 것 같아서 조금 꺼림칙한 기분이 들었다.
어휘 故意(こい)に 고의로, 의도적으로 騙(だま)す 속이다 後(うし)ろめたい 꺼림칙하다 気(き)がする 기분[느낌]이 들다 わざと (고의적으로) 일부러 さっさと 냉큼, 후딱 思(おも)わず 무의식중에, 엉겁결에 きっかり 꼭, 딱, 정확히

54 정답 4
해석 그녀의 우아한 모습에 완전히 매료되어 버렸다.
어휘 エレガントだ 우아하다 姿(すがた) 모습 すっかり 완전히 魅了(みりょう) 매료 勇(いさ)ましい 용감하다 退屈(たいくつ)だ 지루하다 地味(じみ)だ 수수하다 上品(じょうひん)だ 고상하다, 품위가 있다

55 정답 1
해석 시제품은 늦어도 내일까지는 완성될 것이다.
어휘 試製品(しせいひん) 시제품 遅(おそ)い 늦다 ～までには ～까지는 *최종기한 仕上(しあ)がる 완성되다 完成(かんせい)する 완성되다 悪化(あっか)する 악화되다 普及(ふきゅう)する 보급되다 進展(しんてん)する 진전되다

56 정답 4
해석 체력이 떨어진 것인지 오래간만에 운동했더니 바로 지쳐 버렸다.
어휘 体力(たいりょく) 체력 落(お)ちる 떨어지다 久々(ひさびさ) 오래간만임 運動(うんどう) 운동 ばてる 지치다, 녹초가 되다 取(と)り組(く)む 대처하다, 몰두하다 喜(よろこ)ぶ 기뻐하다 生(い)き残(のこ)る 살아남다 疲(つか)れる 지치다, 피로해지다

57 정답 2
해석 이 책은 흔해빠진 연애소설이지만, 어쩐지 끌려 들어가 버린다.
어휘 ありふれる 흔해빠지다, 흔히 있다 恋愛小説(れんあいしょうせつ) 연애소설 何(なに)か 어쩐지 引(ひ)き込(こ)む 끌어들이다 類(るい)を見(み)ない 유례가 없다 平凡(へいぼん)だ 평범하다 斬新(ざんしん)だ 참신하다 怖(こわ)い 무섭다

58 정답 4
해석 요시다 씨의 작업 태도는 언제 봐도 칠칠치 못하다.
어휘 명사+ぶり ~모습, ~모양, ~태도 ルーズだ 칠칠치 못하다 緻密(ちみつ)だ 치밀하다 意地悪(いじわる)だ 심술궂다 強(したた)かだ (성질이) 여간 아니다, 만만치 않다 だらしない 칠칠치 못하다

59 정답 3
해석 그녀는 늘 급여가 적다고 투덜거리고 있지만, 그렇다고 해서 그만둘 생각은 없는 것 같다.
어휘 給料(きゅうりょう) 급료, 급여 ぼやく 투덜거리다 だからといって 그렇다고 해서 辞(や)める (일자리를) 그만두다 つもり 생각, 작정 だだをこねる 떼를 쓰다, 응석을 부리다 迷(まよ)う 헤매다 愚痴(ぐち)をこぼす 푸념을 늘어놓다 頼(たよ)る 의지하다, 의존하다

60 정답 1
해석 사토 씨는 완고하고 융통성이 없는 사람이네요.
어휘 頑(かたく)なだ 완고하다, 고집스럽다 融通(ゆうずう) 융통성 *「融通(ゆうずう)が利(き)かない」– 융통성이 없다 頑固(がんこ)だ 완고하다, 고집스럽다 几帳面(きちょうめん)だ 꼼꼼하다 軽率(けいそつ)だ 경솔하다 無邪気(むじゃき)だ 천진난만하다, 순진하다

# 확인 문제 7 • 교체 유의어



**問題 3 ＿＿＿＿の言葉に意味が最も近いものを、1・2・3・4から一つ選びなさい。**

61 言いにくいことほど、ストレートに言うべきである。
1 率直に　2 柔らかに　3 純粋に　4 シンプルに

62 あの人は、何もかも誇張して言う癖がある。
1 真剣に　2 あやふやに　3 大げさに　4 微かに

63 勉強はそっちのけで、遊んでばかりいる息子の将来が気掛かりだ。
1 兆し　2 心配　3 重宝　4 頼り

64 社員の未来のために、きめ細かいサポートで成長をバックアップする。
1 叱責　2 負担　3 激励　4 支援

65 こちらでできたごみは、めいめいが持ち帰ってくださるようお願いします。
1 一人一人　2 グループ　3 群衆　4 市民

66 津波で、その地域の家や建物はことごとく壊れた。
1 まさか　2 たちまち　3 すべて　4 一気に

67 紛失したカードが見つかって安堵した。
1 すっとした　2 むっとした　3 かっとした　4 ほっとした

68 彼女は世界陸上競技選手権大会で抜群の成績を収めた。
1 他と比べて特に良い　2 ままならぬ
3 これといったことのない　4 掛け替えのない

69 労働組合は、会社側と劇的に合意してストライキを撤回した。
1 取り戻した　2 取り入れた　3 取り消した　4 取り組んだ

70 大学の入学試験をしくじって、1年間浪人した。
1 失敗して　2 いい成績を取って　3 不安であって　4 力を入れて

# 확인 문제 7 • 정답 및 해석(교체 유의어)

61 정답 1
해석 말하기 힘든 일일수록 솔직하게 말해야 한다.
어휘 동사의 ます형+にくい ~하기 어렵다[힘들다] ~ほど ~일수록 ストレートだ 단도직입적이다, 솔직하다
동사의 기본형+べきだ (마땅히) ~해야 한다 率直(そっちょく)だ 솔직하다 柔(やわ)らかだ (태도 등이) 부드럽다
純粋(じゅんすい)だ 순수하다 シンプルだ 심플하다, 단순하다

62 정답 3
해석 저 사람은 뭐든지 과장해서 말하는 버릇이 있다.
어휘 何(なに)もかも 무엇이든지, 뭐든지 誇張(こちょう)する 과장하다 癖(くせ) 버릇 真剣(しんけん)だ 진지하다
あやふやだ 애매하다, 모호하다 大(おお)げさだ 과장되다 微(かす)かだ 희미하다, 미약하다

63 정답 2
해석 공부는 제쳐놓고 놀고만 있는 아들의 장래가 걱정이다.
어휘 そっちのけ 제쳐놓음, 거들떠보지도 않음 ~て[で]ばかりいる ~하고만 있다 息子(むすこ) (자신의) 아들
将来(しょうらい) 장래 気掛(きが)かり 마음에 걸림, 걱정, 염려 兆(きざ)し 조짐, 징조 心配(しんぱい) 걱정
重宝(ちょうほう) (편리해서) 아낌, 애용함 頼(たよ)り 연줄, 연고, 의지가 되는 것

64 정답 4
해석 사원의 미래를 위해서 섬세하고 빈틈없는 서포트로 성장을 후원한다.
어휘 きめ細(こま)かい (마음씨·신경 따위가) 섬세하고 빈틈없다 サポート 서포트, 지지함, 후원함 成長(せいちょう) 성장
バックアップ 후원 叱責(しっせき) 질책 負担(ふたん) 부담 激励(げきれい) 격려 支援(しえん) 지원

65 정답 1
해석 여기에서 생긴 쓰레기는 각자가 가지고 돌아가 주시길 부탁드립니다.
어휘 できる (일·무엇이) 생기다 ごみ 쓰레기 めいめい 각자 持(も)ち帰(かえ)る 가지고 돌아가다
~てくださる (남이 나에게) ~해 주시다 *「~てくれる」((남이 나에게) ~해 주다)의 존경표현
一人一人(ひとりひとり) 한 사람 한 사람 グループ 그룹 群衆(ぐんしゅう) 군중 市民(しみん) 시민

66 정답 3
해석 쓰나미로 그 지역의 집과 건물은 모두 파괴되었다.
어휘 津波(つなみ) 쓰나미, 지진 해일 地域(ちいき) 지역 建物(たてもの) 건물 ことごとく 모두, 전부, 모조리
壊(こわ)れる 파괴되다 まさか 설마 たちまち 금세, 순식간에 すべて 모두, 전부 一気(いっき)に 단숨에

67 정답 4
해석 분실한 카드가 발견되어서 안도했다.
어휘 紛失(ふんしつ) 분실 見(み)つかる 발견되다, 찾게 되다 安堵(あんど)する 안도[안심]하다
すっとする 개운하다, 후련하다 むっとする 화가 치밀다 かっとする 발끈하다 ほっとする 안심하다

68 정답 1
해석 그녀는 세계육상경기선수권대회에서 발군의 성적을 거두었다.
어휘 陸上(りくじょう) 육상 競技(きょうぎ) 경기 選手権(せんしゅけん) 선수권 抜群(ばつぐん)だ 발군이다, 뛰어나다
成績(せいせき) 성적 収(おさ)める 얻다, 거두다 比(くら)べる 비교하다 特(とく)に 특히 ままならぬ 뜻대로 안 되는
これといった 이렇다 할 掛(か)け替(が)えのない 둘도 없는, 매우 소중한

69 정답 3
해석 노동조합은 회사 측과 극적으로 합의하여 동맹 파업을 철회했다.
어휘 労働組合(ろうどうくみあい) 노동조합 劇的(げきてき)だ 극적이다 合意(ごうい) 합의 ストライキ 동맹 파업
撤回(てっかい)する 철회하다 取(と)り戻(もど)す 되찾다 取(と)り入(い)れる 받아들이다, 도입하다
取(と)り消(け)す 취소하다 取(と)り組(く)む 대처하다, 몰두하다

70 정답 1
해석 대학 입학시험을 그르쳐서 1년간 재수했다.
어휘 しくじる 실수하다, 그르치다 浪人(ろうにん)する 재수하다 失敗(しっぱい)する 실패하다, 실수하다
成績(せいせき)を取(と)る 성적을 얻다 力(ちから)を入(い)れる 힘을 쏟다

# 확인 문제 8 • 교체 유의어

**問題 3 ＿＿＿＿の言葉に意味が最も近いものを、1・2・3・4から一つ選びなさい。**

71 最近の子供たちはカルシウム不足で骨がもろく、<u>些細な</u>ことで骨折してしまう。
1 愚かな　2 厳しい　3 果敢な　4 小さな

72 3人で仕事を<u>手分け</u>してやることにした。
1 分担　2 激怒　3 喧嘩　4 我慢

73 人身事故で電車が遅延し、ホームは<u>雑踏</u>で大変なことになっていた。
1 行列　2 観光客　3 人込み　4 若者

74 昼寝をして起きた時に、朝だと<u>錯覚した</u>ことがある。
1 分散した　2 困惑した　3 勘違いした　4 注意した

75 朝は出勤の支度で忙しく、食事は<u>簡素に</u>している。
1 ハンサムに　2 シンプルに　3 タイムリーに　4 モダンに

76 今は慣れてしまったが、ゴミの分別収集が始まった当初は、本当に<u>煩わしかった</u>。
1 気軽だった　2 手頃だった　3 面倒だった　4 身近だった

77 誤解されると困るので、<u>予め</u>説明しておきます。
1 いずれ　2 てっきり　3 無性に　4 事前に

78 絶対に合格できると思っていた志望校に落ちてしまい、<u>うろたえた</u>。
1 すっきりした　2 慌てた　3 のんびりした　4 感心した

79 被災地の惨状に、視聴者はみんな<u>仰天した</u>。
1 喜びを隠せなかった　2 ためらった
3 とても驚いた　4 無感覚であった

80 当時のことは、私も記憶が<u>漠然としていて</u>、あまり思い出せない。
1 ちゃっかりしていて　2 くっきりしていて
3 しっかりしていて　4 ぼんやりしていて

# 확인 문제 8 • 정답 및 해석(교체 유의어)

71 정답 4
해석 요즘 아이들은 칼슘 부족으로 뼈가 물러서 사소한 일로 골절되고 만다.
어휘 カルシウム 칼슘 不足(ふそく) 부족 骨(ほね) 뼈 もろい 부서지기[깨지기] 쉽다, 무르다 些細(ささい)だ 사소하다 骨折(こっせつ) 골절 愚(おろ)かだ 어리석다 厳(きび)しい 엄하다 果敢(かかん)だ 과감하다 小(ちい)さな 작은

72 정답 1
해석 셋이서 일을 분담해서 하기로 했다.
어휘 手分(てわ)け 분담 やる 하다 동사의 보통형+ことにする ~하기로 하다 分担(ぶんたん) 분담 激怒(げきど) 격노 喧嘩(けんか) 싸움 我慢(がまん) 참음, 견딤

73 정답 3
해석 인명 사고로 전철이 지연되어 플랫폼은 혼잡으로 난리였다.
어휘 人身事故(じんしんじこ) 인신 사고, 인명 사고 *자동차 · 철도 등의 사고로 사람이 부상을 입거나 사망하는 것 遅延(ちえん)する 지연되다 ホーム 플랫폼 *「プラットホーム」의 준말 雑踏(ざっとう) 붐빔, 혼잡 大変(たいへん)だ 큰일이다 行列(ぎょうれつ) 행렬, 줄을 섬 人込(ひとご)み 붐빔 若者(わかもの) 젊은이

74 정답 3
해석 낮잠을 자고 일어났을 때 아침이라고 착각한 적이 있다.
어휘 昼寝(ひるね)をする 낮잠을 자다 起(お)きる 일어나다, 기상하다 錯覚(さっかく)する 착각하다 分散(ぶんさん)する 분산하다 困惑(こんわく)する 곤혹스럽다, 난처하다 勘違(かんちが)いする 착각하다 注意(ちゅうい)する 주의하다

75 정답 2
해석 아침에는 출근 준비로 바빠서 식사는 간소하게 하고 있다.
어휘 支度(したく) 준비 簡素(かんそ)だ 간소하다 シンプルだ 단순하다, 간단하다

76 정답 3
해석 지금은 익숙해져 버렸지만, 쓰레기 분리수거가 시작된 초기에는 정말로 번거로웠다.
어휘 慣(な)れる 익숙해지다 ゴミ 쓰레기 分別収集(ぶんべつしゅうしゅう) 분리수거 始(はじ)まる 시작되다 当初(とうしょ) 당초, 그 처음, 최초 煩(わずら)わしい 번거롭다 気軽(きがる)だ 부담 없다 手頃(てごろ)だ 알맞다, 적당하다 面倒(めんどう)だ 귀찮다 身近(みぢか)だ 가까이 있다, 자신과 관계가 깊다

77 정답 4
해석 오해하시면 곤란하므로 미리 설명해 두겠습니다.
어휘 誤解(ごかい) 오해 困(こま)る 곤란하다, 난처하다 予(あらかじ)め 미리, 사전에 説明(せつめい) 설명 いずれ 어차피, 결국 てっきり 틀림없이 無性(むしょう)に 공연히, 까닭 없이 事前(じぜん)に 사전에

78 정답 2
해석 반드시 합격할 거라고 생각했던 지망학교에 떨어져 버려 당황했다.
어휘 絶対(ぜったい)に 절대로, 반드시, 꼭 合格(ごうかく) 합격 志望校(しぼうこう) 지망학교 落(お)ちる 떨어지다 うろたえる 허둥거리다, 당황하다 すっきりする 상쾌하다, 개운하다 慌(あわ)てる 당황하다 のんびりする 느긋하다, 한가롭다 感心(かんしん)する 감탄하다

79 정답 3
해석 재해를 입은 지역의 참상에 시청자는 모두 깜짝 놀랐다.
어휘 被災地(ひさいち) 피재지, 재해를 입은 지역 惨状(さんじょう) 참상 視聴者(しちょうしゃ) 시청자 仰天(ぎょうてん)する 깜짝 놀라다 喜(よろこ)び 기쁨 隠(かく)す 숨기다 ためら(躊躇)う 망설이다, 주저하다 驚(おどろ)く 놀라다 無感覚(むかんかく)だ 무감각하다

80 정답 4
해석 당시의 일은 나도 기억이 막연해서 별로 생각나지 않는다.
어휘 当時(とうじ) 당시 記憶(きおく) 기억 漠然(ばくぜん)としている 막연하다 あまり (부정어 수반) 그다지, 별로 思(おも)い出(だ)す 생각해 내다, (잊었던 일을) 생각하다 ちゃっかりしている 약삭빠르다 くっきりしている 뚜렷하다, 선명하다 しっかりしている 착실하다 ぼんやりしている 어렴풋하다

# 확인 문제 9 • 교체 유의어

**問題 3 ＿＿＿の言葉に意味が最も近いものを、1・2・3・4から一つ選びなさい。**

81 あなたの言いたいことはおおむねわかりました。
1 たまに　2 大体　3 しばしば　4 ろくに

82 その選手は健康上の理由で、今シーズンの出場を断念すると発表した。
1 進める　2 叶える　3 諦める　4 望む

83 この度の出来事は、心より深くお詫びします。
1 感謝します　2 謝ります　3 驚きます　4 参ります

84 両チームとも攻撃力に関しては互角だった。
1 先立った　2 輝かしかった　3 大体同じだった　4 踏ん張った

85 訓練に参加する選手たちの意気込みが凄まじいですね。
1 希望　2 能力　3 判断力　4 意欲

86 急に収入のことを聞かれて戸惑ってしまった。
1 困って　2 憤って　3 頷いて　4 蘇って

87 故障の原因を念入りに調べたが、到底わからなかった。
1 やむを得ず　2 よりによって　3 絶え間なく　4 細かく丁寧に

88 日本銀行(にっぽんぎんこう)は今日、景気回復の時期が来年春頃にずれ込む可能性が高いとの判断を下した。
1 早くなる　2 遅くなる　3 キャンセルされる　4 再開される

89 私はこの映画に触発されて監督を志(こころざ)すようになった。
1 刺激を受けて　2 反発して　3 納得できなくて　4 取り戻して

90 年を取ってから、幼い頃のことを回想することが多くなった。
1 思いやる　2 思い止まる　3 思い返す　4 思い込む

# 확인 문제 9 • 정답 및 해석(교체 유의어)

81 정답 2
해석 당신이 말하고 싶은 것은 대강 알겠습니다.
어휘 おおむ(概)ね 대체로, 대강 たまに 가끔 大体(だいたい) 대체로, 대강 しばしば 자주 ろくに (부정어 수반) 제대로

82 정답 3
해석 그 선수는 건강상의 이유로 이번 시즌 출전을 단념한다고 발표했다.
어휘 健康上(けんこうじょう) 건강상 今(こん)～ 이번～ シーズン 시즌 出場(しゅつじょう) (경기 등에) 출전함
断念(だんねん)する 단념하다 進(すす)める 진행하다, 진척시키다 叶(かな)える 뜻대로 하게 하다, 이루어주다
諦(あきら)める 체념하다, 단념하다 望(のぞ)む 바라다, 원하다, 기대하다

83 정답 2
해석 이번 일은 진심으로 깊이 사죄드립니다.
어휘 この度(たび) 이번, 금번 *「今度(こんど)」의 격식 차린 말씨 心(こころ)より 진심으로
お+동사의 ます형+する ～하다, ～해 드리다 *겸양표현 詫(わ)びる 사죄하다 感謝(かんしゃ)する 감사하다
謝(あやま)る 사과하다 驚(おどろ)く 놀라다 参(まい)る 가다, 오다 *「行(い)く」, 「来(く)る」의 겸양어

84 정답 3
해석 양 팀 모두 공격력에 관해서는 백중지세였다.
어휘 両(りょう) 양～ チーム 팀 ～とも (다른 명사 뒤에 붙어서) ～모두 攻撃力(こうげきりょく) 공격력
～に関(かん)しては ～에 관해서는 互角(ごかく)だ 호각이다, 백중지세다 同(おな)じだ 같다 先立(さきだ)つ 앞장서다
輝(かがや)かしい 빛나다, 훌륭하다 大体(だいたい) 대체로 踏(ふ)ん張(ば)る (굽히지 않고) 버티다

85 정답 4
해석 훈련에 참가하는 선수들의 열의가 대단하네요.
어휘 訓練(くんれん) 훈련 参加(さんか) 참가 意気込(いきご)み 기세, 패기, 열의 凄(すさ)まじい 대단하다, 굉장하다
希望(きぼう) 희망 能力(のうりょく) 능력 判断力(はんだんりょく) 판단력 意欲(いよく) 의욕

86 정답 1
해석 갑자기 수입을 물어서 당황하고 말았다.
어휘 急(きゅう)に 갑자기 収入(しゅうにゅう) 수입 戸惑(とまど)う 당황하다 困(こま)る 곤란하다
憤(いきどお)る 분노하다, 분개하다 頷(うなず)く 고개를 끄덕이다, 수긍하다 蘇(よみがえ)る 되살아나다, 소생하다

87 정답 4
해석 고장 원인을 꼼꼼히 조사했지만, 도저히 알 수 없었다.
어휘 故障(こしょう) 고장 原因(げんいん) 원인 念入(ねんい)りに 공들여, 꼼꼼히 調(しら)べる 조사하다
到底(とうてい) (부정어 수반) 도저히 やむを得(え)ず 어쩔 수 없이 よりによって 하필이면, 공교롭게도
絶(た)え間(ま)なく 끊임없이 細(こま)かい 세심하다 丁寧(ていねい)だ (주의 깊고) 신중하다, 정성스럽다

88 정답 2
해석 일본은행은 오늘 경기 회복 시기가 내년 봄쯤으로 늦춰질 가능성이 높다는 판단을 내렸다.
어휘 日本銀行(にっぽんぎんこう) 일본은행 *일본의 중앙은행 景気(けいき) 경기 回復(かいふく) 회복 時期(じき) 시기
ずれ込(こ)む 기한이 뒤로 밀리다, 늦춰지다 ～との ～라는, ～(고 하)는 判断(はんだん) 판단
下(くだ)す (명령 등을) 하달하다, 내리다 遅(おそ)い 늦다 キャンセル 캔슬, 취소 再開(さいかい) 재개

89 정답 1
해석 나는 이 영화에 자극되어 감독을 지망하게 되었다.
어휘 触発(しょくはつ)される 자극되다 *「触発(しょくはつ)」 – (감정 등을) 자극시킴 監督(かんとく) 감독
志(こころざ)す 뜻을 두다, 지망하다 刺激(しげき) 자극 受(う)ける 받다 反発(はんぱつ)する 반발하다
納得(なっとく)する 납득하다 取(と)り戻(もど)す 되찾다

90 정답 3
해석 나이를 먹고 나서 어릴 적 일을 회상하는 일이 많아졌다.
어휘 年(とし)を取(と)る 나이를 먹다 幼(おさな)い 어리다 回想(かいそう)する 회상하다 思(おも)いやる 헤아리다, 배려하다
思(おも)い止(とど)まる 단념하다 思(おも)い返(かえ)す 돌이켜 생각하다, 회상하다 思(おも)い込(こ)む 결심하다

# 확인 문제 10・교체 유의어

**問題 3 ______の言葉に意味が最も近いものを、1・2・3・4から一つ選びなさい。**

91 祖父は87歳だが、至って元気で毎日あちこちに飛び回っている。
1 少し　2 非常に　3 じかに　4 とっくに

92 地道な調査で裏付けを取ることで、難解な事件を解決した。
1 主張　2 発言　3 証拠　4 出来事

93 彼の英語力は去年に比べて、格段に上達した。
1 着々と　2 大幅に　3 依然として　4 僅かに

94 母はいつも「宿題を早くしなさい」と私を急かす。
1 急がせる　2 叱る　3 頼る　4 咎める

95 最近、雪が頻りに降っていて寒い日が続いている。
1 前以て　2 うっかり　3 何度も　4 立ち所に

96 時間が経てば、真実は自ずと明らかになるでしょう。
1 意外に　2 自然に　3 相変わらず　4 断然と

97 窓から入ってくる朝の清々しい空気が心地よい。
1 速やかな　2 穏やかな　3 鮮やかな　4 爽やかな

98 寒いからといって、外に出ることを渋っていると運動不足になりかねない。
1 しようとしない　2 期待している　3 賛成している　4 しても差し支えない

99 暗証番号を忘れた場合は、身元を照会した後、再発行してもらえる。
1 受け入れた　2 踏み切った　3 問い合わせた　4 差し伸べた

100 白熱した議論が交わされ、国会は次第に紛糾していった。
1 収束して　2 混乱して　3 まとまって　4 広がって

# 확인 문제 10 • 정답 및 해석(교체 유의어)

91 정답 2
해석 할아버지는 87세지만, 매우 건강해서 매일 여기저기 돌아다닌다.
어휘 至(いた)って 매우, 극히, 대단히 あちこち 여기저기 飛(と)び回(まわ)る 돌아다니다 非常(ひじょう)に 대단히, 매우 じかに 직접 とっくに 훨씬 전에, 벌써

92 정답 3
해석 착실한 조사로 확실한 증거를 잡음으로써 난해한 사건을 해결했다.
어휘 地道(じみち)だ 착실하다, 성실하다 裏付(うらづ)け 뒷받침, 확실한 증거 取(と)る 잡다, 취하다 〜ことで 〜함으로써 難解(なんかい)だ 난해하다 事件(じけん) 사건 解決(かいけつ) 해결 主張(しゅちょう) 주장 発言(はつげん) 발언 証拠(しょうこ) 증거 出来事(できごと) 일어난 일, 사건

93 정답 2
해석 그의 영어 실력은 작년에 비해 현격히 향상되었다.
어휘 英語力(えいごりょく) 영어 실력 去年(きょねん) 작년 〜に比(くら)べて 〜에 비해서 格段(かくだん)に 현격히 上達(じょうたつ) 기능이 향상[숙달]됨 着々(ちゃくちゃく)と 착착 大幅(おおはば)に 대폭적으로, 큰 폭으로 依然(いぜん)として 여전히 僅(わず)かに 겨우, 간신히

94 정답 1
해석 어머니는 항상 '숙제를 빨리 하라'고 나를 재촉한다.
어휘 宿題(しゅくだい) 숙제 早(はや)く 빨리 急(せ)かす 재촉하다 急(いそ)がせる 재촉하다 叱(しか)る 꾸짖다, 야단치다 頼(たよ)る 의지하다, 의존하다 咎(とが)める 나무라다, 책망하다

95 정답 3
해석 최근 눈이 자주 내려 추운 날이 이어지고 있다.
어휘 頻(しき)りに 자주 降(ふ)る (비 · 눈 등이) 내리다 続(つづ)く 계속되다, 이어지다 前以(まえもっ)て 미리, 사전에 うっかり 무심코, 깜빡 何度(なんど)も 몇 번이나, 여러 번 立(た)ち所(どころ)に 즉각, 당장, 금방

96 정답 2
해석 시간이 지나면 진실은 저절로 밝혀지겠지요.
어휘 経(た)つ (시간이) 지나다, 경과하다 真実(しんじつ) 진실 自(おの)ずと 저절로, 자연히 明(あき)らかになる 밝혀지다 意外(いがい)に 의외로 自然(しぜん)に 자연히, 저절로 相変(あいか)わらず 여전히 断然(だんぜん)と 단호히

97 정답 4
해석 창문으로 들어오는 아침의 상쾌한 공기가 기분이 좋다.
어휘 清々(すがすが)しい 상쾌하다, 시원하다 心地(ここち)よい 기분 좋다, 상쾌하다 速(すみ)やかだ 신속하다 穏(おだ)やかだ 온화하다 鮮(あざ)やかだ 선명하다 爽(さわ)やかだ 상쾌하다

98 정답 1
해석 춥다고 해서 밖에 나오는 것을 꺼리면 운동 부족이 될지도 모른다.
어휘 〜からといって 〜라고 해서 外(そと) 밖 出(で)る 나오다 渋(しぶ)る 주저하다, 꺼리다 運動不足(うんどうぶそく) 운동 부족 동사의 ます형+かねない 〜할 수도 있다, 〜할지도 모른다 동사의 의지형+としない 〜하려고 하지 않다 期待(きたい)する 기대하다 賛成(さんせい)する 찬성하다 〜ても差(さ)し支(つか)えない 〜해도 지장이 없다, 〜해도 상관없다

99 정답 3
해석 비밀번호를 잊은 경우에는 신원을 조회한 후 재발행해 받을 수 있다.
어휘 暗証番号(あんしょうばんごう) 현금자동지급기(ATM) 등에 사용하는 비밀번호 忘(わす)れる 잊다 身元(みもと) 신원 照会(しょうかい)する 조회하다 再発行(さいはっこう) 재발행 受(う)け入(い)れる 받아들이다, 수용하다 踏(ふ)み切(き)る 결단하다, 단행하다 問(と)い合(あ)わせる 문의하다 差(さ)し伸(の)べる 내밀다, 내뻗다

100 정답 2
해석 격렬한 논의가 오가서 국회는 점차 시끄러워졌다.
어휘 白熱(はくねつ) 격렬 議論(ぎろん) 의논, 논의 交(か)わす 주고받다 国会(こっかい) 국회 次第(しだい)に 점차 紛糾(ふんきゅう)する (뒤얽혀 말썽이 많아) 시끄럽게 되다 収束(しゅうそく)する 수습하다, 결말이 나다 混乱(こんらん)する 혼란스럽다 まとまる 정리되다 広(ひろ)がる 확대되다

# 점수 UP! UP!
## <교체 유의어>

□ 経(た)つ ≒ 過(す)ぎる
(시간이) 지나다, 경과하다
≒ (시간 · 기한이) 지나다, 끝나다

□ 行(おこな)う ≒ 開(ひら)く
하다, 행하다, 실시하다 ≒ 개최하다

□ 翻(ひるがえ)す ≒ 変(か)える
(태도 · 생각 등을) 번복하다 ≒ 바꾸다

□ 欠(か)ける ≒ 足(た)りない
부족하다 ≒ 부족하다

□ 長(た)ける ≒ 秀(ひい)でる
뛰어나다 ≒ 뛰어나다, 빼어나다

□ 訪(おとず)れる ≒ 伺(うかが)う
방문하다 ≒ 찾아뵙다

□ 馴染(なじ)む ≒ 慣(な)れる
익숙해지다 ≒ 익숙해지다

□ 見合(みあ)わせる ≒ 中止(ちゅうし)する
보류하다 ≒ 중지하다

□ サボる ≒ 怠(おこた)る
게을리하다 ≒ 게을리하다

□ けなす ≒ 悪(わる)く言(い)う
헐뜯다, 비방하다 ≒ 나쁘게 말하다

□ 捗(はかど)る ≒ 順調(じゅんちょう)に進(すす)む
진척되다 ≒ 순조롭게 진행되다

□ 目論(もくろ)む ≒ 計画(けいかく)する
계획하다 ≒ 계획하다

□ 競争(きょうそう)する ≒ 張(は)り合(あ)う
경쟁하다 ≒ 겨루다, 경쟁하다

□ 緊張(きんちょう)する ≒ 上(あ)がる
긴장하다 ≒ 흥분하여 침착을 잃다, 얼다

□ 落胆(らくたん)する ≒ がっかりする
낙담하다 ≒ 실망하다

□ 歴然(れきぜん)としている ≒ はっきりしている
뚜렷하다 ≒ 뚜렷하다, 확실하다

□ 汚(よご)れている ≒ 汚(きたな)い
더러워져 있다 ≒ 더럽다

□ 重宝(ちょうほう)している ≒ 便利(べんり)で役(やく)に立(た)っている
(편리해서) 아끼다, 애용하다 ≒ 편리해서 도움이 되다

□ 首(くび)を傾(かし)げる ≒ 不審(ふしん)に思(おも)う
미심쩍게 여기다 ≒ 의심스럽게 생각하다

□ 冷静(れいせい)になる ≒ 落(お)ち着(つ)く
냉정해지다 ≒ 진정되다

□ キャンセルになる ≒ 取(と)り消(け)しになる
취소되다 ≒ 취소되다

□ お届(とど)けする ≒ 配達(はいたつ)する
갖다 드리다 ≒ 배달하다

□ 食(た)べられる ≒ 召(め)し上(あ)がる
드시다 ≒ 드시다

□ お越(こ)しになる ≒ お見(み)えになる
오시다 ≒ 오시다

□ 口を出す ≒ 口を挟む
말참견을 하다 ≒ 말참견을 하다

□ 気が進まない
≒ しようという気持ちになれない
마음이 내키지 않다 ≒ 하려는 마음이 들지 않다

□ 目がない ≒ とても好きだ
아주 좋아하다 ≒ 아주 좋아하다

□ 途方もない ≒ とてつもない
터무니없다 ≒ 터무니없다

□ 圧巻 ≒ 最高
압권 ≒ 최고

□ 契機 ≒ きっかけ
계기 ≒ 계기

□ 朗報 ≒ 嬉しい知らせ
낭보 ≒ 기쁜 소식

□ 嫌み ≒ 皮肉
빈정거림, 비아냥 ≒ 비꼼

□ 手掛かり ≒ ヒント
실마리, 단서 ≒ 힌트

□ 子供用 ≒ 子供向け
아이용 ≒ 아이용

□ 四六時中 ≒ 一日中
하루 종일 ≒ 하루 종일

□ 雨模様 ≒ 雨の降りそうな空
비가 내릴 듯한 날씨 ≒ 비가 내릴 듯한 하늘

□ コントラスト ≒ 対比
대조, 대비 ≒ 대비, 대조

□ あっけない ≒ 意外につまらない
(기대에 못 미쳐) 아쉽다, 싱겁다 ≒ 의외로 시시하다

□ 水臭い ≒ 他人行儀だ
서먹서먹하다 ≒ 서먹서먹하다

□ たまらない ≒ 我慢できない
참을 수 없다 ≒ 참을 수 없다

□ 億劫だ ≒ 面倒だ
귀찮다 ≒ 귀찮다

□ シビアだ ≒ 厳しい
혹독하다 ≒ 엄하다

□ まだらだ ≒ 少ない
드문드문하다 ≒ 적다

□ 朝飯前だ ≒ とても簡単だ
식은 죽 먹기다 ≒ 아주 간단하다

□ 画期的な ≒ 今までになく新しい
획기적인 ≒ 지금까지 없는 새로운

□ 痛切に ≒ ひしひし
절실히, 뼈저리게 ≒ 절실히

□ 丹念に ≒ じっくりと
정성 들여, 꼼꼼히 ≒ 차분하게, 곰곰이

□ にわかには ≒ すぐには
당장에는 ≒ 당장은

☐ **ありきたりの ≒ 平凡な**
흔한 ≒ 평범한

☐ **~ずに ≒ ~ことなしに**
~하지 않고 ≒ ~하는 일 없이

☐ **どんよりした ≒ とても曇っている**
잔뜩 흐린 ≒ 아주 흐린

☐ **度々 ≒ しばしば**
자주 ≒ 자주

☐ **行かんがため ≒ 行くべく**
가기 위해 ≒ 가기 위해

☐ **せいぜい ≒ たかが**
고작 ≒ 고작

☐ **開けっぱなしにして ≒ 開けたまま**
열어 둔 채로 하고 ≒ 열어 둔 채로

☐ **少しずつ ≒ だんだん**
조금씩 ≒ 점점

☐ **かけがえのない ≒ 非常に大切な**
둘도 없는 ≒ 매우 소중한

☐ **相次いで ≒ 次々に**
잇따라 ≒ 계속해서

☐ **年甲斐もなく ≒ いい年をして**
나잇값도 못하고 ≒ 나잇값도 못하고

☐ **~に限って ≒ ~のみは**
~에 한해서 ≒ ~만은

☐ **ぎりぎり ≒ 辛うじて**
빠듯하게 ≒ 겨우, 간신히

☐ **~はもとより ≒ ~はもちろん**
~은 물론이고 ≒ ~은 물론

☐ **予て ≒ 前以て**
미리, 사전에 ≒ 미리, 사전에

☐ **~を問わず ≒ ~に関係なく**
~을 불문하고 ≒ ~에 관계없이

☐ **~につき ≒ ~当たり**
~당 ≒ ~당

☐ **~いかんでは ≒ ~次第では**
~여하에 따라서는 ≒ ~에 따라서는

☐ **一度も ≒ 全く**
한 번도 ≒ 전혀

☐ **~ものか ≒ ~まい**
~할까 보냐 ≒ ~하지 않겠다

# 문제 4 용법

## 출제 유형

문제 4 용법은 어휘의 올바른 쓰임새와 용법을 알고 있는지 묻는 문제로, 6문항이 출제된다. 기출 어휘를 살펴보면 2자로 된 한자어와 동사를 중심으로 출제되며, 그 외에 간혹 형용사나 부사 등이 출제되기도 한다.

## 실제 시험 예시

**問題4 次の言葉の使い方として最もよいものを、1・2・3・4から一つ選びなさい。**

1 復旧

1 低迷し続けてきた景気も、復旧の兆しが見えてきた。

2 不通になった山手線は、数時間後に復旧の見込みだ。

3 彼の怪我が一日も早く復旧し、退院できるように毎日祈っている。

4 政府は、一度廃止していた現金給付の子育て支援制度を復旧することにした。

2 剥がす

1 納品前には、必ず受注を受けた機械の性能を剥がしている。

2 目の前で犯人を剥がした警察は、非難を浴びている。

3 こんなに反応がないのだから、もう白紙に剥がすしかない。

4 ガムテープを剥がし、段ボールの中身を取り出した。

|정답| 1 2 2 4

## 시험 대책

용법 문제는 어휘의 올바른 쓰임새와 용법을 알고 있는지 묻는 문제이므로, 꾸준한 작문 연습이 실제 시험에 많은 도움이 된다. 특히 매 시험 출제되고 있는 2자로 된 한자어의 경우에는 주로 특정 한자를 이용한 유사한 의미의 한자어가 선택지에 오답으로 등장하므로, 앞뒤 문맥을 보고 문제 문장의 정확한 의미를 파악하는 연습이 필요하다.

# 기출 및 출제 예상 어휘 48
## <용법>

| | | |
|---|---|---|
| □ 懐く(なつく) 따르다 | □ 交付(こうふ) 교부 | □ 素早い(すばやい) 재빠르다, 날쌔다 |
| □ かばう 감싸다, 비호하다 | □ 昇進(しょうしん) 승진 | □ ほほえましい 흐뭇하다 |
| □ かさばる 부피가 커지다 | □ 解明(かいめい) 해명 | □ 容易い(たやすい) 쉽다, 용이하다 |
| □ 怠る(おこたる) 게을리하다 | □ 打開(だかい) 타개 | □ 甚だしい(はなはだしい) (정도가) 지나치다, 심하다 |
| □ 察する(さっする) 헤아리다, 살피다 | □ 収容(しゅうよう) 수용 | □ しぶとい 끈질기다 |
| □ 乗り出す(のりだす) 착수하다, 나서다 | □ 規制(きせい) 규제 | □ 巧みだ(たくみだ) 수완이 좋다, 능숙하다 |
| □ 見落とす(みおとす) 간과하다, 못 보고 빠뜨리다 | □ 様相(ようそう) 양상, 모양, 모습 | □ 簡素だ(かんそだ) 간소하다 |
| □ 覆す(くつがえす) 뒤집다, 뒤엎다 | □ 面識(めんしき) 면식, 안면 | □ 露骨だ(ろこつだ) 노골적이다 |
| □ 滅びる(ほろびる) 멸망하다, 없어지다 | □ 気配(けはい) 기색, 낌새, 기미 | □ ひたむきだ 한결같다 |
| □ 退く(しりぞく) 물러나다 | □ 互角(ごかく) 호각, 백중지세 | □ 円滑だ(えんかつだ) 원활하다 |
| □ 食い違う(くいちがう) 어긋나다, 틀어지다 | □ 要望(ようぼう) 요망 | □ もはや 이제는 |
| □ 繁盛(はんじょう) 번성, 번창 | □ 基調(きちょう) 기조 | □ くまなく 구석구석까지, 샅샅이 |
| □ 絶滅(ぜつめつ) 멸종 | □ 目安(めやす) 목표, 기준 | □ 実に(じつに) 실로, 참으로, 매우 |
| □ 抜粋(ばっすい) 발췌 | □ 失脚(しっきゃく) 실각 | □ 今更(いまさら) 이제 와서 |
| □ 交錯(こうさく) 교착, 뒤얽힘 | □ 一律(いちりつ) (방법이) 일률적임 | □ 真っ先に(まっさきに) 맨 먼저 |
| □ 見込み(みこみ) 예상, 전망 | □ 心当たり(こころあたり) 짐작, 짐작 가는 곳 | □ めきめき 눈에 띄게, 부쩍부쩍 |

# 확인 문제 1 • 용법

**問題4 次の言葉の使い方として最もよいものを、1・2・3・4から一つ選びなさい。**

1 昇進

1 急激な物価の昇進で、生活も苦しくなった。

2 彼は営業の成績がよくて、課長に昇進した。

3 医学の昇進で、平均寿命も大分伸びた。

4 現場に行ってみると、工事は何の問題もなく順調に昇進していた。

2 今更

1 彼女の表情から見ると、結果は今更でもないようだ。

2 彼は親友の言うことを聞こうともしない。ましてライバルなら今更だ。

3 こうなってしまった以上、今更後悔してもどうにもならない。

4 今年は梅雨明けが今更遅くて、もう9月なのにとても蒸し暑い。

3 絶滅

1 人口の減少は、小売業にとって商圏人口が絶滅することを意味する。

2 よく見ると、絶滅された幹にきれいな花が咲いていた。

3 多くの人が研究を続けているが、恐竜が絶滅した理由はまだはっきりわかっていない。

4 日本でも都市化や個人主義化などによって世代間の絶滅が深刻化している。

**4** ほほえましい

1 弛まぬ努力が実を結んで、彼はほほえましい成果を収めた。

2 ここも先日の地震でほほえましい被害を受けた地域の一つである。

3 その国は先端技術の導入で、ほほえましい発展を遂げた。

4 息子が無邪気に遊ぶ様子を見ていてほほえましい。

**5** 食い違う

1 私と彼は、意見や価値観などが大きく食い違っていた。

2 彼のプロとして仕事に食い違う姿勢は、とてもかっこいい。

3 与党は野党なしに、法案の強行採決に食い違った。

4 いつも収入に食い違った生活をしているので、借金などは全くない。

**6** 収容

1 その会場の収容人数は、最大2,000人である。

2 君は節約する努力より収容を増やす努力をする方がいいよ。

3 収容方法は、作物の種類によって大きく異なる。

4 彼女は切手を収容するのが幼い時からの趣味であった。

# 확인 문제 1 • 정답 및 해석(용법)

1 **昇進** 승진 | 정답 2

해석 1 급격한 물가 상승으로 생활도 힘들어졌다. (昇進しょうしん → 上昇じょうしょう)
2 그는 영업 성적이 좋아서 과장으로 승진했다.
3 의학의 진보로 평균수명도 상당히 늘었다. (昇進しょうしん → 進歩しんぽ)
4 현장에 가 보니 공사는 아무런 문제도 없이 순조롭게 진척되고 있었다. (昇進しょうしん → 進捗しんちょく)

어휘 昇進(しょうしん) 승진 急激(きゅうげき)だ 급격하다 物価(ぶっか) 물가 上昇(じょうしょう) 상승 苦(くる)しい 힘들다, 괴롭다 営業(えいぎょう) 영업 成績(せいせき) 성적 課長(かちょう) 과장 医学(いがく) 의학 進歩(しんぽ) 진보 平均寿命(へいきんじゅみょう) 평균수명 大分(だいぶ) 꽤, 상당히 伸(の)びる 늘다, 신장하다 現場(げんば) 현장 工事(こうじ) 공사 何(なん)の 아무런 順調(じゅんちょう)だ 순조롭다 進捗(しんちょく) 진척

2 **今更** 이제 와서 | 정답 3

해석 1 그녀의 표정으로 보니 결과는 아주 나쁜 것만도 아닌 것 같다. (今更いまさら → 満更まんざら)
2 그는 친구가 말하는 것을 들으려고도 하지 않는다. 하물며 라이벌이라면 더욱더 그렇다. (今更いまさら → 尚更なおさら)
3 이렇게 되어 버린 이상 이제 와서 후회해도 어떻게 해도 안 된다.
4 올해는 장마가 끝나는 게 더욱 늦어서 벌써 9월인데도 너무 무덥다. (今更いまさら → 尚更なおさら)

어휘 今更(いまさら) 이제 와서 表情(ひょうじょう) 표정 結果(けっか) 결과 満更(まんざら) (부정어 수반) 반드시 (~한 것만은 아니다), 꼭 (~이라고만 할 수 없다) *「満更(まんざら)でもない」- 아주 나쁜 것만도 아니다
親友(しんゆう) 친구, (친한) 벗 동사의 의지형+ともしない ~하려고도 하지 않다 まして 하물며, 더구나
尚更(なおさら) 더욱(더) ~以上(いじょう) ~한[인] 이상 後悔(こうかい) 후회
どうにも (부정어 수반) 아무리 해도, 아무래도, 어떻게 해도 *「どうにもならない」- 어떻게 해도 안 된다 今年(ことし) 올해
梅雨明(つゆあ)け 장마철이 끝남 遅(おそ)い 늦다 もう 벌써 ~のに ~는데(도) 蒸(む)し暑(あつ)い 무덥다

3 **絶滅** 멸종 | 정답 3

해석 1 인구 감소는 소매업에 있어서 상권 인구가 감소하는 것을 의미한다. (絶滅ぜつめつ → 減少げんしょう)
2 잘 보니 절단된 줄기에 예쁜 꽃이 피어 있었다. (絶滅ぜつめつ → 切断せつだん)
3 많은 사람이 연구를 계속하고 있지만 공룡이 멸종한 이유는 아직 확실히 알 수 없다.
4 일본에서도 도시화와 개인주의화 등에 의해 세대 간의 단절이 심각해지고 있다. (絶滅ぜつめつ → 断絶だんぜつ)

어휘 絶滅(ぜつめつ) 멸종 人口(じんこう) 인구 減少(げんしょう) 감소 小売業(こうりぎょう) 소매업 ~にとって ~에(게) 있어서 商圏(しょうけん) 상권 意味(いみ) 의미 切断(せつだん) 절단 幹(みき) (나무) 줄기 咲(さ)く (꽃이) 피다 研究(けんきゅう) 연구 続(つづ)ける 계속하다 恐竜(きょうりゅう) 공룡 理由(りゆう) 이유 はっきり 분명하게, 확실하게 都市化(としか) 도시화 個人主義化(こじんしゅぎか) 개인주의화 ~によって ~에 의해 世代間(せだいかん) 세대 간 断絶(だんぜつ) 단절 深刻化(しんこくか) 심각화

4 **ほほえましい** 흐뭇하다 | 정답 4

해석 1 끊임없는 노력이 결실을 맺어 그는 눈부신 성과를 올렸다. (ほほえましい → 目覚めざましい)
2 여기도 일전의 지진으로 심한 피해를 입은 지역 중 하나다. (ほほえましい → 甚はなはだしい)
3 그 나라는 첨단 기술 도입으로 현저한 발전을 이루었다. (ほほえましい → 著いちじるしい)
4 아들이 천진난만하게 노는 모습을 보고 있으니 흐뭇하다.

어휘 ほほえ(微笑)ましい 흐뭇하다 弛(たゆ)まぬ 끊임없는, 꾸준한 努力(どりょく) 노력 実(み)を結(むす)ぶ 열매를 맺다, (비유적으로) 결실을 맺다 目覚(めざ)ましい 눈부시다 成果(せいか) 성과 収(おさ)める 거두다, (성과를) 올리다 先日(せんじつ) 일전, 요전 地震(じしん) 지진 甚(はなは)だしい (정도가) 지나치다, 심하다 被害(ひがい)を受(う)ける 피해를 입다 地域(ちいき) 지역 国(くに) 나라 先端(せんたん) 첨단 技術(ぎじゅつ) 기술 導入(どうにゅう) 도입 著(いちじる)しい 두드러지다, 현저하다 発展(はってん) 발전 遂(と)げる 이루다, 완수하다 息子(むすこ) (자신의) 아들 無邪気(むじゃき)だ 천진난만하다, 순진하다 様子(ようす) 모습

5 **食い違う** 어긋나다, 틀어지다 | 정답 1

해석 1 나와 그는 의견이나 가치관 등이 크게 어긋나 있었다.
2 그의 프로로서 일에 대처하는 자세는 매우 멋지다. (食くい違ちがう → 取とり組くむ)
3 여당은 야당 없이 법안의 강행 채결을 단행했다. (食くい違ちがった → 踏ふみ切きった)
4 항상 수입에 맞는 생활을 하고 있기 때문에 빚 등은 전혀 없다. (食くい違ちがった → 見合みあった)

어휘 食(く)い違(ちが)う 어긋나다, 틀어지다 意見(いけん) 의견 価値観(かちかん) 가치관 プロ 프로 ~として ~로서 取(と)り組(く)む 대처하다 姿勢(しせい) 자세 かっこいい 멋지다, 근사하다 与党(よとう) 여당 野党(やとう) 야당 法案(ほうあん) 법안 強行(きょうこう) 강행 採決(さいけつ) 채결 踏(ふ)み切(き)る 단행하다 収入(しゅうにゅう) 수입 見合(みあ)う 균형이 맞다, 알맞다 借金(しゃっきん) 빚 全(まった)く (부정어 수반) 전혀

6 **収容** 수용 | 정답 1

해석 1 그 회장의 수용 인원수는 최대 2,000명이다.
2 너는 절약하는 노력보다 수입을 늘릴 노력을 하는 편이 좋아. (収容しゅうよう → 収入しゅうにゅう)
3 수확 방법은 작물의 종류에 따라 크게 다르다. (収容しゅうよう → 収穫しゅうかく)
4 그녀는 우표를 수집하는 게 어릴 때부터의 취미였다. (収容しゅうよう → 収集しゅうしゅう)

어휘 収容(しゅうよう) 수용 会場(かいじょう) 회장 人数(にんずう) 인원수 最大(さいだい) 최대 節約(せつやく) 절약 努力(どりょく) 노력 ~より ~보다 増(ふ)やす 늘리다 収穫(しゅうかく) 수확 方法(ほうほう) 방법 作物(さくもつ) 작물 種類(しゅるい) 종류 ~によって ~에 따라 異(こと)なる 다르다 切手(きって) 우표 収集(しゅうしゅう) 수집 幼(おさな)い 어리다 趣味(しゅみ) 취미

## 확인 문제 2 • 용법

**問題4 次の言葉の使い方として最もよいものを、1・2・3・4から一つ選びなさい。**

7 様相

1 空様相が怪しいから、傘を持っていった方がよさそうね。

2 彼の作品は、ネット上で様相作品という声も多数あった。

3 開発が進んだこの地域と取り残されたあの地域は、生活環境の様相を異にしている。

4 肖像権とは、承諾なしに自己の様相や姿態を撮影されない権利のことである。

8 互角

1 マンションの購入を決める際に重要な要素となるのがベランダの互角である。

2 最初から彼と互角に戦えるはずがないことは充分に承知していた。

3 政府は景気の悪化を受け、水道の基本料金を1か月間無料とする互角を固めた。

4 文化の衝突を避けるためには、東西文明の互角理解が必要であろう。

9 失脚

1 その大臣は、国会での失言が元で失脚してしまった。

2「失脚は成功の元」と言うから、諦めずに頑張ってみよう。

3 財布を失脚したが、誰かが拾って交番に届けてくれた。

4 入ったばかりの会社をあっさり辞めたと聞いて彼にちょっと失脚した。

10 滅びる

1 学費を稼ぐためにバイトをしながら通学しているので、勉強する時間が滅びる。

2 お気に入りのセーターを高温の乾燥機に放り込んだら、滅びてしまった。

3 突然の解雇で生活に困窮し、日常生活の維持が滅びている人が増えている。

4 当時のローマ人は、決して自分たちの帝国が滅びるとは思わなかった。

11 繁盛

1 たんぱく質は、子供の繁盛に欠かせない栄養素の一つである。

2 子供の繁盛に、運動は好ましい影響を与える。

3 最近、目が回るほど忙しいが、商売繁盛でありがたい。

4 冷蔵庫の温度を10度以下にすることで、菌の繁盛のスピードを緩められる。

12 くまなく

1 くまなく買った宝くじが当たって、 彼は大金持ちになった。

2 財布を無くしたので、辺りをくまなく探したが、まだ見つかっていない。

3 近所に新しいラーメン屋ができたので、くまなく食べに行ってみた。

4 久しぶりに子供と一緒に遊園地に行ったが、くまなく定休日だった。

# 확인 문제 2 • 정답 및 해석(용법)

7 **様相** 양상, 모양, 모습 | 정답 3

해석 1 날씨가 수상쩍으니까, 우산을 가지고 가는 편이 좋을 것 같네. (様相ようそう ➔ 模様もよう)
2 그의 작품은 인터넷상에서 모방 작품이라는 목소리도 다수 있었다. (様相ようそう ➔ 模倣もほう)
3 개발이 진행된 이 지역과 남겨진 저 지역은 생활환경의 양상을 달리 하고 있다.
4 초상권이란 승낙 없이 자기의 용모나 자태를 촬영당하지 않을 권리를 말한다. (様相ようそう ➔ 容貌ようぼう)

어휘 様相(ようそう) 양상, 모양, 모습 空模様(そらもよう) 날씨 怪(あや)しい 수상쩍다 傘(かさ) 우산
持(も)つ 가지다, 지참하다 よさそうだ 좋을 것 같다 作品(さくひん) 작품
ネット上(じょう) 인터넷상 *「ネット」는「インターネット」의 준말 模倣(もほう) 모방 作品(さくひん) 작품
声(こえ) 목소리 多数(たすう) 다수 開発(かいはつ) 개발 進(すす)む 나아가다, 진행되다 地域(ちいき) 지역
取(と)り残(のこ)す 남겨두다 生活(せいかつ) 생활 環境(かんきょう) 환경 異(こと)にする 달리하다
肖像権(しょうぞうけん) 초상권 ～とは ~라는 것은, ~란 *정의 承諾(しょうだく) 승낙 自己(じこ) 자기
容貌(ようぼう) 용모 姿態(したい) 자태 撮影(さつえい) 촬영 権利(けんり) 권리

8 **互角** 호각, 백중지세 | 정답 2

해석 1 아파트 구입을 결정할 때 중요한 요소가 되는 것이 베란다의 방향이다. (互角ごかく ➔ 方向ほうこう)
2 처음부터 그와 호각으로 싸울 수 있을 리가 없다는 것은 충분히 알고 있었다.
3 정부는 경기 악화를 반영하여 수도 기본요금을 1개월간 무료로 하는 방침을 굳혔다. (互角ごかく ➔ 方針ほうしん)
4 문화 충돌을 피하기 위해서는 동서 문명의 상호 이해가 필요할 것이다. (互角ごかく ➔ 相互そうご)

어휘 互角(ごかく) 호각, 백중지세 マンション 맨션, (중·고층) 아파트 購入(こうにゅう) 구입
決(き)める 정하다, 결정하다 ～際(さい)に ~(할) 때 重要(じゅうよう)だ 중요하다 要素(ようそ) 요소 ベランダ 베란다
方向(ほうこう) 방향 最初(さいしょ) 최초, 처음 戦(たたか)う 싸우다 ～はずがない ~일 리가 없다
充分(じゅうぶん)に 충분히 承知(しょうち) 앎, 알고 있음 政府(せいふ) 정부 景気(けいき) 경기 悪化(あっか) 악화
～を受(う)けて(て) ~을 반영하여, ~의 영향을 받아 水道(すいどう) 수도 基本(きほん) 기본
料金(りょうきん) 요금 無料(むりょう) 무료 方針(ほうしん) 방침 固(かた)める 굳히다, 확고하게 하다
文化(ぶんか) 문화 衝突(しょうとつ) 충돌 避(さ)ける 피하다 동사의 보통형+ためには ~하기 위해서는
東西(とうざい) 동서 文明(ぶんめい) 문명 相互(そうご) 상호 理解(りかい) 이해

9 **失脚** 실각 | 정답 1

해석 1 그 장관은 국회에서의 실언이 원인으로 실각해 버렸다.
2 '실패는 성공의 어머니'라고 하니까, 단념하지 말고 노력해 보자. (失脚しっきゃく ➔ 失敗しっぱい)
3 지갑을 분실했는데 누군가가 주워서 파출소에 신고해 주었다. (失脚しっきゃく ➔ 紛失ふんしつ)
4 들어간 지 얼마 안 된 회사를 간단하게 그만뒀다고 해서 그에게 조금 실망했다. (失脚しっきゃく ➔ 失望しつぼう)

어휘 失脚(しっきゃく) 실각 大臣(だいじん) 대신, 장관 国会(こっかい) 국회 失言(しつげん) 실언 元(もと) 원인
失敗(しっぱい)は成功(せいこう)の元(もと) 실패는 성공의 어머니 諦(あきら)める 체념하다, 단념하다 ～ずに ~하지 말고
頑張(がんば)る (끝까지) 노력하다, 열심히 하다 財布(さいふ) 지갑 紛失(ふんしつ) 분실 拾(ひろ)う 줍다
交番(こうばん) 파출소 届(とど)ける (관청 등에) 신고하다 ～てくれる (남이 나에게) ~해 주다 入(はい)る 들어오다
동사의 た형+ばかり 막 ~한 참임, ~한 지 얼마 안 됨 あっさり 간단하게, 쉽게 辞(や)める (일자리를) 그만두다
失望(しつぼう) 실망

**10** **滅びる** 멸망하다, 없어지다 | **정답 4**

**해석** 1 학비를 벌기 위해서 아르바이트를 하면서 통학하고 있기 때문에 공부할 시간이 부족하다. (滅ほろびる ➜ 足たりない)
2 마음에 드는 스웨터를 고온의 건조기에 넣었더니 줄어 버렸다. (滅ほろびて ➜ 縮ちぢんで)
3 갑작스러운 해고로 생활이 곤궁해져서 일상생활 유지가 곤란해지고 있는 사람이 늘고 있다. (滅ほろびて ➜ 困難こんなんとなって)
4 당시의 로마인은 결코 자신들의 제국이 멸망하리라고는 생각하지 않았다.

**어휘** 滅(ほろ)びる 멸망하다, 없어지다 学費(がくひ) 학비 稼(かせ)ぐ (돈을) 벌다 バイト 아르바이트 *「アルバイト」의 준말 通学(つうがく) 통학 勉強(べんきょう) 공부 時間(じかん) 시간 足(た)りない 모자라다, 부족하다 お気(き)に入(い)り 마음에 듦, 또 그 사람[것] セーター 스웨터 高温(こうおん) 고온 乾燥機(かんそうき) 건조기 放(ほう)り込(こ)む (아무렇게나) 넣다 縮(ちぢ)む 줄다, 작아지다 突然(とつぜん) 돌연, 갑자기 解雇(かいこ) 해고 困窮(こんきゅう) 곤궁, 빈곤 日常(にちじょう) 일상 維持(いじ) 유지 困難(こんなん)だ 곤란하다 増(ふ)える 늘다, 늘어나다 ローマ人(じん) 로마인 決(けっ)して (부정어 수반) 결코 帝国(ていこく) 제국

**11** **繁盛** 번성, 번창 | **정답 3**

**해석** 1 단백질은 아이 성장에 빠뜨릴 수 없는 영양소 중 하나다. (繁盛はんじょう ➜ 成長せいちょう)
2 아이 성장에 운동은 바람직한 영향을 준다. (繁盛はんじょう ➜ 成長せいちょう)
3 최근 눈이 돌 정도로 바쁘지만, 장사가 번창해서 감사하다.
4 냉장고 온도를 10도 이하로 함으로써 균의 번식 속도를 늦출 수 있다. (繁盛はんじょう ➜ 繁殖はんしょく)

**어휘** 繁盛(はんじょう) 번성, 번창 たんぱく質(しつ) 단백질 成長(せいちょう) 성장 欠(か)かせない 빠뜨릴 수 없는, 없어서는 안 될 栄養素(えいようそ) 영양소 運動(うんどう) 운동 好(この)ましい 바람직하다 影響(えいきょう) 영향 与(あた)える (주의·영향 등을) 주다 目(め)が回(まわ)る 눈이 돌다, 매우 바쁘다 ～ほど ~정도, ~만큼 忙(いそが)しい 바쁘다 商売(しょうばい) 장사 ありがたい 감사하다, 고맙다 冷蔵庫(れいぞうこ) 냉장고 温度(おんど) 온도 以下(いか) 이하 菌(きん) 균 繁殖(はんしょく) 번식 スピード 스피드, 속도 緩(ゆる)める 늦추다

**12** **くまなく** 구석구석까지, 샅샅이 | **정답 2**

**해석** 1 우연히 산 복권이 당첨되어 그는 큰 부자가 되었다. (くまなく ➜ たまたま)
2 지갑을 잃어버려서 주위를 샅샅이 찾았지만, 아직 발견되지 않았다.
3 근처에 새로운 라면 가게가 생겨서 당장 먹으러 가 봤다. (くまなく ➜ 早速さっそく)
4 오랜만에 아이와 함께 유원지에 갔지만 공교롭게도 정기휴일이었다. (くまなく ➜ あいにく)

**어휘** くまなく 구석구석까지, 샅샅이 たまたま 우연히 買(か)う 사다 宝(たから)くじ 복권 当(あ)たる (제비 등에) 당첨되다 大金持(おおがねも)ち 큰 부자, 갑부 財布(さいふ) 지갑 無(な)くす 잃어버리다, 분실하다 辺(あた)り 주위 探(さが)す 찾다 見(み)つかる 발견되다, 찾게 되다 近所(きんじょ) 근처, 부근 ラーメン屋(や) 라면 가게 できる 생기다 早速(さっそく) 당장, 즉시 동사의 ます형+に ~하러 *동작의 목적 久(ひさ)しぶり 오랜만임 一緒(いっしょ)に 함께, 같이 遊園地(ゆうえんち) 유원지 あいにく 공교롭게도 定休日(ていきゅうび) 정기휴일

## 확인 문제 3 • 용법

**問題4 次の言葉の使い方として最もよいものを、1・2・3・4から一つ選びなさい。**

13 ひたむきだ

1 彼が着ているジャケットは、とてもひたむきだった。
2 彼のひたむきな態度には、私も憤りを覚えざるを得なかった。
3 仕事で疲れて帰ってきても、ひたむきに笑う息子の顔を見ると心が和む。
4 どんな壁にぶつかっても、諦めないでひたむきに打ち込む彼の姿に心を打たれた。

14 甚だしい

1 彼女と内緒で付き合っていたことがみんなに知られ、甚だしい限りだ。
2 地震による被害は、この辺が最も甚だしい。
3 同僚が困っているのに、何もできない自分が甚だしい。
4 友人に勧められて見に行ったが、正直なところ、何とも甚だしい映画だった。

15 乗り出す

1 優れたリーダーである彼は、きっと今度の危機も乗り出せるだろう。
2 予約した列車に乗り出すと、指定席の切符は無効になる。
3 有名芸能人の個人情報が流出し、警察が調査に乗り出した。
4 発車寸前の電車に走って乗り出す行為は、くれぐれもお止めください。

16 気配

1 朝から爽やかな風が吹いて気配がいい。

2 夜道で突然後ろから人の気配がしたので、振り返ってみた。

3 風邪気配なのか、昨夜から鼻水が出るし、体もだるい。

4 平気を装っていたが、内心は気配でたまらなかった。

17 見込み

1 桜の見込みだったので、子供と一緒に公園に行った。

2 慎重に立てた計画だから、成功する見込みは充分あると思う。

3 今日は曇り空のため、展望台からの見込みがあまりよくない。

4 レストランなどの洋食店の入り口には、普通食品の見込みが飾られている。

18 心当たり

1 新しく建てられた競技場は、心当たりしていたものよりずいぶん立派だった。

2 この雨量で川が氾濫してしまうなんて、心当たりだにしなかった。

3 こんなにきれいな景色を見ていると、心当たり意欲が湧いてくる。

4 パソコンを立ち上げると、心当たりのない内容のメールが送られていた。

# 확인 문제 3 • 정답 및 해석(용법)

13 **ひたむきだ** 한결같다 | 정답 4

해석 1 그가 입고 있는 재킷은 매우 멋졌다. (ひたむき → おしゃれ)
2 그의 건방진 태도에는 나도 분노를 느끼지 않을 수 없었다. (ひたむき → 生意気なまいき)
3 일 때문에 지쳐서 돌아와도 천진난만하게 웃는 아들의 얼굴을 보면 마음이 누그러진다. (ひたむき → 無邪気むじゃき)
4 어떤 벽에 부딪치더라도 단념하지 않고 한결같이 몰두하는 그의 모습에 감동했다.

어휘 ひたむきだ 한결같다 ジャケット 재킷 おしゃれだ 멋지다 生意気(なまいき)だ 건방지다 態度(たいど) 태도 憤(いきどお)り 분노 覚(おぼ)える 느끼다 ～ざるを得(え)ない ~하지 않을 수 없다 疲(つか)れる 지치다, 피로해지다 帰(かえ)る 돌아오다 無邪気(むじゃき)だ 천진난만하다 笑(わら)う 웃다 息子(むすこ) (자신의) 아들 顔(かお) 얼굴 和(なご)む 부드러워지다, 누그러지다 壁(かべ) 벽, 난관 ぶつかる 부딪치다 諦(あきら)める 체념하다, 단념하다 打(う)ち込(こ)む 몰두하다 姿(すがた) 모습 心(こころ)を打(う)たれる 깊은 감명을 받다, 감동하다

14 **甚だしい** (정도가) 지나치다, 심하다 | 정답 2

해석 1 그녀와 비밀로 사귀고 있던 것이 모두에게 알려져 부끄러울 따름이다. (甚はなはだしい → 恥はずかしい)
2 지진에 의한 피해는 이 일대가 가장 심하다.
3 동료가 곤란한데도 아무것도 할 수 없는 자신이 한심하다. (甚はなはだしい → 情なさけない)
4 친구에게 권유받아 보러 갔지만, 솔직히 말해서 정말로 재미없는 영화였다. (甚はなはだしい → つまらない)

어휘 甚(はなは)だしい (정도가) 지나치다, 심하다 内緒(ないしょ) 비밀 付(つ)き合(あ)う 사귀다, 교제하다 恥(は)ずかしい 부끄럽다, 창피하다 ～限(かぎ)りだ ~할 따름이다, 매우 ~하다 地震(じしん) 지진 ～による ~에 의한[따른] 被害(ひがい) 피해 この辺(へん) 이 근처[주변], 이 일대 最(もっと)も 가장, 제일 同僚(どうりょう) 동료 困(こま)る 곤란하다, 난처하다 ～のに ~는데(도) 何(なに)も (부정어 수반) 아무것도 できる 할 수 있다 自分(じぶん) 자기, 자신, 나 情(なさ)けない 한심하다 友人(ゆうじん) 친구 勧(すす)める 권하다, 권유하다 동사의 ます형+に ~하러 *동작의 목적 正直(しょうじき)だ 정직하다 *「正直(しょうじき)なところ」- 정직하게[솔직히] 말해서 何(なん)とも 정말로, 참으로 つまらない 재미없다 映画(えいが) 영화

15 **乗り出す** 착수하다, 나서다 | 정답 3

해석 1 뛰어난 리더인 그는 틀림없이 이번 위기도 극복할 수 있을 것이다. (乗のり出だせる → 乗のり越こえられる)
2 예약한 열차를 놓치면 지정석 표는 무효가 된다. (乗のり出だす → 乗のり遅おくれる)
3 유명 연예인의 개인 정보가 유출되어 경찰이 조사에 나섰다.
4 발차 직전의 전철에 뛰어 올라타는 행위는 부디 하지 말아 주십시오. (乗のり出だす → 乗のり込こむ)

어휘 乗(の)り出(だ)す 착수하다, 나서다 優(すぐ)れる 뛰어나다, 우수하다 リーダー 리더 きっと 분명히, 틀림없이 今度(こんど) 이번 危機(きき) 위기 乗(の)り越(こ)える 극복하다 予約(よやく) 예약 列車(れっしゃ) 열차 乗(の)り遅(おく)れる (차 등을) 놓치다 指定席(していせき) 지정석 切符(きっぷ) 표, 티켓 無効(むこう) 무효 芸能人(げいのうじん) 연예인 個人情報(こじんじょうほう) 개인 정보 流出(りゅうしゅつ) 유출 警察(けいさつ) 경찰 調査(ちょうさ) 조사 発車(はっしゃ) 발차 寸前(すんぜん) 직전 電車(でんしゃ) 전철 走(はし)る 달리다, 뛰다 乗(の)り込(こ)む 올라타다 行為(こうい) 행위 くれぐれも 부디 お+동사의 ます형+ください ~해 주십시오 *존경표현 止(や)める 그만두다, 관두다

16 **気配** 기색, 낌새, 기미 | **정답** 2

**해석** 1 아침부터 상쾌한 바람이 불어서 기분이 좋다. (気配けはい → 気持きもち)
2 밤길에서 갑자기 뒤에서 인기척이 나서 뒤돌아봤다.
3 감기 기운인지 어젯밤부터 콧물이 나고 몸도 나른하다. (気配けはい → 気味ぎみ)
4 태연한 체했지만, 마음속으로는 걱정스러워서 견딜 수 없었다. (気配けはい → 心配しんぱい)

**어휘** 気配(けはい) 기색, 낌새, 기미 朝(あさ) 아침 爽(さわ)やかだ 상쾌하다, 산뜻하다 風(かぜ) 바람 吹(ふ)く (바람이) 불다 気持(きも)ち 기분 夜道(よみち) 밤길 突然(とつぜん) 돌연, 갑자기 後(うし)ろ 뒤 人(ひと)の気配(けはい)がする 인기척이 나다 振(ふ)り返(かえ)る 뒤돌아보다 風邪気味(かぜぎみ) 감기 기운 昨夜(ゆうべ) 어젯밤 鼻水(はなみず)が出(で)る 콧물이 나다 体(からだ) 몸, 신체 だるい 나른하다 平気(へいき) 태연함, 아무렇지도 않음 装(よそお)う ~한 체하다, 가장하다 内心(ないしん) 내심, 마음속(으로) 心配(しんぱい)だ 걱정이다, 걱정스럽다 ~て[で]たまらない ~해서 견딜 수 없다, 너무 ~하다

17 **見込み** 예상, 전망 | **정답** 2

**해석** 1 벚꽃철이었기 때문에 아이와 함께 공원에 갔다. (見込みこみ → 見頃みごろ)
2 신중하게 세운 계획이니까, 성공할 전망은 충분히 있다고 생각한다.
3 오늘은 하늘이 흐려서 전망대에서의 전망이 별로 좋지 않다. (見込みこみ → 見晴みはらし)
4 레스토랑 등의 양식집 입구에는 보통 음식 견본이 진열되어 있다. (見込みこみ → 見本みほん)

**어휘** 見込(みこ)み 예상, 전망 桜(さくら) 벚꽃 見頃(みごろ) (꽃 등을) 보기에 알맞은 때 一緒(いっしょ)に 함께, 같이 公園(こうえん) 공원 慎重(しんちょう)だ 신중하다 立(た)てる (계획 등을) 세우다, 정하다 計画(けいかく) 계획 成功(せいこう) 성공 充分(じゅうぶん)(に) 충분히 曇(くも)り空(ぞら) 흐린 하늘 展望台(てんぼうだい) 전망대 見晴(みは)らし 전망 あまり (부정어 수반) 그다지, 별로 レストラン 레스토랑 洋食店(ようしょくてん) 양식집 入(い)り口(ぐち) 입구 普通(ふつう) 보통 食品(しょくひん) 식품, 음식물 見本(みほん) 견본 飾(かざ)る 진열하다, 장식하다

18 **心当たり** 짐작, 짐작 가는 곳 | **정답** 4

**해석** 1 새로 지어진 경기장은 예상했던 것보다 꽤 훌륭했다. (心当こころあたり → 予想よそう)
2 이 강우량으로 강이 범람해 버리다니 예상조차 못했다. (心当こころあたり → 予想よそう)
3 이렇게 예쁜 경치를 보고 있으니 창작 의욕이 솟아난다. (心当こころあたり → 創作そうさく)
4 컴퓨터를 켜자, 짐작 가는 곳이 없는 내용의 메일이 와 있었다.

**어휘** 心当(こころあ)たり 짐작, 짐작 가는 곳 建(た)てる (집을) 짓다, 세우다 競技場(きょうぎじょう) 경기장 予想(よそう) 예상 ~より ~보다 ずいぶん 꽤, 몹시, 퍽 立派(りっぱ)だ 훌륭하다 雨量(うりょう) 우량, 강우량 川(かわ) 강 氾濫(はんらん) 범람 ~なんて ~하다니 ~だに (부정과 호응) ~까지도, ~조차 こんなに 이렇게 景色(けしき) 경치 創作(そうさく) 창작 意欲(いよく) 의욕 湧(わ)く (비유적으로) 솟다, 솟아나다, 생기다 パソコン (개인용) 컴퓨터 *「パーソナルコンピューター」의 준말 立(た)ち上(あ)げる 기계를 가동할 수 있는 상태로 만들다 内容(ないよう) 내용 メール 메일 送(おく)る 보내다

## 확인 문제 4 • 용법

**問題4 次の言葉の使い方として最もよいものを、1・2・3・4から一つ選びなさい。**

19 交錯

1 今度の件で、彼の心の中では怒り(いか)と空しさが交錯した。

2 この老舗(しにせ)は、世代交錯で息子さんが会社を辞めて継ぐそうだ。

3 交錯通りに呼びますので、こちらでしばらくお待ちください。

4 あの会社は、ついこの間社長が交錯したばかりだそうだ。

20 覆す

1 その判決は、みんなの予想に覆す判決だったので、被告は直ちに控訴を提起した。

2 納品前には問題がないか、必ず受注を受けた機械の性能を覆している。

3 当時の人にとってインターネットの登場は、コミュニケーションの概念を覆すような出来事であった。

4 幼い時からどんな理由があっても、父の意見に覆すことは絶対許されなかった。

21 交付

1 区役所にパスポートの交付を申請したが、1か月が経っても出ない。

2 昨日から水道が壊れたので、今日業者に交付した。

3 家にある使わないピアノは、近くの小学校へ交付することにした。

4 かつてベニスは東洋との交付の重要な中心地であったそうだ。

22 見落とす

1 相手チームを見落として練習をサボった結果、大敗してしまった。
2 今度の素晴らしい事故処理能力を見て、彼を見落とした。
3 値上がりを見落として大量に仕入れたのに、暴落してしまった。
4 提出する前に、見落とした部分がないか、もう一度チェックしよう。

23 容易い

1 ここは近くに大型スーパーや公園などがあって、本当に容易い。
2 要領さえ飲み込めば、その仕事は容易くなりますよ。
3 今年は欧米向けの車の販売が順調で利益の増大が容易い。
4 昨日、家具を購入したが、容易い組み立てが待っていた。

24 巧みだ

1 彼と一緒にいると、なぜかこちらまで巧みな気分になる。
2 こんな体験は、極めて巧みなことだ。
3 小高い丘には木々が茂り、ベンチに座ると巧みな風が吹いてきた。
4 司会者は巧みな話術でみんなを笑わせた。

# 확인 문제 4 • 정답 및 해석(용법)

**19** **交錯** 교착, 뒤얽힘 | 정답 1

해석 1 이번 건으로 그의 마음속에는 분노와 허무함이 뒤얽혔다.

2 이 노포는 세대 교체로 아드님이 회사를 그만두고 잇는다고 한다. (交錯こうさく ➜ 交代こうたい)

3 순번대로 부를 테니, 이쪽에서 잠시 기다려 주십시오. (交錯こうさく ➜ 順番じゅんばん)

4 그 회사는 바로 얼마 전에 사장이 막 교체된 참이라고 한다. (交錯こうさく ➜ 交代こうたい)

어휘 交錯(こうさく) 교착, 뒤얽힘 今度(こんど) 이번 件(けん) 건 怒(いか)り 화, 노여움, 분노 空(むな)しさ 허무함 老舗(しにせ) 노포 世代(せだい) 세대 交代(こうたい) 교대, 교체 息子(むすこ)さん (남의) 아들, 아드님 *남의 아들을 높여 이르는 말 辞(や)める (일자리를) 그만두다 継(つ)ぐ 계승하다, 물려받다 품사의 보통형+そうだ ~라고 한다 *전문 つい (시간·거리적으로) 조금, 바로 この間(あいだ) 요전, 지난번 동사의 た형+ばかりだ 막 ~한 참이다, ~한 지 얼마 안 되다

**20** **覆す** 뒤집다, 뒤엎다 | 정답 3

해석 1 그 판결은 모두의 예상에 반하는 판결이었기 때문에 피고는 즉시 항소를 제기했다. (覆くつがえす ➜ 反はんする)

2 납품 전에는 문제가 없는지 반드시 수주를 받은 기계의 성능을 점검하고 있다. (覆くつがえして ➜ 点検てんけんして)

3 당시 사람에게 있어 인터넷의 등장은 의사소통의 개념을 뒤엎는 듯한 사건이었다.

4 어릴 때부터 어떤 이유가 있어도 아버지 의견에 반대하는 것은 절대로 허락되지 않았다. (覆くつがえす ➜ 反対はんたいする)

어휘 覆(くつがえ)す 뒤집다, 뒤엎다 判決(はんけつ) 판결 予想(よそう) 예상 反(はん)する 반하다, 위배되다 被告(ひこく) 피고 直(ただ)ちに 당장, 즉시 控訴(こうそ) 항소 提起(ていき) 제기 納品(のうひん) 납품 必(かなら)ず 반드시, 꼭 受注(じゅちゅう) 수주 受(う)ける 받다 機械(きかい) 기계 性能(せいのう) 성능 点検(てんけん) 점검 当時(とうじ) 당시 ~にとって ~에(게) 있어서 インターネット 인터넷 登場(とうじょう) 등장 コミュニケーション 커뮤니케이션, 의사소통 概念(がいねん) 개념 出来事(できごと) 일어난 일, 사건 幼(おさな)い 어리다 理由(りゆう) 이유 意見(いけん) 의견 反対(はんたい)する 반대하다 絶対(ぜったい) 절대, 절대로 許(ゆる)す 허락하다

**21** **交付** 교부 | 정답 1

해석 1 구청에 여권 교부를 신청했는데, 한 달이 지나도 나오지 않는다.

2 어제부터 수도가 고장났기 때문에 오늘 업자에게 의뢰했다. (交付こうふ ➜ 依頼いらい)

3 집에 있는 쓰지 않는 피아노는 근처 초등학교에 기부하기로 했다. (交付こうふ ➜ 寄付きふ)

4 일찍이 베니스는 동양과의 교역의 중요한 중심지였다고 한다. (交付こうふ ➜ 交易こうえき)

어휘 交付(こうふ) 교부 区役所(くやくしょ) 구청 パスポート 패스포트, 여권 申請(しんせい) 신청 経(た)つ (시간이) 지나다, 경과하다 出(で)る 나오다 水道(すいどう) 수도 壊(こわ)れる 고장나다 業者(ぎょうしゃ) 업자 依頼(いらい) 의뢰 使(つか)う 쓰다, 사용하다 ピアノ 피아노 近(ちか)く 근처 小学校(しょうがっこう) 초등학교 寄付(きふ) 기부 동사의 보통형+ことにする ~하기로 하다 かつて 일찍이, 예로부터, 전에 ベニス 베니스 *지명 東洋(とうよう) 동양 交易(こうえき) 교역 重要(じゅうよう)だ 중요하다 中心地(ちゅうしんち) 중심지

**22** **見落とす** 간과하다, 못 보고 빠뜨리다 | **정답 4**

**해석** 1 상대 팀을 얕보고 연습을 게을리한 결과, 대패하고 말았다. (見落みおとして ➜ 見みくびって)
2 이번의 훌륭한 사고 처리 능력을 보고 그를 다시 봤다. (見落みおとした ➜ 見直みなおした)
3 값이 오를 것이라고 예상해서 대량으로 사들였는데 폭락해 버렸다. (見落みおとして ➜ 見込みこんで)
4 제출하기 전에 못 보고 빠뜨린 부분이 없는지 한 번 더 체크하자.

**어휘** 見落(みお)とす 간과하다, 못 보고 빠뜨리다 相手(あいて) 상대 チーム 팀 見(み)くびる 얕보다 練習(れんしゅう) 연습 サボる 게을리하다 結果(けっか) 결과 大敗(たいはい) 대패, 참패 素晴(すば)らしい 훌륭하다 事故(じこ) 사고 処理(しょり) 처리 能力(のうりょく) 능력 見直(みなお)す 달리 보다, 다시 보다 値上(ねあ)がり 값이 오름 見込(みこ)む 예상하다 大量(たいりょう) 대량 仕入(しい)れる 사들이다, 매입하다 ～のに ～는데(도) 暴落(ぼうらく) 폭락 提出(ていしゅつ) 제출 동사의 기본형+前(まえ)に ～하기 전에 部分(ぶぶん) 부분 もう一度(いちど) 한 번 더 チェック 체크

**23** **容易い** 쉽다, 용이하다 | **정답 2**

**해석** 1 여기는 근처에 대형 슈퍼와 공원 등이 있어서 정말로 살기 편하다. (容易たやすい ➜ 住すみやすい)
2 요령만 이해하면 그 일은 쉬워져요.
3 올해는 유럽과 미국용 차의 판매가 순조로워서 이익 증대가 기대된다. (容易たやすい ➜ 期待きたいされる)
4 어제 가구를 구입했는데, 성가신 조립이 기다리고 있었다. (容易たやすい ➜ 煩わずらわしい)

**어휘** 容易(たやす)い 쉽다, 용이하다 大型(おおがた)スーパー 대형 슈퍼 公園(こうえん) 공원 本当(ほんとう)に 정말로 住(す)む 살다, 거주하다 동사의 ます형+やすい ～하기 쉽다[편하다] 要領(ようりょう) 요령 ～さえ (「～ば」의 꼴로) ～만 飲(の)み込(こ)む 이해하다, 납득하다 今年(ことし) 올해 欧米(おうべい) 구미, 유럽과 미국 ～向(む)け ～용, ～대상 販売(はんばい) 판매 順調(じゅんちょう)だ 순조롭다 利益(りえき) 이익 増大(ぞうだい) 증대 期待(きたい) 기대 家具(かぐ) 가구 購入(こうにゅう) 구입 煩(わずら)わしい 귀찮다, 성가시다 組(く)み立(た)て 조립 待(ま)つ 기다리다

**24** **巧みだ** 수완이 좋다, 능숙하다 | **정답 4**

**해석** 1 그와 함께 있으면 어쩐지 나까지 편안하고 한가로운 기분이 든다. (巧たくみな ➜ のどかな)
2 이런 체험은 극히 드문 일이다. (巧たくみな ➜ 稀まれな)
3 좀 높은 언덕에는 나무들이 우거져 있었고 벤치에 앉으니 상쾌한 바람이 불어왔다. (巧たくみな ➜ 爽さわやかな)
4 사회자는 능숙한 화술로 모두를 웃겼다.

**어휘** 巧(たく)みだ 수완이 좋다, 능숙하다 一緒(いっしょ)に 함께 なぜか 웬일인지, 왜 그런지 こちら (자신의) 이쪽, 나 のどかだ 마음이 편안하고 한가롭다 体験(たいけん) 체험 極(きわ)めて 극히, 지극히 稀(まれ)だ 드물다 小高(こだか)い 좀 높다 丘(おか) 언덕 木々(きぎ) 나무들 茂(しげ)る 우거지다, 초록이 무성하다 ベンチ 벤치 座(すわ)る 앉다 爽(さわ)やかだ 상쾌하다, 산뜻하다 風(かぜ) 바람 吹(ふ)く (바람이) 불다 司会者(しかいしゃ) 사회자 話術(わじゅつ) 화술 笑(わら)わせる 웃기다

## 확인 문제 5 • 용법

**問題4 次の言葉の使い方として最もよいものを、1・2・3・4から一つ選びなさい。**

25 めきめき

1 緊張したあまり、体が震えて言葉がめきめき出ない。

2 入試に失敗したからといって、そんなにめきめきしないでもう一度頑張ってください。

3 前の車のめきめきした運転のせいで、後ろの車が渋滞している。

4 一生懸命勉強した甲斐があるのか、息子の学力はめきめき伸びていく。

26 簡素だ

1 その記念式典は簡素に行われた。

2 留学生には、なるべく簡素な日本語で話しかけるように心掛けている。

3 難しいだろうと思っていた試験問題は、意外と簡素に解けた。

4 長い間タバコを吸ってきた人が止めるのは簡素なことではない。

27 面識

1 電話応対は、その会社に対する面識を大きく左右する。

2 事故の深刻さを面識して、問題の解決に臨むべきだ。

3 彼女とは全く面識がないが、名前だけは聞いたことがある。

4 彼は、この町で知らない人が一人もいないほど面識が広い。

28 目安

1 空室化したオフィスビルを利用した住宅が目安されている。

2 彼女はアルバイトだが、この店の中心的な目安を担う人である。

3 勉強においても、どれくらいやるか目安を決めておくことが大切である。

4 昨日は、とんだ失態を演じてしまい、みんなに全く目安がない。

29 円滑だ

1 濁っていた川がだんだん円滑できた。

2 円滑な色を使っているのが彼女の絵の特徴である。

3 結婚してもう10年が経ったが、妻とは円滑な関係を保っている。

4 酸味が強すぎないように、円滑な味に仕上げるのがこの料理のコツである。

30 察する

1 彼の書いた文章に何となく違和感を察した。

2 彼は、信じていた友人に裏切られて激しく察した。

3 静かな部屋で集中できたので、勉強が察した。

4 交通事故で両親を亡くした彼の悲しみは、察するに余りある。

# 확인 문제 5 • 정답 및 해석(용법)

**25** **めきめき** 눈에 띄게, 부쩍부쩍 | **정답 4**

**해석** 1 긴장한 나머지 몸이 떨리고 말이 술술 나오지 않는다. (めきめき ➜ すらすら)
2 입시에 실패했다고 해서 그렇게 끙끙 대지 말고 한 번 더 열심히 하세요. (めきめき ➜ くよくよ)
3 앞차의 느릿느릿한 운전 탓에 뒤차가 정체되고 있다. (めきめき ➜ のろのろ)
4 열심히 공부한 보람이 있는 것인지 아들의 학력은 눈에 띄게 늘어간다.

**어휘** めきめき 눈에 띄게, 부쩍부쩍 緊張(きんちょう) 긴장 동사의 た형+あまり ~한 나머지 体(からだ) 몸, 신체 震(ふる)える 떨리다 言葉(ことば) 말 すらすら 술술 出(で)る 나오다 入試(にゅうし) 입시 失敗(しっぱい) 실패 ~からといって ~라고 해서 くよくよ 끙끙 *사소한 일에 걱정하는 모양 もう一度(いちど) 한 번 더 頑張(がんば)る (끝까지) 노력하다, 열심히 하다 前(まえ) 앞 のろのろ 느릿느릿 運転(うんてん) 운전 명사+の+せいで ~탓에 後(うし)ろ 뒤 渋滞(じゅうたい) 교통 정체 一生懸命(いっしょうけんめい) 열심히 勉強(べんきょう) 공부 甲斐(かい) 보람 息子(むすこ) (자신의) 아들 学力(がくりょく) 학력 伸(の)びる 늘다, 신장하다

**26** **簡素だ** 간소하다 | **정답 1**

**해석** 1 그 기념식은 간소하게 치러졌다.
2 유학생에게는 되도록 쉬운 일본어로 말을 걸도록 유념하고 있다. (簡素かんそな ➜ 易やさしい)
3 어려울 것이라고 생각했던 시험문제는 의외로 간단히 풀 수 있었다. (簡素かんそに ➜ 簡単かんたんに)
4 오랫동안 담배를 피워 온 사람이 끊는 것은 간단한 일이 아니다. (簡素かんそな ➜ 簡単かんたんな)

**어휘** 簡素(かんそ)だ 간소하다 記念(きねん) 기념 式典(しきてん) 식전, 식 行(おこな)う 하다, 행하다, 실시하다 留学生(りゅうがくせい) 유학생 なるべく 되도록, 가능한 한 易(やさ)しい 쉽다 話(はな)しかける 말을 걸다 ~ように ~하도록 心掛(こころが)ける 유념하다, 명심하다 難(むずか)しい 어렵다 試験(しけん) 시험 意外(いがい)と 의외로 簡単(かんたん)だ 간단하다 解(と)く (의문·문제를) 풀다 長(なが)い間(あいだ) 오랫동안 タバコを吸(す)う 담배를 피우다 止(や)める 끊다, 그만두다

**27** **面識** 면식, 안면 | **정답 3**

**해석** 1 전화 응대는 그 회사에 대한 인상을 크게 좌우한다. (面識めんしき ➜ 印象いんしょう)
2 사고의 심각성을 인식하고 문제 해결에 임해야 한다. (面識めんしき ➜ 認識にんしき)
3 그녀와는 전혀 면식이 없지만, 이름만은 들은 적이 있다.
4 그는 이 마을에서 모르는 사람이 한 명도 없을 만큼 발이 넓다. (面識めんしき ➜ 顔かお)

**어휘** 面識(めんしき) 면식, 안면 電話(でんわ) 전화 応対(おうたい) 응대 ~に対(たい)する ~에 대한 印象(いんしょう) 인상 左右(さゆう) 좌우함, 좌지우지함 事故(じこ) 사고 深刻(しんこく)さ 심각성 認識(にんしき) 인식 解決(かいけつ) 해결 臨(のぞ)む (상황에) 임하다, 직면하다 동사의 기본형+べきだ (마땅히) ~해야 한다 全(まった)く (부정어 수반) 전혀 名前(なまえ) 이름 ~だけは ~만은 聞(き)く 듣다 동사의 た형+ことがある ~한 적이 있다 町(まち) 마을 知(し)る 알다 ~ほど ~정도, ~만큼 顔(かお)が広(ひろ)い 발이 넓다, 교제 범위가 넓다

28 **目安** 목표, 기준 | 정답 3

해석 1 공실화된 오피스 빌딩을 이용한 주택이 주목받고 있다. (目安めやす → 注目ちゅうもく)
2 그녀는 아르바이트지만, 이 가게의 중심적인 역할을 맡은 사람이다. (目安めやす → 役割やくわり)
3 공부에 있어서도 어느 정도 할지 목표를 정해 두는 것이 중요하다.
4 어제는 돌이킬 수 없는 실수를 저질러 버려서 모두에게 정말 면목이 없다. (目安めやす → 面目めんぼく)

어휘 目安(めやす) 목표, 기준 空室化(くうしつか) 공실화 オフィスビル 오피스 빌딩 利用(りよう) 이용 住宅(じゅうたく) 주택 注目(ちゅうもく) 주목 アルバイト 아르바이트 店(みせ) 가게 中心的(ちゅうしんてき)だ 중심적이다 役割(やくわり) 역할 担(にな)う (책임 따위를) 떠맡다, 지다 ～においても ~에 있어서도, ~에서도 やる 하다 決(き)める 정하다, 결정하다 ～ておく ~해 놓다[두다] 大切(たいせつ)だ 중요하다 とんだ 뜻하지 않은, 돌이킬 수 없는 失態(しったい) 실태, 실수 演(えん)じる 부리다, 저지르다 全(まった)く 정말, 참으로, 실로 面目(めんぼく) 면목

29 **円滑だ** 원활하다 | 정답 3

해석 1 탁했던 강이 점점 맑아졌다. (円滑えんかつで → 澄すんで)
2 선명한 색을 쓰고 있는 것이 그녀 그림의 특징이다. (円滑えんかつな → 鮮あざやかな)
3 결혼한 지 벌써 10년이 지났지만, 아내와는 원활한 관계를 유지하고 있다.
4 신맛이 너무 강하지 않도록 부드러운 맛으로 완성하는 것이 이 요리의 요령이다. (円滑えんかつな → 円まろやかな)

어휘 円滑(えんかつ)だ 원활하다 濁(にご)る 흐려지다, 탁해지다 だんだん 점점 澄(す)む 맑(아지)다 鮮(あざ)やかだ 선명하다 色(いろ) 색 使(つか)う 쓰다, 사용하다 絵(え) 그림 特徴(とくちょう) 특징 結婚(けっこん) 결혼 もう 이미, 벌써 経(た)つ (시간이) 지나다, 경과하다 妻(つま) (자신의) 아내 関係(かんけい) 관계 保(たも)つ 유지하다 酸味(さんみ) 산미, 신맛 強(つよ)い 강하다 い형용사의 어간+すぎる 너무 ~하다 円(まろ)やかだ (맛이) 부드럽다 味(あじ) 맛 仕上(しあ)げる 완성하다 料理(りょうり) 요리 コツ 요령

30 **察する** 헤아리다, 살피다 | 정답 4

해석 1 그가 쓴 글에 왠지 위화감을 느꼈다. (察さっした → 感かんじた)
2 그는 믿고 있던 친구에게 배신당해서 심하게 분개했다. (察さっした → 憤いきどおった)
3 조용한 방에서 집중할 수 있었기 때문에 공부가 잘되었다. (察さっした → 捗はかどった)
4 교통사고로 양친을 여읜 그의 슬픔은 헤아리고도 남음이 있다.

어휘 察(さっ)する 헤아리다, 살피다 書(か)く (글씨·글을) 쓰다 文章(ぶんしょう) 문장, 글 何(なん)となく 왜 그런지 모르게, 왠지 違和感(いわかん) 위화감 感(かん)じる 느끼다 信(しん)じる 믿다 友人(ゆうじん) 친구 裏切(うらぎ)る 배신하다 激(はげ)しい 심하다, 격하다, 격렬하다 憤(いきどお)る 분노하다, 분개하다 静(しず)かだ 조용하다 部屋(へや) 방 集中(しゅうちゅう) 집중 勉強(べんきょう) 공부 捗(はかど)る 진척되다, 순조롭게 진행되다 交通事故(こうつうじこ) 교통사고 両親(りょうしん) 양친, 부모 亡(な)くす 여의다, 잃다 悲(かな)しみ 슬픔 ～に余(あま)りある ~하고도 남음이 있다

# 확인 문제 6 • 용법

**問題4 次の言葉の使い方として最もよいものを、1・2・3・4から一つ選びなさい。**

31 要望

1 テキストをよく読んで、要望をつかんでください。

2 新車購入時に要望な書類を、事前に準備しておいた。

3 顧客の要望に応えるのは、商売をしている人なら当然なことである。

4 どんなに辛いことがあっても、決して要望してはならない。

32 もはや

1 仕事が好きな私でも、もはや遊びたい時がある。

2 息子ももう16歳になったので、もはや子供とは言えないだろう。

3 東京に住んでいると、大雪に見舞われることはもはやない。

4 お金がたくさんあるからといって、もはや幸せだとは限らない。

33 真っ先に

1 もう夜も更けてきたし、真っ先に帰ります。

2 何を差し置いても、この仕事を真っ先にやるべきである。

3 最近、体重が増えてきたので、真っ先に間食を食べないようにしている。

4 1時の待ち合わせだったが、彼は2時になって真っ先に来た。

**34** 退く

1 山田選手は10年の現役生活から退いた。

2 在来生物の保護のため、外来生物を退く作業を行った。

3 体調が悪く、熱もあったので会社を退いた。

4 骨折で入院していた弟は、昨日無事に退いて帰宅した。

**35** しぶとい

1 このお茶、とてもしぶとい味がするね。

2 わざと騙したようで、少ししぶとい気がした。

3 近所の人がとてもしぶとくて、夜もろくに眠れない。

4 彼は、何事もしぶとく諦めずに目的達成までやり続ける性格である。

**36** 規制

1 米国の規制緩和により、米国への輸出が増え続けている。

2 学生時代は、学校の様々な規制に縛られて自由でなかった。

3 彼女は子供の頃、規制の教育はほとんど受けなかったそうだ。

4 初めて子供にスマホを持たせる時には、使用時間の規制をかけると安心である。

# 확인 문제 6 • 정답 및 해석(용법)

**31** **要望** 요망 | 정답 3

해석 1 교과서를 잘 읽고 요점을 파악하세요. (要望ようぼう ➜ 要点ようてん)
2 새 차 구입 시에 필요한 서류를 사전에 준비해 두었다. (要望ようぼう ➜ 必要ひつよう)
3 고객 요망에 부응하는 것은 장사를 하고 있는 사람이라면 당연한 일이다.
4 아무리 괴로운 일이 있어도 결코 절망해서는 안 된다. (要望ようぼう ➜ 絶望ぜつぼう)

어휘 要望(ようぼう) 요망 テキスト 교과서 読(よ)む 읽다 要点(ようてん) 요점 つかむ 파악하다 新車(しんしゃ) 새 차 購入(こうにゅう) 구입 必要(ひつよう)だ 필요하다 書類(しょるい) 서류 事前(じぜん)に 사전에 準備(じゅんび) 준비 ~ておく ~해 놓다[두다] 顧客(こきゃく) 고객 応(こた)える 부응하다 商売(しょうばい) 장사 当然(とうぜん)だ 당연하다 どんなに~ても 아무리 ~해도 辛(つら)い 괴롭다 決(けっ)して (부정어 수반) 결코 絶望(ぜつぼう) 절망 ~てはならない ~해서는 안 된다

**32** **もはや** 이제는 | 정답 2

해석 1 일을 좋아하는 나라도 가끔은 놀고 싶을 때가 있다. (もはや ➜ たまには)
2 아들도 벌써 16살이 되었으니까, 이제는 아이라고는 할 수 없을 것이다.
3 도쿄에 살면 큰 눈을 만나는 일은 좀처럼 없다. (もはや ➜ 滅多めったに)
4 돈이 많다고 해서 반드시 행복하다고는 할 수 없다. (もはや ➜ 必かならずしも)

어휘 もはや 이제는 仕事(しごと) 일 好(す)きだ 좋아하다 たまには 가끔은 遊(あそ)ぶ 놀다 동사의 ます형+たい ~하고 싶다 息子(むすこ) (자신의) 아들 もう 이미, 벌써 ~歳(さい) ~세, ~살 *나이를 세는 말 子供(こども) 아이 ~とは言(い)えない ~라고는 할 수 없다 住(す)む 살다, 거주하다 大雪(おおゆき) 대설, 큰 눈 見舞(みま)う (반갑지 않은 것이) 닥쳐오다, 덮치다 *「見舞(みま)われる」-(재난 등을) 만나다, 당하다 滅多(めった)に (부정어 수반) 거의, 좀처럼 ~からといって ~라고 해서 必(かなら)ずしも (부정어 수반) 반드시, 꼭 幸(しあわ)せだ 행복하다 ~とは限(かぎ)らない (반드시) ~하다고는 할 수 없다, ~하는 것은 아니다

**33** **真っ先に** 맨 먼저 | 정답 2

해석 1 이제 밤도 깊어졌고 이제 슬슬 돌아가겠습니다. (真まっ先さきに ➜ そろそろ)
2 만사를 제쳐놓더라도 이 일을 맨 먼저 해야 한다.
3 요즘 체중이 늘었기 때문에 되도록 간식을 먹지 않도록 하고 있다. (真まっ先さきに ➜ なるべく)
4 1시 약속이었는데 그는 2시가 되어서 겨우 왔다. (真まっ先さきに ➜ やっと)

어휘 真(ま)っ先(さき)に 맨 먼저 もう 이제 夜(よる) 밤 更(ふ)ける (밤이) 깊어지다 ~し ~하고 そろそろ 이제 슬슬 帰(かえ)る 돌아가다 差(さ)し置(お)く 그대로[내버려] 두다 *「何(なに)を差(さ)し置(お)いても」-만사를 제쳐놓더라도 やる 하다 동사의 기본형+べきだ (마땅히) ~해야 한다 最近(さいきん) 최근, 요즘 体重(たいじゅう) 체중 増(ふ)える 늘다, 늘어나다 なるべく 되도록, 가능한 한 ~ように ~하도록 待(ま)ち合(あ)わせ (약속하여) 만나기로 함 やっと 겨우, 간신히, 가까스로

**34** **退く** 물러나다 | 정답 1

해석 1 야마다 선수는 10년의 현역 생활에서 물러났다.
2 토종 생물 보호를 위해 외래 생물을 퇴치하는 작업을 실시했다. (退しりぞく → 退治たいじする)
3 몸 상태가 좋지 않고 열도 있어서 회사를 조퇴했다. (退しりぞいた → 早退そうたいした)
4 골절로 입원했던 남동생은 어제 무사히 퇴원해 귀가했다. (退しりぞいて → 退院たいいんして)

어휘 退(しりぞ)く 물러나다 選手(せんしゅ) 선수 現役(げんえき) 현역 在来(ざいらい) 재래 生物(せいぶつ) 생물 保護(ほご) 보호 명사+の+ため ~을 위해 外来(がいらい) 외래 退治(たいじ) 퇴치 作業(さぎょう) 작업 行(おこな)う 하다, 행하다, 실시하다 体調(たいちょう) 몸 상태, 컨디션 熱(ねつ) 열 早退(そうたい) 조퇴 骨折(こっせつ) 골절 入院(にゅういん) 입원 弟(おとうと) (자신의) 남동생 無事(ぶじ)だ 무사하다 退院(たいいん) 퇴원 帰宅(きたく) 귀가

**35** **しぶとい** 끈질기다 | 정답 4

해석 1 이 차, 아주 떫은 맛이 나네. (しぶとい → 渋しぶい)
2 일부러 속인 것 같아서 조금 꺼림칙한 기분이 들었다. (しぶとい → 後うしろめたい)
3 이웃 사람이 매우 시끄러워서 밤에도 제대로 잘 수 없다. (しぶとくて → やかましくて)
4 그는 무슨 일이든지 끈질기게 체념하지 않고 목적 달성까지 계속 하는 성격이다.

어휘 しぶとい 끈질기다 お茶(ちゃ) 차 渋(しぶ)い 떫다 味(あじ) 맛 *「味(あじ)がする」– 맛이 나다 わざと (고의적으로) 일부러 騙(だま)す 속이다 少(すこ)し 조금 後(うし)ろめたい 꺼림하다, 꺼림칙하다 気(き)がする 느낌[생각]이 들다 近所(きんじょ) 이웃집 やかましい 시끄럽다 夜(よる) 밤 ろくに (부정어 수반) 제대로 眠(ねむ)る 자다, 잠들다 何事(なにごと) 무슨 일 諦(あきら)める 체념하다, 단념하다 ~ずに ~하지 않고 目的(もくてき) 목적 達成(たっせい) 달성 やる 하다 동사의 ます형+続(つづ)ける 계속 ~하다 性格(せいかく) 성격

**36** **規制** 규제 | 정답 1

해석 1 미국의 규제 완화에 의해 미국으로의 수출이 계속 늘고 있다.
2 학창시절은 학교의 여러 가지 규칙에 매여서 자유롭지 않았다. (規制きせい → 規則きそく)
3 그녀는 어린 시절 정규 교육은 거의 받지 않았다고 한다. (規制きせい → 正規せいき)
4 처음 아이에게 스마트폰을 가지게 할 때는 사용시간 제한을 걸면 안심이다. (規制きせい → 制限せいげん)

어휘 規制(きせい) 규제 米国(べいこく) 미국 緩和(かんわ) 완화 ~により ~에 의해 輸出(ゆしゅつ) 수출 増(ふ)える 늘다, 늘어나다 学生時代(がくせいじだい) 학창시절 学校(がっこう) 학교 様々(さまざま)だ 다양하다, 여러 가지다 規則(きそく) 규칙 縛(しば)る 속박하다, 매다 自由(じゆう)だ 자유롭다 正規(せいき) 정규 教育(きょういく) 교육 ほとんど 거의, 대부분 受(う)ける 받다 동사의 보통형+そうだ ~라고 한다 *전문 初(はじ)めて 처음(으로) スマホ 스마트폰 *「スマートフォン」의 준말 持(も)たせる 가지게 하다 使用(しよう) 사용 制限(せいげん) 제한 かける 걸다 安心(あんしん) 안심

## 확인 문제 7 • 용법

**問題4 次の言葉の使い方として最もよいものを、1・2・3・4から一つ選びなさい。**

37 解明

1 この文章は解明の仕方によっては誤解を招きかねない。

2 暗号技術は、解明技術とのせめぎ合いを通じて発展してきた。

3 この本は、今まで解明されていない謎を写真と共に紹介した本である。

4 起業してもう2年になったが、未だに赤字は解明されていない。

38 かばう

1 中村君はミスをした後輩をかばう優しい先輩であった。

2 こうなった以上は、寄付で費用をかばうしかないだろう。

3 明日の試験にかばって、今日は夜遅くまで勉強せず早く寝よう。

4 デスクの上は、いつもきれいにかばっておいた方が仕事も捗(はかど)る。

39 一律

1 前回は負けてしまったが、気持ちを一律して2回戦に臨もう。

2 ここで働くスタッフ一律は、お客様の来店を心待ちにしている。

3 新しく施行された法律は、犯罪の減少という一律の成果を上げた。

4 JR東日本は首都圏を走る特急の自由席の料金を一律に500円値下げすることにした。

**40** 怠る

1このプロジェクトはすぐに終わるものではないので、無理しないで怠った方がいいですよ。

2 怠る行政のせいで、国の借金は莫大なものとなっている。

3 体調が怠る状態で無理して出勤しても、仕事の能率は上がらない。

4 確定申告を怠っていたため、追徴課税でかなりの税金を強制徴収された。

**41** 実に

1 今日のパーティーに実に彼が来るとは思わなかった。

2 失恋した彼女の顔は、実に悲しげに見えた。

3 中国語を習うのが実に難しいことか、私には想像も付かない。

4 いくら計画を立てても、実に思った通りにならないのが人生である。

**42** 素早い

1 トンネルを抜けると、素早い光が差し込んできた。

2 一日中公園を駆け回って遊んでいた頃を素早く思う。

3 乗客が素早く乗り降りできるように、電車のドアの数を増やした。

4 人を騙すような素早い真似はするな。

# 확인 문제 7 • 정답 및 해석(용법)

**37** **解明** 해명 | **정답** 3

해석 1 이 글은 해석 방식에 따라서는 오해를 초래할 수도 있다. (解明かいめい → 解釈かいしゃく)
2 암호 기술은 해독 기술과의 싸움을 통해서 발전해 왔다. (解明かいめい → 解読かいどく)
3 이 책은 지금까지 해명되지 않은 수수께끼를 사진과 함께 소개한 책이다.
4 창업한 지 벌써 2년이 되었지만, 아직도 적자는 해소되지 않았다. (解明かいめい → 解消かいしょう)

어휘 解明(かいめい) 해명 文章(ぶんしょう) 문장, 글 解釈(かいしゃく) 해석 仕方(しかた) 방식 ～によっては ~에 따라서는 誤解(ごかい) 오해 招(まね)く 초래하다 동사의 ます형+かねない ~할 수도 있다, ~할지도 모른다 暗号(あんごう) 암호 技術(ぎじゅつ) 기술 解読(かいどく) 해독 せめぎ合(あ)い 서로 대립하여 다투는 것 ～を通(つう)じて ~을 통해서 発展(はってん) 발전 謎(なぞ) 수수께끼 写真(しゃしん) 사진 ～と共(とも)に ~와 함께 紹介(しょうかい) 소개 起業(きぎょう) 창업 もう 이미, 벌써 未(いま)だに 아직(까지)도 赤字(あかじ) 적자 解消(かいしょう) 해소

**38** **かばう** 감싸다, 비호하다 | **정답** 1

해석 1 나카무라 군은 실수를 한 후배를 감싸는 다정한 선배였다.
2 이렇게 된 이상은 기부로 비용을 조달할 수밖에 없을 것이다. (かばう → 賄まかなう)
3 내일 시험에 대비해 오늘은 밤늦게까지 공부하지 말고 일찍 자야겠다. (かばって → 備そなえて)
4 책상 위는 항상 깨끗하게 정돈해 두는 편이 일도 순조롭게 진행된다. (かばって → 整ととのえて)

어휘 かばう 감싸다, 비호하다 ミス 미스, 실수 後輩(こうはい) 후배 優(やさ)しい 상냥하다, 다정하다 先輩(せんぱい) 선배 こう 이렇게 ～以上(いじょう)は ~한[인] 이상은 寄付(きふ) 기부 費用(ひよう) 비용 賄(まかな)う 조달하다, 마련하다 ～しかない ~할 수밖에 없다 試験(しけん) 시험 備(そな)える 대비하다, 준비하다 夜(よる) 밤 遅(おそ)い 늦다 ～せず(に) ~하지 말고 早(はや)く 일찍 寝(ね)る 자다 デスク (사무용) 책상 上(うえ) 위 きれいだ 깨끗하다 整(ととの)える 정돈하다 ～ておく ~해 놓다[두다] 捗(はかど)る 진척되다, 순조롭게 진행되다

**39** **一律** (방법이) 일률적임 | **정답** 4

해석 1 지난번에는 패하고 말았지만, 기분을 일신해서 2회전에 임하자. (一律いちりつ → 一新いっしん)
2 여기에서 일하는 스태프 일동은 고객의 내점을 기대하고 있다. (一律いちりつ → 一同いちどう)
3 새롭게 시행된 법률은 범죄 감소라는 일정의 성과를 올렸다. (一律いちりつ → 一定いってい)
4 JR히가시니혼은 수도권을 달리는 특급의 자유석 요금을 일률적으로 500엔 인하하기로 했다.

어휘 一律(いちりつ) (방법이) 일률적임 前回(ぜんかい) 전회, 지난번 負(ま)ける 패하다, 지다 気持(きも)ち 기분 一新(いっしん) 일신 臨(のぞ)む (상황에) 임하다 働(はたら)く 일하다 スタッフ 스태프 一同(いちどう) 일동 お客様(きゃくさま) 손님 来店(らいてん) 내점, 가게에 옴 心待(こころま)ち 은근히 기다림, 기대 施行(しこう) 시행 法律(ほうりつ) 법률 犯罪(はんざい) 범죄 減少(げんしょう) 감소 一定(いってい) 일정 成果(せいか) 성과 上(あ)げる (성과 · 수익 등을) 올리다 JR東日本(ジェーアールひがしにほん) JR히가시니혼 *일본에서 가장 큰 철도회사로, 도쿄(東京), 동부 혼슈(本州) 지역의 7,526.8km에 이르는 노선을 보유하고 있음 首都圏(しゅとけん) 수도권 走(はし)る (탈것이) 달리다 特急(とっきゅう) 특급 自由席(じゆうせき) 자유석 料金(りょうきん) 요금 値下(ねさ)げ 값을 내림, 가격 인하 동사의 보통형+ことにする ~하기로 하다

**40** **怠る** 게을리하다 | 정답 4

해석 1 이 프로젝트는 바로 끝나는 것이 아니기 때문에 무리하지 말고 쉬는 편이 좋아요. (怠おこたった → 休やすんだ)
2 태만한 행정 탓에 나랏빚은 막대한 것이 되고 있다. (怠おこたる → 怠慢たいまんな)
3 몸 상태가 나쁜 상태로 무리해서 출근해도 일의 능률은 오르지 않는다. (怠おこたる → 悪わるい)
4 확정 신고를 게을리했기 때문에 추징 과세로 상당한 세금을 강제 징수당했다.

어휘 怠(おこた)る 게을리하다 プロジェクト 프로젝트 すぐに 곧, 바로 終(お)わる 끝나다 無理(むり) 무리 休(やす)む 쉬다 동사의 た형+方(ほう)がいい ~하는 편[쪽]이 좋다 怠慢(たいまん)だ 태만하다 行政(ぎょうせい) 행정 명사+の+せいで ~탓에 国(くに) 나라 借金(しゃっきん) 빚 莫大(ばくだい)だ 막대하다 体調(たいちょう) 몸 상태, 컨디션 悪(わる)い 나쁘다 状態(じょうたい) 상태 出勤(しゅっきん) 출근 能率(のうりつ) 능률 上(あ)がる 오르다 確定申告(かくていしんこく) 확정 신고 *신고 납세를 실시하는 경우에 납세의무자가 그해의 실적에 근거하여 소득금액과 그에 대한 세액을 계산해, 원천징수액이나 예정납세액과의 과부족을 확정해 신고·납부하는 것 追徴(ついちょう) 추징, 세금 등의 공과금을 추가로 거두어들이는 것 課税(かぜい) 과세 かなり 꽤, 상당히 税金(ぜいきん) 세금 強制(きょうせい) 강제 徴収(ちょうしゅう) 징수

**41** **実に** 실로, 참으로, 매우 | 정답 2

해석 1 오늘 파티에 설마 그가 오리라고는 생각지 못했다. (実じつに → まさか)
2 실연한 그녀의 얼굴은 참으로 슬픈 듯이 보였다.
3 중국어를 배우는 게 얼마나 어려운 일인지 나에게는 상상도 되지 않는다. (実じつに → いかに)
4 아무리 계획을 세워도 좀처럼 생각했던 대로 되지 않는 게 인생이다. (実じつに → なかなか)

어휘 実(じつ)に 실로, 참으로, 매우 パーティー 파티 まさか 설마 ～とは ~라고는 失恋(しつれん) 실연 顔(かお) 얼굴 悲(かな)しい 슬프다 い형용사의 어간+げ ~한 듯 見(み)える 보이다 中国語(ちゅうごくご) 중국어 習(なら)う 배우다 いかに 얼마나 難(むずか)しい 어렵다 想像(そうぞう)が付(つ)く 상상이 되다 いくら～ても 아무리 ~해도 計画(けいかく) 계획 立(た)てる (계획 등을) 세우다 なかなか (부정어 수반) 좀처럼 ～通(とお)り ~대로 人生(じんせい) 인생

**42** **素早い** 재빠르다, 날쌔다 | 정답 3

해석 1 터널을 빠져나오자 눈부신 빛이 들어왔다. (素早すばやい → 眩まぶしい)
2 하루 종일 공원을 뛰어다니며 놀았던 때를 그립게 생각한다. (素早すばやく → 懐なつかしく)
3 승객이 재빠르게 타고 내릴 수 있도록 전철 문의 수를 늘렸다.
4 남을 속이는 듯한 비열한 짓은 하지 마. (素早すばやい → 浅あさましい)

어휘 素早(すばや)い 재빠르다, 날쌔다 抜(ぬ)ける 빠져나오다 眩(まぶ)しい 눈부시다 光(ひかり) 빛 差(さ)し込(こ)む (햇빛이) 들어오다 一日中(いちにちじゅう) 하루 종일 公園(こうえん) 공원 駆(か)け回(まわ)る (여기저기) 뛰어다니다 遊(あそ)ぶ 놀다 頃(ころ) 때 懐(なつ)かしい 그립다 乗客(じょうきゃく) 승객 乗(の)り降(お)り 타고 내림 ～ように ~하도록 電車(でんしゃ) 전철 ドア 도어, (서양식) 문 数(かず) 수 増(ふ)やす 늘리다 人(ひと) 남, 타인 騙(だま)す 속이다 浅(あさ)ましい 비열하다 真似(まね) 짓, 행동 동사의 기본형+な ~마(라) *금지를 나타냄

# 확인 문제 8・용법

**問題4 次の言葉の使い方として最もよいものを、1・2・3・4から一つ選びなさい。**

43 懐く

1 子犬はすぐ私に懐いて、尻尾を振りながら後に付いて歩くようになった。

2 もう過ぎたことだし、そんな些細(ささい)なことで一々懐くことはないよ。

3 取扱説明書に懐いて、設定を行ってください。

4 このお菓子、こんなに安いのに、おまけまで懐いているね。

44 抜粋

1 抜粋とは、他人の文章の一部を書き抜く方法である。

2 彼は1年生の中から抜粋されてレギュラーになった。

3 現代の医学の抜粋は実に目覚ましいですね。

4 3人の中で、彼はデータ処理能力にかけては抜粋であった。

45 かさばる

1 子育てを始めてから、より読書に対する興味がかさばった。

2 景気回復のおかげで、企業の求人率がかさばっている。

3 かばんがかさばるから、これは袋に入れて行こう。

4 緊張していないふりをしようとすればするほど、逆に緊張がかさばっていく。

46 打開

1 果たして行き詰まった現状を打開する方法はあるのだろうか。

2 天気が良くなったので、止まっていた試合も打開された。

3 我が社はIT産業の新分野の打開に取り組んでいる。

4 大型台風の影響で、農作物が大きな打開を受けた。

47 基調

1 インターネットは、現代社会の発展の基調である。

2 語学は基調をしっかり勉強しておくことが何よりも重要である。

3 現在、アメリカの景気は、緩やかな回復基調を辿(たど)っている。

4 ビジネス文書の基調は分かりやすくて読みやすいことだ。

48 露骨だ

1 彼女は彼の誘いに露骨に嫌そうな顔をしていた。

2 話し合いが思ったより露骨に進み、ほっとした。

3 先生もこの結果には露骨だろうから、そんなに心配することはないよ。

4 むやみにダイエットをするのは、露骨なことだ。

# 확인 문제 8 • 정답 및 해석(용법)

**43** **懐く** 따르다 | **정답** 1

**해석** 1 강아지는 금방 나를 따랐고 꼬리를 흔들면서 뒤를 따라 걷게 되었다.
2 이미 지난 일이고 그런 사소한 일로 일일이 한탄할 필요는 없어. (懐なつく → 嘆なげく)
3 취급 설명서에 따라서 설정을 해 주십시오. (懐なついて → 従したがって)
4 이 과자, 이렇게 싼데도 덤까지 붙어 있네. (懐なついて → 付ついて)

**어휘** 懐(なつ)く 따르다 子犬(こいぬ) 강아지 すぐ 곧, 바로 尻尾(しっぽ) (동물의) 꼬리 振(ふ)る 흔들다 동사의 ます형+ながら ~하면서 *동시동작 後(あと)に付(つ)く 뒤를 따르다 歩(ある)く 걷다 ~ようになる ~하게(끔) 되다 もう 이미, 벌써 過(す)ぎる (시간·세월이) 지나다 そんな 그런 些細(ささい)だ 사소하다 一々(いちいち) 일일이 嘆(なげ)く 한탄하다, 슬퍼하다 ~ことはない ~할 것은[필요는] 없다 取扱説明書(とりあつかいせつめいしょ) 취급 설명서 ~に従(したが)って ~에 따라서 設定(せってい) 설정 行(おこな)う 하다, 행하다, 실시하다 お菓子(かし) 과자 こんなに 이렇게 安(やす)い 싸다 ~のに ~는데(도) おまけ 덤 付(つ)く 붙다, 덧붙다

**44** **抜粋** 발췌 | **정답** 1

**해석** 1 발췌란 다른 사람의 글의 일부를 뽑아 쓰는 방법이다.
2 그는 1학년 중에서 발탁되어 정규 선수가 되었다. (抜粋ばっすい → 抜擢ばってき)
3 현대 의학의 발전은 실로 눈부시네요. (抜粋ばっすい → 発展はってん)
4 세 사람 중에서 그는 데이터 처리 능력에 있어서는 발군이었다. (抜粋ばっすい → 抜群ばつぐん)

**어휘** 抜粋(ばっすい) 발췌 他人(たにん) 타인, 남 文章(ぶんしょう) 문장, 글 一部(いちぶ) 일부 書(か)き抜(ぬ)く (요점 등을) 뽑아 쓰다, 발췌하다 方法(ほうほう) 방법 ~年生(ねんせい) ~학년(생) 抜擢(ばってき) 발탁 レギュラー 레귤러 멤버, 정규 선수 *「レギュラーメンバー」의 준말 現代(げんだい) 현대 医学(いがく) 의학 発展(はってん) 발전 実(じつ)に 실로, 참으로, 매우 目覚(めざ)ましい 눈부시다 データ 데이터 処理(しょり) 처리 能力(のうりょく) 능력 ~にかけては ~에 관해서는[있어서는], ~에 관한 한 抜群(ばつぐん) 발군, 뛰어남

**45** **かさばる** 부피가 커지다 | **정답** 3

**해석** 1 육아를 시작하고 나서 보다 독서에 대한 흥미가 깊어졌다. (かさばった → 深ふかまった)
2 경기 회복 덕분에 기업의 구인율이 높아지고 있다. (かさばって → 高たかまって)
3 가방이 부피가 커지니까, 이것은 봉지에 넣어서 가자.
4 긴장하지 않은 체를 하려고 하면 할수록 반대로 긴장이 높아진다. (かさばって → 高たかまって)

**어휘** かさばる 부피가 커지다 子育(こそだ)て 육아 始(はじ)める 시작하다 ~てから ~하고 나서, ~한 후에 より 보다 読書(どくしょ) 독서 ~に対(たい)する ~에 대한 興味(きょうみ) 흥미 深(ふか)まる 깊어지다 景気(けいき) 경기 回復(かいふく) 회복 ~おかげで ~덕분에 企業(きぎょう) 기업 求人率(きゅうじんりつ) 구인율 高(たか)まる 높아지다 かばん 가방 袋(ふくろ) 봉지 入(い)れる 넣다 緊張(きんちょう) 긴장 ~ふり ~체, ~척 ~ば~ほど ~하면 ~할수록 逆(ぎゃく)に 반대로

**46** **打開** 타개 | 정답 1

해석 1 과연 벽에 부딪친 현재 상태를 타개할 방법은 있는 것일까?
2 날씨가 좋아졌기 때문에 중지되었던 시합도 재개되었다. (打開だかい → 再開さいかい)
3 우리 회사는 IT산업의 신분야 개척에 몰두하고 있다. (打開だかい → 開拓かいたく)
4 대형 태풍의 영향으로 농작물이 큰 타격을 입었다. (打開だかい → 打撃だげき)

어휘 打開(だかい) 타개 果(は)たして 과연 行(い)き詰(づ)まる (일이) 정돈 상태에 빠지다, 벽에 부딪치다 現状(げんじょう) 현상, 현재 상태 天気(てんき) 날씨 止(と)まる 중지되다 試合(しあい) 시합 再開(さいかい) 재개 我(わ)が社(しゃ) 우리 회사 産業(さんぎょう) 산업 新分野(しんぶんや) 신분야 開拓(かいたく) 개척 取(と)り組(く)む 몰두하다 大型(おおがた) 대형 台風(たいふう) 태풍 影響(えいきょう) 영향 農作物(のうさくぶつ) 농작물 大(おお)きな 큰 打撃(だげき) 타격 受(う)ける 받다, 입다

**47** **基調** 기조 | 정답 3

해석 1 인터넷은 현대 사회 발전의 기반이다. (基調きちょう → 基盤きばん)
2 어학은 기초를 제대로 공부해 두는 것이 무엇보다도 중요하다. (基調きちょう → 基礎きそ)
3 현재 미국의 경기는 완만한 회복 기조를 밟고 있다.
4 비즈니스 문서의 기본은 알기 쉽고 읽기 쉬운 것이다. (基調きちょう → 基本きほん)

어휘 基調(きちょう) 기조 インターネット 인터넷 基盤(きばん) 기반 語学(ごがく) 어학 基礎(きそ) 기초 しっかり 제대로, 확실히 勉強(べんきょう) 공부 ～ておく ~해 놓다[두다] 何(なに)よりも 무엇보다도 重要(じゅうよう)だ 중요하다 アメリカ 아메리카, 미국 緩(ゆる)やかだ 완만하다 回復(かいふく) 회복 辿(たど)る (어떤 방향으로) 가다, 걷다 ビジネス 비즈니스 文書(ぶんしょ) 문서 基本(きほん) 기본 分(わ)かる 알다 동사의 ます형+やすい ~하기 쉽다[편하다] 読(よ)む 읽다

**48** **露骨だ** 노골적이다 | 정답 1

해석 1 그녀는 그의 권유에 노골적으로 싫은 듯한 얼굴을 하고 있었다.
2 협의가 생각했던 것보다 원활하게 진행되어 안심했다. (露骨ろこつ → 円滑えんかつ)
3 선생님도 이 결과에는 만족스러울 테니까, 그렇게 걱정할 필요는 없어. (露骨ろこつ → 満足まんぞく)
4 무턱대고 다이어트를 하는 것은 어리석은 짓이다. (露骨ろこつ → 愚おろか)

어휘 露骨(ろこつ)だ 노골적이다 誘(さそ)い 권유 嫌(いや)だ 싫다 顔(かお) 얼굴 話(はな)し合(あ)い 의논 思(おも)ったより 생각했던 것보다 円滑(えんかつ)だ 원활하다 進(すす)む 나아가다, 진행되다 ほっとする 안심하다 結果(けっか) 결과 満足(まんぞく)だ 만족스럽다 そんなに 그렇게 心配(しんぱい)する 걱정하다 ～ことはない ~할 것은[필요는] 없다 むやみに 무턱대고, 함부로 ダイエット 다이어트 愚(おろ)かだ 어리석다

# 점수 UP! UP!

## <용법>

| | | |
|---|---|---|
| ☐ 叶(かな)う (소원 · 꿈 등이) 이루어지다 | ☐ 配布(はいふ) 배포 | ☐ 軌道(きどう) 궤도 |
| ☐ 遂(と)げる 이루다, 완수하다 | ☐ 免除(めんじょ) 면제 | ☐ 合致(がっち) 합치, 일치 |
| ☐ 帯(お)びる (몸에) 차다, 띠다, 머금다 | ☐ 仕業(しわざ) 짓, 소행 | ☐ 裏腹(うらはら) 정반대임, 모순됨 |
| ☐ 携(たずさ)わる 관계하다, 종사하다 | ☐ 拠点(きょてん) 거점 | ☐ 口出(くちだ)し 말참견 |
| ☐ 損(そこ)なう 파손하다, 해치다 | ☐ 入手(にゅうしゅ) 입수 | ☐ 人一倍(ひといちばい) 남보다 갑절, 유별남 |
| ☐ 秘(ひ)める 숨기다, 간직하다 | ☐ 還元(かんげん) 환원 | ☐ 心構(こころがま)え 마음의 준비, 각오 |
| ☐ 剥(は)がす 벗겨내다, 떼어내다 | ☐ 辞任(じにん) 사임 | ☐ ブランク 공백 기간 |
| ☐ 工面(くめん)する (돈을) 변통하다 | ☐ 統合(とうごう) 통합 | ☐ 潔(いさぎよ)い 깨끗하다, 떳떳하다 |
| ☐ 抱(かか)え込(こ)む 떠맡다 | ☐ 加味(かみ) 가미 | ☐ 満(み)たない 차지 않다, 미달이다 |
| ☐ 当(あ)てはめる 맞추다, 결부시키다 | ☐ 発散(はっさん) 발산 | ☐ 耐(た)えがたい 참기 어렵다, 견딜 수 없다 |
| ☐ 備(そな)え付(つ)ける 비치하다 | ☐ 処置(しょち) 조치 | ☐ 閑静(かんせい)だ 한적하다 |
| ☐ 思(おも)い詰(つ)める 골똘히 생각하다 | ☐ 提起(ていき) 제기 | ☐ 広大(こうだい)だ 광대하다 |
| ☐ しがみつく 매달리다, 붙들고 늘어지다 | ☐ 経緯(けいい) 경위 | ☐ 緊密(きんみつ)に 긴밀하게 |
| ☐ 発足(ほっそく) 발족 | ☐ 没頭(ぼっとう) 몰두 | ☐ 無造作(むぞうさ)に 아무렇게나 |
| ☐ 重複(じゅうふく) 중복 | ☐ 人手(ひとで) 일손 | ☐ 頑(かたく)なに 완고하게, 고집스럽게 |
| ☐ 過密(かみつ) 과밀 | ☐ 優位(ゆうい) 우위 | ☐ 総(そう)じて 대체로, 일반적으로 |
| ☐ 安静(あんせい) 안정 | ☐ 復旧(ふっきゅう) 복구 | ☐ ～拍子(ひょうし)に ～한 순간에 |

SECTION 2

# 언어지식
## (문법)

# 문제 5 문법 형식 판단

## 출제 유형

문제 5 문법 형식 판단은 (　　) 안에 들어갈 적절한 문법표현을 찾는 문제로, 10문항이 출제된다. 문법 파트 중 가장 많은 비중을 차지하는데, 직접적인 문법표현뿐만 아니라 접속을 묻는 문제도 출제되므로 각 표현별 접속도 정리해 둘 필요가 있다.

## 실제 시험 예시

**問題5 次の文の(　　　)に入れるのに最もよいものを、1・2・3・4から一つ選びなさい。**

1 あなたが彼女に会おうが（　　　）、私には全く関係のないことだ。
1 会っても　2 会うとはいえ　3 会うまいが　4 会うにもかかわらず

2 最近、主人はお酒を飲みすぎる（　　　）ので、健康が心配だ。
1 限りな　2 きらいがある　3 といったところな　4 といったらない

3 夏休み最後の日曜日（　　　）、遊園地は朝から混雑していた。
1 ではあるまいし　2 といえども　3 たりとも　4 とあって

|정답| 1 3　2 2　3 4

## 시험 대책

N1에 출제되는 문법은 일상생활에서 접하기 힘든 문어체 표현도 포함되어 있으므로 이에 대한 학습이 필요하다. 또한 최근에는 단순히 문법을 암기해서 정답을 찾는 문제 외에도 두 사람의 대화체 문장에서 괄호에 들어갈 적절한 문법을 찾는 문제도 출제되고 있으므로, 이 부분에 대한 학습도 필요하다.

# 문제 6 문맥 배열



## 출제 유형

문제 6 문맥 배열은 네 개의 빈칸에 들어가는 말의 순서를 문장 내용에 맞게 배열하여 문장을 구성하는 문제로, 5문항이 출제된다. 주로 세 번째 칸에 들어가는 표현을 찾는 문제가 많이 출제되는데, 단순한 문법의 조합뿐만 아니라 문장 전체의 구성까지 잘 따져 보아야 실수가 없다.

## 실제 시험 예시

**問題6 次の文の ＿★＿ に入る最もよいものを、1・2・3・4から一つ選びなさい。**

1 店の物を盗むなんて、＿＿ ＿＿ ＿★＿ ＿＿ 。

1 まじき　　2 学生に　　3 ある　　4 行為だ

2 運動が好きな息子は今日も ＿＿ ＿＿ ＿★＿ ＿＿ 帰ってきた。

1 泥　　2 家に　　3 になって　　4 まみれ

3 ＿＿ ＿＿ ＿★＿ ＿＿、弟は毎日遊んでばかりいる。

1 勉強　　2 熱心な　　3 ひきかえ　　4 兄に

|정답| 1 1　2 3　3 4

## 시험 대책

문맥 배열은 우선 네 개의 선택지에서 문법표현을 먼저 찾아내고 나머지 선택지와의 연결 관계를 체크하는 것이 정답을 찾기에 용이하다. 예를 들어 선택지에 「～まじき」(~해서는 안 되는)라는 문법표현이 있다고 하면, 이 표현은 동사의 기본형에 접속하므로 나머지 선택지에 있는 기본형이 순서상 무조건 앞에 와야 한다는 것을 알 수 있다. 이처럼 선택지에 있는 문법표현을 중심으로 접속부터 앞뒤의 내용 연결까지 생각하며 정답을 찾아야 실수가 없다.

# 문제 7 글의 흐름

## 출제 유형

문제 7 글의 흐름은 문맥을 파악하는 문제로, 5문항이 출제된다. 제시된 장문 안의 [　] 안에 들어갈 가장 적당한 선택지를 고르는 문제인데, 문법표현을 묻는 문제가 가장 많이 출제되고 그 외에 접속사나 부사, 어휘 등을 묻는 문제가 출제된다.

## 실제 시험 예시

**問題7 次の文章を読んで、文章全体の趣旨を踏まえて、[1] から [5] の中に入る最もよいものを、1・2・3・4から一つ選びなさい。**

物が豊富でいつでも手に入れよう(注1)と思えば容易に手に入れられる、[1] 不自由さの少ない生活の中で、勉強に対する食い付きが以前 [2] 少ないというか、やる気に欠(か)けて(注2)いるお子様が多くなっています。それは、「なんで、[3] 苦労して、辛抱してまで勉強しなければならないのか」というその本質を知る機会や状況が少なくなってきたためでしょう。

「集中できてわかりやすい授業」、「明るく楽しく、親身な先生」。これは、学校として当たり前のことです。これを出発点として、「どこまできちんとした勉強をやらせられるか」を、私たち [4] 毎回の指導ポイントとしています。お子様のやる気はこの勉強の状況に現れます。どれだけ勉強を頑張ってきたかがやる気のバロメーターです。勉強するための基本姿勢を身に付けて(注3)もらう指導から始め、やる気を持ち続けていくためにも、[5]。一人ひとりのお子様が「きちんとした勉強をやってきたか」、つまり「やる気を見せてくれているか」を、我が校は日々の指導で絶えず注目しています。

(注1)手に入れる: 自分のものにする
(注2)欠(か)ける: 一部が抜けたり、不足したりして、不十分、不完全なものとなる
(注3)身に付ける: 知識・習慣・技術などを自分のものにする

1

1 しかし
2 それに
3 いわば
4 ところで

2

1 にもまして
2 はおろか
3 のみならず
4 に即して

3

1 すっかり
2 徐々に
3 たとえ
4 敢えて

4

1 ともかく
2 にとって
3 ときたら
4 と思いきや

5

1 時には真剣な態度で厳しく指導します
2 いつも優しい態度を保てるように努力しています
3 興味のない科目を集中的に指導しています
4 毎日の学習の負担を減らし続けています

|정답| 1 3 2 1 3 4 4 2 5 1

## 시험 대책

글의 흐름은 단순한 문법표현을 묻는 문제가 아니라 문장의 흐름을 종합적으로 이해해야 정답을 찾을 수 있으므로 어느 정도의 독해력이 요구된다. 그러므로 평소에 꾸준히 문법표현과 어휘를 학습해 두어야 한다. 대책으로는 많이 출제되는 문법표현을 우선적으로 학습하여 앞뒤 문맥으로 적절한 접속사를 가려내는 연습을 해야 하고, 호응 관계를 중심으로 한 부사도 익혀 두어야 한다.

# 기출 문법표현 84
# <01~12>

☐ 01 명사1+あっての+명사2 ~이 있어야 (가능한) ~

☐ 02 ~いかんで ~여하에 따라서

☐ 03 ~限(かぎ)りだ ~할 따름이다, 매우 ~하다

☐ 04 명사+かたがた ~할 겸

☐ 05 ~かたわら ~하는 한편, 주로 ~일을 하면서 그 한편으로

☐ 06 동사의 ます형・명사+がてら ~하는 김에, ~을 겸해서

☐ 07 동사의 기본형+が早(はや)いか ~하자마자

☐ 08 명사+からある ~이나 되는

☐ 09 ~きらいがある ~하는 경향이 있다

☐ 10 な형용사의 어간+極(きわ)まりない[極(きわ)まる] ~하기 짝이 없다, 극히 ~하다

☐ 11 ~ごとく ~와 같이, ~처럼 / ~ごとき ~와 같은

☐ 12 ~こととて ~이므로, ~이라서

## 01 명사1+あっての+명사2 ~이 있어야 (가능한) ~

「명사1＋あっての＋명사2」의 형태로, '명사1이 있기 때문에 명사2의 존재가 가능하다'라는 의미를 나타낸다.

예 商売はお客様あってのものですから、お客様を大切にしなければなりません。
장사는 손님이 있어야 하는 것이므로 손님을 소중히 여겨야 합니다.

学生あっての学校だ。いくら素晴らしい先生がいても、学生がいなければ意味がない。
학생이 있어야 학교가 있다. 아무리 훌륭한 선생님이 있어도 학생이 없으면 의미가 없다.

## 02 ~いかんで ~여하에 따라서

정도나 종류의 차이를 나타내는 말에 접속해 그것에 대응해서 어떤 일이 변하거나 결정됨을 나타낸다. 비슷한 의미의 표현으로 「~次第で」(~에 따라)가 있는데, 「~いかんで」가 좀 더 격식을 차린 딱딱한 느낌을 준다. 참고로 「~いかん」(~여하)은 「~いかんにかかわらず」(~여하에 관계없이), 「~いかんによらず」(~여하를 막론하고), 「~いかんを問わず」(~여하를 불문하고)의 형태로도 쓰인다.

예 天候いかんで、収穫量に影響が出る。
날씨 여하에 따라서 수확량에 영향이 생긴다.

来週の運動会は、その日の体調いかんで参加するかどうか決めたい。
다음 주 운동회는 그날의 몸 상태 여하에 따라서 참가할지 어떨지 결정하고 싶다.

※ 日本語は言葉の使い方次第で、相手を怒らせることもあるので難しい。
일본어는 단어 사용법에 따라 상대를 화나게 하는 일도 있어서 어렵다.

## 03 ~限りだ ~할 따름이다, 매우 ~하다

감정을 나타내는 형용사에 접속해 현재 자신이 매우 그렇게 느끼고 있다는 마음의 상태를 강조할 때 쓴다.

예 わざわざ来ていただき、嬉しい限りです。
일부러 와 주셔서 기쁠 따름입니다.

坂本さんが出席できないとは、残念な限りだ。
사카모토 씨가 참석 못 하다니, 매우 유감스럽다.

---

어휘 商売 장사 | お客様 손님 | 大切にする 소중히 여기다 | ~なければならない ~하지 않으면 안 된다, ~해야 한다 | いくら~ても 아무리 ~해도 | 素晴らしい 훌륭하다 | 天候 일기, 날씨 | 収穫量 수확량 | 影響が出る 영향이 생기다 | 来週 다음 주 | 運動会 운동회 | 体調 몸 상태, 컨디션 | 参加 참가 | ~かどうか ~일지 어떨지 | 決める 정하다, 결정하다 | 言葉 단어, 말 | 使い方 사용법 | 相手 상대 | 怒らせる 화를 돋우다 | わざわざ (특별한 노력이나 수단의) 일부러 | ~ていただく (남에게) ~해 받다, (남이) ~해 주시다 *「~てもらう」((남에게) ~해 받다, (남이) ~해 주다)의 겸양표현 | 嬉しい 기쁘다 | 出席 출석, 참석 | ~とは ~하다니 | 残念だ 유감스럽다

## 04 명사+かたがた ~할 겸

「명사+かたがた」(~할 겸)는 비즈니스 장면이나 손윗사람과의 대화, 격식 있는 자리에서 쓰는 딱딱한 표현으로, 「お礼」(감사 인사), 「お見舞い」(병문안), 「ご挨拶」(인사), 「ご報告」(보고) 등의 명사에 접속해 하나의 행위로 두 가지 목적을 달성할 때 쓴다.

예 先日のお礼かたがたご挨拶に伺いました。

요전의 감사 겸 인사차 찾아뵈었습니다.

お見舞いかたがた病院の近くにある友達の家を訪ねた。

병문안 겸 병원 근처에 있는 친구 집을 방문했다.

## 05 ~かたわら ~하는 한편, 주로 ~일을 하면서 그 한편으로

동사나 「명사+の」에 접속하는데, 주로 어떤 일을 하면서 그 한편으로 다른 일도 같이 하는 상황일 때 쓴다.

예 母は大学で日本語を教えるかたわら、画家としても活動している。

어머니는 대학에서 일본어를 가르치는 한편, 화가로서도 활동하고 있다.

彼女は子育てのかたわら、大学院にも通っている。

그녀는 아이를 키우는 한편, 대학원에도 다니고 있다.

## 06 동사의 ます형・명사+がてら ~하는 김에, ~을 겸해서

동사의 ます형이나 명사에 접속해 그 기회를 이용해 다른 일도 함께 함을 나타낸다. 뒤에는 「行く」(가다), 「来る」(오다), 「出かける」(나가다, 외출하다), 「歩く」(걷다) 등 이동과 관련된 동사가 주로 온다. 참고로 「~がてら」는 「~かたがた」(~할 겸)보다 스스럼없는 표현이기 때문에 비즈니스 장면이나 손윗사람에게는 「~かたがた」를 쓰는 것이 적절하다.

예 友達を駅まで送りがてら、買い物もしてきた。

친구를 역까지 바래다주는 김에 장도 봐 왔다.

帰省がてら、地元に新しくできたデパートに行くつもりだ。

고향에 가는 김에 그 지역에 새로 생긴 백화점에 갈 생각이다.

---

어휘 先日 요전, 전번 | 伺う 찾아뵙다 *「訪れる」(방문하다)의 겸양어 | 病院 병원 | 訪ねる 방문하다 |
大学 대학(교) | 教える 가르치다 | 画家 화가 | ~としても ~로서도 | 活動 활동 |
子育て 아이를 키우는 것, 육아 | 大学院 대학원 | 通う (학교·직장에) 다니다 | 送る 바래다주다 |
買い物 쇼핑, 장을 봄 | 帰省 귀성, 고향에 감 | 地元 그 고장, 그 지방 | できる 생기다 |
동사의 보통형+つもりだ ~할 생각[작정]이다

---

## 07 동사의 기본형+が早いか ~하자마자

동사의 기본형에 접속해 어떤 일이 일어남과 거의 동시에 다음 동작이나 상태가 이어짐을 나타낸다. 단, 뒤에는 의지나 명령, 부정을 나타내는 표현이 올 수 없고 과거의 일에 대해서만 쓸 수 있다.

예 チャイムが鳴るが早いか、生徒たちは運動場へ走っていった。
차임벨이 울리자마자 학생들은 운동장으로 달려 갔다.

電車のドアが開くが早いか、並んでいた人たちは中に乗り込んだ。
전철 문이 열리자마자 줄 서 있던 사람들은 안으로 올라탔다.

## 08 명사+からある ~이나 되는

크기, 높이, 길이, 무게, 거리 등 수량을 나타내는 명사에 접속해 그 수량이 많음을 나타낸다. 한편 금액에 대해서는 「~からする」(~나 하는)라는 표현을 쓴다.

예 彼は20キロからある荷物を軽々と持ち上げた。
그는 20kg이나 되는 짐을 가뿐히 들어 올렸다.

田舎に住んでいた頃は、5キロからある山道を歩いて学校に通っていた。
시골에 살았을 때는 5km나 되는 산길을 걸어서 학교에 다녔다.

※ 誕生日プレゼントとして、彼氏が10万円からする指輪を買ってくれた。
생일 선물로 남자친구가 10만 엔이나 하는 반지를 사 줬다.

## 09 ~きらいがある ~하는 경향이 있다

동사나 「명사+の」에 접속해 좋지 않은 경향에 대해 말할 때 쓴다. 자연현상에는 쓸 수 없으며 문어체적인 표현이다.

예 スマホの普及により、最近の人は新聞を読まないきらいがある。
스마트폰 보급에 의해 요즘 사람은 신문을 읽지 않는 경향이 있다.

あの企業には、学歴重視のきらいがある。
저 기업에는 학력을 중시하는 경향이 있다.

어휘 チャイム 차임벨 | 鳴る 울리다 | 生徒 (중·고교) 학생 | 運動場 운동장 | 走る 달리다 | ドア 문 | 開く 열리다 | 並ぶ (줄을) 서다 | 乗り込む 올라타다 | 荷物 짐, 화물 | 軽々と 가뿐히, 거뜬히 | 持ち上げる 들어 올리다 | 田舎 시골 | 住む 살다, 거주하다 | 山道 산길 | 誕生日 생일 | プレゼント 선물 | ~として ~로서 | 彼氏 남자친구 | 指輪 반지 | 買う 사다 | ~てくれる (남이 나에게) ~해 주다 | スマホ 스마트폰 *「スマートフォン」의 준말 | 普及 보급 | ~により ~에 의해 | 最近 최근, 요즘 | 新聞 신문 | 企業 기업 | 学歴 학력 | 重視 중시

## 10 な형용사의 어간+極まりない[極まる] ~하기 짝이 없다, 극히 ~하다

な형용사의 어간에 접속해 극한의 정도를 나타낸다. 주로 문어체에서 쓰고 「極まりない」를 좀 더 많이 쓴다.

예 彼の失礼極まりない態度に我慢できなかった。 그의 무례하기 짝이 없는 태도에 참을 수 없었다.

道路で法定速度を守らないのは、危険極まる行動である。
도로에서 법정 속도를 지키지 않는 것은 극히 위험한 행동이다.

## 11 ~ごとく ~와 같이, ~처럼 / ~ごとき ~와 같은

「~ごとく」와 「~ごとき」는 동사나 「명사+の」에 접속해 각각 '~와 같이, ~처럼', '~와 같은'이라는 뜻을 나타낸다. 고어 조동사 「~ごとし」(~와 같다)에서 파생된 표현으로, 「~ごとく」는 현대 일본어의 「~ように」(~와 같이, ~처럼), 「~ごとき」는 「~ような」(~와 같은)와 같은 뜻이다.

예 前に述べたごとく、海外研修は1か月延期になりました。 앞에 말한 것처럼 해외연수는 한 달 연기되었습니다.

10年前のことが今更のごとく思い出される。 10년 전 일이 새삼스럽게 생각난다.

私のごとき者がこのような賞を頂けるなんて、大変光栄です。
저와 같은 사람이 이러한 상을 받을 수 있다니, 대단히 영광입니다.

※ 光陰矢のごとし。 세월은 화살과 같다[세월이 유수와 같다].

## 12 ~こととて ~이므로, ~이라서

이유나 근거를 나타낼 때 쓰는 딱딱한 표현으로 주로 문어체에서 쓴다. 명사에 접속할 때에는 「명사+の」, 동사의 부정형에 접속할 경우에는 「~ないこととて/~ぬこととて」(~하지 않으므로, ~하지 않아서)의 두 가지 형태가 된다.

예 大変ご迷惑をおかけしましたが、子供のしたこととて許してやってください。
대단히 폐를 끼쳤습니다만, 아이가 한 일이니 용서해 주십시오.

プレゼンは初めてのこととて、緊張してうまく話せなかった。
프레젠테이션은 처음이라서 긴장해서 잘 말할 수 없었다.

慣れないこととて、失敗してしまいました。大変申し訳ございません。
익숙치 않아서 실수하고 말았습니다. 대단히 죄송합니다.

---

어휘 失礼 실례 | 態度 태도 | 我慢 참음, 견딤 | 法定 법정 | 速度 속도 | 守る 지키다 | 危険だ 위험하다 | 行動 행동 | 述べる 서술하다, 말하다 | 海外研修 해외연수 | 延期 연기 | 今更 새삼스럽게 | 思い出す 떠올리다, 생각해 내다 | 賞 상 | 頂く 받다 *「もらう」의 공손한 말씨 | ~なんて ~라니, ~하다니 | 大変 대단히, 매우 | 光栄 광영, 영광 | 光陰 광음, 세월, 시간 | 矢 화살 | 迷惑 폐 *「迷惑をかける」 – 폐를 끼치다 | お+동사의 ます형+する ~하다, ~해 드리다 *겸양표현 | 許す 용서하다 | やる (어떤 행위를) 하다 | プレゼン 프레젠테이션 *「プレゼンテーション」의 준말 | 初めて 처음(으로) | 緊張 긴장 | うまく 잘, 솜씨 좋게 | 話す 말하다, 이야기하다 | 慣れる 익숙해지다 | 失敗 실수 | 申し訳ございません 죄송합니다 *「申し訳ありません」보다 정중한 표현

---

# 확인 문제 1(01~12)・문법

**問題5 次の文の(　　　)に入れるのに最もよいものを、1・2・3・4から一つ選びなさい。**

1 いくら楽しい人生とはいえ、健康(　　　)幸せです。
1 もっての　2 あっての　3 きっての　4 うっての

2 手術後の経過(　　　)、職場へ戻る時期を決めます。
1 にひきかえ　2 をおいて　3 いかんで　4 ともなれば

3 彼ときたら、いつも物事を大げさに言う(　　　)。
1 わけがない　2 はずがない　3 きらいがある　4 向きだ

4 報告書に誤字が多くて恥ずかしい(　　　)です。
1 もの　2 次第　3 つもり　4 限り

5 その話を聞く(　　　)、彼女は泣き出してしまった。
1 とたん　2 次第　3 ものなら　4 が早いか

6 会社のエレベーターが故障してしまって不便(　　　)。
1 極まりない　2 なわけにはいかない　3 な始末だ　4 なまでもない

7 妹は大学に通う(　　　)、近くに住んでいる外国人に日本語を教えている。
1 かたがた　2 かたわら　3 とはいえ　4 ときたら

8 本日はご挨拶(　　　)、報告書をお持ちいたしました。
1 かたがた　2 において　3 に沿って　4 のごとく

9 健康のために、毎日5キロ(　　　)距離を歩いている。
1 からある　2 からみる　3 からくる　4 からする

10 もう10年以上も前の(　　　)、覚えておりません。
1 ことに　2 ことなく　3 ことがあって　4 こととて

**問題6 次の文の　★　に入る最もよいものを、1・2・3・4から一つ選びなさい。**

11 こんな時に海外旅行に ＿＿ ＿＿ ＿★＿ ＿＿。

1 羨ましい　　2 行ける　　3 なんて　　4 限りだ

12 中国の ＿＿ ＿＿ ＿★＿ ＿＿ 友達に会った。

1 旅行　　2 住んでいる　　3 現地に　　4 がてら

13 昔の写真を見ると、若い頃の ＿＿ ＿＿ ＿★＿ ＿＿ だった。

1 ごとき　　2 美人　　3 母は　　4 花の

14 彼女は、＿＿ ＿＿ ＿★＿ ＿＿、教室を飛び出してアルバイト先へ走っていった。

1 授業が　　2 早いか　　3 終わる　　4 が

15 彼は、初めて会う ＿＿ ＿＿ ＿★＿ ＿＿。

1 冷たく　　2 人には　　3 接する　　4 きらいがある

**問題7 次の文章を読んで、文章全体の趣旨を踏まえて、16 から 20 の中に入る最もよいものを、1・2・3・4から一つ選びなさい。**

昔から「君子危うきに近寄らず」と言う 16 、自分の身を守るための基本は、まず不審者(注1)と遭遇しないようにすることが、何よりも 17 である。帰宅の際に夜道を歩く時、人通りの少ない暗がりや駐車場など襲われそうな場所はないか、確認をお薦めする。多少回り道になっても危険を回避するためには、より安全な道を使った方がいい。それでも、万一不審者と遭遇してしまったら、ただ逃げるのが一番である。

不審者に危害を受けそうになったら、大声を出して周りの人に知らせることが効果的である。いざという時に、大声が出せるか心配なら、防犯ブザーも良いであろう。不審者は人に見られたくないので、 18 。そして、大声を上げたらすぐに逃げることである。 19 、不審者と近距離の場合、いきなり背を向けて走り出すのは危険 20 。なるべく目を逸(そ)らさず(注2)、数歩後ずさり(注3)して距離を取ってから走り出すようにしよう。その時、ポケットに小銭を持っていれば、顔に投げ付けて目つぶし代わりに使える。勿論、手に持っているペットボトルを投げ付けるのも良いであろう。そうして、不審者がひるんだ隙に逃げるのである。

(注1)不審者: 疑わしい人
(注2)目を逸(そ)らす: 見つめていた目を他の方へ移す
(注3)後ずさり: 恐れたり警戒したりして、前を向いたまま少しずつ後退すること

16
1 ごとき　2 ごとく　3 べき　4 べく

17
1 感心　2 得体　3 肝心　4 心得

18
1 真剣な反応を示すだろう
2 心理的なダメージを与えることができる
3 喜んで受け入れてくれるだろう
4 何の動きもなしに見つめているに違いない

19
1 しかし　2 それで　3 要するに　4 すなわち

20
1 とは限らない　2 次第である　3 だけのことだ　4 極まりない

# 확인 문제 1(01~12) • 정답 및 해석(문법)

1 **정답** 2
**해석** 아무리 즐거운 인생이라고 해도 건강(이 있어야) 행복합니다.
**어휘** いくら 아무리 楽(たの)しい 즐겁다 人生(じんせい) 인생 ~とはいえ ~라고 해도 健康(けんこう) 건강
명사1+あっての+명사2 ~이 있어야 (가능한) ~ 幸(しあわ)せだ 행복하다

2 **정답** 3
**해석** 수술 후 경과 (여하에 따라서) 직장에 돌아갈 시기를 정합니다.
**어휘** 手術(しゅじゅつ) 수술 経過(けいか) 경과 ~いかんで ~여하에 따라서 職場(しょくば) 직장
戻(もど)る (본래의 자리로) 돌아가다 時期(じき) 시기 決(き)める 정하다, 결정하다 ~にひきかえ ~와는 반대로
~をおいて ~을 제외하고 ~ともなれば ~라도 되면, ~쯤 되면

3 **정답** 3
**해석** 그로 말하자면 항상 매사를 과장되게 말하(는 경향이 있다).
**어휘** ~ときたら ~로 말하자면 物事(ものごと) 물건과 일, (일체의) 사물 大(おお)げさだ 과장하다
~きらいがある ~하는 경향이 있다 ~わけがない ~일 리가 없다 ~はずがない ~일 리가 없다 向(む)きだ 적합하다

4 **정답** 4
**해석** 보고서에 오자가 많아서 부끄러(울 따름)입니다.
**어휘** 報告書(ほうこくしょ) 보고서 誤字(ごじ) 오자 恥(は)ずかしい 부끄럽다, 창피하다
~限(かぎ)りだ ~할 따름이다, 매우 ~하다 ~ものだ ~인 법[것]이다 *상식 · 진리 · 본성
~次第(しだい)だ ~에 달려 있다, ~나름이다 동사의 보통형+つもりだ ~할 생각[작정]이다

5 **정답** 4
**해석** 그 이야기를 듣(자마자) 그녀는 울기 시작해 버렸다.
**어휘** 동사의 기본형+が早(はや)いか ~하자마자 泣(な)き出(だ)す 울기 시작하다
동사의 た형+とたん(に) ~하자마자, ~한 순간(에) 동사의 ます형+次第(しだい) ~하는 대로 (즉시)
동사의 기본형+ものなら ~라면

6 **정답** 1
**해석** 회사 엘리베이터가 고장 나 버려서 불편하(기 짝이 없다).
**어휘** エレベーター 엘리베이터 故障(こしょう)する 고장 나다 不便(ふべん)だ 불편하다
な형용사의 어간+極(きわ)まりない ~하기 짝이 없다, 극히 ~하다 ~わけにはいかない ~할 수는 없다
~始末(しまつ)だ ~라는 형편[꼴]이다 동사의 기본형+までもない ~할 필요도 없다, ~할 것까지도 없다

7 **정답** 2
**해석** 여동생은 대학에 다니(는 한편), 근처에 살고 있는 외국인에게 일본어를 가르치고 있다.
**어휘** 妹(いもうと) (자신의) 여동생 通(かよ)う (학교 · 직장에) 다니다
~かたわら ~하는 한편, 주로 ~일을 하면서 그 한편으로 近(ちか)く 근처 住(す)む 살다, 거주하다
外国人(がいこくじん) 외국인 教(おし)える 가르치다 명사+かたがた ~할 겸 ~とはいえ ~라고 해도
~ときたら ~로 말하자면

8 **정답** 1
**해석** 오늘은 인사 (겸) 보고서를 가지고 왔습니다.
**어휘** 本日(ほんじつ) 금일, 오늘 *「今日(きょう)」의 격식 차린 말씨 挨拶(あいさつ) 인사 명사+かたがた ~할 겸
報告書(ほうこくしょ) 보고서 お+동사의 ます형+いたす ~하다, ~해 드리다 *겸양표현 ~において ~에 있어서, ~에서
~に沿(そ)って ~을[에] 따라서 명사+の+ごとく ~와 같이, ~처럼

9 **정답** 1
**해석** 건강을 위해서 매일 5km(나 되는) 거리를 걷고 있다.
**어휘** 健康(けんこう) 건강 명사+の+ために ~을 위해서 명사+からある ~이나 되는 距離(きょり) 거리
금액+からする ~이나 하는 *금액

10 정답 4

해석 벌써 10년 이상이나 전의 일(이라서) 기억하고 있지 않습니다.

어휘 もう 이미, 벌써 以上(いじょう) 이상 ～も ～이나 *강조 명사+の+こととて ～이므로, ～이라서
覚(おぼ)える 기억하다 ～ておる ～하고 있다 *「～ている」의 겸양표현 ～ことに ～하게도 *놀람·감탄
동사의 기본형+ことなく ～하는 일 없이, ～하지 않고

11 行ける なんて 羨ましい★ 限りだ | 정답 1

해석 이런 때 해외여행을 갈 수 있 다니 부러울★ 따름이다.

어휘 こんな 이런 海外旅行(かいがいりょこう) 해외여행 ～なんて ～라니, ～하다니 羨(うらや)ましい 부럽다
～限(かぎ)りだ ～할 따름이다, 매우 ～하다

12 旅行 がてら 現地に★ 住んでいる | 정답 3

해석 중국 여행 겸 현지에★ 살고 있는 친구를 만났다.

어휘 中国(ちゅうごく) 중국 旅行(りょこう) 여행 명사+がてら ～하는 김에, ～을 겸해서 現地(げんち) 현지
住(す)む 살다, 거주하다 会(あ)う 만나다

13 母は 花の ごとき★ 美人 | 정답 1

해석 옛날 사진을 보니 젊을 때의 어머니는 꽃 과 같은★ 미인 이었다.

어휘 昔(むかし) 옛날 写真(しゃしん) 사진 若(わか)い 젊다 頃(ころ) 때 母(はは) (자신의) 어머니 花(はな) 꽃
명사+の+ごとき ～와 같은 美人(びじん) 미인

14 授業が 終わる が★ 早いか | 정답 4

해석 그녀는 수업이 끝나 자★ 마자 교실을 뛰쳐나가 아르바이트하는 곳으로 달려갔다.

어휘 授業(じゅぎょう) 수업 終(お)わる 끝나다 동사의 기본형+が早(はや)いか ～하자마자 教室(きょうしつ) 교실
飛(と)び出(だ)す 뛰쳐나가다 アルバイト 아르바이트 先(さき) 장소, 곳 走(はし)る 달리다

15 人には 冷たく 接する★ きらいがある | 정답 3

해석 그는 처음 만나는 사람에게는 차갑게 대하는★ 경향이 있다.

어휘 初(はじ)めて 처음(으로) 会(あ)う 만나다 冷(つめ)たい 차갑다, 냉정하다 接(せっ)する 접하다
～きらいがある ～하는 경향이 있다

16~20

예로부터 '군자는 위험한 곳에 가까이 가지 않는다'고 하는 16 것처럼 자신의 몸을 지키기 위한 기본은 우선 수상한 사람(주1)과 조우(遭遇)하지 않도록 하는 것이 무엇보다도 17 중요 하다. 귀가 시에 밤길을 걸을 때 사람의 왕래가 적은 으슥한 곳이나 주차장 등 습격을 받을 듯한 장소는 없는지 확인을 권한다. 다소 돌아서 가게 되더라도 위험을 회피하기 위해서는 보다 안전한 길을 이용하는 편이 좋다. 그래도 만일 수상한 사람과 조우해 버리면 그냥 달아나는 것이 제일이다.

수상한 사람에게 위해를 당할 것 같으면 큰 소리를 내서 주위 사람에게 알리는 것이 효과적이다. 여차할 때 큰 소리를 낼 수 있을지 걱정이라면 방범 부저도 좋을 것이다. 수상한 사람은 다른 사람에게 보이고 싶지 않기 때문에 18 심리적인 타격을 줄 수 있다. 그리고 큰 소리를 냈으면 바로 달아나야 한다. 19 그러나 수상한 사람과 근거리인 경우 갑자기 등을 돌리고 달리기 시작하는 것은 위험 20 하기 짝이 없다. 되도록 시선을 돌리지 말고(주2) 몇 걸음 뒷걸음질(주3)쳐서 거리를 둔 후에 달리기 시작하도록 하자. 그 때 주머니에 잔돈을 가지고 있으면 얼굴에 내던져서 눈을 못 뜨게 하는 대용으로 사용할 수 있다. 물론 손에 들고 있는 페트병을 내던지는 것도 좋을 것이다. 그렇게 해서 수상한 사람이 기가 꺾인 틈에 달아나는 것이다.

(주1)不審者(수상한 사람): 의심스러운 사람
(주2)目を逸らす(시선을 돌리다): 응시하고 있던 눈을 다른 쪽으로 돌리다
(주3)後ずさり(뒷걸음질): 두려워하거나 경계하거나 해서 앞을 향한 채로 조금씩 후퇴하는 것

**어휘** 昔(むかし) 옛날 君子(くんし)危(あや)うきに近寄(ちかよ)らず 군자는 위험한 곳에 가까이 가지 않는다, 군자는 불필요하게 위험한 일은 피한다 身(み)を守(まも)る 몸을 지키다 基本(きほん) 기본 まず 우선, 먼저 不審者(ふしんしゃ) 수상한 사람
遭遇(そうぐう) 조우, (우연히) 만남 ~ないようにする ~하지 않도록 하다 何(なに)よりも 무엇보다도 帰宅(きたく) 귀가
명사+の+際(さい) ~할 때 夜道(よみち) 밤길 歩(ある)く 걷다 人通(ひとどお)り 사람의 왕래 少(すく)ない 적다
暗(くら)がり 으슥한 곳 駐車場(ちゅうしゃじょう) 주차장 襲(おそ)う (달갑지 않은 것이) 덮치다, 습격하다
場所(ばしょ) 장소, 곳 確認(かくにん) 확인 お+동사의 ます형+する ~하다, ~해 드리다 *겸양표현 薦(すす)める 권하다
多少(たしょう) 다소, 약간 回(まわ)り道(みち) (길을) 돌아서 감, 또 그 길 危険(きけん) 위험 回避(かいひ) 회피 より 보다
安全(あんぜん)だ 안전하다 동사의 た형+方(ほう)がいい ~하는 편[쪽]이 좋다 それでも 그래도 万一(まんいち) 만일
ただ 그저, 오직 逃(に)げる 도망치다, 달아나다 一番(いちばん) 가장, 제일 危害(きがい) 위해
大声(おおごえ)を出(だ)す 큰 소리를 내다 周(まわ)り 주위 知(し)らせる 알리다 効果的(こうかてき)だ 효과적이다
いざという時(とき) 만일의 경우, 유사시 防犯(ぼうはん)ブザー 방범 부저 そして 그리고 近距離(きんきょり) 근거리
いきなり 갑자기 背(せ)を向(む)ける 등을 돌리다 走(はし)る 달리다 동사의 ます형+出(だ)す ~하기 시작하다
なるべく 되도록, 가능한 한 目(め)を逸(そ)らす 시선을 돌리다 ~ず(に) ~하지 말고 数歩(すうほ) 몇 걸음
後(あと)ずさり (무섭거나 하여) 뒷걸음질 침 距離(きょり)を取(と)る 거리를 두다 ~てから ~하고 나서, ~한 후에
ポケット 포켓, 주머니 小銭(こぜに) 잔돈 持(も)つ 가지다, 휴대하다 投(な)げ付(つ)ける 내던지다
目(め)つぶし 모래나 재 등을 던져 상대의 눈을 못 뜨게 함 代(か)わり 대용(물) 勿論(もちろん) 물론 手(て)に持(も)つ 손에 들다
ペットボトル 페트병 ひるむ 기가 죽다, 기가 꺾이다 隙(すき) 빈틈, 허점 疑(うたが)わしい 의심스럽다
見(み)つめる 응시하다, 주시하다 移(うつ)す (시선을) 돌리다 恐(おそ)れる 두려워하다 警戒(けいかい) 경계
~たり~たりする ~하거나 ~하거나 하다 向(む)く 향하다 동사의 た형+まま ~한 채로 ~ずつ ~씩 後退(こうたい) 후퇴

16 **해석** 1 것과 같은 2 것처럼 3 해야 하는 4 하기 위해
**어휘** ~ことぎ ~와 같은 ~ごとく ~와 같이, ~처럼 동사의 기본형+べき (마땅히) ~해야 함
동사의 기본형+べく ~하기 위해

17 **해석** 1 감탄 2 정체 3 중요 4 마음가짐
**어휘** 感心(かんしん) 감탄 得体(えたい) 정체 肝心(かんじん)だ 중요하다 心得(こころえ) 마음가짐

18 **해석** 1 진지한 반응을 보일 것이다 2 심리적인 타격을 줄 수 있다
3 기꺼이 받아들여 줄 것이다 4 아무런 움직임도 없이 응시하고 있음에 틀림없다
**어휘** 真剣(しんけん)だ 진지하다 反応(はんのう) 반응 示(しめ)す (나타내) 보이다 心理的(しんりてき)だ 심리적이다
ダメージ 대미지, 타격 与(あた)える 주다 동사의 기본형+ことができる ~할 수 있다 喜(よろこ)んで 기쁘게, 기꺼이
受(う)け入(い)れる 받아들이다, 수용하다 ~てくれる (남이 나에게) ~해 주다 何(なん)の 아무런 動(うご)き 움직임
~なしに ~없이 ~に違(ちが)いない ~임에 틀림없다

19 **해석** 1 그러나 2 그래서 3 요컨대 4 즉
**어휘** しかし 그러나 それで 그래서 要(よう)するに 요컨대 すなわち 즉, 다시 말해

20 **해석** 1 하는 것은 아니다 2 에 달려 있다 3 하면 그뿐이다 4 하기 짝이 없다
**어휘** ~とは限(かぎ)らない (반드시) ~하다고는 할 수 없다, ~하는 것은 아니다
명사+次第(しだい)だ ~에 달려 있다, ~에 의해 좌우되다 ~だけ ~만, ~뿐
な형용사의 어간+極(きわ)まりない ~하기 짝이 없다, 극히 ~하다

# 기출 문법표현 84
# 〈13~24〉

☐ 13 동사의 기본형+**ことなしに** ~하지 않고

☐ 14 **~始末(しまつ)だ** ~라는 형편[꼴]이다

☐ 15 명사+**ずくめ** ~일색, ~뿐

☐ 16 동사의 **ない**형+**ずにはおかない** ① 반드시 ~하다 ② ~하게 되다

☐ 17 동사의 **ない**형+**ずにはすまない** ~하지 않고는 끝나지 않는다, 반드시 ~해야 한다

☐ 18 명사+**すら** ~조차

☐ 19 **~そばから** ~하는 족족, ~하기가 무섭게

☐ 20 동사의 **た**형+**が最後(さいご)** (일단) ~하면

☐ 21 **(ただ)~のみだ** (오직) ~할 따름[뿐]이다

☐ 22 동사의 **た**형+**ところで** ~한다 해도, ~해 봤자, ~한들

☐ 23 **~だに** ~조차, ~하는 것만으로도

☐ 24 명사+**たりとも** (단) ~라도[조차도]

## 13 동사의 기본형+ことなしに ~하지 않고

동사의 기본형에 접속해 '~하지 않고 ~하다'라는 상태를 나타낸다.

예 人類は、生きている物を犠牲にさせることなしに生きることはできない。
인류는 살아 있는 것을 희생시키지 않고 살 수는 없다.
最近は本屋に行くことなしに、インターネットで書物を購入する人々が増えつつある。
요즘은 서점에 가지 않고 인터넷으로 책을 구입하는 사람들이 늘고 있다.

## 14 ~始末だ ~라는 형편[꼴]이다

나쁜 일들이 반복되다가 결국에는 제일 안 좋은 결과로 끝나 버린 상황을 나타내는 표현이다. 앞에는 「とうとう」(결국)나 「最後には」(마지막에는)와 같은 표현이 자주 온다.

예 あんなに「お金の貸し借りはするな」と言ったのに、この始末だ。
그렇게 "돈을 빌려주고 빌리는 건 하지 마"라고 말했는데도 이 꼴이다.
二人は毎日のように喧嘩し続けた挙げ句、とうとう離婚する始末だ。
두 사람은 매일 같이 계속 싸운 끝에 결국 이혼하는 꼴이다.

## 15 명사+ずくめ ~일색, ~뿐

명사에 접속해 온통 그것으로 가득하다는 의미를 나타낸다.

예 今日は朝早くから会議ずくめで疲れた。
오늘은 아침 일찍부터 회의 일색이라 지쳤다.
今年は結婚、昇進、出産など、本当にいいことずくめだった。
올해는 결혼, 승진, 출산 등 정말로 좋은 일뿐이었다.

---

어휘 人類 인류 | 生きる (생존해서) 살다, 살아가다 | 物 (구체적인) 것 | 犠牲 희생 | 本屋 서점 | インターネット 인터넷 | 書物 책, 서적 | 購入 구입 | 人々 사람들 | 増える 늘다, 늘어나다 | 동사의 ます형+つつある ~하고 있다 | あんなに (서로 알고 있는) 그렇게(나) | 貸し借り 대차, 꾸어 주거나 꾸어 옴 | ~のに ~는데(도) | 毎日 매일 | 喧嘩 싸움 | 동사의 ます형+続ける 계속 ~하다 | 동사의 た형+挙げ句(に) ~한 끝에 | 離婚 이혼 | 朝 아침 | 早く 일찍 | 会議 회의 | 疲れる 지치다, 피로해지다 | 今年 올해 | 結婚 결혼 | 昇進 승진 | 出産 출산

---

## 16 동사의 ない형+ずにはおかない ① 반드시 ~하다 ② ~하게 되다

동사의 ない형에 접속해 '(상대에 대해서) 반드시 ~하다, ~하지 않은 채로는 끝나지 않는다'라는 뜻으로 말하는 사람의 강한 의지를 나타내거나 '~하게 되다'라는 뜻으로, 본인의 의지와 관계없이 자연 발생적으로 어떤 감정이나 행동이 일어나거나 할 때 쓴다. 앞에 동사 「する」(하다)가 오면 「～せずにはおかない」의 형태가 되고, 「～ないではおかない」라고도 한다.

예 相手チームは、我がチームの弱いところを攻めずにはおかないだろう。
상대팀은 우리팀의 약한 부분을 반드시 공격할 것이다.

「癌」とは、誰もに死を意識させずにはおかない病である。
'암'이란 누구에게나 죽음을 의식하게 하는 병이다.

## 17 동사의 ない형+ずにはすまない ~하지 않고는 끝나지 않는다, 반드시 ~해야 한다

동사의 ない형에 접속해 사회적 상식, 도덕적 기분에서 그렇게 해야 한다는 의미를 나타낸다. 앞에 동사 「する」(하다)가 오면 「～せずにはすまない」의 형태가 되고, 「～ないではすまない」라고도 한다.

예 税金を滞納したのなら、罰金を払わずにはすまないだろう。
세금을 체납했다면 반드시 벌금을 내야 할 것이다.

親の金で留学しているんだから、一生懸命勉強せずにはすまないだろう。
부모님 돈으로 유학하고 있으니까, 반드시 열심히 공부해야 할 것이다.

## 18 명사+すら ~조차

명사에 접속해 극단적인 한 가지 예를 들어 '다른 것은 물론이고 ~도'라는 의미를 나타낸다. 대부분 좋지 않은 일에 대해 쓰고, 비슷한 의미의 표현인 「～さえ」(~조차)와 비교했을 때 「～すら」가 좀 더 문어체에 가까운 표현이다.

예 体調が悪くて水すら喉を通らない。
몸 상태가 나빠서 물조차 목으로 넘어가지 않는다.

彼は足に大怪我をして、歩くことはもちろん、自分一人で起き上がることすらできない。
그는 다리에 큰 부상을 입어서 걷는 것은 물론, 자기 혼자서 일어서는 것조차 할 수 없다.

※ 就職してからは、忙しくて映画を見る暇さえない。
취직하고 나서는 바빠서 영화를 볼 틈조차 없다.

---

어휘 相手 상대 | チーム 팀 | 我が 나의, 우리의 | 弱い 약하다 | ところ 부분, 곳 | 攻める 공격하다 | 癌 암 | ～とは ~라고 하는 것은, ~란 *정의 | 誰もに 누구에게나 | 死 죽음 | 意識 의식 | 病 병 | 税金 세금 | 滞納 체납 | 罰金 벌금 | 払う (돈을) 내다, 지불하다 | 親 부모 | 留学 유학 | 一生懸命 열심히 | 体調 몸 상태, 컨디션 | 悪い 나쁘다 | 喉 목 | 通る 통과하다 | 大怪我 큰 부상 *「大怪我をする」- 큰 부상을 입다 | 歩く 걷다 | 起き上がる 일어서다 | 就職 취직 | ～てからは ~한 후로는 | 忙しい 바쁘다 | 映画 영화 | 暇 (한가한) 짬, 틈, 시간

---

## 19 ～そばから ～하는 족족, ～하기가 무섭게

동사에 접속해 앞의 일이 일어나고 시간적 간격 없이 바로 뒤의 일이 일어날 때 쓴다. 일회성이 아닌 반복되거나 규칙적인 일에 대해서 쓰고 뒤에는 좋지 않은 일이 온다.

예 息子は洗濯したそばから、服を汚すので大変だ。
아들은 세탁하는 족족 옷을 더럽히기 때문에 힘들다.
山田君は給料をもらったそばから全部使ってしまうので、全く貯金がない。
야마다 군은 급여를 받기가 무섭게 전부 써 버리기 때문에 전혀 저금이 없다.

## 20 동사의 た형+が最後 (일단) ～하면

동사의 た형에 접속해 '일단 ～하면 이제 어쩔 도리가 없다'라는 의미를 나타낸다. 일상 회화에서는 「～たら最後」((일단) ～하면)의 형태로 쓴다.

예 彼は本を読み始めたが最後、声をかけても気付かない。
그는 일단 책을 읽기 시작하면 말을 걸어도 알아차리지 못한다.
一旦削除したが最後、元に戻せなくなるからバックアップはきちんと取っておいた方がいい。
일단 삭제하면 이전으로 되돌릴 수 없어지니까, 백업은 제대로 받아 두는 편이 좋다.

※ 坂本さんは話し出したら最後、いつになっても止まらなくて困るよ。
사카모토 씨는 일단 이야기를 시작하면 언제가 되어도 그치지 않아서 곤란해.

## 21 (ただ)～のみだ (오직) ～할 따름[뿐]이다

'그것 이외의 것은 없다'라는 의미로, 말하는 사람의 강한 의지를 나타낸다. 일상 회화에서는 거의 쓰지 않는 딱딱한 문어체 표현이다.

예 やれることは全部やった。あとはただ結果を待つのみだ。
할 수 있는 것은 전부 했다. 남은 건 오직 결과를 기다릴 따름이다.
英語が上手になりたければ、ただ練習するのみだ。
영어를 능숙하게 하고 싶다면 오직 연습할 뿐이다.

---

어휘 息子 (자신의) 아들 | 洗濯 세탁 | 服 옷 | 汚す 더럽히다 | 大変だ 큰일이다, 힘들다 | 給料 급료, 급여 | もらう 받다 | 全部 전부 | 使う 쓰다, 사용하다 | 全く (부정어 수반) 전혀 | 貯金 저금 | 동사의 ます형+始める ～하기 시작하다 | 声をかける 말을 걸다 | 気付く 깨닫다, 알아차리다 | 一旦 일단 | 削除 삭제 | 元 전, 이전 | 戻す (원상태로) 되돌리다 | バックアップ 백업, 예비 기억장치에 데이터를 복사해 둠 | きちんと 제대로, 확실히 | 取る 받다 | 동사의 た형+方がいい ～하는 편[쪽]이 좋다 | 話す 말하다, 이야기하다 | 동사의 ます형+出す ～하기 시작하다 | 止まる 멎다, 그치다 | 困る 곤란하다 | やる (어떤 행동을) 하다 | 全部 전부 | あと 그 외의 일, 나머지 | 結果 결과 | 待つ 기다리다 | 英語 영어 | 上手だ 능숙하다, 잘하다 | 練習 연습

---

## 22 동사의 た형+ところで ~한다 해도, ~해 봤자, ~한들

동사의 た형에 접속해 '설령 ~해도 기대하는 결과는 얻을 수 없다'라는 뜻을 나타낸다. 「~てください」(~해 주십시오)나 「~ましょう」(~합시다)와 같은 표현과는 함께 쓸 수 없다.

예 どんなに急いだところで、9時の電車には間に合わないだろう。
아무리 서두른다고 해도 9시 전철에는 대지 못할 것이다.
今更謝ったところで、許してくれないだろう。
이제 와서 사과한들 용서해 주지 않을 것이다.

## 23 ~だに ~조차, ~하는 것만으로도

동사나 명사에 접속해 '~조차, ~하는 것만으로도'라는 의미를 나타낸다. 주로 부정형과 함께 「~だに~ない」(~조차 ~않다)의 형태로 쓰는 경우가 많고, 명사에 접속할 때 「夢」(꿈)라는 단어만 예외적으로 「夢にだに」(꿈에서조차)라고 쓴다. 비슷한 의미의 표현으로는 「~すら」(~조차)가 있는데 둘 다 뭔가를 유추하는 의미로 쓰지만, 긍정문과 호응해 '~하는 것만으로도'와 같이 최저한의 희망을 나타낼 때는 「~だに」만 쓸 수 있다.

예 世界が滅亡するなんて、考えるだに恐ろしい。
세계가 멸망하다니 생각하는 것만으로도 무섭다.
このスポーツがこんなにも迫力があるなんて、想像だにしなかった。
이 스포츠가 이렇게나 박력이 있다니 상상조차 하지 못했다.

※ 私が1億円の宝くじに当たるなんて、夢にだに思わなかった。
내가 1억 엔 복권에 당첨되다니 꿈에서조차 생각하지 못했다.

## 24 명사+たりとも (단) ~라도[조차도]

숫자를 나타내는 명사에 접속해 가장 적은 것을 예로 들어 그 수량이 적음을 강조하는 표현으로, 문말은 반드시 부정형으로 끝난다.

예 試合が終わるまで、1秒たりとも気を抜いてはならない。
시합이 끝날 때까지 1초라도 긴장을 늦춰서는 안 된다.
ダイエットを始めてもう1か月経っているが、1キロたりとも落ちていない。
다이어트를 시작한 지 벌써 한 달이 지났지만, 단 1kg조차도 빠지지 않았다.

---

어휘 どんなに 아무리 | 急ぐ 서두르다 | 間に合う 시간에 맞게 대다, 늦지 않다 | 今更 이제 와서 | 謝る 사과하다 | 許す 용서하다 | 世界 세계 | 滅亡 멸망 | 考える 생각하다 | 恐ろしい 무섭다, 두렵다 | スポーツ 스포츠, 운동 | こんなにも 이렇게나 | 迫力 박력 | ~なんて ~라니, ~하다니 | 想像 상상 | 宝くじ 복권 *「宝くじに当たる」 – 복권에 당첨되다 | 夢 꿈 | 試合 시합 | 終わる 끝나다 | 気を抜く 긴장을 늦추다 | ~てはならない ~해서는 안 된다 | ダイエット 다이어트 | 始める 시작하다 | もう 이미, 벌써 | 経つ (시간이) 지나다, 경과하다 | 落ちる (살이) 빠지다

---

# 확인 문제 2(13~24) • 문법

**問題5 次の文の(　　　)に入れるのに最もよいものを、1・2・3・4から一つ選びなさい。**

1 突然、親を失ったその子供の気持ちを考える(　　　)胸が痛くなる。

1 すら　2 だけ　3 こそ　4 だに

2 今はただみんなの無事を祈る(　　　)。

1 ほどです　2 しかです　3 のみです　4 はずです

3 試験はもう終わったし、後悔した(　　　)結果は変わらない。

1 もので　2 ところで　3 ことで　4 わけで

4 契約書にサインをしたが(　　　)、取り消しするのは難しい。

1 最多　2 最初　3 最後　4 最大

5 中村「今年ももう終わりだね。この1年どうだった?」
鈴木「願っていた会社に入社できたし、彼女もできたし、いいこと(　　　)だったよ。」

1 ずくめ　2 まみれ　3 だらけ　4 がらみ

6 もうこうなった以上は本当のことを言わずには(　　　)だろう。

1 たまれない　2 やまない　3 すまない　4 とらない

7 仕事優先で家庭を顧みなかった彼は、とうとう妻に去られる(　　　)。

1 次第だった　2 始末だった　3 ものだった　4 はずだった

8 メモを取らない彼は、教えたことを聞く(　　　)忘れてしまう。

1 そばから　2 とたん　3 次第　4 挙げ句

9 原油価格の高騰は、今後の国民生活に多大の影響を及ぼさずには(　　　)だろう。

1 こない　2 おかない　3 いかない　4 いけない

10 父と母は私たちのために、一日も休む(　　　)働いている。

1 こととて　2 ことに　3 とのことで　4 ことなしに

**問題6 次の文の ＿★＿ に入る最もよいものを、1・2・3・4から一つ選びなさい。**

11 同僚が急に会社を辞めてしまったので、仕事が ＿＿ ＿＿ ＿★＿ ＿＿。

1 しまって毎日　2 残業　3 増えて　4 ずくめだ

12 あのパン屋は評判がよく、人気の ＿＿ ＿＿ ＿★＿ ＿＿ いくそうだ。

1 そばから　2 焼ける　3 売れて　4 パンは

13 同級生みんなが集まるので、＿＿ ＿＿ ＿★＿ ＿＿ だろう。

1 私も　2 すまない　3 参加　4 せずには

14 部長ときたら、＿＿ ＿＿ ＿★＿ ＿＿ 賛成するまで決して諦めない。

1 みんなが　2 が最後　3 言い出した　4 一度

15 国民の税金は、＿＿ ＿＿ ＿★＿ ＿＿ ほしい。

1 たりとも　2 使わないで　3 1円　4 無駄に

언어지식(문법) 기출 문법표현 〈13~24〉

**問題7 次の文章を読んで、文章全体の趣旨を踏まえて、16 から 20 の中に入る最もよいものを、1・2・3・4から一つ選びなさい。**

車内に残された子供が熱中症で亡くなったというニュースが絶えません。去る3月21日静岡県のパチンコ店で父親が1歳の長男を車に残したまま2時間ほどパチンコをしていて、熱中症で死亡させています。また、7月10日奈良市では、車の中で小学4年生の男児が熱中症で死亡する事故がありました。母親は車を離れる 16 、エンジンを切って男児に車の鍵を渡し、あとから来ると伝えた 17 が、母親が1時間半後に病院から戻って見つかるまで車内に一人で止(とど)まっていたと見られています。

この二つの事故だけに限りませんが、熱中症で亡くなったというニュースを見ていると、子供を車の中に残すことについてそれほどの危機感を持っていないような 18 。日本自動車連盟などの実験を見ると、エアコンを停止するとわずか15分程度で熱中症指数が危険レベルに達しています。1分 19 子供を車内に残さないようにしてください。また、もしも熱中症の症状が現れた場合は、まず涼しい場所に移動させること、衣服を脱がし、身体を冷やすことが大事です。 20 意識があっても、自力で水分を取れない場合は、直ちに医療機関に搬送しましょう。

16

1 際　　2 べく　　3 故に　　4 ごとく

17

1 ものです　　2 ということです　　3 はずです　　4 ところです

18

1 気を使います　　2 気が進みます　　3 気がします　　4 気になります

19

1 たりとも　　2 だけあって　　3 いかんで　　4 かたがた

20

1 頻りに　　2 たとえ　　3 さすが　　4 まさか

# 확인 문제 2(13~24) • 정답 및 해석(문법)

1 정답 4
해석 갑자기 부모를 잃은 그 아이의 심정을 생각하(는 것만으로도) 가슴이 아파온다.
어휘 突然(とつぜん) 갑자기 親(おや) 부모 失(うしな)う 잃다 気持(きも)ち 마음, 심정 ~だに ~조차, ~하는 것만으로도 胸(むね)が痛(いた)い 가슴이 아프다 명사+すら ~조차 ~だけ ~만, ~뿐 ~こそ ~야말로

2 정답 3
해석 지금은 오직 모두 무사하기를 빌 (뿐입니다).
어휘 (ただ)~のみだ (오직) ~할 따름[뿐]이다 無事(ぶじ) 무사함 祈(いの)る 빌다, 기원하다 ~ほど ~정도, ~만큼 ~しか (부정어 수반) ~밖에 ~はずだ (당연히) ~할 것[터]이다

3 정답 2
해석 시험은 이미 끝났고 후회(해 봤자) 결과는 바뀌지 않는다.
어휘 試験(しけん) 시험 終(お)わる 끝나다 ~し ~하고 後悔(こうかい) 후회
동사의 た형+ところで ~한다 해도, ~해 봤자, ~한들 結果(けっか) 결과 変(か)わる 바뀌다, 변하다
~もので ~이니까, ~이기 때문에 ~ことで ~함으로써 ~わけで ~이유로

4 정답 3
해석 (일단) 계약서에 사인을 (하면) 취소하는 것은 어렵다.
어휘 契約書(けいやくしょ) 계약서 サイン 사인, 서명 동사의 た형+が最後(さいご) (일단) ~하면
取(と)り消(け)し 취소 難(むずか)しい 어렵다 最多(さいた) 최다 最初(さいしょ) 최초 最大(さいだい) 최대

5 정답 1
해석 나카무라 "올해도 이제 끝이네. 요 1년 어땠어?"
스즈키 "원하던 회사에 입사할 수 있었고 여자친구도 생겼고 좋은 일 (일색)이었어."
어휘 今年(ことし) 올해 終(お)わり 끝, 마지막 この 최근의, 요 願(ねが)う 원하다 入社(にゅうしゃ) 입사
彼女(かのじょ) 여자친구 できる 생기다 명사+ずくめ ~일색, ~뿐
명사+まみれ ~투성이 *더러운 것이 표면 전체에 붙어 있는 상태를 나타냄
명사+だらけ ~투성이 *그것이 많이 있다는 뜻을 나타내고 그것 때문에 더러워지거나 온통 퍼진 상태를 나타내기도 함
명사+がらみ ~에 얽힘

6 정답 3
해석 이제 이렇게 된 이상은 진실을 말하지 않고는 (끝나지 않을) 것이다[반드시 말해야 한다].
어휘 もう 이제 こう 이렇게 ~以上(いじょう) ~한[인] 이상
동사의 ない형+ずにはすまない ~하지 않고는 끝나지 않는다, 반드시 ~해야 한다
やまない (「~して」의 꼴로) 언제까지나 ~하다, ~해 마지않다

7 정답 2
해석 일을 우선하고 가정을 돌보지 않았던 그는 결국 아내에게 이혼당하(는 꼴이었다).
어휘 優先(ゆうせん) 우선 家庭(かてい) 가정 顧(かえり)みる 돌보다, 보살피다 とうとう 결국 妻(つま) (자신의) 아내
去(さ)る 헤어지다, 이혼하다 ~始末(しまつ)だ ~라는 형편[꼴]이다
명사+次第(しだい)だ ~에 달려 있다, ~에 의해 좌우되다 ~ものだ ~인 법[것]이다 *상식 · 진리 · 본성
~はずだ (당연히) ~할 것이다

8 정답 1
해석 메모를 하지 않는 그는 알려 준 것을 듣(는 족족) 잊어버린다.
어휘 メモを取(と)る 메모를 하다 教(おし)える 가르치다, 알려 주다 ~そばから ~하는 족족, ~하기가 무섭게
忘(わす)れる 잊다 동사의 た형+とたん(に) ~하자마자, ~한 순간(에) 동사의 ます형+次第(しだい) ~하는 대로 (즉시)
동사의 た형+挙(あ)げ句(く)(に) ~한 끝에

9 정답 2
해석 원유 가격 급등은 앞으로의 국민 생활에 (반드시) 매우 많은 영향을 미(칠) 것이다.
어휘 原油(げんゆ) 원유 価格(かかく) 가격 高騰(こうとう) 고등, 급등, 물가나 가격 등이 높이 올라감
今後(こんご) 금후, 앞으로 多大(ただい) 매우 많음 影響(えいきょう)を及(およ)ぼす 영향을 미치다
동사의 ない형+ずにはおかない 반드시 ~하다

10 정답 4

해석 아버지와 어머니는 우리를 위해서 하루도 쉬(지 않고) 일하고 있다.

어휘 一日(いちにち) 하루 休(やす)む 쉬다 동사의 기본형+ことなしに ~하지 않고 働(はたら)く 일하다 ~こととて ~이므로, 이라서 ~ことに ~하게도 *놀람 · 감탄

11 増えて しまって毎日 残業★ ずくめだ | 정답 2

해석 동료가 갑자기 회사를 그만둬 버렸기 때문에 일이 늘어나 버려서 매일 잔업★ 일색이다.

어휘 同僚(どうりょう) 동료 急(きゅう)に 갑자기 辞(や)める (일자리를) 그만두다 増(ふ)える 늘다, 늘어나다 残業(ざんぎょう) 잔업, 야근 명사+ずくめ ~일색, ~뿐

12 パンは 焼ける そばから★ 売れて | 정답 1

해석 저 빵집은 평판이 좋아서 인기 있는 빵은 굽기 가 무섭게★ 팔려 나간다고 한다.

어휘 パン屋(や) 빵집 評判(ひょうばん) 평판 人気(にんき) 인기 焼(や)ける 구워지다 ~そばから ~하는 족족, ~하기가 무섭게 売(う)れる (잘) 팔리다 품사의 보통형+そうだ ~라고 한다 *전문

13 私も 参加 せずには★ すまない | 정답 4

해석 동급생 모두가 모이기 때문에 나도 참가 하지 않고는★ 끝나지 않을 것이다[반드시 참가해야 할 것이다].

어휘 同級生(どうきゅうせい) 동급생 集(あつ)まる 모이다 参加(さんか) 참가 동사의 ない형+ずにはすまない ~하지 않고는 끝나지 않는다, 반드시 ~해야 한다

14 一度 言い出した が最後★ みんなが | 정답 2

해석 부장님으로 말하자면 일단 한 번 말을 꺼내 ★면 모두가 찬성할 때까지 결코 단념하지 않는다.

어휘 部長(ぶちょう) 부장 ~ときたら ~로 말하자면 一度(いちど) 한 번 言(い)い出(だ)す 말을 꺼내다 동사의 た형+が最後(さいご) (일단) ~하면 賛成(さんせい) 찬성 決(けっ)して (부정어 수반) 결코 諦(あきら)める 체념하다, 단념하다

15 1円 たりとも 無駄に★ 使わないで | 정답 4

해석 국민의 세금은 단 1엔 이라도 헛되이★ 쓰지 말아 주었으면 한다.

어휘 国民(こくみん) 국민 税金(ぜいきん) 세금 명사+たりとも (단) ~라도[조차도] 無駄(むだ)だ 헛되다 使(つか)う 쓰다, 사용하다 ~ないでほしい ~하지 말아 주었으면 하다, ~하지 않기를 바라다

16~20

차 안에 남겨진 아이가 열사병으로 사망했다는 뉴스가 끊이지 않습니다. 지난 3월 21일 시즈오카(静岡)현의 파친코점에서 아버지가 한 살인 장남을 차에 남겨 둔 상태로 2시간 정도 파친코를 하다가 열사병으로 사망하게 했습니다. 또 7월 10일 나라(奈良)시에서는 차 안에서 초등학교 4학년인 남자아이가 열사병으로 사망하는 사고가 있었습니다. 어머니는 차를 떠날 16 때 엔진을 끄고 남자아이에게 차 열쇠를 건네주며 나중에 오겠다고 전했다 17 고 합니다 만, 어머니가 1시간 반 후에 병원에서 돌아와 발견될 때까지 차 안에 혼자서 머물고 있었던 것으로 보여집니다.

이 두 사고만이 아닙니다만, 열사병으로 사망했다는 뉴스를 보고 있으면 아이를 차 안에 남겨 두는 것에 대해서 그만큼의 위기감을 가지고 있지 않은 듯한 18 느낌이 듭니다. 일본자동차연맹 등의 실험을 보면 에어컨을 정지하면 불과 15분 정도면 열사병 지수가 위험 수준에 도달합니다. 단 1분 19 이라도 아이를 차 안에 남겨 두지 않도록 하세요. 또한 만약 열사병 증상이 나타난 경우에는 우선 시원한 장소로 이동시킬 것, 의복을 벗기고 몸을 식히는 것이 중요합니다. 20 설령 의식이 있더라도 자력으로 수분을 섭취할 수 없을 경우에는 바로 의료기관으로 옮깁시다.

어휘 車内(しゃない) 차내, 차 안 残(のこ)す 남기다, 남겨 두다 熱中症(ねっちゅうしょう) 열중증, 열사병 *지나치게 높은 습도와 온도 때문에 체온 조절에 어려움을 겪는 증상 亡(な)くなる 죽다 ニュース 뉴스 絶(た)える 끊이다 去(さ)る 지난, 지나간 パチンコ店(てん) 파친코점 父親(ちちおや) 부친, 아버지 長男(ちょうなん) 장남 동사의 た형+まま ~한 채로, ~상태로 ~ほど ~정도 死亡(しぼう) 사망 小学(しょうがく) 초등학교 *「小学校(しょうがっこう)」의 준말 ~年生(ねんせい) ~학년(생) 男児(だんじ) 남아, 남자아이 事故(じこ) 사고 母親(ははおや) 모친, 어머니 離(はな)れる (장소를) 떠나다, 벗어나다 エンジンを切(き)る 엔진을 끄다 鍵(かぎ) 열쇠 渡(わた)す 건네다, 건네주다 伝(つた)える 전하다 戻(もど)る 되돌아오다 見(み)つかる 발견되다, 찾게 되다 止(とど)まる (같은 장소에) 머물다 ~に限(かぎ)らない ~만이 아니다, ~에 국한되지 않는다 ~について ~에 대하여 危機感(ききかん) 위기감 連盟(れんめい) 연맹 実験(じっけん) 실험 エアコン 에어컨 *「エアコンディショナー」의 준말 停止(ていし) 정지 わずか 불과 程度(ていど) 정도 指数(しすう) 지수 危険(きけん) 위험 レベル 레벨, 수준 達(たっ)する 이르다, 도달하다, 달하다 もしも 만약 症状(しょうじょう) 증상 現(あらわ)れる (조짐 등이) 나타나다 場合(ばあい) 경우 涼(すず)しい 시원하다 移動(いどう) 이동 脱(ぬ)がす (옷 등을) 벗기다 身体(しんたい) 신체, 몸 冷(ひ)やす 식히다, 차게 하다 大事(だいじ)だ 중요하다 意識(いしき) 의식 自力(じりき) 자력 水分(すいぶん) 수분 取(と)る 섭취하다 直(ただ)ちに 바로, 곧 医療機関(いりょうきかん) 의료기관 搬送(はんそう) 반송, 후송, 옮김

16 해석 1 때 2 하기 위해 3 때문에 4 처럼
어휘 際(さい) 때 동사의 기본형+べく ~하기 위해 故(ゆえ)に 고로, 그러므로 ~ごとく ~와 같이, ~처럼

17 해석 1 것입니다 2 고 합니다 3 터입니다 4 참입니다
어휘 ~ということだ ~라고 한다 *전문 ~はずだ (당연히) ~할 것[터]이다 동사의 た형+ところだ 막 ~한 참이다

18 해석 1 신경을 씁니다 2 마음이 내킵니다 3 느낌이 듭니다 4 신경이 쓰입니다
어휘 気(き)を使(つか)う 신경을 쓰다 気(き)が進(すす)む 마음이 내키다 気(き)がする 느낌[생각]이 들다 気(き)になる 신경이 쓰이다, 걱정되다

19 해석 1 이라도 2 인 만큼 3 여하에 따라서 4 겸
어휘 명사+たりとも (단) ~라도[조차도] ~だけあって ~인 만큼 ~いかんで ~여하에 따라서 명사+かたがた ~할 겸

20 해석 1 자주 2 설령 3 과연 4 설마
어휘 頻(しき)りに 자주 たとえ 설령 さすが 과연 まさか 설마

# 기출 문법표현 84
# <25~36>

☐ 25 명사+たる ~인, ~된

☐ 26 동사의 ます형+つ+동사의 ます형+つ ~하기도 하고 ~하기도 하고

☐ 27 ~であれ ~이라 해도, ~이든, (설령) ~일지라도

☐ 28 ~てからというもの ~한 후 (계속), ~하고부터는

☐ 29 명사+でなくてなんだろう ~이 아니고 무엇이겠는가

☐ 30 명사+ではあるまいし ~도 아니고

☐ 31 ~手前(てまえ) ~하기[이기] 때문에

☐ 32 ~てやまない ~해 마지않다, 진심으로 ~하다

☐ 33 명사+と相(あい)まって ~와 맞물려, ~와 어우러져

☐ 34 ~とあって ~라서, ~이기 때문에

☐ 35 명사+というところだ ~정도이다, 잘해야 ~이다

☐ 36 ~といえども ~라 해도, ~라 할지라도

## 25 명사+たる ~인, ~된

자격, 신분, 입장 등을 나타내는 명사에 접속해 '~의 입장에 있는 사람은 그에 걸맞는 태도를 취해야 한다'라는 의무와 당연함을 나타낸다. 딱딱한 문어체 표현으로 문말에는 보통「~べきだ」((마땅히) ~해야 한다),「~なければならない」(~하지 않으면 안 된다, ~해야 한다),「~てはいけない」(~해서는 안 된다) 등이 온다. 비슷한 의미의 표현으로는「~ともあろう」(명색이 ~인)가 있다.

예 警官たる者は、いつも市民の安全を第一に考えなければならない。
경관인 자는 항상 시민의 안전을 가장 먼저 생각해야 한다.
大臣たる者は、国民の模範になるべきです。 장관된 자는 국민의 모범이 되어야 합니다.

※ 教師ともあろう者がそんなことを言うなんて、信じられない。
명색이 교사인 자가 그런 말을 하다니 믿을 수 없다.

## 26 동사의 ます형+つ+동사의 ます형+つ ~하기도 하고 ~하기도 하고

동사의 ます형에 접속해 두 가지 동작이나 작용이 번갈아 이루어진다는 뜻을 나타낸다.「抜きつ抜かれつ」(앞서거니 뒤서거니),「追いつ追われつ」(쫓고 쫓기며),「見えつ隠れつ」(보였다 안 보였다),「持ちつ持たれつ」(상부상조)와 같이 대립되는 두 개의 동사가 오는 특징이 있다.

예 昨日のイタリアとのサッカー試合は抜きつ抜かれつの大接戦で、とても面白かった。
어제 이탈리아와의 축구 시합은 앞서거니 뒤서거니 하는 대접전으로 매우 재미있었다.
今夜の月は、雲間から見えつ隠れつしている。 오늘 밤 달은 구름 사이로 보였다 안 보였다 하고 있다.

## 27 ~であれ ~이라 해도, ~(이)든, (설령) ~일지라도

명사나 의문사, な형용사의 어간에 접속해 '~에 관계없이'라는 뜻을 나타내며 '결과는 마찬가지다'라는 내용이 뒤따른다. 앞에는 보통「たとえ」(설령),「いかに」(아무리),「どんな」(어떤, 어떠한) 등과 같은 표현이 오며, 뒤에는 말하는 사람의 추량이나 판단을 나타내는 문장이 온다.

예 どんな悪い状況であれ、最後まで諦めないことが大切だ。
어떤 안 좋은 상황이라 해도 끝까지 단념하지 않는 것이 중요하다.
いかに不満であれ、もう決めたことには従うしかない。
아무리 불만이어도 이미 결정한 것에는 따를 수밖에 없다.
女性とは何歳であれ、「きれいだ」と言われたら嬉しいものだ。
여자란 몇 살이든 '예쁘다'라는 말을 들으면 기쁜 법이다.

---

어휘 警官 경관 | 者 자, 사람 | 市民 시민 | 第一 제일 | 考える 생각하다 | 大臣 대신, 장관 | 国民 국민 | 模範 모범 | 教師 교사 | ~なんて ~라니, ~하다니 | 信じる 믿다 | イタリア 이탈리아 | サッカー 축구 | 試合 시합 | 抜く 앞지르다 | 大接戦 대접전 | 今夜 오늘 밤 | 月 달 | 雲間 구름 사이 | 見える 보이다 | 隠れる 숨다 | 諦める 체념하다, 단념하다 | ~とは ~라는 것은, ~란 *정의 | 嬉しい 기쁘다 | ~ものだ ~인 법[것]이다 *상식 · 진리 · 본성

---

## 28 ～てからというもの ～한 후 (계속), ～하고부터는

동사의 て형에 접속해 '～하고 나서는 전과는 달리 ～이다'라는 뜻으로, 앞선 행위나 사건이 뒤에 일어나는 상황의 계기가 될 때 쓴다. 「～てからは」(～한 후로는)와 의미나 용법이 대체로 비슷하지만 「～てからというもの」 쪽이 좀 더 강조하는 의미를 나타낸다.

예 就職(しゅうしょく)してからというもの、社会(しゃかい)の厳(きび)しさを感(かん)じている。
취직한 후 계속 사회의 각박함을 느끼고 있다.
子育(こそだ)てが始(はじ)まってからというもの、外食(がいしょく)する機会(きかい)が減(へ)った。
육아가 시작되고부터는 외식할 기회가 줄었다.

## 29 명사+でなくてなんだろう ～이 아니고 무엇이겠는가

추상적인 명사에 접속해 '바로 ～이다'라고 강조하거나 주관적인 생각을 나타낼 때 쓴다. 주로 소설이나 수필 등에 쓰이는 문어체 표현이다.

예 多(おお)くの人(ひと)を救(すく)っている医師(いし)が英雄(えいゆう)でなくてなんだろう。
많은 사람을 구하고 있는 의사가 영웅이 아니고 무엇이겠는가.
肌(はだ)の色(いろ)でいじめられるなんて、これが差別(さべつ)でなくてなんだろう。
피부색으로 괴롭힘을 당하다니 이게 차별이 아니고 무엇이겠는가.

## 30 명사+ではあるまいし ～도 아니고

명사에 접속해 '～이 아니므로 당연히～'라는 뜻으로, 뒤에는 말하는 사람의 판단이나 주장, 상대방에 대한 충고, 권유 등의 표현이 온다. 「では」를 축약해 「～じゃあるまいし」의 형태로 쓰기도 한다.

예 金持(かねも)ちではあるまいし、そんなに高(たか)い物(もの)は買(か)えない。
부자도 아니고 그렇게 비싼 물건은 살 수 없다.
新人(しんじん)じゃあるまいし、なぜそんな簡単(かんたん)なこともできないの?
신입도 아니고 왜 그런 간단한 일도 못하는 거야?

---

어휘 就職(しゅうしょく) 취직 | 社会(しゃかい) 사회 | 厳(きび)しさ 엄함, 각박함, 어려움 | 感(かん)じる 느끼다 | 子育(こそだ)て 육아 | 始(はじ)まる 시작되다 | 外食(がいしょく) 외식 | 機会(きかい) 기회 | 減(へ)る 줄다, 줄어들다 | 多(おお)く 많음 | 救(すく)う 구하다 | 医師(いし) 의사 | 英雄(えいゆう) 영웅 | 肌(はだ) 피부 | 色(いろ) 색, 색깔 | いじめる 괴롭히다 | ～なんて ～라니, ～하다니 | 差別(さべつ) 차별 | 金持(かねも)ち 부자 | そんなに 그렇게(나) | 高(たか)い 비싸다 | 買(か)う 사다 | 新人(しんじん) 신입 | なぜ 왜, 어째서 | そんな 그런 | 簡単(かんたん)だ 간단하다

---

## 31 ～手前(てまえ) ~하기[이기] 때문에

'~라는 입장 · 상황이기 때문에 ~할 수밖에 없다'라는 뜻의 표현으로, 무엇인가를 말하거나 약속했기 때문에 하기 싫지만 체면상 어쩔 수 없이 한다는 뉘앙스를 나타낸다.

예 このことは私(わたし)に任(まか)せろと大見得(おおみえ)を切(き)った手前(てまえ)、今更(いまさら)できないとは言(い)えない。
이 일은 내게 맡기라고 호언장담했기 때문에 이제 와서 못 한다고 할 수 없다.

顧客(こきゃく)と約束(やくそく)した手前(てまえ)、寝(ね)る時間(じかん)を割(さ)いてでもやるべきだ。
고객과 약속했기 때문에 자는 시간을 내어서라도 해야 한다.

## 32 ～てやまない ~해 마지않다, 진심으로 ~하다

「尊敬(そんけい)する」(존경하다), 「願(ねが)う」(원하다, 바라다), 「祈(いの)る」(빌다), 「期待(きたい)する」(기대하다)와 같은 동사의 て형에 접속해 그와 같은 감정을 오랫동안 강하게 지니고 있음을 나타낸다.

예 鈴木先生(すずきせんせい)は私(わたし)が尊敬(そんけい)してやまない方(かた)だ。
스즈키 선생님은 내가 진심으로 존경하는 분이다.

皆(みな)さんのこれからのご活躍(かつやく)を願(ねが)ってやみません。
여러분의 앞으로의 활약을 바라 마지않습니다.

## 33 명사+と相(あい)まって ~와 맞물려, ~와 어우러져

명사에 접속해 복수의 물질이나 성질이 서로 상호 작용을 하여 더욱더 큰 효과나 결과를 나타낼 때 쓴다. 주로 「AとB(と)が相(あい)まって」(A와 B가 맞물려[어우러져])의 형태로 많이 쓰인다.

예 その映画(えいが)は、バックミュージックが美(うつく)しい映像(えいぞう)と相(あい)まって、見(み)る人(ひと)を感動(かんどう)させた。
그 영화는 배경음악이 아름다운 영상과 어우러져 보는 사람을 감동시켰다.

このステーキは肉(にく)も柔(やわ)らかかったが、ソースと相(あい)まって更(さら)に美味(おい)しかった。
이 스테이크는 고기도 연했지만, 소스와 어우러져 더욱 맛있었다.

※ 二日酔(ふつかよ)いと寝不足(ねぶそく)が相(あい)まって朝(あさ)から体(からだ)の調子(ちょうし)がよくなかった。
숙취와 수면 부족이 맞물려 아침부터 몸 상태가 좋지 않았다.

---

어휘 任(まか)せる 맡기다 | 大見得(おおみえ)を切(き)る 호언장담하다 | 今更(いまさら) 이제 와서, 새삼스럽게 | ～とは言(い)えない ~라고 말할 수 없다 | 顧客(こきゃく) 고객 | 約束(やくそく) 약속 | 寝(ね)る 자다 | 時間(じかん) 시간 | 割(さ)く 할애하다 | 동사의 기본형+べきだ (마땅히) ~해야 한다 | 方(かた) 분 | 皆(みな)さん 여러분 | これから 앞으로 | 活躍(かつやく) 활약 | 映画(えいが) 영화 | バックミュージック 배경음악 | 映像(えいぞう) 영상 | 感動(かんどう) 감동 | ステーキ 스테이크 | 肉(にく) 고기 | 柔(やわ)らかい 부드럽다, 연하다 | ソース 소스 | 更(さら)に 더욱 | 二日酔(ふつかよ)い 숙취 | 寝不足(ねぶそく) 수면 부족 | 体(からだ) 몸, 신체 | 調子(ちょうし) 상태, 컨디션

---

## 34 ～とあって ～라서, ~이기 때문에

'～라는 특별한 상황이기 때문에 ～하다'라는 뜻으로, 뒤에는 말하는 사람이 관찰한 것을 말하는 경우가 많다. 객관적 또는 사회적인 화제에 대해서 말할 때 쓰는 표현으로 개인적인 화제에 대해서는 쓰지 않는다.

예 週末(しゅうまつ)とあって、遊園地(ゆうえんち)は朝(あさ)から家族連(かぞくづ)れで賑(にぎ)わっていた。
주말이라서 유원지는 아침부터 가족 동반으로 떠들썩했다.

このパン屋(や)は、先週(せんしゅう)テレビ番組(ばんぐみ)で紹介(しょうかい)されたとあって開店前(かいてんまえ)から長(なが)い行列(ぎょうれつ)ができている。
이 빵집은 지난주에 TV 프로그램에 소개되었기 때문에 개점 전부터 긴 줄이 생겨 있다.

## 35 명사+というところだ ～정도이다, 잘해야 ～이다

정도나 수량을 나타내는 명사에 접속해 '대체로 그 정도이다'라는 뜻을 나타내는데, 정도나 수량이 충분하지는 않다는 뉘앙스를 포함하고 있다.

예 ホームページへの訪問者数(ほうもんしゃすう)は、平均(へいきん)して一日当(いちにちあ)たりおよそ100人(にん)というところです。
홈페이지 방문자 수는 평균해서 하루당 대략 100명 정도입니다.

日本語(にほんご)の勉強時間(べんきょうじかん)は、毎日(まいにち)1、2時間(じかん)というところだ。
일본어 공부 시간은 매일 잘해야 한두 시간이다.

## 36 ～といえども ～라 해도, ～라 할지라도

'설령 ～더라도'라는 뜻의 표현으로, 앞에서 극단적인 경우를 예로 들고 뒤에서는 이로 인해 발생하는 상황에 반대한다는 뜻을 나타낸다.

예 いくら体(からだ)にいい食(た)べ物(もの)といえども、食(た)べすぎるのはよくない。
아무리 몸에 좋은 음식이라 해도 너무 많이 먹는 것은 좋지 않다.

いくら安(やす)いといえども、偽物(にせもの)であれば欲(ほ)しいとは思(おも)わない。
아무리 싸다고 해도 위조품이라면 갖고 싶다고는 생각하지 않는다.

어휘 週末(しゅうまつ) 주말 | 遊園地(ゆうえんち) 유원지 | 朝(あさ) 아침 | 家族(かぞく) 가족 | ～連(づ)れ ～동반 | 賑(にぎ)わう 떠들썩하다, 활기차다 |
パン屋(や) 빵집 | 先週(せんしゅう) 지난주 | 番組(ばんぐみ) (방송·연예 등의) 프로그램 | 紹介(しょうかい) 소개 | 開店(かいてん) 개점 | 行列(ぎょうれつ) 줄을 섬, 또 그 줄 |
できる 생기다 | ホームページ 홈페이지 | 訪問者(ほうもんしゃ) 방문자 | 平均(へいきん) 평균 | 一日(いちにち) (날짜의) 일일, 하루 |
～当(あ)たり ～당 | およそ 대략 | いくら 아무리 | 体(からだ) 몸, 신체 | 食(た)べ物(もの) 음식, 먹을 것 |
동사의 ます형+すぎる 너무 ～하다 | 偽物(にせもの) 가짜, 위조품 | 欲(ほ)しい 갖고 싶다, 원하다 | ～とは ～라고는

# 확인 문제 3(25~36)・문법

**問題5 次の文の(　　　)に入れるのに最もよいものを、1・2・3・4から一つ選びなさい。**

1 彼は多く見ても20歳という(　　　)。
1 はずだ　2 わけだ　3 ところだ　4 ものだ

2 全く子供(　　　)、わがままを言うのは止めなさい。
1 なりに　2 をおいて　3 だけに　4 ではあるまいし

3 みんなの前でたばこを止めると言った(　　　)、吸うわけにはいかない。
1 出前　2 手前　3 寸前　4 直前

4 リーダー(　　　)者は、いつも正しい判断ができなければならない。
1 する　2 たる　3 くる　4 さる

5 これからも二人の幸せを願って(　　　)。
1 やみません　2 とりません　3 なりません　4 いきません

6 毎朝、(　　　)の満員電車に乗って出勤している。
1 押しつつあって　2 押したとたん　3 押しつ押されつ　4 押したといえども

7 たとえ未成年(　　　)、犯した犯罪には罰を受けるべきだ。
1 ごとく　2 といえども　3 が早いか　4 かたわら

8 一年に一度のお祭り(　　　)、街は多くの人で溢れている。
1 を問わず　2 とあって　3 からみると　4 ともなると

9 彼女に会うと、胸がわくわくする。これが恋(　　　)。
1 ではあるまい　2 次第である　3 とのことだ　4 でなくてなんだろう

10 彼の才能は、人一倍の努力(　　　)、見事に花を咲かせた。
1 に限って　2 にもまして　3 と相まって　4 において

**問題6 次の文の ＿★＿ に入る最もよいものを、1・2・3・4から一つ選びなさい。**

11 ＿＿ ＿＿ ＿★＿ ＿＿、その国の法律には従わなければならない。

1 国王　2 あれ　3 で　4 たとえ

12 さっきから、お客さんらしい人が店の ＿＿ ＿＿ ＿★＿ ＿＿ いる。

1 行きつ　2 戻りつ　3 して　4 前を

13 ＿＿ ＿＿ ＿★＿ ＿＿、全国から多くの人が見に来ている。

1 とあって　2 有名な　3 写真家の　4 展示会

14 親という存在は、我が子の ＿＿ ＿＿ ＿★＿ ＿＿。

1 将来を　2 期待して　3 ものだ　4 やまない

15 ＿＿ ＿＿ ＿★＿ ＿＿、ファストフードやインスタント食品ばかり食べている。

1 という　2 もの　3 一人暮らしを　4 始めてから

**問題7 次の文章を読んで、文章全体の趣旨を踏まえて、16 から 20 の中に入る最もよいものを、1・2・3・4から一つ選びなさい。**

ホスピス(注1)・緩和ケア 16 社会のニーズは、年々増大し、近年急激なホスピス・緩和ケア病棟の施設数増加が見られる。また、施設数の増加と並行してスタッフの不足が顕在化(注2)しており、看護スタッフの育成に対しては様々な試みがなされているが、医師 17 他のスタッフの育成については組織的な活動は行なわれていないのが現状である。

我々は、以上のような状況に 18、ホスピス・緩和ケアに従事するスタッフの教育システムが整備されることが、我が国のホスピス・緩和ケア発展には必要不可欠と考え、その第一歩として「ホスピス・緩和ケア教育カリキュラム」を作成した。この文書には、ホスピス・緩和ケアに従事するスタッフの学習目標が明確化されている。今後このカリキュラム 19、様々な教育プログラムや学習方法が作成され、我が国のホスピス・緩和ケアが更に発展していくことを願って 20。

(注1)ホスピス: 最期(さいご)の時を穏やかに過ごすために行われる治療のこと
(注2)顕在化: 潜んでいたことがはっきりと表面に現れること

16
1 に伴う　2 にかかる　3 にわたる　4 に対する

17
1 をはじめとする　2 を問わず　3 に従って　4 はさておいて

18
1 無視し　2 真似て　3 鑑み　4 抑え

19
1 かたがた　2 とあって　3 にかかわらず　4 をもとに

20
1 いかない　2 やまない　3 こない　4 とらない

# 확인 문제 3(25~36)・정답 및 해석(문법)

1 **정답** 3
**해석** 그는 많이 봐도 스무 살 (정도이다).
**어휘** 多(おお)く 많이 20歳(はたち) 스무 살 명사+というところだ ~정도이다, 잘해야 ~이다
~はずだ (당연히) ~할 것이다 ~わけだ ~인 셈[것]이다, ~인 것이 당연하다 ~ものだ ~인 법[것]이다 *상식・진리・본성

2 **정답** 4
**해석** 정말이지 어린애(도 아니고) 버릇없이 말하는 건 그만둬.
**어휘** 全(まった)く 정말, 참으로, 실로 명사+ではあるまいし ~도 아니고 わがままを言(い)う 제멋대로[버릇없이] 말하다
止(や)める 그만두다, 관두다 명사+なりに ~나름대로 ~をおいて ~을 제외하고 ~だけに ~인 만큼

3 **정답** 2
**해석** 모두 앞에서 담배를 끊겠다고 말했(기 때문에) 피울 수는 없다.
**어휘** たばこ 담배 止(や)める 끊다, 그만두다, 중지하다 ~手前(てまえ) ~하기[이기] 때문에 吸(す)う (담배를) 피우다
~わけにはいかない ~할 수는 없다 出前(でまえ) (요리) 배달 寸前(すんぜん) 직전 直前(ちょくぜん) 직전

4 **정답** 2
**해석** 리더(된) 자는 항상 올바른 판단을 할 수 있어야 한다.
**어휘** リーダー 리더 명사+たる ~인, ~된 者(もの) 자, 사람 正(ただ)しい 올바르다 判断(はんだん) 판단
~なければならない ~하지 않으면 안 된다, ~해야 한다 さる 어느, 어떤

5 **정답** 1
**해석** 앞으로도 두 사람의 행복을 바라 (마지않습니다).
**어휘** これからも 앞으로도 二人(ふたり) 두 사람 幸(しあわ)せ 행복 願(ねが)う 원하다, 바라다
~てやまない ~해 마지않다, 진심으로 ~하다 ~てならない 매우 ~하다

6 **정답** 3
**해석** 매일 아침 (밀기도 하고 밀리기도 하)는 만원 전철을 타고 출근하고 있다.
**어휘** 毎朝(まいあさ) 매일 아침 押(お)す 밀다 동사의 ます형+つ+동사의 ます형+つ ~하기도 하고 ~하기도 하고
満員(まんいん) 만원 電車(でんしゃ) 전철 乗(の)る (탈것에) 타다 出勤(しゅっきん) 출근
동사의 ます형+つつある ~하는 중이다 동사의 た형+とたん(に) ~하자마자, ~한 순간(에)
~といえども ~라 해도, ~라 할지라도

7 **정답** 2
**해석** 설령 미성년(이라 해도) 저지른 범죄에는 벌을 받아야 한다.
**어휘** たとえ 설령, 설사 未成年(みせいねん) 미성년 ~といえども ~라 해도, ~라 할지라도 犯(おか)す 저지르다, 범하다
犯罪(はんざい) 범죄 罰(ばつ) 벌 受(う)ける 받다 동사의 기본형+べきだ (마땅히) ~해야 한다 ~ごとく ~와 같이, ~처럼
동사의 기본형+が早(はや)いか ~하자마자 ~かたわら ~하는 한편, 주로 ~일을 하면서 그 한편으로

8 **정답** 2
**해석** 일년에 한 번인 축제(라서) 거리는 많은 사람으로 넘쳐나고 있다.
**어휘** 一度(いちど) 한 번 お祭(まつ)り 마쓰리, 축제 ~とあって ~라서, ~이기 때문에 街(まち) 거리
溢(あふ)れる 넘치다 ~を問(と)わず ~을 불문하고 ~からみると ~의 입장에서 보면 ~ともなると ~쯤 되면

9 **정답** 4
**해석** 그녀를 만나면 가슴이 두근거린다. 이것이 사랑(이 아니고 무엇이겠는가).
**어휘** 会(あ)う 만나다 胸(むね) 가슴 わくわく (가슴이) 두근두근 恋(こい) 사랑
명사+でなくてなんだろう ~이 아니고 무엇이겠는가 ~ではあるまい ~도 아니다
명사+次第(しだい)だ ~에 달려 있다, ~에 의해 좌우되다 ~とのことだ ~라는 것이다, ~라고 한다

10 정답 3

해석 그의 재능은 남보다 갑절의 노력(과 어우러져) 멋지게 꽃을 피웠다.
어휘 才能(さいのう) 재능 人一倍(ひといちばい) 남보다 갑절, 보통 사람보다 그 이상 努力(どりょく) 노력
명사+と相(あい)まって ~와 맞물려, ~와 어우러져 見事(みごと)だ 멋지다, 훌륭하다
花(はな)を咲(さ)かせる 꽃을 피우다, 성공하다, 이름을 날리다 ~に限(かぎ)って ~에 한해서 ~にもまして ~보다 더
~において ~에 있어서, ~에서

11 たとえ 国王 で★ あれ | 정답 3

해석 설령 국왕 일★ 지라도 그 나라의 법률에는 따라야 한다.
어휘 たとえ 설령, 설사 国王(こくおう) 국왕 ~であれ ~이라 해도, ~이든, (설령) ~일지라도 国(くに) 나라
法律(ほうりつ) 법률 従(したが)う 따르다 ~なければならない ~하지 않으면 안 된다, ~해야 한다

12 前を 行きつ 戻りつ★ して | 정답 2

해석 조금 전부터 손님인 듯한 사람이 가게 앞을 왔다 갔다★ 하고 있다.
어휘 さっき 아까, 조금 전 お客(きゃく)さん 손님 ~らしい ~인 것 같다
行(い)きつ戻(もど)りつ 왔다 갔다 함, 서성거림

13 有名な 写真家の 展示会★ とあって | 정답 4

해석 유명한 사진가의 전시회★ 라서 전국에서 많은 사람이 보러 오고 있다.
어휘 有名(ゆうめい)だ 유명하다 写真家(しゃしんか) 사진가 展示会(てんじかい) 전시회
~とあって ~라서, ~이기 때문에 全国(ぜんこく) 전국 동사의 ます형+に ~하러 *동작의 목적

14 将来を 期待して やまない★ ものだ | 정답 4

해석 부모라는 존재는 내 아이의 장래를 기대해 마지않는★ 법이다.
어휘 親(おや) 부모 ~という ~라고 하는, ~라는 存在(そんざい) 존재 我(わ)が 나의, 우리의 将来(しょうらい) 장래
期待(きたい) 기대 ~てやまない ~해 마지않다, 진심으로 ~하다 ~ものだ ~인 법[것]이다 *상식 · 진리 · 본성

15 一人暮らしを 始めてから という★ もの | 정답 1

해석 혼자 살기를 시작 한★ 후 패스트푸드나 인스턴트 식품만 먹고 있다.
어휘 一人暮(ひとりぐ)らし 혼자서 삶 始(はじ)める 시작하다 ~てからというもの ~한 후 (계속), ~하고부터는
ファストフード 패스트푸드 インスタント 인스턴트 食品(しょくひん) 식품 ~ばかり ~만, ~뿐

16~20

호스피스(주1) · 완화 치료 16 에 대한 사회의 요구는 해마다 증대되어, 근래 급격한 호스피스 · 완화 치료 병동의 시설 수 증가가 보여진다. 또한 시설 수 증가와 병행해 담당자 부족이 표면화(주2)되고 있고, 간호 담당자 육성에 대해 다양한 시도가 이루어지고 있지만, 의사 17 를 비롯한 다른 담당자 육성에 대해서는 조직적인 활동은 되고 있지 않은 것이 현재 상태이다.

우리는 이상과 같은 상황을 18 감안해 호스피스 · 완화 치료에 종사하는 담당자 교육 시스템이 정비되는 것이 우리나라의 호스피스 · 완화 치료 발전에는 필요 불가결하다고 생각하고, 그 첫걸음으로 '호스피스 · 완화 치료 교육 커리큘럼'을 작성했다. 이 문서에는 호스피스 · 완화 치료에 종사하는 담당자의 학습 목표가 명확해져 있다. 앞으로 이 커리큘럼 19 을 바탕으로 다양한 교육 프로그램과 학습 방법이 작성되어 우리나라의 호스피스 · 완화 치료가 더욱더 발전해 가기를 바라 20 마지않는다.

(주1)ホスピス(호스피스): 임종 때를 평온하게 보내기 위해서 행해지는 치료
(주2)顕在化(현재화, 표면화): 숨어 있던 것이 확실하게 표면으로 드러나는 것

어휘 ホスピス (의학) 호스피스 *임종이 가까운 환자, 특히 말기 암 환자를 수용 · 간호하는 시설
緩和(かんわ)ケア 완화 치료 *환자의 신체 · 정신적 고통 완화에 대한 치료를 아우르는 포괄적 형태의 의료행위를 말함
ニーズ 요구 年々(ねんねん) 해마다 増大(ぞうだい) 증대 近年(きんねん) 근래, 요즘 急激(きゅうげき)だ 급격하다
病棟(びょうとう) 병동 施設(しせつ) 시설 増加(ぞうか) 증가 並行(へいこう) 병행 スタッフ 스태프, 담당자, 부원
不足(ふそく) 부족 顕在化(けんざいか) 현재화, 표면화 ～ておる ～하고 있다 *「～ている」의 겸양표현 看護(かんご) 간호
育成(いくせい) 육성 ～に対(たい)しては ～에 대해서는 様々(さまざま)だ 다양하다, 여러 가지다 試(こころ)み 시도
なす 하다, 행하다, 실시하다 医師(いし) 의사 ～については ～에 대해서는 組織的(そしきてき)だ 조직적이다
活動(かつどう) 활동 行(おこな)う 하다, 행하다, 실시하다 現状(げんじょう) 현상, 현재 상태 我々(われわれ) 우리
従事(じゅうじ) 종사 整備(せいび) 정비 発展(はってん) 발전 不可欠(ふかけつ) 불가결, 없어서는 안 됨
第一歩(だいいっぽ) 제일보, 첫걸음 ～として ～로서 カリキュラム 커리큘럼, 교육과정 作成(さくせい) 작성
文書(ぶんしょ) 문서 学習(がくしゅう) 학습 目標(もくひょう) 목표 明確化(めいかくか) 명확화 今後(こんご) 금후, 앞으로
更(さら)に 더욱더 最期(さいご) 임종, 죽음 穏(おだ)やかだ 평온하다 過(す)ごす (시간을) 보내다, 지내다 治療(ちりょう) 치료
潜(ひそ)む 숨다, 잠재하다 はっきりと 확실히 表面(ひょうめん) 표면 現(あらわ)れる 나타나다, 드러나다

16 해석 1 에 동반한 2 에 걸리는 3 에 걸친 4 에 대한
어휘 ～に伴(ともな)う ～에 동반하다 ～にかかる ～에 걸리다 ～にわたる ～에 걸치다 ～に対(たい)する ～에 대한

17 해석 1 를 비롯한 2 를 불문하고 3 에 따라서 4 는 제쳐두고
어휘 ～をはじ(始)めとする ～을 비롯한 ～を問(と)わず ～을 불문하고 ～に従(したが)って ～에 따라서
～はさておいて ～는 제쳐두고

18 해석 1 무시해 2 흉내내 3 감안해 4 억제해
어휘 無視(むし) 무시 真似(まね)る 흉내내다, 모방하다 鑑(かんが)みる (거울 삼아) 비추어 보다, 감안하다
抑(おさ)える 억제하다

19 해석 1 겸 2 이라서 3 에 관계없이 4 을 바탕으로
어휘 ～かたがた ～할 겸 ～とあって ～라서, ～이기 때문에 ～にかかわらず ～에 관계없이
～をもとに ～을 바탕으로

20 해석 1 가지 않는다 2 마지않는다 3 오지 않는다 4 취하지 않는다
어휘 ～てやまない ～해 마지않다, 진심으로 ～하다

# 기출 문법표현 84
# <37~48>

□ 37 **～といったらない** ～하기 짝이 없다, 매우 ～하다

□ 38 **～と思(おも)いきや** ～라고 생각했으나 (실은)

□ 39 **～ときたら** ～로 말하자면

□ 40 **～ところ(を)** ～인 중에, ～인데도

□ 41 **～とは** ～라니, ～하다니

□ 42 **～とはいえ** ～라고 해도, ～이지만

□ 43 **～とばかりに** ～하다는 듯이, ～라는 듯이

□ 44 동사의 기본형+**ともなく** 무심코～, 문득～ / 의문사+**ともなく** 확실히는 모르겠지만

□ 45 **～ともなると・～ともなれば** ～라도 되면, ～쯤 되면

□ 46 동사의 ない형+**ないまでも** ～하지 않더라도, ～하지 않을지언정

□ 47 **～ながらも** ～이지만, ～이면서도

□ 48 명사+**なくして(は)** ～없이(는)

## 37 ～といったらない ～하기 짝이 없다, 매우 ～하다

'매우 ～하다'라는 뜻으로, 놀람, 기쁨, 비난 등의 정도를 강조할 때 쓴다. 「～といったらありはしない」나 「～といったらありゃしない」라고도 하는데, 이때는 부정적인 뉘앙스를 나타낸다.

예 エアコンが故障して暑いといったらない。
에어컨이 고장 나서 덥기 짝이 없다.
初めて息子が自分の足で歩いた時の感激といったらなかった。
처음 아들이 자신의 발로 걸었을 때는 매우 감격했다.
※ 最近、頻繁に地震が起こっていて、恐ろしいといったらありはしない。
최근 빈번하게 지진이 일어나서 무섭기 짝이 없다.

## 38 ～と思いきや ～라고 생각했으나 (실은)

'～라고 생각한 것과 달리'라는 뜻으로, 일반적으로 예상한 것과는 다른 결과라서 의외라는 기분을 나타낼 때 쓴다. 참고로 불확실함을 나타내는 조사 「か」를 붙여 「～かと思いきや」라고 쓰기도 한다.

예 服装や髪型から男性と思いきや、女性だった。
복장이나 머리 스타일로 남성이라고 생각했으나 여성이었다.
ゴールが決まったかと思いきや、オフサイドと判定されてしまった。
골이 들어갔다고 생각했으나 오프사이드라고 판정받고 말았다.

## 39 명사+ときたら ～로 말하자면

사람을 나타내는 명사나 고유명사에 접속해 '그것에 관해서는, ～은'이라는 뜻을 나타낸다. 뒤에는 불만이나 비난 등 좋지 않은 의미의 문장이 온다.

예 彼ときたら、いつも嘘ばかりついています。
그로 말하자면 늘 거짓말만 하고 있습니다.
あの店ときたら、値段も高くてサービスも悪い。
저 가게로 말하자면 가격도 비싸고 서비스도 나쁘다.

---

어휘 エアコン 에어컨 | 故障する 고장 나다 | 暑い 덥다 | 初めて 처음(으로), 비로소 | 息子 (자신의) 아들 | 自分 자기, 자신, 나 | 足 발, 다리 | 歩く 걷다 | 感激 감격 | 頻繁だ 빈번하다 | 地震 지진 | 起こる 일어나다, 발생하다 | 恐ろしい 무섭다, 두렵다 | 服装 복장 | 髪型 머리 스타일 | 男性 남성 | 女性 여성 | ゴール (축구 등의) 골 | 決まる (뜻대로) 먹혀들다, 성공하다 | オフサイド 오프사이드, 경기자가 경기를 할 수 없는 위치에 있으면서 플레이하는 것 | 判定 판정 | 嘘 거짓말 | ～ばかり ～만, ～뿐 | 店 가게 | 値段 가격 | 高い 비싸다 | サービス 서비스

---

## 40 ～ところ(を) ～인 중에, ～인데도

인사말에서 주로 쓰는 표현으로, 감사, 의뢰, 사죄 등을 나타낸다. 명사에 접속할 때는「명사+の+ところを」의 형태를 취하고, 뒤에 있는 조사「を」는 생략하고 쓰기도 한다.

예 お忙しいところをご出席くださり、誠にありがとうございました。
바쁘신 중에 참석해 주셔서 정말 감사드립니다.

お休みのところを申し訳ありません。今、お電話でお話ししてもよろしいですか。
쉬시는데 죄송합니다. 지금 전화로 말씀드려도 될까요?

## 41 ～とは ～라니, ～하다니

예상하지 못했던 일에 대한 놀라움이나 의외 등의 감정을 나타내는 표현이다. 비슷한 의미의 표현으로「～なんて」(～라니, ～하다니)가 있는데, 주로 회화체에서 쓴다. 참고로, 정의를 내릴 때는 '～라는 것은, ～란'으로 해석한다.

예 彼が犯人だったとは、思いも寄らなかった。
그가 범인이었다니 미처 생각지 못했다.

まさか1か月前に落とした財布が戻ってくるとは。
설마 한 달 전에 잃어버린 지갑이 되돌아오다니.

※「コンビニ」とは、「コンビニエンスストア」を短くした言葉である。
「コンビニ」(편의점)란「コンビニエンスストア」를 짧게 한 말이다. (정의)

## 42 ～とはいえ ～라고 해도, ～이지만

「AとはいえB」의 형태로 쓰여 역접의 뜻을 나타낸다. A에는 말하는 사람이 사실이라고 생각하는 내용이, B에는 그에 반하는 사항이나 말하는 사람의 평가가 온다.

예 酒の席でのこととはいえ、迷惑をかけてしまい、みんなに合わせる顔がない。
술자리에서의 일이라고 해도 폐를 끼쳐 버려서 모두에게 면목이 없다.

景気に回復の兆しが見えるとはいえ、雇用問題は未だに厳しい。
경기에 회복 조짐이 보인다고는 하지만 고용 문제는 아직도 심하다.

어휘 忙しい 바쁘다 | ご+한자명사+くださる ～해 주시다 *존경표현 | 出席 출석, 참석 | 誠に 참으로, 정말로 | 休み 쉼, 휴식 | 申し訳ありません 죄송합니다 *「すみません」보다 정중한 표현 | お+동사의 ます형+する ～하다, ～해 드리다 *겸양표현 | よろしい 좋다, 괜찮다 *「いい・良い」의 공손한 표현 | 犯人 범인 | 思いも寄らない 미처 생각지 못하다, 뜻밖이다 | まさか 설마 | 落とす 잃어버리다, 분실하다 | 財布 지갑 | 戻る 되돌아오다 | コンビニ 편의점 *「コンビニエンスストア」의 준말 | 短い 짧다 | 酒 술 | 席 (무슨 일을 하는) 자리 | 迷惑をかける 폐를 끼치다 | 合わせる顔がない 대할 낯이 없다, 면목이 없다 | 景気 경기 | 回復 회복 | 兆し 조짐, 징조 | 見える 보이다 | 雇用 고용 | 未だに 아직(까지)도 | 厳しい 심하다, 혹독하다

## 43 ～とばかりに ~하다는 듯이, ~라는 듯이

'실제로 말하지는 않지만 그와 같은 모습, 태도로'라는 뜻으로, 정말 그럴 듯한 태도나 어떤 상태의 동작을 할 때 쓴다. 다른 사람의 상태를 나타내는 표현이므로 말하는 사람 자신에 대해서는 쓰지 않는다.

예 彼女(かのじょ)は「疲(つか)れちゃった」とばかりに、部屋(へや)に入(はい)るなりベッドに倒(たお)れ込(こ)んだ。
그녀는 '지쳐 버렸다'는 듯이 방에 들어오자마자 침대에 쓰러져 버렸다.

さっきから彼(かれ)は「かかって来(こ)い」とばかりに身構(みがま)えていた。
조금 전부터 그는 '덤벼'라는 듯이 자세를 취하고 있었다.

## 44 동사의 기본형+ともなく 무심코~, 문득~ / 의문사+ともなく 확실히는 모르겠지만

「～ともなく」에는 두 가지 의미가 있다. 첫 번째는 「見(み)る」(보다), 「聞(き)く」(듣다)와 같은 동사의 기본형에 접속해 '의식하지 않고 멍하니'라는 뜻을 나타낸다. 두 번째는 의문사에 접속해서 '확실히는 모르겠지만'이라는 뜻으로, 「いつからともなく」(언제부터인가 모르게), 「どこからともなく」(어디선가 모르게)와 같이 관용적으로 쓴다.

예 コーヒーショップで隣(となり)に座(すわ)っているカップルの会話(かいわ)を聞(き)くともなく聞(き)いた。
커피숍에서 옆에 앉아 있는 커플의 대화를 무심코 들었다.

夜(よる)にどこからともなくピアノの音(おと)が聞(き)こえてきた。
밤에 어디선가 모르게 피아노 소리가 들려왔다.

## 45 ～ともなると・～ともなれば ~라도 되면, ~쯤 되면

연령이나 시간을 나타내는 명사에 접속해 '~라는 단계가 되면 다음과 같은 상황이 발생한다'라는 뜻을 나타낸다.

예 決勝戦(けっしょうせん)ともなると、マスコミの注目度(ちゅうもくど)も高(たか)くなるだろう。
결승전이라도 되면 매스컴의 주목도도 높아질 것이다.

中高年(ちゅうこうねん)と呼(よ)ばれる年齢(ねんれい)ともなれば、体(からだ)が思(おも)うように動(うご)いてくれなくなる。
중노년이라고 불리는 나이쯤 되면 몸이 생각처럼 움직여 주지 않게 된다.

---

어휘 疲(つか)れる 지치다, 피로해지다 | 部屋(へや) 방 | 入(はい)る 들어오다 | 동사의 기본형+なり ~하자마자 | ベッド 침대 | 倒(たお)れ込(こ)む 쓰러져 버리다 | さっき 아까, 조금 전 | かかる 대들다, 덤비다 | 身構(みがま)える (공격·방해의) 자세를 취하다 | コーヒーショップ 커피숍 | 隣(となり) 옆 | 座(すわ)る 앉다 | カップル 커플 | 会話(かいわ) 대화 | ピアノ 피아노 | 音(おと) 소리 | 聞(き)こえる 들리다 | 決勝戦(けっしょうせん) 결승전 | マスコミ 매스컴 *「マスコミュニケーション」(매스 커뮤니케이션)의 준말 | 注目度(ちゅうもくど) 주목도 | 中高年(ちゅうこうねん) 중노년 | 呼(よ)ばれる 불리다, 일컬어지다 | 年齢(ねんれい) 연령, 나이 | 体(からだ) 몸, 신체 | 動(うご)く 움직이다

---

## 46 동사의 ない형+ないまでも ~하지 않더라도, ~하지 않을지언정

동사의 ない형에 접속해 '~만큼은 아니지만 적어도 이 정도는'이라는 뜻을 나타낸다. 뒤에는 주로 「少なくとも」(적어도), 「せめて」(하다못해) 등과 같은 부사가 온다.

예 毎日とは言わないまでも、週に1回ぐらいは掃除してほしいものだ。
매일이라고는 말하지 않더라도 일주일에 한 번 정도는 청소해 줬으면 하는 것이다.

レギュラーにはなれないまでも、少なくとも補欠選手には選ばれたい。
정규 선수까지는 못 될지라도 적어도 보결 선수로는 뽑히고 싶다.

## 47 ~ながらも ~이지만, ~이면서도

앞의 내용과 뒤의 내용이 서로 모순되는 관계에 있다는 뜻을 나타낸다.

예 この旅館は古いながらも、部屋の掃除がしっかりされていて気持ちよく泊まった。
이 여관은 오래되었지만, 방 청소가 제대로 되어 있어서 기분 좋게 묵었다.

教師の仕事は大変でありながらも、とてもやり甲斐のある仕事である。
교사 일은 힘들면서도 매우 보람이 있는 일이다.

## 48 명사+なくして(は) ~없이(는)

명사에 접속해 '~이 없는 상태에서 뒤에 오는 일이 실현되기 어렵다'라는 뜻을 나타낸다. 보통 앞에는 바람직한 의미의 명사가 오고 뒤에는 부정적인 의미의 문장이 오는데, 뒤에 있는 조사 「は」는 생략하고 쓰기도 한다.

예 みんなの協力なくしては、恐らく成功できなかっただろう。
모두의 협력 없이는 아마 성공할 수 없었을 것이다.

この問題の完全な解決なくして、我が社の未来はないと思う。
이 문제의 완전한 해결 없이 우리 회사의 미래는 없다고 생각한다.

---

어휘 毎日 매일 | ~とは ~라고는 | 週 일주일 | 掃除 청소 | ~てほしい ~해 주었으면 하다, ~하길 바라다 | ~ものだ ~인 것이다 *불만 등을 담아 그 이유를 말할 때 씀 | レギュラー 정규 선수 *「レギュラーメンバー」의 준말 | 補欠 보결, 보궐 | 選手 선수 | 選ぶ 뽑다, 선발하다 | 旅館 여관 | 古い 오래되다, 낡다 | 部屋 방 | しっかり 제대로, 확실히 | 気持ちいい 기분 좋다 | 泊まる 묵다, 숙박하다 | 教師 교사 | 大変だ 힘들다 | やり甲斐 보람 | 協力 협력 | 恐らく 아마, 필시 | 成功 성공 | 完全だ 완전하다 | 解決 해결 | 我が 나의, 우리의 | 未来 미래

---

동영상 10

# 확인 문제 4(37~48)・문법

**問題5 次の文の(　　　)に入れるのに最もよいものを、1・2・3・4から一つ選びなさい。**

1 山田「課長、お忙しい(　　　)すみませんが、今、少しお時間いただけますか。」
課長「はい、何でしょうか。」
1 こと　　2 もの　　3 わけ　　4 ところ

2 彼は失敗するとわかってい(　　　)、最後まで頑張った。
1 ながらも　　2 ながらに　　3 ながらを　　4 ながらで

3 短期間でこんな結果が出る(　　　)、さすが彼だね。
1 からこそ　　2 そばから　　3 とは　　4 とあって

4 ようやく溜まっていた仕事が片付いた(　　　)、同僚に新しい仕事を頼まれた。
1 と思いきや　　2 もので　　3 からといって　　4 が最後

5 現状では、親の援助(　　　)大学院に行けない。
1 に伴って　　2 にもまして　　3 なくしては　　4 を限りに

6 この料理には、唐辛子(とうがらし)がたくさん入っていて、辛い(　　　)。
1 とは限らない　　2 といったらない　　3 次第だ　　4 わけではない

7 彼女は「これ以上言うな!」(　　　)、私の方を睨(にら)んだ。
1 とばかりか　　2 とばかりを　　3 とばかりに　　4 とばかりで

8 大勢の人の前でのスピーチ(　　　)、誰でも緊張するものである。
1 ともなると　　2 いかんで　　3 かたがた　　4 であれ

9 うちの息子(　　　)、スマホを持ってトイレに入ると30分以上出てこない。
1 を問わず　　2 として　　3 ときたら　　4 とはいえ

10 全部とは(　　　)、最低限の仕事は覚えてほしい。
1 言ったものの　　2 言ってからというもの
3 言わないまでも　　4 言ったといえども

**問題6 次の文の ＿★＿ に入る最もよいものを、1・2・3・4から一つ選びなさい。**

11 ＿＿ ＿＿ ＿★＿ ＿＿、娘は部屋の中に入ってしまった。

1 話したく　　2 もう　　3 ない　　4 とばかりに

12 常用漢字を ＿＿ ＿＿ ＿★＿ ＿＿、全部覚えているわけではない。

1 した　　2 とは　　3 いえ　　4 勉強

13 ＿＿ ＿＿ ＿★＿ ＿＿、嘘か本当かわからない情報ばかりである。

1 情報　　2 インターネットの　　3 最近の　　4 ときたら

14 毎日店で同じ音楽が流れていたので、＿＿ ＿＿ ＿★＿ ＿＿。

1 歌詞を覚える　　2 しまった　　3 ともなく　　4 覚えて

15 いつもは静かな町であるが、＿＿ ＿＿ ＿★＿ ＿＿ なる。

1 と　　2 賑やかに　　3 ともなる　　4 週末

**問題7 次の文章を読んで、文章全体の趣旨を踏まえて、16 から 20 の中に入る最もよいものを、1・2・3・4から一つ選びなさい。**

寒い冬こそ、窓越しに 16 太陽の光を取り込んで明るく暖かく過ごしたいものです。しかし、冬 17 、特に1階は南向きの部屋でもあまり光が差し込まないと感じることが多いのではないでしょうか。その理由の一つが日照時間です。冬は冬至(とうじ)(注1)を中心に日の出から日の入りまでの時間が 18 ため、部屋に光が差し込む時間も他の季節ほど長くありません。そして、もう一つの理由が 19 です。一日のうちで太陽が最も高くなるのは、どの季節でも正午頃です。正午の太陽は夏至(げし)(注2)の時期は地面に対して約80度と高い位置にあるのに、冬至(とうじ)の頃は約30度ととても低くなります。低い位置から差す冬の太陽光は、南側に建つ建物がそれほど高くなくても遮られてしまうことがあるのです。敷地が広ければ、冬場でも1階に十分日光が入るよう、南側に余裕を持たせて家を建てることもできますが、住宅が建て込んだ地域ではなかなか難しいものです。しかし、こうしたケースでも、 20 光を取り込みやすくすることができます。方法の一つとして考えられるのが、窓の背を高くすることです。高い位置まで窓があるほど、部屋の奥まで太陽の光が届くようになり、部屋全体が明るくなります。

(注1)冬至(とうじ): 日の出から日の入りまでの時間が最も短い日
(注2)夏至(げし): 日の出から日の入りまでの時間が最も長い日

16

1 辛うじて　2 できるだけ　3 徐々に　4 頭から

17

1 とはいえ　2 を限りに　3 にとって　4 ともなると

18

1 短い　2 長い　3 高い　4 低い

19

1 太陽の光　2 太陽の高さ　3 地球の自転　4 地球の引力

20

1 窓を無くすことで　2 窓を工夫することで
3 部屋を片付けることで　4 家の方向を変えることで

# 확인 문제 4(37~48)・정답 및 해석(문법)

1 정답 4
해석 야마다 "과장님, 바쁘신(데) 죄송하지만, 지금 잠시 시간 있으신가요?"
과장 "예, 무슨 일이죠?"
어휘 忙(いそが)しい 바쁘다 ～ところ(を) ~인 중에, ~인데도 いただく (남에게) 받다 *「もらう」의 겸양어

2 정답 1
해석 그는 실패할 것이라고 알(면서도) 끝까지 열심히 했다.
어휘 失敗(しっぱい) 실패 ～ながらも ~이지만, ~이면서도 最後(さいご) 최후, 마지막
頑張(がんば)る (끝까지) 노력하다, 열심히 하다

3 정답 3
해석 단기간에 이런 결과가 나오(다니), 과연 그 사람이네.
어휘 短期間(たんきかん) 단기간 こんな 이런 結果(けっか) 결과 出(で)る 나오다 ～とは ~라니, ~하다니
さすが 과연 ～からこそ ~이기 때문에 ～そばから ~하는 족족, ~하기가 무섭게 ～とあって ~라서, ~이기 때문에

4 정답 1
해석 겨우 밀려 있던 일이 처리되었다(고 생각했으나) 동료에게 새 일을 부탁받았다.
어휘 ようやく 겨우, 간신히 溜(た)まる 쌓이다, 밀리다 片付(かたづ)く 처리되다
～と思(おも)いきや ~라고 생각했으나 (실은) 同僚(どうりょう) 동료 頼(たの)む 부탁하다
～もので ~이니까, ~이기 때문에 ～からといって ~라고 해서 동사의 た형+が最後(さいご) (일단) ~하면

5 정답 3
해석 현 상태로는 부모님의 원조 (없이는) 대학원에 갈 수 없다.
어휘 現状(げんじょう) 현상, 현재 상태 親(おや) 부모 援助(えんじょ) 원조 명사+なくしては ~없이는
大学院(だいがくいん) 대학원 ～に伴(ともな)って ~에 동반해서, ~에 따라서 명사・의문사+にもまして ~보다 더
～を限(かぎ)りに ~을 끝으로

6 정답 2
해석 이 요리에는 고추가 많이 들어 있어서 (매우) 맵(다).
어휘 唐辛子(とうがらし) 고추 入(はい)る 들다 辛(から)い 맵다 ～といったらない ~하기 짝이 없다, 매우 ~하다
～とは限(かぎ)らない (반드시) ~하다고는 할 수 없다, ~하는 것은 아니다 ～次第(しだい)だ ~하기 나름이다
～わけではない (전부) ~인 것은 아니다, (반드시) ~라고는 말할 수 없다

7 정답 3
해석 그녀는 "이 이상 말하지 마!"(라는 듯이) 내 쪽을 노려봤다.
어휘 これ以上(いじょう) 이 이상 동사의 기본형+な ~하지 마 *금지 ～とばかりに ~하다는 듯이, ~라는 듯이
方(ほう) 쪽 睨(にら)む 노려보다

8 정답 1
해석 많은 사람 앞에서의 스피치(쯤 되면) 누구든지 긴장하는 법이다.
어휘 大勢(おおぜい) 많은 사람, 여럿 スピーチ 스피치, 연설 ～ともなると ~라도 되면, ~쯤 되면
緊張(きんちょう) 긴장 ～ものだ ~인 법[것]이다 *상식・진리・본성 ～いかんで ~여하에 따라서
명사+かたがた ~할 겸 ～であれ ~이라 해도, ~이든, (설령) ~일지라도

9 정답 3
해석 우리 아들(로 말하자면) 스마트폰을 들고 화장실에 들어가면 30분 이상 나오지 않는다.
어휘 うち 우리 息子(むすこ) (자신의) 아들 ～ときたら ~로 말하자면 スマホ 스마트폰 *「スマートフォン」의 준말
トイレ 화장실 *「トイレット」의 준말 入(はい)る 들어가다 ～を問(と)わず ~을 불문하고 ～として ~로서
～とはいえ ~라고 해도, ~이지만

10 정답 3
해석 전부라고는 (하지 않더라도) 최소한의 일은 익혀 주었으면 한다.
어휘 全部(ぜんぶ) 전부 ～とは ～라고는 동사의 ない형+ないまでも ～하지 않더라도, ～하지 않을지언정
最低限(さいていげん) 최저한, 최소한 覚(おぼ)える 배우다, 익히다 ～てほしい ～해 주었으면 하다, ～하길 바라다
～ものの ～이지만 ～てからというもの ～한 후 (계속), ～하고부터는 ～といえども ～라 해도, ～라 할지라도

11 もう 話したく ない★ とばかりに | 정답 3
해석 이제 이야기하고 싶지 않다★ 는 듯이 딸은 방 안으로 들어가 버렸다.
어휘 もう 이제 ～とばかりに ～하다는 듯이, ～라는 듯이 娘(むすめ) (자신의) 딸 部屋(へや) 방 入(はい)る 들어가다

12 勉強 した とは★ いえ | 정답 2
해석 상용한자를 공부 했다 고는★ 해도 전부 외우고 있는 것은 아니다.
어휘 常用漢字(じょうようかんじ) 상용한자 ～とはいえ ～라고 해도, ～이지만 覚(おぼ)える 외우다
～わけではない (전부) ～인 것은 아니다, (반드시) ～라고는 할 수 없다

13 最近の インターネットの 情報★ ときたら | 정답 1
해석 최근의 인터넷 정보★ 로 말하자면 거짓인지 사실인지 알 수 없는 정보뿐이다.
어휘 最近(さいきん) 최근, 요즘 インターネット 인터넷 情報(じょうほう) 정보 ～ときたら ～로 말하자면
嘘(うそ) 거짓 本当(ほんとう) 사실, 진실 ～ばかり ～만, ～뿐

14 歌詞を覚える ともなく 覚えて★ しまった | 정답 4
해석 매일 가게에서 같은 음악이 흘러나오고 있었기 때문에 무심코 가사를 외워★ 버렸다.
어휘 音楽(おんがく) 음악 流(なが)れる (소리가) 들려오다, 흘러나오다 歌詞(かし) 가사
동사의 기본형+ともなく 무심코~, 문득~ 覚(おぼ)える 외우다

15 週末 ともなる と★ 賑やかに | 정답 1
해석 여느 때는 조용한 마을이지만, 주말 이라도 되 면★ 떠들썩해진다.
어휘 いつも 평소, 여느 때 静(しず)かだ 조용하다 町(まち) 마을 週末(しゅうまつ) 주말
～ともなると ～라도 되면, ～쯤 되면 賑(にぎ)やかだ 떠들썩하다

16~20

추운 겨울이야말로 창 너머로 16 가능한 한 태양 빛을 받아들여 밝고 따뜻하게 지내고 싶은 법입니다. 그러나 겨울 17 이라도 되면 특히 1층은 남향인 방이라도 별로 빛이 들어오지 않는다고 느끼는 경우가 많지 않나요? 그 이유 중 하나가 일조 시간입니다. 겨울은 동지(주1)를 중심으로 일출에서 일몰까지의 시간이 18 짧기 때문에 방에 빛이 들어오는 시간도 다른 계절만큼 길지 않습니다. 그리고 또 하나의 이유가 19 태양의 높이 입니다. 하루 중에서 태양이 가장 높아지는 것은 어느 계절이든지 정오 무렵입니다. 정오의 태양은 하지(주2) 시기에는 지면에 대해 약 80도로 높은 위치에 있는데, 동지 무렵은 약 30도로 매우 낮아집니다. 낮은 위치에서 비치는 겨울의 태양광은 남측에 세워진 건물이 그다지 높지 않아도 가려져 버리는 경우가 있는 것입니다. 부지가 넓으면 겨울철에도 1층에 충분히 햇볕이 들어오도록 남측에 여유를 두고 집을 지을 수도 있지만, 주택이 빽빽이 들어선 지역에서는 좀처럼 어려운 법입니다. 그러나 이런 경우라도 20 창문을 연구함으로써 빛을 들어오기 쉽게 할 수 있습니다. 방법 중 하나로 생각할 수 있는 것이 창 높이를 높게 하는 것입니다. 높은 위치까지 창문이 있을수록 방 안까지 태양 빛이 닿게 되고 방 전체가 밝아집니다.

(주1)冬至(동지): 일출에서 일몰까지의 시간이 가장 짧은 날
(주2)夏至(하지): 일출에서 일몰까지의 시간이 가장 긴 날

어휘 寒(さむ)い 춥다 冬(ふゆ) 겨울 ～こそ ~이야말로 窓越(まどご)し 창 너머 太陽(たいよう) 태양 光(ひかり) 빛 取(と)り込(こ)む 받아들이다, 안으로 집어넣다 明(あか)るい 밝다 暖(あたた)かい 따뜻하다 過(す)ごす (시간을) 보내다, 지내다 しかし 그러나 特(とく)に 특히 1階(いっかい) 1층 *「～階(かい)」- ~층 南向(みなみむ)き 남향 あまり (부정어 수반) 그다지, 별로 差(さ)し込(こ)む (햇빛이) 들어오다 感(かん)じる 느끼다 理由(りゆう) 이유 日照(にっしょう) 일조 冬至(とうじ) 동지 ～を中心(ちゅうしん)に ~을 중심으로 日(ひ)の出(で) 일출, 해돋이 日(ひ)の入(い)り 일몰, 해넘이 季節(きせつ) 계절 長(なが)い 길다 そして 그리고 一日(いちにち) 하루 ～うち ~중, ~가운데 最(もっと)も 가장 高(たか)い 높다 どの 어느, 어떤, 무슨 正午(しょうご) 정오 夏至(げし) 하지 時期(じき) 시기 地面(じめん) 지면 ～に対(たい)して ~에 대해서 約(やく) 약 位置(いち) 위치 ～のに ~는데(도) 低(ひく)い 낮다 差(さ)す (빛이) 비치다 太陽光(たいようこう) 태양광 南側(みなみがわ) 남측 建(た)つ (건물 등이) 서다, 세워지다 それほど 그렇게, 그다지 遮(さえぎ)る 가리다, 차단하다 敷地(しきち) 부지 広(ひろ)い 넓다 冬場(ふゆば) 겨울철 十分(じゅうぶん)(に) 충분히 日光(にっこう) 일광, 햇볕 余裕(よゆう) 여유 持(も)たせる 가지게 하다 建(た)てる (집을) 짓다, 세우다 住宅(じゅうたく) 주택 建(た)て込(こ)む (집이) 빽빽이 들어서다 地域(ちいき) 지역 なかなか (부정어 수반) 좀처럼 ～ものだ ~인 법[것]이다 *상식·진리·본성 こうした 이처럼, 이런 ケース 케이스, 경우 동사의 ます형+やすい ~하기 쉽다 方法(ほうほう) 방법 ～として ~로서 窓(まど) 창, 창문 背(せい) 높이 ～ほど ~일수록 奥(おく) (깊숙한) 속, 안 届(とど)く 닿다, 미치다 ～ようになる ~하게(끔) 되다 *변화

16 해석 1 겨우 2 가능한 한 3 서서히 4 처음부터
어휘 辛(かろ)うじて 겨우, 간신히 できるだけ 가능한 한, 되도록 徐々(じょじょ)に 서서히 頭(あたま)から 처음부터, 무조건, 덮어놓고

17 해석 1 이라고는 해도 2 을 끝으로 3 에 있어서 4 이라도 되면
어휘 ～とはいえ ~라고 해도, ~이지만 ～を限(かぎ)りに ~을 끝으로 ～にとって ~에(게) 있어서 ～ともなると ~라도 되면, ~쯤 되면

18 해석 1 짧기 2 길기 3 높기 4 낮기
어휘 短(みじか)い 짧다 長(なが)い 길다 高(たか)い 높다 広(ひろ)い 넓다

19 해석 1 태양 빛 2 태양의 높이 3 지구의 자전 4 지구의 인력
어휘 高(たか)さ 높이 地球(ちきゅう) 지구 自転(じてん) 자전 引力(いんりょく) 인력

20 해석 1 창문을 없앰으로써 2 창문을 연구함으로써 3 방을 치움으로써 4 집의 방향을 바꿈으로써
어휘 無(な)くす 없애다 ～ことで ~함으로써 工夫(くふう) 여러 가지로 궁리함, 생각을 짜냄 片付(かたづ)ける 치우다, 정리하다 方向(ほうこう) 방향 変(か)える 바꾸다

# 기출 문법표현 84
## <49~60>

☐ 49 명사+ならではの ~이 아니고는 할 수 없는, ~만의

☐ 50 동사의 기본형+なり ~하자마자

☐ 51 명사+にあって ~에 (있어서), ~에서

☐ 52 동사의 기본형·명사+に至(いた)る ~에 이르다 / 동사의 기본형·명사+に至(いた)って ~에 이르러

☐ 53 명사+に関(かか)わる ~에 관계된[관련된]

☐ 54 동사의 기본형·명사+にかたくない ~하기 어렵지 않다

☐ 55 명사+にして ~이 되어, ~에

☐ 56 명사+に即(そく)して ~에 입각해서

☐ 57 동사의 기본형·명사+にたえる ~할 만하다, ~할 가치가 있다 /
동사의 기본형+にたえない (차마) ~할 수 없다

☐ 58 동사의 기본형·명사+に足(た)る ~할 만한, ~하기에 충분한

☐ 59 명사+にとどまらず ~에 그치지 않고, ~뿐만 아니라

☐ 60 동사의 기본형+にはあたらない ~할 것까지는 없다

## 49 명사+ならではの ~이 아니고는 할 수 없는, ~만의

인물이나 장소 등을 나타내는 명사에 접속해 '~만이 할 수 있는, ~이외에는 없는'이라는 고유성을 강조할 때 쓴다. 칭찬하거나 감탄할 때 쓴다.

예 これはプロならではの写真である。
이것은 프로가 아니고는 찍을 수 없는 사진이다.
日本ならではの雰囲気を味わいたいなら、京都に行くといいだろう。
일본만의 분위기를 체험하고 싶다면 교토에 가면 좋을 것이다.

## 50 동사의 기본형+なり ~하자마자

동사의 기본형에 접속해 '~하자마자 바로'라는 뜻을 나타낸다. 뒤에는 주로 예상하지 못했던 일이나 일반적이지 않아 놀랄 만한 내용이 온다. 비슷한 의미의 표현으로 「동사의 た형+とたん(に)」(~하자마자, ~한 순간(에))이 있는데, 이 표현은 말하는 사람의 주관이 담겨 있어 실제로 바로 직후가 아니어도 쓸 수 있는 데 반해, 「~なり」는 바로 직후에만 쓸 수 있다.

예 彼女は私の顔を見るなり、わっと泣き出した。
그녀는 내 얼굴을 보자마자 왁 하고 울기 시작했다.
山田君は電話を切るなり、大きな溜め息を吐いた。
야마다 군은 전화를 끊자마자 큰 한숨을 쉬었다.

※ 寒くなったとたん、ヒーターの売れ行きがよくなった。
추워지자마자 히터의 매상이 좋아졌다.

## 51 명사+にあって ~에 (있어서), ~에서

장소나 상황, 시간, 입장 등을 나타내는 명사에 접속해 '~라는 특별한 상황[사태]'이라는 뜻을 나타낸다. 비슷한 의미의 표현으로 「~において」(~에 있어서, ~에서)가 있는데 「~にあって」가 좀 더 딱딱한 표현이다.

예 この不景気にあって、私たちがすべきことは何でしょうか。
이 불황에 우리가 해야 할 일은 무엇일까요?
大臣という職にあって、不正な行為を働いていたとは許せない。
장관이라는 직책에서 부정한 행위를 하고 있었다니 용서할 수 없다.

---

어휘 プロ 프로 | 写真 사진 | 雰囲気 분위기 | 味わう 맛보다, 겪다, 체험하다 | 京都 교토 *지명 | 顔 얼굴 | わっと 왁 하고 *갑자기 우는 모습 | 泣き出す 울기 시작하다 | 電話を切る 전화를 끊다 | 大きな 큰 | 溜め息を吐く 한숨을 쉬다 | ヒーター 히터 | 売れ行き 팔림새, 매상 | 不景気 불경기, 불황 | 동사의 기본형+べき (마땅히) ~해야 할 *단, 「する」의 경우에는 「するべき」, 「すべき」 모두 쓸 수 있음 | 大臣 대신, 장관 | 職 직무, 직책 | 不正だ 부정하다 | 行為 행위 | 働く (나쁜 짓을) 하다 | ~とは ~라니, ~하다니 | 許す 용서하다

---

## 52 동사의 기본형 · 명사+に至る ~에 이르다 / 동사의 기본형 · 명사+に至って ~에 이르러

동사의 기본형이나 명사에 접속해 '최종적으로 ~라는 단계가 되다, 범위가 ~까지 이르다'라는 뜻으로, 뒤에 「ようやく」(겨우, 간신히), 「やっと」(겨우, 간신히), 「初めて」(처음(으로), 비로소) 등의 부사가 오는 경우가 많다.

예 母親の社会生活と子供の問題行動との因果関係を調べた結果、何の関係もないという結論に至った。

어머니의 사회생활과 아이의 문제행동과의 인과관계를 조사한 결과, 아무런 관계도 없다는 결론에 이르렀다.

39度の熱が続くという事態に至って、やっと病院に行く気になった。

39도의 열이 계속되는 사태에 이르러 겨우 병원에 갈 마음이 들었다.

## 53 명사+に関わる ~에 관계된[관련된]

「命」(목숨, 생명), 「生死」(생사) 등의 명사에 접속해 '~에 관계되다, ~에 중대한 영향이 있다'라는 뜻을 나타낸다.

예 高血圧は、放っておくと病状が進み、やがて命に関わる病気を引き起こします。

고혈압은 방치하면 병세가 진행되어 머지않아 목숨에 관계된 병을 일으킵니다.

プライバシーに関わる問題は、いつも徹底しなければならない。

프라이버시에 관련된 문제는 항상 철저해야 한다.

## 54 동사의 기본형 · 명사+にかたくない ~하기 어렵지 않다

동사의 기본형이나 명사에 접속해 '상황을 봤을 때 그 일을 ~하는 것은 어렵지 않다, 충분히 ~할 수 있다'라는 뜻을 나타낸다. 주로 문어체에서 쓰고, 「想像」(상상), 「理解する」(이해하다), 「察する」(헤아리다, 이해하다) 등의 표현과 함께 쓰인다.

예 1人で3人の息子を育ててきた彼女の苦労は想像にかたくない。

혼자서 세 아들을 키워 온 그녀의 고생은 상상하기 어렵지 않다.

消費税の増税が国民の大きな負担になることは理解するにかたくない。

소비세 증세가 국민의 큰 부담이 되는 것은 이해하기 어렵지 않다.

---

어휘 母親 모친 | 行動 행동 | 因果関係 인과관계 | 調べる 조사하다 | 結果 결과 | 何の 아무런 | ~という ~라고 하는, ~라는 | 結論 결론 | 熱 열 | 続く 계속되다, 이어지다 | 事態 사태 | 病院 병원 | 気 마음, 생각 | 高血圧 고혈압 | 放る (「~っておく」의 꼴로) (돌보지 않고) 내버려두다, 방치하다 | 病状 병세 | 進む 진행되다 | やがて 곧, 머지않아 | 命 생명, 목숨 | 病気 병 | 引き起こす 일으키다, 야기하다 | プライバシー 프라이버시 | 徹底 철저 | ~なければならない ~하지 않으면 안 된다, ~해야 한다 | 息子 (자신의) 아들 | 育てる 키우다 | 苦労 고생 | 消費税 소비세 | 増税 증세 | 国民 국민 | 負担 부담 | 理解 이해

---

## 55 명사+にして ~이 되어, ~에

시간이나 나이, 횟수를 나타내는 명사에 접속해 '~의 시점에서'라는 뜻을 나타내는데, 놀람이나 의외의 뜻을 담고 있다.

예 この歳にして初めて人生とは何なのかがわかった。
이 나이가 되어 비로소 인생이란 무엇인지를 알았다.
3回目にしてようやく日本語能力試験に合格できた。
세 번째에 겨우 일본어능력시험에 합격할 수 있었다.

## 56 명사+に即して ~에 입각해서

「事実」(사실), 「現実」(현실), 「法律」(법률), 「規則」(규칙) 등의 명사에 접속해 그것이 기준이 됨을 나타낸다. 뒤에 명사가 올 때는 「に即した+명사」의 형태가 된다.

예 うちの学校は、規則に即して髪は黒にしなければならない。
우리 학교는 규칙에 입각해서 머리는 검정으로 하지 않으면 안 된다.
最近、事実に即した報道をしていないマスメディアが増えてきたような気がする。
최근 사실에 입각한 보도를 하지 않는 매스미디어가 늘어난 듯한 느낌이 든다.

## 57 동사의 기본형 · 명사+にたえる ~할 만하다, ~할 가치가 있다 / 동사의 기본형+にたえない (차마) ~할 수 없다

「~にたえる」는 동사의 기본형이나 명사에 접속해 '충분히 ~할 가치가 있다'라는 뜻을, 「~にたえない」는 「見る」(보다), 「聞く」(듣다)와 같은 동사의 기본형에 접속해 '너무 심해서 ~하는 것을 참을 수 없다'라는 의미로, 괴롭고 불쾌한 감정 때문에 보거나 듣기가 힘들다는 뜻을 나타낸다.

예 このアニメは子供向けに作られたが、大人でも見るにたえる内容だった。
이 애니메이션은 어린이용으로 만들어졌지만 어른이라도 볼 만한 내용이었다.
あの二人は愛情表現が露骨すぎて見るにたえない。
저 둘은 애정표현이 너무 노골적이어서 차마 눈 뜨고 볼 수 없다.

---

어휘 歳 나이 | 初めて 처음(으로), 비로소 | 人生 인생 | ~とは ~라는 것은, ~란 *정의 | ~目 ~째 *순서 | ようやく 겨우, 간신히 | 合格 합격 | うち 우리 | 髪 머리카락 | 黒 검정 | ~なければならない ~하지 않으면 안 된다, ~해야 한다 | 報道 보도 | マスメディア 매스미디어 | 増える 늘다, 늘어나다 | ~てくる (점차) ~해지다 | 気がする 느낌[생각]이 들다 | アニメ 애니메이션 *「アニメーション」의 준말 | ~向け ~용 | 大人 어른 | 内容 내용 | 愛情 애정 | 表現 표현 | 露骨だ 노골적이다 | な형용사의 어간+すぎる 너무 ~하다

---

## 58 동사의 기본형·명사+に足る ~할 만한, ~하기에 충분한

동사의 기본형이나 명사에 접속해 '~할 가치가 충분히 있다'라는 뜻을 나타낸다. 참고로, '~할 만한 ~이 아니다'와 같이 부정할 때는 「足る」를 부정형으로 만드는 것이 아니라, 「~に足る~ない」의 형태를 취한다.

예 渡辺先生の授業は、高い学費を払ってでも受けるに足る授業だった。
와타나베 선생님 수업은 비싼 학비를 내고라도 들을 만한 수업이었다.

昨日の試験は、満点ではなかったものの、満足に足る結果だった。
어제 시험은 만점은 아니었지만, 만족할 만한 결과였다.

※ 自分なりに頑張ったが、満足するに足る成績ではなかった。
나 나름대로 열심히 했지만 만족할 만한 성적은 아니었다.

## 59 명사+にとどまらず ~에 그치지 않고, ~뿐만 아니라

명사에 접속해 '~뿐만 아니라 더 넓은 범위에 이른다'라는 뜻을 나타낸다.

예 彼女のピアノは、趣味のレベルにとどまらず、プロも驚くほどの腕前である。
그녀의 피아노는 취미 수준에 그치지 않고 프로도 놀랄 정도의 솜씨다.

このキャラクターは女性にとどまらず、男性にもかなり人気があるそうだ。
이 캐릭터는 여성뿐만 아니라 남성에게도 상당히 인기가 있다고 한다.

## 60 동사의 기본형+にはあたらない ~할 것까지는 없다

동사의 기본형에 접속해 '~할 정도의 일은 아니다, ~하는 것은 적당하지 않다'라는 뜻을 나타낸다. 상대를 안심시키거나 진정시킬 때 쓰는 표현으로 「驚く」(놀라다), 「責める」(질책하다), 「落ち込む」(침울해하다), 「心配する」(걱정하다)와 같이 감정을 나타내는 동사에 접속해 쓰이는 경우가 많다.

예 彼女の実力からいって、この試験に合格しても驚くにはあたらない。
그녀의 실력으로 봐서 이 시험에 합격해도 놀랄 것까지는 없다.

ちょっと叱られたぐらいで、そこまで落ち込むにはあたらないよ。
조금 야단맞은 정도로 그렇게까지 침울해할 것까지는 없어.

---

어휘 授業 수업 | 高い 비싸다 | 学費 학비 | 払う (돈을) 내다, 지불하다 | 受ける 받다 | 満点 만점 | ~ものの ~이지만 | 満足 만족 | 結果 결과 | 自分 자기, 자신, 나 | 명사+なり ~나름 | 頑張る (끝까지) 노력하다, 열심히 하다 | 成績 성적 | ピアノ 피아노 | 趣味 취미 | レベル 레벨, 수준 | プロ 프로 | ~ほど ~정도, ~만큼 | 腕前 솜씨, 기량 | キャラクター 캐릭터 | 女性 여성 | 男性 남성 | かなり 꽤, 상당히 | 人気 인기 | 품사의 보통형+そうだ ~라고 한다 *전문 | 実力 실력 | ~からいって ~로 봐서 | 合格 합격 | 叱る 꾸짖다, 야단치다

---

# 확인 문제 5(49~60) • 문법

동영상 11



**問題5 次の文の(　　　)に入れるのに最もよいものを、1・2・3・4から一つ選びなさい。**

1 彼は日本国内(　　　)、世界中で評価されている。
1 ずくめで　2 にとどまらず　3 に限って　4 のごとく

2 山田君には画家になる(　　　)才能は全くなかった。
1 に取る　2 に合う　3 に足る　4 に走る

3 昔、母が言っていたことが、今(　　　)ようやくわかった。
1 にして　2 とあって　3 とはいえ　4 ながらも

4 これは、人権(　　　)問題なので、黙っているわけにはいかない。
1 に相違ない　2 に至る　3 からある　4 に関わる

5 旅先では、その土地(　　　)料理を味わいたい。
1 に限らず　2 はもとより　3 ならではの　4 に伴う

6 裁判においては、感情に左右されず法律(　　　)判断しなければならない。
1 に対して　2 なしに　3 に即して　4 にしろ

7 少子化(　　　)、一刻も早く子供を増やすための対策が求められる。
1 いかんで　2 たりとも　3 であれ　4 にあって

8 山本さんは出勤する(　　　)、突然「今日でこの会社を辞めます」と言った。
1 なり　2 につれて　3 ところを　4 ともなく

9 佐々木「最近、中村君とは飲みに行かないの?」
上田　「うん、あんまり。実は彼と飲みに行くといつも上司の悪口ばかりで聞く(　　　)よ。」
1 次第だ　2 にたえない　3 といったらない　4 始末だ

10 長年一緒に暮らしていたペットをなくした彼女の悲しみは、察する(　　　)。
1 にかたくない　2 とは限らない　3 一方だ　4 限りだ

**問題6 次の文の ＿★＿ に入る最もよいものを、1・2・3・4から一つ選びなさい。**

11 息子は、＿＿ ＿＿ ＿★＿ ＿＿、ゲームを始めた。
1 晩ご飯を　2 なり　3 食べ　4 終わる

12 外国人が抱く ＿＿ ＿＿ ＿★＿ ＿＿ データをもとに検証していきます。
1 日本人　2 の　3 性格や特質を　4 ならでは

13 ＿＿ ＿＿ ＿★＿ ＿＿、やっと彼女が怒っていることがわかった。
1 連絡が来ない　2 状況に　3 至って　4 一週間以上も

14 彼はとんでもないことを言っているが、＿＿ ＿＿ ＿★＿ ＿＿。
1 いつもの　2 あたらない　3 驚くには　4 ことなので

15 1年前の自分を思い出せば、＿＿ ＿＿ ＿★＿ ＿＿。
1 新入社員の　2 にかたくない　3 苦労も　4 理解する

**問題7 次の文章を読んで、文章全体の趣旨を踏まえて、[16]から[20]の中に入る最もよいものを、1・2・3・4から一つ選びなさい。**

働き方改革というスローガンのもと、各社は様々な取り組みを行っているかと思います。一方で、見落としがちですが、効率的な働き方に大きく関係しているのがオフィスの環境です。今回は「仕事の効率化を妨げるオフィスの3K」、[16]「汚い・暗い・危険」についてご紹介します。

まず、「汚い」ですが、個人机の周りや共有部に物や書類が散乱している汚い状態では、仕事の効率化は図れません。一般に平均的なビジネスマンは物を探すのに年間150時間を費やしていると言われています。平均で150時間なのですから、汚い環境では物を探すのに更に時間を費やしているのは、想像[17]。次に、「暗い」とは、物で覆われているなどの理由で、書類を見たりパソコンやタブレットを操作したりするのに不適切な明るさになっている状態を指します。単純作業の場合は、作業効率と部屋の明るさの間に相関性はなく、創造的な作業の場合は作業の内容[18]適切な明るさがあるといった実験結果もあるようです。ですが、物が溢れて影ができてしまうような環境では、[19]のではないでしょうか。ケアレスミスが原因で、時間を浪費した経験は誰でもありますよね。こういった事態を避けるためにも、最低限均一な明るさが確保できる環境にすることをお薦めします。最後に、「危険」とは、壁面収納の上などに物が積み上がっていて不安定な状態を指します。積み上がったものを取るのは大変ですし、椅子や机の上に登って物を取ろうとした[20]転落して、骨を折ってしまったという話を聞くこともあります。怪我をして働けなくなってしまった方はとても不幸ですし、働き方の効率化という面で見てもマイナスです。以上のように、もしあなたのオフィスが3Kに当てはまるのであれば、すぐに改善すべきでしょう。

[16]

1 即ち　　2 それに　　3 もしくは　　4 ただし

[17]

1 に限るですよね　　2 にかたくないですよね
3 に違いないですよね　　4 気味ですよね

[18]

1 について　　2 に反して　　3 ごとに　　4 すら

[19]

1 すっきりした気持ちで仕事ができる　　2 単純な読み間違いなどが発生しやすい
3 仕事の能率も上がる　　4 間違った部分もすぐ直せる

[20]

1 かたわら　　2 挙げ句　　3 にもかかわらず　　4 際に

## 확인 문제 5(49~60) • 정답 및 해석(문법)

1 **정답** 2
**해석** 그는 일본 국내(뿐만 아니라) 전 세계에서 평가받고 있다.
**어휘** 国内(こくない) 국내 명사+にとどまらず ~에 그치지 않고, ~뿐만 아니라 世界中(せかいじゅう) 전 세계
評価(ひょうか) 평가 명사+ずくめ ~일색, ~뿐 ~に限(かぎ)って ~에 한해서, ~만은 명사+の+ごとく ~와 같이, ~처럼

2 **정답** 3
**해석** 야마다 군에게는 화가가 될 (만한) 재능은 전혀 없었다.
**어휘** 画家(がか) 화가 동사의 기본형 · 명사+に足(た)る ~할 만한, ~하기에 충분한 才能(さいのう) 재능
全(まった)く (부정어 수반) 전혀 取(と)る 취하다 合(あ)う 맞다, 어울리다 走(はし)る 달리다

3 **정답** 1
**해석** 옛날에 어머니가 말했던 것이 지금(이 되어) 겨우 이해할 수 있었다.
**어휘** 昔(むかし) 옛날 母(はは) (자신의) 어머니 명사+にして ~이 되어, ~에 ようやく 겨우, 간신히
~とあって ~라서, ~이기 때문에 ~とはいえ ~라고 해도, ~이지만 ~ながらも ~이지만, ~이면서도

4 **정답** 4
**해석** 이것은 인권(에 관련된) 문제이기 때문에 잠자코 있을 수는 없다.
**어휘** 人権(じんけん) 인권 명사+に関(かか)わる ~에 관계된[관련된] 黙(だま)る 잠자코 있다
~わけにはいかない ~할 수는 없다 ~に相違(そうい)ない ~임에 틀림없다
동사의 기본형 · 명사+に至(いた)る ~에 이르다 명사+からある ~이나 되는

5 **정답** 3
**해석** 여행지에서는 그 지방(만의) 요리를 맛보고 싶다.
**어휘** 旅先(たびさき) 여행지 土地(とち) 그 지방, 그 고장 명사+ならではの ~이 아니고는 할 수 없는, ~만의
料理(りょうり) 요리 味(あじ)わう 맛보다 ~に限(かぎ)らず ~뿐만 아니라 ~はもとより ~은 물론이고
~に伴(ともな)う ~에 따른

6 **정답** 3
**해석** 재판에서는 감정에 좌우되지 않고 법률(에 입각해서) 판단하지 않으면 안 된다.
**어휘** 裁判(さいばん) 재판 ~においては ~에 있어서는, ~에서는 感情(かんじょう) 감정
左右(さゆう) 좌우함, 좌지우지함 ~ず(に) ~하지 않고 法律(ほうりつ) 법률 명사+に即(そく)して ~에 입각해서
判断(はんだん) 판단 ~なければならない ~하지 않으면 안 된다, ~해야 한다 ~に対(たい)して ~에 대하여
~なしに ~없이 ~にしろ ~라고 해도

7 **정답** 4
**해석** 저출산화(에) 한시라도 빨리 아이를 늘리기 위한 대책이 요구된다.
**어휘** 少子化(しょうしか) 저출산화 *저출산으로 인하여 아이 수가 적어지는 현상 명사+にあって ~에 (있어서), ~에서
一刻(いっこく)も早(はや)く 한시라도 빨리 増(ふ)やす 늘리다 対策(たいさく) 대책 求(もと)める 요구하다, (요)청하다
~いかんで ~여하에 따라서 명사+たりとも (단) ~라도[조차도] ~であれ ~이라 해도, ~이든, (설령) ~일지라도

8 **정답** 1
**해석** 야마모토 씨는 출근(하자마자) 갑자기 "오늘로 이 회사를 그만두겠습니다"라고 말했다.
**어휘** 出勤(しゅっきん) 출근 동사의 기본형+なり ~하자마자 突然(とつぜん) 갑자기 辞(や)める (일자리를) 그만두다
~につれて ~함에 따라서 *비례 ~ところを ~인 중에, ~인데도 동사의 기본형+ともなく 무심코~, 문득~

9 **정답** 2
**해석** 사사키 "요즘 나카무라 군과는 술 마시러 안 가?"
우에다 "응, 별로. 실은 그와 마시러 가면 늘 상사 욕뿐이라서 (차마) 들을 (수 없어)."
**어휘** 飲(の)む (술을) 마시다 동사의 ます형+に ~하러 *동작의 목적 あんまり (부정어 수반) 그다지, 별로 実(じつ)は 실은
上司(じょうし) 상사 悪口(わるぐち) 욕 ~ばかり ~만, ~뿐 동사의 기본형+にたえない (차마) ~할 수 없다
~次第(しだい)だ ~하기 나름이다 ~といったらない ~하기 짝이 없다, 매우 ~하다
~始末(しまつ)だ ~라는 형편[꼴]이다

10 정답 1

해석 오랫동안 함께 생활했던 반려동물을 잃은 그녀의 슬픔은 헤아리(기 어렵지 않다).

어휘 長年(ながねん) 긴[오랜] 세월, 오랫동안 暮(く)らす 살다, 생활하다 ペット 펫, 애완동물, 반려동물 な(無)くす 잃다
悲(かな)しみ 슬픔 察(さっ)する 헤아리다, 이해하다 동사의 기본형·명사+にかたくない ~하기 어렵지 않다
~とは限(かぎ)らない (반드시) ~하다고는 할 수 없다, ~하는 것은 아니다
동사의 기본형+一方(いっぽう)だ ~하기만 하다, 더더욱 ~하다 ~限(かぎ)りだ ~할 따름이다, 매우 ~하다

11 晩ご飯を 食べ 終わる★ なり | 정답 4

해석 아들은 저녁을 다 먹자★ 마자 게임을 시작했다.

어휘 息子(むすこ) (자신의) 아들 晩(ばん)ご飯(はん) 저녁 식사 동사의 ます형+終(お)わる ~을 다하다
동사의 기본형+なり ~하자마자 ゲーム 게임 始(はじ)める 시작하다

12 日本人 ならでは の★ 性格や特質を | 정답 2

해석 외국인이 품는 일본인 만 의★ 성격이나 특성을 데이터를 바탕으로 검증해 가겠습니다.

어휘 外国人(がいこくじん) 외국인 抱(いだ)く (마음속에) 품다 명사+ならではの ~이 아니고는 할 수 없는, ~만의
性格(せいかく) 성격 特質(とくしつ) 특질, 특성 データ 데이터 ~をもとに ~을 바탕으로 検証(けんしょう) 검증

13 一週間以上も 連絡が来ない 状況に★ 至って | 정답 2

해석 일주일 이상이나 연락이 오지 않는 상황에★ 이르러 겨우 그녀가 화를 내고 있는 것을 알았다.

어휘 一週間(いっしゅうかん) 일주일 以上(いじょう) 이상 숫자+も ~이나 連絡(れんらく) 연락
状況(じょうきょう) 상황 동사의 기본형·명사+に至(いた)って ~에 이르러 やっと 겨우, 간신히
怒(おこ)る 성내다, 화를 내다

14 いつもの ことなので 驚くには★ あたらない | 정답 3

해석 그는 터무니없는 말을 하고 있는데 늘 있는 일이기 때문에 놀랄 것까지는★ 없다.

어휘 とんでもない 터무니없다, 당치도 않다 驚(おどろ)く 놀라다 동사의 기본형+にはあたらない ~할 것까지는 없다

15 新入社員の 苦労も 理解する★ にかたくない | 정답 4

해석 1년 전의 자신을 떠올려 보면 신입사원의 고생도 이해하기★ 어렵지 않다.

어휘 自分(じぶん) 자기, 자신, 나 思(おも)い出(だ)す 떠올리다, 생각해 내다 新入社員(しんにゅうしゃいん) 신입사원
苦労(くろう) 고생 동사의 기본형·명사+にかたくない ~하기 어렵지 않다

16~20

근무방식 개혁이라는 슬로건 아래 각 회사는 다양한 대처를 하고 있을 것이라고 생각합니다. 한편으로 간과하기 쉬운데, 효율적인 근무방식에 크게 관계되어 있는 것이 사무실 환경입니다. 이번에는 '업무의 효율화를 방해하는 사무실의 3K', 16 즉 '지저분하다(kitanai) · 어둡다(kurai) · 위험(kiken)'에 대해서 소개하겠습니다.

우선 '지저분하다'인데요, 개인 책상 주변이나 공유하는 부분에 물건이나 서류가 어지럽게 흩어져 있는 지저분한 상태로는 일의 효율화는 도모할 수 없습니다. 일반적으로 평균적인 비즈니스맨은 물건을 찾는 데 연간 150시간을 소비하고 있다고 합니다. 평균으로 150시간이니까, 지저분한 환경에서는 물건을 찾는 데 더욱 시간을 소비하고 있을 것은 상상 17 하기 어렵지 않겠죠. 다음으로 '어둡다'는 것은 물건으로 뒤덮여 있는 등의 이유로 서류를 보거나 컴퓨터나 태블릿을 조작하거나 하는 데 부적절한 밝기가 되어 있는 상태를 가리킵니다. 단순 작업의 경우는 작업 효율과 방 밝기 사이에 상관성은 없고, 창조적인 작업의 경우는 작업 내용 18 마다 적절한 밝기가 있다는 실험 결과도 있는 것 같습니다. 하지만 물건이 넘쳐서 그늘이 생겨 버릴 것 같은 환경에서는 19 단순한 오독 등이 발생하기 쉽 지는 않을까요? 부주의로 인한 실수가 원인으로 시간을 낭비한 경험은 누구든지 있지요. 이러한 사태를 피하기 위해서라도 최저한 균일한 밝기를 확보할 수 있는 환경으로 만드는 것을 추천합니다. 마지막으로 '위험'이라는 것은 벽면 수납장 위 등에 물건이 쌓여 있어 불안정한 상태를 가리킵니다. 쌓인 것을 집는 것은 힘들고, 의자나 책상 위에 올라가 물건을 집으려고 했을 20 때 굴러 떨어져 뼈가 부러져 버렸다는 이야기를 듣는 경우도 있습니다. 부상을 입어 일할 수 없게 되어 버린 분은 아주 불행하고 근무방식의 효율화라는 면에서 봐도 마이너스입니다. 이상과 같이 만약 당신 사무실이 3K에 들어맞는다면 당장 개선해야겠죠.

어휘 働(はたら)き方(かた) 일하는 방식, 근무방식 改革(かいかく) 개혁 スローガン 슬로건 もと 아래, 하
各社(かくしゃ) 각사, 각각의 회사 取(と)り組(く)み 대처 一方(いっぽう)で 한편으로 見落(みお)とす 간과하다
동사의 ます형+がちだ (자칫) ~하기 쉽다, ~하기 십상이다 効率的(こうりつてき)だ 효율적이다 オフィス 오피스, 사무실
環境(かんきょう) 환경 妨(さまた)げる 방해하다 汚(きたな)い 더럽다, 지저분하다 暗(くら)い 어둡다 危険(きけん) 위험
ご+한자명사+する ~해 드리다, ~하다 *겸양표현 紹介(しょうかい) 소개 まず 우선 個人机(こじんづくえ) 개인 책상
周(まわ)り 주위, 주변 共有部(きょうゆうぶ) 공유하는 부분 散乱(さんらん) 산란, 흩어져 어지러움 状態(じょうたい) 상태
図(はか)る 도모하다, 꾀하다 一般(いっぱん)に 일반적으로 平均的(へいきんてき)だ 평균적이다 探(さが)す 찾다
年間(ねんかん) 연간 費(つい)やす 쓰다, 소비하다 ~と言(い)われている ~라고 하다, ~라고들 하다 更(さら)に 더욱
想像(そうぞう) 상상 覆(おお)う 뒤덮다 パソコン (개인용) 컴퓨터 *「パーソナルコンピューター」의 준말 タブレット 태블릿
操作(そうさ) 조작 不適切(ふてきせつ)だ 부적절하다 明(あか)るさ 밝기, 밝은 정도 指(さ)す 가리키다 単純(たんじゅん) 단순
作業(さぎょう) 작업 相関性(そうかんせい) 상관성 創造的(そうぞうてき)だ 창조적이다 適切(てきせつ)だ 적절하다
~といった ~라고 하는 実験(じっけん) 실험 ですが 하지만 *「だが」의 공손한 말씨 溢(あふ)れる 넘치다 影(かげ) 그늘
ケアレスミス 부주의로 인한 실수 浪費(ろうひ) 낭비 事態(じたい) 사태 避(さ)ける 피하다 最低限(さいていげん) 최저한
均一(きんいつ)だ 균일하다 確保(かくほ) 확보 お+동사의 ます형+する ~하다, ~해 드리다 *겸양표현 薦(すす)める 추천하다
最後(さいご) 최후, 마지막 壁面(へきめん) 벽면 収納(しゅうのう) 수납 積(つ)み上(あ)がる 쌓이다
不安定(ふあんてい)だ 불안정하다 取(と)る 집다 登(のぼ)る 오르다, 올라가다 転落(てんらく) 전락, 굴러 떨어짐
骨(ほね)を折(お)る 뼈가 부러지다 怪我(けが) 부상, 상처 *「怪我(けが)をする」 – 부상을 입다
不幸(ふこう)だ 불행하다 面(めん) 면 当(あ)てはまる 꼭 들어맞다, 적합하다 改善(かいぜん) 개선
동사의 기본형+べきだ (마땅히) ~해야 한다 *단, 「する」의 경우에는 「するべきだ」, 「すべきだ」 모두 쓸 수 있음

16 해석 1 즉 2 게다가 3 혹은 4 다만
어휘 即(すなわ)ち 즉 それに 게다가 もしくは 또는, 혹은 ただし 다만

17 해석 1 이 최고겠죠 2 하기 어렵지 않겠죠 3 임에 틀림없겠죠 4 한 기색이겠죠
어휘 ~に限(かぎ)る ~이 제일이다[최고다] 동사의 기본형 · 명사+にかたくない ~하기 어렵지 않다
~に違(ちが)いない ~임에 틀림없다 명사+気味(ぎみ)だ ~한 기색[느낌]이다

18 해석 1 에 대해서 2 에 반해서 3 마다 4 조차
어휘 ~について ~에 대해서 ~に反(はん)して ~에 반해서 ~ごとに ~마다 명사+すら ~조차

19 해석 1 개운한 기분으로 일을 할 수 있 2 단순한 오독 등이 발생하기 쉽
3 일의 능률도 오르 4 틀린 부분도 바로 고칠 수 있
어휘 すっきり 상쾌[개운]한 모양 単純(たんじゅん)だ 단순하다 読(よ)み間違(まちが)い 잘못 읽음, 오독
発生(はっせい) 발생 동사의 ます형+やすい ~하기 쉽다 能率(のうりつ) 능률 上(あ)がる 오르다
間違(まちが)う 잘못되다, 틀리다 直(なお)す 고치다

20 해석 1 한편 2 끝에 3 임에도 불구하고 4 때
어휘 ~かたわら ~하는 한편, 주로 ~일을 하면서 그 한편으로 동사의 た형+挙(あ)げ句(く) ~한 끝에
~にもかかわらず ~임에도 불구하고 ~際(さい) ~할 때

# 기출 문법표현 84
# 〈61~72〉

- ☐ 61 **~にひきかえ** ~와는 달리[반대로]
- ☐ 62 명사・의문사+**にもまして** ~보다 더
- ☐ 63 명사+**の至(いた)り** 지극히 ~함, ~하기 그지없음
- ☐ 64 명사+**の極(きわ)み** ~의 극치
- ☐ 65 명사+**はいざ知(し)らず** ~은 어떨지 모르지만
- ☐ 66 명사+**はおろか** ~은커녕, ~은 물론
- ☐ 67 **~ばこそ** ~이기에, ~때문에
- ☐ 68 **~ばそれまでだ** ~하면 그것으로 끝이다, ~이면 어쩔 도리가 없다
- ☐ 69 동사의 기본형+**べからず** ~하지 말 것
- ☐ 70 동사의 기본형+**まじき** ~해서는 안 되는
- ☐ 71 동사의 기본형+**までもない** ~할 것까지도 없다, ~할 필요도 없다
- ☐ 72 명사+**まみれ** ~투성이, ~범벅

## 61 ～にひきかえ ～와는 달리[반대로]

'～와는 반대로, ～와는 대조적으로'라는 뜻으로, 대조적인 성질을 가진 두 가지를 예로 들어 앞의 내용과 정반대이거나 크게 바뀌었음을 나타낼 때 쓴다. 비슷한 의미의 표현으로 「～に対して」(～와는 대조적으로)가 있는데, 이것은 중립적인 입장에서 대비시킬 때 쓰는 반면, 「～にひきかえ」는 주관적인 기분이 포함되어 있다.

예 兄にひきかえ、弟は勉強もせず遊んでばかりいる。
형과는 달리 남동생은 공부도 하지 않고 놀고만 있다.

暖冬だった去年にひきかえ、今年は厳冬になるらしい。
겨울이 따뜻했던 작년과는 반대로 올해는 몹시 추운 겨울이 될 것 같다.

※ 12月の日本の季節は冬なのに対して、オーストラリアの季節は夏だ。
12월의 일본 계절은 겨울인 것과는 대조적으로 호주의 계절은 여름이다.

## 62 명사 · 의문사+にもまして ～보다 더

명사나 의문사에 접속해 '～이상으로'라는 뜻을 나타낸다. 특히 「의문사+にもまして」의 형태인 「何にもまして」(다른 어떤 것보다도, 그 무엇보다 더), 「誰にもまして」(누구보다 더), 「いつにもまして」(어느 때보다 더)는 관용표현처럼 쓴다.

예 彼は以前にもまして、仕事に励むようになった。
그는 전보다 더 일에 매진하게 되었다.

今年の花火大会は例年にもまして多くの人が来た。
올해 불꽃축제는 예년보다 더 많은 사람이 왔다.

※ 疲れた時は、何にもまして寝るのが一番だ。 피곤할 때는 다른 어떤 것보다도 자는 것이 최고다.

## 63 명사+の至り 지극히 ～함, ～하기 그지없음

「光栄」(영광), 「感激」(감격), 「幸甚」(천만다행임), 「感謝」(감사), 「恐縮」(황송함) 등 극히 일부의 명사에 접속해 감격하거나 강렬하게 느낀 것을 나타낸다. 딱딱한 표현으로 주로 격식 차린 자리에서 쓴다.

예 このような式典に参加でき、光栄の至りです。
이와 같은 식전에 참석할 수 있어서 지극히 영광입니다.

多くの方に応援していただいて感謝の至りです。
많은 분이 응원해 주셔서 감사하기 그지없습니다.

---

어휘 兄 형 | 弟 남동생 | ～ず(に) ～하지 않고 | 遊ぶ 놀다 | ～て[で]ばかりいる ～하고만 있다 |
暖冬 난동, 따뜻한 겨울 | 去年 작년 | 今年 올해 | 厳冬 엄동, 몹시 추운 겨울 | ～らしい ～인 것 같다 |
季節 계절 | 冬 겨울 | オーストラリア 오스트레일리아, 호주 | 夏 여름 | 以前 이전 | 励む 힘쓰다 |
～ようになる ～하게(끔) 되다 *변화 | 花火大会 불꽃축제 | 例年 예년 | 多く 많음 | 疲れる 지치다, 피로해지다 |
寝る 자다 | 一番 으뜸, 최고 | 式典 식전, 식 | 参加 참가 | 光栄 광영, 영광 | 応援 응원 |
～ていただく (남에게) ～해 받다, (남이) ～해 주시다 *「～てもらう」((남에게) ～해 받다, (남이) ～해 주다)의 겸양표현

---

## 64 명사+の極み ~의 극치

명사에 접속해 감정이나 상태가 극에 달했음을 나타낼 때 쓰는데, 주관적이면서 감정적인 표현이다. 비슷한 의미의 표현으로 「명사+の至り」(지극히 ~함, ~하기 그지없음)가 있는데, 두 표현 모두 「感激の至り」(감격스럽기 그지없음), 「感激の極み」(감격의 극치)와 같이 감정이 최고인 상태를 나타낸다는 점에서는 동일하지만, 슬픈 감정을 나타낼 때는 「명사+至り」를 쓰지 않고, 이때는 모두 「痛恨の極み」(통한의 극치), 「悲観の極み」(비관의 극치)라고 한다.

예 世界的に有名な演奏者と握手できて感激の極みだ。
세계적으로 유명한 연주자와 악수할 수 있어서 감격의 극치다.

毎日あんな高級レストランで外食をしているなんて、贅沢の極みだ。
매일 저런 고급 레스토랑에서 외식을 하고 있다니 사치의 극치다.

## 65 명사+はいざ知らず ~은 어떨지 모르지만

명사에 접속해 앞의 상황이라면 이해가 가지만 그렇지 않기 때문에 뒤에 오는 상황을 이해하기 어렵다는 뜻을 나타낸다. 조사 「は」 대신 가정의 뜻을 나타내는 「なら」(~라면)를 써서 「~ならいざ知らず」(~라면 모르지만)라고도 쓴다.

예 他人のことはいざ知らず、自分のことを他人に決められるのは嫌だ。
타인에 관한 일은 어떨지 모르지만, 내 일을 타인이 결정하는 것은 싫다.

幼い子供はいざ知らず、いい年をしてそんなことをするなんてみっともないね。
어린 아이는 어떨지 모르지만, 나이깨나 먹어서 그런 짓을 하다니 꼴불견이네.

※ 新入社員ならいざ知らず、入社5年目の君がこんなミスをするなんて。
신입사원이라면 어떨지 모르지만, 입사 5년차인 자네가 이런 실수를 하다니.

## 66 명사+はおろか ~은커녕, ~은 물론

명사에 접속해 '~은 물론이고 ~도'라는 뜻으로, 말하는 사람의 놀람이나 불만을 나타낸다. 「~も」(~도), 「~さえ」(~조차), 「~まで」(~까지)와 같은 표현과 함께 쓰이고, 주로 부정적인 내용이 온다.

예 今月はボーナスはおろか給料ももらっていない。
이달은 보너스는커녕 급여도 받지 못하고 있다.

納豆は苦手なので、食べることはおろか、匂いを嗅ぐこともしたくない。
낫토는 질색이라서 먹기는커녕 냄새를 맡는 것도 하고 싶지 않다.

---

어휘 世界的だ 세계적이다 | 有名だ 유명하다 | 演奏者 연주자 | 握手 악수 | あんな 저런 | 高級 고급 | 外食 외식 | 贅沢 사치 | 他人 타인, 남 | 自分 자기, 자신, 나 | 決める 정하다, 결정하다 | 嫌だ 싫다 | 幼い 어리다 | いい年をする 나이깨나 먹다 | ~なんて ~라니, ~하다니 | みっともない 꼴불견이다 | 新入社員 신입사원 | ~目 ~째 | 君 너, 자네 | こんな 이런 | ミス 미스, 실수 | 今月 이달 | ボーナス 보너스 | 給料 급료, 급여 | もらう 받다 | 納豆 낫토 | 苦手だ 질색이다 | 匂い 냄새 | 嗅ぐ (코로) 냄새를 맡다

---

## 67 ～ばこそ ～이기에, ～때문에

'그것 이외에 다른 이유는 없다'라는 뜻으로, 앞에 나온 원인이나 이유를 강조할 때 쓴다. 부정적인 평가의 문장에서는 거의 쓰지 않는다.

예 君のことを思えばこそ、注意するのだ。
너를 생각하기에 주의를 주는 것이다.

我が校は、学生が少なければこそ、一人一人きちんと指導してくれる。
우리 학교는 학생이 적기 때문에 한 사람 한 사람 제대로 지도해 준다.

## 68 ～ばそれまでだ ～하면 그것으로 끝이다, ～이면 어쩔 도리가 없다

어떤 일이 발생하거나 어떤 상황이 되면 더는 다른 방법이 없다는 뜻을 나타낸다.

예 どんなに辛くても、諦めればそれまでだ。
아무리 괴로워도 체념하면 그것으로 끝이다.

いくら素晴らしい技術があったとしても、販売戦略がなければそれまでだ。
아무리 훌륭한 기술이 있다고 해도 판매 전략이 없으면 어쩔 도리가 없다.

## 69 동사의 기본형+べからず ～하지 말 것

동사의 기본형에 접속해 '그렇게 해서는 안 된다'라는 금지의 뜻을 나타낸다. 딱딱한 표현으로 게시판이나 팻말 등에 쓰는데, 동사「する」에 접속할 때는「するべからず」와「すべからず」 모두 쓸 수 있다. 명사를 수식할 때는「동사의 기본형+べからざる」(～해서는 안 될)의 형태가 된다.

예 芝生に立ち入るべからず。
잔디밭에 들어가지 말 것.

ここで釣りをするべからず[すべからず]。
여기에서 낚시를 하지 말 것.

※ 汚職は政治家として許すべからざる行為である。
오직은 정치가로서 용서해서는 안 될 행위이다.

---

어휘 注意する 주의를 주다 | 我が 나의, 우리의 | 少ない 적다 | きちんと 제대로, 확실히 | 指導 지도 | ～てくれる (남이 나에게) ～해 주다 | どんなに 아무리 | 辛い 괴롭다 | 諦める 체념하다, 단념하다 | いくら～ても 아무리 ～해도 | 素晴らしい 훌륭하다 | 技術 기술 | 販売 판매 | 戦略 전략 | 芝生 잔디밭 | 立ち入る (안으로) 들어가다 | 釣り 낚시 | 汚職 오직, 독직, 공직자의 부정 | 政治家 정치가 | ～として ～로서 | 許す 용서하다 | 行為 행위

---

## 70 동사의 기본형+まじき ~해서는 안 되는

동사의 기본형에 접속해 '어떤 일을 해서는 안 된다'라는 금지의 뜻을 나타낸다. 딱딱한 표현으로「許すまじき」(용서해서는 안 되는),「입장을 나타내는 명사+としてあるまじき[にあるまじき]」(~으로서 있을 수 없는)와 같이 제한된 형태로 주로 쓰인다.

예 飲酒運転によるひき逃げは、許すまじき犯罪である。
음주운전에 의한 뺑소니는 용서해서는 안 되는 범죄이다.

生徒に暴力を振るうなんて、教師としてあるまじき行為である。
학생에게 폭력을 휘두르다니 교사로서 있을 수 없는 행위이다.

## 71 동사의 기본형+までもない ~할 것까지도 없다, ~할 필요도 없다

'간단하거나 당연한 일이라 그렇게까지 할 필요는 없다'라는 뜻을 나타낸다. 문장 중간에 올 때에는「동사의 기본형+までもなく」(~할 것도 없이, ~할 필요도 없이)의 형태를 취한다.

예 歩いて5分ぐらいの距離だから、タクシーに乗るまでもない。
걸어서 5분 정도의 거리니까, 택시를 탈 것까지도 없다.

このくらいの切り傷なら、わざわざ病院に行くまでもない。
이 정도의 베인 상처라면 일부러 병원에 갈 필요도 없다.

※ このバッグは、店頭のものは言うまでもなく、見本品までも売れてしまった。
이 가방은 가게 앞의 물건은 말할 것도 없이 견본품까지도 팔려 버렸다.

## 72 명사+まみれ ~투성이, ~범벅

명사에 접속해「血」(피)나「泥」(진흙) 등과 같은 더러운 것이 표면 전체에 붙어 있는 상태를 나타내며 부착에 중점을 둔 표현이다. 반면 비슷한 의미의 표현인「명사+だらけ」(~투성이)는 그것이 많이 있다는 뜻을 나타내고 그것 때문에 더러워지거나 온통 퍼진 상태를 나타내기도 한다.

예 サッカーをしている息子はいつも泥まみれで帰ってくる。
축구를 하고 있는 아들은 늘 진흙투성이로 돌아온다.

仲が悪かった二人は、血まみれになるまで戦った。
사이가 나빴던 두 사람은 피범벅이 될 때까지 싸웠다.

※ 会社の倉庫はもう3年も掃除をしていないから、ほこりだらけだ。
회사 창고는 벌써 3년이나 청소를 하지 않아서 먼지투성이다.

어휘 飲酒運転 음주운전 | ~による ~에 의한[따른] | ひき逃げ 뺑소니 | 犯罪 범죄 | 生徒 (중·고교) 학생 | 暴力を振るう 폭력을 휘두르다 | ~なんて ~라니, ~하다니 | 教師 교사 | 行為 행위 | 歩く 걷다 | 距離 거리 | タクシー 택시 | 乗る (탈것에) 타다 | 切り傷 (칼 등에) 베인 상처 | わざわざ (특별한 노력이나 수단의) 일부러 | 病院 병원 | サッカー 축구 | 息子 (자신의) 아들 | 泥 진흙 | 帰る 돌아오다 | 仲 사이, 관계 | 血 피 | 戦う 싸우다 | 倉庫 창고 | 숫자+も ~이나 | ほこり 먼지

# 확인 문제 6(61~72)・문법

**問題5 次の文の(　　　)に入れるのに最もよいものを、1・2・3・4から一つ選びなさい。**

1 働かざる者、食う(　　　)。

1 べからざる　　2 べからず　　3 べき　　4 べく

2 いくらお金持ちでも、(　　　)。

1 死ぬわけがない　　2 死んでしまえばそれまでだ
3 死ぬとは限らない　　4 死ぬといったらない

3 親は子供の将来を考えれば(　　　)、勉強しなさいと言うのだ。

1 すら　　2 さえ　　3 こそ　　4 ほど

4 最優秀賞をいただけるなんて、感激の(　　　)です。

1 至り　　2 途中　　3 最大　　4 極め

5 使い方はよく知っているから、わざわざ説明を聞く(　　　)。

1 までもない　　2 に決まっている　　3 に相違ない　　4 ことにしている

6 今年は、去年(　　　)インフルエンザが猛威を振るっている。

1 において　　2 を除いて　　3 にもまして　　4 はさておいて

7 今度の出張は忙しくて、観光(　　　)、お土産を買うことさえできなかった。

1 にあって　　2 はおろか　　3 がてら　　4 ときたら

8 それは、他の人(　　　)、私には絶対に許せないことであった。

1 に伴って　　2 とはいえ　　3 はいざ知らず　　4 をものともせず

9 万引きをするなんて、学生としてある(　　　)行為である。

1 のみの　　2 きらいがある　　3 限りの　　4 まじき

10 穏やかな性格の兄(　　　)、弟は気性が荒い。

1 に関して　　2 にひきかえ　　3 に即して　　4 に応じて

**問題6 次の文の ＿＿★＿＿ に入る最もよいものを、1・2・3・4から一つ選びなさい。**

11 ＿＿＿ ＿＿＿ ＿★＿ ＿＿＿、やる気も出てくると思う。

1 認めてくれる　2 人がいれば　3 自分の努力を　4 こそ

12 いくら高そうな ＿＿＿ ＿＿＿ ＿★＿ ＿＿＿。

1 着なければ　2 買っても　3 服を　4 それまでだ

13 ビザを持って ＿＿＿ ＿＿＿ ＿★＿ ＿＿＿、入国することもできない。

1 ことは　2 滞在する　3 いなければ　4 おろか

14 野球部の息子は、毎日 ＿＿＿ ＿＿＿ ＿★＿ ＿＿＿ くる。

1 帰って　2 なって　3 まみれに　4 泥

15 毎日3時間しか寝ないで頑張ったのに、1点差で ＿＿＿ ＿＿＿ ＿★＿ ＿＿＿。

1 不合格だった　2 極みだ　3 とは　4 痛恨の

**問題7 次の文章を読んで、文章全体の趣旨を踏まえて、[16]から[20]の中に入る最もよいものを、1・2・3・4から一つ選びなさい。**

本日の金融政策決定会合では、金融政策の現状維持を決定した。[16]、声明文では個人消費の基調判断を引き下げた。1月の段階では「サービス消費を中心とした下押し(注1)圧力が和らぐもとで、持ち直しが明確化している」としていたものを「サービス消費を中心とした下押し圧力の強まりから、持ち直しが一服して(注2)いる」へと変更した。注目すべきところは、黒田総裁の記者会見である。これまで「円安は日本経済にプラス」との見解を繰り返してきた黒田総裁の見解が、どのように変化するのか注目したい。[17]、円安抑制を目的に日銀が緩和策の修正に動く可能性は低い。なお、黒田総裁は最近の物価上昇が「金融緩和縮小の動きに[18]」との見解を繰り返しているが、黒田総裁が言うところの「緩和縮小」はその定義に注意を払いたい。仮に一般的に金融引き締め(注3)と理解される政策変更があったとしても、日銀が「金融引き締めや緩和縮小の意図はない。[19]長期にわたって緩和的な金融環境を作り出すための措置」と説明すれば[20]。いずれにしろ、来年4月まで現在の基調が続くと予想されるが、緩和修正の可能性は一定程度意識しておきたい。

(注1)下押し: 収益や所得、需要、成長率などが下がること
(注2)一服する: 上げ続けた相場もしくは下げ続けた相場が一時的に上下しなくなる
(注3)金融引き締め: 過熱気味の景気を抑えたりする時に実施する金融政策

[16]

1 そこで　2 要するに　3 しかしながら　4 一方

[17]

1 例えば　2 とはいえ　3 故に　4 なぜなら

[18]

1 繋がることはない　2 繋がるに決まっている
3 繋がるわけだ　4 繋がるきらいがある

[19]

1 主に　2 果たして　3 むしろ　4 きっちり

[20]

1 そればかりである　2 それよりである　3 それまでである　4 それからである

# 확인 문제 6(61~72) • 정답 및 해석(문법)

1 정답 2
해석 일하지 않는 자, 먹(지 말 것).
어휘 働(はたら)く 일하다 ～ざる ～(하지) 않다 者(もの) 자, 사람 食(く)う 먹다 동사의 기본형+べからず ～하지 말 것
동사의 기본형+べからざる ～해서는 안 될 동사의 기본형+べき (마땅히) ～해야 할, ～할 만한
동사의 기본형+べく ～하기 위해

2 정답 2
해석 아무리 부자라도 (죽어 버리면 그것으로 끝이다).
어휘 いくら～で[て]も 아무리 ～라도 お金持(かねも)ち 부자 死(し)ぬ 죽다
～ばそれまでだ ～하면 그것으로 끝이다. ～이면 어쩔 도리가 없다 ～わけがない ～일 리가 없다
～とは限(かぎ)らない (반드시) ～하다고는 할 수 없다, ～하는 것은 아니다 ～といったらない ～하기 짝이 없다, 매우 ～하다

3 정답 3
해석 부모는 아이의 장래를 생각하기 (때문에) 공부하라고 말하는 것이다.
어휘 親(おや) 부모 将来(しょうらい) 장래 考(かんが)える 생각하다 ～ばこそ ～이기에, ～때문에 ～であれば ～라면
명사+すら ～조차 ～さえ ～조차, ～마저 ～ほど ～만큼

4 정답 1
해석 최우수상을 받다니 감격스럽(기 그지없)습니다.
어휘 最優秀賞(さいゆうしゅうしょう) 최우수상 いただく (남에게) 받다 *「もらう」의 겸양어 ～なんて ～라니, ～하다니
感激(かんげき) 감격 명사+の至(いた)り 지극히 ～함, ～하기 그지 없음 途中(とちゅう) 도중 最大(さいだい) 최대
極(きわ)め 끝, 궁극

5 정답 1
해석 사용법은 잘 알고 있으니까, 일부러 설명을 들(을 필요도 없다).
어휘 使(つか)い方(かた) 사용 방법 わざわざ (특별한 노력이나 수단의) 일부러 説明(せつめい) 설명 聞(き)く 듣다
동사의 기본형+までもない ～할 것까지도 없다, ～할 필요도 없다 ～に決(き)まっている 반드시 ～하다, ～하기 마련이다
～に相違(そうい)ない ～임에 틀림없다 동사의 보통형+ことにする ～하기로 하다

6 정답 3
해석 올해는 작년(보다 더) 독감이 맹위를 떨치고 있다.
어휘 今年(ことし) 올해 去年(きょねん) 작년 명사·의문사+にもまして ～보다 더 インフルエンザ 인플루엔자, 독감
猛威(もうい)を振(ふ)るう 맹위를 떨치다 ～において ～에 있어서, ～에서 ～を除(のぞ)いて ～을 제외하고
～はさておいて ～은 제쳐두고

7 정답 2
해석 이번 출장은 바빠서 관광(은커녕) 선물을 사는 것조차 못 했다.
어휘 今度(こんど) 이번 出張(しゅっちょう) 출장 観光(かんこう) 관광 명사+はおろか ～은커녕, ～은 물론
お土産(みやげ) 선물, 기념품 ～さえ ～조차 명사+にあって ～에 (있어서), ～에서
명사+がてら ～하는 김에, ～을 겸해서 ～ときたら ～로 말하자면

8 정답 3
해석 그것은 다른 사람(은 어떨지 모르지만) 나에게는 절대로 용납할 수 없는 일이었다.
어휘 他(ほか)の～ 다른 명사+はいざ知(し)らず ～은 어떨지 모르지만 絶対(ぜったい)に 절대로
許(ゆる)す 허가하다, 허용하다 ～に伴(ともな)って ～에 따라서 ～とはいえ ～라고 해도, ～이지만
～をものともせず ～에도 아랑곳하지 않고

9 정답 4
해석 물건을 슬쩍 훔치다니, 학생으로서 (있을 수 없는) 행위다.
어휘 万引(まんび)き 물건을 사는 체하고 슬쩍 훔침 なんて ～라니, ～하다니 ～として ～로서
명사+として[に]あるまじき ～으로서 있을 수 없는 行為(こうい) 행위 ～のみ ～만, ～뿐
～きらいがある ～하는 경향이 있다 *좋지 않은 일에 씀 ～限(かぎ)り ～(하는) 한

10 정답 2

해석 온화한 성격의 형(과는 달리) 남동생은 성품이 거칠다.

어휘 穏(おだ)やかだ 온화하다 性格(せいかく) 성격 兄(あに) 형 ～にひきかえ ~와는 달리[반대로] 弟(おとうと) 남동생 気性(きしょう) 기질, 성질 荒(あら)い (언행이) 사납다 ～に関(かん)して ~에 관해서 명사+に即(そく)して ~에 입각해서 ～に応(おう)じて ~에 따라서, ~에 맞게

11 自分の努力を 認めてくれる 人がいれば★ こそ | 정답 2

해석 내 노력을 인정해 주는 사람이 있기★ 때문에 의욕도 생겨난다고 생각한다.

어휘 努力(どりょく) 노력 認(みと)める 인정하다 ～てくれる (남이 나에게) ~해 주다 ～ばこそ ~이기에, ~때문에 やる気(き) 할 마음, 의욕 出(で)る 생기다

12 服を 買っても 着なければ★ それまでだ | 정답 1

해석 아무리 비싸 보이는 옷을 사도 입지 않으면★ 그것으로 끝이다.

어휘 いくら～ても 아무리 ~해도 高(たか)い 비싸다 服(ふく) 옷 買(か)う 사다 着(き)る (옷을) 입다 ～ばそれまでだ ~하면 그것으로 끝이다, ~이면 어쩔 도리가 없다

13 いなければ 滞在する ことは★ おろか | 정답 1

해석 비자를 갖고 있지 않으면 체류하는 것은★ 커녕 입국하는 것도 할 수 없다.

어휘 ビザ 비자 滞在(たいざい) 체재, 체류 명사+はおろか ~은커녕, ~은 물론 入国(にゅうこく) 입국

14 泥 まみれに なって★ 帰って | 정답 2

해석 야구부인 아들은 매일 진흙 투성이가 되어서★ 돌아온다.

어휘 野球部(やきゅうぶ) 야구부 息子(むすこ) (자신의) 아들 泥(どろ) 진흙 명사+まみれ ~투성이, ~범벅 *더러운 것이 표면 전체에 붙어 있는 상태를 나타냄

15 不合格だった とは 痛恨の★ 極みだ | 정답 4

해석 매일 3시간밖에 자지 않고 열심히 했는데, 1점 차로 불합격이었 다니 통한의★ 극치다.

어휘 ～しか (부정어 수반) ~밖에 寝(ね)る 자다 頑張(がんば)る (끝까지) 노력하다, 열심히 하다 ～のに ~는데(도) 差(さ) 차, 차이 不合格(ふごうかく) 불합격 ～とは ~하다니 痛恨(つうこん) 통한 명사+の極(きわ)み ~의 극치

16~20

오늘의 금융정책 결정회합에서는 금융정책의 현상 유지를 결정했다. 16 한편 성명문에서는 개인 소비의 기조판단을 낮췄다. 1월 단계에서는 '서비스 소비를 중심으로 한 시세 하락(주1) 압력이 완화되는 가운데 회복이 명확해지고 있다'고 했던 것을 '서비스 소비를 중심으로 한 시세 하락 압력의 강세로 회복이 제자리걸음하고(주2) 있다'로 변경했다. 주목할 만한 점은 구로다 총재의 기자회견이다. 지금까지 '엔저는 일본 경제에 플러스'라는 견해를 반복해 온 구로다 총재의 견해가 어떻게 변화할 것인지 주목하고 싶다. 17 그렇다고는 해도 엔저 억제를 목적으로 일본은행이 완화책 수정으로 움직일 가능성은 낮다. 또한 구로다 총재는 최근의 물가 상승이 '금융 완화 축소의 움직임으로 18 이어지는 일은 없다'라는 견해를 반복하고 있지만, 구로다 총재가 말하는 바의 '완화 축소'는 그 정의에 주의를 기울이고 싶다. 설사 일반적으로 금융 긴축(주3)으로 이해되는 정책 변경이 있었다고 해도 일본은행이 '금융 긴축이나 완화 축소의 의도는 없다. 19 오히려 오랜 기간에 걸쳐 완화적인 금융 환경을 만들어내기 위한 조치'라고 설명하면 20 그것으로 끝이다. 어쨌든 내년 4월까지 현재의 기조가 이어질 것으로 예상되지만, 완화 수정 가능성은 어느 정도 의식해 두고 싶다.

(주1)下押し(시세 하락): 수익이나 소득, 수요, 성장률 등이 내려가는 것
(주2)一服する(제자리걸음하다): 계속 오르던 시세 혹은 계속 하락하던 시세가 일시적으로 오르내리지 않게 되다
(주3)金融引き締め(금융 긴축): 과열 기미의 경기를 억제하거나 할 때에 실시하는 금융정책

어휘 本日(ほんじつ) 금일, 오늘 *「今日(きょう)」의 격식 차린 말 金融(きんゆう) 금융 政策(せいさく) 정책 決定(けってい) 결정 会合(かいごう) 회합 現状(げんじょう) 현상, 현재 상태 維持(いじ) 유지 声明文(せいめいぶん) 성명문 個人(こじん) 개인 消費(しょうひ) 소비 基調判断(きちょうはんだん) 기조판단 *정부가 매달 발표하는 경기에 대한 공식 견해 引(ひ)き下(さ)げる (지위·수준을) 낮추다 段階(だんかい) 단계 サービス 서비스 下押(したお)し (시세가) 하락하는 경향 圧力(あつりょく) 압력 和(やわ)らぐ 누그러지다 ～もと ～아래, ～하 持(も)ち直(なお)し 회복 明確化(めいかくか) 명확화 強(つよ)まり 강화, 강세 一服(いっぷく)する 제자리걸음하다 変更(へんこう) 변경 注目(ちゅうもく) 주목 動詞の 기본형+べき (마땅히) ～해야 할, ～할 만한 *단, 동사「する」(하다)의 경우에는「するべき」와「すべき」 모두 쓸 수 있음 総裁(そうさい) 총재 記者会見(きしゃかいけん) 기자회견 円安(えんやす) 엔화 약세, 엔저 ～との ～라는, ～(고 하)는 見解(けんかい) 견해 繰(く)り返(かえ)す 되풀이하다, 반복하다 変化(へんか) 변화 抑制(よくせい) 억제 日銀(にちぎん) 일본은행 *「日本銀行(にほんぎんこう)」의 준말 緩和策(かんわさく) 완화책 修正(しゅうせい) 수정 動(うご)く 움직이다 可能性(かのうせい) 가능성 低(ひく)い 낮다 なお 또한 物価(ぶっか) 물가 上昇(じょうしょう) 상승 縮小(しゅくしょう) 축소 動(うご)き 움직임 ところ 바 定義(ていぎ) 정의 注意(ちゅうい)を払(はら)う 주의를 기울이다 仮(かり)に 만약, 설사 一般的(いっぱんてき)だ 일반적이다 金融引(きんゆうひ)き締(し)め 금융 긴축 意図(いと) 의도 長期(ちょうき) 장기, 오랜 기간 ～にわたって ～에 걸쳐서 環境(かんきょう) 환경 作(つく)り出(だ)す 만들어내다 措置(そち) 조치 説明(せつめい) 설명 いずれにしろ 어쨌든 続(つづ)く 이어지다, 계속되다 一定程度(いっていていど) 어느 정도 意識(いしき) 의식 ～ておく ～해 놓다[두다] 収益(しゅうえき) 수익 所得(しょとく) 소득 需要(じゅよう) 수요 成長率(せいちょうりつ) 성장률 下(さ)がる 내려가다 上(あ)げる 올리다 動詞の ます형+続(つづ)ける 계속 ～하다 相場(そうば) 시세 もしくは 또는, 혹은 一時的(いちじてき)だ 일시적이다 上下(じょうげ) 오르내림 過熱(かねつ) 과열 명사+気味(ぎみ) ～기미, ～경향 景気(けいき) 경기 抑(おさ)える 억제하다 実施(じっし) 실시

16 해석 1 그래서 2 요컨대 3 그러나 4 한편
어휘 そこで 그래서 要(よう)するに 요컨대 しかしながら 그러나 一方(いっぽう) 한편

17 해석 1 예를 들면 2 그렇다고는 해도 3 그러므로 4 왜냐하면
어휘 例(たと)えば 예를 들면 とはいえ 그렇다고는 해도 故(ゆえ)に 고로, 그러므로 なぜなら 왜냐하면

18 해석 1 이어지는 일은 없다 2 반드시 이어질 것이다 3 이어지는 셈이다 4 이어지는 경향이 있다
어휘 繋(つな)がる 이어지다, 연결되다 ～に決(き)まっている 반드시 ～하다, ～하기 마련이다 ～わけだ ～인 셈[것]이다 ～きらいがある ～하는 경향이 있다

19 해석 1 주로 2 과연 3 오히려 4 꼭
어휘 主(おも)に 주로 果(は)たして 과연 むしろ 오히려 きっちり 꼭, 딱

20 해석 1 그것뿐이다 2 그것보다이다 3 그것으로 끝이다 4 그것부터이다
어휘 ～ばかり ～만, ～뿐 ～より ～보다 ～ばそれまでだ ～하면 그것으로 끝이다, ～이면 어쩔 도리가 없다

# 기출 문법표현 84
## <73~84>

- ☐ 73 명사+めく ~다워지다, ~듯하다
- ☐ 74 ~もさることながら ~은 물론이거니와, ~도 그렇지만
- ☐ 75 ~ものを ~인 것을, ~일 텐데
- ☐ 76 동사의 기본형+や否(いな)や ~하자마자, ~하기가 무섭게
- ☐ 77 명사+をおいて ~을 제외하고, ~외에는
- ☐ 78 명사+を皮切(かわき)りに ~을 시작으로
- ☐ 79 명사+を禁(きん)じ得(え)ない ~을 금할 수[길이] 없다
- ☐ 80 명사+をもって ① ~으로, ~으로써 *근거 · 수단 · 방법 ② ~으로, ~부로 *개시 · 종료
- ☐ 81 명사+をものともせず ~에 굴하지 않고, ~에도 아랑곳하지 않고
- ☐ 82 명사+を余儀(よぎ)なくされる 어쩔 수 없이 ~하게 되다
- ☐ 83 동사의 ない형+んがため ~하기 위해서
- ☐ 84 동사의 ない형+んばかりだ 마치 ~할 듯하다, 당장이라도 ~할 듯하다

## 73 명사+めく ~다워지다, ~듯하다

「春」(봄), 「皮肉」(빈정거림, 비꼼), 「謎」(수수께끼), 「冗談」(농담), 「説教」(설교) 등의 제한된 명사에 접속해 '~인 것 같은 느낌이 든다'라는 의미를 나타낸다.

예 だんだん春めいてきましたが、いかがお過ごしでしょうか。
점점 봄다워졌습니다만, 어떻게 지내시는지요?
彼の妙に皮肉めいた言い方に腹が立った。
그의 묘하게 비꼬는 듯한 말투에 화가 났다.

## 74 ~もさることながら ~은 물론이거니와, ~도 그렇지만

「AもさることながらB」의 형태로 'A도 그렇지만 B는 더욱 그러하다'라는 의미를 나타낸다. B를 강조할 때 쓰는데, 비슷한 의미의 표현으로 「~はもとより」(~은 물론이고), 「~はもちろん(のこと)」(~은 물론이고)이 있다.

예 彼は学校の成績もさることながら、スポーツでも抜群の成績を収めている。
그는 학교 성적은 물론이거니와 운동에서도 발군의 성적을 거두고 있다.
最近のスマホはデザインもさることながら、カメラの性能がとても良い。
최근 스마트폰은 디자인도 그렇지만 카메라 성능이 매우 좋다.

※ この遊園地は週末はもとより、平日も込んでいる。이 유원지는 주말에는 물론이고 평일에도 붐빈다.
最近では自分の健康はもちろん、家族の健康などを考えてタバコを止める人が増えている。
최근에는 자신의 건강은 물론이고 가족의 건강 등을 생각해서 담배를 끊는 사람이 늘고 있다.

## 75 ~ものを ~인 것을, ~일 텐데

바람직하지 않은 결과에 대한 유감, 불만, 비난의 뜻을 나타낸다. 주로 「~ば~ものを」(~하면 ~인 것을[일 텐데])의 형태로 많이 쓰인다. 비슷한 의미의 표현으로는 「~のに」(~일 텐데)가 있다.

예 あの時、この薬さえあれば彼の命は助かったものを。
그때 이 약만 있었으면 그의 목숨은 건질 수 있었을 텐데.
すぐに病院に行けば治ったものを、ずっと我慢していたから、1か月も入院することになった。
바로 병원에 가면 나았을 것을 계속 참았기 때문에 한 달이나 입원하게 되었다.

※ あの人たちももう少し謙虚になればいいのにね。그 사람들도 좀 더 겸허해지면 좋을 텐데 말이야.

---

어휘 だんだん 점점 | いかが 어떻게 | 過ごす (시간을) 보내다, 지내다 | 妙に 묘하게, 이상하게 | 言い方 말투 | 腹が立つ 화가 나다 | 成績 성적 | スポーツ 스포츠, 운동 경기 | 抜群 발군 | 収める 얻다, 거두다 | スマホ 스마트폰 *「スマートフォン」의 준말 | デザイン 디자인 | カメラ 카메라 | 性能 성능 | 遊園地 유원지 | 週末 주말 | 平日 평일 | 込む 붐비다 | 健康 건강 | 家族 가족 | 止める 끊다, 그만두다 | 増える 늘다, 늘어나다 | 薬 약 | ~さえ~ば ~만 ~하면 | 命 목숨, 생명 | 助かる 목숨을 건지다 | すぐに 곧, 바로 | 治る 낫다, 치료되다 | 我慢 참음, 견딤 | 入院 입원 | 동사의 보통형+ことになる ~하게 되다 | 謙虚 겸허

## 76 동사의 기본형+や否や ~하자마자, ~하기가 무섭게

동사의 기본형에 접속해 어떤 동작을 한 바로 직후에 다른 동작이 행해진다는 의미를 나타낸다. 뒤에는 주로 앞의 일에 반응하여 일어나는 예상 외의 일이 오는 경우가 많다.

예 その子は、お母さんの顔を見るや否や、安心したのか泣き出した。
그 아이는 어머니 얼굴을 보자마자 안심했는지 울기 시작했다.

息子は家に帰ってくるや否や、かばんを投げ出して出て行ってしまった。
아들은 집에 돌아오기가 무섭게 가방을 내팽개치고 나가 버렸다.

## 77 명사+をおいて ~을 제외하고, ~외에는

명사에 접속해 '~이외에는 ~없다'라는 뜻을 나타낸다. 뒤에는 부정문이 온다.

예 会社の危機を乗り越えられる人は、彼をおいて他にいない。
회사의 위기를 극복할 수 있는 사람은 그를 제외하고 달리 없다.

過去から学び、自分の能力を高める方法は読書をおいて他にない。
과거로부터 배우고 자신의 능력을 높이는 방법은 독서 외에는 달리 없다.

## 78 명사+を皮切りに ~을 시작으로

명사에 접속해 어떤 일을 시작으로 같은 행위가 일어난다는 뜻을 나타낸다.

예 昨日の会議では、山田君の発言を皮切りに、反対意見が続出した。
어제 회의에서는 야마다 군의 발언을 시작으로 반대 의견이 속출했다.

あのバンドは、1月の東京公演を皮切りに、全国ライブを始めるそうだ。
저 밴드는 1월의 도쿄 공연을 시작으로 전국 라이브를 시작한다고 한다.

---

어휘 子 아이 | お母さん 어머니 | 顔 얼굴 | 安心 안심 | 泣き出す 울기 시작하다 | 息子 (자신의) 아들 | 帰る 돌아오다 | 投げ出す 내던지다, 내팽개치다 | 出る (밖으로) 나가다 | 危機 위기 | 乗り越える 극복하다 | 他に 그 밖에, 따로, 달리 | 過去 과거 | 学ぶ 배우다, 익히다 | 能力 능력 | 高める 높이다 | 読書 독서 | 発言 발언 | 反対 반대 | 意見 의견 | 続出 속출 | バンド 밴드 | 公演 공연 | 全国 전국 | ライブ 라이브 | 始める 시작하다 | 품사의 보통형+そうだ ~라고 한다 *전문

## 79 명사+を禁じ得ない ~을 금할 수[길이] 없다

「涙」(눈물), 「驚き」(놀라움), 「怒り」(분노), 「同情」(동정), 「恐怖」(공포) 등 감정을 나타내는 명사에 접속해 '그 감정을 억제할 수 없다'라는 뜻을 나타낸다.

예 戦争中の家族の様子を描いた映画を見て、涙を禁じ得なかった。
전쟁 중의 가족 모습을 그린 영화를 보고 눈물을 금할 수 없었다.
あのグループが突然解散するとは、ファンとして驚きを禁じ得なかった。
그 그룹이 갑자기 해산하다니 팬으로서 놀라움을 금할 길이 없었다.

## 80 명사+をもって ① ~으로, ~으로써 *근거 · 수단 · 방법 ② ~으로, ~부로 *개시 · 종료

「~をもって」에는 두 가지 의미가 있다. 첫 번째는 '~으로, ~으로써'라는 뜻으로, 근거 · 수단 · 방법을 나타낸다. 일상적인 장면에서는 잘 쓰지 않는다. 두 번째는 '~으로, ~부로'라는 뜻으로, 시간을 나타내는 명사에 접속해 일의 개시 혹은 종료를 나타낸다. 그리고 「身をもって」(몸소)와 「~をもってすれば」(~으로라면) 등의 관용적인 표현도 있다.

예 試験の結果は、1週間以内に書面をもって通知いたします。
시험 결과는 일주일 이내에 서면으로 통지하겠습니다. *수단
本日をもって一身上の都合で退職させていただくことになりました。
오늘부로 일신상의 사정으로 퇴직하게 되었습니다. *종료

※ 今回のアルバイトを通じて働くことの厳しさを身をもって体験した。
이번 아르바이트를 통해서 일하는 것의 냉엄함을 몸소 체험했다.
彼女の実力をもってすれば、優勝は間違いないだろう。 그녀의 실력으로라면 우승은 틀림없을 것이다.

## 81 명사+をものともせず ~에 굴하지 않고, ~에도 아랑곳하지 않고

'~을 전혀 문제로 삼지 않고'라는 뜻으로, 「怪我」(부상), 「批判」(비판), 「非難」(비난) 등 곤란한 상황을 나타내는 명사에 접속해 어려운 상황에서도 굴하지 않고 극복해 낸다는 의미를 나타낸다. 비슷한 의미의 표현으로 「~をよそに」(~을 아랑곳하지 않고)가 있다.

예 世の中には自分に降りかかる不幸をものともせず、明るく生きている人がいる。
세상에는 자신에게 닥치는 불행에 굴하지 않고 밝게 살아가는 사람이 있다.
彼女は足の怪我をものともせず、走り切った。 그녀는 다리 부상에도 굴하지 않고 끝까지 달렸다.

※ 彼は親の心配をよそに、戦地へ取材に行った。 그는 부모님의 걱정에도 아랑곳하지 않고 전쟁터로 취재하러 갔다.

---

어휘 戦争 전쟁 | 様子 모습 | 描く 그리다, 묘사하다 | 涙 눈물 | 突然 돌연, 갑자기 | 解散 해산 | ~とは ~하다니 | ファン 팬 | 書面 서면 | 通知 통지 | いたす 하다 *「する」의 겸양어 | 本日 금일, 오늘 *「今日」의 격식 차린 말 | 一身上 일신상 | 都合 사정, 형편 | ~させていただく ~하다 *「~する」의 겸양표현 | ~を通じて ~을 통해서 | 厳しさ 냉엄함 | 優勝 우승 | 間違いない 틀림없다 | 降りかかる (재난 등이) 닥치다 | 不幸 불행 | 生きる 살다, 살아가다 | 走る 달리다 | 동사의 ます형+切る 끝까지 ~하다 | 戦地 전쟁터 | 取材 취재 | 동작성 명사+に ~하러 *동작의 목적

---

## 82 명사+を余儀なくされる 어쩔 수 없이 ~하게 되다

명사에 접속해 자연재해나 환경 등 감당할 수 없는 강한 힘으로 인해 어쩔 수 없이 하게 됨을 나타낸다. 한편 「~を余儀なくさせる」와 같이 사역형으로 쓰면 '어쩔 수 없이 ~하게 하다'라는 정반대의 의미가 된다.

예 相次ぐ不祥事のため、社長は辞任を余儀なくされた。
잇따른 불상사 때문에 사장은 어쩔 수 없이 사임하게 되었다.
経済状況の悪化が続き、税金の引き上げを余儀なくされた。
경제 상황 악화가 이어져 어쩔 수 없이 세금을 인상하게 되었다.

※ 大規模の土砂崩れは住民に避難を余儀なくさせた。 대규모 산사태는 어쩔 수 없이 주민들을 피난하게 했다.

## 83 동사의 ない형+んがため ~하기 위해서

동사의 ない형에 접속해 어떤 일을 꼭 실현시키겠다는 의지가 포함된 딱딱한 표현이다. 그리고 동사 「する」(하다)의 경우에는 예외적으로 「~せんがため」(~하기 위해서)의 형태를 취한다.

예 試合で勝たんがため、毎日の練習を怠らない。 시합에서 이기기 위해서 매일의 연습을 게을리하지 않는다.
中村君は自分の店を出さんがため、今一生懸命お金を貯めている。
나카무라 군은 자신의 가게를 내기 위해 지금 열심히 돈을 모으고 있다.

※ 販売を促進せんがため、広告をたくさん出すことにした。 판매를 촉진하기 위해서 광고를 많이 내기로 했다.

## 84 동사의 ない형+んばかりだ 마치 ~할 듯하다, 당장이라도 ~할 듯하다

동사의 ない형에 접속해 '마치 ~할 듯한 모습이다, 당장에 ~할 듯하다'라는 뜻으로, 다른 사람의 동작, 모습, 표정, 정도를 나타내는 다소 딱딱한 표현이다. 명사에 접속할 때는 「동사의 ない형+んばかりの+명사」(마치 ~할 듯한, 당장이라도 ~할 듯한)의 형태로 쓰이고, 동사 「する」(하다)의 경우에는 예외적으로 「~せんばかりだ」의 형태를 취한다.

예 父親に叱られた息子は、泣き出さんばかりだ。 아버지에게 야단맞은 아들은 당장이라도 울음을 터뜨릴 듯하다.
部長は私が悪いと言わんばかりの顔をしていた。 부장님은 마치 내 잘못이라고 말하는 듯한 표정을 짓고 있었다.

※ そのスープは火傷せんばかりの熱さだった。 그 수프는 마치 화상을 입을 듯한 뜨거움이었다.

---

어휘 相次ぐ 잇따르다 | 不祥事 불상사 | 社長 사장 | 辞任 사임 | 悪化 악화 | 続く 이어지다, 계속되다 | 税金 세금 | 引き上げ 인상 | 大規模 대규모 | 土砂崩れ 토사 붕괴, 산사태 | 住民 주민 | 避難 피난 | 試合 시합 | 勝つ 이기다 | 練習 연습 | 怠る 게을리하다 | 自分 자기, 자신, 나 | 店を出す 가게를 내다 | 一生懸命 열심히 | 貯める (돈을) 모으다 | 販売 판매 | 促進 촉진 | 広告 광고 | 동사의 보통형+ことにする ~하기로 하다 | 父親 부친, 아버지 | 叱る 꾸짖다, 야단치다 | 息子 (자신의) 아들 | 泣き出す 울기 시작하다, 울음을 터뜨리다 | 顔 얼굴, 표정 | スープ 수프, 국 | 火傷する 화상을 입다 | 熱さ 뜨거움

---

# 확인 문제 7(73~84) • 문법

**問題5 次の文の(　　　)に入れるのに最もよいものを、1・2・3・4から一つ選びなさい。**

1 日本語能力試験に合格（　　　）、この1年間一生懸命勉強した。
1 せんがため　2 ともなれば　3 をよそに　4 のみならず

2 息子は、寒さ（　　　）、朝から外で走り回って遊んでいる。
1 にあって　2 とあって　3 に伴って　4 をものともせず

3 お金が足りないなら、言ってくれたらよかった（　　　）。
1 ものだ　2 ものの　3 ものを　4 ものか

4 次に社長になるのは、山田さん（　　　）他に考えられない。
1 によって　2 をおいて　3 かたがた　4 ともなると

5 冬の厳しい寒さもだいぶ和らぎ、少しずつ春（　　　）きた。
1 らしく　2 めいて　3 みたいに　4 そうに

6 長期休暇から戻る（　　　）、上司に海外出張を命じられた。
1 からといって　2 といえども　3 一方で　4 や否や

7 その事件に対するメディアの報じ方には、違和感（　　　）。
1 を禁じ得ない　2 始末だ　3 に関わる　4 極まりない

8 外国人である私にとって日本語は漢字（　　　）、文法もとても難しい。
1 もさることなら　2 に沿って　3 にひきかえ　4 がてら

9 練習中に怪我をしてしまい、欠場（　　　）。
1 とは限らない　2 を余儀なくされた　3 してやまない　4 次第だ

10 このゲームは日本での発売（　　　）、世界各国への輸出を開始した。
1 を除いて　2 を抜きにして　3 を問わず　4 を皮切りに

**問題6 次の文の ＿★＿ に入る最もよいものを、1・2・3・4から一つ選びなさい。**

11 では、＿＿ ＿＿ ＿★＿ ＿＿ 会議を終了させていただきます。

1 これ　　2 今日の　　3 もって　　4 を

12 結局、二人は別れてしまった。あの時、彼が ＿＿ ＿＿ ＿★＿ ＿＿。

1 謝っていれば　　2 よかった　　3 素直に　　4 ものを

13 彼女が今まで経験してきた苦労話を聞いて、＿＿ ＿＿ ＿★＿ ＿＿。

1 同情　　2 得なかった　　3 の念を　　4 禁じ

14 会議 ＿＿ ＿＿ ＿★＿ ＿＿、他の人も次々に文句を言った。

1 での　　2 発言を　　3 皮切りに　　4 彼の

15 祖母はいつも ＿＿ ＿＿ ＿★＿ ＿＿ 私に注いでくれた。

1 溢れ　　2 の　　3 んばかり　　4 愛情を

**問題7 次の文章を読んで、文章全体の趣旨を踏まえて、[16] から [20] の中に入る最もよいものを、1・2・3・4から一つ選びなさい。**

かつてここは、私がショッピングや観光に行った素晴らしい都市だった。[16]、年頭に突発した大震災は、日常生活が常に [17] との再確認を私たちにさせてくれた。発生から4か月あまりを経過した5月末でも、なお、3万人あまりの方が避難所生活を強いられていると聞き、被災者のご苦労は [18] と思った。私は何らかの形であれ、被災者のお役に立ちたいと考えていたので、ボランティア活動に短期間でも参加できたことは本当に幸せだった。

私たちが援助活動に訪れたのは2月10日～11日で、最寄り(もより)(注1)のJR駅から診療所のある高校まで歩いたが、地震の爪痕(つめあと)(注2)は、住民には [19] 天災のせいと言うにはあまりにもむごいものだった。姿を変えた住居を離れ、避難所生活も1か月になろうとする人々の表情は、予期したよりも明るかったけれど、生活環境、特に寝食には恵まれず、同情 [20]。そのような状況の中で、我々がどれだけの仕事ができたかは不明である。今回の救援活動で得たボランティアとしてのノーハウを次回の救援活動の際に生かせることを切に希望する。

(注1)最寄り(もより): すぐ近くのあたり
(注2)爪痕(つめあと): 災害や戦争によって生じた被害やその痕跡のこと

[16]

1 すると　　2 しかも　　3 それで　　4 しかし

[17]

1 平穏でありがちだ　　2 平穏である一方だ
3 平穏であるとは限らない　　4 平穏であるに決まっている

[18]

1 想像を絶するものがある　　2 想像してもかまわない
3 想像したことがない　　4 想像するに相違ない

[19]

1 避けたくない　　2 避けがたい　　3 避けることはない　　4 避けやすい

[20]

1 せんばかりだった　　2 する始末だった　　3 だらけだった　　4 を禁じ得なかった

# 확인 문제 7(73~84) • 정답 및 해석(문법)

1 정답 1
해석 일본어능력시험에 합격(하기 위해) 요 1년간 열심히 공부했다.
어휘 日本語能力試験(にほんごのうりょくしけん) 일본어능력시험 合格(ごうかく) 합격
동사의 ない형+んがため ~하기 위해서 *동사「する」(하다)의 경우에는「~せんがため」의 형태를 취함 この 최근의, 요
一生懸命(いっしょうけんめい) 열심히 勉強(べんきょう) 공부 ~ともなれば ~라도 되면, ~쯤 되면
~をよそに ~을 아랑곳하지 않고 ~のみならず ~뿐만 아니라

2 정답 4
해석 아들은 추위(를 아랑곳하지 않고) 아침부터 밖에서 뛰어다니며 놀고 있다.
어휘 息子(むすこ) (자신의) 아들 寒(さむ)さ 추위 명사+をものともせず ~에도 굴하지 않고, ~에도 아랑곳하지 않고
外(そと) 밖 走(はし)り回(まわ)る 뛰어다니다 명사+にあって ~에 (있어서), ~에서 ~とあって ~라서, ~이기 때문에
~に伴(ともな)って ~에 동반해서, ~에 따라서

3 정답 3
해석 돈이 부족하다면 말해 주었으면 좋았(을 텐데).
어휘 足(た)りる 족하다, 충분하다 ~てくれる (남이 나에게) ~해 주다 ~たらよかった ~하면 좋았다
~ものを ~인 것을, ~일 텐데 ~ものだ ~인 법[것]이다 *상식 · 진리 · 본성 ~ものの ~이지만
~ものか ~할까 보냐 *반문(反問)이나 강한 부정

4 정답 2
해석 다음에 사장이 되는 것은 야마다 씨 (외에는) 달리 생각할 수 없다.
어휘 次(つぎ) 다음 社長(しゃちょう) 사장 명사+をおいて ~을 제외하고, ~외에는 他(ほか)に 그 밖에, 따로, 달리
考(かんが)える 생각하다 ~によって ~에 의해 ~かたがた ~할 겸 ~ともなると ~라도 되면, ~쯤 되면

5 정답 2
해석 겨울의 혹독한 추위도 상당히 누그러져서 조금씩 봄(다워졌)다.
어휘 冬(ふゆ) 겨울 厳(きび)しい 혹독하다, 심하다 寒(さむ)さ 추위 だいぶ 상당히, 꽤 和(やわ)らぐ 누그러지다
少(すこ)しずつ 조금씩 春(はる) 봄 명사+めく ~다워지다, ~듯하다 ~らしい ~인 것 같다 ~みたいに ~처럼

6 정답 3
해석 장기 휴가에서 돌아오(자마자) 상사에게 해외 출장을 명령받았다.
어휘 長期(ちょうき) 장기 休暇(きゅうか) 휴가 戻(もど)る 되돌아오다
동사의 기본형+や否(いな)や ~하자마자, ~하기가 무섭게 上司(じょうし) 상사 海外(かいがい) 해외
出張(しゅっちょう) 출장 命(めい)じる 명하다, 명령하다 ~からといって ~라고 해서
~といえども ~라 해도, ~라 할지라도 ~一方(いっぽう)で ~하는 한편으로

7 정답 1
해석 그 사건에 대한 미디어의 보도 방식에는 위화감(을 금할 수 없다).
어휘 事件(じけん) 사건 ~に対(たい)する ~에 대한 メディア 미디어 報(ほう)じる 알리다, 보도하다
동사의 ます형+方(かた) ~하는 방법[방식] 違和感(いわかん) 위화감
명사+を禁(きん)じ得(え)ない ~을 금할 수[길이] 없다 ~始末(しまつ)だ ~라는 형편[꼴]이다
명사+に関(かか)わる ~에 관계되다 な형용사의 어간+極(きわ)まりない ~하기 짝이 없다, 극히 ~하다

8 정답 1
해석 외국인인 나에게 있어 일본어는 한자(도 그렇지만) 문법도 매우 어렵다.
어휘 外国人(がいこくじん) 외국인 ~にとって ~에(게) 있어서 漢字(かんじ) 한자
~もさることながら ~은 물론이거니와, ~도 그렇지만 文法(ぶんぽう) 문법 ~に沿(そ)って ~을[에] 따라서
~にひきかえ ~와 달리[반대로] 명사+がてら ~하는 김에, ~을 겸해서

9 정답 2
해석 연습 중에 부상을 입고 말아서 (어쩔 수 없이) 결장(하게 되었다).
어휘 練習(れんしゅう) 연습 怪我(けが) 부상, 상처 *「怪我(けが)をする」– 부상을 입다
欠場(けつじょう) 결장, 출전해야 할 경기 등에 안 나감 명사+を余儀(よぎ)なくされる 어쩔 수 없이 ~하게 되다
~とは限(かぎ)らない (반드시) ~하다고는 할 수 없다, ~하는 것은 아니다 ~てやまない ~해 마지않다, 진심으로 ~하다
명사+次第(しだい)だ ~에 달려 있다, ~에 의해 좌우되다

10 정답 4
해석 이 게임은 일본에서의 발매(를 시작으로) 세계 각국으로의 수출을 개시했다.
어휘 ゲーム 게임 発売(はつばい) 발매 명사+を皮切(かわき)りに ~을 시작으로 各国(かっこく) 각국
輸出(ゆしゅつ) 수출 開始(かいし) 개시 ~を除(のぞ)いて ~을 제외하고 ~を抜(ぬ)きにして ~을 빼고, ~을 제쳐 두고
~を問(と)わず ~을 불문하고

11 これ を もって★ 今日の | 정답 3
해석 그럼 이것 으 로★ 오늘 회의를 종료하겠습니다.
어휘 では 그러면, 그럼, 그렇다면 명사+をもって ~으로, ~부로 *개시·종료 終了(しゅうりょう) 종료
~させていただく ~하다 *「~する」의 겸양표현

12 素直に 謝っていれば よかった★ ものを | 정답 2
해석 결국 두 사람은 헤어지고 말았다. 그때 그가 솔직하게 사과했으면 좋았을★ 텐데.
어휘 結局(けっきょく) 결국 別(わか)れる 헤어지다 素直(すなお)だ 솔직하다 謝(あやま)る 사과하다
~ばよかった ~하면 좋았다 ~ものを ~인 것을, ~일 텐데

13 同情 の念を 禁じ★ 得なかった | 정답 4
해석 그녀가 지금까지 경험해 온 고생담을 듣고 동정 하는 마음을 금할★ 길이 없었다.
어휘 今(いま)まで 지금까지 経験(けいけん) 경험 苦労話(くろうばなし) 고생한 이야기, 고생담 同情(どうじょう) 동정
念(ねん) 마음 명사+を禁(きん)じ得(え)ない ~을 금할 길이 없다

14 での 彼の 発言を★ 皮切りに | 정답 2
해석 회의 에서의 그의 발언을★ 시작으로 다른 사람도 연이어 불평을 했다.
어휘 会議(かいぎ) 회의 発言(はつげん) 발언 명사+を皮切(かわき)りに ~을 시작으로 他(ほか)の~ 다른~
次々(つぎつぎ)に 잇따라, 계속해서 文句(もんく) 불평, 불만 *「文句(もんく)を言(い)う」– 불평하다

15 溢れ んばかり の★ 愛情を | 정답 2
해석 할머니는 항상 넘칠 듯 한★ 애정을 나에게 쏟아 주었다.
어휘 祖母(そぼ) (자신의) 조모, 할머니 溢(あふ)れる 넘치다
동사의 ない형+んばかりの+명사 마치 ~할 듯한, 당장이라도 ~할 듯한 愛情(あいじょう) 애정
注(そそ)ぐ 쏟다, 기울이다 ~て[で]くれる (남이 나에게) ~해 주다

16~20

전에 이곳은 내가 쇼핑이나 관광하러 갔던 멋진 도시였다. 16 그러나 연초에 갑자기 발생한 큰 지진으로 인한 재해는 일상생활이 늘 17 평온한 것은 아니 라는 재확인을 우리에게 하게 해 주었다. 발생한 지 4개월 남짓을 경과한 5월 말에도 여전히 3만 명 남짓한 분이 피난소 생활을 강요받고 있다고 듣고, 이재민의 고생은 18 정말 상상을 초월한다 고 생각했다. 나는 어떤 형태든 이재민의 도움이 되고 싶다고 생각했기 때문에 자원봉사 활동에 단기간이라도 참가할 수 있었던 것은 정말로 행운이었다.

우리가 원조 활동으로 방문한 것은 2월 10일~11일로 가장 가까운(주1) JR역에서 진료소가 있는 고등학교까지 걸었는데, 지진이 할퀸 자국(주2)은 주민에게는 19 피할 수 없는 천재 탓이라고 말하기에는 너무나도 참혹한 것이었다. 형체를 바꾼 집을 떠나 피난소 생활도 한 달이 되려는 사람들의 표정은 예상했던 것보다도 밝았지만, 생활 환경, 특히 침식이 불편해서 동정 20 을 금할 수 없었다 . 그와 같은 상황 속에서 우리가 얼마만큼의 일을 할 수 있었는지는 분명하지 않다. 이번 구원 활동으로 얻은 자원봉사자로서의 노하우를 다음 구원 활동 때 살릴 수 있기를 진심으로 희망한다.

(주1)最寄り(가장 가까움): 바로 가까운 주위
(주2)爪跡(할퀸 자국): 재해나 전쟁에 의해 생긴 피해나 그 흔적

**어휘** かつて 일찍이, 예전부터, 전에 ショッピング 쇼핑 観光(かんこう) 관광 동작성 명사+に ~하러 *동작의 목적
素晴(すば)らしい 훌륭하다, 멋지다 都市(とし) 도시 年頭(ねんとう) 연두, 연초 突発(とっぱつ) 돌발, 뜻밖의 일이 갑자기 일어남
大震災(だいしんさい) 대진재, 큰 지진에 의한 재해 日常生活(にちじょうせいかつ) 일상생활 常(つね)に 늘, 항상
再確認(さいかくにん) 재확인 発生(はっせい) 발생 수사+あまり ~남짓 経過(けいか) 경과 なお 아직, 여전히
避難所(ひなんじょ) 피난소 強(し)いる 강요하다 被災者(ひさいしゃ) 이재민, 재해를 당한 사람 苦労(くろう) 고생
何(なん)らか 어떠한, 얼마간 形(かたち) 형태 명사+であれ ~이라 해도, ~(이)든, (설령) ~일지라도 役(やく)に立(た)つ 도움이 되다
ボランティア活動(かつどう) 자원봉사 활동 短期間(たんきかん) 단기간 幸(しあわ)せ 행운, 행복
援助(えんじょ) 원조 訪(おとず)れる 방문하다 最寄(もよ)り 가장 가까움
JR(ジェーアール) 일본 철도 *일본 국유 철도의 분할·민영화로 생겨난 6개의 여객 철도회사와 화물회사의 공통 약칭
診療所(しんりょうじょ) 진료소 爪痕(つめあと) 할퀸 자국, 비유적으로 사건·재해가 남긴 피해나 영향
天災(てんさい) 천재, 폭풍·지진·낙뢰·홍수 등, 자연계의 변화에 의해 생기는 재해 명사+の+せい ~탓 あまりにも 너무나도
むごい 참혹하다 姿(すがた) 모습, 형체 変(か)える 바꾸다 住居(じゅうきょ) 주거, 집 離(はな)れる (장소를) 떠나다, 벗어나다
人々(ひとびと) 사람들 表情(ひょうじょう) 표정 予期(よき) 예기, 예상 ~よりも ~보다도 明(あか)るい 밝다
特(とく)に 특히 寝食(しんしょく) 침식 恵(めぐ)まれる 좋은 상태가 부여되다 ~ず ~하지 않아서 同情(どうじょう) 동정
我々(われわれ) 우리 不明(ふめい) 불명, 분명하지 않음 救援(きゅうえん) 구원 得(え)る 얻다 ノーハウ 노하우
명사+の+際(さい)に ~할 때에 生(い)かす 살리다, 발휘하다, 활용하다 切(せつ)に 간절히, 진심으로 希望(きぼう) 희망
あたり 주위 戦争(せんそう) 전쟁 ~によって ~에 의해 生(しょう)じる 일어나다, 발생하다, 생기다 被害(ひがい) 피해
痕跡(こんせき) 흔적

16 **해석** 1 그러자 2 게다가 3 그래서 4 그러나
**어휘** すると 그러자 しかも 게다가 それで 그래서 しかし 그러나

17 **해석** 1 평온하기 쉽다 2 평온하기만 하다 3 평온한 것은 아니다 4 틀림없이 평온하다
**어휘** 平穏(へいおん)だ 평온하다 동사의 ます형+がちだ (자칫) ~하기 쉽다, ~하기 십상이다
~一方(いっぽう)だ ~하기만 하다 ~とは限(かぎ)らない (반드시) ~하다고는 할 수 없다, ~하는 것은 아니다
~に決(き)まっている 반드시 ~하다, ~하기 마련이다

18 **해석** 1 정말 상상을 초월한다 2 상상해도 상관없다
3 상상한 적이 없다 4 상상할 것임에 틀림없다
**어휘** 想像(そうぞう) 상상 絶(ぜっ)する 넘다, 초월하다 ~ものがある ~하는 데가 있다, 상당히 ~하다
~てもかまわない ~해도 상관없다 동사의 た형+ことがない ~한 적이 없다 *경험
~に相違(そうい)ない ~임에 틀림없다

19 **해석** 1 피하고 싶지 않은 2 피할 수 없는 3 피할 필요가 없는 4 피하기 쉬운
**어휘** 避(さ)ける 피하다 동사의 ます형+がたい ~하기 어렵다, ~할 수 없다 ~ことはない ~할 것은[필요는] 없다
동사의 ます형+やすい ~하기 쉽다

20 **해석** 1 할 듯했다 2 하는 꼴이었다 3 투성이였다 4 을 금할 수 없었다
**어휘** 동사의 ない형+んばかりだ 마치 ~할 듯하다, 당장이라도 ~할 듯하다 *동사 「する」(하다)의 경우에는 예외적으로 「~せんばかりだ」의 형태를 취함 ~始末(しまつ)だ ~라는 형편[꼴]이다
명사+だらけ ~투성이 *그것이 많이 있다는 뜻을 나타내고 그것 때문에 더러워지거나 온통 퍼진 상태를 나타내기도 함
명사+を禁(きん)じ得(え)ない ~을 금할 수[길이] 없다

# 기타 문법표현 12
# 〈01~12〉

☐ 01 동사의 의지형+が～まいが ～하든지 말든지, ～하든 안 하든

☐ 02 동사의 의지형+にも～ない ～하려고 해도 ～할 수 없다

☐ 03 동사의 た형+弾(はず)みに ～한 찰나, ～한 순간, ～한 바람에

☐ 04 동사의 기본형+術(すべ)がない ～할 방법이 없다, ～할 수가 없다

☐ 05 명사+なりとも ～만이라도, ～나마

☐ 06 명사+にかこつけて ～을 핑계 삼아, ～을 구실로

☐ 07 명사+にかまけて ～에 얽매여서, ～에 매달려서

☐ 08 동사의 기본형・명사+には及(およ)ばない ～할 것까지는 없다

☐ 09 い형용사의 어간・명사+びる ～처럼 보이다, ～의 상태를 띠다

☐ 10 ～ゆえ(に) ～때문에

☐ 11 명사+を限(かぎ)りに ～을 끝으로

☐ 12 명사+を踏(ふ)まえて ～을 토대로, ～에 입각해서

## 01 동사의 의지형+が～まいが ~하든지 말든지, ~하든 안 하든

동사의 의지형에 접속해 '~해도 안 해도 (그와는 상관없이)'라는 뜻을 나타낸다. 참고로, 조사 「と」를 써서 「동사의 의지형+と～まいと」(~든지 말든지)라고 쓰기도 한다.

예 勉強しようがしまいが、私の勝手でしょう。
공부하든지 말든지 내 마음이죠.
両親が認めようが認めまいが、私は彼と結婚します。
부모님이 인정하든 인정 안 하든 저는 그와 결혼하겠습니다.

※ 雨が降ろうと降るまいと、明日は絶対に富士山へ行く。
비가 내리든지 말든지 내일은 꼭 후지산에 갈 것이다.

## 02 동사의 의지형+にも～ない ~하려고 해도 ~할 수 없다

동사의 의지형에 접속해 '~하고 싶어도 이를 방해하는 일이나 사정이 생겨서 ~할 수 없다'라는 뜻을 나타낸다.

예 イタリアで英語が通じなくて道を聞こうにも聞けなかった。
이탈리아에서 영어가 통하지 않아서 길을 물으려고 해도 물을 수 없었다.
長い間正座していて、足が痺れてしまって立ち上がろうにも立ち上がれなかった。
오랫동안 정좌하고 있어서 다리가 저려서 일어서려고 해도 일어설 수 없었다.

## 03 동사의 た형+弾みに ~한 찰나, ~한 순간, ~한 바람에

동사의 た형에 접속해 어떤 일이 계기가 되어 그만 예기치 못한 다른 일이 발생함을 나타낸다.

예 石につまずいて倒れた弾みに、足を捻ってしまった。
돌에 발이 걸려 넘어진 바람에, 다리를 삐고 말았다.
酔った弾みに、彼女の秘密を漏らしてしまった。
취한 바람에 그녀의 비밀을 누설해 버렸다.

---

어휘 勝手だ 제멋대로다, 마음대로다 | 両親 양친, 부모 | 認める 인정하다 | 結婚 결혼 | 降る (비·눈 등이) 내리다, 오다 | 絶対に 절대로, 반드시, 꼭 | 富士山 후지산 | イタリア 이탈리아 | 通じる 통하다 | 聞く 묻다 | 正座 정좌, 무릎을 꿇고 단정하게 앉음 | 痺れる 저리다, 마비되다 | 立ち上がる 일어서다 | 石 돌 | つまずく 발이 걸려 넘어지다 | 倒れる 쓰러지다, 넘어지다 | 足を捻る 다리를 삐다 | 酔う (술에) 취하다 | 秘密 비밀 | 漏らす 누설하다

---

## 04 동사의 기본형+術がない ~할 방법이 없다, ~할 수가 없다

동사의 기본형에 접속해 그렇게 할 방법이 없음을 나타낸다. 그리고 「成す術がない」(어찌할 도리가 없다)는 관용적으로 쓰는 표현이므로 따로 기억해 두어야 한다.

예 もう全身に癌が転移しているので、治す術がありません。
이미 전신에 암이 전이돼서 치료할 방법이 없습니다.
放射線は見えないし臭いもないだけに、その危険を知る術がない。
방사선은 보이지 않고 냄새도 없는 만큼 그 위험을 알 수가 없다.

※ 今のところは、成す術がない。
지금으로서는 어찌할 도리가 없다.

## 05 명사+なりとも ~만이라도, ~나마

최저한의 조건을 나타내는 명사에 접속해 희망을 말하거나 평가할 때 쓴다.

예 チャンスがあるなら、一目なりとも彼女に会ってみたい。
기회가 있다면 한 번만이라도 그녀를 만나 보고 싶다.
多少なりとも、みなさんのお役に立てたようで嬉しいです。
다소나마 여러분의 도움이 될 수 있었던 것 같아 기쁩니다.

## 06 명사+にかこつけて ~을 핑계 삼아, ~을 구실로

명사에 접속해 '본래는 관계없는 것을 이유로 삼아 하고 싶은 것을 한다'라는 뜻을 나타낸다. 뒤에는 알려지면 비난받을 만한 사항이 오는 경우가 많다.

예 夫は接待にかこつけて、毎週ゴルフに行っている。
남편은 접대를 핑계 삼아 매주 골프 치러 가고 있다.
息子は風邪にかこつけて、学校を休んで部屋でゲームをしていた。
아들은 감기를 구실로 학교를 결석하고 방에서 게임을 하고 있었다.

---

어휘 もう 이미, 벌써 | 全身 전신, 온몸 | 癌 암 | 転移 전이 | 治す 고치다, 치료하다 | 放射線 방사선 | 見える 보이다 | ~し ~하고 | 臭い (고약한) 냄새 | ~だけに ~만큼 | 危険 위험 | 今のところは 지금으로서는 | チャンス 기회 | 一目 한 번[잠깐] 봄 | 会う 만나다 | 多少 다소, 약간 | 役に立つ 도움이 되다 | 嬉しい 기쁘다 | 夫 (자신의) 남편 | 接待 접대 | ゴルフ 골프 | 동작성 명사+に ~하러 *동작의 목적 | 息子 (자신의) 아들 | 風邪 감기 | 休む 쉬다, 결석하다 | ゲーム 게임

---

## 07 명사+にかまけて ~에 얽매여서, ~에 매달려서

명사에 접속해 '한 가지 일에 열중하여 다른 일을 등한시한다'라는 뜻을 나타낸다.

예 うちの夫(おっと)ときたら、仕事(しごと)にかまけて、全(まった)く家事(かじ)を手伝(てつだ)おうとしない。
우리 남편으로 말하자면 일에 얽매여서 전혀 집안일을 도우려고 하지 않는다.

ブラウンさんはアルバイトにかまけて、日本語(にほんご)の勉強(べんきょう)を全然(ぜんぜん)していない。
브라운 씨는 아르바이트에 매달려서 일본어 공부를 전혀 안 하고 있다.

## 08 동사의 기본형・명사+には及(およ)ばない ~할 것까지는 없다

동사의 기본형이나 명사에 접속해 일부러 그렇게 할 정도가 아니거나 그렇게 할 필요가 없음을 나타낸다. 주로 상대의 배려를 완곡하게 거절할 때 쓴다.

예 わざわざ1時間(じかん)の会議(かいぎ)のために、来(き)ていただくには及(およ)びません。
일부러 1시간의 회의를 위해서 오실 것까지는 없습니다.

当然(とうぜん)のことをしたまでですから、お礼(れい)には及(およ)びません。
당연한 일을 했을 뿐이니까, 감사 인사를 할 것까지는 없습니다.

## 09 い형용사의 어간・명사+びる ~처럼 보이다, ~의 상태를 띠다

「大人(おとな)」(어른), 「田舎(いなか)」(시골) 등의 제한된 명사나 い형용사 어간에 접속해 '그렇게 보인다'는 뜻을 나타낸다.

예 彼(かれ)の部屋(へや)の本棚(ほんだな)には、古(ふる)びた本(ほん)がぎっしりと差(さ)し込(こ)まれていた。
그의 방 책장에는 오래된 것처럼 보이는 책이 빼곡하게 꽂혀 있었다.

老後(ろうご)は田舎(いなか)びた町(まち)でのんびりと暮(く)らしたい。
노후는 시골 정취가 느껴지는 마을에서 느긋하게 살고 싶다.

---

어휘 うち 우리 | 夫(おっと) (자신의) 남편 | ~ときたら ~로 말하자면 | 全(まった)く (부정어 수반) 전혀 | 家事(かじ) 가사, 집안일 | 手伝(てつだ)う 돕다 | アルバイト 아르바이트 | 全然(ぜんぜん) (부정어 수반) 전혀 | わざわざ (특별한 노력이나 수단의) 일부러 | ~ていただく (남에게) ~해 받다, (남이) ~해 주시다 *「~てもらう」의 겸양표현 | 当然(とうぜん) 당연 | ~までだ ~할 뿐이다 | お礼(れい) 감사 인사 | 本棚(ほんだな) 책장 | ぎっしりと 가득, 잔뜩, 빼곡하게 | 差(さ)し込(こ)む 끼워 넣다, 꽂다 | 老後(ろうご) 노후 | 町(まち) 마을 | のんびりと 느긋하게 | 暮(く)らす 살다, 생활하다

---

## 10 ～ゆえ(に) ~때문에

원인이나 이유를 나타낼 때 쓰는 딱딱한 표현으로 문어체에서 쓴다. 조사「が」를 넣어「～がゆえ(に)」의 형태를 취하기도 한다.

예 貧しさゆえに犯罪を犯したとしても、許すわけにはいかない。
가난 때문에 범죄를 저질렀다고 해도 용서할 수는 없다.
日本は島国がゆえに、漁業が盛んである。
일본은 섬나라이기 때문에 어업이 성하다.

## 11 명사+を限りに ~을 끝으로

시간을 나타내는 명사에 접속해 '지금까지 계속해 왔던 것을 어떤 시점을 마지막으로 끝을 낸다'라는 최종기한을 나타낸다.

예 今日を限りに禁煙することにした。
오늘을 끝으로 금연하기로 했다.
二人はその日を限りに、二度と会わなかった。
두 사람은 그날을 끝으로 두 번 다시 만나지 않았다.

## 12 명사+を踏まえて ~을 토대로, ~에 입각해서

명사에 접속해 '어떤 사항을 고려해서 판단의 기준 · 근거 · 전제로 삼다'라는 뜻을 나타낸다.

예 アンケートの結果を踏まえて、商品のデザインを見直した。
앙케트 결과를 토대로 상품 디자인을 재검토했다.
原則を踏まえて、判断することにした。
원칙에 입각해 판단하기로 했다.

---

어휘 貧しさ 가난 | 犯罪 범죄 | 犯す 범하다, 저지르다 | 許す 용서하다 | ～わけにはいかない ~할 수는 없다 | 島国 섬나라 | 漁業 어업 | 盛んだ 성하다, 번창하다 | 禁煙 금연 | 동사의 보통형+ことにする ~하기로 하다 | 二度と 두 번 다시 | 会う 만나다 | アンケート 앙케트 | 結果 결과 | 商品 상품 | デザイン 디자인 | 見直す 다시 살펴보다, 재검토하다 | 原則 원칙 | 判断 판단

---

# 확인 문제 8(기타 문법 01~12)・문법

**問題5 次の文の(　　　)に入れるのに最もよいものを、1・2・3・4から一つ選びなさい。**

1 この文法は簡単ですので、説明には(　　　)。
1 及びません　2 いけません　3 いきません　4 やみません

2 夫は仕事に(　　　)、全く子供の世話をしてくれない。
1 おいて　2 かまけて　3 ひきかえ　4 至って

3 高齢で足が不自由なので、買い物に行く(　　　)。
1 ことになっている　2 ことにしている　3 限りだ　4 術がない

4 渡辺「あまり食べないね。食欲ないの?」
鈴木「実は昨日から歯が痛くて、ご飯を食べようにも(　　　)わ。」
1 食べられない　2 食べたくない
3 食べてもかまわない　4 食べるほかない

5 後ろから誰かに押された(　　　)、転んでしまった。
1 弾みに　2 といえども　3 かたわら　4 からには

6 パーティーに(　　　)、会費を払わなければならない。
1 参加したところ　2 参加しようが参加しまいが
3 参加がてら　4 参加する一方で

7 山田君、小学生の割にはずいぶんと大人(　　　)見えるね。
1 びて　2 おびて　3 ぶって　4 かって

8 チャンスがあるなら、一目(　　　)この歌手に会ってみたいよ。
1 どころか　2 ともなると　3 なりとも　4 を限りに

9 お金がなかった(　　　)、大学進学を諦めなければいけなかった。
1 とはいえ　2 にせよ　3 そばから　4 ゆえに

10 駅前のレストランは、今月(　　　)閉店するそうだ。
1 はおろか　2 を限りに　3 を問わず　4 にとどまらず

**問題6 次の文の ＿★＿ に入る最もよいものを、1・2・3・4から一つ選びなさい。**

11 ＿＿＿ ＿＿＿ ＿★＿ ＿＿＿、カロリーの高い食べ物を食べていたら意味がない。
1 運動　2 しまいが　3 を　4 しようが

12 息子は ＿＿＿ ＿＿＿ ＿★＿ ＿＿＿、家でずっとゲームをしていた。
1 かこつけて　2 病気に　3 欠席し　4 授業を

13 父は ＿＿＿ ＿＿＿ ＿★＿ ＿＿＿、息子にアドバイスをした。
1 過去に　2 ことを　3 悩んだ　4 踏まえて

14 新しい仕事が見つからなくて ＿＿＿ ＿＿＿ ＿★＿ ＿＿＿。
1 今の　2 辞めようにも　3 会社を　4 辞められない

15 ＿＿＿ ＿＿＿ ＿★＿ ＿＿＿、ちゃんとコミュニケーションを取ることが大切である。
1 ゆえ　2 持つが　3 異なる考えを　4 人間は

**問題7 次の文章を読んで、文章全体の趣旨を踏まえて、16 から 20 の中に入る最もよいものを、1・2・3・4から一つ選びなさい。**

いじめはどの子供にも 16 という事実 17 、生徒の尊厳(そんげん)(注1)が守られ、生徒をいじめに向かわせないための未然防止に全ての教職員が 18 ことから始めていく必要がある。未然防止の基本となるのは、生徒が周囲の友人や教職員と信頼できる関係の中、安心して学校生活を送り、規律正しい態度で授業や行事に主体的に参加できるような学校作りを行っていくことである。生徒に集団の一員としての自覚が育まれることにより、19 、互いを認め合える学校風土を生徒らが作り出していくものと期待される。

そうした未然防止の取り組みが着実に成果を上げているかどうかについては、日常的に生徒の行動の様子を把握したり、定期的なアンケート調査や欠席日数などで検証したりして、どのような改善を行うのか、どのような新たな取り組みを行うかを定期的に検討し、体系的にPDCA(注2)サイクル 20 取り組みを継続することが大切である。

(注1)尊厳(そんげん): 尊く厳かなこと
(注2)PDCA: Plan(計画)、Do(実行)、Check(評価)、Action(改善)の頭文字を取ったもの

**16**

1 起こってもかまわない　2 起こってほしい
3 起こりっこない　4 起こり得る

**17**

1 を踏まえ　2 どころか　3 ぬきで　4 をものともせず

**18**

1 取り入れる　2 取り組む　3 取り扱う　4 取り替える

**19**

1 登校拒否する生徒がますます増え　2 学校生活での楽しみが無くなり
3 ストレスにとらわれることなく　4 日常生活の大切さを自覚し

**20**

1 に対する　2 に基づく　3 における　4 に関わる

# 확인 문제 8(기타 문법 01~12) • 정답 및 해석(문법)

1 정답 1
해석 이 문법은 간단하니까, 설명(할 것까지는 없습니다).
어휘 文法(ぶんぽう) 문법 簡単(かんたん)だ 간단하다 説明(せつめい) 설명
명사+には及(およ)ばない ~할 것까지는 없다

2 정답 2
해석 남편은 일에 (얽매여서) 전혀 아이를 돌봐 주지 않는다.
어휘 夫(おっと) (자신의) 남편 명사+にかまけて ~에 얽매여서 全(まった)く (부정어 수반) 전혀
世話(せわ)をする 돌보다 ~てくれる (상대방이 제삼자에게) ~해 주다 ~において ~에 있어서, ~에서
~にひきかえ ~와는 달리[반대로] 동사의 기본형 · 명사+に至(いた)って ~에 이르러

3 정답 4
해석 고령으로 다리가 불편해서 장을 보러 갈 (수가 없다).
어휘 高齢(こうれい) 고령, 나이가 많음 足(あし) 다리 不自由(ふじゆう)だ (신체가) 불편하다
買(か)い物(もの) 쇼핑, 장을 봄 동작성 명사+に ~하러 *동작의 목적
동사의 기본형+術(すべ)がない ~할 방법이 없다, ~할 수가 없다 동사의 보통형+ことになっている ~하게[하기로] 되어 있다
동사의 보통형+ことにする ~하기로 하다 ~限(かぎ)りだ ~할 따름이다, 매우 ~하다

4 정답 1
해석 와타나베 "별로 안 먹네. 식욕 없어?"
스즈키 "실은 어제부터 이가 아파서 밥을 먹으려고 해도 (먹을 수 없어)."
어휘 あまり (부정어 수반) 그다지, 별로 食欲(しょくよく) 식욕 歯(は) 이, 치아 痛(いた)い 아프다
동사의 의지형+にも~ない ~하려고 해도 ~할 수 없다 ~てもかまわない ~해도 상관없다 ~ほかない ~하는 수밖에 없다

5 정답 1
해석 뒤에서 누군가에게 밀리(는 바람에) 넘어지고 말았다.
어휘 後(うし)ろ 뒤 誰(だれ)か 누군가 押(お)す 밀다 동사의 た형+弾(はず)みに ~한 찰나, ~한 순간, ~한 바람에
転(ころ)ぶ 구르다, 넘어지다 ~といえども ~라 해도, ~라 할지라도
~かたわら ~하는 한편, 주로 ~일을 하면서 그 한편으로 ~からには ~한 이상은

6 정답 2
해석 파티에 (참가하든 안 하든) 회비를 내지 않으면 안 된다.
어휘 パーティー 파티 参加(さんか) 참가 동사의 의지형+が~まいが ~하든지 말든지, ~하든 안 하든
会費(かいひ) 회비 払(はら)う (돈을) 내다, 지불하다 ~なければならない ~하지 않으면 안 된다, ~해야 한다
동사의 た형+ところ ~했더니, ~한 결과 동사의 ます형 · 명사+がてら ~하는 김에, ~을 겸해서
~一方(いっぽう)で ~하는 한편으로

7 정답 1
해석 야마다 군, 초등학생치고는 꽤 어른(처럼) 보이네.
어휘 小学生(しょうがくせい) 초등학생 명사+の+割(わり)には ~에 비해서는, ~치고는 ずいぶんと 꽤, 몹시, 퍽
명사+びる ~처럼 보이다, ~의 상태를 띠다 見(み)える 보이다 お(帯)びる (그러한 성질을) 띠다 ~ぶる ~인 체하다

8 정답 3
해석 기회가 있으면 한번(만이라도) 이 가수를 만나 보고 싶어.
어휘 チャンス 찬스, 기회 一目(ひとめ) 한번[잠깐] 봄 명사+なりとも ~만이라도, ~나마 歌手(かしゅ) 가수
~どころか ~은커녕 ~ともなると ~라도 되면, ~쯤 되면 명사+を限(かぎ)りに ~을 끝으로

9 정답 4
해석 돈이 없었(기 때문에) 대학 진학을 단념하지 않으면 안 되었다.
어휘 ~ゆえ(に) ~때문에 進学(しんがく) 진학 諦(あきら)める 체념하다, 단념하다
~なければいけない ~하지 않으면 안 된다, ~해야 한다 ~とはいえ ~라고 해도, ~이지만
~にせよ ~라고 해도, ~도, ~든 ~そばから ~하는 족족, ~하기가 무섭게

10 정답 2

해석 역 앞의 레스토랑은 이달(을 끝으로) 폐점한다고 한다.

어휘 駅前(えきまえ) 역 앞 レストラン 레스토랑 今月(こんげつ) 이달 명사+を限(かぎ)りに ~을 끝으로 閉店(へいてん) 폐점 품사의 보통형+そうだ ~라고 한다 *전문 명사+はおろか ~은커녕, ~은 물론 ~を問(と)わず ~을 불문하고 명사+にとどまらず ~에 그치지 않고, ~뿐만 아니라

11 運動 を しようが★ しまいが | 정답 4

해석 운동 을 하든★ 안 하든 칼로리가 높은 음식을 먹으면 의미가 없다.

어휘 運動(うんどう) 운동 동사의 의지형+が~まいが ~하든지 말든지, ~하든 안 하든 カロリー 칼로리 食(た)べ物(もの) 음식, 먹을 것 意味(いみ) 의미

12 病気に かこつけて 授業を★ 欠席し | 정답 4

해석 아들은 병을 핑계 삼아 수업을★ 결석하고 집에서 계속 게임을 하고 있었다.

어휘 息子(むすこ) (자신의) 아들 病気(びょうき) 병 명사+にかこつけて ~을 핑계 삼아, ~을 구실로 授業(じゅぎょう) 수업 欠席(けっせき) 결석 ずっと 쭉, 계속 ゲーム 게임

13 過去に 悩んだ ことを★ 踏まえて | 정답 2

해석 아버지는 과거에 고민했던 것을★ 토대로 아들에게 조언을 했다.

어휘 父(ちち) 아버지 過去(かこ) 과거 悩(なや)む 고민하다 명사+を踏(ふ)まえて ~을 토대로, ~에 입각해서 息子(むすこ) (자신의) 아들 アドバイス 조언, 충고

14 今の 会社を 辞めようにも★ 辞められない | 정답 2

해석 새 일이 찾아지지 않아 지금의 회사를 그만두려고 해도★ 그만둘 수 없다.

어휘 見(み)つかる 발견되다, 찾게 되다 辞(や)める (일자리를) 그만두다 동사의 의지형+にも~ない ~하려고 해도 ~할 수 없다

15 人間は 異なる考えを 持つが★ ゆえ | 정답 2

해석 인간은 다른 생각을 가지고 있기★ 때문에 제대로 의사소통을 하는 것이 중요하다.

어휘 異(こと)なる 다르다 考(かんが)え 생각 ~がゆえ(に) ~때문에 ちゃんと 제대로, 확실히 コミュニケーションを取(と)る 의사소통을 하다 大切(たいせつ)だ 중요하다

16~20

집단 괴롭힘은 어느 아이에게나 16 일어날 수 있다 는 사실 17 을 토대로, 학생의 존엄(주1)이 지켜지고 학생을 집단 괴롭힘에 마주하지 않게 하기 위한 미연 방지에 모든 교직원이 18 대처하는 것부터 시작해 갈 필요가 있다. 미연 방지의 기본이 되는 것은 학생이 주위의 친구나 교직원과 신뢰할 수 있는 관계 속에서 안심하고 학교 생활을 보내고, 규율 바른 태도로 수업이나 행사에 주체적으로 참가할 수 있는 학교 만들기를 해 나가는 것이다. 학생에게 집단의 일원으로서의 자각이 키워짐으로써 19 스트레스에 사로잡히지 않고 서로를 인정할 수 있는 학교 풍토를 학생들이 만들어 나갈 것으로 기대된다.

그러한 미연 방지 대처가 착실하게 성과를 올리고 있는지 어떤지에 대해서는 일상적으로 학생이 행동하는 모습을 파악하거나 정기적인 앙케트 조사나 결석 일수 등으로 검증하거나 해서 어떤 개선을 할 것인지, 어떤 새로운 대처를 할지를 정기적으로 검토해 체계적으로 PDCA(주2) 사이클 20 에 근거한 대처를 계속하는 것이 중요하다.

(주1)尊厳(존엄): 고귀하고 엄숙한 것
(주2)PDCA: Plan(계획), Do(실행), Check(평가), Action(개선)의 머리글자를 딴 것

어휘 いじめ 집단 괴롭힘 どの 어느 事実(じじつ) 사실 生徒(せいと) (중·고교) 학생 尊厳(そんげん) 존엄 守(まも)る 지키다 向(む)かう 마주 보다, 대하다 未然(みぜん) 미연 防止(ぼうし) 방지 全(すべ)て 모두, 전부 教職員(きょうしょくいん) 교직원 始(はじ)める 시작하다 基本(きほん) 기본 周囲(しゅうい) 주위 友人(ゆうじん) 친구 信頼(しんらい) 신뢰 関係(かんけい) 관계 安心(あんしん) 안심 送(おく)る (시간을) 보내다, 지내다 規律(きりつ) 규율 正(ただ)しい 바르다 態度(たいど) 태도 授業(じゅぎょう) 수업 行事(ぎょうじ) 행사 主体的(しゅたいてき)だ 주체적이다 명사+作(づく)り ~만들기, ~만듦 行(おこな)う 하다, 행하다, 실시하다 集団(しゅうだん) 집단 一員(いちいん) 일원 ~として ~로서 自覚(じかく) 자각 育(はぐく)む 키우다, 보호 육성하다 ~ことにより ~하는 것에 의해, ~함으로써 互(たが)い 서로 認(みと)める 인정하다 동사의 ます형+合(あ)う 서로 ~하다 風土(ふうど) 풍토 ~ら (사람에 관한 명사·대명사에 붙어서) ~들 作(つく)り出(だ)す 만들어 내다 期待(きたい) 기대 取(と)り組(く)み 대처 着実(ちゃくじつ)だ 착실하다 成果(せいか) 성과 上(あ)げる (성과·수익 등을) 올리다 ~かどうか ~인지 어떤지 ~については ~에 대해서는 日常的(にちじょうてき)だ 일상적이다 様子(ようす) 모습 把握(はあく) 파악 定期的(ていきてき)だ 정기적이다 アンケート 앙케트 日数(にっすう) 일수 検証(けんしょう) 검증 改善(かいぜん) 개선 新(あら)たな 새로운 体系的(たいけいてき)だ 체계적이다 サイクル 사이클, 주기 継続(けいぞく) 계속 大切(たいせつ)だ 중요하다 尊(とうと)い 고귀하다 厳(おごそ)かだ 엄숙하다 実行(じっこう) 실행 評価(ひょうか) 평가 頭文字(かしらもじ)を取(と)る 머리글자를 따다

16 해석 1 일어나도 상관없다 2 일어났으면 한다 3 일어날 리가 없다 4 일어날 수 있다
어휘 起(お)こる 일어나다, 발생하다 ~てもかまわない ~해도 상관없다 ~てほしい ~해 주었으면 하다, ~하길 바라다 동사의 ます형+っこない ~일 리가 없다 동사의 ます형+得(う·え)る ~할 수 있다

17 해석 1 을 토대로 2 은커녕 3 없이 4 을 아랑곳하지 않고
어휘 명사+を踏(ふ)まえ ~을 토대로, ~에 입각해서 ~どころか ~은커녕 ~ぬきで ~없이 명사+をものともせず ~에도 굴하지 않고, ~에도 아랑곳하지 않고

18 해석 1 받아들이는 2 대처하는 3 취급하는 4 교체하는
어휘 取(と)り入(い)れる 받아들이다, 도입하다 取(と)り組(く)む 대처하다 取(と)り扱(あつか)う 취급하다, 다루다 取(と)り替(か)える 바꾸다, (쓰던 것을) 교환하다, 갈다

19 해석 1 등교 거부하는 학생이 점점 늘어 2 학교 생활에서의 즐거움이 사라져 3 스트레스에 사로잡히지 않고 4 일상생활의 소중함을 자각해
어휘 登校(とうこう) 등교 拒否(きょひ) 거부 ますます 점점 増(ふ)える 늘다, 늘어나다 楽(たの)しみ 즐거움 無(な)くなる 없어지다 ストレス 스트레스 とらわれる 사로잡히다, 구애되다 동사의 기본형+ことなく ~하는 일 없이, ~하지 않고 大切(たいせつ)さ 소중함 自覚(じかく) 자각

20 해석 1 에 대한 2 에 근거한 3 에 있어서의 4 에 관계된
어휘 ~に対(たい)する ~에 대한 ~に基(もと)づく ~에 근거한 ~における ~에 있어서의, ~에서의 명사+に関(かか)わる ~에 관계된[관련된]

# 확인 문제 9(01～48)・문법

**問題5 次の文の(　　　)に入れるのに最もよいものを、1・2・3・4から一つ選びなさい。**

1 結婚の報告(　　　)、10年ぶりに中学の恩師のお宅を訪ねた。
1 をよそに　2 を基にして　3 かたがた　4 をおいて

2 見る(　　　)テレビを見ていると、知り合いの人が出てきてびっくりした。
1 うちに　2 ともなく　3 たびに　4 間に

3 少し値段が下がった(　　　)、相変わらず東京の家賃は高い。
1 とはいえ　2 ことだから　3 ことなしに　4 とたん

4 夫は退職し(　　　)、新しい仕事も探さず、家でずっとごろごろしている。
1 てからというのに　2 てからというもの　3 てからというので　4 てからというが

5 お客様(　　　)仕事ですので、いつもご来店くださるお客様には感謝しております。
1 に基づいて　2 いかんで　3 あっての　4 はおろか

6 息子が部屋で勉強している(　　　)、入ってみるとゲームをやっていた。
1 かと思いきや　2 にもかかわらず　3 そばから　4 かたわら

7 彼女は潔癖症で、ちょっとの汚れもすぐに(　　　)性格である。
1 拭きがたい　2 拭きづらい　3 拭くわけではない　4 拭かずにはおかない

8 彼は図書館の椅子に座る(　　　)、勉強はしないで音楽を聞き始めた。
1 とたん　2 が早いか　3 次第　4 うちに

9 社長(　　　)者、いつも社員の手本となる行動をしなければならない。
1 に伴う　2 びる　3 たる　4 ずくめの

10 昨夜は遅くまで飲み歩いたので、今朝は二日酔いで起きられないという(　　　)。
1 始末だ　2 ことだ　3 ものだ　4 きりだ

**問題6 次の文の ＿★＿ に入る最もよいものを、1・2・3・4から一つ選びなさい。**

11 昨日、うちの店がテレビで紹介されたので、今日は ＿＿ ＿＿ ＿★＿ ＿＿。

1 といったら　2 忙しい　3 ない　4 朝から

12 ＿＿ ＿＿ ＿★＿ ＿＿、信号無視は交通違反だ。

1 いた　2 いくら　3 急いで　4 といえども

13 まだ試験中なのに、＿＿ ＿＿ ＿★＿ ＿＿ 始めた。

1 諦めた　2 とばかりに　3 中村君は　4 眠り

14 試験まで3日しか残っていないので、今は ＿＿ ＿＿ ＿★＿ ＿＿。

1 一日　2 無駄に　3 たりとも　4 できない

15 このお蕎麦屋(そばや)さんはとてもおいしくて、＿＿ ＿＿ ＿★＿ ＿＿ お客さんが集まってくる。

1 週末　2 開店前　3 ともなると　4 から

**問題7 次の文章を読んで、文章全体の趣旨を踏まえて、[16] から [20] の中に入る最もよいものを、1・2・3・4から一つ選びなさい。**

試験や語学の勉強をしても、覚えた [16] 忘れてしまう経験は誰にでもあるはずである。かつては「年を取ったら記憶力が落ちる」と言われていたが、脳科学者たちの研究によると、「緩やかに成熟していく脳は、その後も急速に劣化(れっか)(注1)することはない」と言う。では、なぜ忘れてしまうのか。

「年を取ったことで記憶力が落ちた」という言葉をよく耳にするが、[17] これは真実だろうか。結論から先に述べると、事実に反する。確かに以前は、「人間の記憶力は若者の方が優れている」が通説であった。なぜなら、脳細胞は成人してからは新生しないと思われていたからである。しかし近年、その通説が大きく [18]。成人の脳でも、新生し続ける神経幹細胞の存在が [19] からである。つまり、学習や記憶、脳の損傷修復(しゅうふく)(注2)は大人になってからも十分に可能である。「年を取ったから学べない」は、単なる言い訳にすぎないのである。[20]、「記憶力が低下した」、「ものを覚えられない」を実感しているシニア層は少なくない。それはどうして起こるのだろうか。脳細胞も言わば筋肉と同じで、年齢にかかわらず使わなくなったら、記憶力は弱まる。しかし、筋トレやランニングで再び筋肉が付くように、学力や記憶力も、その人の行動変容によって伸ばすことは可能なのである。

(注1)劣化(れっか): 物理的変化などによって品質や性能が損なわれること
(注2)修復(しゅうふく): 正常でない状態を正常な状態に戻すこと

[16]
1 そばから　2 がてら　3 かたがた　4 に限って

[17]
1 徐々に　2 果たして　3 立ち所に　4 よりによって

[18]
1 変わりつつある　2 変わるわけにはいかない
3 変わらずにはいられない　4 変わりがちだ

[19]
1 回復に向かった　2 闇に包まれた　3 明らかになった　4 曖昧になった

[20]
1 その上　2 即ち　3 そこで　4 にもかかわらず

# 확인 문제 9(01~48) • 정답 및 해석(문법)

1 정답 3
해석 결혼 보고 (겸) 10년 만에 중학교 은사님 댁을 방문했다.
어휘 結婚(けっこん) 결혼 報告(ほうこく) 보고 명사+かたがた ~할 겸 ~ぶりに ~만에
中学(ちゅうがく) 중학교 *「中学校(ちゅうがっこう)」의 준말 恩師(おんし) 은사 お宅(たく) 댁 訪(たず)ねる 방문하다
~をよそに ~을 아랑곳하지 않고 ~を基(もと)にして ~을 바탕으로 명사+をおいて ~을 제외하고, ~외에는

2 정답 2
해석 (무심코) TV를 보고 있는데 아는 사람이 나와서 깜짝 놀랐다.
어휘 동사의 기본형+ともなく 무심코~, 문득~ 知(し)り合(あ)い 아는 사람, 지인 出(で)る 나오다
びっくりする 깜짝 놀라다 ~うちに ~동안에, ~사이에 동사의 기본형+たびに ~할 때마다
~間(あいだ)に ~동안에, ~사이에 *한정된 시간을 나타내는 표현으로, 말하는 기간 동안에 계속이 아닌 어느 한 지점을 나타냄

3 정답 1
해석 조금 가격이 떨어졌다(고 해도) 여전히 도쿄의 집값은 비싸다.
어휘 値段(ねだん) 가격 下(さ)がる (값·온도·지위·기능 등이) 떨어지다 ~とはいえ ~라고 해도, ~이지만
相変(あいか)わらず 여전히, 변함없이 家賃(やちん) 집세 高(たか)い 비싸다 사람+の+ことだから ~이니까
동사의 기본형+ことなしに ~하지 않고 동사의 た형+とたん(に) ~하자마자, ~한 순간(에)

4 정답 2
해석 남편은 퇴직(한 후) 새 일도 찾지 않고 집에서 계속 빈둥거리고 있다.
어휘 夫(おっと) (자신의) 남편 退職(たいしょく) 퇴직 ~てからというもの ~한 후 (계속), ~하고부터는
探(さが)す 찾다 ~ず(に) ~하지 않고 ずっと 쭉, 계속 ごろごろ 빈둥빈둥

5 정답 3
해석 손님(이 있어야 하는) 일이기 때문에 항상 가게에 오시는 손님께는 감사하고 있습니다.
어휘 お客様(きゃくさま) 손님 명사1+あっての+명사2 ~이 있어야 (가능한)
ご+한자명사+くださる ~해 주시다 *존경표현 来店(らいてん) 내점, 가게에 옴 感謝(かんしゃ) 감사
~ておる ~하고 있다 *「~ている」의 겸양표현 ~に基(もと)づいて ~에 근거해서 ~いかんで ~여하에 따라서
명사+はおろか ~은커녕, ~은 물론

6 정답 1
해석 아들이 방에서 공부하고 있다(고 생각했는데) 들어가 보니 게임을 하고 있었다.
어휘 息子(むすこ) (자신의) 아들 部屋(へや) 방 ~かと思(おも)いきや ~라고 생각했으나 (실은)
~にもかかわらず ~임에도 불구하고 ~そばから ~하는 족족, ~하기가 무섭게
~かたわら ~하는 한편, 주로 ~일을 하면서 그 한편으로

7 정답 4
해석 그녀는 결벽증으로 약간의 얼룩도 바로 (반드시 닦아야 하는) 성격이다.
어휘 潔癖症(けっぺきしょう) 결벽증 汚(よご)れ 때, 더러움 すぐに 바로, 당장 拭(ふ)く 닦다
동사의 ない형+ずにはおかない 반드시 ~하다 性格(せいかく) 성격 동사의 ます형+がたい ~하기 어렵다, ~할 수 없다
동사의 ます형+づらい ~하기 곤란하다[거북하다] ~わけではない (전부) ~인 것은 아니다, (반드시) ~라고는 할 수 없다

8 정답 2
해석 그는 도서관 의자에 앉(자마자) 공부는 하지 않고 음악을 듣기 시작했다.
어휘 図書館(としょかん) 도서관 椅子(いす) 의자 座(すわ)る 앉다 동사의 기본형+が早(はや)いか ~하자마자
音楽(おんがく) 음악 동사의 ます형+始(はじ)める ~하기 시작하다 동사의 た형+とたん(に) ~하자마자, ~한 순간(에)
동사의 ます형+次第(しだい) ~하는 대로 (즉시) ~うちに ~동안에, ~사이에

9 정답 3
해석 사장(된) 자는 항상 사원의 모범이 되는 행동을 해야 한다.
어휘 社長(しゃちょう) 사장 명사+たる ~인, ~된 手本(てほん) 모범, 본보기
~なければならない ~하지 않으면 안 된다, ~해야 한다 ~に伴(ともな)う ~에 따른
명사+びる ~처럼 보이다, ~의 상태를 띠다 명사+ずくめ ~일색, ~뿐

10 정답 1

해석 어젯밤에는 늦게까지 여기저기 술을 마시고 다녔기 때문에, 오늘 아침은 숙취로 일어날 수 없(는 형편이다).

어휘 昨夜(ゆうべ) 어젯밤 遅(おそ)い (시간이) 늦다 飲(の)み歩(ある)く 여러 술집을 다니며 술을 마시다 今朝(けさ) 오늘 아침 二日酔(ふつかよ)い 숙취 起(お)きる 일어나다, 기상하다 ～始末(しまつ)だ ～라는 형편[꼴]이다 ～ものだ ～인 법[것]이다 *상식 · 진리 · 본성 ～きりだ ～뿐이다

11 朝から 忙しい といったら★ ない | 정답 1

해석 어제 우리 가게가 TV에 소개되었기 때문에 오늘은 아침부터 바쁘기 짝이★ 없다[매우 바쁘다].

어휘 うち 우리 店(みせ) 가게 テレビ TV, 텔레비전 *「テレビジョン」의 준말 紹介(しょうかい) 소개 朝(あさ) 아침 忙(いそが)しい 바쁘다 ～といったらない ～하기 짝이 없다, 매우 ～하다

12 いくら 急いで いた★ といえども | 정답 1

해석 아무리 서두르고 있었다★ 고 해도 신호 무시는 교통위반이다.

어휘 いくら 아무리 急(いそ)ぐ 서두르다 ～といえども ～라 해도, ～라 할지라도 信号(しんごう) 신호 無視(むし) 무시 交通(こうつう) 교통 違反(いはん) 위반

13 中村君は 諦めた とばかりに★ 眠り | 정답 2

해석 아직 시험 중인데도 나카무라 군은 체념했다 는 듯이★ 자기 시작했다.

어휘 まだ 아직 試験(しけん) 시험 ～中(ちゅう) ～중 ～のに ～는데(도) 諦(あきら)める 체념하다, 단념하다 ～とばかりに ～하다는 듯이, ～라는 듯이 眠(ねむ)る 자다, 잠들다 동사의 ます형+始(はじ)める ～하기 시작하다

14 一日 たりとも 無駄に★ できない | 정답 2

해석 시험까지 사흘밖에 남지 않았기 때문에 지금은 하루 라도 헛되이★ 할 수 없다.

어휘 3日(みっか) 3일, 사흘 ～しか (부정어 수반) ～밖에 残(のこ)る 남다 一日(いちにち) 하루 명사+たりとも (단) ～라도[조차도] 無駄(むだ)だ 쓸데없다, 헛되다

15 週末 ともなると 開店前★ から | 정답 2

해석 이 메밀국수집은 매우 맛있어서 주말 쯤 되면 개점 전★ 부터 손님이 모여든다.

어휘 お蕎麦屋(そばや)さん 메밀국수집 週末(しゅうまつ) 주말 ～ともなると ～라도 되면, ～쯤 되면 開店(かいてん) 개점 前(まえ) 전 集(あつ)まる 모이다

16~20

시험이나 어학 공부를 해도 외우 **16 는 족족** 잊어버리는 경험은 누구나 있을 것이다. 옛날에는 '나이를 먹으니 기억력이 떨어진다'고들 했는데 뇌과학자들의 연구에 의하면 '완만하게 성숙해 가는 뇌는 그 후에도 급속하게 열화(주1)되는 경우는 없다'라고 한다. 그럼, 왜 잊어버리는 것일까?

'나이를 먹음으로써 기억력이 떨어졌다'는 말을 자주 듣는데, **17 과연** 이것은 진실일까? 결론부터 먼저 말하자면 사실에 반한다. 확실히 이전에는 '인간의 기억력은 젊은 사람 쪽이 뛰어나다'가 통설이었다. 왜냐하면 뇌세포는 성인이 된 후로는 새로 생기지 않는다고 생각되었기 때문이다. 그러나 근래 그 통설이 크게 **18 변하고 있다**. 성인의 뇌에서도 계속 새로 생기는 신경줄기세포의 존재가 **19 밝혀졌기** 때문이다. 즉, 학습이나 기억, 뇌 손상 회복(주2)은 어른이 된 후로도 충분히 가능하다. '나이를 먹었으니까 배울 수 없다'는 단순한 변명에 지나지 않는 것이다. **20 그럼에도 불구하고** '기억력이 저하되었다', '사물을 기억할 수 없다'를 실감하고 있는 노년층은 적지 않다. 그것은 왜 일어나는 것일까? 뇌세포도 말하자면 근육과 마찬가지로 연령에 관계없이 쓰지 않게 되면 기억력은 약해진다. 그러나 근력 훈련이나 달리기로 다시 근육이 붙는 것처럼 학력이나 기억력도 그 사람의 행동 변용에 따라 신장시키는 것은 가능한 것이다.

(주1)劣化(열화): 물리적 변화 등에 의해 품질이나 성능이 손상되는 것
(주2)修復(수복, 회복): 정상이 아닌 것을 정상인 상태로 되돌리는 것

어휘 語学(ごがく) 어학 覚(おぼ)える 외우다, 기억하다 忘(わす)れる 잊다 経験(けいけん) 경험
~はずだ (당연히) ~할 것[터]이다 かつては 전에는, 옛날에는 年(とし)を取(と)る 나이를 먹다 記憶力(きおくりょく) 기억력
落(お)ちる 떨어지다 ~と言(い)われている ~라고 하다, ~라고들 하다 脳(のう) 뇌 科学者(かがくしゃ) 과학자
~によると ~에 의하면[따르면] 緩(ゆる)やかだ 완만하다 成熟(せいじゅく) 성숙 急速(きゅうそく)だ 급속하다
劣化(れっか) 열화, 시간이 지남에 따라 품질·성능이 떨어지는 것 耳(みみ)にする 듣다 真実(しんじつ) 진실
結論(けつろん) 결론 先(さき)に 먼저 述(の)べる 말하다, 진술하다 事実(じじつ) 사실 反(はん)する 반하다, 어긋나다
確(たし)かに 확실히, 분명히 若者(わかもの) 젊은이 優(すぐ)れる 뛰어나다, 우수하다 通説(つうせつ) 통설 なぜなら 왜냐하면
脳細胞(のうさいぼう) 뇌세포 成人(せいじん) 성인 新生(しんせい) 신생, 새로 생기는 것 近年(きんねん) 근래, 요사이
동사의 ます형+続(つづ)ける 계속 ~하다 神経幹細胞(しんけいかんさいぼう) 신경줄기세포 存在(そんざい) 존재 つまり 즉
損傷(そんしょう) 손상 修復(しゅうふく) 수복, 회복 大人(おとな) 어른 十分(じゅうぶん)に 충분히 可能(かのう)だ 가능하다
学(まな)ぶ 배우다, 익히다 単(たん)なる 단순한 言(い)い訳(わけ) 변명 ~にすぎない ~에 지나지 않다, ~에 불과하다
低下(ていか) 저하 実感(じっかん) 실감 シニア層(そう) 시니어층, 노인층 少(すく)ない 적다 どうして 왜, 어째서
起(お)こる 일어나다, 발생하다 言(い)わば 말하자면 筋肉(きんにく) 근육 ~と同(おな)じで ~와 마찬가지로
年齢(ねんれい) 연령, 나이 ~にかかわらず ~에 관계없이 弱(よわ)まる 약해지다
筋(きん)トレ 근력 트레이닝, 근력 훈련 *「筋(きん)トレーニング」의 준말 ランニング 러닝, 달리기 再(ふたた)び 재차, 다시
付(つ)く 붙다 学力(がくりょく) 학력, 학습에 의해 얻어진 능력 変容(へんよう) 변용, 변모 ~によって ~에 따라
伸(の)ばす 늘리다, 신장시키다 物理的(ぶつりてき)だ 물리적이다 品質(ひんしつ) 품질 性能(せいのう) 성능
損(そこ)なう 손상하다 正常(せいじょう)だ 정상이다 状態(じょうたい) 상태 戻(もど)す 되돌리다

**16** 해석 1 는 족족 2 울 겸 3 울 겸 4 는 것에 한해
어휘 ~そばから ~하는 족족, ~하기가 무섭게 동사의 ます형·명사+がてら ~할 겸 명사+かたがた ~할 겸
~に限(かぎ)って ~에 한해서

**17** 해석 1 서서히 2 과연 3 즉시 4 하필이면
어휘 徐々(じょじょ)に 서서히 果(は)たして 과연 立(た)ち所(どころ)に 즉시, 당장 よりによって 하필이면, 공교롭게도

**18** 해석 1 변하고 있다 2 변할 수는 없다 3 변하지 않고는 있을 수 없다 4 변하기 쉽다
어휘 変(か)わる 변하다 동사의 ます형+つつある ~하고 있다 ~わけにはいかない ~할 수는 없다
~ずにはいられない ~하지 않고는 있을 수 없다, ~하지 않고는 못 배기다
동사의 ます형+がちだ (자칫) ~하기 쉽다, ~하기 십상이다

**19** 해석 1 회복으로 향했기 2 어둠에 휩싸였기 3 밝혀졌기 4 애매해졌기
어휘 回復(かいふく) 회복 向(む)かう 향하다 闇(やみ) 어둠 包(つつ)む 둘러싸다 明(あき)らかになる 밝혀지다
曖昧(あいまい)だ 애매하다

**20** 해석 1 게다가 2 즉 3 그래서 4 그럼에도 불구하고
어휘 その上(うえ) 게다가, 더구나 即(すなわ)ち 곧, 즉 そこで 그래서 にもかかわらず 그럼에도 불구하고

동영상 16

## 확인 문제 10(49~84&기타 문법 01~12)・문법

**問題5 次の文の(　　　)に入れるのに最もよいものを、1・2・3・4から一つ選びなさい。**

1 いくらいい企画でも、通らなければ(　　　)。
1 それからだ　2 それほどだ　3 それまでだ　4 それよりだ

2 昨日までの暑さ(　　　)、今日はずいぶんと涼しくなった。
1 にひきかえ　2 ついでに　3 はおろか　4 にとって

3 どんなに仲が悪くても、親との関係は断とうにも(　　　)ものだ。
1 断てる　2 断った　3 断てない　4 断とう

4 小さい子供を何年間も虐待(ぎゃくたい)するなんて、人(　　　)行為だ。
1 としてあり得る　2 としてあるとは限らない
3 としてありやしない　4 としてあるまじき

5 温泉のみならず、当旅館(　　　)お持て成しをお楽しみください。
1 に即した　2 ならではの　3 だらけの　4 に至る

6 君が信じようが(　　　)、僕はそんな嘘をついていない。
1 信じないが　2 信じるが　3 信じまいが　4 信じたが

7 山田君は、午後の授業が始まる(　　　)うとうとしていた。
1 一方で　2 や否や　3 ものを　4 ところで

8 彼は日本大会で優勝したの(　　　)、アジア大会、世界大会までも優勝した。
1 に反して　2 を皮切りに　3 をもって　4 を除いて

9 実態(　　　)当該法律を適切かつ柔軟に運用する。
1 にもまして　2 の極みで　3 に即して　4 にあって

10 あの事件を思い出すと、未だに憐憫の念(　　　)。
1 を禁じ得ない　2 めく　3 を余儀なくされる　4 べからず

**問題6 次の文の ＿★＿ に入る最もよいものを、1・2・3・4から一つ選びなさい。**

11 教師は、生徒からの ＿＿＿ ＿＿＿ ＿★＿ ＿＿＿ 取り組む必要がある。

1 踏まえて　2 授業評価の　3 内容を　4 授業改善に

12 もしオリンピックを中止したら、＿＿＿ ＿＿＿ ＿★＿ ＿＿＿。

1 莫大な費用が　2 理解に　3 かかることは　4 かたくない

13 駅前の大手スーパーは、＿＿＿ ＿＿＿ ＿★＿ ＿＿＿ そうだ。

1 セールを　2 今回の　3 限りに　4 閉店する

14 工場で働いている夫は、いつも ＿＿＿ ＿＿＿ ＿★＿ ＿＿＿ くるので毎日の洗濯が大変だ。

1 まみれにして　2 帰って　3 油　4 作業服を

15 帰りが少し遅くなっているだけなので、＿＿＿ ＿＿＿ ＿★＿ ＿＿＿。

1 する　2 あたらないよ　3 心配　4 には

언어지식(문법) 기출&기타 문법표현 〈49~84&01~12〉

**問題7 次の文章を読んで、文章全体の趣旨を踏まえて、16 から 20 の中に入る最もよいものを、1・2・3・4から一つ選びなさい。**

開業45年を迎えた波止場(はとば)食堂が12月31日、多くの人に惜しまれつつ45年の歴史に幕を閉じた。味 16 、食器から今にも 17 愛情たっぷりの「デカ盛り料理」で、地域や観光客に長く愛されてきた。

23歳の頃から13坪(つぼ)のこじんまり(注)とした食堂を経営してきた店主の岸本さんは、お客さんのためにも70歳まで頑張るつもりでいたが、長年の立ち仕事の疲労から足の痛みがひどくなったため、 18 閉店を決意したという。岸本さんは涙を見せながら「今はゆっくりしたい。地域の人々には長年利用してもらい、とても感謝している。多くの観光客が訪れ、記念写真を撮るようにもなった。とてもありがたかった」と言った。

知人の情報で閉店を知った45歳の地元の女性は、夫と一緒に来店し、カツ丼とオムライスを注文した。噂通りのその量に 19 、夫は頑張って完食、女性は持ち帰ったという。閉店を知った観光客も、 20 最後の料理に舌鼓を打っていた。最後の日となった31日には、多くの同級生たちが来店して岸本さんを激励し、懐かしい話に花を咲かせたという。

(注)こじんまり: 小さいながら程よくまとまり、落ち着きのある様

16

1 をもって　　2 にして　　3 もさることながら　　4 にひきかえ

17

1 はみ出そうとしない　　2 はみ出さんばかりの
3 はみ出したばかりの　　4 はみ出すきらいがある

18

1 やむなく　　2 いずれにしろ　　3 待ちに待った　　4 躍起になって

19

1 疲れ気味で　　2 改めてびっくりし　　3 見向きもせず　　4 がっかりし

20

1 無関心な表情で　　2 写真を撮りつつ　　3 退屈な様子で　　4 接客態度に憤りつつ

## 확인 문제 10(49~84&기타 문법 01~12) • 정답 및 해석(문법)

1 정답 3
해석 아무리 좋은 기획이라도 채택되지 않으면 (그것으로 끝이다).
어휘 いくら~ても[でも] 아무리 ~라도 企画(きかく) 기획 通(とお)る 채택되다
~ばそれまでだ ~하면 그것으로 끝이다, ~이면 어쩔 도리가 없다 それほど 그 정도

2 정답 1
해석 어제까지의 더위(와는 달리) 오늘은 꽤 시원해졌다.
어휘 暑(あつ)さ 더위 ~にひきかえ ~와는 달리[반대로] ずいぶん 꽤, 몹시, 퍽 涼(すず)しい 시원하다
~ついでに ~하는 김에 명사+はおろか ~은커녕, ~은 물론 ~にとって ~에(게) 있어서

3 정답 3
해석 아무리 사이가 나빠도 부모와의 관계는 끊으려고 해도 (끊을 수 없는) 법이다.
어휘 どんなに 아무리 仲(なか) 사이, 관계 親(おや) 부모 関係(かんけい) 관계 断(た)つ (교제·관계·소식을) 끊다
동사의 의지형+にも~ない ~하려고 해도 ~할 수 없다 ~ものだ ~인 법[것]이다 *상식·진리·본성

4 정답 4
해석 어린아이를 몇 년간이나 학대하다니 사람(으로서 해서는 안 되는) 행위다.
어휘 小(ちい)さい 어리다 何年間(なんねんかん) 몇 년간 虐待(ぎゃくたい) 학대 ~なんて ~라니, ~하다니
명사+としてあるまじき ~으로서 있을 수 없는 行為(こうい) 행위 あり得(う)る 있을 수 있다
~とは限(かぎ)らない (반드시) ~하다고는 할 수 없다, ~하는 것은 아니다
동사의 ます형+やしない (마땅히 해야 하는데) ~하지 않다

5 정답 2
해석 온천뿐만 아니라 저희 여관(만의) 서비스를 즐겨 주십시오.
어휘 温泉(おんせん) 온천 ~のみならず ~뿐만 아니라 当(とう)~ 당~, 이~ 旅館(りょかん) 여관
명사+ならではの ~이 아니고는 할 수 없는, ~만의 お持(も)て成(な)し 접대
お+동사의 ます형+ください ~해 주십시오 *존경표현 楽(たの)しむ 즐기다 명사+に即(そく)した ~에 입각한
명사+だらけ ~투성이 *그것이 많이 있다는 뜻을 나타내고 그것 때문에 더러워지거나 온통 퍼진 상태를 나타내기도 함
동사의 기본형·명사+に至(いた)る ~에 이르다

6 정답 3
해석 네가 믿든 (안 믿든) 나는 그런 거짓말을 하지 않았다.
어휘 君(きみ) 너, 자네 信(しん)じる 믿다 동사의 의지형+が~まいが ~하든지 말든지, ~하든 안 하든
僕(ぼく) 나 *남자의 자칭 嘘(うそ)をつく 거짓말을 하다

7 정답 2
해석 야마다 군은 오후 수업이 시작되(자마자) 꾸벅꾸벅 졸았다.
어휘 午後(ごご) 오후 授業(じゅぎょう) 수업 始(はじ)まる 시작되다
동사의 기본형+や否(いな)や ~하자마자, ~하기가 무섭게 うとうと 꾸벅꾸벅 ~一方(いっぽう)(で) ~하는 한편(으로)
~ものを ~인 것을, ~일 텐데

8 정답 2
해석 그는 일본 대회에서 우승한 것(을 시작으로) 아시아 대회, 세계 대회까지도 우승했다.
어휘 大会(たいかい) 대회 優勝(ゆうしょう) 우승 명사+を皮切(かわき)りに ~을 시작으로 アジア 아시아
世界(せかい) 세계 ~に反(はん)して ~와 반대로
명사+をもって ① ~으로, ~으로써 *근거·수단·방법 ② ~으로, ~부로 *개시·종료 ~を除(のぞ)いて ~을 제외하고

9 정답 3
해석 실정(에 입각해서) 해당 법률을 적절하고도 유연하게 운용한다.
어휘 実態(じったい) 실태, 실정 명사+に即(そく)して ~에 입각해서 当該(とうがい) 당해, 해당 法律(ほうりつ) 법률
適切(てきせつ) 적절 かつ 동시에, 또한 柔軟(じゅうなん)だ 유연하다 運用(うんよう) 운용
명사·의문사+にもまして ~보다 더 명사+の極(きわ)み ~의 극치 명사+にあって ~에 (있어서), ~에서

10 정답 1
해석 그 사건을 떠올리면 아직도 연민의 마음(을 금할 길이 없다).
어휘 あの (서로 알고 있는) 그 思(おも)い出(だ)す 떠올리다, 생각해 내다 未(いま)だに 아직(까지)도 憐憫(れんびん) 연민 念(ねん) 생각, 마음 명사+を禁(きん)じ得(え)ない ~을 금할 수[길이] 없다 명사+めく ~다워지다, ~듯하다 명사+を余儀(よぎ)なくされる 어쩔 수 없이 ~하게 되다 동사의 기본형+べからず ~하지 말 것

11 授業評価の 内容を 踏まえて★ 授業改善に | 정답 1
해석 교사는 학생으로부터의 수업 평가 내용을 토대로★ 수업 개선에 힘쓸 필요가 있다.
어휘 教師(きょうし) 교사 生徒(せいと) (중·고교) 학생 授業(じゅぎょう) 수업 評価(ひょうか) 평가 内容(ないよう) 내용 명사+に踏(ふ)まえて ~을 토대로, ~에 입각해서 改善(かいぜん) 개선 取(と)り組(く)む 몰두하다

12 莫大な費用が かかることは 理解に★ かたくない | 정답 2
해석 만약 올림픽을 중지한다면 막대한 비용이 드는 것은 이해하기★ 어렵지 않다.
어휘 もし 만약 オリンピック 올림픽 中止(ちゅうし) 중지 莫大(ばくだい)だ 막대하다 費用(ひよう) 비용 かかる (비용이) 들다 명사+にかたくない ~하기 어렵지 않다

13 今回の セールを 限りに★ 閉店する | 정답 3
해석 역 앞의 대형 슈퍼는 이번 세일을 끝으로★ 폐점한다고 한다.
어휘 駅前(えきまえ) 역 앞 大手(おおて)スーパー 대형 슈퍼 セール 세일 명사+を限(かぎ)りに ~을 끝으로 閉店(へいてん) 폐점 품사의 보통형+そうだ ~라고 한다 *전문

14 作業服を 油 まみれにして★ 帰って | 정답 1
해석 공장에서 일하고 있는 남편은 항상 작업복을 기름 범벅으로 해서★ 돌아오기 때문에 매일 세탁이 힘들다.
어휘 工場(こうじょう) 공장 働(はたら)く 일하다 夫(おっと) (자신의) 남편 作業服(さぎょうふく) 작업복 油(あぶら) 기름 명사+まみれ ~투성이, ~범벅 *더러운 것이 표면 전체에 붙어 있는 상태를 나타냄 洗濯(せんたく) 세탁, 빨래 大変(たいへん)だ 힘들다

15 心配 する には★ あたらないよ | 정답 4
해석 귀가가 조금 늦어지고 있는 것뿐이니까, 걱정 할 필요까지는★ 없어.
어휘 帰(かえ)り 돌아옴, 귀가 遅(おそ)い 늦다 ~だけ ~만, ~뿐 心配(しんぱい) 걱정 동사의 기본형+にはあたらない ~할 것까지는 없다

16~20

개업 45년을 맞이한 부두 식당이 12월 31일, 많은 사람에게 아쉬움을 주면서 45년의 역사에 막을 내렸다. 맛 **16 은 물론이거니와** 식기에서 당장이라도 **17 넘쳐흐를 듯한** 애정이 듬뿍 담긴 '왕곱빼기 요리'로 지역과 관광객에게 오랫동안 사랑받아 왔다.

23세 때부터 13평의 아담(주)한 식당을 경영해 온 가게 주인 기시모토 씨는 손님을 위해서라도 70세까지 분발할 생각이었지만, 오랜 세월 서서 일한 피로로 다리 통증이 심해졌기 때문에 **18 부득이** 폐점을 결심했다고 한다. 기시모토 씨는 눈물을 보이며 "지금은 푹 쉬고 싶다. 지역 사람들에게는 오랫동안 이용해 줘서 매우 감사하고 있다. 많은 관광객이 방문해 기념 사진을 찍게도 되었다. 매우 고마웠다"라고 말했다.

지인의 정보로 폐점을 안 45세의 지역 여성은 남편과 함께 가게에 와서 돈가스 덮밥과 오므라이스를 주문했다. 소문대로의 그 양에 **19 다시 한 번 깜짝 놀라고** 남편은 분발해서 다 먹고 여성은 포장해 갔다고 한다. 폐점을 안 관광객도 **20 사진을 찍으면서** 마지막 요리에 입맛을 다시고 있었다. 마지막 날이 된 31일에는 많은 동창생들이 가게에 와서 기시모토 씨를 격려하고 그리운 이야기에 꽃을 피웠다고 한다.

(주)こじんまり(아담함): 작지만 보기 좋게 정리되어 안정감이 있는 모습

어휘 開業(かいぎょう) 개업 迎(むか)える (때를) 맞다, 맞이하다 波止場(はとば) 선창, 부두 食堂(しょくどう) 식당 多(おお)く 많음 惜(お)しむ 아쉬워하다, 애석해하다 동사의 ます형+つつ ~하면서 歴史(れきし) 역사 幕(まく)を閉(と)じる 막을 내리다, 일이 끝나다 味(あじ) 맛 食器(しょっき) 식기 今(いま)にも 당장이라도 愛情(あいじょう) 애정 たっぷり 듬뿍, 많이 デカ盛(も)り料理(りょうり) 엄청나게 양이 많은 요리 観光客(かんこうきゃく) 관광객 愛(あい)する 사랑하다 ~坪(つぼ) ~평 *토지 면적의 단위 こじんまり 아담함 店主(てんしゅ) 점주, 가게 주인 동사의 보통형+つもりだ ~할 생각[작정]이다 長年(ながねん) 긴[오랜] 세월, 오랫동안 立(た)ち仕事(しごと) 서서 하는 일 疲労(ひろう) 피로 痛(いた)み 아픔, (상처 등의) 통증 閉店(へいてん) 폐점 決意(けつい) 결의, 결심 ~という ~라고 한다 *전문 涙(なみだ) 눈물 見(み)せる 보이다 ゆっくり 느긋하게, 푹 人々(ひとびと) 사람들 利用(りよう) 이용 ~てもらう (남에게) ~해 받다, (남이) ~해 주다 感謝(かんしゃ) 감사 訪(おとず)れる 방문하다 記念写真(きねんしゃしん) 기념사진 撮(と)る (사진을) 찍다 ありがたい 고맙다 知人(ちじん) 지인, 아는 사람 地元(じもと) 그 고장, 그 지방 夫(おっと) (자신의) 남편 一緒(いっしょ)に 함께, 같이 カツ丼(どん) 돈가스 덮밥 オムライス 오므라이스 注文(ちゅうもん) 주문 噂(うわさ) 소문 명사+通(どお)り ~대로 完食(かんしょく) 나온 음식을 남기지 않고 모두 먹음 持(も)ち帰(かえ)る 가지고 돌아가다 最後(さいご) 최후, 마지막 舌鼓(したつづみ)を打(う)つ (맛이 있어서) 입맛을 다시다 同級生(どうきゅうせい) 동급생 激励(げきれい) 격려 懐(なつ)かしい 그립다 花(はな)を咲(さ)かせる 꽃을 피우다, 한창 일을 하다 程(ほど)よい 적당하다, 알맞다 まとまる 정리되다 落(お)ち着(つ)き 안정감 様(さま) 모습

**16** 해석 1 으로써 2 이 되어 3 은 물론이거니와 4 과는 반대로
어휘 명사+をもって ① ~으로, ~으로써 *근거·수단·방법 ② ~으로, ~부로 *개시·종료 명사+にして ~이 되어, ~에 ~もさることながら ~은 물론이거니와, ~도 그렇지만 ~にひきかえ ~와는 달리[반대로]

**17** 해석 1 넘쳐흐르려고 하지 않는 2 넘쳐흐를 듯한 3 막 넘쳐흐른 4 넘쳐흐르는 경향이 있는
어휘 はみ出(だ)す 비어져 나오다 동사의 의지형+としない ~하려고 하지 않다 동사의 ない형+んばかりの+명사 마치 ~할 듯한, 당장이라도 ~할 듯한 동사의 た형+ばかり 막 ~함, ~한 지 얼마 안 됨 ~きらいがある ~하는 경향이 있다

**18** 해석 1 부득이 2 어쨌든 3 기다리고 기다리던 4 기를 쓰고
어휘 やむなく 부득이 いずれにしろ 어쨌든 待(ま)ちに待(ま)った 기다리고 기다리던 躍起(やっき)になる 기를 쓰다

**19** 해석 1 지친 기색으로 2 다시 한 번 깜짝 놀라고 3 거들떠보지 않고 4 실망해서
어휘 疲(つか)れる 지치다, 피로해지다 명사+気味(ぎみ) ~한 기색[느낌] 改(あらた)めて 또다시, 새삼스럽게 びっくりする 깜짝 놀라다 見向(みむ)きもしない 거들떠보지 않다 がっかりする 실망하다

**20** 해석 1 무관심한 표정으로 2 사진을 찍으면서 3 지루한 모습으로 4 접객 태도에 분개하면서
어휘 無関心(むかんしん)だ 무관심하다 表情(ひょうじょう) 표정 退屈(たいくつ)だ 지루하다 様子(ようす) 모습 接客(せっきゃく) 접객 態度(たいど) 태도 憤(いきどお)る 분노하다, 분개하다 동사의 ます형+つつ ~하면서

# SECTION 3

# 독해

# 문제 8 내용 이해 1(단문)

## 출제 유형

문제 8 내용 이해 1(단문)에서는 일상생활, 지시, 업무 등 200자 내외의 비교적 짧은 글을 읽고 전체적인 주제나 내용, 필자가 하고 싶은 말 등을 찾는 문제가 출제된다. 4개의 지문이 제시되며 지문당 1문항씩 총 4문항이 출제된다. 지문이 짧으므로 3분 이내에 읽고 지문 전체의 키워드를 빨리 찾아내는 것이 포인트이다.

### 자주 나오는 질문 유형

□ ○○について筆者はどのように考えているか。
○○에 대해서 필자는 어떻게 생각하고 있는가?

□ この文章で筆者が最も言いたいことは何か。
이 글에서 필자가 가장 말하고 싶은 것은 무엇인가?

□ 筆者は何について言っているか。
필자는 무엇에 대해서 말하고 있는가?

□ 筆者の考えと合っているのはどれか。
필자의 생각과 맞는 것은 어느 것인가?

□ 本文の○○というのはどういう意味か。
본문의 ○○라는 것은 어떠한 의미인가?

□ 本文の○○に合っているのはどれか。
본문의 ○○에 맞는 것은 어느 것인가?

**실제 시험 예시**

**問題8 次の(1)から(4)の文章を読んで、後の問いに対する答えとして最もよいものを、1・2・3・4から一つ選びなさい。**

(1)

私たちの生活からは、毎日たくさんのごみが出ています。でも、ごみの中には、まだまだ使える資源が多く眠っているものです。ごみが資源となるか、焼却されたり、埋め立てられるかはごみを捨てる時に決まります。ごみと資源を分別することで、資源は再利用され、その結果として、ごみの量は減るのです。また、分別されたごみは、その分、焼却効率もよくなり、焼却炉(しょうきゃくろ)(注)の寿命や埋立地の延命に繋がります。ごみを出している私たち一人一人の手でごみを分別して、ごみを減らしていきましょう。

(注)焼却炉(しょうきゃくろ): ごみを燃やし、その処理と共に排出された有害物質の無害化を行う施設

1 筆者は何について言っているか。

1 ごみの分別の必要性
2 主なごみの種類
3 ごみの増加がもたらす問題
4 資源回収できるごみ

|정답| 1 1

**시험 대책**

내용 이해 1(단문)은 200자 내외의 짧은 글로 출제되기 때문에 문제를 미리 읽어 질문의 핵심 키워드를 파악한 후에 지문을 읽는 것이 좋다. 읽을 때는 문제와 관련된 내용이 어느 부분에 나와 있는지를 파악하면서 읽어야 한다. 특히 글의 전체적인 주제, 필자의 의견이나 주장 등을 묻는 문제는 일본어의 특성상 대체적으로 마지막 부분에 관련 내용이 나오는 경우가 많으므로 하나의 요령으로 기억해 두자.

# 확인 문제 1 • 내용 이해 1(단문)

**問題8 次の(1)から(4)の文章を読んで、後の問いに対する答えとして最もよいものを、1・2・3・4から一つ選びなさい。**

(1)

近年、大学進学率の上昇、グローバル化の進展、産業界からの要請などにより、大学教育の質保証の必要性がますます強く認識されるようになった。こうした動向の中で、大学生の作文教育、レポートライティング力の育成は、多くの大学で必須(ひっす)(注1)の課題として捉えられている。大学レベルのレポート作成には、論理性のみならず、創造性、コミュニケーション力、批判的思考、メディアリテラシー(注2)など、様々な能力が関与する。このような能力は、全てレポートライティングの教育を通して向上させられる。

(注1)必須(ひっす): 必ず用いるべきこと。欠かせないこと
(注2)メディアリテラシー: インターネットやテレビ、新聞などのメディアを使いこなし、メディアの伝える情報を理解する能力

[1] 筆者は何について言っているか。

1 大学生の校外活動の増加
2 大学生の作文力育成の必要性
3 グローバル化の進展と大学競争の激化
4 大学生に必要とされている基本的な教養

(2)

最近、消費税増税に対する若者の意見が賛否(さんぴ)(注1)に分かれていますが、まず、私はやはり消費税を上げないと、今のままでは日本は経済危機に陥(おちい)って(注2)しまうと思います。そのため、どこかの世代で増税する必要はあると思います。ところが、消費税増税は、高校生である私の普段の学校生活に大きな影響をもたらすのも事実です。登校中に買うお弁当や飲み物、放課後友達と遊びに行く時など、今までのお小遣いで何の問題もありませんでしたが、もし増税になると、きっとお小遣いも足りなくなりかねません。それに、大きくなって働くようになり、家が欲しいとなったら、増税のせいでその家も今よりもっと高くなるわけですから、それもちょっと心配です。

(注1)賛否(さんぴ): 賛成と不賛成
(注2)陥(おちい)る: 望ましくない状態になる

2 消費税増税についての筆者の考えに合っているのはどれか。

1 反対する理由などは何一つない。
2 消費税増税は一刻も早く実施すべきだ。
3 賛成の考えと反対の考えがあるため、何とも言えない。
4 若い世代に負担をかけさせないためにも、今の段階では必要ない。

(3)

> 夏、プールサイドに寝そべっていると、底にできた光のまだら模様が、風で水面に波が立つたびにゆらゆらと揺れるのが見られます。とても涼しそうできれいですが、どうしてこんな模様ができるのでしょうか。
>
> 光は空気中や水中では直進しますが、空気中から水中に入る境界や水の水面では屈折します。太陽光線は同じ角度で屈折しますから、水面が真っ平らだったらプールの底に届く光の量はどこも同じで、まだら模様はできません。ところが、波ができて水面がでこぼこになると、色々な方向に光が屈折するので、光が多く集まるところと少ししか集まらないところができ、プールの底にまだら模様が見えるのです。また、波が起こると水面のでこぼこが変わるので、模様が揺らめくというわけです。

[3] プールの底に光のまだら模様が見えるのはなぜか。

1 プールの中の水の密度が濃くなるから

2 波ができて水面がでこぼこになるから

3 流れる水より多くの光がプールの中に入るから

4 太陽光線が同じ角度で屈折するから

(4)

**大阪支社開設のご挨拶**

謹啓

初夏の候、ますますご清祥のこととお慶び申し上げます。平素は格別のご高配を賜り、厚くお礼申し上げます。

さて、弊社ではこの度下記の通り、大阪支社を開設いたすこととなりました。これも偏(ひとえ)に皆様方のお力添えの賜り物と深く感謝申し上げます。同支社開設により、大阪地域の皆様により迅速で充実したサービスを提供させていただく所存でございます。また、これを機に、社員一同力を合わせ、社業に邁進してまいりますので、何卒倍旧のお引き立てをお願い申し上げます。まずは略儀ながら書中をもってご挨拶申し上げます。

謹白

4 支社開設で何が変わるか。

1 顧客への対応力の向上

2 増産能力の確保

3 業界でのシェアの向上

4 製品の質の向上

독해

내용 이해 1(단문)

# 확인 문제 1 • 정답 및 해석(내용 이해 1(단문))

(1)

근래 대학 진학률의 상승, 세계화의 진전, 산업계로부터의 요청 등에 따라 대학 교육의 질 보증의 필요성이 점점 강하게 인식되게 되었다. 이러한 동향 속에서 대학생의 작문 교육, 리포트 작성 능력의 육성은 많은 대학에서 필수(주1) 과제로 인식되고 있다. 대학 수준의 리포트 작성에는 논리성뿐만 아니라 창조성, 의사소통 능력, 비판적 사고, 미디어 리터러시(주2) 등 여러 능력이 관여한다. 이러한 능력은 모두 리포트 작성 교육을 통해서 향상시킬 수 있다.

(주1)必須(필수): 반드시 이용해야 하는 것. 빠뜨릴 수 없는 것
(주2)メディアリテラシー(미디어 리터러시): 인터넷이나 TV, 신문 등의 미디어를 잘 다루고 미디어가 전하는 정보를 이해하는 능력

어휘 近年(きんねん) 근래, 요즘 進学率(しんがくりつ) 진학률 上昇(じょうしょう) 상승 グローバル化(か) 글로벌화, 세계화 進展(しんてん) 진전 産業界(さんぎょうかい) 산업계 要請(ようせい) 요청 ～により ～에 의해[따라] 教育(きょういく) 교육 質(しつ) 질 保証(ほしょう) 보증 必要性(ひつようせい) 필요성 ますます 점점 強(つよ)い 강하다 認識(にんしき) 인식 ～ようになる ～하게[끔] 되다 *변화 動向(どうこう) 동향 作文(さくぶん) 작문 レポート 리포트, 보고서 ライティング 라이팅, 쓰기 育成(いくせい) 육성 必須(ひっす) 필수 課題(かだい) 과제 捉(とら)える 파악하다, 인식하다 レベル 레벨, 수준 論理性(ろんりせい) 논리성 ～のみならず ～뿐만 아니라 創造性(そうぞうせい) 창조성 コミュニケーション 커뮤니케이션, 의사소통 批判的(ひはんてき) 비판적 思考(しこう) 사고 メディアリテラシー 미디어 리터러시 *미디어를 사용, 구사할 수 있는 능력 様々(さまざま)だ 다양하다, 여러 가지다 能力(のうりょく) 능력 関与(かんよ) 관여 全(すべ)て 모두, 전부 ～を通(とお)して ～을 통해서 向上(こうじょう) 향상 必(かなら)ず 반드시, 꼭 用(もち)いる 사용하다, 이용하다 동사의 기본형+べき (마땅히) ～해야 할 欠(か)かせない 빠뜨릴 수 없는, 없어서는 안 될 インターネット 인터넷 新聞(しんぶん) 신문 使(つか)いこなす 잘 다루다 伝(つた)える 전하다 情報(じょうほう) 정보 理解(りかい) 이해

1 필자는 무엇에 대해서 말하고 있는가?
1 대학생의 교외 활동 증가
2 대학생의 작문 능력 육성 필요성
3 세계화의 진전과 대학 경쟁의 격화
4 대학생에게 필요하다고 여겨지는 기본적인 교양

어휘 筆者(ひっしゃ) 필자 ～について ～에 대해서 *내용 校外(こうがい) 교외, 학교 밖 活動(かつどう) 활동 増加(ぞうか) 증가 競争(きょうそう) 경쟁 激化(げきか) 격화 基本的(きほんてき)だ 기본적이다 教養(きょうよう) 교양

(2)

최근 소비세 증세에 대한 젊은이의 의견이 찬반(주1)으로 나뉘고 있습니다만, 우선 저는 역시 소비세를 올리지 않으면 지금 이대로는 일본은 경제 위기에 빠져(주2) 버릴 것이라고 생각합니다. 그렇기 때문에 어딘가의 세대에서 증세할 필요는 있다고 생각합니다. 그러나 소비세 증세는 고등학생인 저의 평소 학교생활에 큰 영향을 가져오는 것도 사실입니다. 등교 중에 사는 도시락이나 음료, 방과 후 친구와 놀러 갈 때 등 지금까지의 용돈으로 아무런 문제도 없었습니다만, 만약 증세가 되면 틀림없이 용돈도 부족해질지도 모릅니다. 게다가 커서 일하게 되어 집을 갖고 싶어지면 증세 탓에 그 집도 지금보다 더 비싸지는 셈이니까, 그것도 조금 걱정입니다.

(주1)賛否(찬반): 찬성과 불찬성
(주2)陥る((나쁜 상태에) 빠지다): 바람직하지 않은 상태가 되다

**어휘** 消費税(しょうひぜい) 소비세 ~に対(たい)する ~에 대한 若者(わかもの) 젊은이 意見(いけん) 의견
賛否(さんぴ) 찬부, 찬반 分(わ)かれる 갈라지다, 나뉘다 まず 우선 やはり 역시 上(あ)げる (값을) 올리다, 인상하다
今(いま)のままでは 지금 이대로는 経済(けいざい) 경제 危機(きき) 위기 陥(おちい)る (나쁜 상태에) 빠지다 そのため 그 때문에
世代(せだい) 세대 増税(ぞうぜい) 증세 ところが 그런데, 그러나 高校生(こうこうせい) 고교생, 고등학생 普段(ふだん) 평소
大(おお)きな 큰 影響(えいきょう) 영향 もたらす 가져오다, 초래하다 事実(じじつ) 사실 登校(とうこう) 등교
飲(の)み物(もの) 음료, 마실 것 放課後(ほうかご) 방과 후 遊(あそ)ぶ 놀다 동사의 ます형+に ~하러 *동작의 목적
今(いま)まで 지금까지 お小遣(こづか)い 용돈 何(なん)の 아무런 もし 만약 きっと 분명히, 틀림없이
足(た)りない 모자라다, 부족하다 동사의 ます형+かねない ~할 수도 있다, ~할지도 모른다 それに 게다가 働(はたら)く 일하다
欲(ほ)しい 갖고 싶다 명사+の+せいで ~탓에 ~より ~보다 もっと 더, 더욱 高(たか)い 비싸다 ~わけだ ~인 것[셈]이다
心配(しんぱい)だ 걱정이다, 걱정스럽다 賛成(さんせい) 찬성 不賛成(ふさんせい) 불찬성 望(のぞ)ましい 바람직하다
状態(じょうたい) 상태

**2** 소비세 증세에 대한 필자의 생각에 맞는 것은 어느 것인가?
1 반대할 이유 따위는 아무것도 없다.
2 소비세 증세는 한시라도 빨리 실시해야 한다.
3 찬성의 생각과 반대의 생각이 있기 때문에 뭐라 말할 수 없다.
4 젊은 세대에게 부담을 주지 않기 위해서라도 지금 단계에서는 필요 없다.

**어휘** 合(あ)う 맞다 反対(はんたい) 반대 理由(りゆう) 이유 何一(なにひと)つ (부정어 수반) 무엇 하나, 아무것도
一刻(いっこく)も早(はや)く 한시라도 빨리 実施(じっし) 실시
동사의 기본형+べきだ (마땅히) ~해야 한다 *단, 「する」의 경우에는 「すべきだ」, 「するべきだ」 모두 쓸 수 있음
若(わか)い 젊다 負担(ふたん)をかける 부담을 주다 段階(だんかい) 단계

(3)

여름에 수영장 주변에 엎드려 누워 있으면 바닥에 생긴 빛의 얼룩무늬가 바람으로 수면에 물결이 일 때마다 흔들흔들 흔들리는 것을 볼 수 있습니다. 아주 시원해 보이고 예쁘지만, 어째서 이런 무늬가 생기는 것일까요?

빛은 공기 중이나 수중에서는 직진하지만, 공기 중에서 수중에 들어가는 경계나 물의 수면에서는 굴절합니다. 태양광선은 같은 각도로 굴절하기 때문에 수면이 평평하다면 수영장 바닥에 닿는 빛의 양은 어디나 같아서 얼룩무늬는 생기지 않습니다. 그러나 물결이 생겨서 수면이 울퉁불퉁해지면 여러 방향으로 빛이 굴절하기 때문에 빛이 많이 모이는 곳과 조금밖에 모이지 않는 곳이 생겨, 수영장 바닥에 얼룩무늬가 보이는 것입니다. 또한 물결이 일면 수면의 울퉁불퉁함이 변하기 때문에 무늬가 흔들거리는 것입니다.

**어휘** 夏(なつ) 여름 プールサイド 풀 사이드, 수영장 주변 寝(ね)そべる 엎드려 눕다 底(そこ) 바닥, 밑바닥 光(ひかり) 빛
まだら 얼룩 模様(もよう) 무늬 風(かぜ) 바람 水面(すいめん) 수면 波(なみ)が立(た)つ 물결이 일다
동사의 기본형+たびに ~할 때마다 ゆらゆら 흔들흔들 揺(ゆ)れる 흔들리다 涼(すず)しい 시원하다
い형용사의 어간+そうだ ~할[일] 것 같다, ~해 보이다 きれいだ 예쁘다, 깨끗하다 どうして 왜, 어째서 こんな 이런
できる 생기다 空気(くうき) 공기 水中(すいちゅう) 수중, 물속 直進(ちょくしん) 직진 入(はい)る 들어가다
境界(きょうかい) 경계 屈折(くっせつ) 굴절 太陽(たいよう) 태양 光線(こうせん) 광선 角度(かくど) 각도
真(ま)っ平(たい)らだ 아주 평평하다 届(とど)く 닿다, 미치다 量(りょう) 양 ところが 그런데, 그러나 でこぼこ 요철, 울퉁불퉁함
色々(いろいろ)だ 여러 가지다, 다양하다 方向(ほうこう) 방향 集(あつ)まる 모이다 少(すこ)し 조금
~しか (부정어 수반) ~밖에 見(み)える 보이다 起(お)こる 일어나다, 발생하다 変(か)わる 바뀌다, 변하다
揺(ゆ)らめく 흔들거리다 ~というわけだ ~인 것[셈]이다

3 수영장 바닥에 빛의 얼룩무늬가 보이는 것은 왜인가?

1 수영장 안의 물의 밀도가 높아지기 때문에
2 물결이 생겨서 수면이 울퉁불퉁해지기 때문에
3 흐르는 물보다 많은 빛이 수영장 안에 들어가기 때문에
4 태양광선이 같은 각도로 굴절되기 때문에

**어휘** 密度(みつど) 밀도 濃(こ)い (농도·밀도가) 진하다, 높다 流(なが)れる 흐르다 ~より ~보다

(4)

**오사카 지사 개설 인사**

근계

초여름, 더욱더 건승하심을 경하드립니다. 평소에는 각별한 배려를 주셔서 진심으로 감사드립니다.

한편 저희 회사에서는 이번에 하기와 같이 오사카 지사를 개설하게 되었습니다. 이것도 전적으로 여러분의 도움 덕분이기에 깊이 감사드립니다. 동 지사 개설로 오사카 지역의 여러분들께 보다 신속하고 충실한 서비스를 제공해 드릴 생각입니다. 또한 이것을 계기로 사원 일동 힘을 합쳐 회사 일에 매진해 나가겠사오니, 아무쪼록 배전의 후원을 부탁드립니다. 우선은 간략하게나마 서면으로 인사드립니다.

근백

**어휘** 大阪(おおさか) 오사카 *지명 支社(ししゃ) 지사 開設(かいせつ) 개설 挨拶(あいさつ) 인사
謹啓(きんけい) 근계 *삼가 아뢴다는 뜻으로, 편지의 첫머리에 쓰는 인사말. 보통은 「拝啓(はいけい)」(배계)를 쓰며, 특히 격식을 차릴 때에 씀 初夏(しょか)の候(こう) 초하지절, 초여름 ますます 점점, 더욱더
清祥(せいしょう) 건승 *편지에서 상대방의 건강과 만복을 축하하는 인사말로, 격식 차린 편지의 서두에 씀
お+동사의 ます형+申(もう)し上(あ)げる ~하다, ~해 드리다 *겸양표현 慶(よろこ)ぶ 경하하다
平素(へいそ) 평소 格別(かくべつ) 각별
高配(こうはい) 고배, 배려 *상대방의 배려에 대한 높임말 賜(たまわ)る 받다 *「もらう」, 「受(う)ける」의 겸양어
厚(あつ)い 두텁다, 후하다 お礼(れい) 감사 申(もう)し上(あ)げる 말씀드리다 *「言(い)う」(말하다)의 겸양어
さて 그런데, 한편 弊社(へいしゃ) 폐사 *자기 회사의 낮춤말 この度(たび) 이번
下記(かき) 하기, 어떤 사실을 알리기 위하여 본문 아래에 적는 일, 또는 그런 기록 명사+の+通(とお)り ~대로
偏(ひとえ)に 오로지, 전적으로 力添(ちからぞ)え (남을) 도움, 원조, 조력 賜(たまわ)り物(もの) 내려주신 물건, 하사받은 물건
深(ふか)い (양·정도가) 깊다 感謝(かんしゃ) 감사 한자명사+申(もう)し上(あ)げる ~하다, ~해 드리다 *겸양표현
~により ~에 의해 地域(ちいき) 지역 より 보다 迅速(じんそく)だ 신속하다, 재빠르다 充実(じゅうじつ)する 충실하다
サービス 서비스 提供(ていきょう) 제공 ~させていただく ~하다 *「~する」의 겸양표현 所存(しょぞん) 생각, 작정
~を機(き)に ~을 계기로 社員(しゃいん) 사원 一同(いちどう) 일동 力(ちから)を合(あ)わせる 힘을 합치다
社業(しゃぎょう) 사업, 회사의 사업 邁進(まいしん) 매진 ~てまいる ~해 나가다 *「~ていく」의 겸양표현
何卒(なにとぞ) 아무쪼록 倍旧(ばいきゅう) 배구, 배전, 먼저보다 갑절이나 더함 引(ひ)き立(た)て 돌봄, 보살핌, 후원
まずは 우선은 略儀(りゃくぎ) 약식 ~ながら ~이지만 書中(しょちゅう) 서중 *편지·문서 등의 글 가운데, 전하여 편지
謹白(きんぱく) 근백 *삼가 말씀드린다는 뜻으로, 편지의 끝맺음에 써서 상대에게 경의를 나타내는 말

**4** 지사 개설로 무엇이 변하는가?

1 고객에 대한 대응력 향상
2 증산 능력 확보
3 업계에서의 점유율 향상
4 제품의 질 향상

**어휘** 変(か)わる 바뀌다, 변하다 顧客(こきゃく) 고객 対応力(たいおうりょく) 대응력 向上(こうじょう) 향상
増産(ぞうさん) 증산 確保(かくほ) 확보 業界(ぎょうかい) 업계 シェア 셰어, (상품의) 점유율 製品(せいひん) 제품
質(しつ) 질

# 확인 문제 2 • 내용 이해 1(단문)

**問題8 次の(1)から(4)の文章を読んで、後の問いに対する答えとして最もよいものを、1・2・3・4から一つ選びなさい。**

(1)

嫌いな食べ物が少ないお子様は、味覚嫌悪学習の経験が少ないのでしょうか。最近の研究では、小さい頃から色々な食べ物の経験が豊富な子供ほど、色々な食べ物をよく食べることがわかっています。しかも、胎児の頃からの食経験が関係していることが、研究からも明らかになりました。

人間の舌には味を感じる「味蕾(みらい)」という器官があり、味蕾(みらい)は妊娠3か月の胎児から機能し始めます。その頃から、胎盤を通じて胎児は食べ物の味覚を感じているのです。つまり、胎児の頃から、色々な食べ物に触れた子供ほど、新しい味への許容度が高いことがわかったのです。好き嫌いを少なくさせるには、妊娠中や授乳期間中に、母親が積極的に色々な食べ物を食べることが望ましいと言えます。しかし、お子様が大きくなったからといって、遅すぎるということはありません。色々な食べ物を味わうことで、食の好みは変わってきます。

1 筆者は主に何について言っているか。

1 遺伝的要素による食べ物の好き嫌い
2 食経験と食べ物の好き嫌いの相関関係
3 食べ物の好き嫌いによる栄養の欠乏
4 子供の味覚が発達していく過程

(2)

馬は立ったまま寝ることができるというが、どうしてそんなことが可能なのだろうか。馬の前足には、肩、肘、足首、指の4か所に関節があるが、それぞれが交互に逆向きに作られている。要するに肩と足首の関節は前向きに、肘と指の関節は後ろ向きという形である。これだと、まっすぐに伸ばせば、足は棒と同じになる。立てた棒が、垂直荷重に対して強いとの原理と同じである。体重は、向きの違う同士で相殺されるので、ほとんど関節に負担をかけずストレートに地面に伝わっていく。心配なのは、逆向きの関節が片側しかない肩の関節であるが、これもうまくできていて、眠るために肩の関節が曲がると、すぐ自動的に肘の関節が伸び、常にまっすぐのままでいるように調節するシステムになっているのである。

2 本文の内容からみて、馬が立ったまま寝られる理由は何か。

1 足の数が4本であるため、均衡を取るのが容易だから
2 他の動物に比べて足の筋肉が発達しているから
3 足の構造のおかげで、体重を十分支えられるから
4 生まれた時から立ったまま寝るのが習慣になっているから

(3)

最近、スマホの急速な普及でスマホに没頭することが多くなり、テレビをあまり見ないという人が増えてきている。しかし、テレビにはテレビならではの面白い部分もたくさんある。

まず、我々はテレビを通して最新のニュースを知ることができるが、それだけでもテレビを見る価値は十分にあると言える。また、テレビを見ていると、地震が起こった際にはすぐに情報が流れる。それはどんな番組であろうと、それを見ている人が瞬時に何が起こったかを把握することができるようになっている。その中には、津波情報もあり、もしもの時にはすぐに避難できるように情報が発信されているのである。更に、テレビを見ることにより、日常生活に役に立つ多くの情報を知ることができ、その結果、話の種を掴(つか)むことができるのも欠かせない。話をすることが苦手だと感じている人でも、テレビの話をすることによって会話をスムーズに進められるのである。

3 筆者がテレビの長所として言っていないのはどれか。

1 家族みんなで同時に見られる。

2 タイムリーなニュースがわかる。

3 職場や友人同士の話題になる。

4 地震などの災害時に即座に情報が入る。

(4)

令和〇年〇月〇日
社員各位

**省エネ対策に関連した経費削減について**

省エネ対策に関連して、以下のように決定しましたので、各位ご協力をお願いいたします。

記

1. 偶数の階をエレベーター不停止階に設定すること。
2. 白熱電球が切れた場合には、インバーター照明に切り替えること。
3. 7月1日～8月31日の省エネルギー月間におけるエアコンの設定温度は28度とし、それ以下の温度に設定しないこと。
4. 排水処理施設の稼働を夜間にシフトすること。
5. 特別な理由がない場合、パソコンの電源を入れたまま退社することは不可。

以上

4 省エネ対策として決定したことではないのはどれか。

1 排水処理施設の稼働時間の移動
2 エアコンの設定温度の変更
3 エレベーター不停止階の設定
4 広告照明の停止あるいは管理の徹底

# 확인 문제 2 • 정답 및 해석(내용 이해 1(단문))

(1)

싫어하는 음식이 적은 자녀분은 미각 혐오 학습 경험이 적은 것일까요? 최근 연구에서는 어릴 때부터 다양한 음식 경험이 풍부한 아이일수록 여러 음식을 잘 먹는다는 것을 알 수 있습니다. 게다가 태아 때부터의 음식 경험이 관계되어 있다는 것이 연구에서도 밝혀졌습니다.

인간의 혀에는 맛을 느끼는 '미뢰'라는 기관이 있는데, 미뢰는 임신 3개월인 태아부터 기능하기 시작합니다. 그때부터 태반을 통해서 태아는 음식의 미각을 느끼고 있는 것입니다. 즉, 태아 때부터 여러 음식을 접한 아이일수록 새로운 맛에 대한 허용도가 높다는 것을 알 수 있었습니다. 편식을 적게 시키기 위해서는 임신 중이나 수유 기간 중에 어머니가 적극적으로 여러 음식을 먹는 것이 바람직하다고 할 수 있습니다. 그러나 자녀분이 컸다고 해서 너무 늦은 것은 아닙니다. 다양한 음식을 맛봄으로써 음식에 대한 기호는 변해 갑니다.

**어휘** 嫌(きら)いだ 싫어하다 食(た)べ物(もの) 음식, 먹을 것 少(すく)ない 적다
お子様(こさま) 자녀분, 자제분 *남의 자식을 높여 이르는 말 味覚(みかく) 미각 嫌悪(けんお) 혐오 学習(がくしゅう) 학습
経験(けいけん) 경험 研究(けんきゅう) 연구 小(ちい)さい 어리다 色々(いろいろ)だ 여러 가지다, 다양하다
豊富(ほうふ)だ 풍부하다 ～ほど ～일수록 しかも 게다가 胎児(たいじ) 태아 食経験(しょくけいけん) 식경험, 음식에 대한 경험
関係(かんけい) 관계 明(あき)らかになる 밝혀지다 人間(にんげん) 인간 舌(した) 혀 味(あじ) 맛 感(かん)じる 느끼다
味蕾(みらい) [생물] 미뢰 *척추동물에서 미각을 맡은 꽃봉오리 모양의 기관. 미각 세포와 지지 세포로 이루어져 있으며, 주로 혀의 윗면에 분포함 器官(きかん) [생물] 기관 妊娠(にんしん) 임신 ～か月(げつ) ～개월 機能(きのう) 기능
동사의 ます형+始(はじ)める ~하기 시작하다 胎盤(たいばん) [생물] 태반 ～を通(つう)じて ～을 통해서 つまり 즉
触(ふ)れる 접하다 許容度(きょようど) 허용도 高(たか)い 높다 好(す)き嫌(きら)い (음식의) 가림 授乳(じゅにゅう) 수유
期間(きかん) 기간 母親(ははおや) 모친, 어머니 積極的(せっきょくてき)だ 적극적이다 望(のぞ)ましい 바람직하다
～からといって ～라고 해서 遅(おそ)い 늦다 い형용사의 어간+すぎる 너무 ～하다 味(あじ)わう 맛보다
～ことで ～함으로써 食(しょく) 음식 好(この)み 기호, 취향 変(か)わる 바뀌다, 변하다

1 필자는 주로 무엇에 대해서 말하고 있는가?

1 유전적 요소에 의한 편식
2 음식 경험과 편식의 상관관계
3 편식에 의한 영양 결핍
4 아이의 미각이 발달해 가는 과정

**어휘** 筆者(ひっしゃ) 필자 主(おも)に 주로 ～について ～에 대해서 *내용 遺伝的(いでんてき) 유전적 要素(ようそ) 요소
～による ～에 의한[따른] 食(た)べ物(もの)の好(す)き嫌(きら)い 편식 相関(そうかん) 상관 栄養(えいよう) 영양
欠乏(けつぼう) 결핍 発達(はったつ) 발달 過程(かてい) 과정

(2)

말은 선 채로 잘 수 있다고 하는데, 어째서 그런 일이 가능한 것일까? 말의 앞다리에는 어깨, 팔꿈치, 발목, 발가락의 네 군데에 관절이 있는데 각각이 번갈아 반대 방향으로 형성되어 있다. 요컨대 어깨와 발목의 관절은 앞을 향하고, 팔꿈치와 발가락 관절은 뒤를 향하는 형태이다. 이렇다면 똑바로 펴면 다리는 막대와 같아진다. 세운 막대가 수직 하중에 대해서 강하다는 것과 같은 원리이다. 체중은 방향이 다른 것끼리 상쇄되기 때문에 거의 관절에 부담을 주지 않고 직접적으로 지면에 전해진다. 걱정스러운 것은 반대 방향의 관절이 한쪽밖에 없는 어깨 관절인데 이것도 잘 되어 있어서, 잠자기 위해서 어깨 관절이 굽으면 바로 자동적으로 팔꿈치 관절이 펴져서 항상 똑바른 상태로 있게 조절하는 시스템으로 되어 있는 것이다.

어휘 馬(うま) 말 立(た)つ 서다 동사의 た형+まま ~한 채, ~한 상태로 寝(ね)る 자다
동사의 기본형+ことができる ~할 수 있다 どうして 왜, 어째서 可能(かのう)だ 가능하다 前足(まえあし) 앞다리
肩(かた) 어깨 肘(ひじ) 팔꿈치 足首(あしくび) 발목 指(ゆび) 발가락 ~か所(しょ) ~개소, ~군데 関節(かんせつ) 관절
それぞれ 각각 交互(こうご) 교호, 번갈아 逆向(ぎゃくむ)き 역방향, 반대 방향 作(つく)る 만들다 要(よう)するに 요컨대, 결국
前向(まえむ)き 앞을 향함 後(うし)ろ向(む)き 뒤를 향함 形(かたち) 형태 まっすぐに 똑바로 伸(の)ばす 펴다
棒(ぼう) 막대기, 봉 立(た)てる 세우다 垂直(すいちょく) 수직 荷重(かじゅう) 하중 ~に対(たい)して ~에 대해서 *대상
~との ~라는, ~(고 하)는 原理(げんり) 원리 体重(たいじゅう) 체중 向(む)き 방향 違(ちが)う 다르다
~同士(どうし) ~끼리 相殺(そうさつ) 상쇄 ほとんど 거의, 대부분 負担(ふたん)をかける 부담을 주다 ~ず(に) ~하지 않고
ストレート 스트레이트, 직접적 地面(じめん) 지면 伝(つた)わる 전해지다 片側(かたがわ) 한쪽 ~しか (부정어 수반) ~밖에
うまく 잘 できる 만들어지다 眠(ねむ)る 자다, 잠자다 曲(ま)がる (허리 따위가) 굽다 自動的(じどうてき)だ 자동적이다
伸(の)びる 펴지다 常(つね)に 늘, 항상 調節(ちょうせつ) 조절 システム 시스템

**2** 본문의 내용으로 보아 말이 선 채로 잘 수 있는 이유는 무엇인가?

1 다리 수가 네 개이기 때문에 균형을 잡는 것이 쉬워서
2 다른 동물에 비해 다리 근육이 발달되어 있어서
3 다리 구조 덕분에 체중을 충분히 지탱할 수 있어서
4 태어났을 때부터 선 채로 자는 것이 습관이 되어 있어서

어휘 本文(ほんぶん) 본문 ~からみて ~으로 보아 足(あし) 다리 数(かず) 수 ~本(ほん) ~개 *가늘고 긴 것을 세는 단위
均衡(きんこう)を取(と)る 균형을 잡다 容易(ようい)だ 용이하다, 쉽다 他(ほか)の~ 다른~ 動物(どうぶつ) 동물
~に比(くら)べて ~에 비해서 筋肉(きんにく) 근육 発達(はったつ) 발달 構造(こうぞう) 구조 명사+の+おかげで ~덕분에
十分(じゅうぶん) 충분히 支(ささ)える 지탱하다 生(う)まれる 태어나다 習慣(しゅうかん) 습관

(3)

최근 스마트폰의 급속한 보급으로 스마트폰에 몰두하는 일이 많아져 TV를 별로 보지 않는 사람이 늘고 있다. 그러나 TV에는 TV만의 재미있는 부분도 많이 있다.

우선 우리는 TV를 통해서 최신 뉴스를 알 수 있는데, 그것만으로도 TV를 볼 가치는 충분히 있다고 할 수 있다. 또 TV를 보고 있으면 지진이 일어났을 때에는 바로 정보가 흘러나온다. 그것은 어떤 프로그램일지라도 그것을 보고 있는 사람이 순식간에 무엇이 일어났는지를 파악할 수 있도록 되어 있다. 그중에는 쓰나미 정보도 있어서 만일의 경우에는 바로 피난할 수 있게 정보가 발신되고 있는 것이다. 나아가 TV를 봄으로써 일상생활에 도움이 되는 많은 정보를 알 수 있고, 그 결과 화젯거리를 얻을 수 있는 것도 빼놓을 수 없다. 이야기를 잘 못한다고 느끼고 있는 사람이라도 TV 이야기를 함으로써 대화를 원활하게 진행할 수 있는 것이다.

어휘 スマホ 스마트폰 *「スマートフォン」의 준말 急速(きゅうそく)だ 급속하다 普及(ふきゅう) 보급 没頭(ぼっとう) 몰두 テレビ 텔레비전, TV *「テレビジョン」의 준말 あまり (부정어 수반) 별로, 그다지 増(ふ)える 늘다, 늘어나다 ～ならではの ～이 아니고는 할 수 없는, ～만의 面白(おもしろ)い 재미있다 部分(ぶぶん) 부분 まず 우선 我々(われわれ) 우리(들) ～を通(とお)して ～을 통해서 最新(さいしん) 최신 ニュース 뉴스 知(し)る 알다 동사의 기본형+ことができる ～할 수 있다 価値(かち) 가치 十分(じゅうぶん)に 충분히 地震(じしん) 지진 起(お)こる 일어나다, 발생하다 ～際(さい) ～(할) 때 すぐに 곧, 바로 情報(じょうほう) 정보 流(なが)れる 흘러나오다 番組(ばんぐみ) (방송 · 연예 등의) 프로그램 ～であろうと ～이든 瞬時(しゅんじ) 순식간 把握(はあく) 파악 津波(つなみ) 쓰나미, 지진해일 もしも 만약, 만일의 경우 *「もし」의 힘줌말 避難(ひなん) 피난 発信(はっしん) 발신 更(さら)に 더욱, 나아가 日常生活(にちじょうせいかつ) 일상생활 役(やく)に立(た)つ 도움이 되다 話(はなし) 이야기, 화제 種(たね) (소설 · 신문기사의) 소재거리 掴(つか)む 잡다, 손에 넣다 欠(か)かす 빠뜨리다 苦手(にがて)だ 서투르다, 잘 못하다 ～ことによって ～하는 것에 의해, ～함으로써 会話(かいわ) 회화, 대화 スムーズだ 원활하다 進(すす)める 진행하다

3 필자가 TV의 장점으로 말하고 있지 않은 것은 어느 것인가?

1 가족 모두가 동시에 볼 수 있다.
2 시의적절한 뉴스를 알 수 있다.
3 직장이나 친구끼리의 화제가 된다.
4 지진 등의 재해 시에 바로 정보가 들어온다.

어휘 筆者(ひっしゃ) 필자 長所(ちょうしょ) 장점 タイムリーだ 시의적절하다 職場(しょくば) 직장 友人(ゆうじん) 친구 ～同士(どうし) ～끼리 話題(わだい) 화제 災害(さいがい) 재해 即座(そくざ)に 즉석에서, 그 자리에서 入(はい)る 들어오다

(4)

레이와 ○년 ○월 ○일
사원 각위

**에너지 절약 대책에 관련한 경비 삭감에 대하여**

에너지 절약 대책에 관련해 이하와 같이 결정되었으므로 여러분의 협력을 부탁드립니다.

기

1. 짝수 층을 엘리베이터 무정차 층으로 설정할 것.
2. 백열전구가 다 된 경우에는 인버터 조명으로 바꿀 것.
3. 7월 1일~8월 31일 에너지 절약 월간의 에어컨 설정 온도는 28도로 하고 그 이하의 온도로 설정하지 말 것.
4. 배수 처리 시설 가동을 야간으로 옮길 것.
5. 특별한 이유가 없을 경우 컴퓨터 전원을 켠 상태로 퇴근하는 것은 불가.

이상

**어휘** 令和(れいわ) 레이와 *2019년 5월 1일부터 적용된 일본의 새 연호 社員(しゃいん) 사원 各位(かくい) 각위, 여러분
省(しょう)エネ 에너지 절약 *「省(しょう)エネルギー」의 준말 対策(たいさく) 대책 関連(かんれん) 관련 経費(けいひ) 경비
削減(さくげん) 삭감 ～について ～에 대해서 *내용 以下(いか) 이하 決定(けってい) 결정 協力(きょうりょく) 협력
お+동사의 ます형+いたす ～하다, ～해 드리다 *겸양표현 願(ねが)う 부탁하다 記(き) 기, 기록 偶数(ぐうすう) 우수, 짝수
階(かい) 층 エレベーター 엘리베이터 不停止(ふていし) 무정지, 정지하지 않음 設定(せってい) 설정
白熱電球(はくねつでんきゅう) 백열전구 切(き)れる 끊어지다, 다 되다 場合(ばあい) 경우
インバーター 인버터, 주파수 변환 장치 照明(しょうめい) 조명 切(き)り替(か)える 새로 바꾸다 月間(げっかん) 월간
～における ～에 있어서의, ～에서의 エアコン 에어컨 温度(おんど) 온도 排水(はいすい) 배수 処理(しょり) 처리
施設(しせつ) 시설 稼働(かどう) (기계의) 가동 夜間(やかん) 야간 シフト 시프트, 옮김
特別(とくべつ)だ 특별하다 理由(りゆう) 이유 パソコン (개인용) 컴퓨터 *「パーソナルコンピューター」의 준말
電源(でんげん)を入(い)れる 전원을 넣다[켜다] 동사의 た형+まま ～한 채, ～한 상태로 退社(たいしゃ) 퇴근
不可(ふか) 불가 以上(いじょう) 이상

**4** 에너지 절약 대책으로 결정된 것이 아닌 것은 어느 것인가?

1 배수 처리 시설의 가동 시간 이동
2 에어컨 설정 온도 변경
3 엘리베이터 무정차 층 설정
4 광고 조명 정지 혹은 관리 철저

**어휘** 移動(いどう) 이동 変更(へんこう) 변경 広告(こうこく) 광고 あるいは 또는, 혹은 管理(かんり) 관리
徹底(てってい) 철저

## 확인 문제 3 • 내용 이해 1(단문)

**問題8 次の(1)から(4)の文章を読んで、後の問いに対する答えとして最もよいものを、1・2・3・4から一つ選びなさい。**

(1)

人は24時間いつも同じに動くロボットではない。昼には昼に動く体の仕組みがあり、夜には夜に動く体の仕組みがある。体温のリズム、ホルモンのリズムなど、体の全てのリズムがそれに基づいてプログラムされているので、その仕組みに合った生活をしないと、体や心をよりよく発達させることができなくなってしまう。

人の脳の中の「視交叉上核(しこうさじょうかく)」というところに体内時計があり、ここで朝の光をキャッチして、体内時計を地球時間に合わせている。体内時計の働きで睡眠、体温、ホルモンの分泌(ぶんぴ)などのリズムも刻まれる。遅くまで明るいところで起きていたり、朝の光をしっかりキャッチできなかったりすると、脳の中の体内時計がリセットされず、一日のリズムをきちんと刻むことができない。また、朝の光には、心を穏やかに保つ働きのある神経伝達物質「セロトニン」の活動を高める働きもある。

1 筆者は何について言っているか。

1 体の仕組み

2 体内時計の働き方

3 早寝早起きが必要な理由

4 神経伝達物質の活動

(2)

寝言は、夢の中でしゃべっていることが声になって出ているものだと思うでしょう。それが、必ずしもそうではないのだそうです。夢を見るのはレム睡眠中に限られていますが、寝言の方は、レム睡眠中でもノンレム睡眠中でも発します。レム睡眠中の寝言は、当然、夢の中での言葉です。夢の中でも何かしゃべっている時には脳の言語を取り仕切る(注)部分が働いていて、寝言を言う言わないにかかわらず、喉や舌の発語筋が動いています。また、夢の中での会話なので、声の調子は感情的です。ですから、うなされたり叫んだりするのはレム睡眠の寝言です。一方、ノンレム睡眠の寝言の方は、浅い睡眠中に起こります。声の調子も大きさも、起きている時とほぼ変わりません。脳波が乱れるほど体を大きく動かすのも特徴の一つだそうですが、この時も夢を見ていません。

(注)取り仕切る: 一切を自分の責任で処理する

2 本文の内容と合っていないのはどれか。

1 ノンレム睡眠の寝言は浅い睡眠中に起こる。
2 レム睡眠中の声の調子は感情的である。
3 夢を見るのはレム睡眠中に限られている。
4 ノンレム睡眠中には声の調子が大きく変わる。

(3)

恒星と、火星や木星などの惑星を見分けるには、瞬くか瞬かないかを見ると言われる。恒星は遠い星なので瞬くけれど、惑星は近くにあるから瞬かないと言うが、恒星の光は瞬きながら宇宙空間を飛んでくるのだろうか。恒星の光が瞬くのは、地球の大気に入ってからのことなのである。また、地球の大気は、全体が均質になっていない。濃いところもあれば薄いところもある。更に、上昇気流があるところもある。そのために、光は屈折したりむらになったりするし、空気の変化によって時間的に変わる。それで、恒星は瞬くように見えるのである。

では、なぜ惑星の方は瞬かないのだろうか。恒星の光は、遠く離れたところから来るために平行光線になっており、この光線が大気の変化を受けやすいので輝く。一方、惑星の方は、肉眼で大きく見えるというほどではなくても、電灯の光のように広がる角度を持っている。そのため、光が大気で乱されても打ち消されてしまって瞬かない。

3 本文の内容からみて、惑星が瞬かない理由は何か。

1 地球の大気の変化を受けやすいから
2 惑星の光は広がる角度を持っているから
3 地球の大気が均質になっているから
4 光が遠く離れたところから来るから

(4)

赤ちゃんがお乳を飲む場合、母乳を飲む時より哺乳瓶で飲む時の方が量が多くなると言います。母乳の場合は必死に吸わなくてはならないから、疲れるために量が制限されるのでしょうか。

母乳は、出始めは少し水っぽくてあっさりした味がするので、喉の渇いた赤ちゃんは必死に飲みます。それが、飲んでいくうちにだんだん甘味と酸味が消え、脂肪の濃度が4倍～5倍に上がってしつこい味に変わっていくのです。すると、赤ちゃんは満腹感を覚えて飲むのを止めてしまいます。こうして、赤ちゃんは飲みすぎることもなく、いつも適量で済むというわけです。いくら優れた人工栄養でもこの母乳のメカニズムは真似できません。

4 本文の内容からどんなことがわかるか。

1 母乳は飲み始めと終わりで味が変わる。

2 乳を飲む時より哺乳瓶で飲む時の方が量が少なくなる。

3 母乳は飲んでいくうちにだんだん甘味と酸味が増える。

4 母乳に含まれている脂肪の濃度はいつも一定水準に維持される。

# 확인 문제 3 • 정답 및 해석(내용 이해 1(단문))

(1)

사람은 24시간 항상 똑같이 움직이는 로봇이 아니다. 낮에는 낮에 움직이는 신체 구조가 있고 밤에는 밤에 움직이는 신체 구조가 있다. 체온의 리듬, 호르몬의 리듬 등 몸 전체의 리듬이 그것에 근거해서 프로그램되어 있기 때문에 그 구조에 맞는 생활을 하지 않으면 몸과 마음을 보다 좋게 발달시킬 수 없게 되어 버린다.

인간의 뇌 안의 '시교차 상핵'이라는 부위에 체내 시계가 있는데, 여기에서 아침의 빛을 캐치해서 체내 시계를 지구 시간에 맞추고 있다. 체내 시계의 작용으로 수면, 체온, 호르몬 분비 등의 리듬도 새겨진다. 늦게까지 밝은 곳에서 자지 않고 있거나 아침의 빛을 제대로 캐치하지 못 하거나 하면 뇌 안의 체내 시계가 리셋되지 않아서 하루의 리듬을 제대로 새길 수 없다. 또 아침의 빛에는 마음을 평온하게 유지하는 기능이 있는 신경 전달 물질 '세로토닌'의 활동을 높이는 작용도 있다.

**어휘** 人(ひと) 사람 ロボット 로봇 昼(ひる) 낮 動(うご)く 움직이다 体(からだ) 몸, 신체 仕組(しく)み 구조 夜(よる) 밤
体温(たいおん) 체온 リズム 리듬 ホルモン 호르몬 全(すべ)て 모두, 전부 ～に基(もと)づいて ～에 근거[기초]해서
プログラム 프로그램 心(こころ) 마음 発達(はったつ) 발달 脳(のう) 뇌
視交叉上核(しこうさじょうかく) 시교차 상핵 *뇌의 시상하부 앞부분에 위치하며 사람의 생물학적 주기를 조절하는 역할을 함
体内(たいない) 체내 朝(あさ) 아침 光(ひかり) 빛 キャッチ 캐치, 잡음 地球(ちきゅう) 지구 合(あ)わせる 맞추다
働(はたら)き 작용, 기능 睡眠(すいみん) 수면 分泌(ぶんぴ) 분비 刻(きざ)む 새기다 遅(おそ)い 늦다 明(あか)るい 밝다
起(お)きる 눈을 뜨다, 뜬눈으로 있다 しっかり 제대로, 확실히 リセット 리셋, 다시 세트함 ～ず ～하지 않아서
一日(いちにち) 일일, 하루 きちんと 제대로, 확실히 穏(おだ)やかだ 평온하다 保(たも)つ 유지하다
神経伝達物質(しんけいでんたつぶっしつ) 신경 전달 물질 セロトニン 세로토닌 *뇌 · 비장 · 위장 · 혈소판에 다량 함유되어 있으며, 평활근의 수축, 혈관 수축, 지혈, 뇌에 있어서의 신경 전달, 송과체(松果体)에서의 멜라토닌 합성 등에 작용하고, 또한 뇌의 활동을 높임
活動(かつどう) 활동 高(たか)める 높이다

1 필자는 무엇에 대해서 말하고 있는가?

1 신체 구조
2 체내 시계의 작용 방식
3 일찍 자고 일찍 일어나는 것이 필요한 이유
4 신경 전달 물질의 활동

**어휘** 働(はたら)く 작용하다 동사의 ます형+方(かた) ～하는 방법[방식] 早寝早起(はやねはやお)き 일찍 자고 일찍 일어남

(2)

잠꼬대는 꿈속에서 말하고 있는 것이 목소리가 되어 나오는 것이라고 생각할 것입니다. 그게 반드시 그렇지는 않다고 합니다. 꿈을 꾸는 것은 렘수면 중으로 한정되어 있습니다만, 잠꼬대 쪽은 렘수면 중에도 논렘수면 중에도 나옵니다. 렘수면 중의 잠꼬대는 당연히 꿈속에서 하는 말입니다. 꿈속에서도 뭔가 말하고 있을 때에는 뇌 언어를 도맡아서 처리하는(주) 부분이 작용하고 있어서, 잠꼬대를 하는지 하지 않는지에 관계없이 목이나 혀의 발어근이 움직이고 있습니다. 또 꿈속에서의 대화이기 때문에 목소리 상태는 감정적입니다. 따라서 가위눌리거나 소리치거나 하는 것은 렘수면의 잠꼬대입니다. 한편 논렘수면의 잠꼬대 쪽은 얕은 수면 중에 일어납니다. 목소리 상태도 크기도 깨어 있을 때와 거의 바뀌지 않습니다. 뇌파가 흐트러질수록 몸을 크게 움직이는 것도 특징 중 하나라고 합니다만, 이때도 꿈을 꾸지 않습니다.

(주)取り仕切る((도맡아서) 처리하다): 모든 것을 자신의 책임으로 처리하다

어휘 寝言(ねごと) 잠꼬대 *「寝言(ねごと)を言(い)う」 – 잠꼬대를 하다 夢(ゆめ) 꿈 しゃべる 말하다, 이야기하다 声(こえ) 목소리 出(で)る 나오다 必(かなら)ずしも (부정어 수반) 반드시, 꼭 품사의 보통형+そうだ ~라고 한다 *전문 夢(ゆめ)を見(み)る 꿈을 꾸다 レム睡眠(すいみん) 렘수면 *잠을 자고 있는 듯이 보이나 뇌파는 깨어 있을 때의 알파파(α波)를 보이는 수면 상태. 보통 안구가 신속하게 움직이고 꿈을 꾸는 경우가 많음 限(かぎ)る 한정되다 ノンレム睡眠(すいみん) 논렘수면 * 뇌전도상에서 델타파(δ波) 같은 늦은 진동수의 뇌파가 우세하게 나타나는 시기의 수면을 말하며, 깊이 잠든 상태임 発(はっ)する 발하다, (소리를) 내다 当然(とうぜん) 당연히 言葉(ことば) 말 脳(のう) 뇌 言語(げんご) 언어 取(と)り仕切(しき)る (도맡아서) 관리하다, 처리하다 働(はたら)く 작용하다 ~にかかわらず ~에 관계없이 喉(のど) 목 舌(した) 혀 発語筋(はつごすじ) 발어근 *목소리를 내는 근육 動(うご)く 움직이다 会話(かいわ) 회화, 대화 調子(ちょうし) 상태, 컨디션 感情的(かんじょうてき)だ 감정적이다 ですから 그러므로, 그래서 *「だから」의 정중한 표현 うなされる 가위눌리다 叫(さけ)ぶ 외치다 一方(いっぽう) 한편 浅(あさ)い 얕다 起(お)こる 일어나다, 발생하다 大(おお)きさ 크기 ほぼ 거의, 대강, 대략 変(か)わる 바뀌다, 변하다 脳波(のうは) 뇌파 乱(みだ)れる 흐트러지다 ~ほど ~일수록 動(うご)かす 움직이(게 하)다 特徴(とくちょう) 특징 一切(いっさい) 일체, 전부 自分(じぶん) 자기, 자신, 나 責任(せきにん) 책임 処理(しょり) 처리

2 본문의 내용과 맞지 않는 것은 어느 것인가?
1 논렘수면의 잠꼬대는 얕은 수면 중에 일어난다.
2 렘수면 중의 목소리 상태는 감정적이다.
3 꿈을 꾸는 것은 렘수면 중으로 한정되어 있다.
4 논렘수면 중에는 목소리 상태가 크게 바뀐다.

(3)

항성과 화성이나 목성 등의 행성을 분간하려면 반짝이는지 반짝이지 않는지를 본다고 한다. 항성은 먼 별이기 때문에 반짝이지만 행성은 가까이에 있기 때문에 반짝이지 않는다고 하는데, 항성의 빛은 반짝이면서 우주 공간을 날아오는 것일까? 항성의 빛이 반짝이는 것은 지구 대기에 들어온 후의 일인 것이다. 또한 지구의 대기는 전체가 균질하게 되어 있지 않다. 짙은 곳도 있고 옅은 곳도 있다. 게다가 상승기류가 있는 곳도 있다. 그 때문에 빛은 굴절되거나 고르지 못하게 되기도 하고, 공기의 변화에 따라 시간적으로 변한다. 그래서 항성은 반짝이는 것처럼 보이는 것이다.

그럼, 왜 행성 쪽은 반짝이지 않는 것일까? 항성의 빛은 멀리 떨어진 곳에서 오기 때문에 평행 광선이 되어 있어 이 광선이 대기의 변화를 받기 쉽기 때문에 빛난다. 한편 행성 쪽은 육안으로 크게 보일 정도는 아니더라도 전등의 빛처럼 퍼지는 각도를 가지고 있다. 그 때문에 빛이 대기에서 흩어져도 없어져 버려 반짝이지 않는다.

**어휘** 恒星(こうせい) 항성, 붙박이별 火星(かせい) 화성 木星(もくせい) 목성 惑星(わくせい) 혹성, 행성, 떠돌이별
見分(みわ)ける 분별하다, 분간하다, 가리다 瞬(またた)く 반짝이다 ～と言(い)われる ～라는 말을 듣다, ～라고 하다
遠(とお)い 멀다 星(ほし) 별 光(ひかり) 빛 宇宙(うちゅう) 우주 空間(くうかん) 공간 飛(と)ぶ 날다 地球(ちきゅう) 지구
大気(たいき) 대기 入(はい)る 들어오다 全体(ぜんたい) 전체 均質(きんしつ) 균질 濃(こ)い (농도·밀도가) 짙다
～も～ば～も ～도 ～하고[하거니와] ～도 薄(うす)い 옅다 更(さら)に 게다가, 더욱이 上昇(じょうしょう) 상승
気流(きりゅう) 기류 そのために 그 때문에 屈折(くっせつ) 굴절 むら 고르지 못함 空気(くうき) 공기 変化(へんか) 변화
変(か)わる 바뀌다, 변하다 それで 그래서 見(み)える 보이다 なぜ 왜, 어째서 遠(とお)く 멀리 離(はな)れる (사이가) 떨어지다
平行光線(へいこうこうせん) 평행 광선 *서로 만나지 않고 평행 상태에 있는 광선 受(う)ける 받다
동사의 ます형+やすい ～하기 쉽다 輝(かがや)く 빛나다, 반짝이다 一方(いっぽう) 한편 肉眼(にくがん) 육안
電灯(でんとう) 전등 広(ひろ)がる 퍼지다 角度(かくど) 각도 持(も)つ 가지다, 지니다 乱(みだ)す 흩뜨리다, 흩어지게 하다
打(う)ち消(け)す 없애다

3 본문의 내용으로 보아 행성이 반짝이지 않는 이유는 무엇인가?

1 지구의 대기 변화를 받기 쉽기 때문에
2 행성의 빛은 퍼지는 각도를 가지고 있기 때문에
3 지구의 대기가 균질하게 되어 있기 때문에
4 빛이 멀리 떨어진 곳에서 오기 때문에

**어휘** ～からみて ～로 봐서

(4)

아기가 젖을 먹을 경우, 모유를 먹을 때보다 젖병으로 먹을 때가 양이 많아진다고 합니다. 모유의 경우는 필사적으로 빨지 않으면 안 되니까 지치기 때문에 양이 제한되는 것일까요?

모유는 처음 나오는 것은 조금 묽어서 담백한 맛이 나기 때문에 목이 마른 아기는 필사적으로 먹습니다. 그것이 먹는 사이에 점점 단맛과 신맛이 사라지고 지방 농도가 4배~5배로 올라가 진한 맛으로 변해 갑니다. 그러면 아기는 포만감을 느끼고 먹는 것을 그만둬 버립니다. 이렇게 해서 아기는 너무 먹지도 않고 항상 적당한 양으로 끝나는 것입니다. 아무리 뛰어난 인공 영양이라도 이 모유의 메커니즘은 흉내 낼 수 없습니다.

**어휘** 赤(あか)ちゃん 아기 乳(ちち)を飲(の)む 젖을 먹다 母乳(ぼにゅう) 모유 哺乳瓶(ほにゅうびん) 젖병 量(りょう) 양 必死(ひっし)に 필사적으로 吸(す)う 빨다 ～なくてはならない ～하지 않으면 안 된다, ～해야 한다 疲(つか)れる 지치다, 피로해지다 制限(せいげん) 제한 出始(ではじ)め 처음 나옴 水(みず)っぽい 묽다, (수분이 많아서) 싱겁다 あっさりする 담백하다 味(あじ)がする 맛이 나다 喉(のど)が渇(かわ)く 목이 마르다 ～うちに ～동안에, ～사이에 だんだん 점점 甘味(あまみ) 단맛 酸味(さんみ) 신맛 消(き)える 없어지다, 사라지다 脂肪(しぼう) 지방 濃度(のうど) 농도 ～倍(ばい) ～배 上(あ)がる 오르다, 올라가다 しつこい (요리의 맛 등이) 짙다 変(か)わる 바뀌다, 변하다 すると 그러면 満腹感(まんぷくかん) 만복감, 포만감 覚(おぼ)える 느끼다 止(や)める 그만두다, 관두다 동사의 ます형+すぎる 너무 ～하다 適量(てきりょう) 적량, 적당량 済(す)む 끝나다, 해결되다 ～わけだ ～인 것[셈]이다 いくら～ても[でも] 아무리 ～라도 優(すぐ)れる 뛰어나다, 우수하다 人工(じんこう) 인공 栄養(えいよう) 영양 メカニズム 메커니즘, 사물의 작용 원리나 구조 真似(まね) 흉내, 모방

**4** 본문의 내용으로 어떤 것을 알 수 있는가?

1 모유는 처음 먹을 때와 다 먹었을 때 맛이 변한다.
2 젖을 먹을 때보다 젖병으로 먹을 때 쪽이 양이 적어진다.
3 모유는 먹는 사이에 점점 단맛과 신맛이 늘어난다.
4 모유에 포함되어 있는 지방의 농도는 항상 일정 수준으로 유지된다.

**어휘** 동사의 ます형+始(はじ)め ～하기 시작함 終(お)わり 끝 少(すく)ない 적다 増(ふ)える 늘다, 늘어나다 含(ふく)む 포함하다 一定(いってい) 일정 水準(すいじゅん) 수준 維持(いじ) 유지

# 문제 9 내용 이해 2(중문)

## 출제 유형

문제 9 내용 이해 2(중문)에서는 평론, 어떤 주제나 내용에 대한 해설, 수필 등 500자 내외의 지문을 읽고 핵심적인 키워드, 인과 관계, 이유나 원인, 필자의 생각 등을 묻는 문제가 출제된다. 최근 시험에서는 보통 3개 지문에서 3문항씩 총 9문항이 출제되고 있다.

### 자주 나오는 질문 유형

- □ ◯◯の理由は何か。 ○○의 이유는 무엇인가?
- □ 本文に出ている◯◯とは何か。 본문에 나와 있는 ○○란 무엇인가?
- □ ◯◯とはどのようなものか。 ○○란 어떠한 것인가?
- □ 本文の内容と合っているのはどれか。 본문의 내용과 맞는 것은 어느 것인가?
- □ 本文の内容と合っていないのはどれか。 본문의 내용과 맞지 않는 것은 어느 것인가?

## 실제 시험 예시

**問題9 次の(1)から(3)の文章を読んで、後の問いに対する答えとして最もよいものを、1・2・3・4から一つ選びなさい。**

(1)

中国に進出した日系企業が、日本で学ぶ中国人留学生の採用に乗り出した(注1)。中国では、じっくり人を育てる日系企業は「昇進が遅い」との印象が強く、同じ外資でも欧米系などと比べて人気がない。日本に慣れた留学生なら、「カイシャ文化」に馴染(なじ)んで(注2)くれるのでは、との期待がある。

明治大学で先月23日、中国で事業展開する日系6社の、中国人留学生を対象とした採用セミナーがあった。6社はイオン、オムロン、コクヨ、ダイキン工業、パナソニック、良品計画の中国法人である。各社とも現地の給与水準で雇い幹部候補として育てる考えだ。首都圏の20の私立大の留学生約100人が集まった。中国の日系企業の大学新卒の初任給は平均3500元(約4万4千円)で、欧米系や中国企業と変わらない。人気の差の原因は、昇進や昇給の違いだ。中国では待遇向上を狙った転職は日常茶飯事で、大学卒業後の10年で3回は職を変えるとされる。中小企業にも同様の動きがある。東京商工会議所は昨年から留学生向け合同説明会を始めた。今年は今月13日の予定で、中国に進出している中小企業など35社が参加する。担当者は「現地で募集するより日本に十数万人いる留学生にPRした方が効果的」という。

(注1)乗り出す: 進んでその物事に関係する
(注2)馴染(なじ)む: 味わいや調子などが一つに溶け合う。ほどよく調和する

1 日系企業が欧米企業と比べて中国で人気がない理由は何か。
1 徐々に人材を育成する企業が多いから
2 初任給が欧米企業と比べて非常に少ないから
3 人材育成にあまり力を注いでいない企業が多いから
4 進出した企業の数が少なくてあまり知られていないから

2 明治大学の採用セミナーについての説明の中で、正しくないのはどれか。
1 中国で事業展開する日系6社が参加した。
2 最初から幹部として雇って業務を任せる計画だ。
3 首都圏の20の私立大の留学生約100人が集まった。
4 参加した企業はすべて現地の給与水準で雇う計画だ。

3 本文の内容と合っていないのはどれか。
1 中国では待遇向上を狙った転職が多い。
2 中国で日系企業は昇進や昇給が遅いというイメージがある。
3 未だに中小企業では中国人留学生の採用に積極的ではない。
4 中国の日系企業の大学新卒の初任給は欧米系や中国企業と変わらない。

|정답| 1 1 2 2 3 3

## 시험 대책

내용 이해 2(중문)는 내용 이해 1(단문)에 비해 지문의 길이가 두 배 이상 늘어나서 좀 더 다양한 질문이 출제된다. 기본적으로는 내용을 파악하는 문제가 출제되지만, 지문에 등장한 어떤 내용의 이유를 묻는 문제나 밑줄 문제로 출제되는 경우도 있다. 이런 유형의 문제들은 앞뒤 문장만 잘 읽으면 빠르게 정답을 찾을 수 있으므로 먼저 푸는 게 좋다. 그리고 전체적인 요지 및 필자의 주장이나 생각 등은 일본어 문장 특성상 처음이나 마지막 부분에 위치하는 경우가 많으므로, 특히 처음과 끝부분을 신경 써서 꼼꼼히 읽어 두어야 한다.

동영상 18

# 확인 문제 1 • 내용 이해 2(중문)

**問題9 次の(1)から(3)の文章を読んで、後の問いに対する答えとして最もよいものを、1・2・3・4から一つ選びなさい。**

(1)

かつて経済が急成長して主要国の仲間入り(注1)を果たした日本も、現在は経済成長率は高くありません。どうしたらもっと成長させ、更に豊かで良い国にすることができるのでしょうか。

私は小学生の頃、米国に3年間ほど住んでいました。そこで思ったのは「一般的に子供の時は米国人より外国人の方が頭がいい」ということです。実際、私が通っていた学校では、学業成績は日本人とインド人がずば抜けており、トップはいつもどちらかでした。

だから、米国は自国で生まれた人だけでなく、国外から優秀な人材を積極的に集めているのだと思います。そして、日本より米国の方が優秀な研究者や技術者への待遇が良いので、一度米国に渡った人材はあまり日本へ戻ってきません。日本人ノーベル賞受賞者によく見られるケースです。

日本の成長のためには、日本という国を米国のように国際化すればいいと思います。法律の問題もあるのでしょうが、もっと大学や企業に外国人を受け入れ、定住できるようにし、待遇もよくすべきです。そうして優秀な外国人が増えれば、日本人は負けず嫌い(注2)なので、外国人に負けまいと、より努力するようになると思います。

(注1)仲間入り: 仲間に加わること。仲間になること
(注2)負けず嫌い: 人に負けるのが嫌いな性格

1 この人は米国に住んでいた時、どんなことを思ったか。

1 米国には優秀な人材が少ない。

2 米国人は礼儀というのをよく知らない。

3 幼い時は米国人より外国人の方が頭が切れる。

4 米国の子供は外国人の子供に比べて自立心が強い。

2 本文の内容からみて、一度米国に渡った人材があまり日本に戻ってこない理由は何か。

1 米国より日本での競争が激しいから

2 日本より米国の方が待遇がいいから

3 米国での生活にすぐ慣れてしまうから

4 米国にいれば日本政府の積極的な支援が受けられるから

3 この人の考えと合っているのはどれか。

1 米国のような国際化は日本では意味がない。

2 優秀な外国人の増加は日本人にもいい影響を与える。

3 日本政府は優秀な人材の海外進出に力を入れるべきだ。

4 負けず嫌いな日本人に優秀な外国人の増加は逆効果だ。

(2)

タレントが飲食店の人気メニューを当てる番組など、テレビではランキングものが大流行である。新聞チラシや店頭でも「当店売上ナンバーワン」などと客に売れ筋(注1)を示すことが重要だと、『買ってもらえる広告・販促物のつくり方』(日経文庫)の著者、平城圭司氏は述べている。チラシは、客が読んですぐに買いたいと思わせなくてはならないために、名前やイメージを伝えるブランド広告とは手法が違うという。その一つが、見る人の目線が、スムーズで楽に読めるレイアウトだ。目立つことを考えたレイアウトではあまり売れないが、それは目線の移動が面倒だと読者は途中で読むのを止めてしまうからだという。

赤と黄色は、人の心を高揚(注2)させ、「買おう」という決断をさせるために最も力を発揮するとも述べている。「あくまで個人の感想です」というクレジットが入る「お客様の声」は、通販番組でもお馴染の手法だが、異なった3人から良い評判を聞くと、ほとんどの人はそれを信じるという心理を利用した手法としてチラシでも有効だと語る。今、インターネットの進化と共に、「口コミ」が注目されている。フェイスブックなどでも、インフルエンサーの一言は売上に大きく影響する。古典的なチラシも、売上に直結するメディアとして見直されている。広告が効かなくなっていると叫ばれているが、新旧メディアの活躍は参考になる。

(注1)売れ筋: 似たような商品の中で特に売れているもの

(注2)高揚: 精神や気分などが高まること

1 本文に出ているチラシのレイアウトの特徴は何か。

1 読みやすいレイアウト
2 目立つことを考えたレイアウト
3 単色だけで作られたレイアウト
4 正確な情報がたっぷり入っているレイアウト

2 本文の内容からみて、チラシのレイアウトで重要視されるものは何か。

1 色使いと購入者の感想
2 色使いと適当な価格設定
3 適当な価格設定と購入者の感想
4 その会社の知名度と適当な価格設定

3 本文の内容からみて、インフルエンサーとはどんな人を指すか。

1 物の購入に影響を与える人
2 インターネットの利用が多い人
3 ブランド広告を製作する人
4 多くの商品を購入する人

(3)

なるべく目立たないように思っても、町内会やサークル活動などで話をしなければならない場面が訪れる。一刻も早く逃げ出したいという後ろ向きな気持ちで話して、しどろもどろになり、落ち込む。こんな状況から卒業するには、どうしたらいいのだろうか。

日本コミュニケーション学院グループの酒井美智夫総長が独自の「3部構成法」を教えてくれた。内容をざっくり三つに分けて話す方法だ。これを実践すると、話が散らかることは無くなる。自己紹介での三つは、動機(その場になぜ参加したのか)、抱負(何を求めているのか)、挨拶(よろしくお願いします)、となる。

会合で、報告を求められることもあるだろう。例えば、盆踊り(注1)の大会の収支報告をする場合、「収入計画は10万円、支出10万円でした」、「実績は収入15万円、支出10万円で5万円残すことができました」、「寄付が多かったからです。みなさんが多くの人を呼んでくれたおかげです。ありがとうございました」となる。

3点を押えて文章を作ったら、話す練習をしよう。酒井さんは「何もせずにいたら、うまく話せなくて当たり前。雑談ができたとしても、スピーチは別の技能なので、練習するしかない」と話す。練習は、緊張を解すことにも繋がる。口をしっかり開けて声を出そう。普段から、「アエイウエオアオ」といった発声練習をしたり、かるた(注2)を読み上げたりするのもお勧めだ。

(注1)盆踊り: 盆の時期に死者を供養するための行事。またその行事内で行われる踊り
(注2)かるた: 絵や言葉などが記入されたカードを使用して行う遊び

1 「3部構成法」の実践でどんな効果が期待できるか。

1 話の内容がばらばらになるのを防げる。

2 聞き手がより集中して聞いてくれるようになる。

3 どんな内容でも緊張せずに話せるようになる。

4 難しい内容を分かりやすく説明できるようになる。

2 「3部構成法」で盆踊りの大会の収支報告をする場合、キーワードは何か。

1 動機と抱負と挨拶

2 計画と実績と分析

3 実績と動機と挨拶

4 動機と抱負と分析

3 酒井さんは何と言ったか。

1 普段の読書はいいスピーチに繋がる。

2 普段の雑談もスピーチにはかなり役立つ。

3 スピーチは練習だけでは上手になれない。

4 スピーチに上手になるためには練習が欠かせない。

# 확인 문제 1 • 정답 및 해석(내용 이해 2(중문))

(1)

일찍이 경제가 급성장해서 주요국 진입(주1)을 달성한 일본도 현재는 경제 성장률은 높지 않습니다. 어떻게 하면 좀 더 성장시켜서 더욱더 풍요롭고 좋은 나라로 할 수 있는 것일까요?

저는 초등학생 때 미국에 3년 정도 살았습니다. 그곳에서 생각한 것은 '일반적으로 어릴 때는 미국인보다 외국인 쪽이 머리가 좋다'는 것입니다. 실제로 제가 다녔던 학교에서는 학업 성적은 일본인과 인도인이 빼어났고 1등은 항상 (둘 중) 어느 쪽인가였습니다.

그래서 미국은 자국에서 태어난 사람뿐만 아니라 국외로부터 우수한 인재를 적극적으로 모으고 있는 것이라고 생각합니다. 그리고 일본보다 미국 쪽이 우수한 연구자나 기술자에 대한 대우가 좋기 때문에 한번 미국으로 건너간 인재는 그다지 일본으로 되돌아오지 않습니다. 일본인 노벨상 수상자들에게 자주 보이는 예입니다.

일본의 성장을 위해서는 일본이라는 나라를 미국처럼 국제화하면 된다고 생각합니다. 법률 문제도 있겠지만, 좀 더 대학이나 기업에 외국인을 받아들여 정착할 수 있도록 하고 대우도 좋게 해야 합니다. 그렇게 해서 우수한 외국인이 늘어나면 일본인은 지기 싫어하는 성격(주2)이므로 외국인에게 지지 않겠다고 보다 노력하게 될 것이라고 생각합니다.

(주1)仲間入り(한 무리에 들어감): 한패에 넣는 것, 동료가 되는 것
(주2)負けず嫌い(지기 싫어함): 다른 사람에게 지는 것을 싫어하는 성격

**어휘** かつて 일찍이, 예로부터 経済(けいざい) 경제 急成長(きゅうせいちょう) 급성장 主要国(しゅようこく) 주요국 仲間入(なかまい)り 한 무리에 들어감 果(は)たす 달성하다, 완수하다 現在(げんざい) 현재 成長率(せいちょうりつ) 성장률 もっと 더, 좀 더 成長(せいちょう) 성장 更(さら)に 더욱더 豊(ゆた)かだ 풍족하다, 풍요롭다 国(くに) 나라 小学生(しょうがくせい) 초등학생 米国(べいこく) 미국 住(す)む 살다, 거주하다 一般的(いっぱんてき)だ 일반적이다 米国人(べいこくじん) 미국인 ～より ～보다 外国人(がいこくじん) 외국인 頭(あたま)がいい 머리가 좋다 ～ということだ ～라는 것이다 *설명·결론 実際(じっさい) 실제 通(かよ)う (학교·직장에) 다니다 学業(がくぎょう) 학업 成績(せいせき) 성적 インド人(じん) 인도인 ずば抜(ぬ)ける 뛰어나다, 빼어나다 トップ 톱, 1등 だから 그러므로, 그러니까, 그래서 自国(じこく) 자국 生(う)まれる 태어나다 ～だけでなく ～뿐만 아니라 国外(こくがい) 국외 優秀(ゆうしゅう)だ 우수하다 人材(じんざい) 인재 積極的(せっきょくてき)だ 적극적이다 集(あつ)める 모으다 そして 그리고 研究者(けんきゅうしゃ) 연구자 技術者(ぎじゅつしゃ) 기술자 待遇(たいぐう) 대우 渡(わた)る (멀리) 건너가다, 건너오다 あまり (부정어 수반) 그다지, 별로 戻(もど)る 되돌아오다 ノーベル賞(しょう) 노벨상 受賞者(じゅしょうしゃ) 수상자 ケース 경우, 사례 国際化(こくさいか) 국제화 法律(ほうりつ) 법률 企業(きぎょう) 기업 受(う)け入(い)れる 받아들이다, 수용하다 定住(ていじゅう) 정주, 정착 동사의 기본형+べきだ (마땅히) ～해야 한다 *단, 「する」의 경우에는 「するべきだ」, 「すべきだ」 모두 쓸 수 있음 増(ふ)える 늘다, 늘어나다 負(ま)けず嫌(ぎら)い 지기 싫어함 負(ま)ける 지다, 패하다 ～まい ～하지 않겠다 *부정의 의지 努力(どりょく) 노력 ～ようになる ～하게(끔) 되다 *변화 仲間(なかま) 한패, 동료 加(くわ)わる 가입시키다, 넣다 嫌(きら)いだ 싫어하다 性格(せいかく) 성격

1 이 사람은 미국에 살았을 때 어떤 것을 생각했는가?

1 미국에는 우수한 인재가 적다.

2 미국인은 예의라는 것을 잘 모른다.

3 어릴 때는 미국인보다 외국인 쪽이 머리가 좋다.

4 미국 아이는 외국인 아이에 비해서 자립심이 강하다.

**어휘** 少(すく)ない 적다 礼儀(れいぎ) 예의 知(し)る 알다 幼(おさな)い 어리다 頭(あたま)が切(き)れる 머리가 좋다 ～に比(くら)べて ～에 비해서 自立心(じりつしん) 자립심 強(つよ)い 강하다

2 본문의 내용으로 보아 한 번 미국으로 건너간 인재가 그다지 일본에 돌아오지 않는 이유는 무엇인가?

1 미국보다 일본에서의 경쟁이 심하기 때문에

2 일본보다 미국 쪽이 대우가 좋기 때문에

3 미국에서의 생활에 바로 익숙해져 버리기 때문에

4 미국에 있으면 일본 정부의 적극적인 지원을 받을 수 있기 때문에

**어휘** 競争(きょうそう) 경쟁 激(はげ)しい 심하다, 격하다 すぐ 곧, 바로 慣(な)れる 익숙해지다 政府(せいふ) 정부 支援(しえん) 지원 受(う)ける 받다

3 이 사람의 생각과 맞는 것은 어느 것인가?

1 미국과 같은 국제화는 일본에서는 의미가 없다.

2 우수한 외국인의 증가는 일본인에게도 좋은 영향을 준다.

3 일본 정부는 우수한 인재의 해외 진출에 힘을 쏟아야 한다.

4 지기 싫어하는 일본인에게 우수한 외국인의 증가는 역효과다.

**어휘** 意味(いみ) 의미 増加(ぞうか) 증가 影響(えいきょう) 영향 与(あた)える (주의·영향 등을) 주다 進出(しんしゅつ) 진출 力(ちから)を入(い)れる 힘을 쏟다 逆効果(ぎゃくこうか) 역효과

(2)

탤런트가 음식점의 인기 메뉴를 맞히는 프로그램 등 TV에서는 랭킹 프로그램이 대유행이다. 신문 전단지나 가게 앞에서도 '당점 매상 넘버원' 등이라고 손님에게 잘 팔리는 것(주1)을 내보이는 것이 중요하다고 『팔리는 광고 · 판촉물 만드는 법』(닛케이문고)의 저자 히라죠 케이시 씨는 말하고 있다. 전단지는 손님이 읽고 바로 사고 싶다는 생각이 들게 해야 하기 때문에 이름이나 이미지를 전달하는 브랜드 광고와는 수법이 다르다고 한다. 그 하나가 보는 사람의 시선이 부드럽고 편안하게 읽을 수 있는 레이아웃이다. 눈에 띄는 것을 생각한 레이아웃으로는 그다지 잘 팔리지 않는데, 그것은 시선 이동이 귀찮으면 독자는 도중에 읽는 것을 그만둬 버리기 때문이라고 한다.

빨강과 노랑은 사람의 마음을 고양(주2)시켜 '사야지'라는 결단을 하게 하기 때문에 가장 힘을 발휘한다고도 말하고 있다. '어디까지나 개인의 감상입니다'라는 크레디트가 들어가는 '고객의 소리'는 통신판매 프로그램에서도 친숙한 수법인데, 다른 세 사람으로부터 좋은 평판을 들으면 대부분의 사람은 그것을 믿는다는 심리를 이용한 수법으로 전단지에서도 유효하다고 한다. 현재 인터넷의 진화와 함께 '입소문'이 주목받고 있다. 페이스북 등에서도 <u>인플루언서</u>의 한마디는 매상에 크게 영향을 준다. 고전적인 전단지도 매상에 직결되는 미디어로서 재검토되고 있다. 광고가 효과가 없어지고 있다고 주장되고 있지만, 신구 미디어의 활약은 참고가 된다.

(주1)売れ筋(잘 팔리는 상품): 비슷한 상품 중에서 특히 (잘) 팔리는 물건
(주2)高揚(고양): 정신이나 기분 등이 높아지는 것

어휘 タレント 탤런트 飲食店(いんしょくてん) 음식점 人気(にんき) 인기 メニュー 메뉴 当(あ)てる (문제를) 맞히다, 알아맞히다
番組(ばんぐみ) (연예 · 방송 등의) 프로그램 テレビ 텔레비전, TV *「テレビジョン」의 준말 ランキング 랭킹, 순위
大流行(だいりゅうこう) 대유행 チラシ (광고) 전단지 店頭(てんとう) 점두, 가게 앞 当店(とうてん) 당점, 저희 가게
売上(うりあげ) 매상, 매출 ナンバーワン 넘버원, 제1위 売(う)れ筋(すじ) 잘 팔리는 상품 示(しめ)す 내보이다, 제시하다
重要(じゅうよう)だ 중요하다 広告(こうこく) 광고 販促物(はんそくぶつ) 판촉물 つく(作)る 만들다
동사의 ます형+方(かた) ~하는 방법[방식] 文庫(ぶんこ) 문고 著者(ちょしゃ) 저자 述(の)べる 말하다, 서술하다
~なくてはならない ~하지 않으면 안 된다, ~해야 한다 イメージ 이미지 伝(つた)える 전하다, 전달하다 ブランド 브랜드
手法(しゅほう) 수법 違(ちが)う 다르다 目線(めせん) 시선 スムーズだ 원활하다 楽(らく)だ 편안하다
レイアウト 레이아웃, (신문 · 잡지 등의) 편집 배치 目立(めだ)つ 눈에 띄다 あまり (부정어 수반) 그다지, 별로
売(う)れる (잘) 팔리다 移動(いどう) 이동 面倒(めんどう)だ 귀찮다, 성가시다 読者(どくしゃ) 독자 途中(とちゅう) 도중
止(や)める 그만두다, 관두다 赤(あか) 빨강 黄色(きいろ) 노랑 高揚(こうよう) 고양, 앙양 決断(けつだん) 결단
最(もっと)も 가장, 제일 力(ちから) 힘 発揮(はっき) 발휘 あくまで 어디까지나 個人(こじん) 개인 感想(かんそう) 감상
クレジット 크레디트 通販(つうはん) 통신판매 *「通信販売(つうしんはんばい)」의 준말 お馴染(なじみ) 친숙함
異(こと)なる 다르다, 같지 않다 評判(ひょうばん) 평판 ほとんど 거의, 대부분 信(しん)じる 믿다 心理(しんり) 심리
利用(りよう) 이용 有効(ゆうこう)だ 유효하다 語(かた)る 말하다, 이야기하다 インターネット 인터넷 進化(しんか) 진화
~と共(とも)に ~와 함께, ~와 동시에 口(くち)コミ 입소문, 사람들 입에서 입으로 전해지는 평판 · 소문 따위 *「コミ」는「コミュニケーション」(커뮤니케이션, 의사소통)의 준말 注目(ちゅうもく) 주목 フェイスブック 페이스북
インフルエンサー 인플루언서 *인터넷 사이트 등을 통해서 다른 소비자에게 커다란 영향력을 미치는 사람
一言(ひとこと) 한마디 말 影響(えいきょう) 영향 古典的(こてんてき)だ 고전적이다 直結(ちょっけつ) 직결
見直(みな)おす 다시 살펴보다, 재검토하다 効(き)く 듣다, 효과가 있다 叫(さけ)ぶ 외치다, 주장하다
新旧(しんきゅう) 신구, 새것과 헌 것 活躍(かつやく) 활약 参考(さんこう) 참고 似(に)る 닮다, 비슷하다 特(とく)に 특히
精神(せいしん) 정신 高(たか)まる 높아지다

**1** 본문에 나와 있는 전단지 레이아웃의 특징은 무엇인가?

1 읽기 편한 레이아웃
2 눈에 띄는 것을 생각한 레이아웃
3 단색만으로 만들어진 레이아웃
4 정확한 정보가 많이 들어 있는 레이아웃

**어휘** 特徴(とくちょう) 특징 동사의 ます형+やすい ~하기 쉽다[편하다] 単色(たんしょく) 단색 正確(せいかく)だ 정확하다 たっぷり 듬뿍, 많이

**2** 본문의 내용으로 보아 전단지 레이아웃에서 중요시되는 것은 무엇인가?

1 색 사용과 구입자의 감상
2 색 사용과 적당한 가격 설정
3 적당한 가격 설정과 구입자의 감상
4 그 회사의 지명도와 적당한 가격 설정

**어휘** 重要視(じゅうようし) 중요시 色使(いろづか)い 색 사용 購入者(こうにゅうしゃ) 구입자 適当(てきとう)だ 적당하다 価格(かかく) 가격 知名度(ちめいど) 지명도

**3** 본문의 내용으로 보아 인플루언서란 어떤 사람을 가리키는가?

1 물건 구입에 영향을 주는 사람
2 인터넷 이용이 많은 사람
3 브랜드 광고를 제작하는 사람
4 많은 상품을 구입하는 사람

**어휘** 指(さ)す 가리키다 与(あた)える (주의·영향 등을) 주다 製作(せいさく) 제작

(3)

되도록 눈에 띄지 않으려고 해도 자치회나 동아리 활동 등에서 이야기를 해야 하는 경우가 온다. 한시라도 빨리 도망치고 싶다는 소극적인 마음으로 이야기하다 횡설수설하게 되어 기분이 침울해진다. 이런 상황에서 졸업하려면 어떻게 하면 될까?

일본 커뮤니케이션 학원 그룹의 사카이 미치오 총장이 독사적인 '3부 구성법'을 가르쳐 주었다. 내용을 대략 세 가지로 나누어서 이야기하는 방법이다. 이것을 실천하면 이야기가 산만해지는 일은 없어진다. 자기소개에서의 세 가지는 동기(그 자리에 왜 참가했는가), 포부(무엇을 원하고 있는가), 인사(잘 부탁드립니다)이다.

모임에서 보고를 요구받는 일도 있을 것이다. 예를 들어 봉오도리(주1) 대회 수지 보고를 할 경우, '수입 계획은 10만 엔, 지출 10만 엔이었습니다', '실적은 수입 15만 엔, 지출 10만 엔으로 5만 엔 남길 수 있었습니다', '기부가 많았기 때문입니다. 여러분이 많은 사람을 불러 준 덕분입니다. 감사했습니다'가 된다.

세 가지를 파악해서 문장을 만들었다면 이야기하는 연습을 하자. 사카이 씨는 '아무것도 하지 않고 있으면 말을 잘 못하는 것이 당연하다. 잡담을 할 수 있다고 해도 스피치는 다른 기능이기 때문에 연습할 수밖에 없다'라고 말한다. 연습은 긴장을 푸는 것으로도 이어진다. 입을 제대로 벌리고 목소리를 내자. 평소에 '아에이우에오아오'와 같은 발성 연습을 하거나 가루타(주2)를 소리 내어 읽거나 하는 것도 추천한다.

(주1)盆踊り(봉오도리): 봉(우란분재) 시기에 고인을 공양하기 위한 행사. 또 그 행사 내에서 행해지는 춤
(주2)かるた(가루타): 그림이나 낱말 등이 기입된 카드를 사용해서 하는 놀이

**어휘** なるべく 되도록, 가능한 한 目立(めだ)つ 눈에 띄다
町内会(ちょうないかい) 자치회 *지방 자치 단체의 하나인「町(ちょう)」안에 조직되는 주민의 자치 조직 サークル 서클, 동아리
活動(かつどう) 활동 話(はなし) 이야기 ～なければならない ～하지 않으면 안 된다, ～해야 한다 場面(ばめん) 경우, 처지
訪(おとず)れる (어느 시기·상황 등이) 찾아오다 一刻(いっこく)も早(はや)く 한시라도 빨리 逃(に)げ出(だ)す 도망치다, 도망가다
後(うし)ろ向(む)き 소극적임 しどろもどろ 횡설수설함 落(お)ち込(こ)む (기분이) 침울해지다 こんな 이런
状況(じょうきょう) 상황 卒業(そつぎょう) 졸업, (비유적으로) 어떤 단계를 넘음 동사의 보통형+には ～하려면
学院(がくいん) 학원 *「学校(がっこう)」(학교)의 딴이름으로, 사립학교 등에서 교명으로 사용됨 グループ 그룹
総長(そうちょう) 총장 独自(どくじ) 독자, 개인적 構成法(こうせいほう) 구성법 教(おし)える 가르치다, 알려 주다
～てくれる (남이 나에게) ～해 주다 内容(ないよう) 내용 ざっくり 대략적으로, 대충 分(わ)ける 나누다
実践(じっせん) 실천 散(ち)らかる 흩어지다, 어질러지다 無(な)くなる 없어지다 自己紹介(じこしょうかい) 자기소개
動機(どうき) 동기 場(ば) 자리, 장소 参加(さんか) 참가 抱負(ほうふ) 포부 求(もと)める 요구하다, (요)청하다
挨拶(あいさつ) 인사 会合(かいごう) 회합, 모임 報告(ほうこく) 보고 例(たと)えば 예를 들면
盆踊(ぼんおど)り 봉오도리 *오봉[백중맞이]인 음력 7월 15일 밤에 남녀가 모여 추는 윤무 大会(たいかい) 대회
収支(しゅうし) 수지, 수입과 지출 収入(しゅうにゅう) 수입 計画(けいかく) 계획 支出(ししゅつ) 지출 実績(じっせき) 실적
残(のこ)す 남기다 동사의 기본형+ことができる ～할 수 있다 寄付(きふ) 기부 呼(よ)ぶ 부르다 おかげ 덕택, 덕분
押(おさ)える (요점을) 파악하다, 포착하다 文章(ぶんしょう) 문장 練習(れんしゅう) 연습 何(なに)も (부정어 수반) 아무것도
～ずに ～하지 않고 当(あ)たり前(まえ)だ 당연하다 雑談(ざつだん) 잡담 ～としても ～라고 해도 スピーチ 스피치, 연설
別(べつ)の～ 다른～ 技能(ぎのう) 기능 ～しかない ～할 수밖에 없다 緊張(きんちょう)を解(ほぐ)す 긴장을 풀다
繋(つな)がる 이어지다, 연결되다 口(くち)を開(あ)ける 입을 벌리다 しっかり 제대로, 확실히 声(こえ)を出(だ)す 목소리를 내다
普段(ふだん) 평소 発声(はっせい) 발성 読(よ)み上(あ)げる 소리 내어 읽다 勧(すす)め 권함
盆(ぼん) 우란분재 *「盂蘭盆(うらぼん)」의 준말 死者(ししゃ) 사자, 고인, 죽은 사람 供養(くよう) 공양 行事(ぎょうじ) 행사
行(おこな)う 하다, 행하다, 실시하다 踊(おど)り 춤 絵(え) 그림 言葉(ことば) 말, 단어 記入(きにゅう) 기입 カード 카드
遊(あそ)び 놀이

1 '3부 구성법'의 실천으로 어떤 효과를 기대할 수 있는가?

1 이야기 내용이 산만해지는 것을 막을 수 있다.
2 듣는 사람이 보다 집중해서 들어 주게 된다.
3 어떤 내용이라도 긴장하지 않고 말할 수 있게 된다.
4 어려운 내용을 알기 쉽게 설명할 수 있게 된다.

어휘 効果(こうか) 효과 期待(きたい) 기대 内容(ないよう) 내용 ばらばら 어수선함, 흐트러짐 防(ふせ)ぐ 막다, 방지하다 聞(き)き手(て) 듣는 사람 集中(しゅうちゅう) 집중 ~ようになる ~하게(끔) 되다 *변화 동사의 ます형+やすい ~하기 쉽다 説明(せつめい) 설명

2 '3부 구성법'으로 봉오도리 대회 수지 보고를 할 경우 키워드는 무엇인가?

1 동기와 포부와 인사
2 계획과 실적과 분석
3 실적과 동기와 인사
4 동기와 포부와 분석

어휘 キーワード 키워드 分析(ぶんせき) 분석

3 사카이 씨는 뭐라고 말했나?

1 평소의 독서는 좋은 스피치로 이어진다.
2 평소의 잡담도 스피치에는 꽤 도움이 된다.
3 스피치는 연습만으로는 능숙해질 수 없다.
4 스피치에 능숙해지기 위해서는 연습을 빠뜨릴 수 없다.

어휘 かなり 상당히, 꽤 役立(やくだ)つ 도움이 되다 上手(じょうず)だ 능숙하다, 잘하다 欠(か)かす 빠뜨리다

# 확인 문제 2 • 내용 이해 2(중문)

**問題9 次の(1)から(3)の文章を読んで、後の問いに対する答えとして最もよいものを、1・2・3・4から一つ選びなさい。**

(1)

「一人で外食、抵抗ある?」という質問に「抵抗がない」と答えた人が63%で予想外の結果が出た。「一人で外食に抵抗を感じない人が多いのは、他人の視線を気にする、という対人恐怖が無くなりつつあるからだと思います」と明治大学の鈴木教授は指摘する。その傾向は、「KY(空気が読めない)」という言葉が流行ったことに象徴されるように、30歳代以下の人に特に強いという。

一方、一人で外食するのに抵抗がある理由としては、(1)さびしい、わびしい、(2)時間を持て余す、手持ちぶさた、(3)周囲の視線が気になる、そうだ。

しかし、「自分が複数の人と食事をしている時、他の一人客は気になる?」という質問に対しては、77%の人が気にならないと答えている。要するに、他の客はほとんど一人客に注目していないのに、一人で来ている客の方が、勝手に自分が他人の目にどう映るか気にしているだけなのだ。

その原因について、鈴木教授は「学生時代に人と違うと排除されるという文化の中で育ち、一人で食べることが仲間外れで惨めだ、というイメージと重なるからではないか」とみている。また、鈴木教授は一人外食を惨めだと考えるのでなく、ゆったり自分と対話する時間を楽しむ機会とポジティブに捉えてみては?、と提案している。

1 鈴木教授は一人で外食に抵抗を感じない人が多いのをどう分析しているか。

1 他人と場所や時間を合わせるのが面倒だからだと分析している。

2 人目を気にするという意識が廃れ続けているからだと分析している。

3 一人っ子の家庭が増え、幼い時から一人で食べ続けているからだと分析している。

4 他人との食事では、食べたくもない物を食べさせられる場合もあり得るからだと分析している。

2 一人で外食に抵抗を感じる原因について鈴木教授は何と言ったか。

1 学生時代からの文化の影響で一人で外食に抵抗を感じてしまう。

2 周りの人との和を重視する意識が無くなって、一人で外食に抵抗を感じてしまう。

3 学校の生活で自立心を培う機会がないから、一人で外食に抵抗を感じてしまう。

4 複数の人との食事は食事代削減にも繋がるから、一人で外食に抵抗を感じてしまう。

3 鈴木教授の主張として正しいのはどれか。

1 日本人の根底にある人目を気にする対人恐怖は一刻も早く無くしてほしい。

2 一人外食を惨めと考えないで、自分だけの時間を楽しむ機会に捉えてほしい。

3 円滑な社会生活を営むためには、自分が他人の目にどう映るかも気にしてほしい。

4 一人で食事をするのは仲間外れで惨めだから、できるだけ複数の人と食事をしてほしい。

(2)

潜水艦はどうやって浮いたり沈んだりしているのだろう。こんな疑問を抱いている人が多いと思う。潜水艦の船体は鉄で、二重構造になっている。その二重の間が空洞(注1)になっていて、沈む時はそこに海水を入れ、逆に浮く時は空気を入れて軽くなって浮かぶのである。

では、空気のない海の中で、どうやって空気を入れるのだろうか。潜水艦は、沈む時に空気をぎゅっと圧縮して船体にためておく。浮く時はため込んだ空気を膨らまして、空洞内の海水を押し出すわけである。

潜水艦は、電気でモーターを回してスクリュー(注2)で海水を掻いて前の方に進む。海の上を航行する時も燃料で発電機を動かし、一旦電気にしてモーターを動かしているのである。自動車のようにエンジンではなく、モーターなのは、エンジンだと、空気と燃料を混ぜ、爆発させて前に進むので、すぐに空気が無くなってしまうからである。

海の中で空気は非常に貴重な存在である。中にいる人が吸う空気は、潜っている時は、空気の入れ替えができないから、どんどん悪くなっていく。それで、海上近くに来たら、「シュノーケル」という管を海上に出し、空気を入れ替える。でも、シュノーケルで潜水艦の位置が敵にわかってしまうような時は、乗組員を無理やり寝かせたりして、少しでもきれいな空気を保とうとする。

(注1)空洞: 物の中に穴が開いて虚ろになっていること
(注2)スクリュー: 船舶で、原動機の回転力を推進力に変えるプロペラ型推進装置

1 本文の内容からみて、潜水艦はどうやって沈むか。

1 鉄で船体を重くして沈む。

2 船体の中にある空気を圧縮して沈む。

3 船体の中の空洞に海水を入れて沈む。

4 船体の中の空洞に空気を入れて沈む。

2 潜水艦でエンジンではなく、モーターが使用される理由は何か。

1 エンジンはモーターに比べて速度を出しにくいから

2 エンジンよりモーターの方が燃料節約ができるから

3 エンジンの騒音のせいで敵にすぐばれてしまう恐れがあるから

4 エンジンで稼働すると、潜水艦の中の空気がすぐ無くなってしまうから

3 潜水艦の中の空気が悪くなった時、どうするか。

1 空洞の中にためておいた空気を使う。

2 換気扇を回し、悪くなった空気を浄化する。

3 基地に戻り、乗っている乗組員の数を減らす。

4 シュノーケルという管を海上に出し、空気を入れ替える。

(3)

非行や犯罪で少年院に入った少年が、再び罪を犯してしまう割合はどのくらいなのか。法務省が11日公表した今年の「①犯罪白書」では、25歳までに4割が何らかの再犯をしていた。対象は2004年1月～3月に全国の少年院を出た18歳～19歳の644人で、38.5%に当たる248人が、25歳までに罰金刑以上の刑事処分を受けていた。

最も重い処分でみると、実刑97人、執行猶予(注1)98人、罰金53人であった。二度以上繰り返した人も93人いた。窃盗が73人と最も多く、傷害が54人、自動車運転過失致傷などが22人。同じような罪を繰り返す比率が高かった。

少年院を出ると、保護司らと面接を続ける保護観察を20歳まで受けるのが原則だ。終了時点で、仕事をしたり学校に通ったりしていた人は、無職の人に比べて再犯率が低かった。記録を辿(たど)れた(注2)488人中、無職者の再犯率は48%だったのに対して、有職者は35%、学生は22%であった。白書は10代～20代の失業率が他の年代よりも高いと指摘する。

少年院に半年以上いた344人を調べると、②親族が面会に来た回数と再犯との関連性も窺(うかが)われた。面会が二回以上で再犯率が約44%だったのに対して、一回以下では約56%だった。少年全体の再犯率も年々高まっている。白書によると、過失による交通事故を除いた「一般刑法犯」で検挙された少年のうち、昨年の再犯者の割合は31.5%で、記録が残っている75年以降では最高になった。

(注1)執行猶予: 有罪判決に基づく刑の執行を一定期間猶予し、その間に罪を犯さなかった場合に刑罰権を消滅させる制度
(注2)辿(たど)る: 手がかりを頼ったりして探し求めていく

1 ①犯罪白書についての説明の中で、正しくないのはどれか。

1 少年院に入った少年の4割が25歳までに何らかの再犯をしていた。
2 約4割近くの人が25歳までに罰金刑以上の刑事処分を受けていた。
3 対象は2004年1月～3月に全国の少年院を出た18歳～19歳の644人である。
4 少年院に入った少年が、少年院を出て同じような罪を繰り返す比率はそれほど高くなかった。

2 ②親族が面会に来た回数と再犯についての説明の中で、正しいのはどれか。

1 面会回数の増加は再犯率の低下に繋がる。
2 面会回数の増加と再犯率とは相関関係がない。
3 一回以下の面会でも再犯率は4割程度に止まった。
4 再犯率を低下させるためには面会回数を減らす方がいい。

3 本文の内容と合っていないのはどれか。

1 少年全体の再犯率は年々減少気味で、3割程度に止まっている。
2 犯罪白書によると、重い処分と犯罪種類では、実刑と窃盗が最も多かった。
3 少年院を出た少年のうち、有職者や学生より無職者の再犯率が高かった。
4 罪を犯した少年が少年院を出ても、20歳までは保護観察を受ける必要がある。

# 확인 문제 2 • 정답 및 해석(내용 이해 2(중문))

(1)

'나 홀로 외식, 저항감이 있는가?'라는 질문에 '저항감이 없다'고 대답한 사람이 63%로 예상외의 결과가 나왔다. '나 홀로 외식에 저항감을 느끼지 않는 사람이 많은 것은 타인의 시선을 신경 쓰는 대인 공포가 없어지고 있기 때문이라고 생각합니다'라고 메이지 대학의 스즈키 교수는 지적한다. 그 경향은 'KY(공기를 못 읽는다(분위기 파악을 못한다))'라는 말이 유행했던 것으로 상징되는 것처럼 30대 이하의 사람에게 특히 강하다고 한다.

한편 혼자서 외식하는 것에 저항감이 있는 이유로는 (1)쓸쓸하다, 외롭다 (2)시간을 주체 못한다, 무료함 (3)주위 시선이 신경 쓰인다고 한다.

그러나 '자신이 복수의 사람과 식사를 하고 있을 때 다른 혼자서 온 손님은 신경 쓰이는가?'라는 질문에 대해서는 77%의 사람이 신경 쓰이지 않는다고 답했다. 요컨대 다른 손님은 거의 혼자서 식사를 하는 손님을 주목하고 있지 않은데, 혼자 온 손님 쪽이 마음대로 자신이 타인의 눈에 어떻게 보일지 신경 쓰고 있을 뿐인 것이다.

그 원인에 대해서 스즈키 교수는 '학창시절에 타인과 다르면 배제되는 문화 속에서 자라 혼자 먹는 것이 따돌림을 받아서 비참하다는 이미지와 겹치기 때문이 아닐까'라고 보고 있다. 또 스즈키 교수는 나 홀로 외식을 비참하다고 생각할 것이 아니라, 느긋하게 자신과 대화하는 시간을 즐길 기회로 긍정적으로 받아들여 보는 게 어떨까? 라고 제안하고 있다.

**어휘** 一人(ひとり)で 혼자서 外食(がいしょく) 외식 抵抗(ていこう) 저항(감) 質問(しつもん) 질문 答(こた)える 대답하다
予想外(よそうがい) 예상외 結果(けっか) 결과 出(で)る 나오다 感(かん)じる 느끼다 他人(たにん) 타인, 남 視線(しせん) 시선
気(き)にする 신경을 쓰다 対人(たいじん) 대인 恐怖(きょうふ) 공포 無(な)くなる 없어지다
동사의 ます형+つつある ~하고 있다 教授(きょうじゅ) 교수 指摘(してき) 지적 傾向(けいこう) 경향
KY(ケーワイ) (「空気(くうき, K uuki)が読(よ)めない(Yomenai)」의 약어로) 공기를 못 읽는다, 분위기 파악을 못한다
言葉(ことば) 말 流行(はや)る 유행하다 象徴(しょうちょう) 상징 歳代(さいだい) 연령대 以下(いか) 이하 特(とく)に 특히
強(つよ)い 강하다 一方(いっぽう) 한편 さび(寂)しい 쓸쓸하다 わび(侘)しい 적적하다, 외롭다 持(も)て余(あま)す 주체 못하다
手持(ても)ちぶさた 무료함 周囲(しゅうい) 주위 気(き)になる 신경이 쓰이다 複数(ふくすう) 복수, 둘 이상의 수
食事(しょくじ) 식사 他(ほか)の~ 다른~ 一人客(ひとりきゃく) 혼자서 온 손님 要(よう)するに 요컨대 ほとんど 거의, 대부분
注目(ちゅうもく) 주목 ~のに ~는데(도) 勝手(かって)だ 제멋대로다, 마음대로다 映(うつ)る (눈에) 비치다, 보이다
原因(げんいん) 원인 ~について ~에 대해서 *내용 学生時代(がくせいじだい) 학창시절 人(ひと) 남, 타인 違(ちが)う 다르다
排除(はいじょ) 배제 文化(ぶんか) 문화 育(そだ)つ 자라다, 성장하다 仲間外(なかまはず)れ 따돌림을 받음
惨(みじ)めだ 비참하다 イメージ 이미지 重(かさ)なる 겹치다 ゆったり 느긋하게, 마음 편히 自分(じぶん) 자기, 자신, 나
対話(たいわ) 대화 楽(たの)しむ 즐기다 機会(きかい) 기회 ポジティブ 적극적, 긍정적 捉(とら)える 인식[파악]하다, 받아들이다
提案(ていあん) 제안

1 스즈키 교수는 나 홀로 외식에 저항감을 느끼지 않는 사람이 많은 것을 어떻게 분석하고 있는가?
1 타인과 장소나 시간을 맞추는 것이 귀찮기 때문이라고 분석하고 있다.
2 남의 눈을 신경 쓰는 의식이 계속 쇠퇴하고 있기 때문이라고 분석하고 있다.
3 외동인 가정이 늘어 어릴 때부터 혼자서 계속 먹고 있기 때문이라고 분석하고 있다.
4 타인과의 식사에서는 먹고 싶지도 않은 것을 억지로 먹는 경우도 있을 수 있기 때문이라고 분석하고 있다.

어휘 合(あ)わせる 맞추다 面倒(めんどう)だ 귀찮다, 성가시다 人目(ひとめ) 남의 눈 意識(いしき) 의식 廃(すた)れる 쇠퇴하다 동사의 ます형+続(つづ)ける 계속 ~하다 一人(ひとり)っ子(こ) 외(동)자식 家庭(かてい) 가정 増(ふ)える 늘다, 늘어나다 幼(おさな)い 어리다 ~させられる (마지못해, 억지로) ~하다 *동사의 사역수동형 あり得(う)る 있을 수 있다

2 나 홀로 외식에 저항감을 느끼는 원인에 대해서 스즈키 교수는 뭐라고 말했는가?
1 학창시절부터의 문화의 영향으로 나 홀로 외식에 저항감을 느끼고 만다.
2 주위 사람과의 화합을 중시하는 의식이 없어져서 나 홀로 외식에 저항감을 느끼고 만다.
3 학교 생활에서 자립심을 기를 기회가 없기 때문에 나 홀로 외식에 저항감을 느끼고 만다.
4 복수의 사람과의 식사는 식사비 삭감으로도 이어지기 때문에 나 홀로 외식에 저항감을 느끼고 만다.

어휘 影響(えいきょう) 영향 周(まわ)り 주위, 주변 和(わ) 화합 重視(じゅうし) 중시 意識(いしき) 의식 自立心(じりつしん) 자립심 培(つちか)う 기르다, 배양하다 食事代(しょくじだい) 식사비 削減(さくげん) 삭감 繋(つな)がる 이어지다, 연결되다

3 스즈키 교수의 주장으로 옳은 것은 어느 것인가?
1 일본인의 근저에 있는 남의 눈을 신경 쓰는 대인 공포는 한시라도 빨리 없애 주었으면 한다.
2 1인 외식을 비참하다고 생각하지 말고 자신만의 시간을 즐길 기회로 인식해 주었으면 한다.
3 원활한 사회생활을 영위하기 위해서는 자신이 타인의 눈에 어떻게 비칠지도 신경 써 주었으면 한다.
4 혼자서 식사를 하는 것은 따돌림을 받는 것이라서 비참하므로 되도록 복수의 사람과 식사를 해 주었으면 한다.

어휘 主張(しゅちょう) 주장 根底(こんてい) 근저, 근본 一刻(いっこく)も早(はや)く 한시라도 빨리 無(な)くす 없애다 ~てほしい ~해 주었으면 하다, ~하길 바라다 円滑(えんかつ)だ 원활하다 営(いとな)む 영위하다 できるだけ 가능한 한, 되도록

(2)

잠수함은 어떻게 뜨거나 가라앉거나 하는 것일까? 이런 의문을 가진 사람이 많을 것이라고 생각한다. 잠수함의 선체는 철로, 이중 구조로 되어 있다. 그 이중 사이가 빈 공간(주1)으로 되어 있어서 가라앉을 때는 그곳에 해수를 넣고 반대로 뜰 때는 공기를 넣어 가벼워져서 뜨는 것이다.

그러면 공기가 없는 바닷속에서 어떻게 공기를 넣는 것일까? 잠수함은 가라앉을 때에 공기를 꽉 압축해서 선체에 저장해 둔다. 뜰 때는 많이 모은 공기를 부풀려서 빈 공간 안의 해수를 밀어내는 것이다.

잠수함은 전기로 모터를 돌려서 스크루(주2)로 해수를 밀어젖히며 앞쪽으로 나아간다. 바다 위를 항행할 때도 연료로 발전기를 움직여서 일단 전기로 만들어 모터를 움직이고 있는 것이다. 자동차처럼 엔진이 아니라 모터인 것은 엔진이라면 공기와 연료를 혼합해 폭발시켜 앞으로 나아가므로 금방 공기가 없어져 버리기 때문이다.

바닷속에서 공기는 매우 귀중한 존재이다. 안에 있는 사람이 마시는 공기는 잠수해 있을 때는 공기 교체가 불가능하기 때문에 점점 나빠진다. 그래서 해상 부근에 오면 '슈노르헬'이라는 관을 해상으로 내어 공기를 교체한다. 하지만 슈노르헬 때문에 잠수함의 위치가 적에게 인지되어 버릴 것 같을 때는 승조원을 억지로 재우거나 해서 조금이라도 깨끗한 공기를 유지하려고 한다.

(주1)空洞(빈 공간): 물체 안에 구멍이 뚫려서 텅 비어 있는 것
(주2)スクリュー(스크루): 선박에서 원동기의 회전력을 추진력으로 바꾸는 프로펠러형 추진 장치

**어휘** 潜水艦(せんすいかん) 잠수함 どうやって 어떻게 (해서) 浮(う)く (물에) 뜨다 沈(しず)む 가라앉다 疑問(ぎもん) 의문 抱(いだ)く (마음속에) 품다 船体(せんたい) 선체 鉄(てつ) 철 二重(にじゅう) 이중 構造(こうぞう) 구조 間(あいだ) 사이 空洞(くうどう) 공동, 물체 속에 아무것도 없이 빈 것 海水(かいすい) 해수, 바닷물 入(い)れる 넣다 逆(ぎゃく)に 반대로 空気(くうき) 공기 軽(かる)い 가볍다 浮(う)かぶ 뜨다 ぎゅっと 꽉 *힘주어 조르거나 눌러대는 모양 圧縮(あっしゅく) 압축 ためる 모으다, 담아 두다 ～ておく ～해 놓다[두다] ため込(こ)む 많이 모으다 膨(ふく)らます 부풀게 하다, 부풀리다 押(お)し出(だ)す 밀어내다 ～わけだ ～인 셈[것]이다 電気(でんき) 전기 モーター 모터 回(まわ)す 돌리다, 회전시키다 スクリュー 스크루 *회전축 끝에 나선면을 이룬 금속 날개가 달려 있어서 회전을 하면 밀어내는 힘이 생기는 장치 掻(か)く 밀어젖히다 進(すす)む 나아가다, 진행하다 航行(こうこう) 항행, 항해 燃料(ねんりょう) 연료 発電機(はつでんき) 발전기 動(うご)かす 움직이(게 하)다 一旦(いったん) 일단 混(ま)ぜる 섞다 爆発(ばくはつ) 폭발 すぐに 곧, 바로 無(な)くなる 없어지다 非常(ひじょう)に 대단히, 매우 貴重(きちょう)だ 귀중하다 存在(そんざい) 존재 吸(す)う (공기 따위를) 들이마시다 潜(もぐ)る 잠수하다 入(い)れ替(か)え 갈아 넣음, 교체 どんどん 점점 それで 그래서 海上(かいじょう) 해상 近(ちか)く 근처, 부근 シュノーケル 슈노르헬 *잠수함이 잠수 중에 수면 위로 관(管)을 내어 통풍과 배기를 할 수 있게 한 수중 통기 장치 管(くだ) 관, 대롱 出(だ)す 내놓다, 꺼내다 位置(いち) 위치 敵(てき) 적 わかる 알다, 인지되다 乗組員(のりくみいん) 승조원 無理(むり)やり 억지로 寝(ね)かす 재우다 保(たも)つ 지키다, 유지하다, 유지되다 物(もの) 물체 穴(あな)が開(あ)く 구멍이 뚫리다 虚(うつ)ろ (속이) 텅 빔 船舶(せんぱく) 선박 原動機(げんどうき) 원동기 回転力(かいてんりょく) 회전력 推進力(すいしんりょく) 추진력 変(か)える 바꾸다, 변하다 プロペラ 프로펠러 推進(すいしん) 추진 装置(そうち) 장치

1 본문의 내용으로 보아 잠수함은 어떻게 해서 가라앉는가?
1 철로 선체를 무겁게 해서 가라앉는다.
2 선체 안에 있는 공기를 압축해서 가라앉는다.
3 선체 안의 빈 공간에 해수를 넣어서 가라앉는다.
4 선체 안의 빈 공간에 공기를 넣어서 가라앉는다.

**어휘** 重(おも)い 무겁다

2 잠수함에서 엔진이 아니라 모터가 사용되는 이유는 무엇인가?
1 엔진은 모터에 비해서 속도를 내기 어렵기 때문에
2 엔진보다 모터 쪽이 연료 절약을 할 수 있기 때문에
3 엔진의 소음 때문에 적에게 금방 발각되어 버릴 우려가 있기 때문에
4 엔진으로 가동하면 잠수함 속의 공기가 금방 없어져 버리기 때문에

**어휘** ～に比(くら)べて ~에 비해서 速度(そくど)を出(だ)す 속도를 내다 동사의 ます형+にくい ~하기 어렵다[힘들다]
節約(せつやく) 절약 騒音(そうおん) 소음 명사+の+せいで ~탓에 ばれる 발각되다, 탄로 나다
～恐(おそ)れがある ~할 우려가 있다 稼動(かどう) 가동

3 잠수함 속의 공기가 나빠졌을 때 어떻게 하는가?
1 빈 공간 안에 모아 두었던 공기를 사용한다.
2 환기팬을 돌려 나빠진 공기를 정화한다.
3 기지에 돌아가서 타고 있는 승조원의 수를 줄인다.
4 슈노르헬이라는 관을 해상에 내어 공기를 교체한다.

**어휘** 換気扇(かんきせん) 환기팬 浄化(じょうか) 정화 基地(きち) 기지 戻(もど)る 되돌아가다 数(かず) 수 減(へ)らす 줄이다

(3)

비행이나 범죄로 소년원에 들어간 소년이 다시 죄를 저지르고 마는 비율은 어느 정도일까? 법무성이 11일 공표한 올해의 '①범죄백서'에서는 25세까지 40%가 무언가의 재범을 저지르고 있었다. 대상은 2004년 1월~3월에 전국의 소년원을 나온 18세~19세의 644명으로, 38.5%에 해당하는 248명이 25세까지 벌금형 이상의 형사처분을 받았다.

가장 무거운 처분으로 보면 실형 97명, 집행유예(주1) 98명, 벌금 53명이었다. 두 번 이상 반복한 사람도 93명 있었다. 절도가 73명으로 가장 많고 상해가 54명, 자동차 운전 과실치상 등이 22명. 같은 죄를 반복하는 비율이 높았다.

소년원을 나오면 보호사들과 면접을 계속하는 보호관찰을 20세까지 받는 것이 원칙이다. 종료 시점에서 일을 하거나 학교에 다니거나 한 사람은 무직인 사람에 비해서 재범률이 낮았다. 기록을 더듬어 찾은(주2) 488명 중 무직자의 재범률은 48%였던 것과는 대조적으로 유직자는 35%, 학생은 22%였다. 백서는 10대~20대의 실업률이 다른 세대보다도 높다고 지적한다.

소년원에 반년 이상 있었던 344명을 조사하니, ②친족이 면회하러 온 횟수와 재범과의 관련성도 엿보였다. 면회가 두 번 이상에서 재범률이 약 44%였던 것과는 대조적으로 한 번 이하에서는 약 56%였다. 소년 전체의 재범률도 해마다 높아지고 있다. 백서에 따르면 과실에 의한 교통사고를 제외한 '일반 형법범(일반 범죄)'으로 검거된 소년 중에 작년 재범자의 비율은 31.5%로 기록이 남은 75년 이후로는 최고였다.

(주1)執行猶予(집행유예): 유죄 판결에 근거한 형의 집행을 일정 기간 유예해 그 사이에 죄를 저지르지 않은 경우에 형벌권을 소멸시키는 제도

(주2)辿る(더듬어 찾다): 단서를 의지하거나 해서 찾아다니다

**어휘** 非行(ひこう) 비행, 잘못되거나 그릇된 행위 犯罪(はんざい) 범죄 少年院(しょうねんいん) 소년원 入(はい)る 들어가다 再(ふたた)び 재차, 다시 罪(つみ) 죄 犯(おか)す (죄를) 저지르다, 범하다 割合(わりあい) 비율 法務省(ほうむしょう) 법무성 *우리나라의 법무부에 해당함 公表(こうひょう) 공표 白書(はくしょ) 백서 *정부가 정치, 외교 분야에 대한 분석과 전망을 국민에게 알리기 위해 만든 보고서 何(なん)らか 무언가, 어떠한 再犯(さいはん) 재범 対象(たいしょう) 대상 全国(ぜんこく) 전국 出(で)る 나오다 当(あ)たる 상당하다, 해당하다 罰金刑(ばっきんけい) 벌금형 以上(いじょう) 이상 刑事処分(けいじしょぶん) 형사처분, 범죄를 이유로 형벌을 가하는 처분 受(う)ける 받다 最(もっと)も 가장, 제일 実刑(じっけい) 실형 執行猶予(しっこうゆうよ) 집행유예 繰(く)り返(かえ)す 되풀이하다, 반복하다 窃盗(せっとう) 절도 傷害(しょうがい) 상해 過失致傷(かしつちしょう) 과실치상 *과실 행위로 사람을 상하게 함 比率(ひりつ) 비율 保護司(ほごし) 보호사 *국가 기관에 소속되어 범죄자의 갱생, 범죄 예방을 담당하는 사람 ～ら (사람에 관한 명사 등에 붙어서) ～들 面接(めんせつ) 면접 続(つづ)ける 계속하다 保護観察(ほごかんさつ) 보호관찰 *범죄인을 교도소 등에 수용하지 않고 자유로운 사회생활을 하면서 일정한 감독과 지도를 받도록 하는 처분 原則(げんそく) 원칙 終了(しゅうりょう) 종료 時点(じてん) 시점 通(かよ)う (학교·직장에) 다니다 無職(むしょく) 무직 ～に比(くら)べて ～에 비해서 再犯率(さいはんりつ) 재범률 低(ひく)い 낮다 記録(きろく) 기록 辿(たど)る 더듬어 찾다 無職者(むしょくしゃ) 무직자 ～に対(たい)して ～와는 대조적으로 *대조·대비 有職者(ゆうしょくしゃ) 유직자 失業率(しつぎょうりつ) 실업률 他(ほか)の～ 다른～ 年代(ねんだい) 세대 指摘(してき) 지적 半年(はんとし) 반년 調(しら)べる 조사하다 親族(しんぞく) 친족, 친척 面会(めんかい) 면회 동작성 명사+に ～하러 *동작의 목적 回数(かいすう) 횟수 関連性(かんれんせい) 관련성 窺(うかが)う 엿보다 全体(ぜんたい) 전체 年々(ねんねん) 해마다 高(たか)まる 높아지다 ～によると ～에 의하면[따르면] 交通事故(こうつうじこ) 교통사고 除(のぞ)く 제외하다 一般刑法犯(いっぱんけいほうはん) 일반 형법범, 일반 범죄 検挙(けんきょ) 검거 ～うち ～중 残(のこ)る 남다 以降(いこう) 이후 最高(さいこう) 최고 有罪(ゆうざい) 유죄 判決(はんけつ) 판결 基(もと)づく 근거하다 執行(しっこう) 집행 一定(いってい) 일정 期間(きかん) 기간 消滅(しょうめつ) 소멸 制度(せいど) 제도 手(て)がかり 단서, 실마리 頼(たよ)る 의지하다 探(さが)し求(もと)める (어떤 것을 손에 넣기 위해서) 찾아다니다

1 ①범죄백서에 대한 설명 중에서 옳지 않은 것은 어느 것인가?

1 소년원에 들어간 소년의 40%가 25세까지 무언가의 재범을 저지르고 있었다.
2 약 40% 가까운 사람이 25세까지 벌금형 이상의 형사처분을 받았다.
3 대상은 2004년 1월~3월에 전국의 소년원을 나온 18세~19세의 644명이다.
4 소년원에 들어간 소년이 소년원을 나와 같은 죄를 되풀이하는 비율은 그다지 높지 않았다.

**어휘** ~割(わり) ~할, 십 분의 일의 비율 近(ちか)く (부사적으로) 수량이 ~에 가까움 それほど 그다지, 그렇게

2 ②친족이 면회하러 온 횟수와 재범에 대한 설명 중에서 옳은 것은 어느 것인가?

1 면회 횟수의 증가는 재범률의 저하로 이어진다.
2 면회 횟수의 증가와 재범률과는 상관관계가 없다.
3 한 번 이하의 면회라도 재범률은 40% 정도에 그쳤다.
4 재범률을 저하시키기 위해서는 면회 횟수를 줄이는 편이 좋다.

**어휘** 増加(ぞうか) 증가 低下(ていか) 저하 繋(つな)がる 이어지다, 연결되다 相関関係(そうかんかんけい) 상관관계 程度(ていど) 정도 止(とど)まる 멈추다, ~에 그치다 減(へ)らす 줄이다

3 본문의 내용과 맞지 않는 것은 어느 것인가?

1 소년 전체의 재범률은 해마다 감소 경향으로 30% 정도에 그치고 있다.
2 범죄백서에 따르면 무거운 처분과 범죄 종류에서는 실형과 절도가 가장 많았다.
3 소년원을 나온 소년 중 유직자나 학생보다 무직자의 재범률이 높았다.
4 죄를 저지른 소년이 소년원을 나와도 20세까지는 보호관찰을 받을 필요가 있다.

**어휘** 減少(げんしょう) 감소 気味(きみ) 기미, 경향

## 확인 문제 3 • 내용 이해 2(중문)

**問題9 次の(1)から(3)の文章を読んで、後の問いに対する答えとして最もよいものを、1・2・3・4から一つ選びなさい。**

(1)

ファミリーレストランなどで、5〜8人ぐらいのグループが、いざ会計の段階で1枚の伝票をレジ係に渡し、一人ずつの個別支払いに応じてもらっている光景をよく見かける。大抵は後ろに会計の順番待ちをする他の客が並んでいても知らん顔(注1)のようだ。時にはレジ係に「まとめてお支払いをお願いできませんか」と懇願(こんがん)されていることもある。

個別支払いの場合、レジ係が電卓の片手にメモを取り、額に汗を浮かべながら対応している。その姿を見て、このグループの一人一人はなぜ<u>この光景</u>を冷静に見ていられるのだろうかと疑問に思っていた。「お金を支払う客の要望を店が聞くのは当然だ」という主張は、ある程度は理解できる。だが、最近の風潮は、それがどんどんエスカレートし(注2)、まるで王様と召使(めしつかい)(注3)の関係であるかのような接客態度を当然視するようになっているのではないか。

グループで食事やお茶を楽しんだ後は、誰かが一括で立て替え、後で立て替えた人にそれぞれが払うという方法が、他の客にも店にも迷惑をかけない方法ではないか。「私はお客」という踏(ふ)ん反(ぞ)り返(かえ)った(注4)気持ちを少しだけ変換する心の余裕がほしい。

(注1)知らん顔: 知っていながら、知らないふりをする顔付き
(注2)エスカレートする: 段階的に増大したり激化したりする
(注3)召使(めしつかい): 雑用をする奉公人
(注4)踏(ふ)ん反(ぞ)り返(かえ)る: 尊大な態度を取る

1 個別支払いに対して、この人はどんな態度を取っているか。

1 肯定的な態度

2 批判的な態度

3 積極的な態度

4 消極的な態度

2 この光景が指しているのは何か。

1 会計の順番待ちをする他の客が並んでいる光景

2 グループで食事をしている光景

3 レジ係が個別支払いの対応に手間取っている光景

4 店員が不親切な態度で接客業務をしている光景

3 この人の主張として正しいのはどれか。

1 支払いが順調に進めるように店側のシステムを変えてほしい。

2 客が小銭で支払うのは店に迷惑になるから、やらないでほしい。

3 グループで何かを買ったり食べた時は、まとめて支払ってほしい。

4 店でまとめて支払うのは会計するのに時間がかかるから、やらないでほしい。

(2)

最近、病院などの医療機関でカルテや他の資料が電子化されており、基幹病院と開業医との間で、正確な情報伝達ができるなど患者も恩恵を受けている。しかし、私は医療機関に対するサイバー攻撃を危惧(きぐ)(注1)している。大量のカルテが破壊されれば、医療機関の機能が麻痺するばかりではない。もし、個々のカルテの病名や薬剤、治療方法などを誰かが書き換えられたら、直ちに生命の危険が生じる。特に、長期にわたる医療機関の機能麻痺は、電子機器の助けなしには生きられない患者には致命的であると言える。

この種の犯人は医学についての知識を持ち、主治医が一見しただけでは、書き換えを見破ることができない方法を取る恐れがある。勿論、医療機関は幾重にも保護策を講じているはずだが、機密保持のために最も厳重だと思われる防衛産業でも、ハッカーの侵入を防止できなかった。

防護策と侵入策はいたちごっこ(注2)のようで、高度の防護策を講じてもハッカーはすぐにこれを超える方策で侵入してくるのが実情だ。また、医療機関のコンピューターはいつも接続されている場合が多く、ハッカーの餌食(えじき)(注3)になりやすい。幸い、被害はまだ発生していないようだが、関係官庁や医療機関は、ハッカー侵入の重大な危機性について更に対策を講じてほしい。

(注1)危惧(きぐ): 危ぶみ、恐れること
(注2)いたちごっこ: 子供の遊戯の一つで、同じことを繰り返しているのを指す
(注3)餌食(えじき): 野心や欲望のための犠牲となるもの

1 この人は何を心配しているか。

1 医療機関の不正
2 医療機関に対するサイバー攻撃
3 医療機関の受診料が高すぎること
4 医療機関資料の電子化が遅れていること

2 本文に出ている医療機関に対するサイバー攻撃で起こされる問題点ではないのはどれか。

1 医療機関の機能が麻痺する恐れがある。
2 電子機器が必要な患者に危険が生じる恐れがある。
3 長期にわたる機能麻痺で医療機関の赤字が増える恐れがある。
4 病名や薬剤法などの書き換えで、生命の危険が生じる恐れがある。

3 医療機関のコンピューターがサイバー攻撃を受けやすい理由は何か。

1 いつも接続されている場合が多いから
2 もともとシステム自体が攻撃しやすいから
3 誰もが接続できるコンピューターが多いから
4 防犯システムの設備が整っていないところが多いから

(3)

寒い土地ほど、恒温動物の体は大きくなる。生物学の有名な「ベルクマンの法則」だ。地球温暖化が進んだら?「小さくなる」、「いや大きくなる」と、相反する説を唱える学術論文が相次いで発表された。果たして未来の生物のサイズはどうなるのだろうか。

①シンガポール国立大学のチームは化石による調査から、約5,500万年前の急激な気温上昇で、カブトムシやクモなどの無脊椎動物(注1)の体長が半分以下になったと指摘した。また、実験で気温を1度上げるごとに果実は3～17%、魚類は6～22%、サンショウウオは14%小さくなったとの研究報告があるとも証拠に挙げた。その理由としては干ばつによる水不足や、森林火災の頻発による土壌の栄養素の喪失(注2)などに加え、変温動物の代謝速度が増して餌の量が追い付かなくなるといった理由を挙げた。

一方、「米西海岸では鳥類の大型化が進んでいる」と報告するのは②米サンフランシスコ州立大学の研究者らである。根拠としてはカリフォルニア州で過去40年間続く鳥類の調査で、計3万羽を超すデータから、翼の長さが年に0.024～0.084%の割合で伸びていることがわかったという。この調査結果は「ベルクマンの法則」とは逆で、研究チームは植物の成長などを通して鳥の大きさに影響を及ぼしているのではないか、と考えているという。

生物のサイズと温暖化の関係について東京大学の樋口教授は「小さくなるものが多いが、大きくなる例もある。変化の仕組みを明らかにしていくことが重要だ」と話す。

(注1)無脊椎動物: 背骨、あるいは脊椎を持たない動物
(注2)喪失: 失うこと

**1** ①シンガポール国立大学のチームの調査でわかったことではないのはどれか。

1 気温を1度上げるごとに果実は3～17%が小さくなった。

2 急激な気温上昇は、無脊椎(むせきつい)動物の体長とはあまり関係がない。

3 土壌の栄養素の喪失(そうしつ)は生物のサイズを小さくする一要因になる。

4 変温動物の代謝速度の増加で餌(えさ)の量が不足すると、生物のサイズも小さくなる。

**2** ②米サンフランシスコ州立大学の研究者らの調査でどんなことがわかったか。

1 鳥類の調査で、翼の長さが年々縮まっていることがわかった。

2 鳥類の調査で、ベルクマンの法則とは逆の調査結果が出た。

3 植物の成長と鳥の大きさとは何の関係もないのが明らかになった。

4 鳥類の調査で、ベルクマンの法則が忠実に守られているのが確認できた。

**3** 「ベルクマンの法則」についての説明の中で、正しいのはどれか。

1 ベルクマンの法則に当てはまらない例も存在する。

2 ベルクマンの法則は鳥類に限って当てはまる法則である。

3 ベルクマンの法則は全ての生物に当てはまる法則である。

4 ベルクマンの法則は無脊椎(むせきつい)動物に限って当てはまる法則である。

# 확인 문제 3 • 정답 및 해석(내용 이해 2(중문))

(1)

패밀리 레스토랑 등에서 5~8명 정도의 그룹이 정작 계산 단계에서 한 장의 전표를 계산하는 직원에 건네주고 한 사람씩 개별 지불하는 광경을 자주 본다. 대개는 뒤에 계산할 차례를 기다리는 다른 손님이 줄을 서 있어도 모르는 체(주1)하는 것 같다. 때로는 계산하는 직원이 '한꺼번에 지불을 부탁드릴 수 없을까요?'라고 간청하는 경우도 있다.

개별 지불의 경우 계산하는 직원이 탁상전자계산기 한쪽에 메모를 하며 이마에 땀을 흘리면서 대응하고 있다. 그 모습을 보고 이 그룹의 한 사람 한 사람은 왜 이 광경을 냉정하고 보고 있을 수 있는 것일까? 하고 의문스럽게 생각하고 있었다. '돈을 지불하는 손님의 요망을 가게가 듣는 것은 당연하다'라는 주장은 어느 정도는 이해할 수 있다. 하지만 최근의 풍조는 그것이 점점 심해져서(주2) 마치 왕과 하인(주3)의 관계인 것과 같은 접객 태도를 당연시하게 되고 있는 것은 아닐까?

그룹으로 식사나 차를 즐긴 후에는 누군가가 일괄해서 대신 돈을 내고 나중에 대신 돈을 낸 사람에게 각자가 지불하는 방법이 다른 손님에게도 가게에도 폐를 끼치지 않는 방법이 아닐까? '나는 손님'이라는 으스대는(주4) 기분을 조금만 바꾸는 마음의 여유가 있었으면 한다.

(주1)知らん顔(모르는 체함): 알면서 모르는 체를 하는 표정
(주2)エスカレートする(심해지다): 단계적으로 증대하거나 격화하거나 하다
(주3)召使(하인): 잡무를 하는 고용인
(주4)踏ん反り返る(으스대다): 거만한 태도를 취하다

**어휘** ファミリーレストラン 패밀리 레스토랑 グループ 그룹, 무리 いざ 정작 会計(かいけい) (식당 등에서의) 계산
段階(だんかい) 단계 ~枚(まい) ~장 伝票(でんぴょう) 전표 レジ係(がかり) 계산원 渡(わた)す 건네다, 건네주다
~ずつ ~씩 個別(こべつ) 개별 支払(しはら)い 지불 応(おう)じる (요구에) 응하다
~てもらう(남에게) ~해 받다, (남이) ~해 주다 光景(こうけい) 광경 見(み)かける (가끔) 만나다, 보다
大抵(たいてい) 대개, 대부분 順番(じゅんばん) 순번, 차례 待(ま)ち 기다림, 대기 他(ほか)の~ 다른~ 客(きゃく) 손님
並(なら)ぶ (나란히) 늘어서다, (줄을) 서다 知(し)らん顔(かお) 모르는 체함 時(とき)には 때로는 まとめる 한데 모으다, 합치다
懇願(こんがん) 간청 電卓(でんたく) 탁상전자계산기 *「電子式卓上計算機(でんししきたくじょうけいさんき)」의 준말
片手(かたて) 한쪽 メモを取(と)る 메모를 하다 額(ひたい) 이마 汗(あせ) 땀 浮(う)かべる (표면에) 나타내다
対応(たいおう) 대응 姿(すがた) 모습 光景(こうけい) 광경 冷静(れいせい)だ 냉정하다 疑問(ぎもん) 의문
支払(しはら)う (돈을) 내다, 지불하다 要望(ようぼう) 요망 当然(とうぜん)だ 당연하다 主張(しゅちょう) 주장 ある 어느
程度(ていど) 정도 理解(りかい) 이해 だが 하지만, 그렇지만 風潮(ふうちょう) 풍조 どんどん 점점
エスカレート 단계적으로 확대되어 감 まるで 마치 王様(おうさま) 임금님, 왕 召使(めしつかい) 머슴, 하인
関係(かんけい) 관계 接客(せっきゃく) 접객 態度(たいど) 태도 当然視(とうぜんし) 당연시 楽(たの)しむ 즐기다
一括(いっかつ) 일괄 立(た)て替(か)える 대신 치르다 それぞれ (제)각기, 각각, 각자 方法(ほうほう) 방법
迷惑(めいわく)をかける 폐를 끼치다 踏(ふ)ん反(ぞ)り返(かえ)る 으스대다 変換(へんかん) 변환 余裕(よゆう) 여유
~がほしい ~이 있었으면 하다, ~을 원하다 ~ふり ~체, ~척 顔付(かおつ)き 생김새, 표정
段階的(だんかいてき)だ 단계적이다 増大(ぞうだい) 증대 激化(げきか) 격화 雑用(ざつよう) 잡무
奉公人(ほうこうにん) 고용인, (숙식하는) 점원 尊大(そんだい)だ 거만하다, 잘난 체하다 態度(たいど)を取(と)る 태도를 취하다

1 개별 지불에 대해서 이 사람은 어떤 태도를 취하고 있는가?

1 긍정적인 태도
2 비판적인 태도
3 적극적인 태도
4 소극적인 태도

**어휘** 肯定的(こうていてき)だ 긍정적이다 批判的(ひはんてき)だ 비판적이다 積極的(せっきょくてき)だ 적극적이다 消極的(しょうきょくてき)だ 소극적이다

2 이 광경이 가리키고 있는 것은 무엇인가?

1 계산할 차례를 기다리는 다른 손님이 줄을 서 있는 광경
2 그룹으로 식사를 하고 있는 광경
3 계산하는 직원이 개별 지불 대응에 시간이 걸리는 광경
4 점원이 불친절한 태도로 접객 업무를 하고 있는 광경

**어휘** 指(さ)す 가리키다 手間取(てまど)る 시간이 걸리다 店員(てんいん) 점원 不親切(ふしんせつ)だ 불친절하다 業務(ぎょうむ) 업무

3 이 사람의 주장으로 옳은 것은 어느 것인가?

1 지불이 순조롭게 진행될 수 있도록 가게 측의 시스템을 바꿔 주었으면 한다.
2 손님이 잔돈으로 지불하는 것은 가게에 폐가 되므로 하지 말아 주었으면 한다.
3 그룹으로 뭔가를 사거나 먹었을 때는 한꺼번에 지불해 주었으면 한다.
4 가게에서 한꺼번에 지불하는 것은 계산하는 데 시간이 걸리므로 하지 말아 주었으면 한다.

**어휘** 順調(じゅんちょう)だ 순조롭다 進(すす)む 나아가다, 진행되다 店側(みせがわ) 상점 측, 가게 측 システム 시스템 変(か)える 바꾸다 小銭(こぜに) 잔돈 やる 하다 ～ないでほしい ～하지 말아 주었으면 하다, ～하지 않기를 바라다 かかる (시간이) 걸리다

(2)

최근 병원 등의 의료기관에서 진료기록카드나 다른 자료가 전자화되어 있어 기간 병원과 개업의와의 사이에서 정확한 정보 전달을 할 수 있는 등 환자도 혜택을 받고 있다. 그러나 나는 의료기관에 대한 사이버 공격을 걱정하고 두려워하(주1)고 있다. 대량의 진료기록카드가 파괴되면 의료기관의 기능이 마비되는 것만이 아니다. 만약 개개의 진료기록카드의 병명이나 약제, 치료 방법 등을 누군가가 바꿔 쓸 수 있으면 즉시 생명의 위험이 발생한다. 특히 장기간에 걸친 의료기관의 기능 마비는 전자기기의 도움 없이는 생명을 유지할 수 없는 환자에게는 치명적이라고 할 수 있다.

이런 종류의 범인은 의학에 대한 지식을 가져서 주치의가 언뜻 본 것만으로는 바꿔 쓴 것을 간파할 수 없는 방법을 취할 우려가 있다. 물론 의료기관은 첩첩이 보호책을 강구하고 있겠지만, 기밀 유지를 위해서 가장 엄중하다고 생각되는 방위 산업에서도 해커의 침입을 방지하지 못했다.

방호책과 침입책은 다람쥐 쳇바퀴 돌리기(주2)와 같아서 고도의 방호책을 강구해도 해커는 곧바로 이것을 뛰어넘는 방책으로 침입해 오는 것이 실정이다. 또 의료기관의 컴퓨터는 항상 접속되어 있는 경우가 많아서 해커의 먹잇감(주3)이 되기 쉽다. 다행히 피해는 아직 발생하지 않은 듯하지만, 관계 관청이나 의료기관은 해커 침입의 중대한 위기성에 대해서 더욱더 대책을 강구해 주었으면 한다.

(주1)危惧(위구): 걱정하고 두려워하는 것
(주2)いたちごっこ(다람쥐 쳇바퀴 돌리기): 아이들 놀이의 하나로, 같은 것을 반복하고 있는 것을 가리킨다
(주3)餌食(먹잇감, 희생물): 야심이나 욕망을 위한 희생이 되는 것

어휘 医療(いりょう) 의료 機関(きかん) 기관 カルテ 진료기록카드 資料(しりょう) 자료 電子化(でんしか) 전자화
～ておる ~하고 있다 *「～ている」의 겸양표현 基幹(きかん) 기간 *어떤 분야나 부분에서 가장 으뜸이 되거나 중심이 되는 부분
開業医(かいぎょうい) 개업의 間(あいだ) 사이 正確(せいかく)だ 정확하다 情報(じょうほう) 정보 伝達(でんたつ) 전달
患者(かんじゃ) 환자 恩恵(おんけい) 은혜, 혜택 サイバー攻撃(こうげき) 사이버 공격 危惧(きぐ) 위구, 걱정하고 두려워함
大量(たいりょう) 대량 破壊(はかい) 파괴 機能(きのう) 기능 麻痺(まひ) 마비 ～ばかり ~만, ~뿐 もし 만약
個々(ここ) 개개, 한 사람 한 사람 病名(びょうめい) 병명 薬剤(やくざい) 약제 治療(ちりょう) 치료
書(か)き換(か)える 고쳐[바꿔] 쓰다 直(ただ)ちに 곧, 즉시 生命(せいめい) 생명 危険(きけん) 위험
生(しょう)じる 일어나다, 발생하다, 생기다 特(とく)に 특히 長期(ちょうき) 장기, 오랜 기간 ～にわたる+명사 ~에 걸친
機器(きき) 기기 助(たす)け 도움 なし 없음 生(い)きる 살다, 살아가다, 생명을 유지하다 致命的(ちめいてき)だ 치명적이다
種(しゅ) 종류 犯人(はんにん) 범인 医学(いがく) 의학 ～についての ~에 대한 知識(ちしき) 지식 主治医(しゅじい) 주치의
一見(いっけん) 대충 봄, 언뜻 봄 見破(みやぶ)る 간파하다, 꿰뚫어 보다, 알아차리다 取(と)る 취하다
～恐(おそ)れがある ~할 우려가 있다 勿論(もちろん) 물론 幾重(いくえ)にも 겹겹이, 첩첩이 保護策(ほごさく) 보호책
講(こう)じる 강구하다 ～はずだ (당연히) ~할 것[터]이다 機密(きみつ) 기밀 保持(ほじ) 보지, 유지, 계속 유지함
最(もっと)も 가장, 제일 厳重(げんじゅう)だ 엄중하다 防衛(ぼうえい) 방위 産業(さんぎょう) 산업
ハッカー 해커 侵入(しんにゅう) 침입 防止(ぼうし) 방지 防護策(ぼうごさく) 방호책
いたちごっこ 다람쥐 쳇바퀴 돌리기, (비유적으로) 악순환 *둘이 서로 상대방의 손등을 번갈아 꼬집는 아이들의 놀이로 앞으로 나아가거나 발전하지 못하고 제자리걸음만 함을 비유적으로 이를 때 씀 高度(こうど) (수준의) 고도 超(こ)える 뛰어넘다 方策(ほうさく) 방책
実情(じつじょう) 실정, 실상 コンピューター 컴퓨터 いつも 언제나, 늘 接続(せつぞく) 접속 餌食(えじき) 먹잇감, 희생물
동사의 ます형+やすい ~하기 쉽다 幸(さいわ)い 다행히 被害(ひがい) 피해 発生(はっせい) 발생 関係(かんけい) 관계
官庁(かんちょう) 관청 重大(じゅうだい)だ 중대하다 更(さら)に 더욱더 対策(たいさく) 대책
～てほしい ~해 주었으면 하다, ~하길 바라다 危(あや)ぶむ 걱정하다 恐(おそ)れる 무서워하다, 두려워하다
遊戯(ゆうぎ) (유치원·초등학교 등의) 놀이 繰(く)り返(かえ)す 되풀이하다, 반복하다 指(さ)す 가리키다 野心(やしん) 야심
欲望(よくぼう) 욕망 犠牲(ぎせい) 희생

1 이 사람은 무엇을 걱정하고 있는가?

1 의료기관의 부정
2 의료기관에 대한 사이버 공격
3 의료기관의 진찰료가 너무 비싼 것
4 의료기관 자료의 전자화가 늦어지고 있는 것

**어휘** 不正(ふせい) 부정 受診料(じゅしんりょう) 진찰료 い형용사의 어간+すぎる 너무 ~하다 遅(おく)れる 늦어지다, (보통 · 예정보다) 더디다

2 본문에 나오는 의료기관에 대한 사이버 공격으로 발생되는 문제점이 아닌 것은 어느 것인가?

1 의료기관의 기능이 마비될 우려가 있다.
2 전자기기가 필요한 환자에게 위험이 발생할 우려가 있다.
3 장기간에 걸친 기능 마비로 의료기관의 적자가 증가할 우려가 있다.
4 병명이나 약제법 등을 바꿔 써서 생명의 위험이 발생할 우려가 있다.

**어휘** 起(お)こす (나쁜 상태를) 일으키다, 발생시키다 赤字(あかじ) 적자 増(ふ)える 늘다, 증가하다

3 의료기관의 컴퓨터가 사이버 공격을 받기 쉬운 이유는 무엇인가?

1 항상 접속되어 있는 경우가 많기 때문에
2 원래 시스템 자체가 공격하기 쉽기 때문에
3 누구나 접속할 수 있는 컴퓨터가 많기 때문에
4 방범 시스템 설비가 갖추어져 있지 않은 곳이 많기 때문에

**어휘** もともと 원래, 본디 自体(じたい) 자체 攻撃(こうげき) 공격 誰(だれ)も 누구나, 누구라도 防犯(ぼうはん) 방범 設備(せつび) 설비 整(ととの)う 갖추어지다

(3)

추운 지방일수록 항온동물의 몸집은 커진다. 생물학의 유명한 '베르크만의 법칙'이다. 지구온난화가 진행되면? '작아진다', '아니 커진다'라고 상반되는 설을 주창하는 학술 논문이 잇따라 발표되었다. 과연 미래의 생물 크기는 어떻게 되는 것일까?

①싱가포르 국립대학 팀은 화석에 의한 조사에서 약 5,500만 년 전의 급격한 기온 상승으로 장수풍뎅이나 거미 등의 무척추동물(주1)의 몸 길이가 절반 이하가 되었다고 지적했다. 또 실험에서 기온을 1도 올릴 때마다 과일은 3~17%, 어류는 6~22%, 도롱뇽은 14% 작아졌다는 연구 보고가 있는 것도 증거로 들었다. 그 이유로는 가뭄에 따른 물 부족이나 삼림 화재의 빈발에 따른 토양의 영양소 상실(주2) 등에 더해 변온동물의 대사 속도가 빨라져 먹이 양이 소용없어진다는 이유를 들었다.

한편 '미국 서해안에서는 조류의 대형화가 진행되고 있다'고 보고하는 것은 ②미국 샌프란시스코 주립대학의 연구자들이다. 근거로는 캘리포니아주에서 과거 40년간 계속되는 조류 조사에서 합계 3만 마리를 넘는 데이터에서 날개 길이가 한 해에 0.024~0.084%의 비율로 자라고 있는 것을 알 수 있었다고 한다. 이 조사 결과는 '베르크만의 법칙'과는 반대로, 연구팀은 식물의 성장 등을 통해서 새의 크기에 영향을 미치고 있는 것은 아닐까 하고 생각하고 있다고 한다.

생물의 크기와 온난화의 관계에 대해서 도쿄대학교의 히구치 교수는 '작아지는 것이 많지만, 커지는 예도 있다. 변화의 구조를 밝혀 가는 것이 중요하다'고 말한다.

(주1)無脊椎動物(무척추동물): 등뼈, 혹은 척추를 가지지 않는 동물
(주2)喪失(상실): 잃는 것

**어휘** 寒(さむ)い 춥다 土地(とち) 영토, 그 지방 恒温動物(こうおんどうぶつ) 항온동물 *외부의 온도 변화에 상관없이 체온을 일정하게 유지하는 동물로 조류와 포유류가 이에 해당함 体(からだ) 몸, 신체 生物学(せいぶつがく) 생물학
ベルクマンの法則(ほうそく) 베르크만의 법칙 *추운 지방에서 사는 항온동물의 체중이 따뜻한 지방에서 생활하는 같은 종의 체중보다 많이 나간다는 현상 地球温暖化(ちきゅうおんだんか) 지구온난화 *지표 부근의 기온이 장기적으로 상승하는 기상현상
進(すす)む 나아가다, 진행되다 相反(あいはん)する 상반되다 説(せつ) 설, 학설, 의견 唱(とな)える 주창하다, 주장하다
学術(がくじゅつ) 학술 論文(ろんぶん) 논문 相次(あいつ)いで 잇따라 発表(はっぴょう) 발표 果(は)たして 과연
未来(みらい) 미래 生物(せいぶつ) 생물 サイズ 사이즈, 크기
シンガポール国立大学(こくりつだいがく) 싱가포르 국립대학 *1905년에 설립된 싱가포르의 가장 오래된 국립대학 チーム 팀
化石(かせき) 화석 調査(ちょうさ) 조사 急激(きゅうげき)だ 급격하다 気温(きおん) 기온 上昇(じょうしょう) 상승
カブトムシ 장수풍뎅이 クモ 거미 無脊椎動物(むせきついどうぶつ) 무척추동물 体長(たいちょう) 체장, (동물의) 몸의 길이
半分(はんぶん) 절반 以下(いか) 이하 指摘(してき) 지적 実験(じっけん) 실험 上(あ)げる (온도를) 올리다, 높이다
～ごとに ~마다 果実(かじつ) 과실, 과일 魚類(ぎょるい) 어류 サンショウウオ 도롱뇽 研究(けんきゅう) 연구
報告(ほうこく) 보고 ～とも (강조하는) ~도 証拠(しょうこ) 증거 挙(あ)げる (예로서) 들다 干(かん)ばつ 가뭄
水不足(みずぶそく) 물 부족 森林(しんりん) 삼림 火災(かさい) 화재 頻発(ひんぱつ) 빈발 土壌(どじょう) 토양, 흙
栄養素(えいようそ) 영양소 喪失(そうしつ) 상실 加(くわ)える 더하다, 보태다
変温動物(へんおんどうぶつ) 변온동물 *외부의 온도에 의하여 체온이 변하는 동물로, 무척추동물 · 양서류 · 파충류 등이 포함됨
代謝(たいしゃ) 대사 *생물체가 몸 밖으로부터 섭취한 영양물질을 몸 안에서 분해하고 합성하여, 생체 성분이나 생명 활동 등에 쓰는 물질이나 에너지를 생성하고 필요하지 않은 물질을 몸 밖으로 내보내는 작용
速度(そくど) 속도 増(ま)す (수 · 양 · 정도가) 많아지다, 늘다 餌(えさ) 먹이 量(りょう) 양
追(お)い付(つ)く (「～かない」의 꼴로) 소용없다 ～といった ~라고 하는 理由(りゆう) 이유 一方(いっぽう) 한편
米(べい) 미국 *「亜米利加(アメリカ)」의 준말 西海岸(にしかいがん) 서해안
鳥類(ちょうるい) 조류 大型化(おおがたか) 대형화
サンフランシスコ州立大学(しゅうりつだいがく) 샌프란시스코 주립대학 *미국 캘리포니아주 샌프란시스코에 위치한 주립 연구 중심 종합대학교로, 캘리포니아 주립대학교(CSU) 시스템에 속한 23개 대학교 중 하나
～ら (사람에 관한 명사 등에 붙어서) ~들 根拠(こんきょ) 근거 カリフォルニア州(しゅう) 캘리포니아주 過去(かこ) 과거
続(つづ)く 계속되다 計(けい) 합계 ～羽(わ) ~마리 *새나 토끼 등을 세는 말 超(こ)す 넘다 データ 데이터 翼(つばさ) 날개
長(なが)さ 날개 割合(わりあい) 비율 伸(の)びる 자라다 逆(ぎゃく) 반대, 거꾸로임 植物(しょくぶつ) 식물
成長(せいちょう) 성장 ～を通(とお)して ~을 통해서 鳥(とり) 새 大(おお)きさ 크기
影響(えいきょう) 영향 及(およ)ぼす 미치다, 끼치다
東京大学(とうきょうだいがく) 도쿄대학교 *일본 도쿄에 있는 연구 중심 국립 종합대학교로, 1877년 설립됨
教授(きょうじゅ) 교수 変化(へんか) 변화 仕組(しく)み 구조 明(あき)らかにする 밝히다 背骨(せぼね) 등뼈
あるいは 또는, 혹은 脊椎(せきつい) 척추 失(うしな)う 잃다

1 ①싱가포르 국립대학 팀의 조사로 알 수 있는 것이 아닌 것은 어느 것인가?

1 기온을 1도 올릴 때마다 과일은 3~17%가 작아졌다.
2 급격한 기온 상승은 무척추동물의 몸 길이와는 그다지 관계가 없다.
3 토양의 영양소 상실은 생물의 크기를 작게 하는 한 요인이 된다.
4 변온동물의 대사 속도 증가로 먹이 양이 부족하면 생물의 크기도 작아진다.

어휘 あまり (부정어 수반) 그다지, 별로 要因(よういん) 요인 不足(ふそく) 부족

2 ②미국 샌프란시스코 주립대학의 연구자들의 조사에서 어떤 것이 밝혀졌나?

1 조류 조사에서 날개의 길이가 해마다 줄고 있는 것이 밝혀졌다.
2 조류 조사에서 베르크만의 법칙과는 반대인 조사 결과가 나왔다.
3 식물의 성장과 새의 크기와는 아무런 관계도 없는 것이 밝혀졌다.
4 조류 조사에서 베르크만의 법칙이 충실히 지켜지고 있는 것을 확인할 수 있었다.

어휘 縮(ちぢ)まる 줄다 何(なん)の 아무런 明(あき)らかになる 밝혀지다 忠実(ちゅうじつ)だ 충실하다 守(まも)る 지키다 確認(かくにん) 확인

3 '베르크만의 법칙'에 대한 설명 중에서 옳은 것은 어느 것인가?

1 베르크만의 법칙에 들어맞지 않는 예도 존재한다.
2 베르크만의 법칙은 조류에 한해서 들어맞는 법칙이다.
3 베르크만의 법칙은 모든 생물에 들어맞는 법칙이다.
4 베르크만의 법칙은 무척추동물에 한해서 들어맞는 법칙이다.

어휘 当(あ)てはまる 들어맞다 存在(そんざい) 존재 ~に限(かぎ)って ~에 한해서 全(すべ)て 모두, 전부

# 문제 10 내용 이해 3(장문)

## 출제 유형

문제 10 내용 이해 3(장문)은 해설, 에세이, 편지, 소설 등 약 1,000자 내외의 긴 지문을 읽고 내용의 개요나 주제, 세부적인 내용 일치 여부, 필자의 주장이나 생각 등을 묻는 문제로, 하나의 긴 지문에 4문항이 출제된다. 독해 파트 중 지문이 가장 길기 때문에 고도의 집중력과 함께 앞뒤 문맥의 의미를 정확하게 파악하는 것이 중요하다.

## 실제 시험 예시

**問題10 次の文章を読んで、後の問いに対する答えとして最もよいものを、1・2・3・4から一つ選びなさい。**

ビジネスを進めていく上で重要なのが、周りの人との信頼関係である。今日は信頼関係を築くことのメリットや築く上でのポイントなどをまとめてみよう。

まず、信頼関係を構築することのメリットについて説明しよう。職場に頼れる人がいるということは、心理的に安心できる場所がある状態であると言える。もう少し具体的に言うと、「いざという時頼ることができ、守ってもらえる場所であり、心の支えとすることのできる存在がいる」ということである。心理的安全性が担保されることで、職場の居心地も良くなり、コミュニケーションも円滑になる。「職場の人となかなか打ち解けられなくて、何となく孤立感がある」と感じている方は、職場で頼れる人を見つけるところから始めてみよう。また、心理的安全性が担保されているチームは、意見交換が活発になり、成果に繋がりやすい。建設的な議論ができるので、短い時間でメンバーそれぞれがやるべきことを理解できる。その結果、メンバーの業績向上だけでなく、コミュニケーションコストの削減も実現できるのである。それに、困った時には、メンバー同士でお互いに相談し合うこともできる。もちろん、「こんな質問をしてもいいのだろうか」と迷う時間が生まれないため、チームの生産性も高まる。

ビジネスにおいては、様々な人の力を借りたり、協力し合ったりして、仕事を進めていくことが多いと思う。その際に重要なのが、どれだけ気兼ねなく質問や相談ができるかということである。職場では、誰にも話せず一人で問題を抱え込んでしまい、結局、大きなトラブルになってしまうこともあり得る。そんな意味で、職場を仕事に関わる悩みを話しやすい雰囲気を作ることが重要であると言える。

次はすぐに人と打ち解けることができ、周りから信頼される人の特徴をまとめてみよう。

周りから信頼される人は、あまり構えることなく、何気ない会話や雑談を大切にする。

そんな人たちは、雑談で得た情報をもとに相手にいつも自分から働きかける。また、彼らは会話の中で相手の気持ちや状況を探りながら、どんなコミュニケーションが適切かを考えており、自らプライベートな情報を話すなどの自己開示をして相手との距離を縮めようとする。相手との信頼関係を築くためには、どちらかが歩み寄らなければ距離は縮まらない。こちらから働きかけることにより、相手が自己開示をしやすい雰囲気も作れる。

信頼関係を築くのがうまい人は、早い段階から「自分はこういう性格です」と積極的に自己開示をする。なぜなら、相手の状況や立場を理解しているからこそ、細やかな気配りもできるからである。彼らは多面的に相手をよく知ろうという意識が強く、決して自分の主張や意見を押し付けることはない。そのため、相手の感情や気持ちといった見えにくい部分まで配慮することができる。

**1** 仕事で信頼関係を築くことのメリットとして、本文に出ていないのはどれか。

1 チーム力が向上し、成果を上げやすくなる。
2 敵意を持っている人が減り、自分の味方が増える。
3 心理的に安心でき、コミュニケーションが円滑になる。
4 気兼ねなく質問や相談ができるようになる。

**2** 心理的安全性が担保されることでもたらされる変化として、本文に出ていないのはどれか。

1 意見交換が活発になる。
2 職場の居心地が良くなる。
3 愚痴をこぼすことが少なくなる。
4 コミュニケーションが円滑になる。

**3** そんな人たちが指しているのは誰か。

1 周りから信頼される人
2 一人で問題を抱え込んでいる人
3 何でも歩み寄ってくれる人
4 積極的に自己開示していない人

**4** 信頼関係を築くのがうまい人の特徴として、本文に出ていないのはどれか。

1 何気ない会話を大事にする。
2 相手の気持ちや感情に配慮できる。
3 自己開示がうまい。
4 自分の短所を正確に把握している。

|정답| **1** 2 **2** 3 **3** 1 **4** 4

## 시험 대책

내용 이해 3(장문)은 1,000자 내외의 긴 지문으로 출제되는데, 앞선 단문이나 중문과 마찬가지로 문제를 미리 읽고 묻는 내용의 핵심 키워드를 파악한 후에 지문을 읽는 것이 좋다. 문제는 주로 전체적인 개요나 주제, 필자의 주장이나 생각, 밑줄 친 부분의 의미, 전체적인 내용 일치 여부를 묻는 형태로 출제되고 있다. 따라서 지문 전체의 키워드를 정확하게 찾아내서 필자가 강조하고 싶은 것이 무엇인지를 잘 파악해야 실수 없이 풀 수 있다.

동영상 19

# 확인 문제 1 • 내용 이해 3(장문)

**問題10 次の文章を読んで、後の問いに対する答えとして最もよいものを、1・2・3・4から一つ選びなさい。**

ひきこもり問題が社会的なレベルで大きな問題となっていることは、今や多くの人が知っているところだろう。しかし、そもそもひきこもりの状態に陥(おちい)ることの一体何が問題なのだろうか。ひきこもりは問題だと考えている人々も、多くの場合はただ何となく「ひきこもりでいるのは不幸なことだ」と考えているに止まり、どういった点で当事者にとって好ましくない結果に繋がるのかについては、たぶん考えてみたことがないだろう。

ひきこもりでい続けることは、様々な機会損失を招きかねない。ここで言う①「機会損失」とは、望ましくない出来事に見舞われたり、失敗したりしてしまった場合に、もしそのような出来事や失敗が生じなかったら得られていたはずの機会や利益のことを言う。例えば、もし不幸にも交通事故に見舞われて怪我をしてしまい、3か月にわたって就労(注1)できなくなったとしよう。この場合、損なわれた身体の健康や治療費などが、事故から直接生じる損失となる。しかし、事故による不利益はこれだけではない。事故に遭わず健康なままであれば、今まで通りに今後3か月間も働けていたはずなのに、それが妨げられるのである。この就労できない3か月分の収入が、機会損失として生じているのである。ひきこもりの状態に陥(おちい)ることにも同様に、直接生じる損失だけでなく、大きな機会損失が伴うのである。

わかりやすいのは、交通事故の例と同様に、就業できないことによる機会損失である。例えば、大学生の息子さんが在学中にひきこもりになってしまい、卒業まで余分に3年を要することになったとしよう。もしその後直ちに就職に漕ぎ着けられたとしても、大まかに見れば、定年直前の3年間分の生涯収入が失われることになる。この機会損失はひきこもりでいる期間が長引けば長引くほど大きなものになる。

しかし、②把握しやすいお金のことだけが機会損失の全てではない。ひきこもりでいることによって、就労の機会だけではなく、直接に間接に社交の機会を失っていることにもなる。職場の同僚や学友と、あるいは一般に友人と交(まじ)わり(注2)、人間関係の輪を広げる機会が失われるのである。それによって例えば、恋愛や結婚に繋がるような出会いの機会も、ひきこもりでない場合に比べて遥かに乏しくなるはずである。中高生の間にひきこもりに陥(おちい)った場合、もしそうでなかったら大学進学が望めたのに進学を諦めざるを得なくなったのだとすると、大学への就学の機会も失われたということになる。このように、目に見えるお金の損失だけでなく、ひきこもりでいることの機会損失には種々のライフイベントを迎えるチャンスの喪失(そうしつ)や遅れも含まれることになる。

以上で大まかに、ひきこもりでいることの主要な機会損失を確認してみた。このように機会損失を具体的に確認したことで、ひきこもりの当事者を抱えるご家族の方は「こんなに損をすることになるのか」と不安になってしまうかもしれない。しかし、問題がどれだけ大きなものなのかを確認することは、事態の改善の第一歩である。漠然とした不安では問題がどれだけ深刻なのかわからず、どれだけコストをかけて真剣に取り組むべきことなのか、秤(はかり)にかける(注3)ことができないからである。

(注1)就労: 仕事をしていること
(注2)交(まじ)わる: 付き合う。交際する
(注3)秤(はかり)にかける: 秤で重さをはかる。物事を比べて、利害・得失などを判断する

**1** 次のうち、本文で言う①「機会損失」の例に当てはまらないのはどれか。

1 からりと晴れて雨傘の代わりに日傘を売った。
2 レジの故障で一定時間販売ができなかった。
3 商品の提供スピードが遅くてお客さんが帰った。
4 クレジットカードが利用できなくてキャッシュレスのお客さんを逃した。

**2** ひきこもりでいる期間が10年間になれば、機会損失である生涯収入の減少分は何年分になるか。

1 2年分
2 5年分
3 10年分
4 20年分

**3** ②把握しやすいお金のことだけが機会損失の全てではないの例として、筆者が言っているのは何か。

1 安定している気持ちの大きな乱れや戸惑い
2 目標の達成を妨げられる経験から生じる気持ちの挫折
3 最後まで自分の意志を貫き通そうとした心構え
4 人生の重要な出来事を迎えるチャンスの喪失(そうしつ)や遅れ

**4** 筆者は主に何について言っているか。

1 ひきこもりになる原因は何か
2 ひきこもりの何が問題なのか
3 どうして正確なひきこもりの実態は知られないのか
4 ひきこもりの支援策にはどんなことがあるか

# 확인 문제 1 • 정답 및 해석(내용 이해 3(장문))

은둔형 외톨이 문제가 사회적인 수준으로 큰 문제가 되고 있는 것은 이제는 많은 사람이 알고 있는 부분일 것이다. 그러나 애초에 은둔형 외톨이 상태에 빠지는 것의 도대체 무엇이 문제인 것일까? 은둔형 외톨이는 문제라고 생각하고 있는 사람들도 많은 경우는 그저 왠지 '은둔형 외톨이로 있는 것은 불행한 일이다'라고 생각하고 있는 것에 그치고, 어떠한 점에서 당사자에게 있어 바람직하지 않은 결과로 이어지는 것인지에 대해서는 아마 생각해 본 적이 없을 것이다.

은둔형 외톨이로 계속 있는 것은 여러 가지 기회 손실을 초래할지도 모른다. 여기에서 말하는 ①'기회 손실'이란 바람직하지 않은 일을 겪게 되거나 실패하거나 해 버렸을 경우에, 만약 그와 같은 일이나 실패가 생기지 않았다면 얻을 수 있었을 터인 기회나 이익을 말한다. 예를 들면 만약 불행히도 교통사고를 당해서 부상을 입고 말아서 세 달 동안 취로(주1)할 수 없게 되었다고 하자. 이 경우 손상된 신체의 건강이나 치료비 등이 사고로부터 직접 발생하는 손실이 된다. 그러나 사고에 의한 불이익은 이것만이 아니다. 사고를 당하지 않고 건강한 상태였다면 지금까지대로 앞으로 세 달이나 일을 할 수 있었을 텐데 그것이 방해받는 것이다. 이 취로할 수 없는 석 달치 수입이 기회 손실로 생기는 것이다. 은둔형 외톨이 상태에 빠지는 것도 마찬가지로 직접 생기는 손실뿐만 아니라 큰 기회 손실이 따르는 것이다.

이해하기 쉬운 것은 교통사고의 예와 마찬가지로 취업할 수 없는 데 따른 기회 손실이다. 예를 들면 대학생인 아들이 재학 중에 은둔형 외톨이가 되어 버려 졸업까지 여분으로 3년을 필요로 하게 되었다고 하자. 만약 그 후 바로 취업에 이르렀다고 해도 대략적으로 보면 정년 직전의 3년치 생애 수입을 잃은 것이 된다. 이 기회 손실은 은둔형 외톨이로 있는 기간이 길어지면 길어질수록 커진다.

그러나 ②파악하기 쉬운 돈만이 기회 손실의 전부가 아니다. 은둔형 외톨이로 있음으로써 취로의 기회뿐만 아니라 직·간접으로 사교의 기회를 잃는 것도 된다. 직장 동료나 학우와 혹은 일반적으로 친구와 교제하며(주2) 인간관계의 범위를 넓힐 기회를 잃게 되는 것이다. 그에 따라 예를 들면 연애나 결혼으로 이어질 듯한 만남의 기회도 은둔형 외톨이가 아닌 경우에 비해서 훨씬 부족해지는 것이다. 중고생일 때 은둔형 외톨이에 빠졌을 경우, 만약 그렇지 않았다면 대학 진학을 기대할 수 있었는데 진학을 체념할 수밖에 없게 되었다고 하면 대학으로의 취학 기회도 잃은 것이 된다. 이와 같이 눈에 보이는 금전 손실뿐만 아니라 은둔형 외톨이로 있는 것의 기회 손실에는 여러 가지 라이프 이벤트를 맞을 기회 상실이나 지연도 포함되게 된다.

이상으로 대략적으로 은둔형 외톨이로 있는 것의 주요 기회 손실을 확인해 봤다. 이와 같이 기회 손실을 구체적으로 확인함으로써 은둔형 외톨이인 당사자를 책임지고 있는 가족분은 '이렇게나 손해를 보게 되는 것인가'하고 불안해져 버릴지도 모른다. 그러나 문제가 얼마나 큰지를 확인하는 것은 사태 개선의 첫걸음이다. 막연한 불안으로는 문제가 얼마나 심각한 것인지 알 수 없고 얼마나 비용을 들여서 진지하게 대처해야 하는 것인지 저울에 달(주3) 수 없기 때문이다.

(주1)就労(취로): 일을 하고 있는 것
(주2)交わる(교제하다): 사귀다. 교제하다
(주3)秤にかける(저울에 달다): 저울로 무게를 재다. 사물을 비교해서 이해·득실 등을 판단하다

**어휘** ひきこもり 은둔형 외톨이 *장기간 자신의 집이나 방에 틀어박혀 사회적 활동에 참가하지 않는 상태, 또는 그런 사람
社会的(しゃかいてき)だ 사회적이다 レベル 레벨, 수준 今(いま)や 이제는 そもそも 애초에 状態(じょうたい) 상태
陥(おちい)る (나쁜 환경에) 빠지다 一体(いったい) 도대체 人々(ひとびと) 사람들 ただ 단지, 그저
何(なん)となく 왜 그런지 모르게, 왠지 不幸(ふこう)だ 불행하다 止(とど)まる 멈추다, 그치다 当事者(とうじしゃ) 당사자
〜にとって 〜에(게) 있어서 好(この)ましい 바람직하다 結果(けっか) 결과 繋(つな)がる 이어지다, 연결되다
たぶん 아마 동사의 ます형+続(つづ)ける 계속 〜하다 様々(さまざま)だ 다양하다, 여러 가지다
機会損失(きかいそんしつ) 기회 손실 *다른 방법을 채택했다면 얻을 수 있었던 이익을 특정 방법을 채택함으로써 놓치게 된 경우의 손실
招(まね)く 초래하다 동사의 ます형+かねない 〜할 수도 있다, 〜할지도 모른다 望(のぞ)ましい 바람직하다
出来事(できごと) 일어난 일 見舞(みま)う (「〜われる」의 꼴로) (재난 등을) 만나다, 당하다 失敗(しっぱい) 실패 もし 만약
生(しょう)じる 생기다, 발생하다 得(え)る 얻다 〜はず (당연히) 〜할 것[터]임 利益(りえき) 이익 例(たと)えば 예를 들면
交通事故(こうつうじこ) 교통사고 怪我(けが) 부상, 상처 *「怪我(けが)をする」 – 부상을 입다 〜にわたって 〜에 걸쳐서
就労(しゅうろう) 취로, 노동에 종사함 損(そこ)なう 손상하다 身体(しんたい) 신체, 몸 健康(けんこう) 건강
治療費(ちりょうひ) 치료비 直接(ちょくせつ) 직접 損失(そんしつ) 손실 〜による 〜에 의한[따른]
不利益(ふりえき) 불이익 遭(あ)う (어떤 일을) 당하다, 겪다 〜ず(に) 〜하지 않고 〜まま 〜한 채로, 〜상태로
今(いま)まで 지금까지 〜通(とお)りに 〜대로 今後(こんご) 금후, 앞으로 숫자+も 〜이나 働(はたら)く 일하다
妨(さまた)げる 방해하다 収入(しゅうにゅう) 수입 同様(どうよう) 같은 모양, 같음, 마찬가지임 伴(ともな)う 따르다, 수반하다
동사의 ます형+やすい 〜하기 쉽다 例(れい) 예 就業(しゅうぎょう) 취업 大学生(だいがくせい) 대학생
息子(むすこ)さん (남의) 아들, 아드님 *남의 아들의 높여 이르는 말 在学(ざいがく) 재학 卒業(そつぎょう) 졸업
余分(よぶん) 여분 要(よう)する 요하다, 필요로 하다 동사의 보통형+ことになる 〜하게 되다 直(ただ)ちに 당장, 즉시

就職(しゅうしょく) 취직 漕(こ)ぎ着(つ)ける 노력해서 겨우 목표에 도달하다, (간신히) ~하기에 이르다
大(おお)まかだ 대략적이다, 대충이다 定年(ていねん) 정년 生涯(しょうがい) 생애, 평생 失(うしな)う 잃다
長引(ながび)く 오래 끌다, 지연되다 ～ば～ほど ~하면 ~할수록 把握(はあく) 파악 全(すべ)て 모두, 전부
～ことによって ~하는 것에 의해, ~함으로써 間接(かんせつ) 간접 社交(しゃこう) 사교 職場(しょくば) 직장
同僚(どうりょう) 동료 学友(がくゆう) 학우, 학교 친구 あるいは 또는, 혹은 交(まじ)わる 교제하다, 사귀다
輪(わ)を広(ひろ)げる 범위를 넓히다 恋愛(れんあい) 연애 繋(つな)がる 이어지다, 연결되다 出会(であ)い 첫 만남
～に比(くら)べて ~에 비해서 遥(はる)かに 훨씬 乏(とぼ)しい 모자라다, 부족하다
中高生(ちゅうこうせい) 중고생, 중학생과 고등학생 進学(しんがく) 진학 望(のぞ)む 바라다, 원하다, 기대하다
～のに ~는데(도) 諦(あきら)める 체념하다, 단념하다 동사의 ない형+ざるを得(え)ない ~하지 않을 수 없다, ~할[하는] 수밖에 없다
就学(しゅうがく) 취학 目(め) 눈 見(み)える 보이다 種々(しゅじゅ) 가지가지, 여러 가지 ライフイベント 라이프 이벤트
迎(むか)える (때를) 맞다, 맞이하다 喪失(そうしつ) 상실 遅(おく)れ 늦음, 지연 含(ふく)まれる 포함되다
主要(しゅよう)だ 주요하다 確認(かくにん) 확인 具体的(ぐたいてき)だ 구체적이다 ～ことで ~함으로써
抱(かか)える (돌볼 일을) 책임지다, 떠안다 損(そん)をする 손해를 보다 不安(ふあん)だ 불안하다
～かもしれない ~일지도 모른다 どれだけ 얼마만큼, 얼마나 改善(かいぜん) 개선 第一歩(だいいっぽ) 제일보, 첫걸음
漠然(ばくぜん)とした 막연한 深刻(しんこく)だ 심각하다 コスト 경비, 비용 かける (돈·시간 등을) 들이다, 쓰다
真剣(しんけん)だ 진지하다 取(と)り組(く)む 대처하다 동사의 기본형+べき (마땅히) ~해야 함
秤(はかり)にかける 저울에 달다, 이해득실을 생각하다 付(つ)き合(あ)う 사귀다, 교제하다 交際(こうさい) 교제
重(おも)さをはかる 무게를 재다 物事(ものごと) 물건과 일, (일체의) 사물 比(くら)べる 비교하다 利害(りがい) 이해, 이익과 손해
得失(とくしつ) 득실, 얻음과 잃음 判断(はんだん) 판단



1 다음 중 본문에서 말하는 ①'기회 손실'의 예로 적합하지 않은 것은 어느 것인가?

1 활짝 개어서 우산 대신에 양산을 팔았다.
2 계산대 고장으로 일정 시간 판매를 할 수 없었다.
3 상품 제공 속도가 늦어서 손님이 돌아갔다.
4 신용카드를 이용할 수 없어서 현금이 없는 손님을 놓쳤다.

**어휘** 当(あ)てはまる 들어맞다, 적합하다 からりと 활짝 *하늘이 맑게 갠 모양 晴(は)れる (하늘이) 개다 雨傘(あまがさ) 우산
명사+の+代(か)わりに ~대신에 日傘(ひがさ) 양산 売(う)る 팔다 レジ 계산대 *「レジスター」의 준말 商品(しょうひん) 상품
提供(ていきょう) 제공 スピード 스피드, 속도 帰(かえ)る 돌아가다 クレジットカード 신용카드
キャッシュレス 캐시리스, 무현금 거래 逃(に)がす 놓치다

2 은둔형 외톨이로 있는 기간이 10년이 되면 기회 손실인 생애 수입 감소분은 몇 년분이 되는가?

1 2년분
2 5년분
3 10년분
4 20년분

**어휘** 期間(きかん) 기간 減少分(げんしょうぶん) 감소분

3 ②파악하기 쉬운 금전만이 기회 손실의 전부가 아니다의 예로 필자가 말하고 있는 것은 무엇인가?

1 안정되어 있는 기분의 큰 혼란이나 당혹감
2 목표 달성을 방해받는 경험에서 생기는 기분의 좌절
3 끝까지 자신의 의지를 관철하려고 한 마음가짐
4 인생의 중요한 일을 맞을 기회의 상실이나 지연

**어휘** 安定(あんてい) 안정 乱(みだ)れ 흐트러짐, 혼란 戸惑(とまど)い 당황함, 허둥댐, 당혹감 目標(もくひょう) 목표
達成(たっせい) 달성 挫折(ざせつ) 좌절 最後(さいご) 최후, 마지막 意志(いし) 의지
貫(つらぬ)き通(とお)す (신념·신조 등을) 관철하다 心構(こころがま)え 마음가짐

4 필자는 주로 무엇에 대해서 말하고 있는가?

1 은둔형 외톨이가 되는 원인은 무엇인가
2 은둔형 외톨이의 무엇이 문제인 것인가
3 왜 정확한 은둔형 외톨이의 실태는 알려지지 않는 것인가
4 은둔형 외톨이 지원책에는 어떤 것이 있는가

**어휘** 主(おも)に 주로 原因(げんいん) 원인 正確(せいかく)だ 정확하다 実態(じったい) 실태 支援策(しえんさく) 지원책

## 확인 문제 2 • 내용 이해 3(장문)

**問題10 次の文章を読んで、後の問いに対する答えとして最もよいものを、1・2・3・4から一つ選びなさい。**

旅慣れた人は個人旅行、初心者がツアー、そんなふうに見られがちであるが、実は蓋(ふた)を開けてみると、旅慣れた人の多くが旅のところどころでツアーを上手に利用しているようである。そこで、個人旅行とツアーのそれぞれの長所と短所、また、両者の上手な組み合わせ方について考えてみた。

まず、個人旅行の長所といえば、何と言ってもその自由さであろう。旅の日程も目的地も交通手段も全て自分好みに決められる。宿泊の予算を絞りつつも、それなりに納得できる宿(やど)を探すことで、よりリーズナブルで納得のいく旅程を組むことができる。「この店、いいな」と思えば、最初はちょっと立ち寄るつもりでしかなかったとしても、1時間以上かけてゆっくりと品定め(しなさだめ)(注1)したり、味わったりしても大丈夫である。

いいことずくめに聞こえる個人旅行であるが、もちろん短所もある。それは、誰にでも向く旅のスタイルではないという点である。個人旅行では、宿(やど)やフライトチケットの手配から、ちょっとした移動手段、食事まで、全てを自分でコントロールするのが原則となる。もちろん、個人旅行という名の旅を、専門家にアレンジしてもらい、全てをお膳立て(ぜんだ)(注2)してもらうという方法もあるが、これはかなりの大名旅行(だいみょうりょこう)(注3)である。実際のところの個人旅行は、インターネットの普及で、それほどの語学力がなくても、宿(やど)の予約もチケット手配もできるようにはなったが、それでも詳細を知りたければ、メールや電話といった手段で問い合わせをする必要も出てくる。自力でやり遂げる語学力と根性とが必須(ひっす)(注4)であり、それがないか、面倒くさいと考える人には全く向かない旅スタイルである。

一方で、個人旅行の対岸に位置するのがツアーである。日本国内には大手を含めて多くの旅行代理店が存在し、世界各地へのツアーを販売している。一言でツアーといっても、その形態は様々で、自分は荷物をパッキングするだけという全てをお任せできるものもあれば、旅の大部分が自由行動というパターンもある。ただ、どのツアーにも言えるのが、「楽」であろう。このように細かい手配が面倒くさいというタイプには、絶対的にお勧めである。

そんなツアーも以前はどこの旅行代理店でも似たような日程、似たような価格のものが並んでいたが、そのバリエーションは、旅人たちの旅スタイルのバリエーションが増えたことに合わせて、増加傾向にある。そうは言っても、個人旅行のバリエーションには太刀(たち)打(う)ち(注5)できない。どうしても、「行きたいところ」や「食べたい物」が含まれている一方で、

「興味のないもの」もたくさん含まれてしまうことがある。それでも、ツアーの場合には「もう少しここを見たい」とか「私、ここは行かない」と言えないことが多いのである。個人旅行なら、ある程度可能な「変更」がツアーでは非常に難しいのである。更に、ツアーの多くは団体行動である。自分や自分の旅の連れ以外にも日本各地から集まった見ず知らずが一緒に旅をすることになる。時にはホテルで同室になることもあり、移動中や食事では隣の席に座ることもあるだろう。それを「出会い」としてプラスに受け取れる場合と、「迷惑」としか取れない場合もあるというリスクが含まれているのである。

(注1)品定め(しなさだめ): 人や物の優劣やよしあしなどを批評し判定すること。品評
(注2)お膳立て(ぜんだ): 準備しておくこと
(注3)大名旅行(だいみょうりょこう): 多くの費用をかけて行うぜいたくな旅行
(注4)必須(ひっす): 必ず要ること
(注5)太刀打ち(たちう): まともに張り合って競争すること

1 個人旅行の長所として、本文に出ているのはどれか。
1 全て自分好みに決められること
2 調べることが少なくなること
3 空港からホテルまでの移動が便利なこと
4 目的地へ辿り着いた感動が増すこと

2 個人旅行の短所として、本文に出ているのはどれか。
1 強制的にお土産屋に連れて行かれる場合があること
2 旅行の全てを自分でコントロールしなければならないこと
3 盗難に遭った場合、旅行代理店からの補償がないこと
4 現地でトラブルに巻き込まれる場合が多いこと

3 本文の内容からみて、ツアーに適している人はどんな人か。
1 時間がたっぷりある人
2 予算にあまり余裕がない人
3 旅行の細かい手配が面倒くさい人
4 自由を満喫したい人

4 ツアーの短所として、本文に出ているのはどれか。
1 観光スポットが決まっていないこと
2 ホテルの場所が不便であること
3 現地の人と触れ合う機会が個人旅行に比べて少ないこと
4 個人旅行ほどのバリエーションができないこと

# 확인 문제 2 • 정답 및 해석(내용 이해 3(장문))

여행에 익숙한 사람은 개인여행, 초보자가 단체여행, 그런 식으로 보여지기 쉬운데, 실은 뚜껑을 열어 보니 여행에 익숙한 사람 대부분이 여행 도처에서 단체여행을 능숙하게 이용하고 있는 것 같다. 그래서 개인여행과 단체여행 각각의 장점과 단점, 또 양자의 능숙한 조합 방식에 대해서 생각해 봤다.

우선 개인여행의 장점이라고 하면 뭐니 뭐니 해도 그 자유로움일 것이다. 여행 일정도 목적지도 교통수단도 모두 자신이 좋아하는 것으로 정할 수 있다. 숙박 예산을 줄이면서도 그런대로 납득할 수 있는 숙소를 찾음으로써 보다 합리적이고 납득이 가는 여정을 짤 수 있다. "이 가게, 좋군"이라고 생각되면 처음에는 잠깐 들를 생각밖에 없었다고 해도 1시간 이상 들여서 느긋하게 품평(주1)하거나 맛보거나 해도 괜찮다.

좋은 것 일색으로 들리는 개인여행이지만 물론 단점도 있다. 그것은 누구에게나 적합한 여행 스타일은 아니라는 점이다. 개인여행에서는 숙소나 비행기표 준비부터 사소한 이동 수단, 식사까지 모든 것을 스스로 컨트롤하는 것이 원칙이다. 물론 개인여행이라는 이름의 여행을 전문가가 조정하고 모든 것을 준비(주2)해 주는 방법도 있지만, 이것은 상당한 호화 여행(주3)이다. 실제로 개인여행은 인터넷의 보급으로 그다지 어학 능력이 없어도 숙소 예약도 티켓 준비도 할 수 있게는 되었지만, 그래도 자세한 내용을 알고 싶으면 메일이나 전화와 같은 수단으로 문의를 할 필요도 생긴다. 자력으로 해내는 어학 능력과 근성이 필수(주4)이며, 그것이 없거나 귀찮다고 생각하는 사람에게는 전혀 맞지 않는 여행 스타일이다.

한편 개인여행의 반대편에 위치하는 것이 단체여행이다. 일본 국내에는 대기업을 포함해 많은 여행사가 존재하고 세계 각지로의 단체여행을 판매하고 있다. 한마디로 단체여행이라고 해도 그 형태는 다양해서 자신은 짐을 꾸릴 뿐이라는 모든 것을 맡길 수 있는 것도 있고 여행의 대부분이 자유행동이라는 패턴도 있다. 다만 어느 단체여행에나 말할 수 있는 것이 '편안함'일 것이다. 이와 같이 세심한 준비가 귀찮다는 타입에게는 무조건 추천한다.

그런 단체여행도 이전에는 어느 여행사나 비슷한 일정, 비슷한 가격의 것이 즐비했었지만, 그 변화는 여행자들의 여행 스타일 변화가 늘어난 것에 맞춰 증가 경향에 있다. 그렇다고는 해도 개인여행의 변화에는 대적할(주5) 수 없다. 아무래도 '가고 싶은 곳'이나 '먹고 싶은 것'이 포함되어 있는 한편, '흥미 없는 것'도 많이 포함되어 버리는 경우가 있다. 그래도 단체여행의 경우에는 '좀 더 여기를 보고 싶다'라든가, '나 여기는 안 갈래'라고 말할 수 없는 경우가 많은 것이다. 개인여행이라면 어느 정도 가능한 '변경'이 단체여행에서는 대단히 어려운 것이다. 게다가 단체여행의 대부분은 단체행동이다. 자신이나 자신의 여행 일행 이외에도 일본 각지에서 모인 일면식도 없는 사람이 함께 여행을 하게 된다. 때로는 호텔에서 한방이 되는 경우도 있고 이동 중이나 식사에서는 옆자리에 앉는 경우도 있을 것이다. 그것을 '첫 만남'으로 긍정적으로 받아들이는 경우와 '괴로움'으로밖에 받아들이지 못하는 경우도 있다는 위험이 포함되어 있는 것이다.

(주1)品定め(품평): 사람이나 물건의 우열이나 좋고 나쁨 등을 비평하고 판정하는 것. 품평
(주2)お膳立て(준비): 준비해 두는 것
(주3)大名旅行(호화판 여행): 많은 비용을 들여서 하는 사치스러운 여행
(주4)必須(필수): 반드시 필요한 것
(주5)太刀打ち(맞섬): 정면으로 겨루고 경쟁하는 것

**어휘** 旅慣(たびな)れる 여행에 익숙해지다 個人(こじん) 개인 初心者(しょしんしゃ) 초심자, 초보자
ツアー 투어, (여행사 등이 기획하는) 단체여행 동사의 ます형+がちだ (자칫) ~하기 쉽다, 자주 ~하다, ~하기 십상이다, ~하기 일쑤다
実(じつ)は 실은 蓋(ふた)を開(あ)ける 뚜껑을 열다, 실정이나 결과 따위를 확인하다 多(おお)く 대부분 旅(たび) 여행
ところどころ(所々) 여기저기, 곳곳, 도처 そこで 그래서 それぞれ 각각 長所(ちょうしょ) 장점 短所(たんしょ) 단점
両者(りょうしゃ) 양자, 양쪽의 것 組(く)み合(あ)わせる 짜맞추다, 조화시키다 동사의 ます형+方(かた) ~하는 방법[방식]
まず 우선 ~といえば ~라고 하면 何(なん)と言(い)っても 뭐라고 해도, 뭐니 뭐니 해도 自由(じゆう)さ 자유로움
日程(にってい) 일정 目的地(もくてきち) 목적지 手段(しゅだん) 수단 全(すべ)て 모두, 전부 好(この)み 좋아함, 취향
決(き)める 정하다, 결정하다 宿泊(しゅくはく) 숙박 予算(よさん) 예산 絞(しぼ)る (지혜 등을) 짜내다, 쥐어짜다
동사의 ます형+つつも ~하면서도 それなりに 그런대로, 그 나름대로 納得(なっとく) 납득 宿(やど) 숙소, 여관
探(さが)す 찾다 ~ことで ~함으로써 リーズナブルだ 이치에 맞고 타당하다, 합리적이다 納得(なっとく)がいく 납득이 가다
旅程(りょてい) 여정, 여행 일정 組(く)む 짜다, 편성하다 最初(さいしょ) 최초, 맨 처음 立(た)ち寄(よ)る 들르다
동사의 보통형+つもりだ ~할 생각[작정]이다 ~としても ~라고 해도 かける (돈·시간 등을) 들이다, 쓰다
ゆっくり 천천히, 느긋하게 品定(しなさだ)め 품평 味(あじ)わう 맛보다 명사+ずくめ ~일색, ~뿐 聞(き)こえる 들리다
もちろん 물론 向(む)く 적합하다, 어울리다 スタイル 스타일 フライトチケット 비행기표 手配(てはい) 준비
ちょっとした 평범한, 대수롭지 않은 移動(いどう) 이동 コントロール 컨트롤, 통제하고 조절하는 일 原則(げんそく) 원칙
名(な) 이름 専門家(せんもんか) 전문가 アレンジ 어레인지, 정리, 배열, 조정 ~てもらう (남에게) ~해 받다, (남이) ~해 주다
お膳立(ぜんだ)て 준비 かなり 꽤, 상당히 大名旅行(だいみょうりょこう) 호화판 여행 実際(じっさい)のところ 실제로

インターネット 인터넷 普及(ふきゅう) 보급 それほど 그다지 語学力(ごがくりょく) 어학 능력 それでも 그래도
詳細(しょうさい) 상세, 자세한 내용 メール 메일 ～といった ～와 같은 問(と)い合(あ)わせ 문의 自力(じりき) 자력
やり遂(と)げる (끝까지) 해내다, 완수하다 根性(こんじょう) 근성 必須(ひっす) 필수
面倒(めんどう)くさい (아주) 귀찮다, 번거롭다 全(まった)く (부정어 수반) 전혀 一方(いっぽう) 한편
対岸(たいがん) 건너편 강가 位置(いち) 위치 国内(こくない) 국내 大手(おおて) (시장에서) 큰손, 대형
含(ふく)める 포함시키다 旅行代理店(りょこうだいりてん) 여행사 存在(そんざい) 존재 各地(かくち) 각지
販売(はんばい) 판매 一言(ひとこと) 일언, 한마디 말 ～といっても ～라고 해도 (실은) 形態(けいたい) 형태
様々(さまざま)だ 다양하다, 여러 가지다 荷物(にもつ) 짐 パッキング 패킹, 짐을 꾸림 任(まか)せる 맡기다
～も～ば～も ～도 ～하고[하거니와] ～도 大部分(だいぶぶん) 대부분 パターン 패턴 ただ 다만, 단지 楽(らく) 편안함
細(こま)かい 꼼꼼하다, 세심하다 絶対的(ぜったいてき)だ 절대적이다 勧(すす)め 추천 似(に)る 닮다, 비슷하다
並(なら)ぶ 늘어서다 バリエーション 베리에이션, 변화 旅人(たびびと) 여행자 増(ふ)える 늘다, 늘어나다
合(あ)わせる 맞추다 増加(ぞうか) 증가 傾向(けいこう) 경향 太刀打(たちう)ち 맞섬, 맞겨룸 どうしても 아무래도
含(ふく)む 포함하다 ～一方(いっぽう)で ～하는 한편으로 興味(きょうみ) 흥미 変更(へんこう) 변경
非常(ひじょう)に 대단히, 매우 更(さら)に 게다가, 더욱더 団体行動(だんたいこうどう) 단체행동 連(つ)れ 동행, 동반자
集(あつ)まる 모이다 見(み)ず知(し)らず 일면식도 없음, 또는 그 사람, 생면부지 時(とき)には 때로는
同室(どうしつ) 동실, 한방, 같은 방을 씀 隣(となり) 옆 席(せき) (앉는) 자리, 좌석 出会(であ)い 첫 만남
プラス 플러스, 보탬 受(う)け取(と)る 받아들이다, 이해하다 迷惑(めいわく) 폐, 괴로움 ～しか (부정어 수반) ～밖에
取(と)る 취하다, 해석하다, 받아들이다 リスク 리스크, 위험 優劣(ゆうれつ) 우열 よ(善)しあ(悪)し 좋고 나쁨
批評(ひひょう) 비평 品評(ひんぴょう) 품평 準備(じゅんび) 준비 費用(ひよう) 비용 行(おこな)う 하다, 행하다, 실시하다
ぜいたく(贅沢)だ 사치스럽다 必(かなら)ず 반드시, 꼭 要(い)る 필요하다 まともに 정면으로, 착실히
張(は)り合(あ)う 겨루다, 경쟁하다 競争(きょうそう) 경쟁



1 개인여행의 장점으로 본문에 나와 있는 것은 어느 것인가?
1 모두 자기 취향으로 정할 수 있는 것
2 조사하는 것이 적어지는 것
3 공항에서 호텔까지의 이동이 편리한 것
4 목적지에 당도한 감동이 커지는 것

**어휘** 好(この)み 기호, 취향 調(しら)べる 조사하다 少(すく)ない 적다 空港(くうこう) 공항 便利(べんり)だ 편리하다
目的地(もくてきち) 목적지 辿(たど)り着(つ)く (겨우) 당도하다 感動(かんどう) 감동
増(ま)す (수·양·정도가) 커지다, 많아지다, 늘다

2 개인여행의 단점으로 본문에 나와 있는 것은 어느 것인가?
1 강제적으로 기념품 가게에 데려 가는 경우가 있는 것
2 여행의 모든 것을 스스로 컨트롤하지 않으면 안 되는 것
3 도난을 당한 경우 여행사로부터의 보상이 없는 것
4 현지에서 분쟁에 말려들 경우가 많은 것

**어휘** 強制的(きょうせいてき)だ 강제적이다 お土産屋(みやげや) 토산품점, (여행지의) 기념품 가게 連(つ)れる 데리고 가다
～なければならない ～하지 않으면 안 된다, ～해야 한다 盗難(とうなん) 도난 遭(あ)う 겪다, 당하다 補償(ほしょう) 보상
現地(げんち) 현지 トラブル 트러블, 문제, 분쟁 巻(ま)き込(こ)む 말려들게 하다

3 본문의 내용으로 보아 단체여행에 적합한 사람은 어떤 사람인가?
1 시간이 많이 있는 사람
2 예산에 별로 여유가 없는 사람
3 여행의 세심한 준비가 귀찮은 사람
4 자유를 만끽하고 싶은 사람

**어휘** 適(てき)する 알맞다, 적당하다 たっぷり 듬뿍, 많이 予算(よさん) 예산 あまり (부정어 수반) 그다지, 별로
余裕(よゆう) 여유 満喫(まんきつ) 만끽

4 단체여행의 단점으로 본문에 나와 있는 것은 어느 것인가?
1 관광할 곳이 정해져 있지 않은 것
2 호텔 장소가 불편한 것
3 현지 사람과 접할 기회가 개인여행에 비해 적은 것
4 개인여행만큼의 변화가 불가능한 것

**어휘** 観光(かんこう) 관광 スポット 스폿, (특정한) 곳, 장소, 자리 決(き)まる 정해지다, 결정되다 触(ふ)れ合(あ)う 접(촉)하다
～に比(くら)べて ～에 비해서 ～ほど ～정도, ～만큼

## 확인 문제 3 • 내용 이해 3(장문)

**問題10 次の文章を読んで、後の問いに対する答えとして最もよいものを、1・2・3・4から一つ選びなさい。**

私たちは商品のメリットに魅力を感じてそれを選びますが、ウィークポイントはあまり表には出てきません。このような手法を①チェリーピッキングと呼びますが、これはさくらんぼの生った木から特に熟れた実だけを選び収穫することから由来しますが、データを根拠として取り扱う人が現状把握や仮説検証にこれを用いるのは、適切ではありません。なぜなら、客観的な視点ではないからです。

例えば、自分たちの提案を選んでもらうために、特定の一側面の根拠を強く主張して危機感を煽り(注1)、作為的に提案の同意へ誘導するケースもチェリーピッキングの一つであり、特に営業の側面では比較的よく見られるケースのように感じられます。ただし、新たな取り組みを進める際にそのように推し進めるのは否定しませんし、私自身も過去に提案の場面でそのような見せ方をした経験もあります。多かれ少なかれ、商品やソリューションはその一面を持っており、それを選んだ者が得られる利益に満足すれば良いと思います。

しかし、現状を客観的に把握する場面や、仮説をもって事象を精査する(注2)場面では、中立性が求められます。チェリーピッキングは利己的に働き、主張する側に有利な情報だけが根拠として並びます。そうすると、解釈や判断が偏ったものになってしまいます。

データを扱う人たちは、事実を多くかつ多様なものを集め、それを要約して評価し、次の方向性を提示するという過程に携わっています。これは「空・雨・傘の三段論法」と呼ばれる考え方ですが、詳しくは②「(1)空が曇っていて、(2)雨が降りそうだから、(3)傘を持っていこう」というものです。もし(1)で一側面だけの事実しか集めなければ、あるいは(2)で一側面に偏った評価をしたとすれば、(3)で誰が選んでもその方向に向いてしまうということが起きます。要するに、現状把握ではネガティブな印象をポジティブに変えられますし、仮説検証では偏った意見を支持する根拠のみを提示してしまいます。

(1)から(3)まで全てに関わらなくても、(1)や(2)にはデータを扱う人たちの多くが関わります。現状把握や仮説検証で重要なのは、まずは事実の把握です。解釈は自由ですが、恣意的(しいてき)に(注3)事実から一側面を隠してはいけません。

チェリーピッキングは自分の主張の見栄え(注4)を良くしてくれますが、正確な数値や検証を必要とする場面において相応しい話術とは言えません。特に、チェリーピッキングであることが後からばれてしまった場合に、自分が被る信頼の低下は予想以上のものであるかもしれません。もちろん、意図せずチェリーピッキングになってしまっているという場合もあるため、一度や二度の失敗で大きく責められることはないでしょう。しかし、正確な検証が求められる場面において、何度も誤った分析を提示してしまうのは、やはりマイナスイメージを与えてしまうでしょう。

(注1)煽る: 相手を刺激して、ある行動をするように仕向ける
(注2)精査する: 詳しく調べる
(注3)恣意的だ(しいてき): 自分の好きなように振る舞う
(注4)見栄え: 見た感じが良いこと

**1** ①チェリーピッキングの定義として、正しいのはどれか。

1 軽微な犯罪も徹底的に取り締まることで、凶悪犯罪を含めた犯罪を抑止できるという理論
2 ある事件に対して、自分以外に傍観者がいる時に率先して行動を起こさなくなる心理
3 データから自分の主張に都合の良いものだけを選び、それを有力な根拠として提示する手法
4 受け入れがたい状況にさらされた時、それによる不安を軽減しようとする無意識的な心理的メカニズム

**2** ①チェリーピッキングの例として、正しいのはどれか。

1 相手に好意を抱いているのに、悟られないために素っ気ない態度を取る。
2 理想とする先輩や尊敬する上司の振る舞いや特徴を真似る。
3 スキーに行きたかったが寝坊をして行けず、行っていれば怪我をしていたかもしれないと考える。
4 健康保険会社が健康な人に保険を売り、不健康な人には保険を売ることを拒否する。

**3** ②(1)空が曇っていて、(2)雨が降りそうだから、(3)傘を持っていこうを本文に出ている三段論法で表すとどうなるか。

1 事実 → 反省 → 判断　　2 事実 → 判断 → 反省
3 事実 → 解釈 → 判断　　4 事実 → 判断 → 解釈

**4** 筆者の主張として、正しいのはどれか。

1 観察や調査、実験から人の心理や行動をしっかりと読み取ろう。
2 求められていることをしっかり踏まえ、正しくデータを評価し、自己主張を裏付けていこう。
3 自分に対する信頼度を上げたい人なら、チェリーピッキングをうまく使ってみよう。
4 自分に有利な情報だけを根拠として並べることは、決して悪いとは言いがたい。

# 확인 문제 3 • 정답 및 해석(내용 이해 3(장문))

우리는 상품의 장점에 매력을 느껴서 그것을 선택하지만, 약점은 그다지 겉으로는 드러나지 않습니다. 이와 같은 수법을 ①체리 피킹이라고 부르는데, 이것은 체리가 열린 나무에서 특히 잘 익은 열매만을 골라 수확하는 것에서 유래하지만, 데이터를 근거로 다루는 사람이 현상 파악이나 가설 검증에 이것을 이용하는 것은 적절하지 않습니다. 왜냐하면 객관적인 시점이 아니기 때문입니다.

예를 들어 자신들의 제안을 선택받기 위해 특정 한 측면의 근거를 강하게 주장해 위기감을 부추겨(주1) 작위적으로 제안에 동의하도록 유도하는 경우도 체리 피킹의 하나로, 특히 영업 측면에서는 비교적 자주 보이는 사례처럼 느껴집니다. 다만 새로운 매매 계약을 진행할 때 그와 같이 추진하는 것은 부정하지 않고, 저 자신도 과거에 제안 장면에서 그와 같은 보여주기 식을 한 경험도 있습니다. 많든 적든 상품이나 해결책은 그 일면을 가지고 있어서 그것을 택한 사람이 얻을 수 있는 이익에 만족하면 된다고 생각합니다.

그러나 현상을 객관적으로 파악하는 장면이나 가설로써 사실과 현상을 정밀하게 조사하는(주2) 장면에서는 중립성이 요구됩니다. 체리 피킹은 이기적으로 작용해 주장하는 측에 유리한 정보만이 근거로 나열됩니다. 그렇게 하면 해석이나 판단이 치우친 것이 되어 버립니다.

데이터를 다루는 사람들은 사실을 많이, 또 다양한 것을 모아서 그것을 요약하고 평가해서 다음 방향성을 제시한다는 과정에 종사하고 있습니다. 이것은 '하늘 · 비 · 우산의 삼단 논법'이라고 불리는 사고방식인데, 자세하게는 ②'(1)하늘이 흐려서 (2)비가 내릴 것 같으니 (3)우산을 가져가자'라는 것입니다. 만약 (1)에서 한 측면만의 사실밖에 모으지 않으면, 혹은 (2)에서 한 측면에 치우친 평가를 했다고 하면 (3)에서 누가 선택해도 그 방향으로 향해 버리는 일이 일어납니다. 요컨대 현상 파악에서는 부정적인 인상을 긍정적으로 바꿀 수 있고, 가설 검증에서는 치우친 의견을 지지하는 근거만을 제시해 버립니다.

(1)부터 (3)까지 모두에 관계하지 않더라도 (1)이나 (2)에는 데이터를 다루는 사람들 대부분이 관계가 있습니다. 현상 파악이나 가설 검증에서 중요한 것은 우선은 사실 파악입니다. 해석은 자유지만 자의적으로(주3) 사실에서 한 측면을 숨겨서는 안 됩니다.

체리 피킹은 자기 주장을 좋게 돋보이게(주4) 해 주지만, 정확한 수치나 검증을 필요로 하는 장면에서 어울리는 화술이라고는 할 수 없습니다. 특히 체리 피킹인 것이 나중에 탄로났을 경우에 자신이 입을 신뢰 저하는 예상 이상의 것일지도 모릅니다. 물론 의도하지 않고 체리 피킹이 되어 버린 경우도 있기 때문에 한두 번의 실수로 크게 책망받을 일은 없겠죠. 그러나 정확한 검증이 요구되는 장면에서 여러 번 잘못된 분석을 제시해 버리는 것은 역시 좋지 않은 인상을 주고 말 것입니다.

(주1)煽る(부추기다): 상대를 자극해 어떤 행동을 하도록 만들다
(주2)精査する(정사하다): 상세하게 조사하다
(주3)恣意的だ(자의적이다): 자신이 좋아하는 대로 행동하다
(주4)見栄え(돋보임): 본 느낌이 좋은 것

**어휘** 商品(しょうひん) 상품 メリット 장점 魅力(みりょく) 매력 選(えら)ぶ 고르다, 택하다 ウィークポイント 약점, 급소 あまり (부정어 수반) 그다지, 별로 表(おもて) 겉, 겉면 手法(しゅほう) 수법 チェリーピッキング 체리 피킹 *과수업자들이 질 좋은 과일만 보이고 질 나쁜 과일은 숨기는 행동에서 유래한 말로, 일반적으로 자기에게 불리한 사례나 자료를 숨기고 유리한 자료를 보여 주며 자신의 견해 또는 입장을 지켜내려는 편향적 태도를 지칭하는 말 呼(よ)ぶ 부르다, 일컫다 さくらんぼ 버찌, 체리 生(な)る (열매가) 열리다 木(き) 나무 熟(な)れる 익다 実(み) 열매 収穫(しゅうかく) 수확 由来(ゆらい) 유래 データ 데이터 根拠(こんきょ) 근거 ～として ～로서 取(と)り扱(あつか)う 취급하다, 다루다 現状(げんじょう) 현상, 현재의 상태 把握(はあく) 파악 仮説(かせつ) 가설 検証(けんしょう) 검증 用(もち)いる 사용하다, 이용하다 適切(てきせつ)だ 적절하다 なぜなら 왜냐하면 客観的(きゃっかんてき)だ 객관적이다 視点(してん) 시점 例(たと)えば 예를 들면 提案(ていあん) 제안 ～て[で]もらう (남에게) ～해 받다, (남이) ～해 주다 特定(とくてい) 특정 一側面(いちそくめん) 한 측면 主張(しゅちょう) 주장 危機感(ききかん) 위기감 煽(あお)る 부추기다, 선동하다 作為的(さくいてき)だ 작위적이다 同意(どうい) 동의 誘導(ゆうどう) 유도 ケース 경우, 사례 特(とく)に 특히 営業(えいぎょう) 영업 比較的(ひかくてき) 비교적 ただし 다만 新(あら)ただ 새롭다 取(と)り組(く)み (거래에서의) 매매 계약 進(すす)める 진행하다 ～際(さい)に ～(할) 때 推(お)し進(すす)める 밀고 나아가다, 추진하다 否定(ひてい) 부정 過去(かこ) 과거 場面(ばめん) 장면 見(み)せる 보이다 동사의 ます형+方(かた) ～하는 방식[방법] 経験(けいけん) 경험 多(おお)かれ少(すく)なかれ 많든 적든, 다소간에, 어쨌든 간에 ソリューション 솔루션, 해결책 者(もの) 자, 사람 得(え)る 얻다 利益(りえき) 이익 満足(まんぞく) 만족 事象(じしょう) 사실과 현상 精査(せいさ) 정밀하게 조사함 中立性(ちゅうりつせい) 중립성 求(もと)める 요구하다, (요)청하다 利己的(りこてき)だ 이기적이다 働(はたら)く 작용하다 有利(ゆうり)だ 유리하다 並(なら)ぶ 늘어서다, 나열하다 解釈(かいしゃく) 해석 判断(はんだん) 판단 偏(かたよ)る (한쪽으로) 치우치다 扱(あつか)う 취급하다, 다루다 事実(じじつ) 사실 かつ 또, 그 위에 多様(たよう)だ 다양하다 要約(ようやく) 요약 評価(ひょうか) 평가 方向性(ほうこうせい) 방향성 提示(ていじ) 제시 過程(かてい) 과정

携(たずさ)わる 관계하다, 종사하다 空(そら) 하늘 雨(あめ) 비 傘(かさ) 우산
三段論法(さんだんろんぽう) 삼단 논법 *대전제와 소전제의 두 전제와 하나의 결론으로 이루어진 연역적 추리법
考(かんが)え方(かた) 사고방식 詳(くわ)しい 자세하다, 상세하다 曇(くも)る 흐리다, 흐려지다 あるいは 또는, 혹은
向(む)く 향하다 起(お)きる 일어나다, 발생하다 要(よう)するに 요컨대 ネガティブだ 네거티브다, 부정적이다
印象(いんしょう) 인상 ポジティブだ 포지티브다, 긍정적이다 支持(しじ) 지지 ～のみ ～만, ～뿐
関(かか)わる 관계되다, 관계가 있다, 상관하다 恣意的(しいてき)だ 자의적이다 隠(かく)す 숨기다, 감추다
～てはいけない ～해서는 안 된다 見栄(みば)え 돋보임, 좋게 보임 正確(せいかく)だ 정확하다 数値(すうち) 수치
～において ～에 있어서, ～에서 相応(ふさわ)しい 어울리다 話術(わじゅつ) 화술 ～とは言(い)えない ～라고는 할 수 없다
ばれる 탄로나다, 발각되다 被(こうむ)る (피해 등을) 입다, 받다 信頼(しんらい) 신뢰 低下(ていか) 저하 予想(よそう) 예상
～かもしれない ～일지도 모른다 意図(いと) 의도 ～ず(に) ～하지 않고 失敗(しっぱい) 실수, 실패 責(せ)める 책망하다
誤(あやま)る 잘못되다, 그릇되다 分析(ぶんせき) 분석 やはり 역시 マイナスイメージ 마이너스 이미지, 좋지 않은 인상
与(あた)える 주다 相手(あいて) 상대 刺激(しげき) 자극 仕向(しむ)ける (～하도록) 만들다 振(ふ)る舞(ま)う 행동하다

**1** ①체리 피킹의 정의로 옳은 것은 어느 것인가?

1 경미한 범죄도 철저하게 단속함으로써 흉악범죄를 포함한 범죄를 억제할 수 있다는 이론
2 어떤 사건에 대해서 자신 이외에 방관자가 있을 때 솔선해서 행동을 하지 않게 되는 심리
3 데이터에서 자신의 주장에 유리한 것만을 골라 그것을 유력한 근거로 제시하는 수법
4 받아들이기 힘든 상황에 노출되었을 때 그것에 따른 불안을 경감하려고 하는 무의식적인 심리적 메커니즘

**어휘** 定義(ていぎ) 정의 軽微(けいび)だ 경미하다 犯罪(はんざい) 범죄 徹底的(てっていてき)だ 철저하다
取(と)り締(し)まる 단속하다 凶悪犯罪(きょうあくはんざい) 흉악범죄 含(ふく)める 포함시키다 抑止(よくし) 억지, 억제
理論(りろん) 이론 ～に対(たい)して ～에 대해서 傍観者(ぼうかんしゃ) 방관자 率先(そっせん) 솔선 心理(しんり) 심리
都合(つごう) 사정, 형편 有力(ゆうりょく)だ 유력하다 受(う)け入(い)れる 받아들이다 동사의 ます형+がたい ～하기 힘들다
さらす 위험한 상태에 두다, 드러내다 不安(ふあん) 불안 軽減(けいげん) 경감 無意識的(むいしきてき)だ 무의식적이다
メカニズム 메커니즘, 장치, 구조

**2** ①체리 피킹의 예로 옳은 것은 어느 것인가?

1 상대에게 호의를 품고 있는데도 알아차리지 못하게 하기 위해서 무뚝뚝한 태도를 취한다.
2 이상으로 삼은 선배나 존경하는 상사의 행동과 특징을 흉내 낸다.
3 스키를 타러 가고 싶었지만 늦잠을 자서 못 가서, 갔으면 부상을 입었을지도 모른다고 생각한다.
4 건강보험회사가 건강한 사람에게 보험을 팔고 건강하지 않은 사람에게는 보험 파는 것을 거부한다.

**어휘** 例(れい) 예 好意(こうい) 호의 抱(いだ)く (마음속에) 품다 悟(さと)る 알아차리다, 눈치채다
素(そ)っ気(け)ない 무뚝뚝하다, 퉁명스럽다, 쌀쌀맞다 態度(たいど)を取(と)る 태도를 취하다 理想(りそう) 이상
先輩(せんぱい) 선배 尊敬(そんけい) 존경 上司(じょうし) 상사 振(ふ)る舞(ま)い 행동 特徴(とくちょう) 특징
真似(まね)る 흉내 내다, 모방하다 スキー 스키 동작성 명사+に ～하러 *동작의 목적 寝坊(ねぼう)をする 늦잠을 자다
～ず ～하지 않아서 怪我(けが) 부상, 상처 *「怪我(けが)をする」 – 부상을 입다
健康保険会社(けんこうほけんがいしゃ) 건강보험회사 売(う)る 팔다 不健康(ふけんこう)だ 건강하지 못하다
拒否(きょひ) 거부

**3** ②(1)하늘이 흐려서 (2)비가 내릴 것 같으니 (3)우산을 가져가자를 본문에 나와 있는 삼단 논법으로 나타내면 어떻게 되는가?

1 사실 → 반성 → 판단
2 사실 → 판단 → 반성
3 사실 → 해석 → 판단
4 사실 → 판단 → 해석

**어휘** 表(あらわ)す 나타내다, 증명하다 反省(はんせい) 반성

**4** 필자의 주장으로 옳은 것은 어느 것인가?

1 관찰이나 조사, 실험으로 사람의 심리나 행동을 확실히 파악하자.
2 요구되고 있는 것에 제대로 입각해 올바르게 데이터를 평가하고 자기 주장을 뒷받침해 가자.
3 자신에 대한 신뢰도를 높이고 싶은 사람이라면 체리 피킹을 잘 사용해 보자.
4 자신에게 유리한 정보만을 근거로 늘어놓는 것은 결코 나쁘다고는 말하기 힘들다.

**어휘** 観察(かんさつ) 관찰 実験(じっけん) 실험 しっかりと 제대로, 확실히 読(よ)み取(と)る 알아채다, 파악하다
명사+を踏(ふ)まえ(て) ～을 토대로, ～에 입각해서 裏付(うらづ)ける 뒷받침하다 ～に対(たい)する ～에 대한
信頼度(しんらいど) 신뢰도 上(あ)げる (지위·정도·가치 등을) 높이다 並(なら)べる (말 등을) 늘어놓다
決(けっ)して (부정어 수반) 결코, 절대로 동사의 ます형+がたい ～하기 힘들다

# 문제 11 통합 이해

## 출제 유형

문제 11 통합 이해는 600자 내외의 비교적 쉬운 두 개의 지문을 읽고 비교 및 통합을 통해 문제의 정답을 찾는 유형으로, 2문항이 출제된다. 이 유형에서는 어떤 주제에 대해 의견이나 생각을 묻는 문제가 주로 출제되므로 읽을 때는 두 지문의 공통점이나 차이점에 주목해야 한다.

## 실제 시험 예시

**問題11 次のAとBの文章を読んで、後の問いに対する答えとして最もよいものを、1・2・3・4から一つ選びなさい。**

A

海外留学が良いと思う点は、まず、語学を習得するのに最も最適な方法ということです。座学で勉強するよりも、語学の習得は実際に生活の中で使うのが一番だと思います。生活するに必要な言葉は何なのかを、生きるために必死で考えますので、こういった経験をして得られる語学は、日本にいてはなかなかできないことだと思います。そして、海外留学をすることで、日本を客観的に捉えることができ、より広い視点で物事を見ることができます。これは、人生観において多大な影響を与えることに違いありませんから、なるべくなら海外留学はした方が良いと私は思っています。更に、海外に留学すると現地の人のみならず、同じ留学生も外国人が多いので、容易に仲良くなることができます。

B

海外留学を通して語学力が向上するのは否定できません。しかし、海外留学はデメリットも多いと思います。海外ではどんなに治安の良い国でも、日本よりは事件や事故に巻き込まれやすいです。これは、日本で暮らしていても変わらない事実かもしれませんが、明らかに海外の方が日本より治安が悪いのは自明の理(注)です。海外留学はそんなに長い期間行くわけではありませんので、そこまでナーバスになる必要はないのかもしれませんが、安全面でのリスクが常につきまとうのが、海外留学の怖さだと思います。ですので、海外留学をする際は、治安のチェックを十分すぎるくらいすることが、海外留学をする上でとても重要なのです。いわゆる「自分探し」のためだけに物見遊山で海外留学をすると、異文化に馴染めずに苦労をします。また、海外留学は何のために行くのか目的意識をきちんと持ち、「相手の文化を尊重する」という気持ちを持たないと、言葉も通じないまま自分のやりたいことばかりを強調してしまい、「恥知らずの日本人留学生」と言われかねません。

(注)自明の理: あれこれ説明する必要のない明白な道理

1 Aが海外留学が良いと思う理由として、言っていないのはどれか。

1 より広い視点で物事を見ることができるから
2 留学経験を通して自分に自信が付くから
3 語学を習得するのに最も最適な方法だから
4 現地の人や留学生と容易に仲良くなることができるから

2 AとBが同じ意見なのはどれか。

1 人間的に成長できる。
2 予想以上の費用と時間がかかる。
3 使える語学力が身に付けられる。
4 海外に友人や人脈ができる。

|정답| 1 2 2 3



## 시험 대책

통합 이해는 두 개의 지문을 읽고 문제의 정답을 찾는 유형이므로 질문을 미리 읽은 후에 지문을 읽는 게 절대적으로 유리한 파트이다. 앞서 언급했던 것처럼 통합 이해를 풀 때는 두 지문의 공통점이나 차이점에 주목해서 읽어야 하는데, 최근 시험에서는 특히 서로 상반된 의견의 지문이 나오는 경우가 많으므로, 두 지문이 어떤 부분에서 의견 차이를 보이는지 잘 찾아내야 한다.

동영상 20

# 확인 문제 1 • 통합 이해

**問題11 次のAとBの文章を読んで、後の問いに対する答えとして最もよいものを、1・2・3・4から一つ選びなさい。**

A

中途採用は、既に社会人としての経験を積んだ人材を獲得することが可能である。選考段階で応募者の経歴やスキルなどを総合的に判断すれば、入社した初日から働いてもらうこともできる。このように、切迫した人材不足が課題であれば、即戦力(注)を補充できる中途採用が効果的であると言える。また、中途採用で獲得できる人材は、自社以外のノーハウを持っている。それらの知識や技術を活用することで、自社が現在抱えている課題を克服できるかもしれない。最後に、新卒社員は初めて社会に出るため、一般的な常識やビジネスマナーなどを習得していない。社会人として活躍してもらうためには研修を行い、教育する必要がある。その点で、中途採用の社員は既に社会で働いたことがあるため、改めて基礎的な研修は不要である。特に同業種で働いていた経験がある人材であれば、業界研修なども必要なくなるだろう。

(注)即戦力: 訓練や準備をしなくてもすぐに使える戦力

B

中途採用の社員は前職を辞めている人たちである。転職経験が多い場合、終身雇用を希望せず自分のやりたいことを追究している可能性がある。また、新卒採用社員と比較して自社に対する愛着を持たない人が多いようである。社風や会社のビジョンではなく、条件を重視して転職を決めた社員であれば、早期離職する可能性も高くなるだろう。また、中途採用で獲得できる人材は、経験がある分自分なりの仕事の考え方や進め方を持っていることが多い。そのため、新卒社員と比較すると、柔軟性に欠けていると感じられることも少なくないだろう。もし、自社の方針や仕事の進め方と合わない場合、トラブルが発生する可能性もある。それに、中途社員ばかりを採用していると、社内の平均年齢が高くなる傾向がある。このような状態では、新卒で採用する若い世代が居心地(注)の悪さを感じてしまうこともある。最後に、責任のある仕事は中途採用の社員がメーンになり、若手の成長が遅れる可能性もある。昇進するポストも埋まっている場合が多く、昇進できないことが原因で若手の離職に繋がる恐れもある。

(注)居心地: ある場所や地位などにいる時の感じや気持ち

1 Aが中途採用のメリットとして、言っていないのはどれか。

1 教育コストを削減できる。

2 即戦力候補を獲得できる。

3 新たなノーハウを知ることができる。

4 人件費の節約が可能になる。

2 Bが中途採用のデメリットとして、言っていないのはどれか。

1 年功序列や終身雇用に執着してしまう可能性がある。

2 若い世代の成長や昇進が遅れる可能性がある。

3 自社の方針とマッチしない可能性がある。

4 早期転職する可能性がある。

# 확인 문제 1 • 정답 및 해석(통합 이해)

A

경력직 채용은 이미 사회인으로서의 경험을 쌓은 인재를 획득하는 것이 가능하다. 전형 단계에서 응모자의 경력이나 스킬 등을 종합적으로 판단하면 입사한 첫날부터 일할 수도 있다. 이와 같이 절박한 인재 부족이 과제라면 즉시 전력(주)을 보충할 수 있는 경력직 채용이 효과적이라고 할 수 있다. 또 경력직 채용으로 획득할 수 있는 인재는 자사 이외의 노하우를 가지고 있다. 그러한 지식이나 기술을 활용함으로써 자사가 현재 안고 있는 과제를 극복할 수 있을지도 모른다. 마지막으로 신규 졸업 사원은 처음 사회에 나오기 때문에 일반적인 상식이나 비즈니스 매너 등을 습득하고 있지 않다. 사회인으로 활약하기 위해서는 연수를 실시하고 교육할 필요가 있다. 그 점에서 경력직 사원은 이미 사회에서 일한 적이 있기 때문에 새삼스럽게 기초적인 연수는 필요 없다. 특히 같은 업종에서 일한 경험이 있는 인재라면 업계 연수 등도 필요 없어질 것이다.

(주)即戦力(즉시 전력): 훈련이나 준비를 하지 않아도 바로 사용할 수 있는 전력

**어휘** 中途採用(ちゅうとさいよう) 중도[경력직] 채용, (신규 채용이 아니라) 기업이 비정기적으로[수시로] 사원을 채용하는 것. 또, 그렇게 채용된 사람 既(すで)に 이미 社会人(しゃかいじん) 사회인 ～として ～으로서 *자격 経験(けいけん) 경험
積(つ)む (경험 등을) 쌓다 人材(じんざい) 인재 獲得(かくとく) 획득 可能(かのう) 가능 選考(せんこう) 전형
段階(だんかい) 단계 応募者(おうぼしゃ) 응모자 経歴(けいれき) 경력 スキル 기능, 숙련, 특수한 기술
総合的(そうごうてき)だ 종합적이다 判断(はんだん) 판단 入社(にゅうしゃ) 입사 初日(しょにち) 첫날 働(はたら)く 일하다
～てもらう (남에게) ～해 받다, (남이) ～해 주다 切迫(せっぱく) 절박 不足(ふそく) 부족 課題(かだい) 과제
即戦力(そくせんりょく) 즉전력, 실전에 투입되었을 때 즉시 사용할 수 있는 능력 補充(ほじゅう) 보충
効果的(こうかてき)だ 효과적이다 自社(じしゃ) 자사, 자기 회사 以外(いがい) 이외
ノーハウ 노하우 *어떤 일을 오래 함에 따라 자연스럽게 터득한 방법이나 요령 それら 그것들 *「それ」(그것)의 복수
知識(ちしき) 지식 技術(ぎじゅつ) 기술 活用(かつよう) 활용 ～ことで ～함으로써 現在(げんざい) 현재
抱(かか)える (어려움 등을) 안다, 떠맡다 課題(かだい) 과제 克服(こくふく) 극복 ～かもしれない ～일지도 모른다
最後(さいご) 최후, 마지막 新卒(しんそつ) 새로 졸업한 사람 *「新卒社員(しんそつしゃいん)」- 신규 졸업 사원
初(はじ)めて 처음(으로) 一般的(いっぱんてき)だ 일반적이다 常識(じょうしき) 상식
ビジネスマナー 비즈니스 매너, 사회생활에서의 예의나 행동 방식 習得(しゅうとく) 습득 研修(けんしゅう) 연수
行(おこな)う 하다, 행하다, 실시하다 教育(きょういく) 교육 改(あらた)めて 새삼스럽게 基礎的(きそてき)だ 기초적이다
不要(ふよう)だ 불필요하다, 필요 없다 業種(ぎょうしゅ) 업종 業界(ぎょうかい) 업계 訓練(くんれん) 훈련
準備(じゅんび) 준비 戦力(せんりょく) 전력

B

경력직 사원은 전 직장을 그만둔 사람들이다. 전직 경험이 많을 경우 종신고용을 희망하지 않고 자신이 하고 싶은 것을 추구하고 있을 가능성이 있다. 또 신규 졸업 채용 사원과 비교해서 자사에 대한 애착을 가지지 않은 사람이 많은 것 같다. 사풍이나 회사의 비전이 아니라 조건을 중시해 전직을 결정한 사원이라면 조기 이직할 가능성도 높아질 것이다. 또 경력직 채용으로 획득할 수 있는 인재는 경험이 있는 만큼 자기 나름대로의 업무 사고방식이나 진행 방식을 가지고 있는 경우가 많다. 그 때문에 신규 졸업 사원과 비교하면 유연성이 부족하다고 느껴지는 경우도 적지 않을 것이다. 만약 자사의 방침이나 업무 진행 방식과 맞지 않을 경우 트러블이 발생할 가능성도 있다. 게다가 경력직 사원만을 채용하고 있으면 사내의 평균 연령이 높아지는 경향이 있다. 이와 같은 상태에서는 신규 졸업으로 채용한 젊은 세대가 마음(주)의 불편함을 느껴 버릴 수도 있다. 마지막으로 책임이 있는 업무는 경력직 사원이 메인이 되어 젊은 사원의 성장이 더딜 가능성도 있다. 승진할 자리도 메워져 있는 경우가 많아 승진할 수 없는 것이 원인으로 젊은 사원의 이직으로 이어질 우려도 있다.

(주)居心地(어떤 장소에 있을 때 기분): 어떤 장소나 지위 등에 있을 때의 느낌이나 기분

**어휘** 前職(ぜんしょく) 전직, 전에 가졌던 직업이나 지위 辞(や)める (일자리를) 그만두다 転職(てんしょく) 전직, 일자리를 옮김
終身雇用(しゅうしんこよう) 종신고용, 노동자를 정년까지 고용함 希望(きぼう) 희망
～ず(に) ～하지 않고 *「する」(하다)의 경우 「しず(に)」가 아니라 「せず(に)」가 된다는 점에 주의 追究(ついきゅう) 추구
可能性(かのうせい) 가능성 比較(ひかく) 비교 ～に対(たい)する ～에 대한 愛着(あいちゃく) 애착
社風(しゃふう) 사풍, 회사 특유의 기풍 ビジョン 비전, 전망 条件(じょうけん) 조건 重視(じゅうし) 중시
決(き)める 정하다, 결정하다 早期(そうき) 조기 離職(りしょく) 이직 ～なり ～나름대로 考(かんが)え方(かた) 사고방식
進(すす)める 진행하다 동사의 ます형+方(かた) ～하는 방법[방식] そのため 그 때문에 柔軟性(じゅうなんせい) 유연성
欠(か)ける 모자라다 少(すく)ない 적다 もし 만약 方針(ほうしん) 방침 トラブル 트러블, 분쟁, 말썽 発生(はっせい) 발생

それに 더욱이, 게다가 ～ばかり ～만, ～뿐 社内(しゃない) 사내 平均(へいきん) 평균 年齢(ねんれい) 연령
傾向(けいこう) 경향 状態(じょうたい) 상태 世代(せだい) 세대 居心地(いごこち) 어떤 곳에서 느끼는 기분 悪(わる)さ 나쁨
責任(せきにん) 책임 メーン 메인 若手(わかて) (한창때의) 젊은이 成長(せいちょう) 성장
遅(おく)れる (보통·예정보다) 더디다 昇進(しょうしん) 승진 ポスト 포스트, 지위, 자리 埋(う)まる 가득 차다, 메워지다
繋(つな)がる 이어지다, 연결되다 恐(おそ)れ 우려 地位(ちい) 지위

1 A가 경력직 채용의 장점으로 말하고 있지 않은 것은 어느 것인가?

1 교육 경비를 삭감할 수 있다.
2 즉시 전력 후보를 획득할 수 있다.
3 새로운 노하우를 알 수 있다.
4 인건비 절약이 가능해진다.

**어휘** メリット 장점 コスト 경비, 비용 削減(さくげん) 삭감 候補(こうほ) 후보 新(あら)ただ 새롭다
人件費(じんけんひ) 인건비 節約(せつやく) 절약

2 B가 경력직 채용의 단점으로 말하고 있지 않은 것은 어느 것인가?

1 연공서열이나 종신고용에 집착해 버릴 가능성이 있다.
2 젊은 세대의 성장이나 승진이 더딜 가능성이 있다.
3 자사의 방침과 맞지 않을 가능성이 있다.
4 조기 전직할 가능성이 있다.

**어휘** デメリット 단점 年功序列(ねんこうじょれつ) 연공서열, 근속 연수 등에 따라 직위가 높아짐 執着(しゅうちゃく) 집착
マッチ 매치, 서로 조화를 이루어 잘 어울림

## 확인 문제 2・통합 이해

**問題11 次のAとBの文章を読んで、後の問いに対する答えとして最もよいものを、1・2・3・4から一つ選びなさい。**

A

個人的に広告にはテレビやラジオなどのマス電波媒体が効果的だと思います。まず、テレビ広告の最大の特徴は、映像と音声で構成されているため、視聴者に記憶されやすい点にあります。ただし、テレビ広告が非常に有効な広告手段であることは間違いありませんが、多額の費用がかかることから、中小企業には利用しにくいものです。また、最近では若者のテレビ離れ(注)などによってその有効性が徐々に薄れてきているのではないかという指摘もあります。従って、テレビ広告を行う際には、費用対効果についてより慎重に検討する必要があります。次に、テレビ広告ほどではありませんが、ラジオ広告も広い範囲に対して広告を行うことができます。更に、ラジオ広告は「ながら媒体」としての特徴を兼ね備えているため、視聴者はCMを抵抗なく受け入れやすいと言えます。もちろん、費用もテレビ広告に比べれば安価であり、中小企業にとって比較的利用しやすいメディアであると言えます。

(注)テレビ離れ: テレビを以前ほど頻繁には見なくなること

B

広告はいつも費用を考えなければなりません。安価で広告する方法として私は雑誌や新聞などのマス印刷媒体をお勧めします。まず、雑誌広告の最も大きな特徴は、ある程度まで細分化したターゲットに対して訴求(注1)できるという点です。また、広告を載せる雑誌そのもののブランド効果があるため、購読者に対する説得力が、ちらしやDM(注2)などの直接媒体より強い点も特徴です。更に、雑誌の記事とタイアップすることによって広告物を演出し、その信頼性をより高めることも可能となります。次に、新聞広告は、全国紙のように朝刊と夕刊の1日2回の確実な伝達機会を持っているため、即効性を重視する広告物には最適であると言えます。更に、新聞は地域別に全国紙、県紙に分かれ、内容的にも一般紙、スポーツ紙、業界専門紙などに分類できます。そのため、新聞広告は目的に応じた使い分けも可能です。

(注1)訴求: 広告や販売などで、消費者の購買意欲に働きかけること

(注2)DM: ダイレクトメールの略。個人宛に宣伝目的で送られる印刷物やメール

1 Aの考えと合っているのはどれか。

1 テレビ広告は中小企業でも十分に活用できる。
2 ラジオ広告はCMに対する抵抗が少ないと言える。
3 今もテレビ広告は最も影響力のある広告の一つである。
4 テレビ広告よりラジオ広告の方が広範囲に広告できる。

2 AとBについての説明の中で、正しいのはどれか。

1 Aはマス電波媒体のデメリットを、Bはマス電波媒体のメリットについて話している。
2 Aはマス印刷媒体のデメリットを、Bはマス印刷媒体のメリットについて話している。
3 効果的な広告媒体としてAはマス電波媒体を、Bはマス印刷媒体を例に挙げている。
4 AとB共に広告媒体の手段や目的、内容などについては具体的に言及していない。

# 확인 문제 2 • 정답 및 해석(통합 이해)

A

개인적으로 광고에는 TV나 라디오 등의 대중 전파매체가 효과적이라고 생각합니다. 우선 TV 광고의 최대 특징은 영상과 음성으로 구성되어 있기 때문에 시청자에게 기억되기 쉽다는 점에 있습니다. 다만 TV 광고가 매우 유효한 광고 수단인 것은 틀림없지만, 많은 비용이 들기 때문에 중소기업에게는 이용하기 힘든 것입니다. 또한 최근에는 젊은이의 TV 이탈(주) 등에 의해 그 유효성이 서서히 줄어들고 있는 것은 아닐까 하는 지적도 있습니다. 따라서 TV 광고를 할 때는 비용 대비 효과에 대해서 보다 신중하게 검토할 필요가 있습니다. 다음으로 TV 광고만큼은 아니지만, 라디오 광고도 넓은 범위에 대해서 광고를 할 수 있습니다. 게다가 라디오 광고는 '~하면서 매체'로서의 특징을 겸비하고 있기 때문에 시청자는 CM을 저항 없이 받아들이기 쉽다고 할 수 있습니다. 물론 비용도 TV 광고에 비하면 싼 가격이고 중소기업에 있어서는 비교적 이용하기 쉬운 미디어라고 할 수 있습니다.

(주)テレビ離れ(TV 이탈): TV를 예전만큼 빈번하게는 보지 않게 되는 것

**어휘** 個人的(こじんてき)だ 개인적이다 広告(こうこく) 광고 テレビ 텔레비전, TV *「テレビジョン」의 준말 ラジオ 라디오
マス 매스, 대중 電波(でんぱ) 전파 媒体(ばいたい) 매체 効果的(こうかてき)だ 효과적이다 まず 우선 最大(さいだい) 최대
特徴(とくちょう) 특징 映像(えいぞう) 영상 音声(おんせい) 음성 構成(こうせい) 구성 視聴者(しちょうしゃ) 시청자
記憶(きおく) 기억 동사의 ます형+やすい ~하기 쉽다 ただし 단지, 다만 非常(ひじょう)に 대단히, 매우
有効(ゆうこう)だ 유효하다 手段(しゅだん) 수단 間違(まちが)いない 틀림없다 多額(たがく) 다액, 고액 費用(ひよう) 비용
かかる (비용이) 들다 中小企業(ちゅうしょうきぎょう) 중소기업 利用(りよう) 이용 동사의 ます형+にくい ~하기 힘들다
若者(わかもの) 젊은이 ~離(ばな)れ ~에서 떠난 상태 有効性(ゆうこうせい) 유효성 徐々(じょじょ)に 서서히
薄(うす)れる (정도가) 희미해지다, 약해지다, 줄어들다 指摘(してき) 지적 従(したが)って 따라서
行(おこな)う 하다, 행하다, 실시하다 ~際(さい)には ~(할) 때는 より 보다 慎重(しんちょう)だ 신중하다 検討(けんとう) 검토
次(つぎ)に 다음으로 ~ほど ~정도, ~만큼 範囲(はんい) 범위 ~に対(たい)して ~에 대해서 更(さら)に 게다가, 나아가
~ながら ~하면서 *동시동작 兼(か)ね備(そな)える 함께 갖추다, 겸비하다 CM(シーエム) CM, 광고 방송 抵抗(ていこう) 저항
受(う)け入(い)れる 받아들이다 もちろん 물론 比(くら)べる 비교하다 安価(あんか) 값쌈, 싼 값 ~にとって ~에(게) 있어서
比較的(ひかくてき) 비교적 メディア 미디어, 수단, 매체 以前(いぜん) 전, 예전 頻繁(ひんぱん)だ 빈번하다, 잦다

B

광고는 항상 비용을 생각하지 않으면 안 됩니다. 싼 가격으로 광고하는 방법으로 저는 잡지나 신문 등의 대중 인쇄매체를 권합니다. 우선 잡지 광고의 가장 큰 특징은 어느 정도까지 세분화된 타깃에 대해 구매 욕구가 생기도록(주1) 할 수 있다는 점입니다. 또한 광고를 싣는 잡지 그 자체의 브랜드 효과가 있기 때문에 구독자에 대한 설득력이 전단지나 DM(주2) 등의 직접 매체보다 강한 점도 특징입니다. 게다가 잡지 기사와 제휴함으로써 광고물을 연출해서 그 신뢰성을 보다 높이는 것도 가능해집니다. 다음으로 신문 광고는 전국지와 같이 조간과 석간의 하루 두 번의 확실한 전달 기회를 가지고 있기 때문에 즉효성을 중시하는 광고물에는 최적이라고 할 수 있습니다. 나아가 신문은 지역별로 전국지, 지역지로 나뉘고 내용적으로도 일반지, 스포츠지, 업계 전문지 등으로 분류할 수 있습니다. 그 때문에 신문 광고는 목적에 맞는 적절한 사용도 가능합니다.

(주1)訴求((광고나 판매 등에서) 구매 욕구를 자극함): 광고나 판매 등에서 소비자의 구매 의욕에 작용하는 것
(주2)DM(디엠): 다이렉트 메일의 준말. 개인 앞으로 선전 목적으로 오는 인쇄물이나 전자 메일

**어휘** ~なければならない ~하지 않으면 안 된다, ~해야 한다 方法(ほうほう) 방법 雑誌(ざっし) 잡지 新聞(しんぶん) 신문
印刷(いんさつ) 인쇄 お+동사의 ます형+する ~하다 *겸양표현 勧(すす)める 권하다, 권장하다
最(もっと)も 가장, 제일 ある 어느 程度(ていど) 정도 細分化(さいぶんか) 세분화 ターゲット 타깃, 표적
訴求(そきゅう) (광고나 판매에서) 상품을 선전하고 상대방에게 사고 싶은 마음이 일도록 하는 일 載(の)せる 게재하다, 올리다, 싣다
ブランド 브랜드, 상표 効果(こうか) 효과 購読者(こうどくしゃ) 구독자 説得力(せっとくりょく) 설득력 ちらし 전단지
DM(ディーエム) 다이렉트 메일, 특정 대상인에게 발송하는 안내장, 광고지, 카탈로그 따위의 광고 *「ダイレクトメール」의 준말
直接(ちょくせつ) 직접 記事(きじ) 기사 タイアップ 타이업, 제휴 ~ことによって ~하는 것에 의해, ~함으로써
広告物(こうこくぶつ) 광고물 演出(えんしゅつ) 연출 信頼性(しんらいせい) 신뢰성 高(たか)める 높이다
全国紙(ぜんこくし) 전국지, 전국의 독자를 대상으로 하여 발행하는 신문 朝刊(ちょうかん) 조간 夕刊(ゆうかん) 석간
1日(いちにち) 하루 確実(かくじつ)だ 확실하다 伝達(でんたつ) 전달 即効性(そっこうせい) 즉효성, 즉시 효력을 나타내는 성질
重視(じゅうし) 중시 最適(さいてき) 최적 地域別(ちいきべつ) 지역별
県紙(けんし) 현지, 지역지, 그 현(縣)에 본사를 두고 현내의 보도를 주로 다루는 신문 分(わ)かれる 구분되다, 나뉘다
一般紙(いっぱんし) 일반지 スポーツ紙(し) 스포츠지 業界(ぎょうかい) 업계 専門紙(せんもんし) 전문지 分類(ぶんるい) 분류

応(おう)じる 상응하다, 어울리다 使(つか)い分(わ)け (일의 목적 등에 맞게) 가려 씀, 분간하여 씀 購買(こうばい) 구매 意欲(いよく) 의욕 働(はたら)きかける (상대방이 응하도록 적극적으로) 작용하다 略(りゃく) 생략, 줄임 個人(こじん) 개인 ~宛(あて) ~앞 *수신인이나 장소를 뜻함 印刷物(いんさつぶつ) 인쇄물 メール 메일

1 A의 생각과 맞는 것은 어느 것인가?

1 TV 광고는 중소기업에서도 충분히 활용할 수 있다.
2 라디오 광고는 CM에 대한 저항이 적다고 할 수 있다.
3 지금도 TV 광고는 가장 영향력이 있는 광고 중 하나다.
4 TV 광고보다 라디오 광고 쪽이 광범위하게 광고할 수 있다.

**어휘** 十分(じゅうぶん)だ 충분하다 活用(かつよう) 활용 少(すく)ない 적다 影響力(えいきょうりょく) 영향력 広範囲(こうはんい) 광범위

2 A와 B에 대한 설명 중에서 옳은 것은 어느 것인가?

1 A는 대중 전파매체의 단점을, B는 대중 전파매체의 장점에 대해서 이야기하고 있다.
2 A는 대중 인쇄매체의 단점을, B는 대중 인쇄매체의 장점에 대해서 이야기하고 있다.
3 효과적인 광고매체로 A는 대중 전파매체를, B는 대중 인쇄매체를 예로 들고 있다.
4 A와 B 모두 광고매체의 수단이나 목적, 내용 등에 대해서는 구체적으로 언급하고 있지 않다.

**어휘** 効果的(こうかてき)だ 효과적이다 例(れい) 예 挙(あ)げる (예로서) 들다 共(とも)に 모두, 다 具体的(ぐたいてき)だ 구체적이다 言及(げんきゅう) 언급

## 확인 문제 3・통합 이해

**問題11 次のAとBの文章を読んで、後の問いに対する答えとして最もよいものを、1・2・3・4から一つ選びなさい。**

A

高齢になって病気になり、治る見込みがない状態になったら、人に迷惑をかけて生き続けるより死を選びたいという気持ちになるのは十分理解できる。また、生きていくことが、その人にとって苦痛が長引くだけなら、死んだ方がいいと思う人もいると思う。そういう人たちの意思は尊重すべきではないだろうか。痛みや辛さは本人にしかわからないし、生きることが幸福ではないという人もあり得る。オランダやスイスなど、既に条件付きで安楽死を認めている国があるように、治る見込みが全くないなら、治療に使うお金を家族に残したいと思う人もいるだろう。

安楽死を認めれば、いざという時の選択肢が増える。残酷に聞こえるかもしれないが、病院のベッドの数には限りがあるため、治る見込みのない人より治療すれば助かる可能性のある人を優先すべきだと思う。

B

人は一人では生きていけない。生まれてから成長して大人になるまで、人に迷惑をかけずに生きていくことなんてできないのだから、死ぬ時も迷惑をかけずには死ねないと思う。人は普通は生きていたいと思うものなのではないだろうか。生を与えられた以上、人生を全(まっと)うする(注)のが、その人の義務ではないかと思う。

安楽死を認めることは、治る見込みのない病になった人への圧力になると思う。要するに、「安楽死という方法もあるよ」と言われたら、「死んだ方がいいということなのかな」と思ってしまうかもしれない。また、安楽死が認められたら、安易に死を選ぶ人が出てくる可能性もある。不治の病にかかって今は治る見込みがないと言われていても、医学の進歩で治療できるようになるかもしれない。そもそも人には自ら死を選ぶ権利があるのか。私は断じてないと思うし、選んではいけない選択だと思う。

(注)全(まっと)うする: 完全に終わらせる

1 安楽死について、AとBはどのように述べているか。

1 AもBも、安楽死を認めるべきだと述べている。
2 AもBも、安楽死は残っている家族を考え、認めるべきではないと述べている。
3 Aは本人の意思を尊重して決めるべきだと述べ、Bは自ら死を選ぶ権利はないと述べている。
4 Aは積極的な態度で臨むべきだと述べ、Bは消極的な態度で臨むべきだと述べている。

2 安楽死を考える上で、AとBが共通して述べていることは何か。

1 経済的問題
2 本人の意思
3 病気の苦痛
4 家族への配慮

# 확인 문제 3 • 정답 및 해석(통합 이해)

A

고령이 되어 병이 들어서 나을 가망이 없는 상태가 되면 다른 사람에게 폐를 끼치며 계속 사는 것보다 죽음을 택하고 싶다는 마음이 드는 것은 충분히 이해할 수 있다. 또한 살아가는 것이 그 사람에게 있어서 고통이 오래 갈 뿐이라면 죽는 편이 낫다고 생각하는 사람도 있을 것이라고 생각한다. 그러한 사람들의 의사는 존중해야 하는 것은 아닐까? 통증이나 괴로움은 본인밖에 알 수 없고, 사는 것이 행복하지 않다는 사람도 있을 수 있다. 네덜란드나 스위스 등 이미 조건부로 안락사를 인정하고 있는 나라가 있는 것처럼 나을 가망이 전혀 없다면 치료에 사용할 돈을 가족에게 남기고 싶다고 생각하는 사람도 있을 것이다.

안락사를 인정하면 여차할 경우의 선택지가 늘어난다. 잔혹하게 들릴지도 모르겠지만, 병원의 침상 수에는 한계가 있기 때문에 나을 가망이 없는 사람보다 치료하면 살아날 가능성이 있는 사람을 우선해야 한다고 생각한다.

**어휘** 高齢(こうれい) 고령 病気(びょうき)になる 병이 나다[들다] 治(なお)る 낫다, 치료되다 見込(みこ)み 가망
迷惑(めいわく)をかける 폐를 끼치다 生(い)きる 살다, 살아가다 동사의 ます형+続(つづ)ける 계속 ~하다 死(し) 죽음
選(えら)ぶ 고르다, 택하다 十分(じゅうぶん)(に) 충분히 理解(りかい) 이해 ～にとって ~에(게) 있어서 苦痛(くつう) 고통
長引(ながび)く 오래 끌다, 지연되다 死(し)ぬ 죽다 意思(いし) 의사 尊重(そんちょう) 존중
동사의 기본형+べきだ (마땅히) ~해야 한다 *단, 「する」의 경우에는 「すべきだ」, 「するべきだ」 모두 쓸 수 있음
痛(いた)み (상처 등의) 통증 辛(つら)さ 괴로움 本人(ほんにん) 본인 ～しか (부정어 수반) ~밖에 幸福(こうふく) 행복
あり得(う)る 있을 수 있다 オランダ 네덜란드 スイス 스위스 既(すで)に 이미 条件付(じょうけんつ)き 조건부
安楽死(あんらくし) 안락사 認(みと)める 인정하다 国(くに) 나라 全(まった)く (부정어 수반) 전혀 治療(ちりょう) 치료
家族(かぞく) 가족 残(のこ)す 남기다 いざという時(とき) 만일의 경우, 여차할 경우 選択肢(せんたくし) 선택지
増(ふ)える 늘다, 늘어나다 残酷(ざんこく)だ 잔혹하다 聞(き)こえる 들리다 ～かもしれない ~일지도 모른다
病院(びょういん) 병원 ベッド 침대 数(かず) 수 限(かぎ)り 한계 助(たす)かる (위기나 죽음에서) 살아나다
可能性(かのうせい) 가능성 優先(ゆうせん) 우선

B

사람은 혼자서는 살아갈 수 없다. 태어나서부터 성장하여 어른이 될 때까지 다른 사람에게 폐를 끼치지 않고 살아가는 것 따위 불가능하기 때문에 죽을 때도 폐를 끼치지 않고는 죽을 수 없다고 생각한다. 사람은 보통은 살고 싶다고 생각하는 존재이지 않을까? 생을 부여받은 이상 인생을 다하는(주) 것이 그 사람의 의무가 아닐까 하고 생각한다.

안락사를 인정하는 것은 나을 가망이 없는 병에 걸린 사람에 대한 압력이 될 것이라고 생각한다. 요컨대 '안락사라는 방법도 있어'라는 말을 들으면 '죽는 편이 낫다는 얘기인 건가?'하고 생각해 버릴지도 모른다. 또한 안락사가 인정받으면 안이하게 죽음을 택하는 사람이 나올 가능성도 있다. 불치병에 걸려서 지금은 나을 가망이 없다고 해도 의학의 진보로 치료할 수 있게 될지도 모른다. 애초에 사람에게는 스스로 죽음을 택할 권리가 있는 것일까? 나는 단연코 없다고 생각하고 택해서는 안 되는 선택이라고 생각한다.

(주)全うする(다하다): 완전히 끝내다

**어휘** 生(う)まれる 태어나다 成長(せいちょう) 성장 大人(おとな) 어른 ～ずに ~하지 않고 ～なんて ~따위
死(し)ぬ 죽다 普通(ふつう) 보통 生(せい) 생, 삶 与(あた)える 부여하다 人生(じんせい) 인생
全(まっと)うする 완수하다, 다하다 義務(ぎむ) 의무 病(やまい)になる 병이 나다[들다] 圧力(あつりょく) 압력
要(よう)するに 요컨대 方法(ほうほう) 방법 安易(あんい)だ 안이하다 死(し) 죽음 不治(ふじ)の病(やまい) 불치병
かかる (병에) 걸리다 医学(いがく) 의학 進歩(しんぽ) 진보 ～ようになる ~하게(끔) 되다 *변화 そもそも 애초에
自(みずか)ら 스스로 権利(けんり) 권리 断(だん)じて (부정어 수반) 결코, 단연코 ～て[で]はいけない ~해서는 안 된다
選択(せんたく) 선택 完全(かんぜん)だ 완전하다 終(お)わる 끝나다

1 안락사에 대해서 A와 B는 어떻게 말하고 있는가?

1 A도 B도 안락사를 인정해야 한다고 말하고 있다.

2 A도 B도 안락사는 남아 있는 가족을 생각해서 인정해서는 안 된다고 말하고 있다.

3 A는 본인의 의사를 존중해서 결정해야 한다고 말하고 있고, B는 스스로 죽음을 선택할 권리는 없다고 말하고 있다.

4 A는 적극적인 태도로 임해야 한다고 말하고 있고, B는 소극적인 태도로 임해야 한다고 말하고 있다.

**어휘** 述(の)べる 말하다, 서술하다 残(のこ)る 남다 本人(ほんにん) 본인 決(き)める 정하다, 결정하다
積極的(せっきょくてき)だ 적극적이다 態度(たいど) 태도 臨(のぞ)む 임하다 消極的(しょうきょくてき)だ 소극적이다

2 안락사를 생각하는 데 있어서 A와 B가 공통으로 말하고 있는 것은 무엇인가?

1 경제적 문제

2 본인의 의사

3 병의 고통

4 가족에 대한 배려

**어휘** 동사의 기본형+上(うえ)で ~하는 데 있어서 共通(きょうつう) 공통 経済的(けいざいてき) 경제적 配慮(はいりょ) 배려

# 문제 12 주장 이해 (장문)

## 출제 유형

문제 12 주장 이해는 1,000자 내외의 논리 전개가 비교적 명쾌한 평론이나 사설 등의 지문을 읽고 전체적으로 전하려고 하는 주장이나 의견을 묻는 문제로, 하나의 긴 지문에 4문항이 출제된다. 주로 필자의 의도나 주장을 묻는 문제가 출제되므로, 이 파트에서는 글 전체의 의미를 정확하게 파악하는 것이 무엇보다도 중요하다.

## 실제 시험 예시

**問題12 次の文章を読んで、後の問いに対する答えとして最もよいものを、1・2・3・4から一つ選びなさい。**

心理学を勉強してみたいと思う人の中には、集団心理や人間関係に興味がある人もいるでしょう。そのような人にお勧めの分野は「社会心理学」です。社会心理学は、複数の人間が関わりを持つことによって起こる心の動きや行動特性などについて研究する分野です。研究対象は大きく分けると個人対個人の関係と集団同士の関係の二つです。人間関係の悩みを持つ人は、老若男女を問わず、一定以上の割合で存在します。それ故に、社会心理学で扱うテーマは、とても身近に感じるものが多いです。では、社会心理学の研究テーマについてもう少し詳しく見てみましょう。

まず、社会心理学では他者に対する好き嫌いの感情がなぜ起こるのかを研究します。具体的にはアッシュの印象形成やザイアンスの単純接触効果などが有名です。次に社会心理学では行動の準備状態、即ち態度について研究します。わかりやすい言葉にすると、「物事に対する好き嫌い」です。社会心理学における態度研究では、基本的に「人間には基本的に一貫性を求める傾向がある」という前提を元にしています。その上で、社会環境から影響を受けて態度を変えることがあると考えられています。最後に社会心理学では社会の中で個人が他人や集団を認識し、理解する仕組みを研究します。フェスティンガーの認知的不協和理論や帰属理論におけるギルバートの3段階モデルなどが挙げられます。ちなみに、帰属理論とは、自分以外の行動や態度における因果関係や評価に関する考え方です。

社会心理学が社会の役に立つ様子をイメージできるよう、具体的な研究手法をお伝えします。主に用いられるのは、相関的研究方法と実験的研究方法の2種類です。相関的研究方法とは、二つ以上の事象の関係を調べる方法です。例えば、「テレワークの日数」と「抑うつ的な気分」と関係があると仮定して、アンケートなどを用いて調査を行います。実験的研究方法とは、文字通り「実験的」に条件を作り調査することです。まず実験に参加する人たちの集団を二つの群に分けます。先ほどの例で言えば、一方は通常通り出社してもらい、もう一方にはテレワークをしてもらって両者との間に抑うつ的な気分との関連について違いがみられるか、調査を行います。実験的研究法は統制した条件下で厳密に調査できるメリットがあります。一方、相関的研究法の強みは手間や費用を抑えられることです。

最後に、社会心理学の知見を活かす仕事について説明します。社会心理学の態度の研究を取り入れることによって、消費者の好みを把握しやすくなります。新商品の開発や販売経路の開拓などに役立つでしょう。他にも社会的アイデンティティや社会的認知など、購買行動に関わる知見が盛り沢山です。先ほどの研究手法の例のように、働きやすい職場環境作りに向けて試行錯誤したり、リーダーシップを組織作りに役立てたりできます。犯罪心理学や臨床心理学、社会学などの知見に基づき、少年犯罪の背景を調査する国家公務員です。社会心理学はこれらの学問との結び付きが深い分野です。犯罪は個人の性格特性だけから起こるものではなく、家庭や学校などの社会との有機的な結び付きによって発生するからです。

1 社会心理学についての説明の中で、正しくないのはどれか。
1 扱うテーマはとても身近に感じるものが多い。
2 研究においては、過去の記憶が重要な要素となる。
3 主に個人対個人の関係と集団同士の関係を研究する。
4 複数の人間が関わりを持つことによって起こる心の動きや行動特性などについて研究する。

2 社会心理学の研究テーマとして、本文に出ていないのはどれか。
1 対人魅力　2 態度　3 社会的認知　4 発達段階

3 社会心理学の相関的研究方法の例として、正しいのはどれか。
1 交番の数が多い地域ほど犯罪件数が多い。
2 うそをついている時には心拍数が上昇する。
3 インターネット上の口コミやSNSの評判が購買のきっかけになる。
4 食事の前に必ずベルの音を聞かされた犬はベルが鳴ると唾液を多く出すようになる。

4 筆者が社会心理学の知見を活かす仕事として、述べていないのはどれか。
1 商品企画　2 経営企画　3 公認会計士　4 家庭裁判所調査官

|정답| 1 2　2 4　3 1　4 3

## 시험 대책

주장 이해는 글 자체가 다소 길기 때문에 전체의 요지나 필자가 강조하고 있는 바를 정확하게 파악하지 않으면 정답을 고르기 쉽지 않다. 따라서 글을 읽을 때는 글의 키워드를 정확하게 찾아서 읽어야 하며, 어떤 식으로 논리가 전개되고 있는지도 잘 확인하면서 읽어 나가야 한다. 필자의 주장이나 의견을 묻는 문제는 주로 후반부에 나오는 경우가 많으므로, 특히 이런 유형의 문제는 후반부 내용에 주목해서 읽도록 하자.

동영상 21

# 확인 문제 1 • 주장 이해(장문)

**問題12 次の文章を読んで、後の問いに対する答えとして最もよいものを、1・2・3・4から一つ選びなさい。**

サイバー犯罪とは、コンピューターやインターネットなどハイテク技術を悪用した犯罪の総称です。ハイテク技術を用いていることから、かつては「ハイテク犯罪」と呼ばれていた時期もありました。警察によると、サイバー犯罪とは「コンピューター技術及び電気通信技術を悪用した犯罪」と定義されています。大々的に報道されることはあっても、それはどこか未来の犯罪であり、自分とは違う別の世界で起きている犯罪という印象を持つ方も多く、あまりリアリティーを感じられなかったものですが、今では違います。匿名性(とくめいせい)(注1)が高く、筆跡や指紋などの物理的痕跡も残らないサイバー犯罪は、もはやいつ自分がその被害者になってもおかしくない状況であると言えます。更に、知らず知らずのうちに自分が加害者に仕立て上げられてしまうリスクも高まっており、今やサイバー犯罪と無関係でいられる人はいなくなりました。

サイバー犯罪の被害に遭っているかどうか、少しでも怪しいと感じたら、まずは情報収集をしてください。お金を振り込んだ(注2)ものの、商品が届かないという場合は、通販サイトやオークション出品者や振込口座の情報などの情報を集めてネット検索をしてみましょう。どこかで同様の被害が報告されているかもしれません。その他にも、何か怪しいと感じた時、「やられたかも」と感じた時は対象となるページを保存したり、相手方の情報などをできるだけ多く収集、保存しておきましょう。次に、無料体験版でも良いので、有名な有料のセキュリティーソフトでチェックしてみましょう。なぜ有料のものである必要があるのでしょうか。それは無料のセキュリティーソフトは最低限の機能しか搭載されていないものもあり、状況によっては有料のものでしか駆除(注3)できないものがある可能性があるからです。実際、仮に駆除できなかったとしても、それぞれ最適化されたファイアウォールを搭載しており、ウィンドウズの内部から外部に向けての通信を監視しているため、無料ソフトと比べて大切な情報が盗まれる可能性は低いと言えます。もちろん、スマートフォンもチェックする必要があります。実績のあるセキュリティーソフト企業のセキュリティーアプリはPC版同様、無料体験版の期間中は全ての機能を使用することができるので、チェックしてみましょう。

では、サイバー犯罪から身を守る方法にはどんなものがあるのでしょうか。まず、利用しているソフトウェアを常に更新し、最新の状態に保つことで、コンピューターを保護することができます。また、インターネット上のパスワードは、他人に推測されにくい強力なパスワードを使用し、そのパスワードはどこにも記録しないようにしてください。ちなみに、強力なパスワードをランダムに生成する機能を持つ評価の高いパスワードマネージャーを利用すると、この作業は容易になります。次に、回線やEメールが完全に安全だと確信できない限り、電話やEメールで個人情報を公開しないでください。また、話し相手が、自分が思っている人物であるかも確認してください。

以上で、ネット社会の発展に伴って進化しているサイバー犯罪について、その現状や事例、そして対策を解説してみました。これまで被害に遭ったことがないという方にとっても決して無関係ではないので、上記の内容を被害防止に役立ててください。

(注1)匿名性(とくめいせい): 本人の発言や行動によって、本人が不利益を被らないように本人の身元を隠すこと

(注2)振り込む: 振替口座や預金口座などに金銭を払い込む

(注3)駆除: 害を与えるものを追い払うこと

**1** サイバー犯罪についての説明の中で、正しくないのはどれか。

1 匿名性(とくめいせい)が高く、物理的痕跡が残らない犯罪である。

2 コンピューター技術及び電気通信技術を悪用した犯罪の総称である。

3 他の犯罪に比べ、自分が加害者に仕立て上げられてしまうリスクは高くない。

4 自分とは違う別の世界で起きている犯罪という印象を持っている人も多い。

**2** 何か怪しいと感じた時、有料のセキュリティーソフトでチェックする理由は何か。

1 無料のセキュリティーソフトは種類が多く、要らない機能も多いから

2 有料のセキュリティーソフトでしか駆除できないものがある可能性があるから

3 無料のセキュリティーソフトに比べ、自分に関する情報を長く保存できるから

4 知らず知らずのうちに自分が加害者に仕立て上げられる可能性が低いから

**3** 筆者はサイバー犯罪の被害が疑われる場合、まず何をすべきだと言っているか。

1 情報を収集すべきだ。

2 一刻も早く警察に届けるべきだ。

3 有料のセキュリティーソフトを購入すべきだ。

4 個人情報やパスワードなどを変えるべきだ。

**4** 筆者がサイバー犯罪の被害に遭ってしまった時の対処法として、言っていないのはどれか。

1 不正なリクエストについては企業に直接問い合わせる。

2 推測されにくいパスワードを使用する。

3 利用しているソフトウェアを常に更新し、最新の状態に保つ。

4 安全に不安がある場合、個人情報は公開しない。

# 확인 문제 1 • 정답 및 해석(주장 이해(장문))

사이버 범죄란 컴퓨터나 인터넷 등 하이테크 기술을 악용한 범죄의 총칭입니다. 하이테크 기술을 이용하기 때문에 옛날에는 '하이테크 범죄'라고 불렸던 시기도 있었습니다. 경찰에 따르면 사이버 범죄란 '컴퓨터 기술 및 전기 통신 기술을 악용한 범죄'라고 정의되어 있습니다. 대대적으로 보도되기는 해도 그것은 어딘가 미래의 범죄이고 자신과는 다른 딴 세계에서 일어나고 있는 범죄라는 인상을 가진 분도 많아서 그다지 현실감을 느끼지 못 하는 것이었습니다만, 지금은 다릅니다. 익명성(주1)이 높고 필적이나 지문 등의 물리적 흔적도 남지 않는 사이버 범죄는 이제는 언제 자신이 그 피해자가 되어도 이상하지 않은 상황이라고 할 수 있습니다. 게다가 부지불식간에 자신이 가해자로 조작되어 버릴 위험도 높아지고 있어서 이제는 사이버 범죄와 무관하게 있을 수 있는 사람은 없어졌습니다.

사이버 범죄 피해를 당한 것인지 어떤지 조금이라도 미심쩍다고 느끼면 우선은 정보 수집을 해 주십시오. 돈을 이체했(주2)지만 상품이 도착하지 않은 경우는 통신 판매 사이트나 옥션 출품자나 입금계좌 정보 등의 정보를 모아서 인터넷 검색을 해 봅시다. 어딘가에서 같은 피해가 보고되어 있을지도 모릅니다. 그 외에도 뭔가 수상쩍다고 느꼈을 때, '당했는지도'라고 느꼈을 때는 대상이 되는 페이지를 저장하거나 상대방의 정보 등을 가능한 한 많이 수집, 보존해 둡시다. 다음으로 무료 체험판이라도 좋으니 유명한 유료 보안 소프트웨어로 체크해 봅시다. 왜 유료인 것일 필요가 있는 걸까요? 그것은 무료 보안 소프트웨어는 최소한의 기능밖에 탑재되어 있지 않은 것도 있어서 상황에 따라서는 유료인 것으로밖에 구제(주3)할 수 없는 것이 있을 가능성이 있기 때문입니다. 실제로 설사 구제할 수 없었다고 해도 각각 최적화된 방화벽을 탑재하고 있어 윈도 내부에서 외부로 향한 통신을 감시하고 있기 때문에 무료 소프트웨어와 비교해서 중요한 정보가 도난당할 가능성은 낮다고 할 수 있습니다. 물론 스마트폰도 체크할 필요가 있습니다. 실적이 있는 보안 소프트웨어 기업의 보안 앱은 PC판과 마찬가지로 무료 체험판 기간 중에는 모든 기능을 사용할 수 있으므로 체크해 봅시다.

그럼, 사이버 범죄로부터 자신을 지키는 방법에는 어떤 것이 있을까요? 우선 이용하고 있는 소프트웨어를 항상 갱신하고 최신 상태로 유지함으로써 컴퓨터를 보호할 수 있습니다. 또 인터넷상의 패스워드는 타인이 추측하기 어려운 강력한 패스워드를 사용하고, 그 패스워드는 어디에도 기록하지 않도록 하세요. 덧붙여서 강력한 패스워드를 무작위로 생성하는 기능을 가진 평가가 높은 패스워드 매니저를 이용하면 이 작업은 쉬워집니다. 다음으로 회선이나 이메일이 완전히 안전하다고 확신할 수 없는 한, 전화나 이메일에서 개인정보를 공개하지 마세요. 또한 이야기 상대가 자신이 생각하고 있는 인물인지도 확인하세요.

이상으로 인터넷 사회의 발전에 따라 진화하고 있는 사이버 범죄에 대해서 그 현상과 사례, 그리고 대책을 해설해 봤습니다. 지금까지 피해를 입은 적이 없는 분에게도 결코 무관하지 않으니, 상기 내용을 피해 방지에 유용하게 써 주십시오.

(주1)匿名性(익명성): 본인의 발언이나 행동에 의해 본인이 불이익을 입지 않도록 본인의 신원을 숨기는 것
(주2)振り込む(돈을 불입하다): 이체계좌나 예금계좌 등에 금전을 불입하다
(주3)駆除(구제): 해를 주는 것을 쫓아버리는 것

**어휘** サイバー犯罪(はんざい) 사이버 범죄, 사이버 공간에서 일어나는 해킹, 악성 프로그램 유포 등의 범죄 행위
ハイテク技術(ぎじゅつ) 하이테크 기술　悪用(あくよう) 악용　総称(そうしょう) 총칭　用(もち)いる 사용하다, 이용하다
かつては 전에는, 옛날에는　呼(よ)ぶ 부르다　時期(じき) 시기　警察(けいさつ) 경찰　～によると ～에 의하면[따르면]
及(およ)び 및　電気通信(でんきつうしん) 전기 통신　定義(ていぎ) 정의　大々的(だいだいてき)だ 대대적이다
報道(ほうどう) 보도　未来(みらい) 미래　違(ちが)う 다르다　別(べつ)の～ 다른～　世界(せかい) 세계
起(お)きる 일어나다, 발생하다　印象(いんしょう) 인상　あまり (부정어 수반) 그다지, 별로　リアリティー 리얼리티, 현실성
感(かん)じる 느끼다　今(いま)では 지금은 *옛날에 비해 많이 변화했음을 나타냄　匿名性(とくめいせい) 익명성
筆跡(ひっせき) 필적　指紋(しもん) 지문　物理的(ぶつりてき) 물리적　痕跡(こんせき) 흔적　もはや 이제는
被害者(ひがいしゃ) 피해자　おかしい 이상하다　状況(じょうきょう) 상황　更(さら)に 게다가, 더욱더
知(し)らず知(し)らずのうちに 저도 모르는 사이에, 부지불식간에　加害者(かがいしゃ) 가해자
仕立(した)て上(あ)げる (그렇지 않은 것을 마치 그런 것처럼) 꾸며내다, 날조하다, 조작하다　リスク 리스크, 위험
高(たか)まる 높아지다　今(いま)や 이제는　無関係(むかんけい) 무관계, 관련 없음　遭(あ)う (어떤 일을) 당하다, 겪다
怪(あや)しい 수상쩍다, 미심쩍다, 의심스럽다　情報(じょうほう) 정보　収集(しゅうしゅう) 수집
振(ふ)り込(こ)む (계좌 등에) 불입하다　～ものの ～이지만　商品(しょうひん) 상품　届(とど)く (보낸 물건이) 도착하다
通販(つうはん) 통판 *「通信販売(つうしんはんばい)」(통신 판매)의 준말　サイト 사이트　オークション 옥션, 경매
出品者(しゅっぴんしゃ) 출품자　振込口座(ふりこみこうざ) 입금계좌　集(あつ)める 모으다
ネット 인터넷 *「インターネット」의 준말　検索(けんさく) 검색　同様(どうよう) 같은 모양, 같음, 마찬가지임
報告(ほうこく) 보고　～かもしれない ～일지도 모른다　対象(たいしょう) 대상　ページ 페이지　保存(ほぞん) 보존, 저장
相手方(あいてかた) 상대방(=相手方(あいてがた))　できるだけ 가능한 한, 되도록　無料(むりょう) 무료
体験版(たいけんばん) 체험판　有名(ゆうめい)だ 유명하다　有料(ゆうりょう) 유료　セキュリティー 시큐리티, 보안, 방범

ソフト 소프트웨어 *「ソフトウェア」의 준말 チェック 체크 最低限(さいていげん) 최저한, 최소한 機能(きのう) 기능 ～しか (부정어 수반) ~밖에 搭載(とうさい) 탑재 ～によっては ~에 따라서는 駆除(くじょ) 구제, 몰아내어 없앰 実際(じっさい) 실제로 仮(かり)に 만약, 설사 ～としても ~라고 하더라도 それぞれ 각각 最適化(さいてきか) 최적화 ファイアウォール 파이어 월, 방화벽 *컴퓨터 통신망을 통해 정보가 새어 나가는 것을 막기 위한 보안 시스템 ウィンドウズ 윈도 *미국의 마이크로소프트사가 개발한 컴퓨터용 오퍼레이팅 시스템 内部(ないぶ) 내부 外部(がいぶ) 외부 向(む)ける 향하(게 하)다 監視(かんし) 감시 比(くら)べる 비교하다 大切(たいせつ)だ 중요하다 盗(ぬす)む 훔치다 低(ひく)い 낮다 スマートフォン 스마트폰 実績(じっせき) 실적 アプリ 앱(app), 어플 *「アプリケーション」의 준말 期間(きかん) 기간 全(すべ)て 모두, 전부 身(み) 자기, 자신 守(まも)る 지키다 常(つね)に 늘, 항상 更新(こうしん) 갱신 最新(さいしん) 최신 状態(じょうたい) 상태 保(たも)つ 유지하다 ～ことで ~함으로써 保護(ほご) 보호 パスワード 패스워드, 암호 推測(すいそく) 추측 동사의 ます형+にくい ~하기 어렵다 強力(きょうりょく)だ 강력하다 記録(きろく) 기록 ちなみに 덧붙여서 ランダム 랜덤, 무작위 生成(せいせい) 생성 評価(ひょうか) 평가 作業(さぎょう) 작업 容易(ようい)だ 용이하다, 쉽다 回線(かいせん) 회선 E(イー)メール 이메일 完全(かんぜん)だ 완전하다 安全(あんぜん)だ 안전하다 確信(かくしん) 확신 ～限(かぎ)り ~하는 한 個人情報(こじんじょうほう) 개인정보 公開(こうかい) 공개 話(はな)し相手(あいて) 이야기 상대 人物(じんぶつ) 인물 発展(はってん) 발전 ～に伴(ともな)って ~에 동반해서, ~에 따라서 進化(しんか) 진화 現状(げんじょう) 현상, 현재 상태 事例(じれい) 사례 対策(たいさく) 대책 解説(かいせつ) 해설 これまで 지금까지 ～にとっても ~에(게) 있어서도 決(けっ)して (부정어 수반) 결코 上記(じょうき) 상기 内容(ないよう) 내용 防止(ぼうし) 방지 役立(やくだ)てる 유용하게 쓰다 本人(ほんにん) 본인 発言(はつげん) 발언 行動(こうどう) 행동 不利益(ふりえき) 불이익 被(こうむ)る 입다, 받다 身元(みもと) 신원 隠(かく)す 숨기다 預金(よきん) 예금 金銭(きんせん) 금전 払(はら)い込(こ)む 불입하다 害(がい)を与(あた)える 해를 입히다 追(お)い払(はら)う 쫓아버리다, 내쫓다

**1** 사이버 범죄에 대한 설명 중에서 옳지 않은 것은 어느 것인가?

1 익명성이 높고 물리적 흔적이 남지 않는 범죄이다.
2 컴퓨터 기술 및 전기 통신 기술을 악용한 범죄의 총칭이다.
3 다른 범죄에 비해 자신이 가해자로 조작되어 버릴 위험은 높지 않다.
4 자신과는 다른 딴 세계에서 일어나고 있는 범죄라는 인상을 가지고 있는 사람도 많다.

**어휘** ～に比(くら)べ ~에 비해서

**2** 무언가 미심쩍다고 느꼈을 때 유료 보안 소프트웨어로 체크하는 이유는 무엇인가?

1 무료 보안 소프트웨어는 종류가 많고 필요 없는 기능도 많기 때문에
2 유료 보안 소프트웨어로밖에 구제할 수 없는 것이 있을 가능성이 있기 때문에
3 무료 보안 소프트웨어에 비해 자신에 관한 정보를 오래 보존할 수 있기 때문에
4 부지불식간에 자신이 가해자로 조작될 가능성이 낮기 때문에

**어휘** 要(い)る 필요하다 ～に関(かん)する ~에 관한 長(なが)い (시간적으로) 오래다

**3** 필자는 사이버 범죄 피해가 의심될 경우 우선 무엇을 해야 한다고 말하고 있는가?

1 정보를 수집해야 한다.
2 한시라도 빨리 경찰에 신고해야 한다.
3 유료 보안 소프트웨어를 구입해야 한다.
4 개인정보나 패스워드 등을 바꿔야 한다.

**어휘** 疑(うたが)う 의심하다 동사의 기본형+べきだ (마땅히) ~해야 한다 *단, 「する」의 경우에는 「するべきだ」, 「すべきだ」 모두 쓸 수 있음 一刻(いっこく)も早(はや)く 한시라도 빨리 警察(けいさつ) 경찰 届(とど)ける (관청 등에) 신고하다 購入(こうにゅう) 구입 変(か)える 바꾸다

**4** 필자가 사이버 범죄 피해를 당해 버렸을 때의 대처법으로 말하고 있지 않은 것은 어느 것인가?

1 부정한 요구에 대해서는 기업에 직접 문의한다.
2 추측되기 힘든 패스워드를 사용한다.
3 이용하고 있는 소프트웨어를 항상 갱신하고 최신 상태로 유지한다.
4 안전에 불안이 있을 경우 개인정보는 공개하지 않는다.

**어휘** 対処法(たいしょほう) 대처법 不正(ふせい)だ 부정하다 リクエスト 리퀘스트, 요구 企業(きぎょう) 기업 直接(ちょくせつ) 직접 問(と)い合(あ)わせる 문의하다 不安(ふあん) 불안

## 확인 문제 2 • 주장 이해(장문)

**問題12 次の文章を読んで、後の問いに対する答えとして最もよいものを、1・2・3・4から一つ選びなさい。**

日本では、これまで死刑制度が存置されてきました。国民の大多数が死刑制度を支持しているというのがその最大の論拠とされています。しかしながら、死刑制度についての情報は極めて少ない状況にあります。そのような状況の中で、国民の大多数が死刑制度を支持しているということを主(しゅ)たる(注1)論拠として死刑制度を存置するという結論を導けるのかについて深く考えてみる必要があります。EU諸国をはじめとして、世界の相当数の国では死刑廃止あるいは死刑の執行が停止されている状況にあります。その大きな流れの根幹にある背景や事情、考え方についてもしっかりと把握しておく必要があると思われます。

日本政府は、死刑制度やその運用状況について多くを明らかにしていません。特に死刑判決確定後の処遇や死刑執行の決定及び実施状況などについては、法務当局が情報を独占している状態です。しかし、死刑制度やその運用に関する情報を公開することは、死刑制度について全社会的議論を行う前提であり、裁判員制度の導入により、一般市民が裁判員として死刑判決に関与する可能性がある以上、正しい量刑判断がなされるためにも必要不可欠です。また、究極の刑罰である死刑が法律の規定に従って、適正に行われているかを監視するためにも情報開示は不可欠と言えます。

日本政府は、年度ごとに作成する統計資料によって、その年度の死刑執行数を公表するものの、個別の死刑執行の事実については公式には明らかにしないという極端な行刑密行主義(注2)を長い間続けてきました。1998年11月以降、法務省は死刑執行の事実と被執行者数についてのみ公表するようになり、2007年12月以降は被執行者の氏名、生年月日、犯罪事実及び執行場所について公表するようになりましたが、それ以外の情報については依然として(注3)明らかにしません。2010年8月には、一部の報道機関に対して、東京拘置所の刑場が公開されましたが、死刑制度に関する全社会的議論を行う上では不十分だと言うほかないものでした。

日本政府は、内閣府が行った世論調査の結果から「大多数の国民が死刑制度の存続を支持している」として、死刑制度を正当化しています。この世論調査については、設問が死刑存置へと誘導するものであるなどの批判がなされていますが、たとえ世論調査が適正に実施されたとしても、死刑の是非を判断するために必要な情報を提供しないままであれば、そのような世論調査の結果は説得力に乏しいと言わざるを得ません。

死刑制度に関わる情報は、死刑確定者の処遇の状況、刑場の状況、被執行者が死亡に至る経過、死刑執行の意思決定過程、被執行者を選定する基準、執行時における被執行者の心身の状態、被執行者が行っていた再審の請求など様々です。全てを無条件に開示すべきか否かの検討は必要ですが、政府は死刑制度について国民が議論を行えるようにするため、また、裁判員制度が導入された今、積極的に情報を開示すべきです。

(注1)主(しゅ)たる: 主(おも)な、主要な
(注2)行刑密行主義: 刑務所などの刑事施設や刑罰の執行状況などの情報をなるべく公開しないようにする日本の法務省の政策
(注3)依然として: 相変わらず

1 死刑制度やその運用状況の現状として、正しいのはどれか。
 1 情報公開は極めて不十分である。
 2 死刑執行の決定までかかる時間は短縮されている。
 3 死刑判決確定後の処遇には何の問題もない。
 4 法務当局の努力で、情報はだいぶ公開されている。

2 筆者が死刑制度の情報公開が必要な理由として、言っていないのはどれか。
 1 迅速な死刑の執行を続けるため
 2 全社会的議論を行う前提であるため
 3 一般市民の正しい量刑判断がなされるようにするため
 4 死刑が法律の規定に従って適正に行われているかを監視するため

3 本文の内容からみて、日本政府が死刑制度を正当化する根拠として提示しているのは何か。
 1 犯罪率の減少
 2 世論調査の結果
 3 裁判決定の誤判の低さ
 4 死刑制度を求める国際的潮流

4 筆者が開示されるべき情報として、言っていないのはどれか。
 1 死刑確定者の処遇の状況
 2 死刑執行の意思決定過程
 3 死刑制度を維持するための費用
 4 被執行者が死亡に至る経過

## 확인 문제 2 • 정답 및 해석(주장 이해(장문))

일본에서는 지금까지 사형제도가 존속되어 왔습니다. 국민 대다수가 사형제도를 지지하고 있다는 것이 그 최대 논거가 되고 있습니다. 그러나 사형제도에 대한 정보는 극히 적은 상황에 있습니다. 그와 같은 상황 속에서 국민 대다수가 사형제도를 지지하고 있다는 것을 주된(주1) 논거로 사형제도를 존속한다는 결론을 이끌어낼 수 있는가에 대해서 깊이 생각해 볼 필요가 있습니다. EU 여러 나라를 비롯해 세계 상당수의 나라에서는 사형 폐지 혹은 사형 집행이 정지되어 있는 상황에 있습니다. 그 큰 흐름의 근간에 있는 배경이나 사정, 사고방식에 대해서도 제대로 파악해 둘 필요가 있다고 생각됩니다.

일본 정부는 사형제도와 그 운용 상황에 대해서 많은 것을 밝히지 않고 있습니다. 특히 사형 판결 확정 후의 처우나 사형 집행의 결정 및 실시 상황 등에 대해서는 법무 당국이 정보를 독점하고 있는 상태입니다. 그러나 사형제도와 그 운용에 관한 정보를 공개하는 것은 사형제도에 대해서 전 사회적 논의를 실시하겠다는 전제이고, 배심원 제도의 도입으로 일반시민이 배심원으로 사형 판결에 관여할 가능성이 있는 이상 올바른 양형 판단이 되도록 하기 위해서도 필요 불가결합니다. 또한 궁극의 형벌인 사형이 법률의 규정에 따라 적정하게 행해지고 있는지를 감시하기 위해서도 정보 명시는 불가결하다고 할 수 있습니다.

일본 정부는 연도마다 작성하는 통계 자료에 따라 그 연도의 사형 집행 수를 공표하지만, 개별 사형 집행 사실에 대해서는 공식적으로는 밝히지 않는다는 극단적인 행형밀행주의(주2)를 오랫동안 계속해 왔습니다. 1998년 11월 이후 법무성은 사형 집행의 사실과 피집행자 수에 대해서만 공표하게 되었고, 2007년 12월 이후는 피집행자의 성명, 생년월일, 범죄 사실 및 집행 장소에 대해서 공표하게 되었지만, 그 이외의 정보에 대해서는 여전히(주3) 밝히지 않습니다. 2010년 8월에는 일부 보도기관에 대해서 도쿄구치소의 형장이 공개되었지만, 사형제도에 관한 전 사회적 논의를 하는 데 있어서는 불충분하다고 할 수밖에 없는 것이었습니다.

일본 정부는 내각부가 실시한 여론조사 결과에서 '대다수 국민이 사형제도의 존속을 지지하고 있다'고 하며 사형제도를 정당화하고 있습니다. 이 여론조사에 대해서는 설문이 사형 존속으로 유도하는 것이라는 등의 비판이 제기되고 있지만, 설령 여론조사가 적정하게 실시되었다고 하더라도 사형의 시비를 판단하기 위해서 필요한 정보를 제공하지 않은 상태라면 그와 같은 여론조사 결과는 설득력이 부족하다고 하지 않을 수 없습니다.

사형제도에 관계된 정보는 사형 확정자의 처우 상황, 형장 상황, 피집행자가 사망에 이르는 경과, 사형 집행의 의사 결정 과정, 피집행자를 선정하는 기준, 집행 시에 있어서의 피집행자의 심신 상태, 피집행자가 하고 있던 재심 청구 등 다양합니다. 모든 것을 무조건으로 명시해야 하는지 아닌지의 검토는 필요하겠지만, 정부는 사형제도에 대해서 국민이 논의를 할 수 있도록 하기 위해, 또한 배심원 제도가 도입된 지금 적극적으로 정보를 명시해야 합니다.

(주1)主たる(주된, 주요한): 주된, 주요한

(주2)行刑密行主義(행형밀행주의): 형무소 등의 형사 시설이나 형벌의 집행 상황 등의 정보를 가능한 한 공개하지 않도록 하는 일본 법무성의 정책

(주3)依然として(여전히): 여전히

**어휘** これまで 지금까지 死刑(しけい) 사형 制度(せいど) 제도 存置(そんち) 존치, (제도 · 시설 · 기관 등의) 존속
国民(こくみん) 국민 大多数(だいたすう) 대다수 支持(しじ) 지지 最大(さいだい) 최대
論拠(ろんきょ) 논거, 어떤 이론이나 논리 · 논설 따위의 근거 しかしながら 그러나 *「しかし」의 힘줌말 情報(じょうほう) 정보
極(きわ)めて 극히 少(すく)ない 적다 状況(じょうきょう) 상황 主(しゅ)たる 주된, 주요한 結論(けつろん) 결론
導(みちび)く 이끌다 EU(イーユー) EU, 유럽연합 *유럽 공동체를 기초로 외교, 안보 및 통화의 통합을 목표로 하는 통합체
諸国(しょこく) 제국, 여러 나라 ～をはじめとして ～을 비롯해 相当数(そうとうすう) 상당수 国(くに) 나라
廃止(はいし) 폐지 あるいは 또는, 혹은 執行(しっこう) 집행 停止(ていし) 정지 大(おお)きな 큰 流(なが)れ 흐름
根幹(こんかん) 근간 背景(はいけい) 배경 事情(じじょう) 사정 考(かんが)え方(かた) 사고방식 しっかり 제대로, 확실히
把握(はあく) 파악 政府(せいふ) 정부 運用(うんよう) 운용 多(おお)く 많음, 많은 것 明(あき)らかにする 분명히 하다, 밝히다
特(とく)に 특히 判決(はんけつ) 판결 確定(かくてい) 확정 処遇(しょぐう) 처우 決定(けってい) 결정 及(およ)び 및
実施(じっし) 실시 法務(ほうむ) 법무 当局(とうきょく) 당국 独占(どくせん) 독점 ～に関(かん)する ～에 관한
公開(こうかい) 공개 全社会的(ぜんしゃかいてき) 전 사회적 議論(ぎろん) 의논, 논의
行(おこな)う 하다, 행하다, 실시하다 前提(ぜんてい) 전제, 어떤 사물을 이루는 토대가 되는 것
裁判員制度(さいばんいんせいど) 재판원[배심원] 제도 *국민 중에서 뽑힌 재판원이 형사재판에 참여하는 제도
導入(どうにゅう) 도입 一般市民(いっぱんしみん) 일반시민 関与(かんよ) 관여 量刑(りょうけい) 양형, 형량
判断(はんだん) 판단 なす 하다, 행하다 必要不可欠(ひつようふかけつ) 필요 불가결, 반드시 요구되고 없어서는 아니 됨
究極(きゅうきょく) 궁극 刑罰(けいばつ) 형벌 法律(ほうりつ) 법률 規定(きてい) 규정
～に従(したが)って ～에 따라서 適正(てきせい)だ 적정하다 監視(かんし) 감시
開示(かいじ) [법률] 명시, (어떤 사항의) 내용 · 성질 · 수량 등을 확실히 알 수 있도록 보이는 일 年度(ねんど) 연도

～ごとに ～마다 作成(さくせい) 작성 統計(とうけい) 통계 資料(しりょう) 자료 公表(こうひょう) 공표 ～ものの ～하지만 個別(こべつ) 개별 事実(じじつ) 사실 公式(こうしき) 공식 極端(きょくたん)だ 극단적이다
行刑密行主義(ぎょうけいみっこうしゅぎ) 행형밀행주의 *형무소 등의 형사시설이나 형벌 집행 상황 등의 정보를 가능한 한 공개하지 않도록 하는 일본 법무성의 정책 長(なが)い間(あいだ) 오랫동안 続(つづ)ける 계속하다 以降(いこう) 이후
法務省(ほうむしょう) 법무성 *우리나라의 법무부에 해당함 被執行者(ひしっこうしゃ) 피집행자 氏名(しめい) 성명
生年月日(せいねんがっぴ) 생년월일 以外(いがい) 이외 依然(いぜん)として 여전히 一部(いちぶ) 일부
報道(ほうどう) 보도 機関(きかん) 기관 ～に対(たい)して ～에 대해서 拘置所(こうちしょ) 구치소 刑場(けいじょう) 형장
동사의 기본형+上(うえ)では ～하는 데 있어서는 不十分(ふじゅうぶん)だ 불충분하다 동사의 기본형+ほかない ～할 수밖에 없다
内閣府(ないかくふ) 내각부 *일본 중앙 행정 기관의 하나로, 다른「省庁(しょうちょう)」(성청: 부처)의 상부에 위치하며, 정부 전체의 입장에서 중요 정책의 종합 조정 및 예산 편성의 기획 입안 등을 관장함 世論調査(よろんちょうさ) 여론조사
存続(そんぞく) 존속 正当化(せいとうか) 정당화 設問(せつもん) 설문 誘導(ゆうどう) 유도 批判(ひはん) 비판
たとえ 설령, 설사 ～としても ～라고 하더라도 是非(ぜひ) 시비, 옳음과 그름 提供(ていきょう) 제공 ～まま ～한 채, ～상태로
説得力(せっとくりょく) 설득력 乏(とぼ)しい 모자라다, 부족하다 동사의 ない형+ざるを得(え)ない ～하지 않을 수 없다
関(かか)わる 관계되다 死刑確定者(しけいかくていしゃ) 사형 확정자, 사형수 死亡(しぼう) 사망 至(いた)る 이르다
経過(けいか) 경과 選定(せんてい) 선정 基準(きじゅん) 기준 ～における ～에 있어서의, ～에서의 心身(しんしん) 심신
再審(さいしん) 재심 請求(せいきゅう) 청구 様々(さまざま)だ 다양하다, 여러 가지다 全(すべ)て 모두, 전부
無条件(むじょうけん) 무조건 ～か否(いな)か ～인지 아닌지 検討(けんとう) 검토 積極的(せっきょくてき)だ 적극적이다
主(おも)だ 주되다 主要(しゅよう)だ 주요하다 刑務所(けいむしょ) 형무소, 교도소 なるべく 가능한 한, 되도록
政策(せいさく) 정책 相変(あいか)わらず 여전히, 변함없이

**1** 사형제도나 그 운용 상황의 현상으로 옳은 것은 어느 것인가?
1 정보 공개는 극히 불충분하다.
2 사형 집행 결정까지 걸리는 시간은 단축되고 있다.
3 사형 판결 확정 후의 처우에는 아무런 문제도 없다.
4 법무 당국의 노력으로 정보는 상당히 공개되어 있다.

**어휘** 不十分(ふじゅうぶん)だ 불충분하다 かかる (시간이) 걸리다 短縮(たんしゅく) 단축 努力(どりょく) 노력 だいぶ 꽤, 상당히

**2** 필자가 사형제도의 정보 공개가 필요한 이유로 말하고 있지 않은 것은 어느 것인가?
1 신속한 사형 집행을 계속하기 위해
2 전 사회적 논의를 실시할 전제이기 때문에
3 일반시민의 올바른 양형 판단이 되도록 하기 위해
4 사형이 법률의 규정에 따라 적정하게 실시되고 있는지를 감시하기 위해

**어휘** 迅速(じんそく)だ 신속하다, 재빠르다

**3** 본문의 내용으로 보아 일본 정부가 사형제도를 정당화하는 근거로 제시하고 있는 것은 무엇인가?
1 범죄율 감소
2 여론조사 결과
3 재판 결정의 낮은 오판
4 사형제도를 요구하는 국제적 시류

**어휘** 根拠(こんきょ) 근거 犯罪率(はんざいりつ) 범죄율 減少(げんしょう) 감소 誤判(ごはん) 오판 低(ひく)さ 낮음 求(もと)める 요구하다, (요)청하다 国際的(こくさいてき) 국제적 潮流(ちょうりゅう) 조류, 시류, 그 시대의 풍조나 경향

**4** 필자가 명시되어야 하는 정보로 말하고 있지 않은 것은 어느 것인가?
1 사형수의 처우 상황
2 사형 집행의 의사 결정 과정
3 사형제도를 유지하기 위한 비용
4 피집행자가 사망에 이르는 경과

**어휘** 동사의 기본형+べき (마땅히) ～해야 할 過程(かてい) 과정 維持(いじ) 유지 費用(ひよう) 비용

## 확인 문제 3・주장 이해(장문)

**問題12 次の文章を読んで、後の問いに対する答えとして最もよいものを、1・2・3・4から一つ選びなさい。**

海洋プラスチックごみは今、世界中で問題視されており、海を汚染するだけでなく、そこに住む生き物にも影響を与えています。海洋の現状がこのまま続けば、持続的に海洋資源を得ることができなくなるとも言われているのです。では、海洋プラスチックごみはどのような問題を起こしているのでしょうか。今日は、これについてちょっと紹介しようと思っています。

海洋プラスチックごみ問題を解決するには、ボランティアへの参加やごみの排出を抑えるよう意識することの他に、環境保護に取り組んでいる団体への寄付がお勧めです。環境保護団体に寄付するメリットは、私たち個人では取り組めないようなスケールの大きな環境保護活動を支援できることです。

今度はプラスチックごみが私たちの生活に与える影響について見てみましょう。まず、マイクロプラスチックは細かな粒子(りゅうし)(注1)であり、分解されないため、海洋生物の体内に蓄積される可能性があります。また、プラスチックごみは漁業や養殖業で本来得られるはずの漁獲量が減るといった問題や、漁獲用の網などにごみが絡まってしまうことで、網が使えなくなるといった損失もあります。最後に、マイクロプラスチックを飲み込んだ海洋生物が市場に出回れば、それらを口にする私たちの体内にもマイクロプラスチックが入り込む可能性があるのです。

日本政府では、海洋プラスチックごみに対して様々な取り組みをすべく議論を重ね、「第4次循環型社会形成推進基本計画」と「海洋プラスチックごみ対策アクションプラン」の二つを主軸(しゅじく)(注2)とした対策に取り組んでいます。まず、第4次まで進められている「循環型社会形成推進基本計画」は、循環型社会を作り上げていくための施策を総合的に、そして計画的に推進するための基本計画です。第4次計画では、その方向性として地域循環共生圏形成による地域活性化、ライフサイクル全体での徹底的な資源循環、適正処理の推進と環境再生といった項目が新たに挙げられました。次に、「海洋プラスチックごみ対策アクションプラン」というものも政府で策定されています。これはプラスチックの有効利用を前提としつつ、海洋の新たな汚染を生み出さないため、取り組みを徹底していくためのプランです。具体的には、プラスチックごみの回収から適正処理を徹底すると共に、ポイ捨てや不法投棄、非意図的な海洋流出の防止を進めます。また、既に流出したプラスチックごみの回収にも取り組む方針です。それだけでなく、海洋に流出しても影響や負担が少ない素材の開発や、その素材への転換などを推進していく取り組みも進められています。

最後にプラスチックごみの低減、そして海洋プラスチックごみを出さないためにどのようなことができるのか紹介します。まず、リデュース(Reduce)、リユース(Reuse)、リサイクル(Recycle)といった3Rを心がけましょう。3Rはどれもプラスチックごみを出さないための工夫であり、場合によっては資源にもできる方法です。これを意識することで海洋プラスチックごみ低減にも繋がるのです。また、3Rを含めたプラスチック低減のための行動は何よりも大切です。例えば、ビニール袋をもらわなくていいようにマイバッグを持参したりプラスチック製ストローの使用を控えたりすることです。次に、ごみ拾いやボランティアに参加することもプラスチックごみの低減に大きく貢献できます。最後に、前述したように、ボランティアに参加するだけでなく、環境保護に取り組んでいるNPO団体(注3)などへの寄付もお勧めです。

(注1)粒子(りゅうし): 比較的小さな物体の総称
(注2)主軸(しゅじく): いくつかの軸の中で、中心になる軸
(注3)NPO団体: 非営利団体

**1** 筆者は環境保護に取り組んでいる団体への寄付について、何と言っているか。

1 ただお金の無駄遣いに過ぎず、何の意味もない。
2 団体への寄付より、まずは個人でできることから始めた方がいい。
3 個人では取り組めないスケールの大きな環境保護活動を支援できる。
4 環境保護に取り組んでいる団体への寄付が効果的だった例はあまりない。

**2** プラスチックごみが海に与えている影響として、本文に出ていないのはどれか。

1 人体に与える影響　　2 観光業に与える影響
3 海の産業に与える影響　　4 海の生命体に与える影響

**3** 日本政府の取り組みのうち、第4次循環型社会形成推進基本計画に含まれていないのはどれか。

1 人と自然の共生関係の構築　　2 適正処理の推進と環境再生
3 地域循環共生圏形成による地域活性化　　4 ライフサイクル全体での徹底的な資源循環

**4** 海洋プラスチックごみを減らすために私たちができることとして、本文に出ていないのはどれか。

1 ゴミ拾いやボランティアに参加する。
2 プラスチックごみを減らすための行動をする。
3 リデュース、リユース、リサイクルを心がける。
4 プラスチックの代わりに瓶や木材素材の製品を利用する。

# 확인 문제 3 • 정답 및 해석(주장 이해(장문))

해양 플라스틱 쓰레기는 지금 전 세계에서 문제시되고 있으며, 바다를 오염시킬 뿐만 아니라 그곳에 사는 생물에게도 영향을 주고 있습니다. 해양의 현재 상태가 이대로 계속되면 지속적으로 해양 자원을 얻을 수 없게 될 것이라고도 합니다. 그럼, 해양 플라스틱 쓰레기는 어떤 문제를 일으키고 있는 걸까요? 오늘은 이것에 대해서 잠깐 소개하려고 합니다.

해양 플라스틱 쓰레기 문제를 해결하려면 자원봉사에 참가하거나 쓰레기 배출을 억제하도록 의식하는 것 외에 환경 보호에 대처하고 있는 단체에 대한 기부를 추천합니다. 환경 보호 단체에 기부하는 장점은 우리 개인으로는 대처할 수 없는 규모가 큰 환경 보호 활동을 지원할 수 있다는 점입니다.

이번에는 플라스틱 쓰레기가 우리 생활에 주는 영향에 대해서 봐 봅시다. 우선 미세 플라스틱은 작은 입자(주1)이고 분해되지 않기 때문에 해양 생물의 체내에 축적될 가능성이 있습니다. 또한 플라스틱 쓰레기는 어업이나 양식업에서 본래 얻어져야 하는 어획량이 줄어드는 문제나 어획용 그물 등에 쓰레기가 얽혀 버림으로써 그물을 사용할 수 없게 되는 손실도 있습니다. 마지막으로 미세 플라스틱을 삼킨 해양 생물이 시장에 나돌면 그것들을 먹는 우리 체내에도 미세 플라스틱이 들어올 가능성이 있는 것입니다.

일본 정부에서는 해양 플라스틱 쓰레기에 대해서 다양한 대처를 하기 위해 논의를 거듭해 '제4차 순환형 사회 형성 추진 기본 계획'과 '해양 플라스틱 쓰레기 대책 액션 플랜'의 두 가지를 주축(주2)으로 한 대책에 매진하고 있습니다. 우선 제4차까지 진행되고 있는 '순환형 사회 형성 추진 기본 계획'은 순환형 사회를 만들어 가기 위한 시책을 종합적으로 그리고 계획적으로 추진하기 위한 기본 계획입니다. 제4차 계획에서는 그 방향성으로 지역 순환 공생권 형성에 따른 지역 활성화, 라이프 사이클 전체에서의 철저한 자원 순환, 적정 처리의 추진과 환경 재생과 같은 항목이 새롭게 추가되었습니다. 다음으로 '해양 플라스틱 쓰레기 대책 액션 플랜'이라는 것도 정부에서 책정되어 있습니다. 이것은 플라스틱의 유효 이용을 전제로 하면서 해양의 새로운 오염을 만들어 내지 않기 위해 대처를 철저히 해 나가기 위한 플랜입니다. 구체적으로는 플라스틱 쓰레기 회수부터 적정 처리를 철저히 함과 동시에 쓰레기 투척이나 불법 투기, 비의도적인 해양 유출 방지를 진행합니다. 또 이미 유출된 플라스틱 쓰레기 회수에도 매진할 방침입니다. 그것뿐만 아니라 해양에 유출되어도 영향이나 부담이 적은 소재 개발이나 그 소재로의 전환 등을 추진해 가는 방안도 진행되고 있습니다.

마지막으로 플라스틱 쓰레기 저감, 그리고 해양 플라스틱 쓰레기를 배출하지 않기 위해서 어떠한 것을 할 수 있는지 소개하겠습니다. 우선 리듀스(Reduce), 리유즈(Reuse), 리사이클(Recycle)이라는 3R을 유념합시다. 3R은 모두 플라스틱 쓰레기를 배출하지 않기 위한 궁리이며, 경우에 따라서는 자원으로도 할 수 있는 방법입니다. 이것을 의식함으로써 해양 플라스틱 쓰레기 저감으로도 이어지는 것입니다. 또한 3R을 포함한 플라스틱 저감을 위한 행동은 무엇보다도 중요합니다. 예를 들면 비닐봉지를 받지 않아도 되게 장바구니를 지참하거나 플라스틱제 빨대 사용을 자제하거나 하는 것입니다. 다음으로 쓰레기 줍기나 자원봉사에 참가하는 것도 플라스틱 쓰레기 저감에 크게 공헌할 수 있습니다. 마지막으로 앞서 말한 것처럼 자원봉사에 참가하는 것뿐만 아니라 환경 보호에 힘쓰고 있는 NPO 단체(주3) 등에 대한 기부도 추천합니다.

(주1)粒子(입자): 비교적 작은 물체의 총칭
(주2)主軸(주축): 몇 가지 축 중에서 중심이 되는 축
(주3)NPO団体(NPO 단체): 비영리 단체

**어휘** 海洋(かいよう) 해양 プラスチック 플라스틱 ごみ 쓰레기 世界中(せかいじゅう) 전 세계 問題視(もんだいし) 문제시
~ておる ~하고 있다 *「~ている」의 겸양표현 海(うみ) 바다 汚染(おせん) 오염 ~だけでなく ~뿐만 아니라
住(す)む 살다, 거주하다 生(い)き物(もの) 생물, 살아 있는 것 影響(えいきょう) 영향 与(あた)える (주의·영향 등을) 주다
現状(げんじょう) 현상, 현재 상태 続(つづ)く 이어지다, 계속되다 持続的(じぞくてき)だ 지속적이다 資源(しげん) 자원
得(え)る 얻다 起(お)こす (나쁜 상태를) 일으키다, 발생시키다 紹介(しょうかい) 소개 解決(かいけつ) 해결 ~には ~하려면
ボランティア 자원봉사 参加(さんか) 참가 排出(はいしゅつ) 배출 抑(おさ)える 억제하다 意識(いしき) 의식
他(ほか)に ~이외에, ~밖에 環境保護(かんきょうほご) 환경 보호 取(と)り組(く)む 몰두하다, 대처하다, 힘쓰다
団体(だんたい) 단체 寄付(きふ) 기부 勧(すす)め 추천 メリット 장점 スケール 스케일, 규모 大(おお)きな 큰
支援(しえん) 지원 マイクロプラスチック 미세 플라스틱 細(こま)かだ 작다, 잘다 粒子(りゅうし) 입자
分解(ぶんかい) 분해 海洋生物(かいようせいぶつ) 해양 생물 体内(たいない) 체내 蓄積(ちくせき) 축적
可能性(かのうせい) 가능성 漁業(ぎょぎょう) 어업 養殖業(ようしょくぎょう) 양식업 本来(ほんらい) 본래
~はず (당연히) ~할 것[터]임 漁獲量(ぎょかくりょう) 어획량 減(へ)る 줄다, 줄어들다 ~といった ① ~라고 하는 ② ~와 같은
網(あみ) 그물 絡(から)まる 휘감기다, 얽히다 ~ことで ~함으로써 損失(そんしつ) 손실 最後(さいご) 최후, 마지막
飲(の)み込(こ)む 삼키다 市場(いちば) 시장 出回(でまわ)る 출회하다, 나돌다 口(くち)にする 먹다
入(はい)り込(こ)む (속에) 들어가다, 들어오다 政府(せいふ) 정부
동사의 기본형+べく ~하기 위해 *단, 「する」의 경우는 「するべく」, 「すべく」모두 쓸 수 있음

議論(ぎろん) 의논, 논의 重(かさ)ねる 거듭하다
循環型社会(じゅんかんがたしゃかい) 순환형 사회 *한정된 자원을 유용하게 활용하며 환경 오염 물질의 배출을 최소화한 사회
形成(けいせい) 형성 推進(すいしん) 추진 基本(きほん) 기본 計画(けいかく) 계획 アクションプラン 액션 플랜, 행동 계획
主軸(しゅじく) 주축 対策(たいさく) 대책 作(つく)り上(あ)げる 만들어 내다, 완성하다
施策(しさく) 시책 総合的(そうごうてき)だ 종합적이다 計画的(けいかくてき)だ 계획적이다
方向性(ほうこうせい) 방향성 地域(ちいき) 지역 共生圏(きょうせいけん) 공생권
活性化(かっせいか) 활성화 ライフサイクル 라이프 사이클, 동물이 태어나 죽을 때까지의 과정
徹底的(てっていてき)だ 철저하다 適正処理(てきせいしょり) 적정 처리 *폐기물을 정해진 법령에 따라 적절하게 처리하는 것
再生(さいせい) 재생 項目(こうもく) 항목 新(あら)ただ 새롭다 挙(あ)げる (예로서) 들다, 열거하다 策定(さくてい) 책정
有効(ゆうこう) 유효 利用(りよう) 이용 前提(ぜんてい) 전제 동사의 ます형+つつ ~하면서
生(う)み出(だ)す 새로 만들어 내다 徹底(てってい)する 철저히 하다 具体的(ぐたいてき)だ 구체적이다 回収(かいしゅう) 회수
~と共(とも)に ~와 함께, ~와 동시에 ポイ捨(す)て 아무데나 쓰레기를 던져 버리는 것 不法投棄(ふほうとうき) 불법 투기
非意図的(ひいとてき)だ 비의도적이다 流出(りゅうしゅつ) 유출 防止(ぼうし) 방지 進(すす)める 진행하다
既(すで)に 이미 方針(ほうしん) 방침 負担(ふたん) 부담 素材(そざい) 소재 開発(かいはつ) 개발
転換(てんかん) 전환 低減(ていげん) 저감 リデュース 줄이다 リユース 재이용, 재사용
リサイクル 리사이클, 재활용 心(こころ)がける 유념하다, 명심하다
工夫(くふう) 궁리, 고안, 생각해낸 방법 場合(ばあい)によっては 경우에 따라서는 資源(しげん) 자원
繋(つな)がる 이어지다, 연결되다 含(ふく)める 포함하다 行動(こうどう) 행동 何(なに)よりも 무엇보다도
大切(たいせつ)だ 중요하다 例(たと)えば 예를 들면 ビニール袋(ぶくろ) 비닐봉지 もらう 받다
マイバッグ 산 물건을 넣기 위해 소비자가 지참하는 가방, 쇼핑백, 장바구니 持参(じさん) 지참 ストロー 스트로, 빨대
控(ひか)える 삼가다, 줄이다, 자제하다 ごみ拾(ひろ)い 쓰레기 줍기 貢献(こうけん) 공헌
前述(ぜんじゅつ) 전술, 이미 앞에 말한 것 NPO団体(エヌピーオーだんたい) 비영리 조직 단체 *사회적인 공익 활동을 하는 조직·단체
比較的(ひかくてき) 비교적 物体(ぶったい) 물체 総称(そうしょう) 총칭 軸(じく) 축 中心(ちゅうしん) 중심
非営利(ひえいり) 비영리

**1** 필자는 환경 보호에 힘쓰고 있는 단체에 대한 기부에 대해서 뭐라고 말하고 있는가?
1 단지 돈 낭비에 지나지 않고 아무런 의미도 없다.
2 단체에 대한 기부보다 우선은 개인으로 할 수 있는 것부터 시작하는 편이 좋다.
3 개인으로는 대처할 수 없는 스케일이 큰 환경 보호 활동을 지원할 수 있다.
4 환경 보호에 힘쓰고 있는 단체에 대한 기부가 효과적이었던 예는 별로 없다.

**어휘** ただ 단, 다만 無駄遣(むだづか)い 낭비 ~に過(す)ぎない ~에 지나지 않다 ~ず ~하지 않아서 何(なん)の 아무런
意味(いみ) 의미 まずは 우선은 始(はじ)める 시작하다 동사의 た형+方(ほう)がいい ~하는 편[쪽]이 좋다
効果的(こうかてき)だ 효과적이다 例(れい) 예, 전례 あまり (부정어 수반) 그다지, 별로

**2** 플라스틱 쓰레기가 바다에 주는 영향으로 본문에 나와 있지 않은 것은 어느 것인가?
1 인체에 주는 영향
2 관광업에 주는 영향
3 바다 산업에 주는 영향
4 바다 생명체에 주는 영향

**어휘** 人体(じんたい) 인체 観光業(かんこうぎょう) 관광업 生命体(せいめいたい) 생명체

**3** 일본 정부의 대처 중 제4차 순환형 사회 형성 추진 기본 계획에 포함되어 있지 않은 것은 어느 것인가?
1 인간과 자연의 공생 관계 구축
2 적정 처리 추진과 환경 재생
3 지역 순환 공생권 형성에 따른 지역 활성화
4 라이프 사이클 전체에서의 철저한 자원 순환

**어휘** 含(ふく)む 포함하다 自然(しぜん) 자연 構築(こうちく) 구축

**4** 해양 플라스틱 쓰레기를 줄이기 위해서 우리가 할 수 있는 것으로 본문에 나와 있지 않은 것은 어느 것인가?
1 쓰레기 줍기나 자원봉사에 참가한다.
2 플라스틱 쓰레기를 줄이기 위한 행동을 한다.
3 리듀스, 리유즈, 리사이클을 유념한다.
4 플라스틱 대신에 병이나 목재 소재 제품을 이용한다.

**어휘** 減(へ)らす 줄이다 명사+の+代(か)わりに ~대신에 瓶(びん) 병 木材(もくざい) 목재 素材(そざい) 소재
製品(せいひん) 제품

독해 주장 이해(장문)

## 문제 13 정보 검색

### 출제 유형

문제 13 정보 검색은 700자 내외의 광고, 팸플릿, 정보지, 비즈니스 문서 등에서 필요한 정보를 찾아낼 수 있는지를 묻는 문제로, 2문항이 출제된다. 이 문제는 질문에서 요구하는 정보만 잘 찾아내면 되므로, 지문 전체를 꼼꼼히 읽기보다 질문과 관련 있는 부분만 빨리 찾아 읽는 연습을 해 두는 것이 중요하다.

### 실제 시험 예시

**問題13 右のページは、ある大学の教育奨学金の案内である。下の問いに対する答えとして最もよいものを、1・2・3・4から一つ選びなさい。**

1 高校3年生である鈴木君は、希望していたA大学の工学部に無事受かったが、学費が負担になって奨学金制度を利用しようと思っている。全ての基準を満たしている鈴木君がもらえる金額は年額でいくらになるか。

1 20万円　　2 30万円
3 110万円　　4 135万円

2 A大学の経済学部2年生である田中君は、家計の経済的理由で奨学金制度を利用しようと思っている。ちなみに、田中君は普段から資格取得や海外研修、交換留学などには興味があり、機会があれば挑戦してみたいと思っている。この場合、田中君が利用できない奨学金はどれか。

1 修学支援奨学金　　2 海外活動支援奨学金
3 学術研究活動支援奨学金　　4 指定資格取得・進路支援奨学金

| 정답 | 1 2　2 3

### 시험 대책

정보 검색은 두 페이지에 걸쳐 출제되는데, 왼쪽 페이지에 인쇄되어 있는 질문을 꼼꼼히 읽어야 한다. 질문에서 요구하는 정보를 확실하게 이해했다면 오른쪽 지문에서 필요한 정보를 찾아, 선택지와 비교하면서 정답을 찾으면 된다. 따라서 이 문제에서는 지문을 먼저 꼼꼼히 읽어가는 게 아니라, 질문을 먼저 읽고 요구하는 정보를 정확하게 파악한 후, 지문과 선택지를 비교하면서 정답을 찾는 연습이 필요하다.

## 教育奨学金のご案内

本大学では、返還不要の給付型奨学金を中心に多種多様な奨学金制度を整えています。

| 名称 | 種類 | 金額 | 対象 |
|---|---|---|---|
| **新入生奨学金**<br>高校の成績が一定の基準(評定平均3.5以上)を満たし、かつ経済的理由により修学が困難な新入生に給付します。<br>※主たる家計支持者及び従たる家計支持者(原則父母)の収入の合計が700万円以下 | 給付 | 法・経済・人間科学部: 年額21万円<br>経営・外国語・国際日本学部: 年額24万円<br>理・工学部: 年額30万円<br>建築学部: 年額33万円<br>+<br>さらに、地方出身で自宅外通学者は15万円 | 学部1年次 |
| **修学支援奨学金**<br>経済的理由により修学が困難で、一定の学業成績を満たした学生を支援します。 | 給付 | **【学部生】**<br>法・経済・人間科学部: 年額22万円<br>経営・外国語・国際日本学部: 年額25万円<br>(経営学部2020年度以前入学者は22万円)<br>理・工学部: 年額31万円<br>**【大学院生】**<br>理・工学研究科: 年額36万円<br>その他の各研究科: 年額25万円 | 学部2〜4年次<br>大学院生 |
| **大学院給費生**<br>大学の教員になることを希望し、意欲的に研究活動を行う優秀な学生を支援します。 | 給付 | 学費相当額 | 大学院博士前期課程1年次、博士後期課程1年次 |
| **海外活動支援奨学金**<br>短期海外研修や交換留学などに参加する学生に対して、その活動内容に応じて支援します。 | 給付 | 派遣先・種類による<br>(短期海外研修等: 5万円／派遣交換: 月額6〜10万円／受入交: 月額5万円) | 学部生<br>大学院生 |
| **学術研究活動支援奨学金**<br>将来における明確な目標を持ち、学業成績、人物ともに優れ、かつ学術研究分野において優れた実績を上げた学生を支援します。 | 給付 | 活動実績による<br>2万円〜 | 大学院生 |
| **指定資格取得・進路支援奨学金**<br>司法試験、公認会計士試験、税理士試験など難易度の高い資格試験合格や、TOEICでの高得点取得などに挑戦し、実績を上げた学生を支援します。 | 給付 | 資格・進路による<br>10〜30万円 | 学部生 |

# 확인 문제 1 • 정보 검색

**問題13 右のページは、ABCパソコンサービスセンターのホームページである。下の問いに対する答えとして、最もよいものを1・2・3・4から一つ選びなさい。**

1 ABCパソコンサービスセンターについての説明の中で、正しいのはどれか。

1 電話での受付は、平日に限って利用できる。

2 退会する時、日割計算による月会費の返金はできない。

3 退会後に再入会をする時、入会金は全く要らない。

4 会員登録申し込みページに登録されなかったパソコンも修理してもらえる。

2 会員登録して12か月目の山田さんは使っていたパソコンが故障し、修理してもらうことにした。平日は仕事で忙しく、直接店舗に行くことができず、宅配修理を利用するにも都合が悪い。それで、やむなく今週の日曜日自宅に訪問してもらって修理してもらうことにした。山田さんはいくら払えばいいか。

1 1,283円

2 2,178円

3 4,400円

4 11,000円

## ABCパソコンサービスセンターのパソコンサポート制度

### <パソコン修理のご依頼方法>

パソコン修理のご依頼方法は、訪問修理、宅配修理の二つが用意されております。

| 訪問修理料金のお得 | | | |
|---|---|---|---|
| 項目 | 訪問料金 | 作業料金 | 合計 |
| 通常料金 | 4,400円 | 11,000円 | 15,400円 |
| 会員登録1年目 | 4,400円 | 無料 | 4,400円 |
| 会員登録2年目 | 2,178円 | 無料 | 2,178円 |

※表示の料金は全て税込みです。

※お客様が会員登録をされた月を含み、13か月目の1日より会員登録2年目が適用されます。

※訪問当日にキャンセル・日時変更をする場合は、キャンセル料金(会員登録1年目4,400円、会員登録2年目2,178円)がかかります。

| 宅配修理料金のお得 | | | |
|---|---|---|---|
| 項目 | 作業料金 | 返送料金 | 合計 |
| 通常料金 | 11,000円 | 1,283円 | 12,283円 |
| 会員料金 | 無料 | 1,283円 | 1,283円 |

※表示の料金は全て税込みです。

### <本サポートの制限>

本サポートは、次の対象範囲に制限されます。

1. 会員登録(入会金11,000円/税込み)は、20歳以上の個人または個人事業者が対象
2. 月会費(330円/税込み)で、登録可能な対象機器は3台まで。4台目以降は1台につき月会費(330円/税込み)
3. 対象機器
   (1) 会員登録お申し込みページに登録された会員所有のパソコン
   (2) 登録機器に接続する機器
4. 対象OS
   (1) 日本語版のOS
   (2) 本サポートをご利用する時点で、ソフトウェアメーカーがサポートをしている範囲
5. 受付時間
   (1) 電話受付: 10時～20時(土日・祝日も営業)
   (2) Web受付: 7時～24時(月曜日～土曜日)、7時～22時(日曜日・祝日)
6. 訪問サポート時間: 8時～21時(土日・祝日も営業)

### <退会>

1. 退会手続きは月の途中でもできますが、日割計算による月会費の返金はいたしません。
2. 月の途中で退会した場合でも、月会費などの遅延がなければ、退会月の末日まで会員特典は適用されます。
3. 退会後に再入会をする時は、入会金がかかります。
4. 月会費のお引落しの確認ができない時は、弊社の判断で退会していただきます。

# 확인 문제 1 • 정답 및 해석(정보 검색)

문제 13 오른쪽 페이지는 ABC 컴퓨터 서비스 센터의 홈페이지이다. 아래 질문에 대한 답으로 가장 적당한 것을 1 · 2 · 3 · 4에서 하나 고르시오.

**ABC 컴퓨터 서비스 센터의 컴퓨터 지원 제도**

<컴퓨터 수리 의뢰 방법>

컴퓨터 수리 의뢰 방법은 방문 수리, 택배 수리의 두 가지가 준비되어 있습니다.

| 방문 수리 요금 혜택 | | | |
|---|---|---|---|
| 항목 | 방문 요금 | 작업 요금 | 합계 |
| 통상 요금 | 4,400엔 | 11,000엔 | 15,400엔 |
| 회원 등록 1년차 | 4,400엔 | 무료 | 4,400엔 |
| 회원 등록 2년차 | 2,178엔 | 무료 | 2,178엔 |

※ 표시 요금은 모두 세금 포함입니다.
※ 고객이 회원 등록을 하신 달을 포함해 13개월차 1일부터 회원 등록 2년차가 적용됩니다.
※ 방문 당일에 취소 · 일시 변경을 하는 경우는 취소 요금(회원 등록 1년차 4,400엔, 회원 등록 2년차 2,178엔)이 듭니다.

| 택배 수리 요금 혜택 | | | |
|---|---|---|---|
| 항목 | 작업 요금 | 반송 요금 | 합계 |
| 통상 요금 | 11,000엔 | 1,283엔 | 12,283엔 |
| 회원 요금 | 무료 | 1,283엔 | 1,283엔 |

※ 표시 요금은 모두 세금 포함입니다.

<본 지원의 제한>

본 지원은 다음의 대상 범위로 제한됩니다.

1. 회원 등록(입회금 11,000엔/세금 포함)은 20세 이상의 개인 또는 개인사업자가 대상
2. 월회비(330엔/세금 포함)로 등록 가능한 대상 기기는 3대까지. 4대째 이후는 1대당 월회비(330엔/세금 포함)
3. 대상 기기
   (1) 회원 등록 신청 페이지에 등록된 회원 소유의 컴퓨터
   (2) 등록 기기에 접속한 기기
4. 대상 OS
   (1) 일본어판 OS
   (2) 본 지원을 이용하시는 시점에서 소프트웨어사가 지원을 하고 있는 범위
5. 접수시간
   (1) 전화 접수: 10시~20시(주말 · 경축일도 영업)
   (2) Web 접수: 7시~24시(월요일~토요일), 7시~22시(일요일 · 경축일)
6. 방문 지원 시간: 8시~21시(주말 · 경축일도 영업)

<탈퇴>

1. 탈퇴 수속은 월 중간에도 가능합니다만, 날짜당 계산에 의한 월회비 반환은 하지 않습니다.
2. 월 중간에 탈퇴한 경우라도 월회비 등의 지연이 없으면 탈퇴한 달의 말일까지 회원 특전은 적용됩니다.
3. 탈퇴 후에 재가입을 할 때는 입회금이 듭니다.
4. 월회비 자동 납부를 확인할 수 없을 때는 당사 판단으로 탈퇴시키겠습니다.

어휘 パソコン (개인용) 컴퓨터 *「パーソナルコンピューター」의 준말 サービスセンター 서비스 센터
サポート 서포트, 지원 制度(せいど) 제도 修理(しゅうり) 수리 依頼(いらい) 의뢰 方法(ほうほう) 방법
訪問(ほうもん) 방문 宅配(たくはい) 택배 用意(ようい) 준비 得(とく) 이득, 이익
項目(こうもく) 항목 作業(さぎょう) 작업 合計(ごうけい) 합계 通常(つうじょう) 통상, 보통
会員(かいいん) 회원 登録(とうろく) 등록 ～目(め) ～째 無料(むりょう) 무료 表示(ひょうじ) 표시 全(すべ)て 모두, 전부
税込(ぜいこ)み 세금 포함 お客様(きゃくさま) 손님 月(つき) (달력의) 달, 월 含(ふく)む 포함하다 適用(てきよう) 적용
当日(とうじつ) 당일 キャンセル 캔슬, 취소 日時(にちじ) 일시 変更(へんこう) 변경 かかる (비용 등이) 들다
返送(へんそう) 반송 本(ほん)～ (접두어) 본～, (문제의) 바로 이것, 이～ 対象(たいしょう) 대상 範囲(はんい) 범위
制限(せいげん) 제한 20歳(はたち) 20세, 스무 살 個人(こじん) 개인 または 또는, 혹은 事業者(じぎょうしゃ) 사업자
月会費(げっかいひ) 월회비 可能(かのう)だ 가능하다 機器(きき) 기기 ～台(だい) ～대 *차나 기계를 세는 단위
以降(いこう) 이후 ～につき ～에 대하여, ～당 申(もう)し込(こ)み 신청 ページ 페이지 登録(とうろく) 등록
所有(しょゆう) 소유 接続(せつぞく) 접속 OS(オーエス) OS, (컴퓨터의) 운영 체제 *「オペレーティングシステム」의 준말
日本語版(にほんごばん) 일본어판 ご+한자명사+する ～하다, ～해 드리다 *겸양표현 ソフトウェア 소프트웨어
受付(うけつけ) 접수 土日(どにち) 토요일과 일요일, 주말 祝日(しゅくじつ) 경축일 営業(えいぎょう) 영업
Web(ウェブ) 웹 *인터넷상의 정보들을 통합해서 제공하는 시스템 退会(たいかい) 탈퇴 手続(てつづ)き 수속 途中(とちゅう) 도중
日割(ひわり) 일당, 하루 단위로 하여 산출하는 것 計算(けいさん) 계산 返金(へんきん) 돈을 돌려줌, 환불
いたす 하다 *「する」의 겸양어 遅延(ちえん) 지연 末日(まつじつ) 말일 特典(とくてん) 특전 再入会(さいにゅうかい) 재가입
引落(ひきおと)し 자동 납부 弊社(へいしゃ) 폐사 *자기 회사의 낮춤말

1 ABC 컴퓨터 서비스 센터에 대한 설명 중에서 옳은 것은 어느 것인가?

1 전화 접수는 평일에 한해서 이용할 수 있다.
2 탈퇴할 때 날짜당 계산에 의한 월회비 환불은 불가능하다.
3 탈퇴 후에 재가입을 할 때 입회금은 전혀 들지 않는다.
4 회원 등록 신청 페이지에 등록되지 않은 컴퓨터도 수리받을 수 있다.

어휘 平日(へいじつ) 평일 ～に限(かぎ)って ～에 한해서 全(まった)く (부정어 수반) 전혀 要(い)る 필요하다
～てもらう (남에게) ～해 받다, (남이) ～해 주다

2 회원 등록한 지 12개월째인 야마다 씨는 쓰던 컴퓨터가 고장 나서 수리를 받기로 했다. 평일은 일 때문에 바빠서 직접 점포에 갈 수 없고, 택배 수리를 이용하기에도 사정이 좋지 않다. 그래서 어쩔 수 없이 이번 주 일요일 자택에 방문을 받아 수리받기로 했다. 야마다 씨는 얼마 지불하면 되는가?

1 1,283엔
2 2,178엔
3 4,400엔
4 11,000엔

어휘 故障(こしょう)する 고장 나다 동사의 보통형+ことにする ～하기로 하다 直接(ちょくせつ) 직접 ～ず(に) ～하지 않고
都合(つごう) 사정, 형편 それで 그래서 やむなく 부득이, 어쩔 수 없이 今週(こんしゅう) 이번 주 自宅(じたく) 자택
いくら 얼마 払(はら)う (돈을) 내다, 지불하다

독해
정보 검색

## 확인 문제 2・정보 검색

**問題13 右のページは、ある店の求人募集の案内である。下の問いに対する答えとして、最もよいものを1・2・3・4から一つ選びなさい。**

1 夏休みを迎え、鈴木君は10日間ぐらいアルバイトをしようと思っている。普段から人付き合いが苦手な彼は、接客業務よりはインターネットを活用してできる仕事を探している。この場合、彼の時給はいくらになるか。

1 930円
2 950円
3 1,000円
4 1,250円

2 幼い頃からフィギュアやおもちゃを集めるのが趣味であった中村君は、今まで積んできた知識を生かして短期間ではなく、これからずっと続けられる仕事を探している。特に、今世の中に広がっている商品に興味を持っている彼は、どんな職種に応募すればいいか。

1 店頭スタッフの正社員
2 買取スタッフの正社員
3 ウェブスタッフの正社員
4 買取スタッフのアルバイト

## 求人募集

### －募集している職種－

千葉鑑定団八千代店では下記職種を現在募集中です。あなたのチャレンジしてみたい職種を選んでみてください。

**● 店頭スタッフ**

商品の品出し、レジ、アミューズメントのお客様対応などのお仕事をしていただきます。ゲーム、ホビー、メディア、コミック、フィギュア、おもちゃ、古着など、あなたの趣味が一番生きる職種が店頭スタッフです。知識がない方も大丈夫です。

**※アルバイト**

| 給与 | 時給: 1,000円(22時以降は1,250円) |
|---|---|
| 応相談時間 | 10:00～21:00の間で |

**※正社員**

| 給与 | 基本給: 228,000円、試用期間有(1～4か月): 基本給198,000円 |
|---|---|
| 応相談時間 | 10:00～21:00の間で |

**● 買取スタッフ**

買取所でお客様が持ってきたお品物の査定をしていただきます。買取スタッフになると、世の中にある様々な商品や、その商品の価値がわかるようになります。今流行っている商品、高値が付いている商品に日々接することができるので、商品知識を付けたい人には最適のポジションです。

**※アルバイト**

| 給与 | 時給: 1,000円(22時以降は1,350円) |
|---|---|
| 応相談時間 | 10:00～21:00の間で |

**※正社員**

| 給与 | 基本給: 228,000円、試用期間有(1～4か月): 基本給198,000円 |
|---|---|
| 応相談時間 | 10:00～21:00の間で |

**● ウェブスタッフ**

電話・メールでの事前査定、宅配買取で届いたお品物の査定、ブログの更新、SNSでの情報発信などの仕事に関わるポジションです。PCスキルは普段検索などをしていれば問題ありません。まずは簡単なPC作業からゆっくりと仕事を覚えていってもらいます。店舗での接客などはありません。

**※アルバイト**

| 給与 | 時給: 950円(3か月の研修期間中は930円) |
|---|---|
| 応相談時間 | 10:00～21:00の間で |

**※正社員**

| 給与 | 基本給: 228,000円、試用期間有(1～4か月): 基本給198,000円 |
|---|---|
| 応相談時間 | 10:00～21:00の間で |

# 확인 문제 2 • 정답 및 해석(정보 검색)

**문제 13 오른쪽 페이지는 어느 가게의 구인 모집 안내이다. 아래 질문에 대한 답으로 가장 적당한 것을 1 · 2 · 3 · 4에서 하나 고르시오.**

## 구인 모집

**– 모집하고 있는 직종 –**

지바 감정단 야치요점에서는 하기 직종을 현재 모집 중입니다. 당신이 도전해 보고 싶은 직종을 골라 보세요.

**● 점두 스태프**

상품 진열, 계산대, 오락 고객 대응 등의 일을 합니다. 게임, 취미, 미디어, 만화책, 피규어, 장난감, 헌 옷 등 당신의 취미가 가장 잘 사는 직종이 점두 스태프입니다. 지식이 없는 분도 괜찮습니다.

※아르바이트

| 급여 | 시급: 1,000엔(22시 이후는 1,250엔) |
|---|---|
| 상담 가능 시간 | 10:00~21:00 사이에 |

※정사원

| 급여 | 기본급: 228,000엔, 수습 기간 있음(1~4개월): 기본급 198,000엔 |
|---|---|
| 상담 가능 시간 | 10:00~21:00 사이에 |

**● 매입 스태프**

매입소에서 고객이 가지고 온 물건을 심사합니다. 매입 스태프가 되면 세상에 있는 다양한 상품과 그 상품의 가치를 알 수 있게 됩니다. 지금 유행하고 있는 상품, 높은 가격이 붙어 있는 상품을 매일 접할 수 있으니 상품 지식을 얻고 싶은 사람에게는 최적의 자리입니다.

※아르바이트

| 급여 | 시급: 1,000엔(22시 이후는 1,350엔) |
|---|---|
| 상담 가능 시간 | 10:00~21:00 사이에 |

※정사원

| 급여 | 기본급: 228,000엔, 수습 기간 있음(1~4개월): 기본급 198,000엔 |
|---|---|
| 상담 가능 시간 | 10:00~21:00 사이에 |

**● 웹 스태프**

전화 · 메일로의 사전 심사, 택배 매입으로 도착한 물건 심사, 블로그 갱신, SNS에서의 정보 발신 등의 일에 관계되는 자리입니다. PC 기술은 평소 검색 등을 하고 있으면 문제없습니다. 우선은 간단한 PC 작업부터 천천히 일을 익혀 나갑니다. 점포에서의 접객 등은 없습니다.

※아르바이트

| 급여 | 시급: 950엔(3개월 연수 기간 중에는 930엔) |
|---|---|
| 상담 가능 시간 | 10:00~21:00 사이에 |

※정사원

| 급여 | 기본급: 228,000엔, 수습 기간 있음(1~4개월): 기본급 198,000엔 |
|---|---|
| 상담 가능 시간 | 10:00~21:00 사이에 |

**어휘** 求人(きゅうじん) 구인 募集(ぼしゅう) 모집 職種(しょくしゅ) 직종 千葉(ちば) 지바 *지명 鑑定(かんてい) 감정 八千代(やちよ) 야치요 *지명 下記(かき) 하기, 어떤 사실을 알리기 위하여 본문 아래에 적는 일, 또는 그런 기록 チャレンジ 챌린지, 도전 選(えら)ぶ 고르다, 선택하다 店頭(てんとう) 점두, 가게 앞 品出(しなだ)し 창고에서 상품을 꺼내는 것, 또는 상점 앞에 상품을 진열하는 것 レジ 계산대 *「レジスター」의 준말 アミューズメント 오락 お客様(きゃくさま) 손님 対応(たいおう) 대응 ～ていただく (남에게) ~ 해 받다, (남이) ~해 주시다 *「～てもらう」((남에게) ~해 받다, (남이) ~해 주다)의 겸양표현 ゲーム 게임 ホビー 취미 メディア 미디어 コミック 코믹, 만화책 フィギュア 피규어 おもちゃ 장난감 古着(ふるぎ) 헌 옷 趣味(しゅみ) 취미 一番(いちばん) 가장, 제일 生(い)きる 효력을 갖다, (가지고 있는 능력 등을) 발휘하다 知識(ちしき) 지식 大丈夫(だいじょうぶ)だ 괜찮다 アルバイト 아르바이트 給与(きゅうよ) 급여 時給(じきゅう) 시급 以降(いこう) 이후 応相談(おうそうだん) 상담에 응함 正社員(せいしゃいん) 정사원 基本給(きほんきゅう) 기본급 試用期間(しようきかん) 시용 기간, 수습 기간 買取(かいとり) 매입 品物(しなもの) 물품, 상품 査定(さてい) 사정, 조사하거나 심사하여 결정함 世(よ)の中(なか) 세상 様々(さまざま)だ 다양하다, 여러 가지다 商品(しょうひん) 상품 価値(かち) 가치 ～ようになる ~하게(끔) 되다 *변화 流行(はや)る 유행하다 高値(たかね) 고가, 값이 비쌈 付(つ)く 붙다 日々(ひび) 매일, 나날 接(せっ)する 접하다 知識(ちしき) 지식 付(つ)ける (몸에) 붙이다, 익히다 最適(さいてき) 최적 ポジション 포지션, 위치, 지위 ウェブ 웹 *인터넷상의 정보들을 통합해서 제공하는 시스템 メール 메일 事前(じぜん) 사전 宅配(たくはい) 택배 届(とど)く (보낸 물건이) 도착하다 ブログ 블로그 更新(こうしん) 갱신 SNS(エスエヌエス) SNS, 사회 관계망 서비스 *「ソーシャルネットワーキングサービス」의 준말로, 인터넷 기반의 커뮤니티 서비스의 총칭 発信(はっしん) 발신 関(かか)わる 관계되다 PC(ピーシー) PC *「パーソナルコンピューター」((개인용) 컴퓨터)의 약어 スキル 스킬, 기술 普段(ふだん) 평소 検索(けんさく) 검색 まずは 우선은 簡単(かんたん)だ 간단하다 ゆっくりと 천천히 店舗(てんぽ) 점포 接客(せっきゃく) 접객 研修(けんしゅう) 연수

**1** 여름 방학을 맞아 스즈키 군은 열흘 정도 아르바이트를 하려고 생각하고 있다. 평소에 다른 사람과의 교제를 잘 못하는 그는 접객 업무보다는 인터넷을 활용해서 할 수 있는 일을 찾고 있다. 이 경우, 그의 시급은 얼마가 되는가?

1 930엔
2 950엔
3 1,000엔
4 1,250엔

**어휘** 夏休(なつやす)み 여름 방학 迎(むか)える (때를) 맞다, 맞이하다 人付(ひとつ)き合(あ)い 교제, 사귐 苦手(にがて)だ 질색이다, 잘 못하다 インターネット 인터넷 活用(かつよう) 활용 探(さが)す 찾다

**2** 어릴 때부터 피규어나 장난감을 모으는 것이 취미였던 나카무라 군은 지금까지 쌓아 온 지식을 살려서 단기간이 아니라 앞으로 계속 할 수 있는 일을 찾고 있다. 특히 지금 세상에 퍼져 있는 상품에 흥미를 가지고 있는 그는 어떤 직종에 응모하면 되는가?

1 점두 스태프 정사원
2 매입 스태프 정사원
3 웹 스태프 정사원
4 매입 스태프 아르바이트

**어휘** 幼(おさな)い 어리다 集(あつ)める 모으다 積(つ)む (경험 등을) 쌓다 生(い)かす 살리다, 발휘하다, 활용하다 短期間(たんきかん) 단기간 これから 앞으로 ずっと 쭉, 계속 続(つづ)ける 계속하다 特(とく)に 특히 広(ひろ)がる 퍼지다 興味(きょうみ) 흥미 応募(おうぼ) 응모

## 확인 문제 3 • 정보 검색

**問題13 右のページは、5,000円以内のコースディナーの案内である。下の問いに対する答えとして、最もよいものを1・2・3・4から一つ選びなさい。**

1 今週の土曜日、前田君は友達の渡辺君と一緒にコース料理を食べることにした。当日が渡辺君の誕生日なので、お祝いを兼ねてワインも一杯飲んでメーンメニューは肉料理が苦手な渡辺君を考慮して魚料理にしようと思っている。ただし、二人ともまだ学生なので、予算は9,000円以内に収めたいと思っている。二人はどこのどんなコース料理を食べればいいか。

1 花蝶のディナーコース
2 キッチンボンノのアニバーサリーコース
3 Bistro Aの記念日コース
4 麦量の2時間飲み放題コース

2 肉が大好物である山田さんは、週末に妻と一緒にコース料理を食べながら贅沢な気分を味わいたいと思っている。予算は一万円程度に考えており、二人ともお酒は全く飲めないので、ドリンク付きのコースは避け、食事後にはデザートも出るコースにしようと思っている。二人はどこのどんなコース料理を食べればいいか。

1 東京キッチンの肉コース
2 麦星の3時間飲み放題コース
3 ビーフ TOKYOのAコース
4 the GARDENの料理のみ

## 5,000円以内のコースディナーのご案内

5,000円以内という価格で、前菜、メイン料理、デザートなどのディナーコースを召し上がれ。1人1皿ずつサーブされるから、贅沢な気分で料理を味わえるのは最高! 歓送迎会、飲み会、ご接待まで、各種ご宴会に2名様からでもご利用いただけるプランを取り揃えました。

| プラン | | 1名料金 |
|---|---|---|
| the GARDEN | **【美食ディナー】**<br>乾杯スパークリングワイン付き! 色とりどりの冷菜、パスタ2種、肉料理や特製デザートなどを堪能する全6皿 | 4,800円(税・サ込) |
| | **【料理のみ】**<br>色とりどりの冷菜、肉料理や特製デザートなど全8皿 | 5,000円(税・サ込) |
| 麦星 | **【2時間飲み放題コース】**<br>乾杯スパークリングワイン付き! フライの盛り合わせやステーキなど全6皿×メッセージプレートで祝福 | 4,800円(税・サ込) |
| | **【3時間飲み放題コース】**<br>乾杯スパークリングワイン付き! ステーキやオムライスも選べる食事を含む全6皿×メッセージプレートで祝福 | 5,300円(税・サ込) |
| Bistro A | **【記念日コース】**<br>乾杯スパークリングワイン付き! ステーキなど記念日コース全5皿 | 4,000円(税・サ込) |
| 東京キッチン | **【肉コース】**<br>豚肉の人気部位を取り揃えた全9皿のディナープラン | 3,850円(税・サ込) |
| ビーフ TOKYO | **【Aコース】**<br>ユッケや熟成和牛極上部位の肉や特選部位2種など11種の焼肉や肉寿司など全7皿 | 4,980円(税・サ込) |
| | **【Bコース】**<br>熟成タン・熟成和牛3種などを堪能できる熟成肉尽くし全7皿 | 5,000円(税・サ込) |
| キッチンボンノ | **【アニバーサリーコース】**<br>乾杯スパークリングワイン付き! 阿波牛ステーキやパスタ、特製ケーキorメッセージプレートなど全6皿 | 4,400円(税・サ込) |
| 花蝶 | **【ディナーコース】**<br>乾杯スパークリングワイン付き! 本日鮮魚を使った特選料理など全6皿 | 4,500円(税・サ込) |

※季節や仕入れ状況により、メニューが変わる場合がございます。予めご了承くださいませ。

# 확인 문제 3 • 정답 및 해석(정보 검색)

**문제 13** 오른쪽 페이지는 5천 엔 이내의 코스 디너 안내이다. 아래 질문에 대한 답으로 가장 적당한 것을 1 · 2 · 3 · 4에서 하나 고르시오.

**5,000엔 이내의 코스 디너 안내**

5천엔 이내라는 가격으로 전채, 메인 요리, 디저트 등의 디너 코스를 드시기를. 1인 1접시씩 제공되므로 사치스러운 기분으로 요리를 맛볼 수 있는 것은 최고! 환영 · 환송회, 회식, 접대까지 각종 연회에 두 분부터라도 이용하실 수 있는 플랜을 두루 갖췄습니다.

| 플랜 | | 한 명 요금 |
|---|---|---|
| **더 가든** | **【미식 디너】**<br>건배 스파클링 와인 포함! 각양각색의 냉채, 파스타 2종, 고기 요리와 특제 디저트 등을 실컷 즐기는 총 여섯 접시 | 4,800엔<br>(세금 · 서비스료 포함) |
| | **【요리만】**<br>각양각색의 냉채, 고기 요리와 특제 디저트 등 총 여덟 접시 | 5,000엔<br>(세금 · 서비스료 포함) |
| **무기보시** | **【2시간 음료 무제한 코스】**<br>건배 스파클링 와인 포함! 모듬 튀김과 스테이크 등 총 여섯 접시×메시지 플레이트로 축복 | 4,800엔<br>(세금 · 서비스료 포함) |
| | **【3시간 음료 무제한 코스】**<br>건배 스파클링 와인 포함! 스테이크와 오므라이스도 선택할 수 있는 식사를 포함한 총 여섯 접시×메시지 플레이트로 축복 | 5,300엔<br>(세금 · 서비스료 포함) |
| **비스트로 A** | **【기념일 코스】**<br>건배 스파클링 와인 포함! 스테이크 등 기념일 코스 총 다섯 접시 | 4,000엔<br>(세금 · 서비스료 포함) |
| **도쿄 키친** | **【고기 코스】**<br>돼지고기의 인기 부위를 갖춘 총 아홉 접시의 디너 플랜 | 3,850엔<br>(세금 · 서비스료 포함) |
| **비프 도쿄** | **【A 코스】**<br>육회나 숙성 와규 최상 부위 고기와 특선 부위 2종 등 11종의 야키니쿠와 고기 초밥 등 총 일곱 접시 | 4,980엔<br>(세금 · 서비스료 포함) |
| | **【B 코스】**<br>숙성 소 혓바닥 살 · 숙성 와규 3종 등을 실컷 즐길 수 있는 숙성 고기 총 일곱 접시 | 5,000엔<br>(세금 · 서비스료 포함) |
| **키친 본노** | **【기념일 코스】**<br>건배 스파클링 와인 포함! 아와규 스테이크와 파스타, 특제 케이크 or 메시지 플레이트 등 총 여섯 접시 | 4,400엔<br>(세금 · 서비스료 포함) |
| **하나쵸** | **【디너 코스】**<br>건배 스파클링 와인 포함! 당일 잡은 신선한 생선을 사용한 특선 요리 등 총 여섯 접시 | 4,500엔<br>(세금 · 서비스료 포함) |

※계절이나 매입 상황에 따라 메뉴가 바뀌는 경우가 있습니다. 미리 양해 부탁드립니다.

**어휘** 以内(いない) 이내 コースディナー 코스 디너 価格(かかく) 가격
前菜(ぜんさい) 전채, 애피타이저 *본식사 전 식욕을 돋우기 위해 먹는 간단한 요리 メイン料理(りょうり) 메인 요리
デザート 디저트 召(め)し上(あ)がる 드시다 *「食(た)べる」(먹다), 「飲(の)む」(마시다)의 존경어 皿(さら) 접시 ～ずつ ~씩
サーブ 서브, 제공 贅沢(ぜいたく)だ 사치스럽다 味(あじ)わう 맛보다 最高(さいこう) 최고
歓送迎会(かんそうげいかい) 환송영회 飲(の)み会(かい) 술자리, 회식 接待(せったい) 접대 各種(かくしゅ) 각종
宴会(えんかい) 연회 ご+한자명사+いただく (남에게) ~해 받다, (남이) ~해 주시다 プラン 플랜, 계획
取(と)り揃(そろ)える 두루 갖추다 美食(びしょく) 미식 乾杯(かんぱい) 건배 スパークリングワイン 스파클링 와인
～付(つ)き ~딸림 色(いろ)とりどり 가지각색 冷菜(れいさい) 냉채 パスタ 파스타 肉料理(にくりょうり) 고기 요리
特製(とくせい) 특제 堪能(たんのう) 실컷 ~함, 만족함 税(ぜい) 세금 *「税金(ぜいきん)」의 준말
サ込(こみ) 서비스료 포함 *「サービス料込(りょうこ)み」의 준말 ～のみ ~만 麦星(むぎぼし) 무기보시, 목동자리, 아르크투르스
飲(の)み放題(ほうだい) 음료 무제한 *「～放題(ほうだい)」– ~하고 싶은 대로 실컷 함 フライ 튀김
盛(も)り合(あ)わせ 한 접시에 여러 가지 요리를 보기 좋게 담음, 또는 그렇게 담은 것 ステーキ 스테이크
メッセージプレート 메시지 플레이트, 접시에 원하는 문구를 적은 것 祝福(しゅくふく) 축복 オムライス 오므라이스
選(えら)ぶ 고르다, 선택하다 食事(しょくじ) 식사 含(ふく)む 포함하다 記念日(きねんび) 기념일 キッチン 키친, 부엌
豚肉(ぶたにく) 돼지고기 人気(にんき) 인기 部位(ぶい) 부위 ビーフ 비프, 소고기 ユッケ 육회 熟成(じゅくせい) 숙성
和牛(わぎゅう) 와규 *일본의 재래종 소 極上(ごくじょう) 극상, 최상 特選(とくせん) 특선 焼肉(やきにく) 야키니쿠, 불고기
肉寿司(にくずし) 고기 초밥 タン 소의 혓바닥 살 명사+尽(つ)くし 그 종류의 것을 전부 열거함 アニバーサリー 기념일
阿波牛(あわぎゅう) 아와규 *일본 아와 지방의 소 ケーキ 케이크 本日(ほんじつ) 금일, 오늘 *「今日(きょう)」의 격식 차린 말씨
鮮魚(せんぎょ) 선어, (물이 좋은) 생선 季節(きせつ) 계절 仕入(しい)れ 매입, 구입 状況(じょうきょう) 상황
～により ~에 따라 メニュー 메뉴 変(か)わる 바뀌다, 변하다 予(あらかじ)め 미리, 사전에
ご+한자명사+くださいませ ~해 주십시오 *정중한 부탁 了承(りょうしょう) 양해

**1** 이번 주 토요일, 마에다 군은 친구인 와타나베 군과 함께 코스 요리를 먹기로 했다. 당일이 와타나베 군 생일이라서 축하를 겸해 와인도 한 잔 마시고 메인 메뉴는 고기 요리를 싫어하는 와타나베 군을 고려해 생선 요리로 하려고 생각하고 있다. 다만 두 사람 모두 아직 학생이기 때문에 예산은 9,000엔 이내로 하고 싶다고 생각하고 있다. 두 사람은 어디의 어떤 코스 요리를 먹으면 되는가?

1 하나쵸의 디너 코스
2 키친 본노의 기념일 코스
3 비스트로 A의 기념일 코스
4 무기보시의 2시간 음료 무제한 코스

**어휘** 今週(こんしゅう) 이번 주 土曜日(どようび) 토요일 동사의 보통형+ことにする ~하기로 하다 当日(とうじつ) 당일
誕生日(たんじょうび) 생일 お祝(いわ)い 축하 兼(か)ねる 겸하다 苦手(にがて)だ 질색이다, 잘 못하다 考慮(こうりょ) 고려
魚(さかな) 생선 ただし 단, 다만 ～とも (다른 명사 뒤에 붙어서) ~모두 予算(よさん) 예산 収(おさ)める 한도 내에서 마치다

**2** 고기를 아주 좋아하는 야마다 씨는 주말에 아내와 함께 코스 요리를 먹으면서 사치스러운 기분을 맛보고 싶다고 생각하고 있다. 예산은 만 엔 정도로 생각하고 있고, 두 사람 모두 술은 전혀 마시지 못하므로 드링크 포함의 코스는 피하고 식사 후에는 디저트도 나오는 코스로 하려고 생각하고 있다. 두 사람은 어디의 어떤 코스 요리를 먹으면 되는가?

1 도쿄 키친의 고기 코스
2 무기보시의 3시간 음료 무제한 코스
3 비프 도쿄의 A코스
4 더 가든의 요리만

**어휘** 大好物(だいこうぶつ) 매우 좋아하는 음식, 가장 좋아하는 것 週末(しゅうまつ) 주말 妻(つま) (자신의) 아내
동사의 ます형+ながら ~하면서 *동시동작 程度(ていど) 정도 全(まった)く (부정어 수반) 전혀 ドリンク 드링크, 음료
避(さ)ける 피하다

독해 정보 검색

# SECTION 4

# 청해

# 문제 1 과제 이해

## 출제 유형

문제 1 과제 이해는 두 사람의 대화를 통해 과제 해결에 필요한 정보를 듣고 문제지에 있는 선택지에서 가장 적절한 행동을 찾는 문제로, 6문항이 출제된다. 이 유형은 대화가 나오기 전에 질문이 먼저 제시되므로, 과제를 해결할 대상의 성별과 무엇을 하라는 것인지를 주의해서 들어야 한다.

## 실제 시험 예시

### 問題 1

**問題1では、まず質問を聞いてください。それから話を聞いて、問題用紙の1から4の中から、最もよいものを一つ選んでください。**

**例**

1 12月1日昼12時に予約した
2 12月2日昼12時に予約した
3 12月1日午後5時に予約した
4 12月2日午後6時に予約した

## [ 예제 스크립트 ]

### 例

男の人と女の人が電話で話しています。女の人はいつ何時に予約しましたか。

① 상황 설명　　질문

② 이야기

男　レストランハワイです。
女　お忙しいところすみません。あの、予約をしたいんですが。
男　はい、いつがご希望でしょうか。
女　12月1日、土曜日、昼12時から4名でお願いしたいんですが。
男　少々お待ちください。大変申し訳ございませんが、あいにく土曜日は満席でございます。
女　そうですか。次の日も満席ですか。
男　ええと、次の日でしたら、午後5時以降は席に余裕がございます。ご予約、なさいますか。
女　そうですか。じゃ、次の日の6時でお願いします。
男　はい、かしこまりました。それでは、お名前とお電話番号をお願いします。
女　山田です。電話番号は090-1234-5678です。
男　山田様。お電話番号が090-1234-5678ですね。それでは、お待ちしております。
女　よろしくお願いします。

女の人はいつ何時に予約しましたか。

③ 질문 반복

④ 문제 풀이 시간(약 12초)

|정답| 4

### 시험 대책

과제 이해는 '① 상황 설명과 질문 듣기 → ② 이야기 듣기 → ③ 다시 한 번 질문 듣기 → ④ 문제 풀이(약 12초)'의 순서로 진행된다. 따라서 이야기가 나오기 전에 제시되는 상황 설명과 질문을 잘 들어야 실수가 없다. 이후 나오는 이야기를 들으며 정답과 관련된 내용을 메모하고 다시 한 번 들려주는 질문을 듣고 문제 풀이 시간에 정답을 고르면 된다. 질문 형식은 보통 '[남자는 / 여자는 / 두 사람은] 이제부터 어떻게 합니까?', '[남자는 / 여자는 / 두 사람은] 무엇을 해야 합니까?' 등의 형태로 출제되므로, 질문 부분의 성별에 유의하면서 들어야 한다. 그리고 시간이나 가격 등 숫자와 관련된 문제는 숫자 부분을 잘 메모해서 실수가 없도록 하자.

## 확인 문제 1 • 과제 이해

# 問題 1

동영상 23

음원

**問題1では、まず質問を聞いてください。それから話を聞いて、問題用紙の1から4の中から、最もよいものを一つ選んでください。**

### 1番

1 メーカーに送る
2 買った店に送る
3 マンションの指定場所に出す
4 他の販売店で引き取ってもらう

### 2番

1 確認が必要な書類を持って来る
2 中村さんに連絡する
3 コピー機を修理に出す
4 古い机を社内規定に従って処分する

## 3番

1 クラブを買いに行く
2 室内ゴルフ練習場に登録しに行く
3 クラブを借りに行く
4 ゴルフ雑誌を買いに行く

## 4番

1 もう一度発注書を作る
2 渡辺さんに伝言をする
3 男の人の代わりに会議に出席する
4 発注書について男の人に報告する

## 5番

1 文章を書き直す
2 写真を撮りに行く
3 取材した店の写真を替える
4 別のタイプの店も当たってみる

## 6番

1 発展の歴史
2 これからの課題
3 最近困っていること
4 最近よく売れている商品

# 확인 문제 1 • 스크립트 및 해석(과제 이해)

**1番** 女の人と男の人が壊れた冷蔵庫について話しています。女の人は壊れた冷蔵庫をどうしますか。
여자와 남자가 고장난 냉장고에 대해서 이야기하고 있습니다. 여자는 고장난 냉장고를 어떻게 합니까?

**女** ねえ、壊れた冷蔵庫はどう処分すればいいの?

**男** 冷蔵庫か…。2001年以降家電リサイクル法が定められ、エアコン、テレビ、冷蔵庫、冷凍庫、洗濯機、衣類乾燥機の6品目が特定家庭用機器として指定されていて、その処分方法に沿って処分しないと違法となっちゃうんだよ。

**女** えっ? そうなの?

**男** え? 知らなかった?

**女** うん、全然。ただ住んでいるマンションの指定場所に出せばいいと思ってた。

**男** そうだったんだ。で、さっき言った家電は基本的に売った販売店が回収するけど、引っ越してしまった場合や遠方に店舗がある場合には、直接メーカーに送るか、他の販売店で引き取ってもらうこともできるよ。ちなみに、冷蔵庫の処分にはリサイクル料金に加えて運搬料金を支払う必要があるよ。

**女** へえ、そうなんだ。ところで、これ、亡くなったばあちゃんにもらったものでどこで買ったのか知らないわ。あっ! そう言えば家の近くにある家電量販店でもこのメーカーの冷蔵庫売ってたから、そこに依頼したらいいね。

**男** うん、そうだね。それが一番速いと思うよ。

**여** 저기, 고장난 냉장고는 어떻게 처분하면 돼?

**남** 냉장고라…. 2001년 이후 가전 재활용법이 제정되어 에어컨, TV, 냉장고, 냉동고, 세탁기, 의류 건조기의 여섯 품목이 특정 가정용 기기로 지정되어서 그 처분 방법에 따라 처분하지 않으면 위법이 되어 버려.

**여** 뭐? 그런 거야?

**남** 어? 몰랐어?

**여** 응, 전혀. 그저 거주하고 있는 아파트의 지정 장소에 내놓으면 된다고 생각하고 있었어.

**남** 그랬구나. 그래서 조금 전에 말한 가전은 기본적으로 팔았던 판매점이 회수하지만, 이사해 버린 경우나 먼 곳에 점포가 있는 경우에는 직접 제조사로 보내던지 다른 판매점에 인수해 달라고 할 수도 있어. 덧붙여 냉장고 처분에는 재활용 요금에 더해서 운반 요금을 지불할 필요가 있어.

**여** 허, 그렇구나. 그런데 이거 돌아가신 할머니한테 받은 거라 어디에서 산 건지 몰라. 아! 그러고 보니 집 근처에 있는 가전 양판점에서도 이 제조사의 냉장고 팔고 있었으니까, 거기에 의뢰하면 되겠네.

**남** 응, 그러네. 그게 가장 빠르다고 생각해.

女の人は壊れた冷蔵庫をどうしますか。

1 メーカーに送る
2 買った店に送る
3 マンションの指定場所に出す
4 他の販売店で引き取ってもらう

여자는 고장난 냉장고를 어떻게 합니까?

1 제조사에 보낸다
2 산 가게에 보낸다
3 아파트의 지정 장소에 내놓는다
4 다른 판매점에 인수해 달라고 한다

**어휘** 壊(こわ)れる 고장나다 冷蔵庫(れいぞうこ) 냉장고 処分(しょぶん) 처분 以降(いこう) 이후
家電(かでん)リサイクル法(ほう) 가전 재활용법 *일반 가정이나 사무실에서 배출된 가전제품(에어컨, TV, 냉장고, 냉동고, 세탁기, 의류 건조기)에서 유용한 부분이나 재료를 재활용해서 폐기물을 감량함과 동시에 자원의 유효 이용을 추진하기 위한 법률
定(さだ)める 결정하다, 제정하다 冷凍庫(れいとうこ) 냉동고 洗濯機(せんたくき) 세탁기
衣類乾燥機(いるいかんそうき) 의류 건조기 品目(ひんもく) 품목 特定(とくてい) 특정 家庭用(かていよう) 가정용
機器(きき) 기기 指定(してい) 지정 ~に沿(そ)って ~을[에] 따라서 違法(いほう) 위법 全然(ぜんぜん) (부정어 수반) 전혀
ただ 단지, 그저 マンション 맨션, (중·고층) 아파트 出(だ)す 내놓다 売(う)る 팔다 販売店(はんばいてん) 판매점
回収(かいしゅう) 회수 引(ひ)っ越(こ)す 이사하다 遠方(えんぽう) 먼 곳 店舗(てんぽ) 점포 直接(ちょくせつ) 직접
メーカー 메이커, 제조회사 送(おく)る 보내다 他(ほか)の~ 다른~ 引(ひ)き取(と)る 떠맡다, 인수하다
~てもらう (남에게) ~해 받다, (남이) ~해 주다 ちなみに 덧붙여서 (말하면) 加(くわ)える 더하다, 보태다 運搬(うんぱん) 운반
支払(しはら)う (돈을) 내다, 지불하다 ところで 그것은 그렇고, 그런데 亡(な)くなる 죽다, 돌아가다 ばあちゃん (자신의) 할머니
そう言(い)えば 그러고 보니 近(ちか)く 근처, 가까운 곳 量販店(りょうはんてん) 양판점, 대형 소매점 依頼(いらい) 의뢰

**2番** 会社で女の人と男の人が話しています。男の人はこの後すぐ何をしなければなりませんか。
회사에서 여자와 남자가 이야기하고 있습니다. 남자는 이후 바로 무엇을 해야 합니까?

**女** 鈴木さん、昨日お願いした倉庫の整理のことなんですけど…。
**男** あ、全て終わりました。
**女** そうですか。遅くまでやったでしょ? 本当にお疲れ様でした。
**男** ありがとうございます。一応、キャビネットの中にあった書類はカテゴリー別に分類して保管の期限を過ぎているものは別に集めておきましたが、処分するのに曖昧なものが少しあってまた別に集めておきました。
**女** そうですか。わかりました。じゃ、判断に迷うものはこの後すぐ確認するから、すみませんが、持って来てもらえますか。
**男** はい。
**女** あっ、そう言えば、倉庫の隅に古い机やコピー機もあったでしょ? それはどうしましたか。
**男** あ、古い机は社内規定に従って処分しましたが、機械の処分はよくわからなくて一応置いたままの状態です。
**女** そうですか。機械の処分は施設課の中村さんが担当だから、それは私が連絡して処理します。
**男** はい、わかりました。

**여** 스즈키 씨, 어제 부탁드린 창고 정리 말인데요….
**남** 아, 전부 끝났어요.
**여** 그래요? 늦게까지 했죠? 정말 수고하셨어요.
**남** 감사합니다. 일단 캐비닛 안에 있던 서류는 카테고리별로 분류해서 보관 기한을 지난 것은 따로 모아 놨는데요, 처분하는 데 애매한 게 조금 있어서 또 따로 모아 뒀어요.
**여** 그래요? 알겠어요. 그럼, 판단이 망설여지는 것은 이후 바로 확인할 테니까 미안하지만 가져다 줄 수 있어요?
**남** 예.
**여** 아, 그러고 보니 창고 구석에 낡은 책상이랑 복사기도 있었죠? 그건 어떻게 했나요?
**남** 아, 낡은 책상은 사내 규정에 따라 처분했는데 기계 처분은 잘 몰라서 일단 그대로 뒀어요.
**여** 그래요? 기계 처분은 시설과의 나카무라 씨가 담당이니까, 그건 제가 연락해서 처리할게요.
**남** 예, 알겠어요.

男の人はこの後すぐ何をしなければなりませんか。
1 確認が必要な書類を持って来る
2 中村さんに連絡する
3 コピー機を修理に出す
4 古い机を社内規定に従って処分する

남자는 이후 바로 무엇을 해야 합니까?
1 확인이 필요한 서류를 가져온다
2 나카무라 씨에게 연락한다
3 복사기를 수리하도록 맡긴다
4 낡은 책상을 사내 규정에 따라 처분한다

어휘 お+동사의 ます형+する ~하다, ~해 드리다 *겸양표현 願(ねが)う 부탁하다 倉庫(そうこ) 창고 整理(せいり) 정리 全(すべ)て 모두, 전부 終(お)わる 끝나다 遅(おそ)い 늦다 お疲(つか)れ様(さま)でした 수고하셨습니다 一応(いちおう) 일단 キャビネット 캐비닛 書類(しょるい) 서류 カテゴリー 카테고리 ~別(べつ) (접미어) ~별 *구별의 뜻 分類(ぶんるい) 분류 保管(ほかん) 보관 期限(きげん) 기한 過(す)ぎる (시간·기한이) 지나다, 끝나다 集(あつ)める 모으다 ~ておく ~해 두다 処分(しょぶん) 처분 曖昧(あいまい)だ 애매하다 別(べつ)に 별도로, 따로 判断(はんだん) 판단 迷(まよ)う 결단을 내리지 못하(고 망설이)다 確認(かくにん) 확인 ~てもらえますか (남에게) ~해 받을 수 있습니까?, (남이) ~해 줄 수 있습니까? そう言(い)えば 그러고 보니 隅(すみ) 구석 古(ふる)い 낡다, 오래되다 机(つくえ) 책상 コピー機(き) 복사기 社内(しゃない) 사내 規定(きてい) 규정 ~に従(したが)って ~에 따라서 機械(きかい) 기계 置(お)く 놓다, 두다 동사의 た형+まま ~한 채, ~상태로 状態(じょうたい) 상태 施設課(しせつか) 시설과 担当(たんとう) 담당 連絡(れんらく) 연락 処理(しょり) 처리 修理(しゅうり)に出(だ)す 수리하도록 맡기다

**3番** 休憩室で女の人と男の人が話しています。女の人はまず何をしなければなりませんか。
휴게실에서 여자와 남자가 이야기하고 있습니다. 여자는 우선 무엇을 해야 합니까?

女 中村君、何読んでる?
男 ああ、これ? ゴルフ雑誌だよ。
女 へえ、ゴルフに興味があるなんて知らなかった。
男 始めたばかりでまだ下手なんだけど、毎月2回以上はゴルフ場に行ってるよ。
女 そう? 私も一度やってみたいわね。でも、クラブもないし、費用も高いって聞いたから、ちょっと…。
男 そんなことないよ。クラブはレンタルすればいいし、費用も人数分分担すればそんなにかからないよ。
女 そう? じゃ、私もやってみようかしら?
男 ただ、ゴルフは基礎が大事だから、室内ゴルフ練習場で十分練習してからゴルフ場に行った方がいいよ。
女 そうだね。家の近くに練習場があるか調べてみてすぐ登録するわ。
男 うん、頑張ってね。

여 나카무라 군, 뭐 읽고 있어?
남 아-, 이거? 골프 잡지야.
여 허, 골프에 흥미가 있다니 몰랐어.
남 시작한 지 얼마 안 되어서 아직 잘 못하지만, 매달 두 번 이상은 골프장에 가고 있어.
여 그래? 나도 한 번 해 보고 싶네. 하지만 골프채도 없고 비용도 비싸다고 들어서 좀….
남 그렇지 않아. 골프채는 대여하면 되고, 비용도 인원수만큼 분담하면 그렇게 들지 않아.
여 그래? 그럼, 나도 해 볼까?
남 다만 골프는 기초가 중요하니까, 실내 골프 연습장에서 충분히 연습한 후에 골프장에 가는 편이 좋아.
여 그렇겠네. 집 근처에 연습장이 있는지 알아보고 바로 등록할게.
남 응, 열심히 해.

女の人はまず何をしなければなりませんか。
1 クラブを買いに行く
2 室内ゴルフ練習場に登録しに行く
3 クラブを借りに行く
4 ゴルフ雑誌を買いに行く

여자는 우선 무엇을 해야 합니까?
1 골프채를 사러 간다
2 실내 골프 연습장에 등록하러 간다
3 골프채를 빌리러 간다
4 골프 잡지를 사러 간다

**어휘** 休憩室(きゅうけいしつ) 휴게실 ゴルフ 골프 雑誌(ざっし) 잡지 興味(きょうみ) 흥미 ～なんて ~하다니 始(はじ)める 시작하다 동사의 た형+ばかりだ 막 ~한 참이다, ~한 지 얼마 안 되다 下手(へた)だ 잘 못하다, 서투르다 毎月(まいつき) 매달 以上(いじょう) 이상 ゴルフ場(じょう) 골프장 やる (어떤 행위를) 하다 クラブ 골프채 ～し ~하고 費用(ひよう) 비용 高(たか)い 비싸다 そんなことない 그렇지 않다 レンタル 렌털, 대여 人数(にんずう) 인원수 ～分(ぶん) ~분, ~몫 分担(ぶんたん) 분담 そんなに 그렇게 かかる (비용이) 들다 ～かしら ~할까? *의문의 뜻을 나타냄 ただ 단, 다만 基礎(きそ) 기초 大事(だいじ)だ 중요하다 室内(しつない)ゴルフ練習場(れんしゅうじょう) 실내 골프 연습장 十分(じゅうぶん) 충분히 練習(れんしゅう) 연습 ～てから ~하고 나서, ~한 후에 동사의 た형+方(ほう)がいい ~하는 편[쪽]이 좋다 近(ちか)く 근처 調(しら)べる 조사하다 すぐ 곧, 바로 登録(とうろく) 등록 頑張(がんば)る 열심히 하다 買(か)う 사다 동사의 ます형+に ~하러 *동작의 목적 借(か)りる 빌리다

**4番** 会社で男の人と女の人が話しています。女の人はこの後何をしなければなりませんか。
회사에서 남자와 여자가 이야기하고 있습니다. 여자는 이후 무엇을 해야 합니까?

男 鈴木君、ちょっといいかな。
女 はい、部長。何でしょうか。
男 日本商事に送る発注書のことなんだけど、これを作成したのって…。
女 あっ、営業部の渡辺さんに頼まれて私が作りました。何か間違いでもありましたか。
男 いや、間違ったところはないけど、この発注数を見ると、先月よりずいぶん減ってるから、その理由が知りたくてね。
女 そうでしたか。渡辺さんからは、まだ何も聞いてませんが。
男 そう? 今渡辺君はどこ?
女 外回りで1時頃には会社に戻ると思います。
男 1時か…。私、今から会議だから、電話で確認するのはちょっと難しそうだなあ。しょうがない。悪いけど、渡辺君が戻ったら、この件について私のところに説明に来るように伝えといてもらえるかな。
女 はい、かしこまりました。

남 스즈키 군, 잠시 괜찮아?
여 예, 부장님. 무슨 일이세요?
남 니혼상사에 보낼 발주서 말인데 이걸 작성한 건….
여 아, 영업부 와타나베 씨한테 부탁받아서 제가 만들었어요. 뭔가 틀린 데라도 있었나요?
남 아니, 틀린 데는 없는데, 이 발주수를 보면 지난달보다 몹시 줄어 있어서 그 이유를 알고 싶어서 말이야.
여 그러셨어요? 와타나베 씨한테는 아직 아무것도 못 들었는데요.
남 그래? 지금 와타나베 군은 어디 있어?
여 외근이라 1시쯤에는 회사에 돌아올 거라고 생각해요.
남 1시라…. 내가 지금부터 회의니까, 전화로 확인하는 건 좀 어려울 것 같군. 어쩔 수 없지. 미안하지만 와타나베 군이 돌아오면 이 건에 대해서 나한테 설명하러 오라고 전해 줄 수 있겠나?
여 예, 알겠습니다.

女の人はこの後何をしなければなりませんか。
1 もう一度発注書を作る
2 渡辺さんに伝言をする
3 男の人の代わりに会議に出席する
4 発注書について男の人に報告する

여자는 이후 무엇을 해야 합니까?
1 다시 한 번 발주서를 만든다
2 와타나베 씨에게 전언을 한다
3 남자 대신에 회의에 참석한다
4 발주서에 대해서 남자에게 보고한다

**어휘** 商事(しょうじ) 상사 *「商事会社(しょうじがいしゃ)」의 준말 送(おく)る 보내다 発注書(はっちゅうしょ) 발주서 作成(さくせい) 작성 営業部(えいぎょうぶ) 영업부 頼(たの)む 부탁하다 作(つく)る 만들다 間違(まちが)い 잘못, 틀림 ところ 부분, 데, 점 先月(せんげつ) 지난달 ～より ~보다 ずいぶん 꽤, 몹시, 퍽 減(へ)る 줄다, 줄어들다 理由(りゆう) 이유 何(なに)も (부정어 수반) 아무것도 外回(そとまわ)り 외근 戻(もど)る 되돌아오다 今(いま)から 지금부터 会議(かいぎ) 회의 確認(かくにん) 확인 しょうがない 어쩔 수 없다 悪(わる)い 미안하다 件(けん) 건
～について ~에 대해서 *내용 説明(せつめい) 설명 동작성 명사+に ~하러 *동작의 목적 伝(つた)える 전하다
～とく ~해 놓다[두다] *「～ておく」의 회화체 표현 ～てもらう (남에게) ~해 받다, (남이) ~해 주다
かしこまりました 알겠습니다 *「わかりました」의 격식 차린 말 伝言(でんごん) 전언 代(か)わり 대신함, 대리
出席(しゅっせき) 출석 報告(ほうこく) 보고

**5番** 出版社で女の人と編集長が話しています。女の人はこの後まず何をしなければなりませんか。
출판사에서 여자와 편집장이 이야기하고 있습니다. 여자는 이후 우선 무엇을 해야 합니까?

**女** 編集長、来月号の企画記事なんですが、長年地元で愛され続けてる老舗について書いてみるのはいかがでしょうか。

**男** 老舗か…。悪くないなあ。で、具体的に何について書くつもりだい?

**女** まず老舗の歴史から始めて今の社長がこの仕事に就くようになったきっかけ、その店ならではの魅力などについて書こうと思ってます。

**男** そう? それは、なかなかいいな。じゃ、取材するお店は決めた?

**女** あ、はい。和食屋と和菓子屋を1か所ずつ取材して書こうと思ってますが…。

**男** ふーん、せっかくの企画記事なのに、2か所だけだと、物足りないような気がするな。この二つの老舗とはちょっと視点が違うけど、最近日本酒を製造する醸造場が話題になってるじゃない? そこも当たってみるのはどうかな? 番外でね。

**女** はい、すぐ当たってみます。

**男** うん、頼むよ。それから、読者がわかりやすいように写真なんかもたくさん入れといた方がよさそうだなあ。まあ、まだ締め切りまでは余裕があるから、書きながら考えてみて。

**女** はい、わかりました。

**여** 편집장님, 다음 달 호 기획 기사 말인데요, 오랫동안 지역에서 계속 사랑받고 있는 노포에 대해서 써 보는 건 어떨까요?

**남** 노포라…. 나쁘지 않군. 그래서 구체적으로 무엇에 대해서 쓸 생각이야?

**여** 우선 노포의 역사부터 시작해서 지금 사장님이 이 일에 종사하게 된 계기, 그 가게만의 매력 등에 대해서 써 보려고 생각하고 있어요.

**남** 그래? 그거 꽤 좋군. 그럼 취재할 가게는 정했어?

**여** 아, 예. 일식집과 화과자집을 한 군데씩 취재해서 쓰려고 생각하고 있는데요….

**남** 흠…, 모처럼의 기획 기사인데 두 군데뿐이면 약간 부족한 듯한 생각이 드는군. 이 두 군데 노포와는 좀 시점이 다르지만, 요즘 청주를 제조하는 양조장이 화제가 되고 있잖아? 거기도 접촉해 보는 건 어떨까? 번외로 말이야.

**여** 예, 바로 접촉해 볼게요.

**남** 응, 부탁해. 그리고 독자가 이해하기 쉽도록 사진 같은 것도 많이 넣어 두는 편이 좋을 것 같군. 뭐, 아직 마감까지는 여유가 있으니까 쓰면서 생각해 봐.

**여** 예, 알겠습니다.

女の人はこの後まず何をしなければなりませんか。
1 文章を書き直す
2 写真を撮りに行く
3 取材した店の写真を替える
4 別のタイプの店も当たってみる

여자는 이후 우선 무엇을 해야 합니까?
1 글을 다시 쓴다
2 사진을 찍으러 간다
3 취재한 가게의 사진을 바꾼다
4 다른 타입의 가게도 접촉해 본다

어휘 出版社(しゅっぱんしゃ) 출판사 編集長(へんしゅうちょう) 편집장 まず 우선 ~なければならない ~하지 않으면 안 된다, ~해야 한다 来月号(らいげつごう) 다음 달 호 企画(きかく) 기획 記事(きじ) 기사 長年(ながねん) 긴[오랜] 세월, 오랫동안 地元(じもと) 그 고장, 그 지방 愛(あい)する 사랑하다 동사의 ます형+続(つづ)ける 계속 ~하다 老舗(しにせ) 노포 具体的(ぐたいてき)だ 구체적이다 동사의 기본형+つもり ~할 생각[작정] ~だい ~야? *나이든 남자가 쓰는 말로, 높은 위치에 있는 사람이 낮은 위치의 사람에게 씀 歴史(れきし) 역사 始(はじ)める 시작하다 就(つ)く 종사하다 きっかけ 계기 ~ならではの ~이 아니고는 할 수 없는, ~만의 魅力(みりょく) 매력 なかなか 꽤, 상당히 取材(しゅざい) 취재 決(き)める 정하다, 결정하다 和食屋(わしょくや) 일식집 和菓子屋(わがしや) 화과자집 *일본의 전통 과자를 파는 집 ~か所(しょ) ~개소, ~군데 ~ずつ ~씩 せっかく 모처럼 物足(ものた)りない 약간 부족하다 視点(してん) 시점 違(ちが)う 다르다 日本酒(にほんしゅ) 니혼슈, 청주 製造(せいぞう) 제조 醸造場(じょうぞうじょう) 양조장 話題(わだい) 화제 当(あ)たる 어떤 일을 떠보다, 접촉하다 番外(ばんがい) 번외, 특별한 것, 예외 それから 그리고 読者(どくしゃ) 독자 동사의 ます형+やすい ~하기 쉽다[편하다] 入(い)れる 넣다 ~とく ~해 놓다[두다] *「~ておく」의 회화체 표현 締(し)め切(き)り 마감 余裕(よゆう) 여유 文章(ぶんしょう) 문장, 글 書(か)き直(なお)す 다시[고쳐] 쓰다 撮(と)る (사진을) 찍다 동사의 ます형+に ~하러 *동작의 목적 替(か)える (새로) 바꾸다, 갈다 別(べつ)の~ 다른~ タイプ 타입

**6番** 社会科の授業で先生が生徒たちに話しています。生徒たちは主に市場の何についてインタビューのプランを立てますか。

사회과 수업에서 선생님이 학생들에게 이야기하고 있습니다. 학생들은 주로 시장의 무엇에 대해서 인터뷰 플랜을 세웁니까?

**女** 皆さん、先週話したように、来週の授業では400年の歴史を誇る錦市場に行って老舗を中心に各グループごとに2軒ずつお店を回ってインタビューをします。「京の台所」とも呼ばれている錦市場ですが、どんな風に激変する時代の移り変わりを乗り越え、400年に及ぶ歴史と伝統を受け継ぐことができたのか話を伺います。インタビューは来週からですが、今日はこのテーマに基づいてグループごとに話し合い、インタビューのプランを立ててみましょう。準備ができたら、各グループ別に集まって話し合ってください。では、始めます。

**여** 여러분, 지난주에 이야기한 것처럼 다음 주 수업에서는 400년의 역사를 자랑하는 니시키 시장에 가서 노포를 중심으로 각 그룹별로 두 집씩 가게를 돌며 인터뷰를 해요. '교토의 부엌'이라고도 불리는 니시키 시장이지만, 어떤 식으로 격변하는 시대의 변화를 극복하고 400년에 이르는 역사와 전통을 계승할 수 있었는지 이야기를 들어요. 인터뷰는 다음 주부터지만, 오늘은 이 주제에 입각해서 그룹별로 상의해서 인터뷰 플랜을 세워 봐요. 준비가 다 되면 각 그룹별로 모여서 서로 이야기해 주세요. 그럼, 시작할게요.

生徒たちは主に市場の何についてインタビューのプランを立てますか。

1 発展の歴史
2 これからの課題
3 最近困っていること
4 最近よく売れている商品

학생들은 주로 시장의 무엇에 대해서 인터뷰 플랜을 세웁니까?

1 발전의 역사
2 앞으로의 과제
3 최근 곤란한 것
4 최근 잘 팔리고 있는 상품

**어휘** 社会科(しゃかいか) 사회과 *초·중·고 교과의 하나로 사회생활에 관한 기초적인 지식·이해·태도·기능 등을 학습하는 교과
授業(じゅぎょう) 수업 生徒(せいと) (중·고교) 학생 主(おも)に 주로 市場(いちば) 시장 インタビュー 인터뷰
プラン 플랜, 계획 立(た)てる 세우다 皆(みな)さん 여러분 先週(せんしゅう) 지난주 話(はな)す 말하다, 이야기하다
歴史(れきし) 역사 誇(ほこ)る 자랑하다, 뽐내다 錦市場(にしきいちば) 니시키 시장 *일본 교토 남부에 있는 전통 시장으로 교토 사람들은 흔히 '니시키'라고 부름 老舗(しにせ) 노포 中心(ちゅうしん) 중심 グループ 그룹 ～ごとに ~마다
～軒(けん) ~채 *집을 세는 단위 ～ずつ ~씩 回(まわ)る (여기저기) 돌다 京(きょう) 교토 *「京都(きょうと)」의 준말
台所(だいどころ) 부엌 呼(よ)ぶ 부르다 どんな風(ふう)に 어떤 식으로 激変(げきへん) 격변 時代(じだい) 시대
移(うつ)り変(か)わり 변천, 바뀜 乗(の)り越(こ)える (어려운 국면을) 극복하다 及(およ)ぶ 이르다 伝統(でんとう) 전통
受(う)け継(つ)ぐ 이어받다, 계승하다 동사의 기본형+ことができる ~할 수 있다 伺(うかが)う 듣다 *「聞(き)く」의 겸양어
テーマ 테마, 주제 基(もと)づく 입각하다 話(はな)し合(あ)う 서로 이야기하다 準備(じゅんび) 준비 できる 다 되다, 완성되다
集(あつ)まる 모이다 始(はじ)める 시작하다 発展(はってん) 발전 これから 앞으로 課題(かだい) 과제
最近(さいきん) 최근, 요즘 困(こま)る 곤란하다, 난처하다 売(う)れる (잘) 팔리다 商品(しょうひん) 상품

## 확인 문제 2 • 과제 이해

# 問題1

**問題1では、まず質問を聞いてください。それから話を聞いて、問題用紙の1から4の中から、最もよいものを一つ選んでください。**

### 1番

1 4,000円
2 5,000円
3 6,000円
4 7,000円

### 2番

1 部屋を見に行く
2 部屋の契約をする
3 部屋の契約を取り消す
4 銀行に行ってお金を引き出す

## 3番

1 スピーチの原稿を短くする
2 原稿に自分の経験を入れる
3 原稿の間違った文法を直す
4 普通の会話より速く話す練習をする

## 4番

1 報告書を作成する
2 売り場の視察に行く
3 報告書の間違ったところを直す
4 出した案を部長に報告する

## 5番

1 取材する店の写真を撮る
2 取材する時の質問を作る
3 店に行って取材できるかどうかを聞く
4 決めたテーマで作文を書く

## 6番

1 今より肥料の量を増やす
2 土の表面が乾くたびに水をやる
3 植物を今より小さい植木鉢に植え替える
4 日が当たらない場所に植物を置いておく

음원

# 확인 문제 2 • 스크립트 및 해석(과제 이해)

**1番** 映画館の窓口で男の人が女の人に料金について聞いています。男の人は全部でいくら支払いますか。 영화관 창구에서 남자가 여자에게 요금에 대해서 묻고 있습니다. 남자는 전부해서 얼마 지불합니까?

**男** あの、すみません。11時から上映する「海の彼方」という映画で、大人2人、子供2人なんですが、いくらですか。

**女** 大人は1枚2千円、5歳以上15歳以下のお子様は大人の半額になります。

**男** じゃ、上の子は10歳だから、半額で…、下の子は…。すみませんが、4歳の子は無料ですか。

**女** もしお席をご使用にならない場合は無料ですが、お席をご使用になる場合は、子供料金をいただいております。

**男** そうですか。上映時間は何時間ですか。

**女** ちょうど2時間です。

**男** うーん、2時間も膝の上に載せて観覧するのは僕も辛いし、子供も不便だから、しょうがないか。子供2人でお願いします。

**女** はい、かしこまりました。全部で4枚ですね。少々お待ちください。

**남** 저기 실례해요. 11시부터 상영하는 '바다 저편'이라는 영화로 성인 두 명, 어린이 두 명인데 얼마예요?

**여** 어른은 1장에 2천 엔이고 5세 이상 15세 이하의 자녀분은 어른의 반값이에요.

**남** 그럼, 큰애는 10살이니까 반값이고…, 작은애는…. 죄송한데 4세 아이는 무료인가요?

**여** 만약 좌석을 사용하시지 않는 경우에는 무료인데 좌석을 사용하실 경우에는 어린이 요금을 받고 있어요.

**남** 그래요? 상영 시간은 몇 시간이에요?

**여** 정확히 2시간이에요.

**남** 음…, 2시간이나 무릎 위에 앉혀서 관람하는 건 나도 힘들고 애도 불편하니까 어쩔 수 없나? 어린이 두 명으로 부탁드려요.

**여** 예, 알겠습니다. 전부해서 4장이네요. 잠시 기다려 주세요.

男の人は全部でいくら支払いますか。

1 4,000円
2 5,000円
3 6,000円
4 7,000円

남자는 전부해서 얼마 지불합니까?

1 4,000엔
2 5,000엔
3 6,000엔
4 7,000엔

**어휘** 映画館(えいがかん) 영화관　窓口(まどぐち) 창구　料金(りょうきん) 요금　全部(ぜんぶ)で 전부해서　いくら 얼마　支払(しはら)う (돈을) 내다, 지불하다　上映(じょうえい) 상영　海(うみ) 바다　彼方(かなた) 저쪽, 저편　大人(おとな) 어른, 성인　子供(こども) 아이, 어린이　～枚(まい) ～매, ～장 *얇고 평평한 것을 세는 단위　～歳(さい) ～세, ～살 *나이를 세는 말　以上(いじょう) 이상　以下(いか) 이하　お子様(こさま) 자녀분, 자제분 *남의 자식을 높여 이르는 말　半額(はんがく) 반액, 반값　上(うえ)の子(こ) 큰애　下(した)の子(こ) 작은애　無料(むりょう) 무료　もし 만약　ご+한자명사+になる ～하시다 *존경표현　使用(しよう) 사용　場合(ばあい) 경우　席(せき) (앉는) 자리, 좌석　いただく 받다 *「もらう」의 겸양어　～ておる ～하고 있다 *「～ている」의 겸양표현　ちょうど 꼭, 정확히　숫자+も ～이나　膝(ひざ) 무릎　載(の)せる 얹다, 올려 놓다　観覧(かんらん) 관람　僕(ぼく) 나 *남자의 자칭　辛(つら)い 괴롭다　～し ～하고　不便(ふべん)だ 불편하다　しょうがない 어쩔 수 없다　かしこまりました 알겠습니다 *「わかりました」의 격식 차린 말　少々(しょうしょう) 잠시, 잠깐　お+동사의 ます형+ください ～해 주십시오 *존경표현

**2番** 不動産屋で男の人と女の人が話しています。女の人はこれから何をしますか。
부동산 중개소에서 남자와 여자가 이야기하고 있습니다. 여자는 이제부터 무엇을 합니까?

**男** いらっしゃいませ。
**女** こんにちは。あの、一人暮らしするのに適当な部屋を探してるんですけど。
**男** そうですか。何かご希望はおありですか。
**女** うーん、駅からは遠くてもかまいませんが、部屋の設備がある程度整ってて、できれば家賃も安い物件でお願いします。
**男** はい、かしこまりました。ええと、こちらの物件はいかがでしょうか。北向きですが、窓が大きく、眺めがいいですよ。もちろん、家賃も安いですし。
**女** うーん、北向きは寒くて暗いというイメージがあってあまり…。
**男** いいえ、そんなことありません。最近は画期的なアイデアで暖かくて明るい部屋作りがされていますよ。こちらの物件も色々な面で南向きの部屋に劣らないと、自信を持ってお勧めできます。
**女** ふーん、確かに家賃が安いというメリットがありますね。
**男** はい、そうです。
**女** じゃ、お部屋を拝見したいのですが、いつよろしいでしょうか。
**男** あ、ちょうど今空き部屋ですので、今ご覧になりますか。
**女** そうですか。よかった。お願いします。
**男** かしこまりました。ご案内します。

**남** 어서 오세요.
**여** 안녕하세요. 저기, 혼자 사는 데 적당한 방을 찾고 있는데요.
**남** 그래요? 뭔가 희망하시는 게 있나요?
**여** 음…, 역에서는 멀어도 상관없는데 방 설비가 어느 정도 갖추어져 있고, 가능하면 집세도 싼 물건으로 부탁드려요.
**남** 예, 알겠습니다. 어디 보자, 이쪽 물건은 어떠신지요? 북향이지만, 창문이 커서 전망이 좋아요. 물론 집세도 싸고요.
**여** 음…, 북향은 춥고 어둡다는 이미지가 있어서 그다지….
**남** 아니요, 그렇지 않아요. 최근에는 획기적인 아이디어로 따뜻하고 밝은 방으로 만들어져 있어요. 이 물건도 여러 가지 면에서 남향 방에 뒤떨어지지 않는다고 자신 있게 권해 드릴 수 있어요.
**여** 흠…, 확실히 집세가 싸다는 장점이 있네요.
**남** 예, 맞아요.
**여** 그럼, 방을 보고 싶은데요, 언제 괜찮을까요?
**남** 아, 마침 지금 빈방이니까, 지금 보시겠어요?
**여** 그래요? 잘됐다. 부탁드려요.
**남** 알겠습니다. 안내할게요.

女の人はこれから何をしますか。
1 部屋を見に行く
2 部屋の契約をする
3 部屋の契約を取り消す
4 銀行に行ってお金を引き出す

여자는 이제부터 무엇을 합니까?
1 방을 보러 간다
2 방 계약을 한다
3 방 계약을 취소한다
4 은행에 가서 돈을 인출한다

**어휘** 不動産屋(ふどうさんや) 부동산 중개소 いらっしゃいませ 어서 오세요 一人暮(ひとりぐ)らし 혼자서 삶
適当(てきとう)だ 적당하다 部屋(へや) 방 探(さが)す 찾다 希望(きぼう) 희망 お+동사의 ます형+です ~하시다 *존경표현
~てもかまわない ~해도 상관없다 設備(せつび) 설비 ある 어느 程度(ていど) 정도
整(ととの)う 갖추어지다 家賃(やちん) 집세 安(やす)い 싸다 物件(ぶっけん) (토지나 건물 등의) 물건
かしこまりました 알겠습니다 *「わかりました」의 격식 차린 말 ええと 말이나 생각이 미처 나지 않아 생각할 때 내는 소리
いかがでしょうか 어떠신지요? *「どうでしょうか」(어떤지요?)의 공손한 표현 北向(きたむ)き 북향 眺(なが)め 전망, 조망, 경치
もちろん 물론 暗(くら)い 어둡다 イメージ 이미지 そんなことない 그렇지 않다 画期的(かっきてき)だ 획기적이다
アイデア 아이디어 暖(あたた)かい 따뜻하다 明(あか)るい 밝다 명사+作(づく)り ~만들기, ~만듦
色々(いろいろ)だ 여러 가지다, 다양하다 南向(みなみむ)き 남향 劣(おと)る 뒤떨어지다 自信(じしん) 자신(감)
勧(すす)める 권하다, 권유하다 確(たし)かに 확실히 メリット 장점 拝見(はいけん)する 보다 *「見(み)る」의 겸양어
ちょうど 마침 空(あ)き部屋(べや) 빈방 ご覧(らん)になる 보시다 *「見(み)る」(보다)의 존경어
ご+한자명사+する ~하다 *겸양표현 案内(あんない) 안내 동사의 ます형+に ~하러 *동작의 목적 契約(けいやく) 계약
取(と)り消(け)す 취소하다 引(ひ)き出(だ)す (예금을) 찾다, 인출하다

3番 先生と女の学生が話しています。女の学生はこの後何をしなければなりませんか。
교수님과 여학생이 이야기하고 있습니다. 여학생은 이후 무엇을 해야 합니까?

男 鈴木君、ちょっといいかな。この間出してもらった英語スピーチコンテストの原稿だけどね。
女 あっ、はい。いかがでしたか。
男 体の不自由な人のために私たちができることっていうテーマはなかなかいいね。特に自分の経験がたっぷり入ってて説得力もあると思うよ。
女 ありがとうございます。
男 ところで、スピーチの時間は3分以内で、時間オーバーの場合は減点だったよね。
女 はい、そうです。
男 やっぱりそっか…。うーん、内容自体は問題ないし、文法も間違ってるところはないけど、この分量だと、3分を超えちゃうからなあ。で、後半の部分をもう少し短くしたら、どうかね。
女 あ、実は私もちょっと長いとは思ってました。書き直してみます。
男 うん、コンテストまではまだ2週間も残ってるから、余裕を持ってゆっくり直してみて。
女 はい、わかりました。

남 스즈키 군, 잠시 괜찮아? 요전에 제출해 준 영어 스피치 콘테스트 원고 말인데.
여 아, 예. 어떠셨어요?
남 몸이 불편한 사람을 위해서 우리가 할 수 있는 일이라는 주제는 상당히 좋군. 특히 자신의 경험이 많이 들어 있어서 설득력도 있다고 생각해.
여 감사합니다.
남 그런데 스피치 시간은 3분 이내이고, 시간 초과인 경우에는 감점이었지?
여 예, 맞아요.
남 역시 그렇군…. 음…, 내용 자체는 문제없고 문법도 틀린 곳은 없지만 이 분량이라면 3분을 넘어 버리니까 말이야. 그래서 후반 부분을 조금 더 짧게 하는 게 어떨까?
여 아, 실은 저도 조금 길다고는 생각하고 있었어요. 다시 써 보겠습니다.
남 응, 콘테스트까지는 아직 2주나 남아 있으니까 여유를 가지고 천천히 고쳐 봐.
여 예, 알겠습니다.

女の学生はこの後何をしなければなりませんか。

1 スピーチの原稿を短くする
2 原稿に自分の経験を入れる
3 原稿の間違った文法を直す
4 普通の会話より速く話す練習をする

여학생은 이후 무엇을 해야 합니까?

1 스피치 원고를 짧게 한다
2 원고에 자신의 경험을 넣는다
3 원고의 틀린 문법을 고친다
4 보통의 회화보다 빨리 말하는 연습을 한다

어휘 学生(がくせい) 학생, (특히) 대학생 この間(あいだ) 요전, 지난번 ～てもらう (남에게) ~해 받다, (남이) ~해 주다 スピーチ 스피치, 연설 コンテスト 콘테스트, 경연 原稿(げんこう) 원고 いかがでしたか 어떠셨습니까? *「どうでしたか」(어땠습니까?)의 공손한 표현 体(からだ) 몸, 신체 不自由(ふじゆう)だ (신체가) 불편하다 명사+の+ために ~을 위해서 ～っていう ~라는 *「～という」의 회화체 표현 テーマ 테마, 주제 なかなか 꽤, 상당히 特(とく)に 특히 経験(けいけん) 경험 たっぷり 많이, 듬뿍 入(はい)る 들다 説得力(せっとくりょく) 설득력 ところで 그것은 그렇고, 그런데 以内(いない) 이내 オーバー 오버, 초과 減点(げんてん) 감점 やっぱり 역시 *「やはり」의 회화체 표현 内容(ないよう) 내용 自体(じたい) 자체 文法(ぶんぽう) 문법 間違(まちが)う 잘못되다, 틀리다 ところ 부분, 데, 점 分量(ぶんりょう) 분량 超(こ)える (정도를) 넘다 後半(こうはん) 후반 部分(ぶぶん) 부분 短(みじか)い 짧다 実(じつ)は 실은 書(か)き直(なお)す 다시[고쳐] 쓰다 숫자+も ~이나 残(のこ)る 남다 余裕(よゆう) 여유 持(も)つ 가지다 ゆっくり 천천히, 느긋하게 直(なお)す 고치다, 정정하다 入(い)れる 넣다 普通(ふつう) 보통 会話(かいわ) 회화, 대화 ～より ~보다 速(はや)い (속도가) 빠르다 話(はな)す 말하다, 이야기하다 練習(れんしゅう) 연습

**4番** 会社で男の人と女の人が話しています。女の人はこれから何をしますか。
회사에서 남자와 여자가 이야기하고 있습니다. 여자는 이제부터 무엇을 합니까?

男 加藤さん、ちょっといいかね?
女 あ、課長。何でしょうか。
男 昨日の会議で加藤さんが出した案、とてもよかったよ。部長も快く「進めてくれ」っておっしゃったよ。
女 ああ、売り場に新製品を手軽に探せるような場を作るって案ですか。
男 うん、実現の可能性も十分あるし、誰も出さなかったとても画期的な案だったよ。
女 そうですか。ありがとうございます。
男 で、あの案はちゃんと報告書としてまとめといたのかい?
女 一応、ざっとまとめてはおいたんですが、具体的にはまだ…。
男 そう? 次の会議が金曜日だから…。じゃ、正式な形で、作る場所や規模、費用などを明日までにまとめてもらえるかな?
女 はい、今すぐまとめて提出いたします。
男 うん、頼むよ。

남 가토 씨, 잠시 괜찮아?
여 아, 과장님. 무슨 일이시죠?
남 어제 회의에서 가토 씨가 제출한 안, 아주 좋았어. 부장님도 흔쾌히 '진행시켜 줘'라고 말씀하셨어.
여 아…, 매장에 신제품을 손쉽게 찾을 수 있을 만한 장소를 만든다는 안 말씀이신가요?
남 응, 실현 가능성도 충분히 있고 아무도 내지 않았던 아주 획기적인 안이었어.
여 그래요? 감사합니다.
남 그래서 그 안은 제대로 보고서로 정리해 뒀나?
여 일단 대충 정리는 해 뒀지만, 구체적으로는 아직….
남 그래? 다음 회의가 금요일이니까…. 그럼, 정식 형태로, 만들 장소나 규모, 비용 등을 내일까지 정리해 줄 수 있겠어?
여 예, 지금 바로 정리해서 제출할게요.
남 응, 부탁해.

女の人はこれから何をしますか。
1 報告書を作成する
2 売り場の視察に行く
3 報告書の間違ったところを直す
4 出した案を部長に報告する

여자는 이제부터 무엇을 합니까?
1 보고서를 작성한다
2 매장을 시찰하러 간다
3 보고서의 틀린 곳을 고친다
4 제출한 안을 부장에게 보고한다

어휘 会社(かいしゃ) 회사 これから 이제부터 課長(かちょう) 과장 会議(かいぎ) 회의 出(だ)す 내다, 제출하다 案(あん) 안 部長(ぶちょう) 부장 快(こころよ)い 기분 좋다 進(すす)める 진행하다 ～てくれる (남이 나에게) ~해 주다 おっしゃる 말씀하시다 *「言(い)う」(말하다)의 존경어 売(う)り場(ば) 파는 곳, 매장 新製品(しんせいひん) 신제품 手軽(てがる)だ 손쉽다, 간단하다 探(さが)す 찾다 場(ば) 장소, 자리 作(つく)る 만들다 実現(じつげん) 실현 可能性(かのうせい) 가능성 十分(じゅうぶん) 충분히 ～し ~하고 画期的(かっきてき)だ 획기적이다 ちゃんと 제대로, 확실히 報告書(ほうこくしょ) 보고서 ～として ~로서 まとめる 정리하다 ～とく ~해 놓다[두다] *「～ておく」의 회화체 표현 ～かい 친밀감을 갖고 묻거나 확인하는 기분을 나타내는 말 一応(いちおう) 일단 ざっと 대충 具体的(ぐたいてき)だ 구체적이다 金曜日(きんようび) 금요일 正式(せいしき)だ 정식이다 形(かたち) 형태 場所(ばしょ) 장소 規模(きぼ) 규모 費用(ひよう) 비용 ～までに ~까지 *최종기한 ～てもらう (남에게) ~해 받다, (남이) ~해 주다 提出(ていしゅつ) 제출 いたす 하다 *「する」의 겸양어 頼(たの)む 부탁하다 作成(さくせい) 작성 視察(しさつ) 시찰 동작성 명사+に ~하러 *동작의 목적 間違(まちが)う 잘못되다, 틀리다 ところ 부분, 데, 점 直(なお)す 고치다, 정정하다

**5番** 社会科の授業で先生が話しています。生徒たちは今週中に何をしなければなりませんか。
사회과 수업에서 선생님이 이야기하고 있습니다. 학생들은 이번 주 중에 무엇을 해야 합니까?

男 皆さん、今学期の期末試験は、筆記試験の代わりにプロジェクトで代替しようと思ってます。「地域商店街の理解」というテーマで学校の近くにある商店街にグループに分かれて取材に行ってもらいます。今回のプロジェクトを通じて、今までよく知らなかった地域商店街への理解も深まると思います。え〜、3人が一組になって取材に行けばいいわけですが、まず、取材できるかどうか今週中に直接店に行って聞いてみて来てください。ちなみに、テーマの具体的な内容は、店の歴史や商品の種類、主に来る客層、働く時の苦労など、何でもかまいません。取材した内容は、組別にまとめて再来週の授業で一人が前に出て発表してもらいます。いいですね? 何か質問はありませんか。

남 여러분, 이번 학기 기말시험은 필기시험 대신에 프로젝트로 대체하려고 생각하고 있어요. '지역 상점가의 이해'라는 주제로 학교 근처에 있는 상점가에 그룹으로 나눠서 취재하러 가 주세요. 이번 프로젝트를 통해 지금까지 잘 몰랐던 지역 상점가에 대한 이해도 깊어질 거라고 생각해요. 음~, 세 명이 한 조가 되어 취재하러 가면 되는 건데, 우선 취재할 수 있는지 어떤지 이번 주 중에 직접 가게에 가서 물어보고 오세요. 아울러 주제의 구체적인 내용은 가게의 역사나 상품의 종류, 주로 오는 손님층, 일할 때의 고충 등 뭐든지 상관없어요. 취재한 내용은 조별로 정리해서 다다음 주 수업에서 한 사람이 앞에 나와 발표해 주세요. 알겠죠? 뭔가 질문은 없나요?

生徒たちは今週中に何をしなければなりませんか。

1 取材する店の写真を撮る
2 取材する時の質問を作る
3 店に行って取材できるかどうかを聞く
4 決めたテーマで作文を書く

학생들은 이번 주 중에 무엇을 해야 합니까?

1 취재할 가게의 사진을 찍는다
2 취재할 때의 질문을 만든다
3 가게에 가서 취재할 수 있는지 어떤지를 묻는다
4 결정한 주제로 작문을 쓴다

**어휘** 社会科(しゃかいか) 사회과 *초·중·고 교과의 하나로 사회생활에 관한 기초적인 지식·이해·태도·기능 등을 학습하는 교과 授業(じゅぎょう) 수업 生徒(せいと) (중·고교) 학생 今週中(こんしゅうちゅう) 이번 주 중 ～なければならない ～하지 않으면 안 된다, ～해야 한다 皆(みな)さん 여러분 今学期(こんがっき) 이번 학기 期末(きまつ) 기말 筆記(ひっき) 필기 명사+の+代(か)わりに ～대신에 プロジェクト 프로젝트 代替(だいたい) 대체 地域(ちいき) 지역 商店街(しょうてんがい) 상점가 理解(りかい) 이해 ～という ～라는 テーマ 테마, 주제 近(ちか)く 근처 グループ 그룹 分(わ)かれる 나뉘다 取材(しゅざい) 취재 동작성 명사+に ～하러 *동작의 목적 ～てもらう (남에게) ～해 받다, (남이) ～해 주다 今回(こんかい) 이번 ～を通(つう)じて ～을 통해서 深(ふか)まる 깊어지다 一組(ひとくみ) 한 조 ～わけだ ～인 것[셈]이다 まず 우선 ～かどうか ～인지 어떤지 直接(ちょくせつ) 직접 聞(き)く 묻다 ちなみに 덧붙여서, 이와 관련하여 具体的(ぐたいてき)だ 구체적이다 歴史(れきし) 역사 商品(しょうひん) 상품 種類(しゅるい) 종류 主(おも)に 주로 客層(きゃくそう) 손님층 働(はたら)く 일하다 苦労(くろう) 고생 何(なん)でも 무엇이든지, 뭐든지 かまわない 상관없다 まとめる 정리하다 再来週(さらいしゅう) 다다음 주 出(で)る 나오다 発表(はっぴょう) 발표 質問(しつもん) 질문 写真(しゃしん) 사진 撮(と)る (사진을) 찍다 決(き)める 정하다, 결정하다 作文(さくぶん) 작문

**6番** 花屋で女の人と店員が話しています。女の人はこれから何をしますか。
꽃집에서 여자와 점원이 이야기하고 있습니다. 여자는 이제부터 무엇을 합니까?

**女** あの、すみません。この黄色い花を付けている植物、先月こちらで同じのを購入して家にある植木鉢に植えたんですけど、葉っぱが枯れてしまって…。
**男** そうですか。これは特に何もしなくても育てやすいと言われる植物なんですけどね。
**女** 植木鉢が小さいからでしょうか。週に1回肥料もきちんとやったのに…。
**男** 植木鉢のサイズや肥料なんかは特に問題になりませんが、水やりには注意が必要です。
**女** え? 水やりとおっしゃいますと…。
**男** この植物は熱帯植物ですから、土の表面が乾いたら、すぐ水をやった方がいいですよ。
**女** 水は、週に1回しかやってないんですけど、それが問題でしたね。
**男** ええ、そうかもしれませんね。それになるべく日当たりのいい場所に置いてくださいね。
**女** あ、ベランダの明るい所に置いてますから、それは大丈夫です。
**男** そうですか。見てみると、まだ根も腐ってないし、水さえ定期的にやれば別に問題はないでしょう。
**女** そうですね。ありがとうございました。
**男** どういたしまして。

**여** 저기, 죄송해요. 이 노란 꽃을 달고 있는 식물, 지난달 여기에서 같은 걸 구입해서 집에 있는 화분에 심었는데, 잎이 시들어 버려서요….
**남** 그래요? 이건 특별히 아무것도 하지 않아도 키우기 쉽다는 식물인데요.
**여** 화분이 작기 때문일까요? 일주일에 한 번 비료도 꼬박꼬박 줬는데….
**남** 화분 사이즈나 비료 같은 건 딱히 문제가 되지 않는데, 물 주기에는 주의가 필요해요.
**여** 네? 물 주기라고 하시면….
**남** 이 식물은 열대 식물이니까, 흙 표면이 마르면 바로 물을 주는 편이 좋아요.
**여** 물은 일주일에 한 번밖에 주지 않았는데, 그게 문제였군요.
**남** 네, 그럴지도 모르겠네요. 그리고 가능한 한 볕이 잘 드는 장소에 두세요.
**여** 아, 베란다의 밝은 곳에 두었으니까, 그건 괜찮아요.
**남** 그래요? 봐 보니 아직 뿌리도 썩지 않았고, 물만 정기적으로 주면 딱히 문제는 없겠네요.
**여** 그렇군요. 감사합니다.
**남** 천만에요.

女の人はこれから何をしますか。
1 今より肥料の量を増やす
2 土の表面が乾くたびに水をやる
3 植物を今より小さい植木鉢に植え替える
4 日が当たらない場所に植物を置いておく

여자는 이제부터 무엇을 합니까?
1 지금보다 비료의 양을 늘린다
2 흙 표면이 마를 때마다 물을 준다
3 식물을 지금보다 작은 화분에 옮겨 심는다
4 햇볕이 들지 않는 장소에 식물을 놔 둔다

**어휘** 花屋(はなや) 꽃집, 꽃가게 店員(てんいん) 점원 黄色(きいろ)い 노랗다 付(つ)ける 달다 植物(しょくぶつ) 식물 先月(せんげつ) 지난달 同(おな)じだ 같다 購入(こうにゅう) 구입 植木鉢(うえきばち) 화분 植(う)える 심다 葉(は)っぱ 잎, 잎사귀 枯(か)れる (초목이) 시들다, 마르다 特(とく)に 특히, 특별히 何(なに)も (부정어 수반) 아무것도 育(そだ)てる 키우다 동사의 ます형+やすい ~하기 쉽다[편하다] ~と言(い)われる ~라는 말을 듣다, ~라고 하다 週(しゅう) 일주일 ~回(かい) ~회, ~번 肥料(ひりょう) 비료 きちんと 정확히, 어김없이 やる (손아랫사람이나 동물・식물에) 주다 水(みず)やり 물 주기 注意(ちゅうい) 주의 おっしゃる 말씀하시다 *「言(い)う」(말하다)의 존경어 熱帯(ねったい) 열대 土(つち) 흙, 토양 表面(ひょうめん) 표면 乾(かわ)く 마르다, 건조하다 동사의 た형+方(ほう)がいい ~하는 편[쪽]이 좋다 ~しか (부정어 수반) ~밖에 ~かもしれない ~일지도 모른다 それに 게다가, 더욱이 なるべく 되도록, 가능한 한 日当(ひあ)たり 볕이 듦 *「日当(ひあ)たりがいい」 – 볕이 잘 들다 ベランダ 베란다 明(あか)るい 밝다 所(ところ) 곳 大丈夫(だいじょうぶ)だ 괜찮다 根(ね) 뿌리 腐(くさ)る 썩다 ~さえ~ば ~만 ~하면 定期的(ていきてき)だ 정기적이다 別(べつ)に (부정어 수반) 별로, 특별히, 딱히 どういたしまして 천만에요 量(りょう) 양 増(ふ)やす 늘리다 ~たびに ~할 때마다 植(う)え替(か)える 옮겨 심다 日(ひ)が当(あ)たる 볕이 들다

# 확인 문제 3・과제 이해

## 問題 1

**問題1では、まず質問を聞いてください。それから話を聞いて、問題用紙の1から4の中から、最もよいものを一つ選んでください。**

### 1番

1 エアコンを修理に出す
2 エアコンの冷却水を確認する
3 エアコンタイマーの設定を確認する
4 エアコンのフィルターを掃除する

### 2番

1 大学祭で司会をする
2 役割分担を表でまとめる
3 大学本部に補助金申請書類を提出する
4 大学祭で売る食べ物の種類を決める

## 3番

1 ネックレスだけを作ることにした

2 イヤリングだけを作ることにした

3 アクセサリーは何も作らないことにした

4 イヤリングとネックレスを共に作ることにした

## 4番

1 部の他の人たちを手伝う

2 部長に社報について報告する

3 印刷業者に電話して社報を訂正してもらう

4 印刷業者に電話して社報の印刷部数を増やす

## 5番

1 利用者への貸し出し業務
2 一般市民への宣伝活動
3 利用者への図書館案内対応
4 コンピューターでの所蔵図書の分類や目録の作成

## 6番

1 インターネットで売る
2 リサイクルショップに売る
3 ボランティア団体に寄付する
4 アルバイト先のマイケルさんに譲る

# 확인 문제 3 • 스크립트 및 해석(과제 이해)

음원

**1番** 女の人と男の人が話しています。女の人は家に帰ってまず何をしますか。
여자와 남자가 이야기하고 있습니다. 여자는 집에 돌아가서 우선 무엇을 합니까?

**女** 田中君に勧めてもらって買ったエアコン、昨日から突然スイッチを入れても動かなくなっちゃったんだ。修理に出した方がいいかしら?

**男** えっ? 先月買ったばかりだよね。僕は2年ぐらい使ってるけど、まだ何の問題もないよ。連日猛暑が続いてるのに、大変だなあ。ふーん、空気を吹き出すフィルターが付いてるだろう? それに埃が詰まったりすると、過熱を防ぐための装置が働いて止まっちゃう場合もあるよ。

**女** へえ、そうなんだ。それは知らなかったわ。でも買ったばかりだから、埃が詰まってるわけはないと思うよ。

**男** そうだな。うーん、もしかしてタイマーの設定で止まったわけではないよね?

**女** タイマーは一度も使ったことないわ。

**男** そう? じゃ、それも大丈夫だね。すると、あっ、エアコン内の冷却水が漏れて止まっちゃった可能性もあるけど、冷却水は確認した?

**女** それはまだ確認してない。じゃ、今日帰ってから早速確認してみるよ。

**여** 다나카 군이 권해 줘서 산 에어컨, 어제부터 갑자기 스위치를 켜도 작동하지 않게 되어 버렸어. 수리 맡기는 편이 좋을까?

**남** 뭐? 지난달에 막 샀잖아. 나는 2년 정도 쓰고 있는데 아직 아무런 문제도 없어. 연일 무더위가 이어지고 있는데 힘들겠군. 흠…, 공기를 내뿜는 필터가 달려 있잖아? 거기에 먼지가 잔뜩 쌓이거나 하면 과열을 방지하기 위한 장치가 작동해서 멈춰 버리는 경우도 있어.

**여** 허, 그렇구나. 그건 몰랐어. 하지만 산 지 얼마 안 되었으니까, 먼지가 잔뜩 쌓였을 리는 없다고 생각해.

**남** 그렇겠군. 음…, 혹시 타이머 설정으로 멈춘 건 아니지?

**여** 타이머는 한 번도 사용한 적 없어.

**남** 그래? 그럼, 그것도 괜찮네. 그렇다면 아, 에어컨 내의 냉각수가 새서 멈춰 버렸을 가능성도 있는데, 냉각수는 확인했어?

**여** 그건 아직 확인 안 했어. 그럼 오늘 돌아가서 바로 확인해 볼게.

女の人は家に帰ってまず何をしますか。

1 エアコンを修理に出す
2 エアコンの冷却水を確認する
3 エアコンタイマーの設定を確認する
4 エアコンのフィルターを掃除する

여자는 집에 돌아가서 우선 무엇을 합니까?

1 에어컨을 수리하도록 맡긴다
2 에어컨 냉각수를 확인한다
3 에어컨 타이머 설정을 확인한다
4 에어컨 필터를 청소한다

**어휘** 帰(かえ)る 돌아가다 まず 우선 勧(すす)める 권하다, 권유하다 ～てもらう (남에게) ~해 받다, (남이) ~해 주다 買(か)う 사다 エアコン 에어컨 突然(とつぜん) 돌연, 갑자기 スイッチを入(い)れる 스위치를 켜다 動(うご)く (기계가) 작동하다 修理(しゅうり)に出(だ)す 수리하도록 맡기다 동사의 た형+方(ほう)がいい ~하는 편[쪽]이 좋다 ～かしら ~할까? *의문의 뜻을 나타냄 先月(せんげつ) 지난달 동사의 た형+ばかりだ 막 ~한 참이다, ~한 지 얼마 안 되다 僕(ぼく) 나 *남자의 자칭 使(つか)う 쓰다, 사용하다 何(なん)の 아무런 連日(れんじつ) 연일 猛暑(もうしょ) 혹서, 심한 더위 続(つづ)く 이어지다, 계속되다 ～のに ~는데(도) 大変(たいへん)だ 힘들다 空気(くうき) 공기 吹(ふ)き出(だ)す (밖으로) 내뿜다 フィルター 필터 付(つ)く 붙다, 달리다 埃(ほこり) 먼지 詰(つ)まる 가득 차다, 잔뜩 쌓이다 過熱(かねつ) 과열 防(ふせ)ぐ 막다, 방지하다 装置(そうち) 장치 働(はたら)く 작용하다, 작동하다 止(と)まる 멈추다 場合(ばあい) 경우 ～わけはない ~일 리는 없다 もしかして 혹시 タイマー 타이머 設定(せってい) 설정 ～わけではない (전부) ~인 것은 아니다, (반드시) ~라고는 말할 수 없다 一度(いちど)も 한 번도 동사의 た형+こと(が)ない ~한 적(이) 없다 大丈夫(だいじょうぶ)だ 괜찮다 すると 그렇다면 冷却水(れいきゃくすい) 냉각수 漏(も)れる 새다 可能性(かのうせい) 가능성 確認(かくにん) 확인 ～てから ~하고 나서, ~한 후에 早速(さっそく) 당장, 즉시 掃除(そうじ) 청소

**2番** 大学の休憩室で女の学生と男の学生が話しています。男の学生はまず何をしなければなりませんか。 대학교 휴게실에서 여학생과 남학생이 이야기하고 있습니다. 남학생은 우선 무엇을 해야 합니까?

**女** あっ、渡辺君! ずっと探してたの。

**男** えっ? どうしたの?

**女** 明日、サークルのみんなが集まって今度の大学祭でどんな店を出すかについて話し合うよね? 実は私、司会を務めることになったんだけど、急用ができてどうしても来られなくなっちゃって…。悪いけど、渡辺君、代わってもらえる?

**男** 司会か…。司会はやったことないけど、まあ、いいよ。

**女** よかった。ありがとう。ところで、今年の大学祭ではどんな店がいいと思う?

**男** さあ、個人的には食べ物はどうかな。中村君や鈴木君など、一人暮らししてる人が多いから、みんな何か得意な料理が一つぐらいはあると思うよ。

**女** それも悪くないね。じゃ、役割分担が決まったら、表でまとめてもらうと助かるわ。あっ、そう言えば、昨日頼んだ補助金申請書類は大学本部に出した? 締め切りは今日の午後5時までにだよね?

**男** あっ、すっかり忘れてた。5時なら…、授業が4時半に終わるから、終わってからすぐ出してくるよ。

**女** ありがとう。お願いね。

**여** 아, 와타나베 군! 계속 찾았어.

**남** 뭐? 무슨 일이야?

**여** 내일 서클 전원이 모여서 이번 대학 축제에서 어떤 가게를 낼지에 대해서 의논하지? 실은 나 사회를 맡게 되었는데 급한 용무가 생겨서 도저히 올 수 없게 되어 버려서…. 미안하지만 와타나베 군, 나 대신에 좀 해 줄 수 있을까?

**남** 사회라…. 사회는 본 적이 없지만 뭐, 좋아.

**여** 잘됐다. 고마워. 그런데 올해 대학 축제에서는 어떤 가게가 좋다고 생각해?

**남** 글쎄, 개인적으로는 음식은 어떨까? 나카무라 군이나 스즈키 군 등 혼자 살고 있는 사람이 많으니까, 다들 뭔가 잘하는 요리가 하나쯤은 있을 거라고 생각해.

**여** 그것도 나쁘지 않네. 그럼, 역할 분담이 정해지면 표로 정리해 주면 도움이 되겠어. 아, 그러고 보니 어제 부탁한 보조금 신청 서류는 대학 본부에 제출했어? 마감은 오늘 오후 5시까지지?

**남** 아! 까맣게 잊고 있었다. 5시라면…, 수업이 4시 반에 끝나니까 끝나고 나서 바로 내고 올게.

**여** 고마워. 부탁해.

男の学生はまず何をしなければなりませんか。

1 大学祭で司会をする
2 役割分担を表でまとめる
3 大学本部に補助金申請書類を提出する
4 大学祭で売る食べ物の種類を決める

남학생은 우선 무엇을 해야 합니까?

1 대학 축제에서 사회를 본다
2 역할 분담을 표로 정리한다
3 대학 본부에 보조금 신청 서류를 제출한다
4 대학 축제에서 팔 음식의 종류를 정한다

**어휘** 大学(だいがく) 대학(교) 休憩室(きゅうけいしつ) 휴게실 まず 우선 ずっと 쭉, 계속 探(さが)す 찾다 サークル 서클, 동아리 集(あつ)まる 모이다 今度(こんど) 이번 大学祭(だいがくさい) 대학 축제 店(みせ)を出(だ)す 가게를 내다 話(はな)し合(あ)う 의논하다 司会(しかい) 사회 *「司会(しかい)をする」- 사회를 보다 務(つと)める (임무를) 맡다 동사의 보통형+ことになる ~하게 되다 急用(きゅうよう) 급한 용무 できる (일이) 생기다 どうしても (부정어 수반) 아무리 해도, 도저히 悪(わる)い ①미안하다 ②나쁘다 代(か)わる 대신하다 ~てもらう (남에게) ~해 받다, (남이) ~해 주다 동사의 た형+こと(が)ない ~한 적(이) 없다 ところで 그것은 그렇고, 그런데 今年(ことし) 올해 さあ 글쎄 *확실한 대답을 피할 때의 소리 個人的(こじんてき)だ 개인적이다 食(た)べ物(もの) 음식, 먹을 것 一人暮(ひとりぐ)らし 혼자서 삶 得意(とくい)だ 잘하다, 자신 있다 料理(りょうり) 요리 役割(やくわり) 역할 分担(ぶんたん) 분담 決(き)まる 정해지다, 결정되다 表(ひょう) 표 まとめる 정리하다 助(たす)かる 도움이 되다 そう言(い)えば 그러고 보니 頼(たの)む 부탁하다 補助金(ほじょきん) 보조금 申請(しんせい) 신청 書類(しょるい) 서류 本部(ほんぶ) 본부 出(だ)す 내다, 제출하다 ~かしら ~할까? *의문의 뜻을 나타냄 締(し)め切(き)り 마감 午後(ごご) 오후 すっかり 완전히 忘(わす)れる 잊다 授業(じゅぎょう) 수업 終(お)わる 끝나다 ~てから ~하고 나서, ~한 후에 売(う)る 팔다 種類(しゅるい) 종류

**3番** 演劇部の先輩と後輩が電話で話しています。二人はどうすることにしましたか。
연극부의 선배와 후배가 전화로 이야기하고 있습니다. 두 사람은 어떻게 하기로 했습니까?

**男** もしもし。
**女** あっ、先輩、小道具係の市川です。あの、来週の演劇発表会のリハーサルのことなんですが、今ちょっと大丈夫ですか。
**男** うん、いいよ。どうしたの?
**女** あの、実は今主人公に付けるアクセサリーを作り始めてるんですが、もらったお金ではどうしても足りないような気がします。
**男** 本当? ふーん、作るのはイヤリングとネックレスだったよね?
**女** はい、5千円で二つを作るにはかなり厳しそうなんです。
**男** そう? 困ったなあ。現段階で突然予算を増やすわけにもいかないし…。主人公は林さんだったよね?
**女** はい、そうですが。
**男** 主人公はずっとドレスを着て出演するから、ネックレスは欠かせないなあ。でも、林さんは髪型が長い方だから、イヤリングはあまり見えないだろう?
**女** ええ、それはそうですが。
**男** だったら、あまり見えない方は省略したらどうかな。なくても劇の展開に別に問題はなさそうだし。
**女** ええ、そうですね。いいアイデアだと思います。では、そう進めます。

**남** 여보세요?
**여** 아, 선배님, 소품 담당인 이치카와예요. 저기, 다음 주 연극 발표회 리허설 말인데요, 지금 잠시 괜찮나요?
**남** 응, 괜찮아. 무슨 일이야?
**여** 저기, 실은 지금 주인공에게 달 액세서리를 만들기 시작했는데요, 받은 돈으로는 아무래도 부족한 듯한 생각이 들어요.
**남** 정말? 흠…, 만드는 건 귀걸이와 목걸이였지?
**여** 예, 5천 엔으로 두 개를 만들기에는 상당히 힘들 것 같아요.
**남** 그래? 곤란하군. 현 단계에서 갑자기 예산을 늘릴 수도 없고…. 주인공은 하야시 씨였지?
**여** 예, 그런데요.
**남** 주인공은 쭉 드레스를 입고 출연하니까, 목걸이는 빠뜨릴 수가 없군. 하지만 하야시 씨는 머리 스타일이 긴 편이니까, 귀걸이는 별로 안 보이겠지?
**여** 예, 그건 그런데요.
**남** 그렇다면 별로 보이지 않는 쪽은 생략하면 어떨까? 없어도 극 전개에 별로 문제는 없을 것 같고.
**여** 네, 그러네요. 좋은 아이디어라고 생각해요. 그럼, 그렇게 진행할게요.

二人はどうすることにしましたか。
1 ネックレスだけを作ることにした
2 イヤリングだけを作ることにした
3 アクセサリーは何も作らないことにした
4 イヤリングとネックレスを共に作ることにした

두 사람은 어떻게 하기로 했습니까?
1 목걸이만을 만들기로 했다
2 귀걸이만을 만들기로 했다
3 액세서리는 아무것도 만들지 않기로 했다
4 귀걸이와 목걸이를 함께 만들기로 했다

**어휘** 演劇部(えんげきぶ) 연극부 先輩(せんぱい) 선배 後輩(こうはい) 후배 동사의 보통형+ことにする ~하기로 하다 もしもし 여보세요 *전화에서 상대방을 부를 때 하는 말 先輩(せんぱい) 선배 小道具(こどうぐ) 소도구, 연극 소품 명사+係(がかり) ~담당(자) 発表会(はっぴょうかい) 발표회 リハーサル 리허설, 총연습 大丈夫(だいじょうぶ)だ 괜찮다 主人公(しゅじんこう) 주인공 付(つ)ける 달다, 부착하다 アクセサリー 액세서리 作(つく)る 만들다 동사의 ます형+始(はじ)める ~하기 시작하다 もらう 받다 どうしても (부정어 수반) 아무리 해도, 도저히 足(た)りない 모자라다, 부족하다 気(き)がする 느낌[생각]이 들다 イヤリング 이어링, 귀걸이 ネックレス 목걸이 かなり 꽤, 상당히 厳(きび)しい 심하다, 혹독하다 困(こま)る 곤란하다, 난처하다 現段階(げんだんかい) 현 단계 突然(とつぜん) 돌연, 갑자기 予算(よさん) 예산 増(ふ)やす 늘리다 동사의 기본형+わけにもいかない ~할 수도 없다 ~し ~하고 ずっと 쭉, 계속 ドレス 드레스 着(き)る (옷을) 입다 出演(しゅつえん) 출연 欠(か)かす 빠뜨리다 髪型(かみがた) 머리 스타일 あまり (부정어 수반) 그다지, 별로 見(み)える 보이다 だったら 그렇다면 省略(しょうりゃく) 생략 劇(げき) 극, 연극 展開(てんかい) 전개 別(べつ)に (부정어 수반) 별로, 특별히 アイデア 아이디어 進(すす)める 진행하다 ~だけ ~만, ~뿐 共(とも)に 함께, 같이

**4番** 会社で男の人と女の人が話しています。女の人はこの後まず何をしなければなりませんか。
회사에서 남자와 여자가 이야기하고 있습니다. 여자는 이후 우선 무엇을 해야 합니까?

男 前田さん、この間頼んだ社報はどうなってる? 進んでる?
女 あっ、昨日出来上がって今朝印刷業者に送りました。
男 そう? ちょっと見せてもらえるかな。
女 はい、これです。
男 ええと、あれ? ここの住所間違ってるよ。
女 えっ? 何度も確認したんですが…。
男 ほら、この住所は先月移転する前の住所だろう? 困ったなあ。
女 ああ、大変申し訳ございません。
男 もう印刷に入ったのかな。
女 それが…、幸いなことに、印刷は明日入ると言ってました。
男 そう? それは不幸中の幸いだなあ。じゃ、この間違った住所を訂正してもう一度印刷業者に送っといて。
女 はい、わかりました。
男 あ、その前にすぐ部長のところに行って社報に間違いがあったこと報告しといて。
女 あ…、わかりました。直ちに参ります。
男 とにかく印刷前に見つかってよかったよ。
女 本当に申し訳ございません。
男 もう過ぎたことだし、あまり気にするなよ。
女 はい、ありがとうございます。

남 마에다 씨, 요전에 부탁한 사보는 어떻게 되고 있어? 진행되고 있어?
여 아, 어제 다 되어서 오늘 아침 인쇄업자에게 보냈어요.
남 그래? 잠시 보여 줄 수 있을까?
여 예, 이거예요.
남 어디 보자, 어? 여기 주소 틀렸어.
여 네? 몇 번이나 확인했는데요….
남 봐, 이 주소는 지난달 이전하기 전의 주소잖아? 곤란하네.
여 아~, 대단히 죄송합니다.
남 벌써 인쇄에 들어갔을까?
여 그게…, 다행히도 인쇄는 내일 들어간다고 했어요.
남 그래? 그거 불행 중 다행이군. 그럼 이 틀린 주소를 정정해서 한 번 더 인쇄업자에게 보내 둬.
여 예, 알겠습니다.
남 아, 그 전에 바로 부장님께 가서 사보에 실수가 있었던 거 보고해 둬.
여 아…, 알겠습니다. 바로 갈게요.
남 어쨌든 인쇄 전에 발견되어서 다행이야.
여 정말 죄송합니다.
남 이미 지난 일이니 너무 신경 쓰지 마.
여 예, 감사합니다.

女の人はこの後まず何をしなければなりませんか。
1 部の他の人たちを手伝う
2 部長に社報について報告する
3 印刷業者に電話して社報を訂正してもらう
4 印刷業者に電話して社報の印刷部数を増やす

여자는 이후 우선 무엇을 해야 합니까?
1 부의 다른 사람들을 돕는다
2 부장에게 사보에 대해서 보고한다
3 인쇄업자에게 전화해서 사보를 정정해 달라고 한다
4 인쇄업자에게 전화해서 사보의 인쇄 부수를 늘린다

**어휘** この間(あいだ) 요전, 일전 頼(たの)む 부탁하다 社報(しゃほう) 사보 進(すす)む 나아가다, 진행되다
出来上(できあ)がる 완성되다, 다 되다 今朝(けさ) 오늘 아침 印刷業者(いんさつぎょうしゃ) 인쇄업자 送(おく)る 보내다
見(み)せる 보이다 ~てもらう (남에게) ~해 받다, (남이) ~해 주다 住所(じゅうしょ) 주소 間違(まちが)う 잘못되다, 틀리다
何度(なんど)も 몇 번이나, 여러 번 確認(かくにん) 확인 先月(せんげつ) 지난달 移転(いてん) 이전
困(こま)る 곤란하다, 난처하다 大変(たいへん) 대단히, 매우
申(もう)し訳(わけ)ございません 죄송합니다 *「申(もう)し訳(わけ)ありません」보다 정중한 표현 もう 이미, 벌써
入(はい)る 들어가다 幸(さいわ)いだ 다행이다 ~ことに ~하게도 *감탄 · 놀람
不幸中(ふこうちゅう)の幸(さいわ)い 불행 중 다행 訂正(ていせい) 정정 もう一度(いちど) 한 번 더 報告(ほうこく) 보고
~とく ~해 놓다[두다] *「~ておく」의 회화체 표현 直(ただ)ちに 당장, 즉시
参(まい)る 가다, 오다 *「行(い)く」,「来(く)る」의 겸양어 とにかく 어쨌든 見(み)つかる 발견되다, 찾게 되다
~てよかった ~해서 다행이다[잘됐다] 過(す)ぎる (시간 · 세월이) 지나다, 지나가다 あまり (부정어 수반) 그다지, 별로
気(き)にする 신경을 쓰다, 걱정하다 ~な ~마라 *금지의 뜻을 나타냄 他(ほか)の~ 다른~ 手伝(てつだ)う 돕다
部数(ぶすう) 부수 増(ふ)やす 늘리다

**5番** 図書館の職員が職場体験学習に参加した生徒たちに話しています。生徒たちはまず何をしますか。 도서관 직원이 직장 체험 학습에 참가한 학생들에게 이야기하고 있습니다. 학생들은 우선 무엇을 합니까?

女 一日職場体験学習にご参加くださった皆様、おはようございます。本日の日程につきまして、大まかにご説明いたします。まず、皆さんが図書館で是非やってみたいという声が一番多かったカウンターでの利用者への貸し出し業務は、事前にご案内した通りに午後体験していただきます。午前中の体験につきましては、少し日程に変更がございます。事前のご案内では、まずコンピューターで所蔵図書の分類や目録の作成、その次に利用者への図書館案内対応の順で行うことになっていましたが、コンピューターの不具合のため、この順番を変えて逆にします。この二つに続けて一般市民への宣伝活動もしていただきます。ええと、体験学習は10分後に始めます。では、よろしくお願いいたします。

여 일일 직장 체험 학습에 참가해 주신 여러분, 안녕하세요. 오늘 일정에 대해서 대략적으로 설명드릴게요. 우선 여러분이 도서관에서 꼭 해 보고 싶다는 목소리가 가장 많았던 카운터에서의 이용자에 대한 대출 업무는 사전에 안내해 드린 대로 오후에 체험하도록 할게요. 오전 중의 체험에 대해서는 조금 일정에 변경이 있습니다. 사전 안내로는 우선 컴퓨터로 소장 도서의 분류나 목록 작성, 그다음에 이용자에 대한 도서관 안내 대응 순으로 실시하기로 되어 있었는데, 컴퓨터 문제로 인해 이 순서를 바꿔 거꾸로 할게요. 이 두 가지에 이어 일반시민에 대한 선전 활동도 하도록 할게요. 어디 보자, 체험 학습은 10분 후에 시작할게요. 그럼, 잘 부탁드려요.

生徒たちはまず何をしますか。
1 利用者への貸し出し業務
2 一般市民への宣伝活動
3 利用者への図書館案内対応
4 コンピューターでの所蔵図書の分類や目録の作成

학생들은 우선 무엇을 합니까?
1 이용자에 대한 대출 업무
2 일반 시민에 대한 선전 활동
3 이용자에 대한 도서관 안내 대응
4 컴퓨터로의 소장 도서 분류와 목록 작성

**어휘** 図書館(としょかん) 도서관 職員(しょくいん) 직원 職場(しょくば) 직장 体験(たいけん) 체험 学習(がくしゅう) 학습 参加(さんか) 참가 生徒(せいと) (중·고교) 학생 一日(いちにち) 일일, 하루 ご+한자명사+くださる ~해 주시다 *존경표현 皆様(みなさま) 여러분 本日(ほんじつ) 금일, 오늘 *「今日(きょう)」의 격식 차린 말씨 日程(にってい) 일정 ~につきまして ~에 대해서 *「~について」의 정중한 표현 大(おお)まかに 대충, 대략적으로 ご+한자명사+いたす ~하다, ~해 드리다 *겸양표현 是非(ぜひ) 꼭, 부디 声(こえ) (목)소리 一番(いちばん) 가장, 제일 カウンター 카운터 利用者(りようしゃ) 이용자 ~への ~에 대한 貸(か)し出(だ)し 대출 業務(ぎょうむ) 업무 事前(じぜん) 사전 ご+한자명사+する ~하다, ~해 드리다 *겸양표현 ~通(とお)りに ~대로 午後(ごご) 오후 ~ていただく (남에게) ~해 받다, (남이) ~해 주시다 *「~てもらう」((남에게) ~해 받다, (남이) ~해 주다)의 겸양표현 午前中(ごぜんちゅう) 오전 중 変更(へんこう) 변경 ござる 있다 *「ある」의 존경어 コンピューター 컴퓨터 所蔵(しょぞう) 소장 分類(ぶんるい) 분류 目録(もくろく) 목록 作成(さくせい) 작성 対応(たいおう) 대응 順(じゅん) 순, 순서 行(おこな)う 하다, 행하다, 실시하다 동사의 보통형+ことになっている ~하게 되어 있다 不具合(ふぐあい) 형편이 좋지 않음 順番(じゅんばん) 순번, 차례 変(か)える 바꾸다 逆(ぎゃく) 역, 반대, 거꾸로 됨 続(つづ)ける 이어지다, 계속되다 一般市民(いっぱんしみん) 일반시민 宣伝(せんでん) 선전 始(はじ)める 시작하다 お+동사의 ます형+いたす ~하다, ~해 드리다 *겸양표현

**6番** 女の留学生と男の留学生が話しています。女の留学生は要らなくなった家具をどうしますか。
여자 유학생과 남자 유학생이 이야기하고 있습니다. 여자 유학생은 필요 없어진 가구를 어떻게 합니까?

**女** この大学とももうすぐお別れだね。

**男** うん、4年があっという間に過ぎちゃったような気がするよ。

**女** 本当。ところで、トム君、ここで使ってた家具とか冷蔵庫などはどうするつもり?

**男** さあ、一応、僕の場合は、アルバイト先のマイケルさんに譲るつもりなんだ。

**女** それはいいね。私はどうしよう。電気製品なんかはまだ十分使えるから、捨てるのもちょっと勿体ないし…。

**男** あっ、そうだ! この間、大学の掲示板に貼ってあったんだけど、卒業する学生の電気製品を引き取って困っている家庭にあげる活動をしてるボランティア団体があったよ。そこに寄付すれば?

**女** へえ、そうなんだ。いいね。でも、家具はどうすればいいのかしら? 私なりに色々と考えてみたんだけど、インターネットに写真載せて買いたい人と直接やり取りするのはどうかしら? それとも、リサイクルショップに売るのがいいかも。

**男** さあ、インターネット上での販売は、受け渡しやお金のことなど、トラブルに巻き込まれる恐れがあるから、避けた方がいいよ。また、リサイクルショップの方は店まで持って行かなければならないから、ちょっと面倒くさいだろうなあ。ちなみに、さっき言った団体ではきれいな家具も一緒に引き取ってもらうそうだから、一緒に引き取ってもらえば?

**女** そう? よかった。部屋の家具は傷が1か所もないほどきれいに使ってたから。トム君が言った通りにするわ。

여 이 대학과도 이제 곧 작별이네.

남 응, 4년이 눈 깜짝할 사이에 지나가 버린 듯한 느낌이 들어.

여 정말. 그런데 톰 군, 여기에서 사용했던 가구나 냉장고 등은 어떻게 할 생각이야?

남 글쎄, 일단 내 경우에는 아르바이트하는 곳의 마이클 씨에게 양도할 생각이야.

여 그거 좋네. 나는 어떻게 하지? 전기제품 같은 건 아직 충분히 사용할 수 있으니까 버리는 것도 조금 아깝고….

남 아, 맞다! 요전에 대학 게시판에 붙어 있었는데, 졸업생의 전기제품을 인수해서 생활이 어려운 가정에 주는 활동을 하고 있는 자원봉사 단체가 있었어. 그곳에 기부하면 어때?

여 허, 그렇구나. 좋네. 하지만 가구는 어떻게 하면 좋을까? 내 나름대로 여러 가지로 생각해 봤는데, 인터넷에 사진 올려서 사고 싶은 사람과 직접 거래하는 건 어떨까? 아니면 재활용품점에 파는 게 좋을지도.

남 글쎄, 인터넷상에서의 판매는 주고받는 거나 돈 문제 등 분쟁에 말려들 우려가 있으니까, 피하는 편이 좋아. 또 재활용품점 쪽은 가게까지 가지고 가지 않으면 안 되니까, 조금 귀찮을 거야. 참고로 아까 말한 단체에서는 깨끗한 가구도 함께 인수해 준다고 하니까 같이 인수해 달라고 하면?

여 그래? 잘됐네. 방의 가구는 흠이 한 군데도 없을 만큼 깨끗하게 사용했으니까, 톰 군이 말한 대로 할게.

女の留学生は要らなくなった家具をどうしますか。

1 インターネットで売る
2 リサイクルショップに売る
3 ボランティア団体に寄付する
4 アルバイト先のマイケルさんに譲る

여자 유학생은 필요 없어진 가구를 어떻게 합니까?

1 인터넷에서 판다
2 재활용품점에 판다
3 자원봉사 단체에 기부한다
4 아르바이트하는 곳의 마이클 씨에게 양도한다

**어휘** 留学生(りゅうがくせい) 유학생 要(い)る 필요하다 家具(かぐ) 가구 もうすぐ 이제 곧 別(わか)れ 헤어짐, 이별 あっという間(ま)に 눈 깜짝할 사이에 過(す)ぎる (시간 · 세월이) 지나다, 지나가다 気(き)がする 느낌[생각]이 들다 ところで 그것은 그렇고, 그런데 冷蔵庫(れいぞうこ) 냉장고 동사의 기본형+つもりだ ~할 생각[작정]이다 さあ 글쎄 *확실한 대답을 피할 때의 소리 一応(いちおう) 일단 僕(ぼく) 나 *남자의 자칭 場合(ばあい) 경우 アルバイト先(さき) 아르바이트하는 곳 譲(ゆず)る (희망자에게) 팔다, 양도하다 電気製品(でんきせいひん) 전기제품 ~なんか ~따위, ~등 十分(じゅうぶん) 충분히 使(つか)う 쓰다, 사용하다 捨(す)てる 버리다 勿体(もったい)ない 아깝다 掲示板(けいじばん) 게시판 貼(は)る 붙이다 타동사+てある ~해져 있다 *상태표현 卒業(そつぎょう) 졸업 引(ひ)き取(と)る 떠맡다, 인수하다 困(こま)る 괴로움[어려움]을 겪다 家庭(かてい) 가정 あげる (내가 남에게) 주다 ボランティア 자원봉사 団体(だんたい) 단체 寄付(きふ) 기부 ~なりに ~나름대로 色々(いろいろ)と 여러 가지로 インターネット 인터넷 写真(しゃしん) 사진 載(の)せる 게재하다, 올리다, 싣다 直接(ちょくせつ) 직접 やり取(と)り (물건을) 주고받음, 교환함 それとも 그렇지 않으면, 아니면 リサイクルショップ 재활용품점 売(う)る 팔다 販売(はんばい) 판매 受(う)け渡(わた)し 주고받음 トラブル 트러블, 분쟁, 말썽 巻(ま)き込(こ)む 말려들게 하다 ~恐(おそ)れがある ~할 우려가 있다 避(さ)ける 피하다 面倒(めんどう)くさい 귀찮다 ちなみに 덧붙여서 さっき 아까, 조금 전 一緒(いっしょ)に 함께, 같이 ~てもらう (남에게) ~해 받다, (남이) ~해 주다 傷(きず) 상처, 흠 ~か所(しょ) ~개소, ~군데 ~ほど ~정도, ~만큼 ~通(とお)りに ~대로

# 문제 2 포인트 이해

## 출제 유형

문제 2 포인트 이해는 결론이 있는 이야기를 듣고 사전에 제시되는 질문에 근거해 이야기에서 포인트를 파악할 수 있는지를 묻는다. 7문항이 출제되는데, 문제지에 있는 선택지는 모두 텍스트로만 제시된다. 따라서 이야기가 나오기 전에 제시되는 질문을 잘 기억하면서 듣는 것이 중요하다.

## 실제 시험 예시

### 問題(もんだい) 2

**問題(もんだい)2では、まず質問(しつもん)を聞(き)いてください。そのあと、問題用紙(もんだいようし)のせんたくしを読(よ)んでください。読(よ)む時間(じかん)があります。それから話(はなし)を聞(き)いて、問題用紙(もんだいようし)の1から4の中(なか)から、最(もっと)もよいものを一(ひと)つ選(えら)んでください。**

**例(れい)**

1 話(はな)し声(ごえ)がうるさかったから
2 生活騒音(せいかつそうおん)が大(おお)きかったから
3 テレビの音(おと)がうるさかったから
4 犬(いぬ)の鳴(な)き声(ごえ)がうるさかったから

## [ 예제 스크립트 ]

### 例

部屋で男の人と女の人が話しています。男の人はどうして昨日隣の部屋の人に怒られたと言っていますか。

① 상황 설명　　　　　　　　질문

② 문제지에 있는 선택지를 읽는 시간(약 20초)

③ 이야기

男　昨日、マンションの隣の部屋の人に「うるさい」って怒られちゃったんだよ。
女　えっ、どうして? もしかしてテレビの音が大きかったの?
男　違うよ。テレビの音は近所に迷惑にならないように、いつも小さめにしてるんだ。
女　そう? じゃ、友達が遊びに来て夜遅くまでわいわいと騒いだの?
男　いや、昨日は家に誰も来てないよ。
女　だったら、洗濯機の音とか音楽の音などの生活騒音のせい?
男　いや、洗濯は休日の昼にまとめてやってるし、音楽はあまり聞かないよ。
女　そう? で、理由は何だったの?
男　実は飼ってる犬が昼ずっと吠えてたんだって。それは僕としてはどうしようもないことなんだけどなあ。
女　それはそうね。

男の人はどうして昨日隣の部屋の人に怒られたと言っていますか。

④ 질문 반복

⑤ 문제 풀이 시간(약 12초)

|정답| 4

### 시험 대책

포인트 이해는 '① 상황 설명과 질문 듣기 → ② 문제지에 있는 선택지 읽기(약 20초) → ③ 이야기 듣기 → ④ 다시 한 번 질문 듣기 → ⑤ 문제 풀이(약 12초)'의 순서로 진행된다. 과제 이해와 다른 점은 문제지에 있는 선택지를 읽을 수 있는 별도의 시간이 주어진다는 점이다. 따라서 이야기가 나오기 전에 제시되는 질문을 잘 기억하는 것이 무엇보다도 중요하다. 또한 문제지를 읽을 시간이 별도로 주어지므로 선택지의 내용을 기억하면서 이야기를 들으면 좀 더 쉽게 정답을 찾을 수 있다. 이야기를 들을 때는 동작이나 행위 등의 주체가 누구인지 잘 구분하면서 들어야 하고, 핵심 내용은 메모를 하면서 들어야 실수가 없다.

## 확인 문제 1 • 포인트 이해

# 問題 2

**問題2では、まず質問を聞いてください。そのあと、問題用紙のせんたくしを読んでください。読む時間があります。それから話を聞いて、問題用紙の1から4の中から、最もよいものを一つ選んでください。**

### 1番

1 店の設備が古かったから

2 髪を切るのが下手だったから

3 美容師がうるさく話しかけてきたから

4 自分が粗末に扱われているような気がしたから

### 2番

1 銀行からの資金調達が難しくなったから

2 まだやりたいことがはっきりと決まっていないから

3 副業禁止の会社に通っているから

4 本業が忙しくて余裕の時間がないから

## 3番

1 頭痛がする
2 鼻水が出る
3 咳が止まらない
4 わずかに熱がある

## 4番

1 会場が狭いから
2 参加者が少なすぎるから
3 店の雰囲気がよくないから
4 店の料理の味がよくないから

## 5番

1 料理の数が少ないこと
2 料理が美味しくないこと
3 外国人観光客が多すぎること
4 英語ができないと入れないこと

## 6番

1 3時頃
2 4時頃
3 5時頃
4 6時以降

**7番**

1 水産加工会社に売る
2 家畜の飼料として業者に売る
3 価格を下げて消費者に直接販売する
4 加工食品に変えて販売する

# 확인 문제 1・스크립트 및 해석(포인트 이해)

**1番** 女の学生と男の学生が美容院について話しています。男の学生が美容院を変えた理由は何ですか。 여학생과 남학생이 미용실에 대해서 이야기하고 있습니다. 남학생이 미용실을 바꾼 이유는 무엇입니까?

**女** 中村君、行きつけの美容院ってどこ?
**男** この間までは学校の前にある美容院に行ってたけど、駅前の美容院に変えたんだ。
**女** どうして?
**男** 当初、美容師さんはお客さんの話の聞き役で大変だろうと思って黙って美容師さんの話を聞いてたけど、お客さんへの愚痴、僕への説教など、ずっと話しかけてきてね。僕、そんなの、苦手なんだよね。
**女** そうだったんだ。実は私もあの美容院によく行ってたけど、荷物を雑に扱ったり、シャンプーが乱暴だったりして自分が粗末に扱われてるような気がして変えようと思ってるんだ。で、駅前の美容院はどう?
**男** 学校の前にある美容院とは違ってうるさく話しかけないし、ハサミ一本で仕上げてくれるんだけど、「カットが上手いってこういうことか!」と、いつもとても満足のいく仕上がりになるよ。
**女** じゃ、今度私も行ってみようか。
**男** うん。きっと君も気に入ると思うよ。

**여** 나카무라 군, 단골 미용실은 어디야?
**남** 요전까지는 학교 앞에 있는 미용실에 갔었는데, 역 앞에 있는 미용실로 바꿨어.
**여** 왜?
**남** 처음에 미용사는 손님 이야기를 듣는 입장이라 힘들 거라고 생각해서 잠자코 미용사의 이야기를 듣고 있었는데, 손님에 대한 푸념, 나에 대한 설교 등 계속 말을 걸어와서 말이야. 나 그런 거 질색이거든.
**여** 그랬구나. 실은 나도 그 미용실에 자주 갔었는데, 짐을 거칠게 다루거나 샴푸가 난폭하거나 해서 내가 함부로 취급받고 있는 듯한 느낌이 들어서 바꾸려고 생각하고 있어. 그래서 역 앞에 있는 미용실은 어때?
**남** 학교 앞에 있는 미용실과는 달리 시끄럽게 말도 안 시키고 가위 한 자루로 완성해 주는데, '커트를 잘한다는 게 이런 건가!'하고 항상 아주 만족스러운 머리가 돼.
**여** 그럼, 다음에 나도 가 볼까?
**남** 응. 틀림없이 너도 마음에 들 거라고 생각해.

男の学生が美容院を変えた理由は何ですか。
1 店の設備が古かったから
2 髪を切るのが下手だったから
3 美容師がうるさく話しかけてきたから
4 自分が粗末に扱われているような気がしたから

남학생이 미용실을 바꾼 이유는 무엇입니까?
1 가게 설비가 낡았기 때문에
2 머리를 자르는 게 서툴렀기 때문에
3 미용사가 시끄럽게 말을 걸어 왔기 때문에
4 자신이 함부로 다루어지는 듯한 느낌이 들었기 때문에

**어휘** 美容院(びよういん) 미용실 変(か)える 바꾸다 理由(りゆう) 이유 行(い)きつけ 자주 다녀 얼굴이 익음, 단골 この間(あいだ) 요전, 지난번 駅前(えきまえ) 역 앞 どうして 왜, 어째서 当初(とうしょ) 당초, 그 처음, 최초 美容師(びようし) 미용사 聞(き)き役(やく) 듣는 입장, 또는 그 사람 大変(たいへん)だ 힘들다 黙(だま)る 잠자코 있다, 입을 다물다 愚痴(ぐち) 푸념 説教(せっきょう) 설교 ずっと 쭉, 계속 話(はな)しかける 말을 걸다 苦手(にがて)だ 잘 못하다, 질색이다 実(じつ)は 실은 荷物(にもつ) 짐 雑(ざつ)だ 거칠다 扱(あつか)う 취급하다, 다루다 シャンプー 샴푸, 머리를 감음 乱暴(らんぼう)だ 난폭하다 自分(じぶん) 자기, 자신, 나 粗末(そまつ)だ 함부로 하다, 소홀히 하다 気(き)がする 느낌[생각]이 들다 違(ちが)う 다르다 うるさい 시끄럽다 ハサミ 가위 一本(いっぽん) 한 자루 *「～本(ほん)」(～자루) – 가늘고 긴 것을 세는 단위 仕上(しあ)げる 완성하다 ～てくれる (남이 나에게) ～해 주다 カット 커트, 머리를 자름 上手(うま)い 잘하다, 솜씨가 뛰어나다 満足(まんぞく) 만족 仕上(しあ)がり 완성, 마무리 今度(こんど) 다음 번 きっと 분명히, 틀림없이 気(き)に入(い)る 마음에 들다 設備(せつび) 설비 古(ふる)い 오래되다, 낡다 髪(かみ)を切(き)る 머리를 자르다 下手(へた)だ 서투르다, 잘 못하다

**2番** 会社で女の人と男の人が話しています。男の人が今副業をしていない理由は何ですか。
회사에서 여자와 남자가 이야기하고 있습니다. 남자가 지금 부업을 하지 않고 있는 이유는 무엇입니까?

女 この間、週末を利用して隙間時間にできる副業を探してるって言ってたけど、どうなった？見つかった？
男 いや、まだだよ。最近、毎月の出費が多すぎて少しでも家計の足しになればと思ってやろうとしたんだけどなあ。
女 そうだったんだ。ところで、中村さんの会社って副業禁止じゃなかったっけ？
男 うん、先月までは禁止だったけど、今月からは許容になってもう何人かやってるよ。
女 へえ、そうなんだ。副業禁止の会社も多いみたいだけど、それはよかったね。私もやってみたいとは思うんだけど、最近忙しくなって本業だけで毎日疲れちゃって副業なんかは無理だわ。それに、元手もないし。
男 ちゃんとした企画書さえ作れば、ある程度の金額は銀行からも借りられるよ。もちろん、素晴らしい企画で銀行を説得できた時の話だけどね。僕なりにはいくつかの案を考えてるんだけど、どっちがいいか迷っちゃうなあ。
女 え？なんだ。まだはっきり決まってなかったわけ？
男 まあね。でも、副業の経験は本業にもプラスになると思うから、是非挑んでみたいと思ってるんだ。

여 지난번에 주말을 이용해서 여유 시간에 할 수 있는 부업을 찾고 있다고 했었는데, 어떻게 되었어? 찾았어?
남 아니, 아직이야. 요즘 매달 지출이 너무 많아서 조금이라도 가계의 보탬이 되었으면 하고 생각해서 하려고 했는데 말이야.
여 그랬구나. 그런데 나카무라 씨 회사는 부업 금지 아니었던가?
남 응, 지난달까지는 금지였는데 이달부터는 허용이 되어서 벌써 몇 사람인가 하고 있어.
여 허, 그렇구나. 부업 금지인 회사도 많은 것 같은데, 그거 잘됐네. 나도 해 보고 싶다고는 생각하지만, 최근 바빠져서 본업만으로 매일 지쳐 버려서 부업 같은 건 무리야. 게다가 밑천도 없고.
남 제대로 된 기획서만 만들면 어느 정도의 금액은 은행에서도 빌릴 수 있어. 물론 훌륭한 기획으로 은행을 설득할 수 있었을 때의 이야기지만 말이야. 내 나름대로는 몇 가지 안을 생각하고 있는데 어느 쪽이 좋을지 망설여지네.
여 응? 뭐야. 아직 확실하게 정해지지 않았던 거야?
남 뭐 그렇지. 하지만 부업 경험은 본업에도 플러스가 될 거라고 생각하니까, 꼭 도전해 보고 싶다고 생각하고 있어.

男の人が今副業をしていない理由は何ですか。
1 銀行からの資金調達が難しくなったから
2 まだやりたいことがはっきりと決まっていないから
3 副業禁止の会社に通っているから
4 本業が忙しくて余裕の時間がないから

남자가 지금 부업을 하지 않고 있는 이유는 무엇입니까?
1 은행으로부터의 자금 조달이 어려워졌기 때문에
2 아직 하고 싶은 일이 확실하게 정해지지 않았기 때문에
3 부업 금지인 회사에 다니고 있기 때문에
4 본업이 바빠서 여유 시간이 없기 때문에

**어휘** 副業(ふくぎょう) 부업 この間(あいだ) 요전, 지난번 週末(しゅうまつ) 주말 隙間(すきま) 짬, 비어 있는 시간 探(さが)す 찾다 見(み)つかる 발견되다, 찾게 되다 最近(さいきん) 최근, 요즘 毎月(まいつき) 매달 出費(しゅっぴ) 지출 い형용사의 어간+すぎる 너무 ~하다 少(すこ)しでも 조금이라도 家計(かけい) 가계 足(た)し 보탬, 소용 ところで 그것은 그렇고, 그런데 禁止(きんし) 금지 ～っけ ~던가?, ~였더라? *잊었던 일이나 불확실한 일을 상대방에게 질문하거나 확인할 때 씀 先月(せんげつ) 지난달 今月(こんげつ) 이달 許容(きょよう) 허용 もう 이미, 벌써 へえ 허 *감탄하거나 놀랐을 때 내는 소리 忙(いそが)しい 바쁘다 本業(ほんぎょう) 본업 疲(つか)れる 지치다, 피로해지다 ～なんか ~따위, ~같은 것 無理(むり)だ 무리다 それに 게다가 元手(もとで) 자본, 자금, 밑천 ちゃんと 제대로, 확실히 企画書(きかくしょ) 기획서 ～さえ～ば ~만 ~하면 ある 어느 程度(ていど) 정도 金額(きんがく) 금액 銀行(ぎんこう) 은행 借(か)りる 빌리다 もちろん 물론 素晴(すば)らしい 훌륭하다 説得(せっとく) 설득 僕(ぼく) 나 *남자의 자칭 명사+なりには ~나름대로는 案(あん) 안, 생각 迷(まよ)う 망설이다 はっきり 분명하게, 확실하게 決(き)まる 정해지다, 결정되다 まあ 자기 또는 상대방의 말을 가볍게 제지하거나 무엇을 권하거나 할 때 쓰는 말 経験(けいけん) 경험 プラス 플러스, 보탬 是非(ぜひ) 꼭 挑(いど)む 도전하다 資金(しきん) 자금 調達(ちょうたつ) 조달 通(かよ)う 다니다 余裕(よゆう) 여유

**3番** 電話で女の学生と男の学生が話しています。男の学生の今日の体調はどうですか。
전화로 여학생과 남학생이 이야기하고 있습니다. 남학생의 오늘 몸 상태는 어떻습니까?

**女** もしもし、池田君? おはよう。
**男** おはよう。
**女** 体の具合はどう?
**男** 高かった熱も下がったみたいだし、昨夜よりはだいぶよくなったんだ。
**女** それはよかったね。
**男** うん、咳も止まったし、鼻水ももう出ないんだ。でも、微熱がちょっとあってね。
**女** そう? で、今日は授業出られそう?
**男** うーん、僕も早く学校に行きたいけど、お医者さんに完全に治ったわけではないから、他人に移す可能性があると言われたので、ちょっとね…。
**女** そうなんだ。
**男** とにかく今度の風邪は咳、鼻水、くしゃみ、発熱、喉の痛みまで大変だったなあ。
**女** 今日の授業のノートは私が取っとくから、無理はしない方がいいと思うわ。じゃ、お大事に。
**男** うん、ありがとう。

여 여보세요. 이케다 군? 안녕.
남 안녕.
여 몸 상태는 어때?
남 높았던 열도 내려간 것 같고 어젯밤보다는 상당히 좋아졌어.
여 그거 잘됐네.
남 응, 기침도 멎었고 콧물도 이제 나오지 않아. 하지만 미열이 조금 있어서 말이야.
여 그래? 그래서 오늘은 수업 나올 수 있을 것 같아?
남 음…, 나도 빨리 학교에 가고 싶은데, 의사 선생님이 완전히 나은 건 아니니까, 남한테 옮길 가능성이 있다고 해서 좀….
여 그렇구나.
남 어쨌든 이번 감기는 기침, 콧물, 재채기, 발열, 목 통증까지 힘들었어.
여 오늘 수업 노트는 내가 필기해 둘 테니까, 무리는 하지 않는 편이 좋다고 생각해. 그럼, 몸조리 잘해.
남 응, 고마워.

男の学生の今日の体調はどうですか。
1 頭痛がする
2 鼻水が出る
3 咳が止まらない
4 わずかに熱がある

남학생의 오늘 몸 상태는 어떻습니까?
1 머리가 아프다
2 콧물이 나온다
3 기침이 멎지 않는다
4 조금 열이 있다

**어휘** 体調(たいちょう) 몸 상태, 컨디션 体(からだ) 몸, 신체 具合(ぐあい) (건강) 상태 高(たか)い 높다 熱(ねつ) 열
下(さ)がる 내려가다 ～し ~하고 昨夜(ゆうべ) 어젯밤 だいぶ 꽤, 상당히 咳(せき) 기침 止(と)まる 멎다
鼻水(はなみず) 콧물 もう 이제 出(で)る 나오다 微熱(びねつ) 미열 授業(じゅぎょう) 수업
동사의 ます형+そうだ ~일[할] 것 같다 *양태 僕(ぼく) 나 *남자의 자칭 早(はや)く 빨리 お医者(いしゃ)さん 의사 선생님
完全(かんぜん)だ 완전하다 治(なお)る 낫다, 치료되다 ～わけではない (전부) ~인 것은 아니다, (반드시) ~라고는 할 수 없다
他人(たにん) 타인, 남 移(うつ)す (병을) 옮기다 可能性(かのうせい) 가능성 ～と言(い)われる ~라는 말을 듣다, ~라고 하다
とにかく 어쨌든 今度(こんど) 이번 風邪(かぜ) 감기 くしゃみ 재채기 発熱(はつねつ) 발열 喉(のど) 목구멍
痛(いた)み 아픔, 통증 大変(たいへん)だ 힘들다 ノート 노트 取(と)る 필기하다, 기입하다
～とく ~해 놓다[두다] *「～ておく」의 회화체 표현 お大事(だいじ)に 몸조리 잘하세요
頭痛(ずつう)がする 두통이 나다, 머리가 아프다 わずかに 조금, 약간

**4番** 大学で女の人と男の人が話しています。送別会の会場が変更になった理由は何ですか。
대학교에서 여자와 남자가 이야기하고 있습니다. 송별회 회장이 변경된 이유는 무엇입니까?

女 来週金曜日にあるマイケル先生の送別会の会場、よく行ってたレストランは止めてホテルに変更になったんだって?
男 うん、そうなんだ。
女 あのレストラン、マイケル先生のお気に入りじゃなかったっけ?
男 うん。味も雰囲気も申し分ないといつもおっしゃってた。できればあの店にしたかったんだけどなあ。
女 もしかして予算オーバーなの?
男 いや、予算は問題ないけど、予想以上に参加者が多くてね。
女 参加の締め切りは明日だったよね。
男 うん。もう50人を超えてるよ。
女 本当? それじゃ、あのレストランは30人以上は入れないから、無理だね。
男 そうなんだよ。
女 まあ、先生に色々お世話になった人たちに「来ないで」って言うのも何だし…。
男 そうだよなあ。

여 다음 주 금요일에 있을 마이클 교수님 송별회 회장, 자주 갔었던 레스토랑은 그만두고 호텔로 변경이 되었다면서?
남 응, 맞아.
여 그 레스토랑, 마이클 교수님이 좋아하시는 곳 아니었던가?
남 응, 맛도 분위기도 나무랄 데 없다고 항상 말씀하셨지. 가능하면 그 가게로 하고 싶었는데 말이야.
여 혹시 예산 초과야?
남 아니, 예산은 문제없는데, 예상 이상으로 참가자가 많아서 말이야.
여 참가 마감은 내일이었지?
남 응, 벌써 50명을 넘었어.
여 정말? 그럼, 그 레스토랑은 30명 이상은 들어갈 수 없으니까 무리네.
남 맞아.
여 뭐, 교수님께 여러 모로 신세 진 사람들에게 "오지 마"라고 말하는 것도 뭐하고….
남 그러네.

送別会の会場が変更になった理由は何ですか。

1 会場が狭いから
2 参加者が少なすぎるから
3 店の雰囲気がよくないから
4 店の料理の味がよくないから

송별회 회장이 변경된 이유는 무엇입니까?

1 회장이 좁아서
2 참가자가 너무 적어서
3 가게 분위기가 좋지 않아서
4 가게 요리 맛이 좋지 않아서

어휘 大学(だいがく) 대학(교) 送別会(そうべつかい) 송별회 会場(かいじょう) 회장 変更(へんこう) 변경 理由(りゆう) 이유 来週(らいしゅう) 다음 주 金曜日(きんようび) 금요일 レストラン 레스토랑 止(や)める 그만두다, 중지하다 ホテル 호텔 ～って ~대, ~래 気(き)に入(い)り (흔히 「お～」의 형태로) 마음에 듦 ～っけ ~던가?, ~였더라? *잊었던 일이나 불확실한 일을 상대방에게 질문하거나 확인할 때 씀 味(あじ) 맛 雰囲気(ふんいき) 분위기 申(もう)し分(ぶん)ない 나무랄 데 없다, 더할 나위 없다 おっしゃる 말씀하시다 *「言(い)う」(말하다)의 존경어 できれば 가능하면, 될 수 있으면 店(みせ) 가게 もしかして 혹시 予算(よさん) 예산 オーバー 오버, 초과함 いや 아니 予想(よそう) 예상 以上(いじょう) 이상 参加者(さんかしゃ) 참가자 締(し)め切(き)り 마감 超(こ)える (정도를) 넘다 入(はい)る 들어가다 無理(むり) 무리 まあ 자기 또는 상대방의 말을 가볍게 제지하거나 무엇을 권하거나 할 때 쓰는 말 色々(いろいろ) 여러 가지 お世話(せわ)になる 신세를 지다 狭(せま)い 좁다 少(すく)ない 적다 い형용사의 어간+すぎる 너무 ~하다

**5番** 男の人と女の人がある店について話しています。男の人は店の何が残念だったと言っていますか。 남자와 여자가 어느 가게에 대해서 이야기하고 있습니다. 남자는 가게의 무엇이 아쉬웠다고 말하고 있습니까?

**男** この間外国人観光客に大人気の一風変わった店に行って来たんだ。

**女** へえ、どんな店?

**男** 新宿にある店なんだけど、毎日独特で派手なロボットのショーが行われていて、海外の観光情報サイトでも大評判だってね。お客の50%以上が外国人観光客と言っても過言ではないほど、外国人が多くて色々しゃべったりするのもできてよかったなあ。

**女** わあ、面白そう。私も行ってみたいわ。で、何しゃべったの? 日本の文化とか?

**男** いや、僕英語が下手なもんで、簡単な英語で料理の味とか天気とかちょっとした話しかできなかったんだ。

**女** でも、面白そう。

**男** うん。ただ店名に「レストラン」とは書いてあるけど、料理はお弁当しかないのがちょっと残念だったんだ。

**女** そうなんだ。食事をしに行くには向いてない店だね。

**男** うん。食事は違う店で済ましてここではビールやおやつだけ食べるのがいいかも。

**남** 요전에 외국인 관광객에게 큰 인기인 약간 특이한 가게에 갔다 왔어.

**여** 허, 어떤 가게야?

**남** 신주쿠에 있는 가게인데 매일 독특하고 화려한 로봇쇼가 열리고 있어서 해외 관광정보 사이트에서도 평판이 아주 좋대. 손님의 50% 이상이 외국인 관광객이라고 해도 과언이 아닐 만큼 외국인이 많아서 여러 가지 이야기하거나 하는 것도 할 수 있어서 좋았어.

**여** 와~, 재미있겠다. 나도 가 보고 싶어. 그래서 무슨 이야기했어? 일본 문화라든가?

**남** 아니, 나 영어를 잘 못해서 간단한 영어로 요리의 맛이라든가 날씨라든가 평범한 이야기밖에 못했어.

**여** 그래도 재미있을 것 같아.

**남** 응. 다만 가게 이름에 '레스토랑'이라고는 쓰여 있지만, 요리는 도시락밖에 없는 게 조금 아쉬웠어.

**여** 그렇구나. 식사를 하러 가기에는 적합하지 않은 가게구나.

**남** 응. 식사는 다른 가게에서 해결하고 여기에서는 맥주나 간식만 먹는 게 좋을지도.

男の人は店の何が残念だったと言っていますか。

1 料理の数が少ないこと
2 料理が美味しくないこと
3 外国人観光客が多すぎること
4 英語ができないと入れないこと

남자는 가게의 무엇이 아쉬웠다고 말하고 있습니까?

1 요리 수가 적은 것
2 요리가 맛있지 않은 것
3 외국인 관광객이 너무 많은 것
4 영어를 못하면 들어갈 수 없는 것

**어휘** 店(みせ) 가게 残念(ざんねん)だ 아쉽다, 유감스럽다 この間(あいだ) 요전, 지난번 外国人(がいこくじん) 외국인 観光客(かんこうきゃく) 관광객 大人気(だいにんき) 큰 인기 一風(いっぷう) (「~変(か)わった」의 꼴로) 조금 색다른, 조금 특이한 変(か)わる (보통과) 색다르다, 별나다 へえ 허 *감탄하거나 놀랐을 때 내는 소리 新宿(しんじゅく) 신주쿠 *지명 独特(どくとく)だ 독특하다 派手(はで)だ 화려하다 ロボット 로봇 ショー 쇼 行(おこな)う 하다, 행하다, 실시하다 海外(かいがい) 해외 観光(かんこう) 관광 情報(じょうほう) 정보 サイト 사이트 大評判(だいひょうばん)だ 평판이 아주 좋다 ~って ~대, ~래 過言(かごん) 과언 ~ほど ~정도, ~만큼 色々(いろいろ) 여러 가지 しゃべる 말하다, 이야기하다, 수다를 떨다 面白(おもしろ)い 재미있다 文化(ぶんか) 문화 ~とか ~라든가 僕(ぼく) 나 *남자의 자칭 英語(えいご) 영어 下手(へた)だ 잘 못하다, 서투르다 簡単(かんたん)だ 간단하다 料理(りょうり) 요리 味(あじ) 맛 天気(てんき) 날씨 ちょっとした 평범한, 대수롭지 않은 ~しか (부정어 수반) ~밖에 店名(てんめい) 가게 이름 レストラン 레스토랑 타동사+てある ~해져 있다 *상태표현 お弁当(べんとう) 도시락 食事(しょくじ) 식사 동사의 ます형+に ~하러 *동작의 목적 向(む)く 적합하다, 어울리다 違(ちが)う 다르다 済(す)ます 끝내다, 마치다 ビール 맥주 おやつ 간식 ~かも (「~しれない」의 꼴로) ~일지도 (모른다) 数(かず) 수 美味(おい)しい 맛있다 い형용사의 어간+すぎる 너무 ~하다 入(はい)る 들어가다

**6番** 会社で女の人と男の人が話しています。男の人は仕事をいつ終える予定ですか。
회사에서 여자와 남자가 이야기하고 있습니다. 남자는 일을 언제 끝낼 예정입니까?

**女** 加藤君、今朝お願いした伝票の入力、終わった?
**男** あっ、部長、もう3時ですね。申し訳ありません。他の仕事があってまだなんです。
**女** ああ、そう?
**男** あの…、入力は明日の午後1時会議の前に済ませばいいんですよね。
**女** うーん、そうなんだけど、会議の前に確認したいところがあってね。すまないけど、なるべく今日中にしてもらえるかしら。
**男** あ、はい。退社まではまだ3時間残ってますから、急いで仕上げてみます。
**女** ありがとう。ところで、3時間でできそう?
**男** そうですね。入力を終えてもう一度確認したら…、退社時間をちょっと超えると思いますが。
**女** そう? 仕方がないね。私も他の仕事をしながら待ってるから、お願いするね。
**男** はい、かしこまりました。

**여** 가토 군, 오늘 아침에 부탁한 전표 입력, 끝났어?
**남** 아, 부장님, 벌써 3시네요. 죄송합니다. 다른 일이 있어서 아직이에요.
**여** 아~, 그래?
**남** 저…, 입력은 내일 오후 1시 회의 전에 끝내면 되는 거죠?
**여** 음…, 그렇긴 한데 회의 전에 확인하고 싶은 부분이 있어서 말이야. 미안한데 되도록 오늘 중에 해 줄 수 있을까?
**남** 아, 예. 퇴근까지는 아직 3시간 남아 있으니까, 서둘러 끝내 보겠습니다.
**여** 고마워. 그런데 3시간으로 될 것 같아?
**남** 글쎄요. 입력을 끝내고 한 번 더 확인하면… 퇴근 시간을 조금 넘을 거라고 생각하는데요.
**여** 그래? 어쩔 수 없지. 나도 다른 일을 하면서 기다리고 있을 테니까 부탁해.
**남** 예, 알겠습니다

男の人は仕事をいつ終える予定ですか。

1 3時頃
2 4時頃
3 5時頃
4 6時以降

남자는 일을 언제 끝낼 예정입니까?

1 3시경
2 4시경
3 5시경
4 6시 이후

어휘 仕事(しごと) 일, 업무 終(お)える 끝내다 予定(よてい) 예정 今朝(けさ) 오늘 아침
お+동사의 ます형+する ~하다, ~해 드리다 *겸양표현 願(ねが)う 부탁하다 伝票(でんぴょう) 전표
入力(にゅうりょく) 입력 済(す)ませる 끝내다, 마치다 部長(ぶちょう) 부장 もう 벌써
申(もう)し訳(わけ)ありません 죄송합니다 *「すみません」보다 정중한 표현 他(ほか)の~ 다른~ 午後(ごご) 오후
会議(かいぎ) 회의 確認(かくにん) 확인 ところ 부분, 데, 점 すまない 미안하다 なるべく 되도록, 가능한 한
今日中(きょうじゅう) 오늘 중 ~てもらう (남에게) ~해 받다, (남이) ~해 주다 ~かしら ~할까? *의문의 뜻을 나타냄
退社(たいしゃ) 퇴근 残(のこ)る 남다 急(いそ)ぐ 서두르다 仕上(しあ)げる 일을 끝내다, 마무리하다
ところで 그것은 그렇고, 그런데 できる 다 되다, 완성되다 もう一度(いちど) 한 번 더 超(こ)える (어떤 시기가) 지나다, 넘기다
仕方(しかた)がない 어쩔 수 없다 동사의 ます형+ながら ~하면서 *동시동작 待(ま)つ 기다리다
かしこまりました 알겠습니다 *「わかりました」의 격식 차린 말 以降(いこう) 이후

**7番** 水産組合の女の人と男の人が話しています。二人は魚の販売についてどんな提案をすることにしましたか。 수산조합의 여자와 남자가 이야기하고 있습니다. 두 사람은 생선 판매에 대해서 어떤 제안을 하기로 했습니까?

**女** 今年は海水の温度変化のせいで、水揚げがよくなかったわね。取った魚も小さくて市場に出せないものが多いって水産業の皆さん嘆いてたわよ。

**男** そうだね。訳あり商品として価格を少し下げれば売れないこともないけどなあ。

**女** 毎年自家で取った魚を加工食品に変えて地域の魚市場などで販売してる方がいるけど、あれ今年は組合全体でやってみるのはどうかしら?

**男** うん、確かに塩辛などの加工食品に変えられる物は、組合で販売しても悪くないと思うなあ。ただ、そんなに需要があるかどうか…。

**女** それもそうね。だったら、練り製品や冷凍食品工場への納品など、販売の幅を広げたら?

**男** ああ、そう言えば、何年か前に水産加工会社から魚を買い取りたいという話があったよね。当時は価格の問題で契約には至らなかったんだけど、今年なら価格交渉をうまくして契約が結ばれるといいなあ。

**女** そうね。確実に販売できるルートができたら、通常の価格で売れない魚は加工用に回すことも考えられるし、一度組合の会議で皆さんに提案してみよう。あと、家畜の飼料として売るという活用方法も聞いたことあるわ。肉の質が向上するそうよ。

**男** ふーん、そういう手もあるけど、突然販売先を探すのは難しいんじゃないかな?

**女** そうね。じゃ、一応さっき言ったことから進めてみよう。

**여** 올해는 해수의 온도 변화 탓에 어획량이 좋지 않았네. 잡은 생선도 작아서 시장에 내놓을 수 없는 게 많다고 수산업자분들 한숨 쉬고 있었어.

**남** 그러네. 하자 상품으로 가격을 조금 내리면 팔 수 없는 것도 아니지만.

**여** 매년 자기 집에서 잡은 생선을 가공식품으로 바꿔서 지역 어시장 등에서 판매하고 있는 분이 있는데, 그거 올해는 조합 전체에서 해 보는 건 어떨까?

**남** 응, 분명히 젓갈 등의 가공식품으로 바꿀 수 있는 것은 조합에서 판매해도 나쁘지 않다고 생각해. 다만 그렇게 수요가 있을지 어떨지….

**여** 그도 그러네. 그렇다면 생선묵이나 냉동식품 공장으로의 납품 등 판매 폭을 넓히는 건 어때?

**남** 아-, 그러고 보니 몇 년인가 전에 수산가공회사에서 생선을 매입하고 싶다는 이야기가 있었지. 당시는 가격 문제로 계약에는 이르지 않았지만, 올해라면 가격 교섭을 잘해서 계약이 맺어지면 좋겠군.

**여** 그러게. 확실하게 판매할 수 있는 루트가 생기면 통상 가격으로 팔 수 없는 생선은 가공용으로 돌리는 것도 생각할 수 있고, 한 번 조합 회의에서 모두에게 제안해 보자. 그리고 가축 사료로 판다는 활용 방법도 들은 적이 있어. 고기의 질이 향상된대.

**남** 흠…, 그런 방법도 있지만 갑자기 판매처를 찾는 건 어렵지 않을까?

**여** 그러네. 그럼, 일단 조금 전에 말한 것부터 진척시켜 보자.

二人は魚の販売についてどんな提案をすることにしましたか。

1 水産加工会社に売る
2 家畜の飼料として業者に売る
3 価格を下げて消費者に直接販売する
4 加工食品に変えて販売する

두 사람은 생선 판매에 대해서 어떤 제안을 하기로 했습니까?

1 수산가공회사에 판다
2 가축의 사료로 업자에게 판다
3 가격을 내려서 소비자에게 직접 판매한다
4 가공식품으로 바꿔 판매한다

어휘 水産組合(すいさんくみあい) 수산조합 魚(さかな) 생선 販売(はんばい) 판매 提案(ていあん) 제안
동사의 보통형+ことにする ~하기로 하다 今年(ことし) 올해 海水(かいすい) 해수, 바닷물 温度(おんど) 온도 変化(へんか) 변화
명사+の+せいで ~탓에 水揚(みずあ)げ 어획량 取(と)る (동물을) 잡다 市場(いちば) 시장
出(だ)す 내놓다 水産業(すいさんぎょう) 수산업 嘆(なげ)く 한숨 쉬다, 탄식하다
訳(わけ)あり商品(しょうひん) 하자 상품, 상품 가치가 떨어져 싸게 파는 제품 価格(かかく) 가격
下(さ)げる (가격을) 내리다 売(う)る 팔다 自家(じか) 자가, 자기 집 加工食品(かこうしょくひん) 가공식품
変(か)える 바꾸다 地域(ちいき) 지역 魚市場(うおいちば) 어시장 全体(ぜんたい) 전체 確(たし)かに 확실히, 분명히
塩辛(しおから) 젓갈 ただ 단, 다만 需要(じゅよう) 수요 ～かどうか ~인지 어떤지 だったら 그렇다면
練(ね)り製品(せいひん) 생선묵 冷凍食品(れいとうしょくひん) 냉동식품 工場(こうじょう) 공장 納品(のうひん) 납품
幅(はば) 폭 広(ひろ)げる 넓히다 ～たら(どう) ~하는 게 어때? *권유 そう言(い)えば 그러고 보니
買(か)い取(と)る 사들이다, 매입하다 当時(とうじ) 당시 価格(かかく) 가격 契約(けいやく) 계약 至(いた)る 이르다, 도달하다
交渉(こうしょう) 교섭 結(むす)ぶ (결과를) 맺다 確実(かくじつ)だ 확실하다 ルート 루트, 경로 できる 생기다, 만들어지다
通常(つうじょう) 통상, 보통 加工用(かこうよう) 가공용 回(まわ)す 돌리다, (다른 용도에) 전환시키다 提案(ていあん) 제안
あと 나머지, 그리고 家畜(かちく) 가축 飼料(しりょう) 사료 活用(かつよう) 활용 肉(にく) 고기 向上(こうじょう) 향상
手(て) 방법, 수단 突然(とつぜん) 돌연, 갑자기 販売先(はんばいさき) 판매처 探(さが)す 찾다 一応(いちおう) 일단
さっき 아까, 조금 전 進(すす)める 진행하다, 진척시키다 業者(ぎょうしゃ) 업자 消費者(しょうひしゃ) 소비자
直接(ちょくせつ) 직접

## 확인 문제 2・포인트 이해

# 問題2

**問題2では、まず質問を聞いてください。そのあと、問題用紙のせんたくしを読んでください。読む時間があります。それから話を聞いて、問題用紙の1から4の中から、最もよいものを一つ選んでください。**

### 1番

1 すぐに成果を出すこと
2 対人関係がいいこと
3 仕事の経験が豊かなこと
4 いつも自分にアドバイスを求めること

### 2番

1 今週の土曜日に出勤すること
2 会社説明会の準備を手伝うこと
3 自分の代わりに会社説明会に出席すること
4 今週の土曜日に一緒に映画を見に行くこと

### 3番

1 山田君がお菓子屋を始めること
2 山田君がお菓子作りに上手なこと
3 山田君がお菓子を持ってきたこと
4 山田君が昔有名なお菓子屋で働いていたこと

### 4番

1 バイト代が安いから
2 福利厚生がよくないから
3 勤務条件に不満があるから
4 勉強する時間を増やしたいから

## 5番

1 発表する時の声をもっと大きくするべきだった
2 結論が後ろに来るように構成を変えるべきだった
3 言いたいことを裏付けるための論拠を十分入れるべきだった
4 効果的なジェスチャーで、話に説得力を持たせるべきだった

## 6番

1 新たに販売ルートを作ること
2 行政主導で特産品を作り出すこと
3 色々な工夫で特産品の価値を高めること
4 地元の人と行政が特産品のメリットを共有してアピールすること

**7番**

1 値段が高いこと
2 発火の危険性が高いこと
3 低温で性能が低下すること
4 既存のバッテリーより重すぎること

음원

# 확인 문제 2 • 스크립트 및 해석(포인트 이해)

**1番** 会社で男の人と女の人が話しています。女の人は新入社員のどんなところに驚いたと言っていますか。 회사에서 남자와 여자가 이야기하고 있습니다. 여자는 신입사원의 어떤 점에 놀랐다고 말하고 있습니까?

女 先週入った新入社員の話、聞いた? 本当に驚かされちゃったよ。

男 え? まだ聞いてないよ。実は出張で1週間地方に行ってきたんだ。で、どんな人?

女 アメリカの大学出身で、英語も上手だし、スタイルも抜群! 何よりもやる気満々で、任せられた仕事は何でもあっという間に済ませちゃうのよ。

男 へえ、すごいなあ。

女 昨日一緒に外回りで千葉の取引先まで行ってきたんだけど、その場で新しい注文を取ったのよ。もう先輩の私の指導なんか要らないかもしれないわ。本当、いい刺激になるよ。

男 でも、森さんはいい先輩なんだから、きっと何か教えられることがあると思うよ。

女 そうかしら。ならいいけど。とにかくいい勉強になってるわ。

男 すごい人が入ったんだから、森さんも頑張ってね。

여 지난주에 들어온 신입사원 이야기, 들었어? 정말 놀랐어.

남 어? 아직 못 들었어. 실은 출장으로 일주일간 지방에 갔다 왔거든. 그래서 어떤 사람이야?

여 미국 대학 출신으로 영어도 잘하고 스타일도 뛰어나! 무엇보다도 의욕이 넘쳐서 맡은 일은 뭐든지 눈 깜짝할 사이에 끝내 버려.

남 허, 굉장하네.

여 어제 함께 외근으로 지바의 거래처까지 갔다 왔는데, 그 자리에서 새로운 주문을 받았어. 벌써 선배인 내 지도 따위는 필요 없을지도 모르겠어. 정말 좋은 자극이 돼.

남 하지만 모리 씨는 좋은 선배니까 틀림없이 뭔가 가르쳐 줄 수 있는 게 있을 거라고 생각해.

여 그럴까? 그렇다면 좋겠지만. 어쨌든 좋은 공부가 되고 있어.

남 굉장한 사람이 들어왔으니까, 모리 씨도 열심히 해.

女の人は新入社員のどんなところに驚いたと言っていますか。

1 すぐに成果を出すこと
2 対人関係がいいこと
3 仕事の経験が豊かなこと
4 いつも自分にアドバイスを求めること

여자는 신입사원의 어떤 점에 놀랐다고 말하고 있습니까?

1 바로 성과를 내는 것
2 대인 관계가 좋은 것
3 업무 경험이 풍부한 것
4 항상 자신에게 조언을 구하는 것

**어휘** 新入社員(しんにゅうしゃいん) 신입사원 ところ 부분, 데, 점 驚(おどろ)く 놀라다 先週(せんしゅう) 지난주 入(はい)る 들어오다 実(じつ)は 실은 出張(しゅっちょう) 출장 地方(ちほう) 지방 アメリカ 미국 大学(だいがく) 대학(교) 出身(しゅっしん) 출신 英語(えいご) 영어 上手(じょうず)だ 능숙하다, 잘하다 ～し ～하고 スタイル 스타일 抜群(ばつぐん) 발군, 뛰어남 何(なに)よりも 무엇보다도 やる気満々(きまんまん) 의욕이 넘침 任(まか)せる 맡기다 あっという間(ま)に 눈 깜짝할 사이에 済(す)ませる 끝내다, 마치다 へえ 허 *감탄하거나 놀랐을 때 내는 소리 すごい 굉장하다 一緒(いっしょ)に 함께, 같이 外回(そとまわ)り 외근 千葉(ちば) 지바 *지명 取引先(とりひきさき) 거래처 その場(ば) 그 자리, 그곳 注文(ちゅうもん)を取(と)る 주문을 받다 先輩(せんぱい) 선배 指導(しどう) 지도 ～なんか ～따위, ～같은 것 要(い)る 필요하다 ～かもしれない ～일지도 모른다 刺激(しげき) 자극 教(おし)える 가르치다, 알려 주다 とにかく 어쨌든 勉強(べんきょう) 공부, 경험 頑張(がんば)る (끝까지) 노력하다, 열심히 하다 すぐに 곧, 바로 成果(せいか)を出(だ)す 성과를 내다 対人関係(たいじんかんけい) 대인 관계 経験(けいけん) 경험 豊(ゆた)かだ 풍부하다 アドバイス 조언, 충고 求(もと)める 구하다

**2番** 会社で女の人と男の人が話しています。女の人は男の人に何を頼みましたか。
회사에서 여자와 남자가 이야기하고 있습니다. 여자는 남자에게 무엇을 부탁했습니까?

**女** 渡辺君、来週の火曜日が会社説明会だよね? 準備はどう? 忙しくて猫の手も借りたいほどだと言ってたけど、もう大丈夫?

**男** うん、昨日までは休日も出勤しなきゃならないかなと思ったけど、それは何とか避けられそうだよ。思ったより準備が捗って今は少し余裕ができたよ。

**女** 本当? それはよかった。実は今週の土曜日に上映する映画のチケットが2枚あるんだけど、一緒に行くことになってた友達に急用ができちゃって…。どう? 見に行かない?

**男** 土曜日か…。映画見るのは僕も好きだけど、今週の土曜日はちょっとね。

**女** そう? しょうがないね。でも、一人で見るのは嫌だし…。

**男** 僕は駄目だけど、営業部の池田君なら大丈夫かも。この間自分も映画が好きだって言ってたよ。

**女** ふーん、池田君とはあまり親しくないから、ちょっと…。ねえ、一緒に行こうよ。

**男** うーん。わかった。そうしよう。

**女** 本当? ありがとう。

**여** 와타나베 군, 다음 주 화요일이 회사설명회지? 준비는 어때? 바빠서 고양이 손이라도 빌리고 싶을 정도라고 했는데, 이제 괜찮아?

**남** 응, 어제까지는 휴일도 출근해야 하나 하고 생각했는데, 그건 간신히 피할 수 있을 것 같아. 생각했던 것보다 준비가 순조롭게 진행되어서 지금은 조금 여유가 생겼어.

**여** 정말? 그거 다행이네. 실은 이번 주 토요일에 상영하는 영화 티켓이 2장 있는데, 함께 가기로 되어 있던 친구에게 급한 용무가 생겨 버려서…. 어때? 보러 가지 않을래?

**남** 토요일이라…. 영화 보는 건 나도 좋아하는데 이번 주 토요일은 좀 그래.

**여** 그래? 어쩔 수 없네. 하지만 혼자서 보는 건 싫고….

**남** 나는 안 되지만, 영업부 이케다 군이라면 괜찮을지도. 요전에 자기도 영화를 좋아한다고 했었어.

**여** 흠…. 이케다 군과는 별로 친하지 않아서 좀…. 저기, 같이 가자.

**남** 음…. 알겠어. 그렇게 하자.

**여** 정말? 고마워.

女の人は男の人に何を頼みましたか。
1 今週の土曜日に出勤すること
2 会社説明会の準備を手伝うこと
3 自分の代わりに会社説明会に出席すること
4 今週の土曜日に一緒に映画を見に行くこと

여자는 남자에게 무엇을 부탁했습니까?
1 이번 주 토요일에 출근하는 것
2 회사설명회 준비를 돕는 것
3 자기 대신에 회사설명회에 참석하는 것
4 이번 주 토요일에 함께 영화를 보러 가는 것

**어휘** 頼(たの)む 부탁하다 来週(らいしゅう) 다음 주 火曜日(かようび) 화요일 説明会(せつめいかい) 설명회 準備(じゅんび) 준비 忙(いそが)しい 바쁘다 猫(ねこ)の手(て)も借(か)りたい 고양이 손이라도 빌리고 싶다, 몹시 바쁘다 ~ほど ~정도, ~만큼 もう 이제 大丈夫(だいじょうぶ)だ 괜찮다 休日(きゅうじつ) 휴일 出勤(しゅっきん) 출근 ~なきゃならない ~하지 않으면 안 된다, ~해야 한다 *「~なきゃ」는「~なければ」의 회화체 표현 何(なん)とか 어떻게(든), 그럭저럭, 간신히 避(さ)ける 피하다 思(おも)ったより 생각했던 것보다 捗(はかど)る 진척되다, 순조롭게 진행되다 余裕(よゆう) 여유 できる 생기다 実(じつ)は 실은 今週(こんしゅう) 이번 주 土曜日(どようび) 토요일 上映(じょうえい) 상영 映画(えいが) 영화 チケット 티켓, 표 ~枚(まい) ~장 *얇고 평평한 것을 세는 단위 동사의 보통형+ことになっている ~하게[하기로] 되어 있다 友達(ともだち) 친구 急用(きゅうよう) 급한 용무 동사의 ます형+に ~하러 *동작의 목적 僕(ぼく) 나 *남자의 자칭 好(す)きだ 좋아하다 しょうがない 어쩔 수 없다 嫌(いや)だ 싫다 駄目(だめ)だ 안 된다 営業部(えいぎょうぶ) 영업부 この間(あいだ) 요전, 지난번 あまり (부정어 수반) 그다지, 별로 親(した)しい 친하다 ねえ 상대에게 무엇을 권하거나 부탁함을 나타냄 手伝(てつだ)う 돕다 명사+の+代(か)わりに ~대신에 出席(しゅっせき) 출석, 참석

**3番** 会社の休憩室で女の人と男の人が話しています。男の人は何に驚いていますか。
회사 휴게실에서 여자와 남자가 이야기하고 있습니다. 남자는 무엇에 놀라고 있습니까?

女 ねえ、鈴木君! 今総務課の山田君から差し入れのお菓子をもらってきたわよ。一緒に食べよう。

男 うわ、うまそうなお菓子だね。報告書のまとめもそろそろ終わるから、ちょっと一服しようか。

女 うん。そうして。はい、どうぞ。

男 ありがとう。やっぱりうまいなあ。もしかしてこれってこの間テレビに報道された駅前にあるいつも行列のできる店のお菓子じゃないかな。

女 いや、違うよ。これ、山田君の手作りだよ。

男 えっ? 本当? 見た目も味もプロ並みだなあ。店で売ってもいいほどだよ。

女 でしょ? これぐらいの腕前なら、会社辞めてお菓子屋を始めてもいいと思うわ。

男 そうだね。山田君、お菓子やパンを作るのが趣味だとは知ってたけど、これは本当に素人が作ったとは思えないね。

女 そうよね。私も山田君に倣って挑戦してみたいわ。

男 そう? 楽しみにしてるよ。

여 저기, 스즈키 군! 지금 총무과 야마다 군한테서 격려의 과자 선물 받아왔어. 함께 먹자.

남 우와, 맛있어 보이는 과자네. 보고서 정리도 이제 슬슬 끝나니까, 잠시 쉴까?

여 응. 그렇게 해. 자, 먹어 봐.

남 고마워. 역시 맛있네. 혹시 이거 지난번 TV에 보도된 역 앞에 있는 늘 줄 서는 가게 과자 아닌가?

여 아니, 아니야. 이거 야마다 군이 손수 만든 거야.

남 뭐? 정말? 겉모양도 맛도 프로 수준이군. 가게에서 팔아도 좋을 정도야.

여 그렇지? 이 정도 솜씨라면 회사 그만두고 과자 가게를 시작해도 좋다고 생각해.

남 그러게. 야마다 군, 과자나 빵 만드는 게 취미라는 건 알고 있었지만, 이건 진짜 아마추어가 만들었다고는 생각되지 않네.

여 그렇지? 나도 야마다 군을 따라서 도전해 보고 싶어.

남 그래? 기대하고 있을게.

男の人は何に驚いていますか。

1 山田君がお菓子屋を始めること
2 山田君がお菓子作りに上手なこと
3 山田君がお菓子を持ってきたこと
4 山田君が昔有名なお菓子屋で働いていたこと

남자는 무엇에 놀라고 있습니까?

1 야마다 군이 과자가게를 시작하는 것
2 야마다 군이 과자 만들기에 능숙한 것
3 야마다 군이 과자를 가져온 것
4 야마다 군이 옛날에 유명한 과자가게에서 일했던 것

**어휘** 休憩室(きゅうけいしつ) 휴게실 驚(おどろ)く 놀라다 総務課(そうむか) 총무과 差(さ)し入(い)れ (수고하는 사람에 대한) 격려의 음식물[선물] お菓子(かし) 과자 もらう 받다 一緒(いっしょ)に 함께, 같이 うまい 맛있다 報告書(ほうこくしょ) 보고서 まとめ 정리함 そろそろ 이제 슬슬 終(お)わる 끝나다 一服(いっぷく) 잠깐 쉼 どうぞ 무언가를 허락하거나 권할 때 쓰는 말 やっぱり 역시 *「やはり」의 회화체 표현 もしかして 혹시 この間(あいだ) 요전, 지난번 テレビ 텔레비전, TV *「テレビジョン」의 준말 報道(ほうどう) 보도 駅前(えきまえ) 역 앞 行列(ぎょうれつ) 행렬, 줄을 섬 できる 생기다, 만들어지다 違(ちが)う 틀리다 手作(てづく)り 손수 만듦 見(み)た目(め) 겉보기 味(あじ) 맛 プロ 프로 명사+並(な)み ~와 같음, 동등함 売(う)る 팔다 これぐらい 이 정도 腕前(うでまえ) 솜씨 辞(や)める (일자리를) 그만두다 お菓子屋(かしや) 과자점 始(はじ)める 시작하다 パン 빵 趣味(しゅみ) 취미 素人(しろうと) (직업으로서가 아니라) 취미 삼아 하는 사람, 아마추어 思(おも)える 생각되다 倣(なら)う 따르다, 모방하다 挑戦(ちょうせん) 도전 楽(たの)しみにする 기대하다 명사+作(づく)り ~만들기, ~만듦 上手(じょうず)だ 능숙하다, 잘하다 持(も)つ 가지다, 들다 昔(むかし) 옛날 有名(ゆうめい)だ 유명하다 働(はたら)く 일하다

**4番** アルバイト先で女の学生と男の学生が話しています。女の学生はどうして今のアルバイトを辞めますか。 아르바이트하는 곳에서 여학생과 남학생이 이야기하고 있습니다. 여학생은 왜 지금의 아르바이트를 그만둡니까?

**男** 前田さん、さっきからずっと落ち込んでるね。何か悩み事でもあるの?

**女** 実は私、今月いっぱいでこのバイト辞めようと思ってるんだ。

**男** えっ、突然? 何かあった?

**女** いや、バイト代も高いし、勤務条件や福利厚生も申し分ないけど、大学院に入るにはお金より勉強が優先かなと思ってね。

**男** そう? そう言えば、この間大学院に進学して翻訳について本格的に勉強してみたいと言ってたよね?

**女** うん、幼い時から外国の小説などを読むのが好きで、一度はぜひ自分の手で翻訳してみたいと思ってきたわ。昔からの夢なんだ。

**男** そっか。まあ、お金もいいけど、夢を叶えるためにはしょうがないか。

**女** うん、バイトしなくても貯めといたお金もあるし、学費は一生懸命勉強して奨学金もらえば何とかなると思うわ。

**男** そう? 入学するまでは色々大変だとは思うけど、夢が叶うことを願うよ。頑張ってね。

**女** うん、頑張るわ。

남 마에다 씨, 아까부터 계속 의기소침해 있네. 뭔가 고민거리라도 있어?

여 실은 나 이달 말로 이 아르바이트 그만두려고 생각하고 있어.

남 뭐, 갑자기? 무슨 일 있었어?

여 아니, 아르바이트비도 높고 근무 조건이나 복리후생도 나무랄 데 없지만, 대학원에 들어가려면 돈보다 공부가 우선이라고 생각해서.

남 그래? 그러고 보니 요전에 대학원에 진학해서 번역에 대해서 본격적으로 공부해 보고 싶다고 말했었지?

여 응, 어릴 때부터 외국 소설 등을 읽는 걸 좋아해서 한 번은 꼭 내 손으로 번역해 보고 싶다고 생각해 왔어. 옛날부터의 꿈이야.

남 그렇구나. 뭐, 돈도 좋지만 꿈을 이루기 위해서는 어쩔 수 없는 건가?

여 응, 아르바이트하지 않아도 모아 둔 돈도 있고 학비는 열심히 공부해서 장학금 받으면 어떻게든 될 거라고 생각해.

남 그래? 입학하기까지는 여러모로 힘들겠지만, 꿈이 이루어지길 바랄게. 열심히 해.

여 응, 열심히 할게.

女の学生はどうして今のアルバイトを辞めますか。

1 バイト代が安いから
2 福利厚生がよくないから
3 勤務条件に不満があるから
4 勉強する時間を増やしたいから

여학생은 왜 지금의 아르바이트를 그만둡니까?

1 아르바이트비가 싸기 때문에
2 복리후생이 좋지 않기 때문에
3 근무조건에 불만이 있기 때문에
4 공부할 시간을 늘리고 싶기 때문에

**어휘** アルバイト先(さき) 아르바이트하는 곳 辞(や)める (일자리를) 그만두다 ずっと 쭉, 계속 落(お)ち込(こ)む (기분이) 침울해지다, 의기소침하다 悩(なや)み事(ごと) 고민거리 ～いっぱい(一杯) ～껏 *있는 한도를 다하는 모양 バイト 아르바이트 *「アルバイト」의 준말 突然(とつぜん) 돌연, 갑자기 バイト代(だい) 아르바이트비 高(たか)い 비싸다 ～し ～하고 勤務(きんむ) 근무 条件(じょうけん) 조건 福利厚生(ふくりこうせい) 복리후생 申(もう)し分(ぶん)ない 나무랄 데 없다, 더할 나위 없다 大学院(だいがくいん) 대학원 入(はい)る 들어가다 ～には ～하려면 ～より ～보다 勉強(べんきょう) 공부 優先(ゆうせん) 우선 そう言(い)えば 그러고 보니 この間(あいだ) 요전, 지난번 進学(しんがく) 진학 翻訳(ほんやく) 번역 本格的(ほんかくてき)だ 본격적이다 幼(おさな)い 어리다 外国(がいこく) 외국 小説(しょうせつ) 소설 好(す)きだ 좋아하다 一度(いちど) 한 번 ぜひ 꼭 自分(じぶん) 자기, 자신, 나 昔(むかし) 옛날 夢(ゆめ)を叶(かな)える 꿈을 이루다 ～ためには ～하기 위해서는 しょうがない 어쩔 수 없다 貯(た)める (돈을) 모으다 ～とく ～해 놓다[두다] *「～ておく」의 회화체 표현 学費(がくひ) 학비 一生懸命(いっしょうけんめい) 열심히 奨学金(しょうがくきん) 장학금 何(なん)とか 어떻게든 入学(にゅうがく) 입학 色々(いろいろ) 여러 가지, 여러모로 大変(たいへん)だ 힘들다 叶(かな)う (희망대로) 이루어지다 頑張(がんば)る (끝까지) 노력하다, 열심히 하다 安(やす)い 싸다 不満(ふまん) 불만 増(ふ)やす 늘리다

**5番** 大学で女の学生と男の学生が話しています。男の学生は何をすべきだったと言っていますか。
대학교에서 여학생과 남학생이 이야기하고 있습니다. 남학생은 무엇을 해야 했다고 말하고 있습니까?

女 先週、弁論大会に参加したんでしょ? どうだった?
男 それがうまくいかなくて入賞までは至らなかったんだ。それに頑張った割には反応も薄くて…。
女 そうだったんだ。頑張ってたのに、残念だったわね。
男 うん、何が悪かったのか僕なりに色々考えてみたんだけど、言いたいことを裏付けるための例やデータなどが足りなかったんじゃないかなって。
女 ふーん、テーマは体の不自由な人に私たちができることだったっけ?
男 うん、偶然テレビを見てこの問題に興味ができて結構気合い入れて調べて、文の構成も一生懸命考えたんだけど、論拠に乏しかったんだろうなあ。発表する時の声がちょっと小さかったというのもあったけど、それは根本的な問題じゃないと思うよ。
女 そうなんだ。でも、いい経験になったでしょ?
男 うん、来月また別の弁論大会があるから、その時は今回の問題点を補完してもう一度出てみようと思ってるんだ。
女 あ、そう? まだ時間はたっぷりあるから、頑張ってね。
男 うん、ありがとう。

여 지난주에 웅변대회에 참가했지? 어땠어?
남 그게 잘 안 돼서 입상까지는 이르지 못했어. 게다가 노력한 것에 비해서는 반응도 별로 없어서….
여 그랬구나. 열심히 했는데 아쉽네.
남 응, 뭐가 잘못된 건지 내 나름대로 여러모로 생각해 봤는데, 말하고 싶은 것을 뒷받침하기 위한 예나 데이터 등이 부족했던 건 아닐까 하고.
여 흠…, 주제는 몸이 불편한 사람에게 우리가 할 수 있는 일이었던가?
남 응, 우연히 TV를 보고 이 문제에 흥미가 생겨서 꽤 집중해서 조사하고 글 구성도 열심히 생각했지만 논거가 부족했던 거겠지. 발표할 때의 목소리가 조금 작았다는 것도 있었지만, 그건 근본적인 문제는 아니라고 생각해.
여 그렇구나. 하지만 좋은 경험이 되었지?
남 응, 다음 달에 또 다른 웅변대회가 있으니까, 그때는 이번의 문제점을 보완해서 한 번 더 나가 보려고 생각하고 있어.
여 아, 그래? 아직 시간은 많이 있으니까, 열심히 해.
남 응, 고마워.

男の学生は何をすべきだったと言っていますか。
1 発表する時の声をもっと大きくすべきだった
2 結論が後ろに来るように構成を変えるべきだった
3 言いたいことを裏付けるための論拠を十分入れるべきだった
4 効果的なジェスチャーで、話に説得力を持たせるべきだった

남학생은 무엇을 해야 했다고 말하고 있습니까?
1 발표할 때의 목소리를 더 크게 해야 했다
2 결론이 뒤에 오도록 구성을 바꿔야 했다
3 말하고 싶은 것을 뒷받침하기 위한 논거를 충분히 넣어야 했다
4 효과적인 제스처로 이야기에 설득력을 가지게 해야 했다

**어휘** 동사의 기본형+べきだ (마땅히) ~해야 한다 *단, 「する」의 경우에는 「するべきだ」와 「すべきだ」 모두 쓸 수 있음
先週(せんしゅう) 지난주 弁論大会(べんろんたいかい) 변론[웅변]대회 *청중 앞에서 자신의 사상이나 감정 따위를 힘차고 막힘없이 당당하게 발표하는 대회 参加(さんか) 참가 うまくいく 잘되다, 순조롭게 진행되다 入賞(にゅうしょう) 입상 至(いた)る 이르다, 도달하다 それに 게다가 頑張(がんば)る (끝까지) 노력하다, 열심히 하다 ~割(わり)には ~에 비해서는, ~치고는 反応(はんのう) 반응 薄(うす)い 적다, 별로 없다 ~のに ~는데(도) 残念(ざんねん)だ 아쉽다, 유감스럽다 명사+なりに ~나름대로 裏付(うらづ)ける 뒷받침하다 例(れい) 예 データ 데이터 足(た)りない 모자라다, 부족하다 テーマ 테마, 주제 体(からだ) 몸, 신체 不自由(ふじゆう)だ (신체가) 불편하다 ~っけ ~던가?, ~였더라? *잊었던 일이나 불확실한 일을 상대방에게 질문하거나 확인할 때 씀 偶然(ぐうぜん) 우연히 興味(きょうみ) 흥미 できる 생기다 結構(けっこう) 꽤, 상당히 気合(きあ)い(を)入(い)れる 정신을 집중해 일을 하다 調(しら)べる 조사하다 文(ぶん) 글, 문장 構成(こうせい) 구성 一生懸命(いっしょうけんめい) 열심히 論拠(ろんきょ) 논거 乏(とぼ)しい 모자라다, 부족하다 発表(はっぴょう) 발표 声(こえ) (목)소리 根本的(こんぽんてき)だ 근본적이다 経験(けいけん) 경험 来月(らいげつ) 다음 달 別(べつ)の~ 다른~ 今回(こんかい) 이번 問題点(もんだいてん) 문제점 補完(ほかん) 보완 たっぷり 듬뿍, 많이 結論(けつろん) 결론 後(うし)ろ 뒤, 뒤쪽 変(か)える 바꾸다 十分(じゅうぶん) 충분히 入(い)れる 넣다 効果的(こうかてき)だ 효과적이다 ジェスチャー 제스처, 몸짓 説得力(せっとくりょく) 설득력

**6番** ある町の集まりで議員が話しています。議員は何が一番重要だと言っていますか。
어느 마을 모임에서 의원이 이야기하고 있습니다. 의원은 무엇이 가장 중요하다고 말하고 있습니까?

**女** 人口減少や少子高齢化の進行などにより、地域の人口減少が進んでおります。この状況に歯止めをかけるためには、各地域が自律的かつ持続的で魅力ある社会を作り出す地域の活性化が必要不可欠です。地域活性化の一環として、私どもが進めている特産品を生み出すプロジェクトは、これまでよりも重要性を増していると思われます。具体的には地域ならではの特産品を考案し、販売ルートの開拓にも力を入れております。また、有名会社の協力を得てパッケージのデザイン変更などで商品の価値を高めることも共に行っております。しかし、このような行政主導の地域活性化には限界があることも確かです。そんな意味で、地域住民と行政が特産品のメリットを共有し、それを積極的にアピールすることが何よりも重要だと思われます。

**여** 인구 감소와 저출산 고령화의 진행 등에 의해 지역의 인구 감소가 진행되고 있습니다. 이 상황에 제동을 걸기 위해서는 각 지역이 자율적이고 동시에 지속적으로 매력 있는 사회를 만들어 내는 지역 활성화가 필요 불가결합니다. 지역 활성화의 일환으로 저희가 진행하고 있는 특산품을 창안하는 프로젝트는 지금까지보다도 중요성을 더하고 있다고 생각됩니다. 구체적으로는 지역만의 특산품을 고안하고 판매 루트 개척에도 힘을 쏟고 있습니다. 또 유명 회사의 협력을 얻어서 패키지 디자인 변경 등으로 상품 가치를 높이는 것도 함께 실시하고 있습니다. 그러나 이와 같은 행정 주도의 지역 활성화에는 한계가 있는 것도 분명합니다. 그런 의미에서 지역 주민과 행정이 특산품의 장점을 공유하고 그것을 적극적으로 어필하는 것이 무엇보다도 중요하다고 생각됩니다.

議員は何が一番重要だと言っていますか。

1 新たに販売ルートを作ること
2 行政主導で特産品を作り出すこと
3 色々な工夫で特産品の価値を高めること
4 地元の人と行政が特産品のメリットを共有してアピールすること

의원은 무엇이 가장 중요하다고 말하고 있습니까?

1 새롭게 판매 루트를 만드는 것
2 행정 주도로 특산품을 만들어 내는 것
3 다양한 궁리로 특산품의 가치를 높이는 것
4 그 지역의 사람과 행정이 특산품의 장점을 공유해서 어필하는 것

**어휘** ある 어느 町(まち) 마을 集(あつ)まり 모임 議員(ぎいん) 의원 一番(いちばん) 가장, 제일 重要(じゅうよう)だ 중요하다 人口(じんこう) 인구 減少(げんしょう) 감소 少子高齢化(しょうしこうれいか) 저출산 고령화 進行(しんこう) 진행 ～により ～에 의해서 地域(ちいき) 지역 進(すす)む 나아가다, 진행되다 ～て[で]おる ～하고 있다 *「～て[で]いる」의 겸양표현 状況(じょうきょう) 상황 歯止(はど)めをかける 제동을 걸다 ～ためには ～하기 위해서는 各地域(かくちいき) 각 지역 自律的(じりつてき) 자율적 かつ 동시에, 또한 持続的(じぞくてき) 지속적 魅力(みりょく) 매력 作(つく)り出(だ)す 만들어 내다 活性化(かっせいか) 활성화 必要不可欠(ひつようふかけつ) 필요 불가결, 반드시 요구되고 없어서는 안 됨 一環(いっかん) 일환 進(すす)める 진행하다 特産品(とくさんひん) 특산품 生(う)み出(だ)す (새로) 내놓다 プロジェクト 프로젝트 重要性(じゅうようせい) 중요성 増(ま)す 늘리다, 더하다 具体的(ぐたいてき)だ 구체적이다 ～ならではの ～이 아니고는 할 수 없는, ～만의 考案(こうあん) 고안 販売(はんばい) 판매 ルート 루트, 경로 開拓(かいたく) 개척 力(ちから)を入(い)れる 힘을 쏟다 有名会社(ゆうめいがいしゃ) 유명회사 協力(きょうりょく) 협력 得(え)る 얻다 パッケージ 패키지 デザイン 디자인 変更(へんこう) 변경 商品(しょうひん) 상품 価値(かち) 가치 高(たか)める 높이다 共(とも)に 함께 行(おこな)う 하다, 행하다, 실시하다 行政(ぎょうせい) 행정 主導(しゅどう) 주도 限界(げんかい) 한계 確(たし)かだ 분명하다, 확실하다 意味(いみ) 의미 住民(じゅうみん) 주민 メリット 장점 共有(きょうゆう) 공유 ～し ～하고 積極的(せっきょくてき)だ 적극적이다 アピール 어필, 호소 何(なに)よりも 무엇보다도 新(あら)ただ 새롭다 工夫(くふう) 궁리 地元(じもと) 그 고장, 그 지방

**7番** 男の人と女の人が電気自動車のバッテリーについて話しています。男の人は今のバッテリーのどんな点が問題だと言っていますか。

남자와 여자가 전기 자동차 배터리에 대해서 이야기하고 있습니다. 남자는 지금 배터리의 어떤 점이 문제라고 말하고 있습니까?

**男** 電気自動車のバッテリー、今使われてるリチウムイオン電池を変えられるものとして全固体電池の開発が活発に進められてるらしいね。

**女** ああ、聞いたことある。リチウムイオン電池の発火事故が注目されるようになって、電池の安全性への要求が高まって開発されたバッテリーでしょ?

**男** うん、そうだよ。まだ本格的な実用化には至ってないけど、電解液が使われてないから、火事の危険性はなくなるって。

**女** へえ、そうなんだ。じゃ、全固体電池ならではの長所は何なの?

**男** まあ、色々あると思うけど、安全性が高い、設計の自由度が高い、劣化しにくい、生産性が高いことなどが挙げられるかな。

**女** 思ったより長所が多いわね。

**男** うん、でも常温では充電効率が下がって充電が難しく、低温では抵抗が増えて性能が低下しちゃうよ。この問題が解決できないと、常用化は難しいと思うよ。

**女** そうね。でも、発火の危険はないから、技術が進んで早く常用化されてほしいね。

**남** 전기 자동차 배터리, 지금 사용되고 있는 리튬이온 전지를 바꿀 수 있는 것으로 전고체 전지 개발이 활발히 진행되고 있는 것 같네.

**여** 아-, 들은 적 있어. 리튬이온 전지의 발화사고가 주목받게 되어 전지의 안전성에 대한 요구가 높아져서 개발된 배터리지?

**남** 응, 맞아. 아직 본격적인 실용화에는 이르지 않았지만, 전해액이 사용되지 않기 때문에 화재 위험성은 없어진대.

**여** 허, 그렇구나. 그럼, 전고체 전지만의 장점은 뭐야?

**남** 뭐, 여러 가지 있다고 생각하는데, 안전성이 높은 것, 설계의 자유도가 높은 것, 성능이 잘 떨어지지 않는 것, 생산성이 높은 것 등을 들 수 있으려나.

**여** 생각했던 것보다 장점이 많네.

**남** 응, 하지만 상온에서는 충전 효율이 떨어져서 충전이 어렵고, 저온에서는 저항이 늘어나서 성능이 저하되어 버려. 이 문제를 해결할 수 없으면 상용화는 어렵다고 생각해.

**여** 그렇구나. 하지만 발화 위험은 없으니까, 기술이 진보해서 빨리 상용화되었으면 좋겠네.

男の人は今のバッテリーのどんな点が問題だと言っていますか。

1 値段が高いこと
2 発火の危険性が高いこと
3 低温で性能が低下すること
4 既存のバッテリーより重すぎること

남자는 지금 배터리의 어떤 점이 문제라고 말하고 있습니까?

1 가격이 비싼 것
2 발화 위험성이 높은 것
3 저온에서 성능이 저하되는 것
4 기존 배터리보다 너무 무거운 것

어휘 電気自動車(でんきじどうしゃ) 전기 자동차 バッテリー 배터리 使(つか)う 쓰다, 사용하다
リチウムイオン電池(でんち) 리튬이온 전지 *리튬이온을 이용하여 충전과 방전을 반복하여 사용할 수 있는 2차 전지로, 2차 전지 중에서 에너지 용량 대비 무게가 가장 가벼워 휴대전화, 노트북 컴퓨터 등의 휴대용 기기에 널리 사용되고 있음 変(か)える 바꾸다
全個体電池(ぜんこたいでんち) 전고체 전지 *전기를 흐르게 하는 배터리 양극과 음극 사이의 전해질이 액체가 아닌 고체로 된 차세대 2차 전지. 현재 가장 많이 사용되는 2차 전지인 리튬이온 전지의 경우 액체 전해질로 에너지 효율이 좋지만, 수명이 상대적으로 짧고 전해질이 가연성 액체여서 고열에 폭발할 위험이 높음
開発(かいはつ) 개발 活発(かっぱつ)だ 활발하다 進(すす)める 진행하다 発火(はっか) 발화 事故(じこ) 사고
注目(ちゅうもく) 주목 安全性(あんぜんせい) 안전성 要求(ようきゅう) 요구 高(たか)まる 높아지다
本格的(ほんかくてき)だ 본격적이다 実用化(じつようか) 실용화 至(いた)る 이르다, 도달하다
電解液(でんかいえき) 전해액 *전기 분해할 때 전해조에 넣어서 이온 전도의 매체 역할을 하는 용액 火事(かじ) 화재
危険性(きけんせい) 위험성 ～って ~대, ~래 명사+ならではの ~이 아니고는 할 수 없는, ~만의 長所(ちょうしょ) 장점
設計(せっけい) 설계 自由度(じゆうど) 자유도 劣化(れっか) 열화, 시간이 지남에 따라 품질 · 성능이 떨어지는 것
동사의 ます형+にくい ~하기 어렵다[힘들다] 生産性(せいさんせい) 생산성 挙(あ)げる (예로서) 들다 常温(じょうおん) 상온
充電(じゅうでん) 충전 効率(こうりつ)が下(さ)がる 효율이 떨어지다 低温(ていおん) 저온 抵抗(ていこう) [물리] 저항
増(ふ)える 늘다, 늘어나다 性能(せいのう) 성능 低下(ていか) 저하 解決(かいけつ) 해결 常用化(じょうようか) 상용화
危険(きけん) 위험 技術(ぎじゅつ) 기술 進(すす)む 나아가다, 진보하다 ～てほしい ~해 주었으면 하다, ~하길 바라다
値段(ねだん) 가격 既存(きそん) 기존 い형용사의 어간+すぎる 너무 ~하다

## 확인 문제 3 • 포인트 이해

# 問題 2

**問題2では、まず質問を聞いてください。そのあと、問題用紙のせんたくしを読んでください。読む時間があります。それから話を聞いて、問題用紙の1から4の中から、最もよいものを一つ選んでください。**

### 1番

1 大学の食堂
2 大学の講堂
3 大学の前にある公園
4 大学の後ろにあるカフェ

### 2番

1 高性能のノートパソコン
2 色が豊富なノートパソコン
3 手頃な値段のノートパソコン
4 軽くて持ち運びが楽なノートパソコン

## 3番

1 幼い時から興味があったから
2 人の役に立つ仕事がしたかったから
3 自分の専門知識を生かせると思ったから
4 規模が大きい会社に就きたかったから

## 4番

1 役のイメージに合っていないが、演技は上手だ
2 役のイメージに合っているが、演技は下手だ
3 役のイメージに合っていて、演技も上手だ
4 役のイメージに合っていなくて、演技も下手だ

## 5番

1 全体的に量が多く、値段も重視したお弁当
2 全体的に量が多く、見た目も重視したお弁当
3 全体的に量が少なく、柔らかい野菜を入れたお弁当
4 全体的に量が少なく、食べ物の配置に気を使ったお弁当

## 6番

1 レストランの内装が派手すぎること
2 サービスの質がよくないこと
3 思ったより料理の味が濃すぎること
4 他のレストランに比べて値段が高いこと

## 7番

1 ノンアルコールドリンクを飲むとよく眠れるようになる
2 ノンアルコールドリンクはお酒を飲みたい気分を満たしてくれる
3 ノンアルコールドリンクがあればイベント気分が盛り上がる
4 ノンアルコールドリンクはお酒を一滴も飲めない人だけのものだ

음원

# 확인 문제 3 • 스크립트 및 해석(포인트 이해)

1番 男の学生と女の学生がサークルの打ち合わせについて話しています。来週の打ち合わせはどこでしますか。 남학생과 여학생이 동아리 사전 미팅에 대해서 이야기하고 있습니다. 다음 주 사전 미팅은 어디에서 합니까?

**男** あのさ、来週夏の合宿の打ち合わせ、あるだろう? 場所は大学の食堂だっけ?

**女** うん、そうよ。どうして?

**男** うーん、あそこってうるさすぎないかな。大学の後ろにあるカフェに変えた方がいいんじゃない? あっちの方が静かでいいと思うけど。

**女** でも、あそこはいつもお客さんが多くて込んでるでしょ? 空いてる席があるか心配だし、やっぱり長い時間はいづらいような気がするわ。

**男** そっか。じゃ、大学の前にある公園はどう? あそこ、平日は人も少ないし、静かだろう?

**女** でも、あそこって座れる所が少ないから、ちょっとね。

**男** まあ、そうだね。また、大学の講堂の方は空いてるけど、補修工事中だからいけないし…。いいとこないかな。

**女** ねえ、悪いけど、打ち合わせの場所、みんなで決めたことだから、今更変えるわけにはいかないわ。ちょっとうるさくても最初に決めたところにしよう。

**男** ふーん、そっか。わかった。

**남** 저기, 다음 주에 여름 합숙에 대한 사전 미팅 있지? 장소는 대학 식당이었던가?

**여** 응, 맞아. 왜?

**남** 음…, 거기는 너무 시끄럽지 않을까? 대학 뒤에 있는 카페로 바꾸는 편이 좋지 않아? 그쪽이 조용해서 좋다고 생각하는데.

**여** 하지만 거기는 항상 손님이 많아서 붐비잖아? 빈 자리가 있을지 걱정이고, 역시 긴 시간은 있기 거북한 느낌이 들어.

**남** 그런가? 그럼, 대학 앞에 있는 공원은 어때? 거기 평일은 사람도 적고 조용하잖아?

**여** 하지만 거기는 앉을 수 있는 곳이 적으니까, 좀 그래.

**남** 뭐, 그러네. 또 대학 강당 쪽은 비어 있지만, 보수 공사 중이라 안 되고…, 좋은 데 없을까?

**여** 있잖아, 미안하지만 사전 미팅 장소 다 같이 결정한 사항이니까 이제 와서 바꿀 수는 없어. 좀 시끄러워도 맨 처음에 결정한 곳으로 하자.

**남** 흠…, 그런가? 알겠어.

来週の打ち合わせはどこでしますか。

1 大学の食堂
2 大学の講堂
3 大学の前にある公園
4 大学の後ろにあるカフェ

다음 주 사전 미팅은 어디에서 합니까?

1 대학 식당
2 대학 강당
3 대학 앞에 있는 공원
4 대학 뒤에 있는 카페

어휘 あのさ 저기, 있잖아 *친밀감을 가지고 이야기의 처음이나 중간에 끼워 말을 연결하는 말 サークル 서클, 동아리
打(う)ち合(あ)わせ 협의, 사전 미팅 来週(らいしゅう) 다음 주 夏(なつ) 여름 合宿(がっしゅく) 합숙
場所(ばしょ) 장소 大学(だいがく) 대학(교) 食堂(しょくどう) 식당
~っけ ~던가?, ~였더라? *잊었던 일이나 불확실한 일을 상대방에게 질문하거나 확인할 때 씀 うるさい 시끄럽다
い형용사의 어간+すぎる 너무 ~하다 後(うし)ろ 뒤 カフェ 카페 変(か)える 바꾸다
동사의 た형+方(ほう)がいい ~하는 편[쪽]이 좋다 静(しず)かだ 조용하다 込(こ)む 붐비다 空(あ)く (자리·방 따위가) 나다, 비다
席(せき) (앉는) 자리, 좌석 心配(しんぱい)だ 걱정이다 ~し ~하고 やっぱり 역시 *「やはり」의 회화체 표현
いづらい 거기에 있는 것이 괴롭다[거북하다] 気(き)がする 느낌[생각]이 들다 公園(こうえん) 공원 平日(へいじつ) 평일
少(すく)ない 적다 座(すわ)る 앉다 所(ところ) 곳, 장소 講堂(こうどう) 강당 補修(ほしゅう) 보수 工事(こうじ) 공사
いけない 안 되다 悪(わる)い 미안하다 決(き)める 정하다, 결정하다 今更(いまさら) 이제 와서, 새삼스럽게
~わけにはいかない ~할 수는 없다

**2番** 大学で女の学生と男の学生が話しています。女の学生はどんなノートパソコンを買いたいと言っていますか。 대학교에서 여학생과 남학생이 이야기하고 있습니다. 여학생은 어떤 노트북을 사고 싶다고 말하고 있습니까?

**女** ねえ、鈴木君、この間新しいノートパソコン買ったんだよね?

**男** うん、性能もいいし、気に入ったよ。

**女** そう? 実は私もそろそろ買い替えようと思ってるんだけど、何がいいかよくわからなくて…。で、店から製品カタログもらって来たんだけど、この中で何かお勧めある?

**男** そっか。ノートパソコンって仕様によって値段が大分違うからなあ。ゲームなんかはやってないよね?

**女** うん、ゲームがスムーズにできるほどの高性能のノートパソコンは要らないわ。文書作成さえできれば、それでいいよ。それと、値段の方はなるべく安い方がいいし。

**男** だったら、このページにあるこっちの製品はどう? 手頃な値段で、軽くて持ち運びも楽だし、文書作成には打って付けの製品と書いてあるよ。

**女** 見せて。うーん、全体的に悪くはないけど、色がちょっとね。

**男** 色? ああ、このモデルは黒と白しかないなあ。じゃ、こっちはどう? カラフルで、端の部分が丸くてちょっとかわいい感じがするノートパソコンだよ。あ、もちろん基本的な文書作成も可能だよ。

**女** 値段はちょっと高くなるけど、こっちの方が色も多くてよさそうね。これにしようか。

**男** うん、君にぴったりだと思うよ。

여 저기, 스즈키 군, 요전에 새 노트북 샀지?

남 응, 성능도 좋고 마음에 들어.

여 그래? 실은 나도 이제 슬슬 교체하려고 생각하고 있는데, 뭐가 좋은지 잘 몰라서…. 그래서 가게에서 제품 카탈로그 받아 왔는데 이 중에서 뭔가 추천할 거 있어?

남 그렇군. 노트북은 사양에 따라 가격이 상당히 달라서 말이지. 게임 같은 건 안 하지?

여 응, 게임을 원활하게 할 수 있을 정도의 고성능 노트북은 필요 없어. 문서 작성만 할 수 있으면 그걸로 충분해. 그리고 가격은 되도록 싼 편이 좋고.

남 그렇다면 이 페이지에 있는 이 제품은 어때? 적당한 가격이고 가벼워서 가지고 다니기도 편하고, 문서 작성에는 안성맞춤인 제품이라고 쓰여 있어.

여 보여 줘. 음…, 전체적으로 나쁘지는 않은데, 색이 좀 그러네.

남 색? 아-, 이 모델은 검정과 흰색밖에 없네. 그럼, 이쪽은 어때? 컬러풀하고 가장자리 부분이 둥글어서 조금 귀여운 느낌이 드는 노트북이야. 아, 물론 기본적인 문서 작성도 가능해.

여 가격은 조금 비싸지지만 이쪽이 색도 많아서 좋을 것 같네. 이걸로 할까?

남 응, 너한테 딱이라고 생각해.

女の学生はどんなノートパソコンを買いたいと言っていますか。

1 高性能のノートパソコン
2 色が豊富なノートパソコン
3 手頃な値段のノートパソコン
4 軽くて持ち運びが楽なノートパソコン

여학생은 어떤 노트북을 사고 싶다고 말하고 있습니까?

1 고성능의 노트북
2 색이 풍부한 노트북
3 적당한 가격의 노트북
4 가벼워서 가지고 다니기 편한 노트북

**어휘** ノートパソコン 노트북 컴퓨터 買(か)う 사다 この間(あいだ) 요전, 지난번 性能(せいのう) 성능 ～し ～하고 気(き)に入(い)る 마음에 들다 そろそろ 이제 슬슬 買(か)い替(か)える 새것으로 바꾸다 店(みせ) 가게 製品(せいひん) 제품 カタログ 카탈로그 もらう 받다 勧(すす)め 추천 仕様(しよう) 사양 ～によって ～에 의해서, ～에 따라서 値段(ねだん) 가격 大分(だいぶ) 꽤, 상당히 違(ちが)う 다르다 ～なんか ～따위, ～같은 것 スムーズだ 원활하다, 순조롭다 ～ほど ～정도, ～만큼 高性能(こうせいのう) 고성능 要(い)る 필요하다 文書(ぶんしょ) 문서 作成(さくせい) 작성 ～さえ～ば ～만 ～하면 なるべく 되도록, 가능한 한 だったら 그렇다면 ページ 페이지 手頃(てごろ)だ 알맞다, 적당하다 持(も)ち運(はこ)び 운반, 들어 나름 楽(らく)だ 편하다 打(う)って付(つ)け 알맞음, 적합함, 안성맞춤임 타동사+てある ～해져 있다 *상태표현 見(み)せる 보이다, 보여 주다 色(いろ) 색 モデル 모델 黒(くろ) 검정 白(しろ) 흰색 ～しかない ～밖에 없다 カラフル 컬러풀, 화려함 端(はし) 가장자리 丸(まる)い 둥글다 かわいい 귀엽다 感(かん)じがする 느낌이 들다 可能(かのう)だ 가능하다 君(きみ) 너, 자네 ぴったりだ 딱 들어맞다 豊富(ほうふ)だ 풍부하다

**3番** 街で女の人と男の人が話しています。男の人はどうして転職したと言っていますか。
거리에서 여자와 남자가 이야기하고 있습니다. 남자는 왜 전직했다고 말하고 있습니까?

女 田中君、転職したんだって?
男 うん、3か月前に転職したよ。
女 そうなんだ。新しい仕事はどう? もう慣れた?
男 うん、だいぶ慣れたよ。前の会社とは全く違う職種なんだけど、まあ、自分なりにはやり甲斐を感じてるよ。
女 そう? よかったね。で、どんな会社?
男 規模の小さい出版関係の会社なんだけど、まだこの分野の専門知識や経験が不足してるから、毎日が勉強の連続だよ。
女 へえ、大変そうだね。でも、ある程度興味があったんだから、転職したんでしょ?
男 それはそうだけど…。まあ、前の仕事が別に嫌いだったわけじゃないよ。でも、どうしても子供の時から興味があった出版関係の仕事に就いてみたかったんだ。ずいぶん悩んだ末に出した結論なんだから、後悔はないよ。
女 そうなんだ。だったらいいじゃない。
男 うん、まだまだ足りないところが多いけど、頑張ってみるよ。
女 うん、頑張ってね。

여 다나카 군, 전직했다면서?
남 응, 3개월 전에 전직했어.
여 그렇구나. 새 일은 어때? 이제 익숙해졌어?
남 응, 꽤 익숙해졌어. 전의 회사와는 전혀 다른 직종이지만, 뭐 내 나름대로는 보람을 느끼고 있어.
여 그래? 잘됐네. 그래서 어떤 회사야?
남 규모가 작은 출판 관계 회사인데 아직 이 분야의 전문지식이나 경험이 부족해서 매일이 공부의 연속이야.
여 허, 힘들겠네. 하지만 어느 정도 흥미가 있었으니까 전직한 거지?
남 그건 그렇지만…. 뭐, 전의 일을 특별히 싫어했던 건 아니야. 하지만 꼭 어릴 때부터 흥미가 있었던 출판 관계 일에 종사해 보고 싶었거든. 엄청 고민한 끝에 내린 결론이니까 후회는 없어.
여 그렇구나. 그럼, 됐잖아.
남 응. 아직 부족한 점이 많지만, 열심히 해 볼게.
여 응, 열심히 해.

男の人はどうして転職したと言っていますか。
1 幼い時から興味があったから
2 人の役に立つ仕事がしたかったから
3 自分の専門知識を生かせると思ったから
4 規模が大きい会社に就きたかったから

남자는 왜 전직했다고 말하고 있습니까?
1 어릴 때부터 흥미가 있었기 때문에
2 다른 사람에게 도움이 되는 일을 하고 싶었기 때문에
3 자신의 전문지식을 살릴 수 있다고 생각했기 때문에
4 규모가 큰 회사에 종사하고 싶었기 때문에

**어휘** 街(まち) 거리 転職(てんしょく) 전직 ～って ~대, ~래 仕事(しごと) 일, 업무 もう 이제 慣(な)れる 익숙해지다 だいぶ 꽤, 상당히, 제법 全(まった)く 완전히, 아주, 전혀 違(ちが)う 다르다 職種(しょくしゅ) 직종 自分(じぶん) 자기, 자신, 나 명사+なりには ~나름대로는 やり甲斐(がい) 보람 感(かん)じる 느끼다 規模(きぼ) 규모 出版(しゅっぱん) 출판 関係(かんけい) 관계 分野(ぶんや) 분야 専門知識(せんもんちしき) 전문지식 経験(けいけん) 경험 不足(ふそく) 부족 連続(れんぞく) 연속 大変(たいへん)だ 힘들다 ある 어느 程度(ていど) 정도 興味(きょうみ) 흥미 別(べつ)に (부정어 수반) 별로, 특별히 嫌(きら)いだ 싫어하다 ～わけじゃない (전부) ~인 것은 아니다, (반드시) ~라고는 말할 수 없다 *「～わけではない」의 회화체 표현 どうしても 무슨 일이 있어도, 꼭 就(つ)く 종사하다 ずいぶん 꽤, 몹시, 퍽 悩(なや)む 고민하다 동사의 た형+末(すえ)に ~한 끝에 出(だ)す 내다 結論(けつろん) 결론 後悔(こうかい) 후회 だったら 그렇다면 まだまだ 아직 足(た)りない 모자라다, 부족하다 頑張(がんば)る (끝까지) 노력하다, 열심히 하다 幼(おさな)い 어리다 役(やく)に立(た)つ 도움이 되다 生(い)かす 살리다, 발휘하다

**4番** 居間で女の人と男の人が話しています。男の人は主人公を演じている俳優について何と言っていますか。 거실에서 여자와 남자가 이야기하고 있습니다. 남자는 주인공을 연기하고 있는 배우에 대해서 뭐라고 말하고 있습니까?

**女** ねえ、何見てる?

**男** あ、先週から始まった「神の子」っていう新しいドラマだよ。

**女** ああ、聞いたことある。このドラマって何年か前に出版された漫画が原作でしょ?

**男** うん、僕もとても面白く読んだ漫画だけど、こんな風に実写ドラマ化するなんて、感激したよ。でも、主人公の役がちょっとね。

**女** え? どうして? 主人公の役を演じてる俳優って演技も上手だと評判じゃない?

**男** それはそうだけど、このドラマにはあまり合わないような気がするんだ。漫画での主人公はかわいいイメージだったけど、ドラマの主人公はそれとは違ってちょっとボーイッシュな感じだからなあ。

**女** それは原作の主人公とドラマの主人公のイメージを重ねて見ちゃうからでしょ。原作はさておいてドラマ自体に集中すれば面白くなるんじゃない?

**男** そうだな。まあ、演技自体は申し分ないからなあ。

여 저기, 뭐 보고 있어?

남 아, 지난주부터 시작된 '신의 아이'라는 새 드라마야.

여 아-, 들은 적 있어. 이 드라마는 몇 년인가 전에 출판된 만화가 원작이지?

남 응, 나도 아주 재미있게 읽은 만화인데, 이렇게 실사 드라마화하다니 감격했어. 하지만 주인공 역이 좀 그래.

여 응? 왜? 주인공 역을 맡고 있는 배우는 연기도 능숙하다는 평판 아니야?

남 그건 그렇지만, 이 드라마에는 별로 안 맞는 듯한 생각이 들어. 만화에서의 주인공은 귀여운 이미지였는데, 드라마 주인공은 그것과는 달리 좀 보이시한 느낌이거든.

여 그건 원작 주인공과 드라마 주인공의 이미지를 겹쳐 봐 버리니까 그런 거지. 원작은 제쳐두고 드라마 자체에 집중하면 재미있어지지 않을까?

남 그렇군. 뭐, 연기 자체는 나무랄 데 없으니까.

男の人は主人公を演じている俳優について何と言っていますか。

1 役のイメージに合っていないが、演技は上手だ
2 役のイメージに合っているが、演技は下手だ
3 役のイメージに合っていて、演技も上手だ
4 役のイメージに合っていなくて、演技も下手だ

남자는 주인공을 연기하고 있는 배우에 대해서 뭐라고 말하고 있습니까?

1 역의 이미지에 맞지 않지만, 연기는 잘한다
2 역의 이미지에 맞지만, 연기는 잘 못한다
4 역의 이미지에 맞고 연기도 잘한다
4 역의 이미지에 맞지 않고 연기도 잘 못한다

**어휘** 居間(いま) 거실 主人公(しゅじんこう) 주인공 演(えん)じる (연극·영화에서) (역을) 맡다, 연기하다 俳優(はいゆう) 배우 先週(せんしゅう) 지난주 始(はじ)まる 시작되다 神(かみ) 신 子(こ) 아이, 자식 ～っていう ~라는 *「～という」의 회화체 표현 ドラマ 드라마 동사의 た형+こと(が)ある ~한 적(이) 있다 出版(しゅっぱん) 출판 漫画(まんが) 만화 原作(げんさく) 원작 面白(おもしろ)い 재미있다 こんな風(ふう)に 이런 식으로, 이렇게 実写(じっしゃ) 실사 ～なんて ~하다니 感激(かんげき) 감격 役(やく) (연극 등에서) 역, 배역 どうして 왜, 어째서 演技(えんぎ) 연기 上手(じょうず)だ 능숙하다, 잘하다 評判(ひょうばん) 평판 あまり (부정어 수반) 그다지, 별로 合(あ)う 맞다, 어울리다 気(き)がする 느낌[생각]이 들다 かわいい 귀엽다 イメージ 이미지 違(ちが)う 다르다 ボーイッシュだ 보이시하다, 분위기가 발랄하고 산뜻하여 소년을 연상케 하는 느낌이 있다 感(かん)じ 느낌 重(かさ)ねる 겹치다 ～はさておいて ~은 제쳐두고 自体(じたい) 자체 集中(しゅうちゅう) 집중 申(もう)し分(ぶん)ない 나무랄 데 없다, 더할 나위 없다 下手(へた)だ 잘 못하다, 서투르다

**5番** 会社で男の人と女の人が話しています。女の人が考えているお弁当はどんなお弁当ですか。
회사에서 남자와 여자가 이야기하고 있습니다. 여자가 생각하고 있는 도시락은 어떤 도시락입니까?

男 前田さん、今回うちの課で出す予定のお弁当の企画、誰が担当なの?
女 はい、私が担当することになったんです。
男 そう? で、どんなお弁当を考えてるの?
女 前回はターゲットがお年寄りでしたので、量をちょっと少なめにして柔らかい野菜を入れたお弁当でしたが、今回は対象を変えて若者向けのお弁当にしようと考えています。
男 もうちょっと具体的に説明してくれ。
女 企画の主なコンセプトはボリュームたっぷりのお弁当で、野菜はもちろん、肉と魚のたんぱく質を多めにして栄養のバランスが取れたお弁当にしようと考えています。
男 ああ、そう? なかなかいい企画だね。
女 はい、ありがとうございます。それに、若者向けのお弁当は見た目も無視できませんので、ケースの中の食べ物の配置にも気を使いたいんです。
男 なるほど、今のまま進めてもよさそうだね。企画が出来上がったら、持って来てくれ。
女 はい、出来上がり次第、直ちに持って参ります。

남 마에다 씨, 이번에 우리 과에서 제출할 예정인 도시락 기획, 누가 담당이지?
여 예, 제가 담당하게 되었어요.
남 그래? 그래서 어떤 도시락을 생각하고 있어?
여 전번에는 타깃이 어르신이었기 때문에 양을 조금 적게 하고 연한 채소를 넣은 도시락이었는데요, 이번에는 대상을 바꿔서 젊은이 대상의 도시락으로 하려고 생각하고 있어요.
남 좀 더 구체적으로 설명해 줘.
여 기획의 주된 콘셉트는 푸짐한 양의 도시락으로 채소는 물론이고 고기와 생선의 단백질을 넉넉하게 해서 영양 균형이 잡힌 도시락으로 하려고 생각하고 있어요.
남 아-, 그래? 상당히 좋은 기획이네.
여 예, 감사합니다. 게다가 젊은이 대상 도시락은 겉모양도 무시할 수 없으니까 케이스 안의 음식 배치에도 신경을 쓰고 싶어요.
남 과연, 지금대로 진행시켜도 좋을 것 같네. 기획이 완성되면 가지고 와.
여 예, 완성되는 대로 바로 가지고 갈게요.

女の人が考えているお弁当はどんなお弁当ですか。
1 全体的に量が多く、値段も重視したお弁当
2 全体的に量が多く、見た目も重視したお弁当
3 全体的に量が少なく、柔らかい野菜を入れたお弁当
4 全体的に量が少なく、食べ物の配置に気を使ったお弁当

여자가 생각하고 있는 도시락은 어떤 도시락입니까?
1 전체적으로 양이 많고 가격도 중시한 도시락
2 전체적으로 양이 많고 겉모양도 중시한 도시락
3 전체적으로 양이 적고 연한 채소를 넣은 도시락
4 전체적으로 양이 적고 음식 배치에 신경을 쓴 도시락

어휘 考(かんが)える 생각하다 お弁当(べんとう) 도시락 うち 우리 課(か) 과 出(だ)す 내다, 제출하다 予定(よてい) 예정 企画(きかく) 기획 担当(たんとう) 담당 동사의 보통형+ことになる ~하게 되다 前回(ぜんかい) 전회, 전번 ターゲット 타깃, 표적 お年寄(としよ)り 노인 量(りょう) 양 少(すく)なめ 좀 적음 柔(やわ)らかい 부드럽다, 연하다 野菜(やさい) 채소 入(い)れる 넣다 対象(たいしょう) 대상 変(か)える 바꾸다 若者(わかもの) 젊은이 ~向(む)け ~용, ~대상 具体的(ぐたいてき)だ 구체적이다 説明(せつめい) 설명 ~てくれる (남이 나에게) ~해 주다 主(おも)な 주된 コンセプト 콘셉트 ボリューム 볼륨, 양 たっぷり 듬뿍, 많이 ~はもちろん ~은 물론이고 肉(にく) 고기 魚(さかな) 생선 たんぱく質(しつ) 단백질 多(おお)め 약간 많음 栄養(えいよう) 영양 バランス 밸런스, 균형 取(と)れる 잡히다 なかなか 꽤, 상당히 それに 게다가 見(み)た目(め) 외관, 겉보기, 겉모습 無視(むし) 무시 ケース 케이스, 상자 食(た)べ物(もの) 음식 配置(はいち) 배치 気(き)を使(つか)う 마음을 쓰다 なるほど 과연 *상대방의 말에 동의한다는 뜻에서 하는 말 今(いま)のまま 지금대로 進(すす)める 진행하다 出来上(できあ)がる 완성되다, 다 되다 동사의 ます형+次第(しだい) ~하는 대로 (즉시) 直(ただ)ちに 당장, 즉시 参(まい)る 가다, 오다 *「行(い)く」, 「来(く)る」의 겸양어 全体的(ぜんたいてき)だ 전체적이다 重視(じゅうし) 중시

**6番** 会社で女の人と男の人が話しています。女の人はレストランのどんなところが気になったと言っていますか。 회사에서 여자와 남자가 이야기하고 있습니다. 여자는 레스토랑의 어떤 점이 신경 쓰였다고 말하고 있습니까?

**女** 昨日、駅前に新しくできたレストランに行ってきたよ。
**男** ああ、あそこ。僕も行きたいと思ってたところだけど、どうだった? うまかった?
**女** うーん、まあ、悪くはなかったけど…。
**男** えっ? あそこってイタリアの料理学校に行って料理を習ってきたシェフがやってるところだろう? 何か気になったところでもあるの?
**女** うん、本場で料理を習ってきたシェフだけに、味自体は申し分なかったわ。それに、値段も手頃だったし。でもね…。
**男** 味や値段の問題じゃないと言ったら…。もしかしてインテリアなの? 外からちらっと見たけど、ちょっと変わってたなあ。
**女** うん、洋風の雰囲気を醸し出そうとしてるのはわかるんだけど、赤やピンクなど、色使いが派手すぎて食事中にどうも落ち着かなかったわ。結局、食べるスピードも速くなっちゃったよ。
**男** なるほどね。君って慣れたところじゃないと、落ち着かないんだから、無理もないなあ。
**女** うん、でも美味しかったから、もう一度行って今度はゆっくり食事を楽しみたいわ。
**男** じゃ、今度一緒に行こう。

여 어제 역 앞에 새로 생긴 레스토랑에 갔다 왔어.
남 아-, 거기. 나도 가고 싶다고 생각했던 곳인데, 어땠어? 맛있었어?
여 음…, 뭐, 나쁘지는 않았는데….
남 응? 그곳은 이탈리아 요리학교에 가서 요리를 배워 온 셰프가 하고 있는 곳이잖아? 뭔가 신경 쓰였던 점이라도 있어?
여 응, 본고장에서 요리를 배워 온 셰프인 만큼 맛 자체는 더할 나위 없었어. 게다가 가격도 적당했고. 하지만 말이야….
남 맛이나 가격 문제가 아니라고 하면…. 혹시 인테리어야? 밖에서 언뜻 봤는데 좀 색다르더군.
여 응, 서양풍 분위기를 자아내려고 하는 건 알겠지만, 빨강이나 핑크 등 배색이 너무 화려해서 식사 중에 도무지 안정되지 않았어. 결국 먹는 속도도 빨라져 버렸어.
남 과연. 너는 익숙한 곳이 아니면 안정이 안 되니까 무리도 아니지.
여 응, 하지만 맛있었으니까 한 번 더 가서 다음에는 느긋하게 식사를 즐기고 싶어.
남 그럼, 다음에 같이 가자.

女の人はレストランのどんなところが気になったと言っていますか。

1 レストランの内装が派手すぎること
2 サービスの質がよくないこと
3 思ったより料理の味が濃すぎること
4 他のレストランに比べて値段が高いこと

여자는 레스토랑의 어떤 점이 신경 쓰였다고 말하고 있습니까?

1 레스토랑의 내부 장식이 너무 화려한 것
2 서비스 질이 좋지 않은 것
3 생각했던 것보다 요리 맛이 너무 진한 것
4 다른 레스토랑에 비해 가격이 비싼 것

**어휘** レストラン 레스토랑 ところ ① 부분, 데, 점 ② 곳, 장소 気(き)になる 신경이 쓰이다 駅前(えきまえ) 역 앞 新(あたら)しい 새롭다 できる 생기다 うまい 맛있다 悪(わる)い 나쁘다 イタリア 이탈리아 料理(りょうり) 요리 習(なら)う 배우다, 익히다 シェフ 셰프, 주방장 本場(ほんば) 본고장 ～だけに ~인 만큼 味(あじ) 맛 自体(じたい) 자체 申(もう)し分(ぶん)ない 나무랄 데 없다, 더할 나위 없다 それに 게다가 値段(ねだん) 가격 手頃(てごろ)だ 알맞다, 적당하다 もしかして 혹시 外(そと) 밖 ちらっと 흘끗, 잠깐 変(か)わる (보통과) 색다르다, 별나다 洋風(ようふう) 서양풍 雰囲気(ふんいき) 분위기 醸(かも)し出(だ)す 자아내다, 조성하다 赤(あか) 빨강 ピンク 핑크, 분홍 色使(いろづか)い 색의 사용법, 배색 派手(はで)だ 화려하다 な형용사의 어간+すぎる 너무 ~하다 どうも (부정어 수반) 아무래도, 도무지 落(お)ち着(つ)く 안정되다, 침착해지다 結局(けっきょく) 결국 スピード 스피드, 속도 速(はや)い (속도가) 빠르다 なるほど 과연 君(きみ) 너, 자네 慣(な)れる 익숙해지다 無理(むり) 무리 今度(こんど) 다음 번 ゆっくり 천천히, 느긋하게 楽(たの)しむ 즐기다 内装(ないそう) 내장, 건축물 등의 내부 설비·장식 質(しつ) 질 思(おも)ったより 생각했던 것보다 濃(こ)い (맛이) 진하다 他(ほか)の～ 다른~ ～に比(くら)べて ~에 비해서 高(たか)い 비싸다

7番 テレビで男の人が話しています。男の人が言っているノンアルコールドリンクの長所ではないのはどれですか。 TV에서 남자가 이야기하고 있습니다. 남자가 말하고 있는 무알코올 음료의 장점이 아닌 것은 어느 것입니까?

男 ノンアルコールドリンクのメリットについてご存知ですか。ノンアルコールドリンクはその名の通り、アルコールが入っていない飲み物のことです。そんなノンアルコールドリンクには、どんなメリットがあるのでしょうか。まず、ノンアルコールドリンクを飲むとよく眠れるようになるそうです。アルコール摂取は、睡眠障害を引き起こしてしまうことがよくあるため、睡眠障害を持っている方は今夜からでもノンアルコールドリンクに切り替えてみるのはいかがでしょうか。次に、ノンアルコールドリンクは急にお酒を飲みたい気分になっても、様々な都合で飲めない場合にそれを満たしてくれます。また、クリスマスやお誕生日祝いなどのイベントがある時、ジュースやお茶ではちょっと味気ないですが、こんな時にイベント気分を盛り上げてくれるのがノンアルコールドリンクです。

남 무알코올 음료의 장점에 대해서 알고 계신가요? 무알코올 음료는 그 이름대로 알코올이 들어 있지 않은 음료를 말합니다. 그런 무알코올 음료에는 어떤 장점이 있을까요? 우선 무알코올 음료를 마시면 잘 잘 수 있게 된다고 합니다. 알코올 섭취는 수면 장애를 일으켜 버리는 경우가 자주 있기 때문에 수면 장애를 가지고 있는 분은 오늘 밤부터라도 무알코올 음료로 바꿔 보는 것은 어떨까요? 다음으로 무알코올 음료는 갑자기 술을 마시고 싶은 기분이 들어도 여러 가지 사정으로 마실 수 없는 경우에 그것을 충족시켜 줍니다. 또 크리스마스나 생일 축하 등의 이벤트가 있을 때 주스나 차로는 조금 재미없는데요, 이럴 때 이벤트 기분을 고조시켜 주는 것이 무알코올 음료입니다.

男の人が言っているノンアルコールドリンクの長所ではないのはどれですか。

1 ノンアルコールドリンクを飲むとよく眠れるようになる
2 ノンアルコールドリンクはお酒を飲みたい気分を満たしてくれる
3 ノンアルコールドリンクがあればイベント気分が盛り上がる
4 ノンアルコールドリンクはお酒を一滴も飲めない人だけのものだ

남자가 말하고 있는 무알코올 음료의 장점이 아닌 것은 어느 것입니까?

1 무알코올 음료를 마시면 잘 잘 수 있게 된다
2 무알코올 음료는 술을 마시고 싶은 기분을 충족시켜 준다
3 무알코올 음료가 있으면 이벤트 기분이 고조된다
4 무알코올 음료는 술을 한 방울도 못 마시는 사람만의 것이다

**어휘** ノンアルコールドリンク 무알코올 음료 *알코올이 들어 있지 않은 음료 長所(ちょうしょ) 장점 メリット 장점
ご+한자명사+です ~하시다 *존경표현 存知(ぞんじ) 알고 있음 名(な) 이름 명사+の+通(とお)り ~대로 アルコール 알코올, 술
入(はい)る 들다 飲(の)み物(もの) 음료 まず 우선 眠(ねむ)る 자다, 잠들다 ～ようになる ~하게(끔) 되다 *변화
摂取(せっしゅ) 섭취 睡眠障害(すいみんしょうがい) 수면 장애 引(ひ)き起(お)こす 일으키다, 야기하다 今夜(こんや) 오늘밤
切(き)り替(か)える 바꾸다, 갱신하다 いかがでしょうか 어떠신지요? *「どうでしょうか」(어떨까요?)의 공손한 표현
次(つぎ)に 다음으로 急(きゅう)に 갑자기 飲(の)む (술을) 마시다 気分(きぶん) 기분 様々(さまざま)だ 다양하다, 여러 가지다
都合(つごう) 사정, 형편 場合(ばあい) 경우 満(み)たす 채우다, 충족시키다 ～てくれる (남이 나에게) ~해 주다
クリスマス 크리스마스 誕生日(たんじょうび) 생일 祝(いわ)い 축하 イベント 이벤트 ジュース 주스 お茶(ちゃ) 차
味気(あじけ)ない 재미없다, 시시하다 盛(も)り上(あ)げる (기분 등을) 돋우다, 고조시키다 盛(も)り上(あ)がる 고조되다
一滴(いってき) 한 방울

# 주요 동사 경어표

| 존경어 | 보통어 | 겸양어 |
|---|---|---|
| なさる | する 하다 | 致す |
| ご覧になる | 見る 보다 | 拝見する |
| くださる | くれる (남이 나에게) 주다 | * |
| * | あげる・与える (남에게) 주다 | さしあげる |
| お受け取りになる | もらう (남에게) 받다 | いただく・頂戴する |
| お借りになる | 借りる 빌리다 | お借りする・拝借する |
| おぼしめす | 思う 생각하다 | 存じる |
| ご存じだ | 知る 알다 | 存じる |
| おっしゃる | 言う 말하다 | 申す・申し上げる |
| お聞きになる | 聞く 듣다, 묻다 | 承る・伺う |
| 召し上がる | 食べる 먹다・飲む 마시다 | いただく・頂戴する |
| お会いになる | 会う 만나다 | お会いする・お目にかかる |
| * | 訪れる 방문하다 | 伺う |
| おられる<br>いらっしゃる<br>おいでになる | いる (사람이) 있다 | おる |
| いらっしゃる<br>おいでになる<br>お見えになる<br>お越しになる | 行く 가다・来る 오다 | 参る |
| お示しになる<br>お見せになる | 見せる 보이다, 보여 주다 | ご覧に入れる・お目にかける |
| 召す<br>お召しになる | 着る (옷을) 입다 | 着させていただく |

# 문제 3 개요 이해

## 출제 유형

문제 3 개요 이해는 이야기를 듣고 말하는 사람의 의도나 주장, 감정 상태 등을 이해했는지 묻는 문제로, 6문항이 출제된다. 먼저 이야기의 배경과 상황을 설명해 주는 문장이 제시되고, 질문은 이야기가 끝나면 한 번만 들려준다. 또한 선택지도 문제지에 인쇄되어 있지 않고 질문이 끝나면 음성으로만 들려주기 때문에 무엇보다도 메모를 잘해야 한다.

## 실제 시험 예시

### 問題 3

**問題3では、問題用紙に何も印刷されていません。この問題は、全体としてどんな内容かを聞く問題です。話の前に質問はありません。まず話を聞いてください。それから、質問とせんたくしを聞いて、1から4の中から、最もよいものを一つ選んでください。**

— メモ —

## [ 예제 스크립트 ]

### 例

テレビで医者がインタビューに答えています。
① 이야기의 배경과 상황 설명

② 이야기

**女** 先生、最近日常生活で手首の痛みを訴える人が増えているようですが。

**男** ええ、そうですね。よく使う部位である手首の痛みは、生活・家事・勉強・仕事などあらゆる場面で不自由を感じやすい症状と言えます。もし日常生活で手首の痛みを感じたら無理をせず、利き手と反対側でできることは、反対側で行うようにしましょう。また、特定の動作が避けられないような時には、サポーターなどを使うとよい場合もありますが、身体に合ったものを使う必要があるため、そんな場合は、整形外科での相談が適切です。

医者は何について話していますか。
③ 질문

1 手首の検査の必要性
2 病気による手首の痛み
3 日常生活で手首の痛みが増えている理由
4 日常生活で手首の痛みを感じた時の対処法

④ 네 개의 선택지(음성으로만 제시)

청해

개요 이해

|정답| 4

## 시험 대책

개요 이해는 '① 이야기의 배경과 상황 설명 듣기 → ② 이야기 듣기 → ③ 질문 듣기 → ④ 선택지 듣기'의 순서로 진행된다. 과제 이해나 포인트 이해와 달리 선택지가 문제지에 인쇄되어 있지 않고 음성으로만 나오므로, 선택지 내용을 재빨리 메모하면서 들어야 정답을 찾을 수 있다. 이야기를 들을 때는 단어 하나하나의 의미보다는 전체적으로 핵심 주제를 파악하는 것이 중요하며, 핵심 단어나 표현은 메모해 두는 것이 좋다. 개요 이해에서는 대부분 이야기 후반부에 핵심적인 주제나 결론이 나오므로, 후반부 내용에 특히 주의하면서 듣도록 하자.

## 확인 문제 1 • 개요 이해

# 問題 3

問題 3では、問題用紙に何も印刷されていません。この問題は、全体としてどんな内容かを聞く問題です。話の前に質問はありません。まず話を聞いてください。それから、質問とせんたくしを聞いて、1から4の中から、最もよいものを一つ選んでください。

― メモ ―

# 확인 문제 1 • 스크립트 및 해석(개요 이해)

**1番** 女の人と男の人が玄関で話しています。
여자와 남자가 현관에서 이야기하고 있습니다.

**女** は〜い。
**男** こんにちは。
**女** あっ、坂本さん、こんにちは。
**男** あのう、これ、実家から届いたりんごなんですけど、りんごはお好きですか。
**女** もちろん、大好きですよ。
**男** ちょっと傷はあるんだけど、よろしければ、少しいかがですか。
**女** あら、いただいてもいいかしら。嬉しいわ。
**男** このりんご、甘味があって香りもよい品種なんですけど、もし生のりんごが嫌いでしたら、ジュースにして召し上がってもかまいません。
**女** ジュース?
**男** ええ、甘味があるんで、蜂蜜などは入れなくても十分美味しいですよ。
**女** へえ、そうなんですね。一度作ってみます。ありがとうございます。

여 예~.
남 안녕하세요.
여 아, 사카모토 씨. 안녕하세요.
남 저기, 이거 본가에서 온 사과인데, 사과는 좋아하세요?
여 물론 아주 좋아해요.
남 조금 흠집은 있지만, 괜찮으시면 조금 어떠세요?
여 어머, 받아도 될까? 기뻐라.
남 이 사과, 단맛이 있고 향기도 좋은 품종인데, 만약 생사과를 싫어하시면 주스로 해서 드셔도 상관없어요.
여 주스요?
남 네, 단맛이 있어서 꿀 등은 넣지 않아도 충분히 맛있어요.
여 허, 그런 거군요. 한 번 만들어 볼게요. 고마워요.

男の人は何をしに来ましたか。
1 女の人にりんごを売るため
2 女の人にりんごをあげるため
3 女の人にもらったりんごの感想を話すため
4 女の人にジュースの作り方を教えてあげるため

남자는 무엇을 하러 왔습니까?
1 여자에게 사과를 팔기 위해
2 여자에게 사과를 주기 위해
3 여자에게 받은 사과의 감상을 말하기 위해
4 여자에게 주스 만드는 법을 가르쳐 주기 위해

**어휘** 玄関(げんかん) 현관 こんにちは 안녕하세요 *낮 인사 あのう 저, 저기 *상대에게 말을 붙일 때 하는 말(=あの)
実家(じっか) 생가, 친정 届(とど)く (보낸 물건이) 도착하다 りんご 사과 もちろん 물론 大好(だいす)きだ 매우 좋아하다
傷(きず) 상처, 흠 よろしい 좋다, 괜찮다 *「いい・良(よ)い」의 공손한 표현
いかがですか 어떠십니까? *「どうですか」(어떻습니까?)의 공손한 표현 いただく 받다 *「もらう」의 겸양어
〜かしら 〜할까? *의문의 뜻을 나타냄 嬉(うれ)しい 기쁘다 甘味(あまみ) 단맛 香(かお)り 향기 品種(ひんしゅ) 품종
もし 만약 生(なま) 가공하지 않음, 생 嫌(きら)いだ 싫어하다 ジュース 주스
召(め)し上(あ)がる 드시다 *「食(た)べる」(먹다), 「飲(の)む」(마시다)의 존경어 〜てもかまわない 〜해도 상관없다
蜂蜜(はちみつ) 꿀 入(い)れる 넣다 十分(じゅうぶん) 충분히 美味(おい)しい 맛있다 一度(いちど) 한 번 作(つく)る 만들다
동사의 ます형+に 〜하러 *동작의 목적 売(う)る 팔다 동사의 보통형+ため(に) 〜하기 위해서 あげる (내가 남에게) 주다
동사의 ます형+方(かた) 〜하는 방법[방식] 教(おし)える 가르치다, 알려 주다 〜てあげる (내가 남에게) 〜해 주다

**2番** テレビでサッカー選手がインタビューに答えています。
TV에서 축구 선수가 인터뷰에 대답하고 있습니다.

| | |
|---|---|
| **女** 中村選手、今シーズン、振り返ってみると、いかがでしたか。 | 여 나카무라 선수, 이번 시즌 돌이켜 보면 어떠셨나요? |
| **男** そうですね。チームとしてはリーグ優勝、個人としては2桁得点を目標としてきましたが、一つも叶えることができず、正直悔しいシーズンでした。一方で、プロになってからシーズンを通して試合に出場し続けるという経験は今年が初めてだったので、すごく成長できました。キャプテンもさせていただいたことで、チームを動かす難しさも感じましたし、自分以外のことをすごく考えた1年だったなあと思っています。 | 남 글쎄요. 팀으로서는 리그 우승, 개인으로서는 두 자릿수 득점을 목표로 해 왔는데요, 하나도 이루지 못해서 솔직히 아쉬운 시즌이었어요. 한편으로 프로가 된 후로 시즌 내내 시합에 계속 출전한다는 경험은 올해가 처음이었기 때문에 굉장히 성장할 수 있었어요. 주장도 함으로써 팀을 움직이는 어려움도 느꼈고, 나 자신 이외의 것을 몹시 생각한 1년이었다고 생각해요. |

この選手は今シーズンはどうだったと言っていますか。
1 全ての目標が達成できて嬉しかった
2 キャプテンになって初めてチームを動かす難しさを感じた
3 自分以外のことは顧みることができないほど忙しいシーズンだった
4 目標は達成できたが、試合にたくさん出られなかったのが残念だった

이 선수는 이번 시즌은 어땠다고 말하고 있습니까?
1 모든 목표를 달성할 수 있어서 기뻤다
2 주장이 되고 비로소 팀을 움직이는 어려움을 느꼈다
3 자신 이외의 것은 돌이켜 볼 수 없을 만큼 바쁜 시즌이었다
4 목표는 달성할 수 있었지만, 시합에 많이 나갈 수 없었던 것이 유감이었다

어휘 サッカー 축구 選手(せんしゅ) 선수 インタビュー 인터뷰 答(こた)える 대답하다 今(こん) 이번 シーズン 시즌
振(ふ)り返(かえ)る 돌이켜 보다, 회고하다 いかがでしたか 어떠셨습니까? *「どうでしたか」(어땠습니까?)의 공손한 표현
チーム 팀 リーグ 리그 優勝(ゆうしょう) 우승 個人(こじん) 개인 二桁(ふたけた) 두 자릿수 *「桁(けた)」-(숫자의) 자릿수
得点(とくてん) 득점 目標(もくひょう) 목표 一(ひと)つも (부정어 수반) 하나도, 조금도, 전혀 叶(かな)える 들어주다, 이루어 주다
동사의 기본형+ことができる ~할 수 있다 ~ず ~하지 않아서 正直(しょうじき) 정직 悔(くや)しい 분하다
一方(いっぽう)で 한편으로 プロ 프로 *「プロフェッショナル」의 준말 ~てから ~하고 나서, ~한 후에
~を通(とお)して ~을 통해서, ~내내 試合(しあい) 시합 出場(しゅつじょう) (경기 등에) 출전함, 참가함
동사의 ます형+続(つづ)ける 계속 ~하다 経験(けいけん) 경험 今年(ことし) 올해 初(はじ)めて 처음(으로)
すごく 굉장히, 몹시 成長(せいちょう) 성장 キャプテン 캡틴, 주장 させていただく 하다 *「する」의 겸양표현
동사의 보통형+ことで ~함으로써 動(うご)かす 움직이(게 하)다 難(むずか)しさ 어려움 感(かん)じる 느끼다
自分(じぶん) 자기, 자신, 나 以外(いがい) 이외 全(すべ)て 모두, 전부 目標(もくひょう) 목표 達成(たっせい) 달성
嬉(うれ)しい 기쁘다 顧(かえり)みる 돌이켜 보다, 회고하다 ~ほど ~정도, ~만큼 忙(いそが)しい 바쁘다
出(で)る (시합 등에) 나가다, 출전하다 残念(ざんねん)だ 아쉽다, 유감스럽다

**3番** 中学校の卒業式で校長先生が話しています。
중학교 졸업식에서 교장 선생님이 이야기하고 있습니다.

男 卒業生の皆さんは、この3年間色んな出来事があったことでしょう。授業で学んだこと、教室で失敗したこと、修学旅行で楽しかったこと、様々なことが頭に浮かぶと思います。どうか何よりも、この3年間でたくさんの人と出会ったことを思い出してください。今日を限りに卒業し、これからそれぞれ別の学校に進むわけですが、是非ともこの学校で出会った友人たちを大切にしてください。高校生になると、将来や人生というものについて深く考えるようになります。時には壁にぶつかることもあるでしょう。そんな時にはご両親や友達一人一人の顔を思い浮かべてください。一緒に悩み、相談に乗ってくれる人がたくさんいることを忘れないでください。

남 졸업생 여러분은 요 3년간 여러 일이 있었겠지요. 수업에서 배운 것, 교실에서 실수한 것, 수학여행에서 즐거웠던 것, 다양한 일이 머리에 떠오를 거라고 생각해요. 부디 무엇보다도 요 3년 동안에 많은 사람과 만난 것을 떠올려 주세요. 오늘을 끝으로 졸업해서 앞으로 각기 다른 학교에 진학하는 것이지만, 부디 이 학교에서 만난 친구들을 소중히 하세요. 고등학생이 되면 장래나 인생이라는 것에 대해 깊이 생각하게 돼요. 때로는 벽에 부딪치는 일도 있겠지요. 그럴 때는 부모님이나 친구 하나하나의 얼굴을 떠올리세요. 함께 고민하며 상담에 응해 줄 사람이 많이 있다는 것을 잊지 마세요.

校長先生は卒業生にどんなアドバイスをしていますか。

1 社会について勉強してほしい
2 これまでよりももっと勉強に頑張ってほしい
3 この学校で出会った友人たちを大切にしてほしい
4 今自分が興味を持っていることを将来の仕事にしてほしい

교장 선생님은 졸업생에게 어떤 조언을 하고 있습니까?

1 사회에 대해서 공부했으면 한다
2 지금까지보다도 더 공부에 힘썼으면 한다
3 이 학교에서 만난 친구들을 소중히 했으면 한다
4 지금 자신이 흥미를 가지고 있는 것을 장래의 일로 했으면 한다

어휘 中学校(ちゅうがっこう) 중학교 卒業式(そつぎょうしき) 졸업식 校長(こうちょう) 교장 卒業生(そつぎょうせい) 졸업생 皆(みな)さん 여러분 ～年間(ねんかん) ~년간 色(いろ)んな 여러 가지, 다양한 出来事(できごと) 일어난 일, 사건 授業(じゅぎょう) 수업 学(まな)ぶ 배우다, 익히다 教室(きょうしつ) 교실 失敗(しっぱい) 실패, 실수 修学旅行(しゅうがくりょこう) 수학여행 楽(たの)しい 즐겁다 様々(さまざま)だ 다양하다, 여러 가지다 頭(あたま)に浮(う)かぶ 머리에 떠오르다 どうか 부디, 아무쪼록 何(なに)よりも 무엇보다도 出会(であ)う 만나다, 마주치다 思(おも)い出(だ)す 떠올리다, 생각해 내다 ～を限(かぎ)りに ~을 끝으로 これから 앞으로 それぞれ (제)각기, 각각, 각자 別(べつ)の～ 다른~ 進(すす)む 나아가다, 진학하다 ～わけだ ~인 것[셈]이다 是非(ぜひ)とも 꼭, 무슨 일이 있어도 *「是非(ぜひ)」의 힘줌말 友人(ゆうじん) 친구 ～たち (사람이나 생물을 나타내는 말에 붙어) ~들 *복수 大切(たいせつ)だ 소중하다 高校生(こうこうせい) 고등학생 将来(しょうらい) 장래 人生(じんせい) 인생 ～について ~에 대해서 *내용 深(ふか)い 깊다 ～ようになる ~하게(끔) 되다 *변화 時(とき)には 때로는 壁(かべ) 벽, 난관, 장애물 ぶつかる 부딪치다 ご両親(りょうしん) (남의) 부모 一人一人(ひとりひとり) 각자, 한 사람 한 사람 顔(かお) 얼굴 思(おも)い浮(う)かべる 마음속으로 떠올리다, 생각해 내다 悩(なや)む 고민하다 相談(そうだん)に乗(の)る 상담에 응하다 ～ないでください ~하지 말아 주세요 アドバイス 조언, 충고 社会(しゃかい) 사회 ～てほしい ~해 주었으면 하다, ~하길 바라다 もっと 좀 더 頑張(がんば)る (끝까지) 노력하다, 열심히 하다 自分(じぶん) 자기, 자신, 나 興味(きょうみ) 흥미

**4番** テレビである会社の社長が話しています。
TV에서 어느 회사의 사장이 이야기하고 있습니다.

男 都市型小型食品スーパーの代表格となった私たち「ヒマワリ」は、この数年で新規出店を強化していて、2015年は5店舗、それ以降は年間10店舗ほどのペースで出店を続けています。2009年末に55店舗だった店舗は、今年3月末には122店舗になりました。スーパーの中には最近、価格競争に巻き込まれないように、独自路線に進むところもあります。それぞれの価値観、戦い方があるでしょう。ですが、お客様が「ヒマワリ」に期待していて、私たちも応えたいのは、高品質と低価格です。いつもこの二つを肝に銘じて頑張ってきたからこそ、今の成功があると思います。

남 도시형 소형 식품 슈퍼마켓의 대표격이 된 우리 '히마와리'는 요 몇 년간 신규 출점을 강화하고 있으며 2015년에는 5개 점포, 그 이후는 연간 10개 점포 정도의 페이스로 출점을 계속하고 있습니다. 2009년 말에 55개 점포였던 점포는 올해 3월 말에는 122개 점포가 되었어요. 슈퍼마켓 중에는 최근 가격 경쟁에 말려들지 않도록 독자 노선으로 나아가는 곳도 있습니다. 제각기 가치관, 싸우는 방식이 있겠지요. 하지만 고객이 '히마와리'에 기대하고 있고 우리도 부응하고 싶은 것은 고품질과 저가격입니다. 항상 이 두 가지를 명심하고 노력해 왔기 때문에 지금의 성공이 있다고 생각합니다.

この社長は成功の秘訣は何だったと言っていますか。

1 高品質と低価格に徹底したこと
2 商品の種類を大幅に増やしたこと
3 年齢に合わせた多様なサービスを実施したこと
4 他のスーパーでは見られない高級品を取り揃えたこと

이 사장은 성공의 비결은 무엇이었다고 말하고 있습니까?

1 고품질과 저가격에 철저했던 것
2 상품 종류를 대폭적으로 늘린 것
3 연령에 맞춘 다양한 서비스를 실시했던 것
4 다른 슈퍼마켓에서는 볼 수 없는 고급품을 두루 갖춘 것

어휘 ある 어느 社長(しゃちょう) 사장 都市型(としがた) 도시형 小型(こがた) 소형 食品(しょくひん) 식품 スーパー 슈퍼(마켓) *「スーパーマーケット」의 준말 代表格(だいひょうかく) 대표격 ヒマワリ 해바라기 数年(すうねん) 수년, 몇 년 新規(しんき) 신규 出店(しゅってん) 출점, 새로 가게를 냄 強化(きょうか) 강화 店舗(てんぽ) 점포 以降(いこう) 이후 年間(ねんかん) 연간 ～ほど ~정도, ~만큼 ペース 페이스 続(つづ)ける 계속하다 ～末(まつ) ~말 価格(かかく) 가격 競争(きょうそう) 경쟁 巻(ま)き込(こ)む 말려들게 하다 独自(どくじ) 독자 路線(ろせん) 노선 進(すす)む 나아가다, 전진하다 それぞれ (제)각기, 각각, 각자 価値観(かちかん) 가치관 戦(たたか)う 싸우다 동사의 ます형+方(かた) ~하는 방법[방식] ですが 하지만, 그런데 *「だが」의 공손한 말씨 お客様(きゃくさま) 손님, 고객 期待(きたい) 기대 応(こた)える 부응하다 高品質(こうひんしつ) 고품질 低価格(ていかかく) 저가격 肝(きも)に銘(めい)じる 마음에 깊이 새기다, 명심하다 頑張(がんば)る (끝까지) 노력하다, 열심히 하다 成功(せいこう) 성공 秘訣(ひけつ) 비결 徹底(てってい) 철저 商品(しょうひん) 상품 種類(しゅるい) 종류 大幅(おおはば)に 대폭적으로, 큰 폭으로 増(ふ)やす 늘리다 年齢(ねんれい) 연령 合(あ)わせる 맞추다 多様(たよう)だ 다양하다 サービス 서비스 実施(じっし) 실시 他(ほか)の～ 다른~ 高級品(こうきゅうひん) 고급품 取(と)り揃(そろ)える 두루 갖추다

**5番** テレビでアナウンサーが話しています。
TV에서 아나운서가 이야기하고 있습니다.

**女** サムギョプサルにタッカルビ、ビビンバにサムゲタンなど、日本でも大人気の韓国料理。韓国は日本と最も近い国だけに、似通った食文化を持っていますが、やはり所変われば品変わるもので、日本とは異なる食事の習慣やマナーが韓国には存在します。まず、茶碗を手に持って食べる日本に対し、重くて熱を通しやすいステンレス製の食器が使われる韓国では、器は食卓に置いたまま、スプーンで食べる習慣があります。また、日本の場合は、食事をする際には箸を横向きに置きますが、韓国では箸とスプーンを縦に置くことが食事マナーです。なお、箸とスプーンを一緒に使用するのはマナー違反になるため、注意しましょう。

**여** 삼겹살에 닭갈비, 비빔밥에 삼계탕 등 일본에서도 큰 인기인 한국 요리. 한국은 일본과 가장 가까운 나라인 만큼 비슷한 식문화를 가지고 있습니다만, 역시 지역이 다르면 풍속·습관이 다른 법으로 일본과는 다른 식사 습관이나 매너가 한국에는 존재합니다. 우선 밥공기를 손에 들고 먹는 일본과는 대조적으로 무겁고 열이 잘 통하는 스테인리스제 식기가 사용되는 한국에서는 그릇은 식탁에 둔 채로 숟가락으로 먹는 습관이 있습니다. 또 일본의 경우에는 식사를 할 때는 젓가락을 가로 방향으로 둡니다만, 한국에서는 젓가락과 숟가락을 세로로 두는 것이 식사 매너입니다. 또한 젓가락과 숟가락을 함께 사용하는 것은 매너에 어긋나므로 주의합시다.

アナウンサーは主に何について話していますか。
1 韓国の食事マナー
2 韓国人の衣食住
3 韓国の見所
4 日本人が好きな韓国の食べ物

아나운서는 주로 무엇에 대해서 이야기하고 있습니까?
1 한국의 식사 매너
2 한국인의 의식주
3 한국의 볼 만한 곳
4 일본인이 좋아하는 한국 음식

**어휘** アナウンサー 아나운서 サムギョプサル 삼겹살 タッカルビ 닭갈비 ビビンバ 비빔밥 サムゲタン 삼계탕 大人気(だいにんき) 대인기, 큰 인기 韓国(かんこく) 한국 料理(りょうり) 요리 最(もっと)も 가장, 제일 近(ちか)い 가깝다 国(くに) 나라 ～だけに ～만큼 似通(にかよ)う 서로 많이 닮다, 서로 비슷하다 食文化(しょくぶんか) 식문화 やはり 역시 所変(ところか)われば品変(しなか)わる 지역이 다르면 풍속·습관이 다르다 ～ものだ ～인 법[것]이다 *상식·진리·본성 異(こと)なる 다르다 食事(しょくじ) 식사 習慣(しゅうかん) 습관 マナー 매너, 예절 存在(そんざい) 존재 まず 우선 茶碗(ちゃわん) 밥공기 手(て)に持(も)つ 손에 들다 ～に対(たい)し ～와는 대조적으로 *대조·대비 重(おも)い 무겁다 熱(ねつ)を通(とお)す 열을 통하게 하다 동사의 ます형+やすい ～하기 쉽다 ステンレス製(せい) 스테인리스제 食器(しょっき) 식기 器(うつわ) 그릇, 용기 食卓(しょくたく) 식탁 置(お)く 놓다, 두다 동사의 た형+まま ～한 채로 スプーン 스푼, 숟가락 ～際(さい) ～(할) 때 箸(はし) 젓가락 横向(よこむ)き 옆으로 향함, 가로 방향 縦(たて) 세로 なお 또한 使用(しよう) 사용 違反(いはん) 위반 注意(ちゅうい) 주의 衣食住(いしょくじゅう) 의식주 見所(みどころ) 볼 만한 곳 食(た)べ物(もの) 음식

**6番** ラジオで医者が話しています。
라디오에서 의사가 이야기하고 있습니다.

男 泣き止まない赤ちゃんにお母さんの心音を聞かせると、ぴたりと泣き止んで機嫌がよくなったり、気持ちよさそうに眠ったりします。これは、胎児の時にずっと聞いていた懐かしい音であり、一番安心できる音だからでしょう。お母さんの胸に抱かれると、心地よさそうにするのも同じ理由です。お母さん自身もそれがわかっているのか、心臓のある左胸に赤ちゃんを抱く割合が多いようです。世界中で聞かれる太鼓の音というのも、動物が走るひづめの音か、人間の心音に似ているそうです。ある実験によると、メトロノームを好きなようにセットさせると、大半の人が、1分間に50から60の位置に目盛りを合わせるといいます。この数字は正に人間の1分間の心拍数と同じなのです。

남 울음을 그치지 않는 아기에게 어머니의 심장 고동소리를 들려주면 뚝 울음을 그치고 기분이 좋아지거나 기분 좋은 듯이 자거나 합니다. 이것은 태아 때 쭉 들었던 그리운 소리이고 가장 안심할 수 있는 소리이기 때문이겠죠. 어머니의 품에 안기면 기분이 좋아지는 것도 같은 이유입니다. 어머니 자신도 그것을 알고 있는지 심장이 있는 왼쪽 가슴에 아기를 안는 비율이 많은 것 같습니다. 전 세계에서 들을 수 있는 북소리라는 것도 동물이 달리는 발굽 소리나 인간의 심장 고동소리와 비슷하다고 합니다. 한 실험에 따르면 메트로놈을 마음대로 설정시키면 대부분의 사람이 1분 동안 50~60의 위치에 눈금을 맞춘다고 합니다. 이 숫자는 바로 인간의 1분 동안의 심박수와 같은 것입니다.

医者は何について話していますか。
1 自然界の音
2 音の種類と波動
3 音を区別する方法
4 人が一番安心できる音

의사는 무엇에 대해서 이야기하고 있습니까?
1 자연계의 소리
2 소리의 종류와 파동
3 소리를 구별하는 방법
4 사람이 가장 안심할 수 있는 소리

**어휘** ラジオ 라디오 医者(いしゃ) 의사 泣(な)き止(や)む 울음을 그치다 赤(あか)ちゃん 아기 お母(かあ)さん 어머니 心音(しんおん) 심음, 심장의 고동소리 聞(き)かせる 들려주다 ぴたりと 딱, 뚝 *갑자기 그치는 모양 機嫌(きげん) 기분 気持(きも)ち 기분, 마음 眠(ねむ)る 자다, 잠들다 胎児(たいじ) 태아 ずっと 쭉, 계속 懐(なつ)かしい 그립다 音(おと) 소리 一番(いちばん) 가장, 제일 安心(あんしん) 안심 胸(むね) 가슴 抱(だ)く 안다 心地(ここち)よい 기분 좋다 自身(じしん) 자신 *체언에 접속하여 그 말을 강조함 心臓(しんぞう) 심장 左胸(ひだりむね) 왼쪽 가슴 割合(わりあい) 비율 世界中(せかいじゅう) 전 세계 太鼓(たいこ) 북 動物(どうぶつ) 동물 走(はし)る 달리다 ひづめ 발굽 人間(にんげん) 인간 似(に)る 닮다, 비슷하다 ある 어느, 어떤 実験(じっけん) 실험 ～によると ～에 의하면[따르면] メトロノーム 메트로놈 *악곡의 박절(拍節)을 측정하거나 템포를 나타내는 기구 セット 세트, 설정함 大半(たいはん) 대부분, 과반 位置(いち) 위치 目盛(めも)り (저울·자 등의) 눈금 合(あ)わせる 맞추다 数字(すうじ) 숫자 正(まさ)に 바로, 틀림없이 心拍数(しんぱくすう) 심박수 同(おな)じだ 같다 自然界(しぜんかい) 자연계 種類(しゅるい) 종류 波動(はどう) 파동 区別(くべつ) 구별 方法(ほうほう) 방법 安心(あんしん) 안심

## 問題3

問題3では、問題用紙に何も印刷されていません。この問題は、全体としてどんな内容かを聞く問題です。話の前に質問はありません。まず話を聞いてください。それから、質問とせんたくしを聞いて、1から4の中から、最もよいものを一つ選んでください。

― メモ ―

# 확인 문제 2 • 스크립트 및 해석(개요 이해)

**1番** テレビでレポーターが話しています。
TV에서 리포터가 이야기하고 있습니다.

**女** 日暮里駅前の再開発は、2007年から2009年にかけて行われました。駅前にステーションガーデンタワー、ステーションプラザタワー、サンマークシティー日暮里ステーションポートタワーの3棟の高層ビルが建って眺望は一転しました。ただ、この再開発は、地元の人には残念な再開発と言われているといいます。なぜなら、3棟の高層ビルは集合住宅がメーンで、オフィスやショッピング用途ではなく、店舗エリアも統一感があるものではなかったためです。日暮里で一番再開発してほしかった駅周辺のアクセスの不便さを改善することはありませんでした。

**여** 닛포리역 앞 재개발은 2007년부터 2009년에 걸쳐 실시되었습니다. 역 앞에 스테이션 가든타워, 스테이션 플라자타워, 선마크시티 닛포리 스테이션 포트타워 세 동의 고층 빌딩이 세워져 조망은 완전히 바뀌었습니다. 다만 이 재개발은 지역 사람에게는 유감스러운 재개발이라고들 한다고 합니다. 왜냐하면 세 동의 고층 빌딩은 집합주택이 메인으로 사무실이나 쇼핑 용도가 아니고 점포 지역도 통일감이 있는 것은 아니었기 때문입니다. 닛포리에서 가장 재개발해 주길 바랐던 역 주변의 교통 접근성의 불편함을 개선하는 일은 없었습니다.

レポーターは何について話していますか。
1 日暮里が栄えた理由
2 日暮里再開発が残念な理由
3 日暮里が住宅地として人気のある理由
4 日暮里の開発がなかなか進まない理由

리포터는 무엇에 대해서 이야기하고 있습니까?
1 닛포리가 번창한 이유
2 닛포리 재개발이 유감스러운 이유
3 닛포리가 주택지로 인기가 있는 이유
4 닛포리 개발이 좀처럼 진척되지 않는 이유

**어휘** レポーター 리포터 日暮里(にっぽり) 닛포리 *지명 駅前(えきまえ) 역 앞 再開発(さいかいはつ) 재개발 ～から～にかけて ～부터 ～에 걸쳐서 行(おこな)う 하다, 행하다, 실시하다 ステーション 스테이션, 역 ガーデンタワー 가든타워 プラザタワー 플라자타워 サンマークシティー 선마크시티 ～棟(とう) ～동 *규모가 큰 집채를 세는 단위 高層(こうそう)ビル 고층 빌딩 建(た)つ (건물 등이) 서다, 세워지다 眺望(ちょうぼう) 조망 一転(いってん) 일전, 일변, 완전히 바뀜 ただ 단, 다만 地元(じもと) 그 고장, 그 지방 残念(ざんねん)だ 아쉽다, 유감스럽다 ～と言(い)われている ～라고 하다, ～라고들 하다 なぜなら 왜냐하면 集合住宅(しゅうごうじゅうたく) 집합주택, 공동주택 *한 채의 건물에 독립된 세대의 여러 주택이 모여 있는 구조의 주택 メーン 메인 オフィス 오피스, 사무실 ショッピング 쇼핑 用途(ようと) 용도 店舗(てんぽ) 점포 エリア 지역, 구역 統一感(とういつかん) 통일감 ため 때문 ～てほしい ～해 주었으면 하다, ～하길 바라다 周辺(しゅうへん) 주변 アクセス 교통수단의 연락, 접근 不便(ふべん)さ 불편함 改善(かいぜん) 개선 栄(さか)える 번창하다, 번영하다 住宅地(じゅうたくち) 주택지 人気(にんき) 인기 なかなか (부정어 수반) 좀처럼 進(すす)む 나아가다, 진척되다

**2番** 男の人が留守番電話のメッセージを聞いています。
남자가 자동 응답 전화기의 메시지를 듣고 있습니다.

**女** もしもし、橋本さん? いつも大変お世話になっております。株式会社三重、営業課の鈴木でございます。さて、本日は日本大学教授田中先生をお招きしての講演会の開催についてご連絡いたしました。田中先生には、今後のＩＴ業界の未来についてご講演いただく予定です。ご多用のことと存じますが、ご参加いただけますと幸いでございます。当日の座席及びお飲み物の準備がございますため、事前にご参加人数を把握したく存じます。お忙しいところ、大変お手数ではございますが、ご参加の可否についてお知らせください。それでは、よろしくお願いいたします。

**여** 여보세요. 하시모토 씨? 항상 대단히 신세 지고 있습니다. 주식회사 미에 영업과의 스즈키입니다. 다름이 아니라 오늘은 니혼대학 교수이신 다나카 교수님 초빙 강연회 개최에 대해 연락드렸습니다. 다나카 교수님께서는 앞으로의 IT 업계의 미래에 대해서 강연해 주실 예정입니다. 바쁘시리라 생각합니다만, 참가해 주시면 감사하겠습니다. 당일 좌석 및 음료 준비가 있기 때문에 사전에 참가 인원수를 파악하고 싶습니다. 바쁘신 와중에 대단히 번거로우시겠지만, 참가 여부에 대해 알려 주십시오. 그럼, 잘 부탁드립니다.

女の人が電話で伝えたいことは何ですか。
1 講演会の司会を務めてほしい
2 講演会の日程を変更してほしい
3 講演会で講演をしてほしい
4 講演会の参加の可否を教えてほしい

여자가 전화로 전하고 싶은 것은 무엇입니까?
1 강연회 사회를 맡아 주었으면 한다
2 강연회 일정을 변경했으면 한다
3 강연회에서 강연을 해 주었으면 한다
4 강연회 참가 여부를 알려 주었으면 한다

어휘 留守番電話(るすばんでんわ) 자동 응답 전화기 メッセージ 메시지 もしもし 여보세요 大変(たいへん) 대단히, 매우
お世話(せわ)になる 신세를 지다 ～ておる ~하고 있다 *「～ている」의 겸양표현 株式会社(かぶしきがいしゃ) 주식회사
営業課(えいぎょうか) 영업과 ～でございます ~입니다 *「～です」의 정중한 표현 さて 국면을 바꿔 화제를 바꿀 때 쓰는 말
本日(ほんじつ) 금일, 오늘 *「今日(きょう)」의 격식 차린 말씨 教授(きょうじゅ) 교수
お+동사의 ます형+する ~하다, ~해 드리다 *겸양표현 招(まね)く 초빙하다 講演会(こうえんかい) 강연회
開催(かいさい) 개최 ～について ~에 대해서 *내용 ご+한자명사+いたす ~하다, ~해 드리다 *겸양표현 連絡(れんらく) 연락
今後(こんご) 금후, 앞으로 業界(ぎょうかい) 업계 未来(みらい) 미래
ご+한자명사+いただく (남에게) ~해 받다, (남이) ~해 주시다 *겸양표현 講演(こうえん) 강연 予定(よてい) 예정
多用(たよう) 바쁨, 다망함 存(ぞん)じる 생각하다 *「考(かんが)える · 思(おも)う」의 겸양어 参加(さんか) 참가
幸(さいわ)い 다행 当日(とうじつ) 당일 座席(ざせき) 좌석 及(およ)び 및 飲(の)み物(もの) 음료, 마실 것 準備(じゅんび) 준비
ござる 있다 *「ある」의 정중어 事前(じぜん)に 사전에 人数(にんずう) 인원수 把握(はあく) 파악 忙(いそが)しい 바쁘다
ところ 때, 처지, 형편 手数(てすう) 수고, 귀찮음 可否(かひ) 가부, 여부 お+동사의 ます형+ください ~해 주십시오 *존경표현
知(し)らせる 알리다 お+동사의 ます형+いたす ~하다, ~해 드리다 *겸양표현 電話(でんわ) 전화 伝(つた)える 전하다
司会(しかい) 사회 務(つと)める (임무를) 맡다 ～てほしい ~해 주었으면 하다, ~하길 바라다 日程(にってい) 일정
変更(へんこう) 변경 教(おし)える 가르치다, 알려 주다

**3番** テレビで科学者が話しています。
TV에서 과학자가 이야기하고 있습니다.

男 動物をよく観察すると、どちらかと言うと肉食動物は胴が小さくて細めなのに対して、草食動物の方は太くて長めなことに気付くでしょう。理由はもちろん、獲物を捕まえて餌を得るものと、木の葉や草を餌にするものの、それぞれに要求される体の条件が違うことにあります。しかし、草食動物が大きな胴をしていては、襲われて逃げるのにはいかにも不向きです。必要性ということでなら、なぜ、もっと小さくなるように進化しなかったのでしょうか。実は、植物のように消化しにくいものを食べて生きていくためには長い腸が必要であるという、もう一つの必要性がそうさせたのです。

남 동물을 잘 관찰하면 어느 쪽인가 하면 육식동물은 몸통이 작고 가느스름한 것과는 대조적으로 초식동물 쪽은 굵고 약간 긴 것을 알 수 있을 것입니다. 이유는 물론 사냥감을 잡아서 먹이를 얻는 것과 나뭇잎이나 풀을 먹이로 하는 것의, 각각에 요구되는 신체 조건이 다른 것에 있습니다. 그러나 초식동물이 큰 몸집을 하고 있으면 습격을 받아 도망치는 데에는 아무리 봐도 적합하지 않습니다. 필요성이라는 것에서라면 왜 좀 더 작아지도록 진화하지 않았던 걸까요? 실은 식물처럼 소화하기 힘든 것을 먹고 살아가기 위해서는 긴 장이 필요하다는 또 하나의 필요성이 그렇게 만든 것입니다.

科学者は何について話していますか。
1 草食動物の胴が大きい理由
2 草食動物の毛が長い理由
3 肉食動物が冬眠をする理由
4 肉食動物の犬歯が発達している理由

과학자는 무엇에 대해서 이야기하고 있습니까?
1 초식동물의 몸통이 큰 이유
2 초식동물의 털이 긴 이유
3 육식동물이 동면을 하는 이유
4 육식동물의 송곳니가 발달되어 있는 이유

어휘 科学者(かがくしゃ) 과학자 動物(どうぶつ) 동물 観察(かんさつ) 관찰 どちらかと言(い)うと 어느 쪽인가 하면
肉食(にくしょく) 육식 胴(どう) 몸통, 몸체 小(ちい)さい 작다 細(ほそ)め 가느스름함
~に対(たい)して ~와는 대조적으로 *대조·대비 草食(そうしょく) 초식 太(ふと)い 굵다 長(なが)め 약간 긴 듯함
気付(きづ)く 깨닫다, 알아차리다 理由(りゆう) 이유 ~はもちろん ~은 물론이고 獲物(えもの) 사냥감
捕(つか)まえる 잡다, 붙잡다 餌(えさ) 먹이 得(え)る 얻다 木(こ)の葉(は) 나뭇잎 草(くさ) 풀 それぞれ (제)각기, 각각, 각자
要求(ようきゅう) 요구 体(からだ) 몸, 신체 条件(じょうけん) 조건 違(ちが)う 다르다 大(おお)きな 큰
襲(おそ)う (달갑지 않은 것이) 덮치다, 습격하다 逃(に)げる 도망치다 いかにも 아무리 생각해도[봐도] 不向(ふむ)き 적합하지 않음
必要性(ひつようせい) 필요성 なぜ 왜, 어째서 もっと 좀 더 進化(しんか) 진화 実(じつ)は 실은 植物(しょくぶつ) 식물
消化(しょうか) 소화 동사의 ます형+にくい ~하기 어렵다[힘들다] 生(い)きる 살다, 살아가다 ~ためには ~하기 위해서는
腸(ちょう) 장, 창자 毛(け) 털 冬眠(とうみん) 동면 犬歯(けんし) 송곳니 発達(はったつ) 발달

**4番** ツアーガイドがお城の前で話しています。
단체여행 가이드가 성 앞에서 이야기하고 있습니다.

**女** 世界各地から訪れてくる観光客を虜にする兵庫県姫路市にある「姫路城」。1951年に国宝に指定され、1993年には奈良の法隆寺と共に、日本で初めてのユネスコ世界文化遺産に登録されました。今日は皆さんに日本に来たなら、是非一度は訪れたがっている姫路城の魅力をご紹介します。まず、姫路城は改修されてからあまり年月が経っていないため、白鷺城と呼ばれるに相応しく真っ白なお城です。この白い姫路城と青空とのコントラストが壮観ですね。誰もが姫路城を訪れて満足して帰る理由がこれです。次に、姫路城の天守閣を登るには、少しきつい階段を登る必要があるので、相応の覚悟が必要ですが、屋上から見える景色は圧巻です。最後に、姫路城はライトアップがされるので、光に照らされる白い姫路城を夜にも見ることができます。桜の咲いている季節に訪れるなら、うっとり眺めてしまうことは間違いありません。夜に出向くなら、昼とはまた違った姫路城の良さを知ることができるでしょう。

**여** 세계 각지에서 찾아오는 관광객을 포로로 만드는 효고현 히메지시에 있는 '히메지성'. 1951년에 국보로 지정되었고, 1993년에는 나라(奈良)의 호류지와 함께 일본에서 첫 유네스코 세계문화유산에 등록되었습니다. 오늘은 여러분께 일본에 오면 꼭 한 번은 방문하고 싶어 하는 히메지성의 매력을 소개하겠습니다. 우선 히메지성은 보수되고 나서 그다지 세월이 지나지 않았기 때문에 하쿠로성이라고 불리는 것에 어울리게 새하얀 성입니다. 이 하얀 히메지성과 파란 하늘과의 대비가 장관이죠. 누구나 히메지성을 방문하고 만족해서 돌아가는 이유가 이것입니다. 다음으로 히메지성의 천수각을 오르려면 조금 힘든 계단을 오를 필요가 있기 때문에 걸맞는 각오가 필요한데요, 옥상에서 보이는 경치는 압권입니다. 마지막으로 히메지성은 야간 조명이 비춰지기 때문에 빛에 비치는 하얀 히메지성을 밤에도 볼 수 있습니다. 벚꽃이 피어 있는 계절에 방문하면 넋을 잃고 바라보고 말 것임은 틀림없습니다. 밤에 간다면 낮과는 또 다른 히메지성의 훌륭함을 알 수 있을 것입니다.

ツアーガイドは主に何について話していますか。
1 姫路城の歴史
2 姫路城の魅力
3 姫路城へのアクセス
4 姫路城の中の文化財

단체여행 가이드는 주로 무엇에 대해서 이야기하고 있습니까?
1 히메지성의 역사
2 히메지성의 매력
3 히메지성으로 가는 교통수단
4 히메지성 안의 문화재

어휘 ツアー 투어, (여행사 등에서 기획한) 단체여행 ガイド 가이드, 안내자 城(しろ) 성 世界(せかい) 세계 各地(かくち) 각지 訪(おとず)れる 방문하다 観光客(かんこうきゃく) 관광객 虜(とりこ)にする 포로로 하다 兵庫県(ひょうごけん) 효고현 *지명 姫路市(ひめじし) 히메지시 *지명 国宝(こくほう) 국보 指定(してい) 지정 奈良(なら) 나라 *지명 法隆寺(ほうりゅうじ) 호류지 *나라(奈良)에 있는 현존 최고의 목조 건축물 ～と共(とも)に ～와 함께 初(はじ)めての～ 첫～ ユネスコ世界文化遺産(せかいぶんかいさん) 유네스코 세계문화유산 *세계유산협약에 따라 유네스코에서 보호해야 할 가치가 있다고 지정한 문화유산 登録(とうろく) 등록 ～なら ～하면 是非(ぜひ) 꼭 동사의 ます형+たがる (제삼자가) ～하고 싶어 하다 魅力(みりょく) 매력 ご+한자명사+する ～하다, ～해 드리다 *겸양표현 紹介(しょうかい) 소개 まず 우선 改修(かいしゅう) 개수, 보수 ～てから ～하고 나서, ～한 후에 あまり (부정어 수반) 그다지, 별로 年月(ねんげつ) 연월, 세월 経(た)つ (시간이) 지나다, 경과하다 白鷺城(はくろじょう) 하쿠로성 *「姫路城(ひめじじょう)」(히메지성)의 별칭 呼(よ)ぶ 부르다 相応(ふさわ)しい 어울리다 真(ま)っ白(しろ)だ 새하얗다 青空(あおぞら) 창공, 푸른 하늘 コントラスト 콘트라스트, 대조, 대비 壮観(そうかん) 장관 誰(だれ)もが 누구나 満足(まんぞく) 만족 帰(かえ)る 돌아가다 天守閣(てんしゅかく) 천수각 *성 중심부에 위치한 망루 登(のぼ)る 오르다 ～には ～하려면 きつい 힘들다 階段(かいだん) 계단 相応(そうおう) 상응, 걸맞음 覚悟(かくご) 각오 屋上(おくじょう) 옥상 見(み)える 보이다 景色(けしき) 경치 圧巻(あっかん) 압권 最後(さいご) 최후, 마지막 ライトアップ 라이트 업 *역사적 건조물이나 정원·다리 등에 야간 조명을 비춰 밤 경관을 아름답게 연출하는 일 光(ひかり) 빛 照(て)らす (빛을) 비추다, 밝히다 夜(よる) 밤 桜(さくら) 벚꽃 咲(さ)く (꽃이) 피다 季節(きせつ) 계절 うっとり 넋을 잃고, 황홀하게 眺(なが)める 바라보다 間違(まちが)いない 틀림없다 出向(でむ)く (목적지로) 가다, 나가다 昼(ひる) 낮 違(ちが)う 다르다 良(よ)さ 좋음, 좋은 정도 歴史(れきし) 역사 アクセス 교통수단의 연락, 접근 文化財(ぶんかざい) 문화재

5番 ラジオで男の人が話しています。
라디오에서 남자가 이야기하고 있습니다.

男 買い置きしていた電池を使おうとしたら、寿命が切れていたというようなことはありませんか。使わないでいても、乾電池の力はどんどん弱くなってしまいます。どうしてなんでしょう。空気が伝わって、プラス極とマイナス極の間に電気が流れているのでしょうか。その秘密は、乾電池が化学反応によって電気を作り出しているというところにあります。電気を流さないでおいても、化学反応は少しずつ起こってしまいます。それで、電池が減ってしまうのです。ちなみに、気温が低いと化学反応の進みが抑えられるため、涼しいところに保存しておくと、やや長持ちします。また、長時間使い続けるよりも、休ませながら少しずつ使った方が長持ちさせることができます。

남 (여분으로) 사 두었던 전지를 사용하려고 하니 수명이 다 되어 있었다와 같은 적은 없습니까? 사용하지 않고 있어도 건전지의 힘은 점점 약해져 버립니다. 왜일까요? 공기가 전해져 플러스극과 마이너스극 사이에 전기가 흐르고 있는 것일까요? 그 비밀은 건전지가 화학 반응에 의해 전기를 만들어 내고 있다는 점에 있습니다. 전기를 흐르게 하지 않고 두어도 화학 반응은 조금씩 일어나 버립니다. 그래서 전지가 줄어 버리는 것입니다. 덧붙여 기온이 낮으면 화학 반응 진행이 억제되기 때문에 서늘한 곳에 보존해 두면 조금 오래갑니다. 또한 장시간 계속 사용하는 것보다도 쉬게 하면서 조금씩 사용하는 편이 오래 쓸 수 있습니다.

男の人は何について話していますか。
1 乾電池の仕組みと電圧
2 乾電池の正しい捨て方
3 円筒形乾電池とコイン形乾電池の違い
4 使わないのに乾電池が減ってしまう理由

남자는 무엇에 대해서 이야기하고 있습니까?
1 건전지의 구조와 전압
2 건전지의 올바른 폐기법
3 원통형 건전지와 코인형 건전지의 차이
4 사용하지 않는데도 건전지가 줄어 버리는 이유

**어휘** ラジオ 라디오 買(か)い置(お)き (많이) 사 놓는 것, 또는 그런 물건 電池(でんち) 전지 使(つか)う 쓰다, 사용하다 寿命(じゅみょう) 수명. (물건 등이) 사용에 견디는 기간 切(き)れる 떨어지다, 다 되다 乾電池(かんでんち) 건전지 力(ちから) [물리] 힘 どんどん 점점 弱(よわ)い 약하다 どうして 왜, 어째서 空気(くうき) 공기 伝(つた)わる 전해지다 プラス極(きょく) 플러스극 マイナス極(きょく) 마이너스극 間(あいだ) 사이 電気(でんき) 전기 流(なが)れる 흐르다 秘密(ひみつ) 비밀 化学(かがく) 화학 反応(はんのう) 반응 ~によって ~에 의해서, ~에 따라서 作(つく)り出(だ)す 만들어 내다, 생산하다 ところ 부분, 점, 데 流(なが)す 전기가 흐르게 하다 ~て[で]おく ~해 놓다[두다] 少(すこ)し 조금 ~ずつ ~씩 起(お)こる 일어나다, 발생하다 それで 그래서 減(へ)る 줄다, 줄어들다 ちなみに 덧붙여서 (말하면) 気温(きおん) 기온 低(ひく)い 낮다 進(すす)み 나아감, 진행 抑(おさ)える 억제하다 涼(すず)しい 시원하다 保存(ほぞん) 보존, 저장 やや 약간, 조금 長持(ながも)ち 오래감, 오래 씀 長時間(ちょうじかん) 장시간 동사의 ます형+続(つづ)ける 계속 ~하다 休(やす)む 쉬다 동사의 ます형+ながら ~하면서 *동시동작 동사의 기본형+ことができる ~할 수 있다 仕組(しく)み 구조, 짜임 電圧(でんあつ) 전압 正(ただ)しい 옳다, 바르다 捨(す)てる 버리다 동사의 ます형+方(かた) ~하는 방법[방식] 円筒形(えんとうけい) 원통형 コイン 코인, 동전 違(ちが)い 차이 ~のに ~는데(도)

6番 テレビのニュースでアナウンサーが話しています。
TV 뉴스에서 아나운서가 이야기하고 있습니다.

女 先日、東京にある大手不動産会社が東京都内で住みやすいと言える町1位から10位までを発表しました。調査は治安の良さや交通の便、教育、医療、買い物環境の良さなど、様々な観点を考慮して行われました。その結果、1位は練馬区となりました。練馬区は交通の便が良く、大型商業施設が2店舗あって買い物にも便利な所です。それに、単身向けの物件が多いのも特徴の一つです。2位は大山でした。大山は池袋駅まで5分で行けるし、それに他の地域に比べて物価が安くて買い物しやすいと言われています。また、昔ながらの雰囲気が味わえる所としても有名です。

여 얼마 전 도쿄에 있는 대형 부동산회사가 도쿄 도내에서 살기 편하다고 할 수 있는 동네 1위부터 10위까지를 발표했습니다. 조사는 양호한 치안과 교통편, 교육, 의료, 양호한 쇼핑 환경 등 여러 관점을 고려해서 실시되었습니다. 그 결과 1위는 네리마구였습니다. 네리마구는 교통편이 좋고 대형 상업 시설이 두 점포가 있어서 쇼핑에도 편리한 곳입니다. 게다가 독신자 대상의 물건이 많은 것도 특징 중 하나입니다. 2위는 오야마였습니다. 오야마는 이케부쿠로역까지 5분이면 갈 수 있고, 게다가 다른 지역에 비해서 물가가 싸서 쇼핑하기 편하다고 합니다. 또 옛날 그대로의 분위기를 맛볼 수 있는 곳으로도 유명합니다.

アナウンサーは何について話していますか。
1 住みやすい住宅の条件
2 東京都が行ったアンケートの結果
3 東京都23区別の特徴と住みやすさの程度
4 東京都内で住みやすい町に関する調査の結果

아나운서는 무엇에 대해서 이야기하고 있습니까?
1 살기 편한 주택의 조건
2 도쿄도가 실시한 앙케트 결과
3 도쿄도 23구별 특징과 살기 편함의 정도
4 도쿄 도내에서 살기 편한 동네에 관한 조사 결과

어휘 ニュース 뉴스 アナウンサー 아나운서 先日(せんじつ) 요전, 전번 大手(おおて) (시장에서의) 큰손, 대형 不動産会社(ふどうさんがいしゃ) 부동산회사 都内(とない) 도내 *도쿄도(東京都)의 중심 지역(23개의 구(區)로 나뉨) 住(す)む 살다, 거주하다 동사의 ます형+やすい ~하기 쉽다[편하다] 町(まち) 마을, 동네 ~位(い) ~위 *등급 ~から~まで ~에서 ~까지 発表(はっぴょう) 발표 調査(ちょうさ) 조사 治安(ちあん) 치안 良(よ)さ 좋음 交通(こうつう)の便(べん) 교통편 教育(きょういく) 교육 医療(いりょう) 의료 買(か)い物(もの) 쇼핑 環境(かんきょう) 환경 様々(さまざま)だ 다양하다, 여러 가지다 観点(かんてん) 관점 考慮(こうりょ) 고려 行(おこな)う 하다, 행하다, 실시하다 結果(けっか) 결과 練馬区(ねりまく) 네리마구 *지명 大型(おおがた) 대형 商業(しょうぎょう) 상업 施設(しせつ) 시설 店舗(てんぽ) 점포 便利(べんり)だ 편리하다 それに 게다가 単身(たんしん) 단신, 혼자 ~向(む)け ~용, ~대상 物件(ぶっけん) (토지나 건물 등의) 물건 特徴(とくちょう) 특징 大山(おおやま) 오야마 *지명 池袋(いけぶくろ) 이케부쿠로 *지명 他(ほか)の~ 다른~ 地域(ちいき) 지역 ~に比(くら)べて ~에 비해서 物価(ぶっか) 물가 安(やす)い 싸다 ~と言(い)われている ~라고 하다, ~라고들 하다 昔(むかし)ながら 옛날 그대로 雰囲気(ふんいき) 분위기 味(あじ)わう 맛보다 有名(ゆうめい)だ 유명하다 住宅(じゅうたく) 주택 条件(じょうけん) 조건 アンケート 앙케트 동사의 ます형+やすさ ~하기 쉬움 程度(ていど) 정도 ~に関(かん)する ~에 관한

## 확인 문제 3 • 개요 이해

# 問題 3

問題 3では、問題用紙に何も印刷されていません。この問題は、全体としてどんな内容かを聞く問題です。話の前に質問はありません。まず話を聞いてください。それから、質問とせんたくしを聞いて、1から4の中から、最もよいものを一つ選んでください。

― メモ ―

# 확인 문제 3 • 스크립트 및 해석(개요 이해)

**1番** テレビでアナウンサーが話しています。
TV에서 아나운서가 이야기하고 있습니다.

**女** 世の中には5、6時間しか眠らなくても元気な人がいますが、反対に、9時間以上眠らなければ頭がぼうっとしてしまう人もいます。この差は、何が違うために生じるものなのでしょうか。実験によると、ぐっすり熟睡している時間は、眠りの長い人でも短い人でも違いはなく、むしろ眠りの短い人の方がいくらか長い傾向があるそうです。ということは、眠りの短い人は、量を質でカバーしているのです。それならいっそ熟睡以外の睡眠時間をできる限り減らして活動に回してしまえば有効なのではないかと思えますが、熟睡以外の睡眠を減らすと、何日か後に「跳ね返り現象」が出て、結局そこで長時間の睡眠を取ることになります。普通の日には5時間そこそこしか眠らないのに、週末には午後まで寝ているという人が多いのもこんな根拠があるのです。

**여** 세상에는 대여섯 시간밖에 안 자도 활력이 넘치는 사람이 있습니다만, 반대로 아홉 시간 이상 자지 않으면 머리가 멍해져 버린다는 사람도 있습니다. 이 차이는 무엇이 다르기 때문에 생기는 것일까요? 실험에 의하면 푹 숙면하는 시간은 수면이 긴 사람이나 짧은 사람이나 차이는 없고, 오히려 수면이 짧은 사람 쪽이 다소 긴 경향이 있다고 합니다. 그렇다는 것은 수면이 짧은 사람은 양을 질로 커버하고 있는 것입니다. 그렇다면 차라리 숙면 이외의 수면 시간을 가능한 한 줄여서 활동으로 돌려 버리면 효과적이지 않을까 하고 생각되지만, 숙면 이외의 수면을 줄이면 며칠 후에 '반동 현상'이 나타나고, 결국 그래서 장시간의 수면을 취하게 됩니다. 평일에는 다섯 시간 정도밖에 자지 않는데 주말에는 오후까지 잔다는 사람이 많은 것도 이런 근거가 있는 것입니다.

アナウンサーは何について話していますか。
1 人がなぜ夢を見るのか
2 毎日熟睡するためには何が必要なのか
3 早寝の習慣はどうやって身に付けられるのか
4 睡眠時間が長い人と短い人はどこが違うのか

아나운서는 무엇에 대해서 이야기하고 있습니까?
1 사람이 왜 꿈을 꾸는 것인가
2 매일 숙면하기 위해서는 무엇이 필요한 것인가
3 일찍 자는 습관은 어떻게 몸에 밸 수 있는가
4 수면 시간이 긴 사람과 짧은 사람은 어디가 다른 것인가

**어휘** アナウンサー 아나운서 世(よ)の中(なか) 세상 ～しか (부정어 수반) ～밖에 眠(ねむ)る 자다, 잠들다 元気(げんき)だ 건강하다, 활력이 넘치다 反対(はんたい) 반대 以上(いじょう) 이상 頭(あたま) 머리 ぼうっと (「～する」의 꼴로) 멍하다 差(さ) 차, 차이 違(ちが)う 다르다 ～ために ～때문에 生(しょう)じる 생기다, 발생하다 実験(じっけん) 실험 ～によると ～에 의하면[따르면] ぐっすり 푹 *깊이 잠든 모양 熟睡(じゅくすい) 숙수, 숙면 眠(ねむ)り 잠, 수면 長(なが)い 길다 短(みじか)い 짧다 違(ちが)い 차이 むしろ 오히려 いくらか 다소, 조금, 약간 傾向(けいこう) 경향 ということは 그렇다는 것은, 결국은 量(りょう) 양 質(しつ) 질 カバー 커버, 보충 それなら 그렇다면 いっそ 차라리 以外(いがい) 이외 睡眠(すいみん) 수면 できる限(かぎ)り 가능한 한, 되도록 減(へ)らす 줄이다 活動(かつどう) 활동 回(まわ)す 돌리다 有効(ゆうこう)だ 유효하다 思(おも)える 생각되다 何日(なんにち) 며칠 跳(は)ね返(かえ)り 튀어서 되돌아옴, 반동 現象(げんしょう) 현상 出(で)る 나오다, 나타나다 結局(けっきょく) 결국 そこで 그래서 長時間(ちょうじかん) 장시간 睡眠(すいみん)を取(と)る 수면을 취하다 동사의 보통형+ことになる ～하게 되다 普通(ふつう) 보통 そこそこ 될까말까함, 안팎, 정도 ～のに ～는데(도) 週末(しゅうまつ) 주말 午後(ごご) 오후 寝(ね)る 자다 根拠(こんきょ) 근거 夢(ゆめ)を見(み)る 꿈을 꾸다 毎日(まいにち) 매일 早寝(はやね) 일찍 잠 習慣(しゅうかん) 습관 どうやって 어떻게 (해서) 身(み)に付(つ)ける 몸에 익히다

**2番** ラジオで発明家が話しています。
라디오에서 발명가가 이야기하고 있습니다.

**男** 何てことないものだけど、なかなかの発明だと思うものにファスナーがあります。手で左右に開こうとしていくら力を入れても開きませんが、スライドを下げれば、力を入れずに開きます。閉じるのも手では無理ですが、スライドを上げるだけで、左右に並んだ歯が噛み合って簡単に閉じます。精度もかなりよく、引っかかってスライドが上がらなくなったり、外れて開いてしまうこともありません。これは一体どういう原理になっているのでしょうか。スライド上部の中央には逆三角形のくさびがあり、歯を押し開いてファスナーが開く仕組みになっています。斧を振り下ろすと、三角形の頂点になっている部分にかなりの力が加わるのと同じで、加える力はそれほどでなくても、くさびの三角形の頂点にはかなりの力が加わるため、軽い力でもファスナーを開くことができるのです。

**남** 특별한 것은 아니지만, 상당한 발명이라고 생각하는 것에 지퍼가 있습니다. 손으로 좌우로 열려고 해서 아무리 힘을 주어도 열리지 않습니다만, 슬라이드를 내리면 힘을 주지 않고 열립니다. 잠그는 것도 손으로는 무리지만, 슬라이드를 올리는 것만으로 좌우로 늘어선 이가 맞물려 간단히 잠깁니다. 정밀도도 상당히 좋아서 걸려서 슬라이드가 올라가지 않게 되거나 빠져서 열려 버리는 경우도 없습니다. 이것은 도대체 어떠한 원리로 되어 있는 걸까요? 슬라이드 상부 중앙에는 역삼각형의 쐐기가 있고 이를 밀어 열어서 지퍼가 열리는 구조로 되어 있습니다. 도끼를 내리치면 삼각형의 정점이 되어 있는 부분에 상당한 힘이 가해지는 것과 마찬가지로 가하는 힘은 그만큼은 아니어도 쐐기의 삼각형의 정점에는 상당한 힘이 가해지기 때문에 가벼운 힘으로도 지퍼를 열 수 있는 것입니다.

発明家は何について話していますか。

1 ファスナーの歴史
2 ファスナーの仕組み
3 ファスナーのメリットとデメリット
4 ファスナーが付いている服の特徴

발명가는 무엇에 대해서 이야기하고 있습니까?

1 지퍼의 역사
2 지퍼의 구조
3 지퍼의 장점과 단점
4 지퍼가 달려 있는 옷의 특징

**어휘** ラジオ 라디오 発明家(はつめいか) 발명가 何(なん)て 이렇다 할, 특별한 なかなか 상당히, 꽤 発明(はつめい) 발명 ファスナー 파스너, 지퍼 左右(さゆう) 좌우 開(ひら)く 열다 いくら~ても 아무리 ~해도 力(ちから)を入(い)れる 힘을 주다 スライド 슬라이드 *지퍼에 달린 두 줄의 이를 합치거나 분리시키는 부분 下(さ)げる 내리다 ~ずに ~하지 않고 閉(と)じる 닫다, 잠그다 無理(むり) 무리 上(あ)げる 올리다 ~だけで ~만으로 並(なら)ぶ (나란히) 늘어서다 歯(は) (기계·도구 등의) 이 噛(か)み合(あ)う (이와 이가) 맞물리다 簡単(かんたん)だ 간단하다 精度(せいど) 정도, 정밀도 かなり 꽤, 상당히 引(ひ)っかかる 걸리다 外(はず)れる 빠지다, 벗겨지다 一体(いったい) 도대체, 대관절 どういう 어떠한, 어떤 原理(げんり) 원리 上部(じょうぶ) 상부 中央(ちゅうおう) 중앙 逆三角形(ぎゃくさんかくけい) 역삼각형 くさび 쐐기 押(お)し開(ひら)く 밀어 열다 *「開(ひら)く」(열다)의 힘줌말 仕組(しく)み 구조, 짜임 斧(おの) 도끼 振(ふ)り下(お)ろす (치켜 들었던 것을) 내리치다, 내리찍다 三角形(さんかくけい) 삼각형 頂点(ちょうてん) 정점 部分(ぶぶん) 부분 加(くわ)わる 더해지다, 가해지다 ~と同(おな)じだ ~와 마찬가지다 加(くわ)える 더하다, 가하다 それほど 그렇게, 그다지, 그만큼 軽(かる)い 가볍다 동사의 기본형+ことができる ~할 수 있다 歴史(れきし) 역사 メリット 장점 デメリット 단점 付(つ)く 붙다 服(ふく) 옷 特徴(とくちょう) 특징

**3番** テレビで男の人が話しています。
TV에서 남자가 이야기하고 있습니다.

**男** LPレコードに傷を付けると、大変ですね。パチパチと雑音が出て、聞くに耐えないものになってしまいます。ひどい時には、傷を付けた溝の間を針が行ったり来たりして同じところを何度も繰り返したりします。しかし、CDはごみや傷に強くてノイズもないです。それはどうしてでしょう。CDは、信号を記録した穴が刻まれている面がむき出しになっているのではなく、厚さ1.2ミリメートルの透明なプラスチックで覆われています。レーザー光線は、このプラスチックの面を通る時には直径1ミリメートルくらいの光なので、この光の幅より小さい傷やごみなら、大した影響もなく信号を読み取ってしまいます。それに、CDのようにデジタルで音を再生する世界では、傷とか信号を記録した穴が塞がれるなどというような予め予測される誤りに対しては、訂正機能が付けられているのです。

**남** LP 레코드에 흠집을 내면 큰일이죠. 탁탁 잡음이 나서 차마 들을 수 없는 것이 되어 버립니다. 심할 때는 흠집을 낸 홈 사이를 바늘이 왔다 갔다 하며 같은 곳을 여러 번 반복하거나 합니다. 그러나 CD는 먼지나 흠집에 강하고 잡음도 없습니다. 그것은 왜일까요? CD는 신호를 기록한 구멍이 새겨져 있는 면이 드러나 있는 게 아니라 두께 1.2㎜의 투명한 플라스틱으로 덮여 있습니다. 레이저 광선은 이 플라스틱의 면을 통과할 때에는 직경 1㎜ 정도의 빛이기 때문에 이 빛의 폭보다 작은 흠집이나 먼지라면 큰 영향도 없이 신호를 읽어내 버립니다. 게다가 CD처럼 디지털로 소리를 재생하는 세계에서는 흠집이라든가 신호를 기록한 구멍이 막히는 등과 같은 미리 예측되는 오류에 대해서는 정정 기능이 달려 있는 것입니다.

男の人は何について話していますか。
1 CDが丸い形をしている理由
2 CDが作られるようになった理由
3 CDがごみや傷に強い理由
4 LPレコードよりCDの値段が高い理由

남자는 무엇에 대해서 이야기하고 있습니까?
1 CD가 둥근 모양을 하고 있는 이유
2 CD가 만들어지게 된 이유
3 CD가 먼지나 흠집에 강한 이유
4 LP 레코드보다 CD 가격이 비싼 이유

**어휘** LP(エルピー)レコード LP 레코드 傷(きず)を付(つ)ける 흠집을 내다 大変(たいへん)だ 큰일이다 パチパチ 탁탁 *뭔가 튀는 소리 雑音(ざつおん) 잡음 出(で)る 나다 동사의 기본형+に耐(た)えない (차마) ~할 수 없다 ひどい 심하다 溝(みぞ) 홈 間(あいだ) 사이 針(はり) 바늘 同(おな)じ 같음 ところ 곳, 데 何度(なんど)も 몇 번이나, 여러 번 繰(く)り返(かえ)す 되풀이하다, 반복하다 ごみ 먼지 強(つよ)い 강하다 ノイズ 노이즈, 잡음 信号(しんごう) 신호 記録(きろく) 기록 穴(あな) 구멍 刻(きざ)む 새기다 面(めん) 면 むき出(だ)し 드러냄 厚(あつ)さ 두께 ミリメートル 밀리미터, mm 透明(とうめい)だ 투명하다 プラスチック 플라스틱 覆(おお)う 덮다 レーザー光線(こうせん) 레이저 광선 通(とお)る 통과하다 直径(ちょっけい) 직경 光(ひかり) 빛 幅(はば) 폭 ～より ~보다 小(ちい)さい 작다 大(たい)した (부정어 수반) 별, 큰, 대단한 影響(えいきょう) 영향 読(よ)み取(と)る 읽고서 이해하다, 판독하다 それに 게다가 デジタル 디지털 音(おと) 소리 再生(さいせい) 재생 塞(ふさ)ぐ 막다 予(あらかじ)め 미리, 사전에 予測(よそく) 예측 誤(あやま)り 잘못, 틀림 ～に対(たい)しては ~에 대해서는 *대상 訂正(ていせい) 정정 機能(きのう) 기능 付(つ)ける 달다 丸(まる)い 둥글다 形(かたち) 모양, 형태 ～ようになる ~하게(끔) 되다 *변화 値段(ねだん) 가격 高(たか)い 비싸다

**4番** テレビで料理研究家が話しています。
TV에서 요리 연구가가 이야기하고 있습니다.

女 焼き立てのパンは、ふっくら柔らかくてとても美味しいのですが、時間が経つに連れてだんだん固くなり、ぱさぱさとして口当たりが悪くなっていきます。これは、パンが乾燥して固くなるだけではないのです。ふっくら焼き上げて構造が緩んでいたでんぷんが、規則正しく結晶のように並び始めるからです。このでんぷんの変化は、水分含有量30から60パーセント、温度0から3度の時に一番進むのですが、これは正に、パンを冷蔵庫に入れた状態なのです。それに、冷蔵庫の中は温度が低く乾燥していて、パンがすぐぱさぱさになってしまいます。食べ切れないパンは、冷凍庫で保存するのが一番です。急速に凍らせると、でんぷんの変化は進まず、いつまでも焼き立ての状態で保存できます。食べる前に常温の場所にしばらく置いておけば、パンはすぐ解凍できます。

여 갓 구운 빵은 부드럽고 아주 맛있지만, 시간이 지남에 따라 점점 딱딱해지고 퍼석퍼석해서 식감이 안 좋아집니다. 이것은 빵이 건조해서 딱딱해져서만은 아닙니다. 부드럽게 잘 구워서 구조가 느슨해져 있던 전분이 규칙적으로 결정처럼 늘어서기 시작하기 때문입니다. 이 전분의 변화는 수분 함유량 30~60%, 온도 0~3도 때에 가장 진행되는 것인데요, 이것은 바로 빵을 냉장고에 넣은 상태입니다. 게다가 냉장고 안은 온도가 낮고 건조해서 빵이 금방 퍼석퍼석해져 버립니다. 다 못 먹은 빵은 냉동고에 보존하는 것이 제일입니다. 급속하게 얼리면 전분의 변화는 진행되지 않아서 언제까지나 갓 구운 상태로 보존할 수 있습니다. 먹기 전에 상온의 장소에 잠시 놓아 두면 빵은 바로 해동할 수 있습니다.

料理研究家は何について話していますか。

1 パンのカロリー計算
2 パンを主食としている国の特徴
3 各国で有名なパンとその理由
4 パンを冷蔵庫に入れてはいけない理由

요리 연구가는 무엇에 대해서 말하고 있습니까?
1 빵의 칼로리 계산
2 빵을 주식으로 하고 있는 나라의 특징
3 각국에서 유명한 빵과 그 이유
4 빵을 냉장고에 넣어서는 안 되는 이유

**어휘** 料理(りょうり) 요리 研究家(けんきゅうか) 연구가 焼(や)き立(た)て 갓 구움 パン 빵 ふっくら 부드럽게 부풀어 있는 모양 柔(やわ)らかい 부드럽다 美味(おい)しい 맛있다 経(た)つ 지나다 ～に連(つ)れて ～에 따라서 だんだん 점점 固(かた)い 단단하다, 딱딱하다 ぱさぱさ 퍼석퍼석 口当(くちあ)たり 입에 넣었을 때의 감촉, 식감 乾燥(かんそう) 건조 焼(や)き上(あ)げる 잘 굽다, 구워 내다 構造(こうぞう) 구조 緩(ゆる)む 느슨해지다, 풀어지다 でんぷん 전분 規則正(きそくただ)しい 규칙적이다 結晶(けっしょう) 결정 並(なら)ぶ 늘어서다 동사의 ます형+始(はじ)める ～하기 시작하다 変化(へんか) 변화 水分(すいぶん) 수분 含有量(がんゆうりょう) 함유량 パーセント 퍼센트, % 温度(おんど) 온도 一番(いちばん) 가장, 제일 進(すす)む 나아가다, 진행되다 正(まさ)に 바로, 틀림없이 冷蔵庫(れいぞうこ) 냉장고 入(い)れる 넣다 状態(じょうたい) 상태 それに 게다가 低(ひく)い 낮다 すぐ 곧, 바로 동사의 ます형+切(き)れない 완전히[다] ~할 수 없다 冷凍庫(れいとうこ) 냉동고 保存(ほぞん) 보존 急速(きゅうそく)だ 급속하다 凍(こお)る 얼다 ～ず ~하지 않아서 いつまでも 언제까지나 동사의 기본형+前(まえ)に ~하기 전에 常温(じょうおん) 상온 場所(ばしょ) 장소 しばらく 잠깐, 잠시 置(お)く 놓다, 두다 ～ておく ~해 놓다[두다] 解凍(かいとう) 해동 カロリー 칼로리 計算(けいさん) 계산 主食(しゅしょく) 주식 国(くに) 나라 特徴(とくちょう) 특징 各国(かっこく) 각국 有名(ゆうめい)だ 유명하다 ～てはいけない ~해서는 안 된다

**5番** テレビで男の人が話しています。
TV에서 남자가 이야기하고 있습니다.

男 そもそも、働く理由がなければ、無理に働く必要はありません。働く理由として真っ先に挙がるのが、「生活のため」や「お金を稼ぐため」でしょう。しかし、働かなくても十分なお金がある場合はどうでしょうか。働く必要や事情が発生しないのであれば、働かないで生活することも可能なのです。「働く必要がなければ働かなくてもいい」とはいえ、働かないで暮らし続けられる状況は非常に限られています。生きていれば、衣食住にお金を使ったり、税金や保険料の支払いが発生したりするからです。働かないで暮らしていれば、人間関係のストレスや、時間に追われる心配も減るでしょう。しかし、暇で楽なことと生活の充実はイコールではありません。時にそれは退屈な時間に変わることもあるでしょう。社会に貢献している実感が得られることも働く理由として考えられます。働くのは、それに応じた事情や欲求があるからです。

남 애초에 일할 이유가 없으면 무리하게 일할 필요는 없습니다. 일하는 이유로 맨 먼저 거론되는 것이 '생활을 위해서'나 '돈을 벌기 위해서'겠죠. 그러나 일하지 않아도 충분한 돈이 있는 경우는 어떨까요? 일할 필요나 사정이 발생하지 않는다면 일하지 않고 생활하는 것도 가능한 것입니다. '일할 필요가 없으면 일하지 않아도 된다'고 해도 일하지 않고 계속 살 수 있는 상황은 대단히 한정되어 있습니다. 살아 있으면 의식주에 돈을 쓰거나 세금이나 보험료 지불이 발생하거나 하기 때문입니다. 일하지 않고 살면 인간관계의 스트레스나 시간에 쫓길 걱정도 줄어들겠죠. 그러나 한가하고 편안한 것과 충실한 생활은 같은 게 아닙니다. 때때로 그것은 지루한 시간으로 바뀌는 경우도 있을 것입니다. 사회에 공헌하고 있다는 실감을 얻을 수 있는 것도 일하는 이유로 생각됩니다. 일하는 것은 그에 상응한 사정이나 욕구가 있기 때문입니다.

男の人が伝えたいことは何ですか。

1 労働の意義
2 生活安定の重要性
3 目標を設定する方法
4 社会での自分の役割の認識

남자가 전하고 싶은 것은 무엇입니까?

1 노동의 의의
2 생활 안정의 중요성
3 목표를 설정하는 방법
4 사회에서의 자신의 역할 인식

**어휘** そもそも 애초에 働(はたら)く 일하다 理由(りゆう) 이유 無理(むり)だ 무리하다 必要(ひつよう) 필요
真(ま)っ先(さき) 맨 먼저 挙(あ)がる 제시되다 稼(かせ)ぐ (돈을) 벌다 十分(じゅうぶん)だ 충분하다
場合(ばあい) 경우 事情(じじょう) 사정 発生(はっせい) 발생 可能(かのう) 가능 ～なくてもいい ~하지 않아도 된다
～とはいえ ~라고 해도 暮(く)らす 살다, 생활하다 동사의 ます형+続(つづ)ける 계속 ~하다 状況(じょうきょう) 상황
非常(ひじょう)に 대단히, 매우 限(かぎ)る 제한하다, 한정하다 生(い)きる 살다, 생존하다 衣食住(いしょくじゅう) 의식주
使(つか)う 쓰다, 사용하다 税金(ぜいきん) 세금 保険料(ほけんりょう) 보험료 支払(しはら)い 지불 発生(はっせい) 발생
人間関係(にんげんかんけい) 인간관계 ストレス 스트레스 追(お)う (「～われる」의 꼴로) 쫓기다 心配(しんぱい) 걱정
減(へ)る 줄다, 줄어들다 暇(ひま)だ 한가하다 楽(らく)だ 편안하다 充実(じゅうじつ) 충실 イコール 이퀄, 같음
時(とき)に 때때로, 때로는 退屈(たいくつ)だ 지루하다 変(か)わる 바뀌다, 변하다 社会(しゃかい) 사회 貢献(こうけん) 공헌
実感(じっかん) 실감 得(え)る 얻다 応(おう)じる 상응하다, 어울리다 欲求(よっきゅう) 욕구 伝(つた)える 전하다
労働(ろうどう) 노동 意義(いぎ) 의의 安定(あんてい) 안정 重要性(じゅうようせい) 중요성 目標(もくひょう) 목표
設定(せってい) 설정 方法(ほうほう) 방법 役割(やくわり) 역할 認識(にんしき) 인식

**6番** テレビでアナウンサーが話しています。
TV에서 아나운서가 이야기하고 있습니다.

**女** 一般社団法人ペットフード協会の全国犬猫飼育実態調査によると、猫の平均寿命は平均15.45歳で、中には20歳まで生きる猫もいると言います。このように、猫を飼うということは、15年から20年の命を預かることだと言えます。その期間は猫に餌や水をあげ、トイレの環境を整えるなど猫にとって快適な生活環境を用意することが必要です。また、長期の旅行に出かけるような場合は、誰かに世話をお願いしなければいけないこともあります。運よく世話を引き受けてくれる人がいたとしても、ずっと預けるわけにはいきません。長期間家を空けておくことが難しくなる点も、把握しておきましょう。その他、幼い子猫なら、寝具などに排泄をしたり、ひっかいて壁や床を傷付けてしまったりすることもあります。猫を飼うことは、ここまで説明したことを全て受け入れ、10年以上にわたって共に生きていくということです。猫の寿命までしっかり寄り添ってあげられるか、十分検討をした上で「飼う・飼わない」の判断をしましょう。

**여** 일반 사단법인 반려동물 푸드협회의 전국 견묘 사육 실태 조사에 따르면 고양이의 평균 수명은 평균 15.45세로, 그중에는 스무 살까지 사는 고양이도 있다고 합니다. 이처럼 고양이를 기른다는 것은 15년~20년의 생명을 맡는 것이라고 할 수 있습니다. 그 기간은 고양이에게 먹이나 물을 주고 화장실 환경을 갖추는 등 고양이에게 있어서 쾌적한 생활 환경을 준비하는 것이 필요합니다. 또한 장기 여행으로 외출하는 것과 같은 경우에는 누군가에게 돌봄을 부탁하지 않으면 안 되는 경우도 있습니다. 운 좋게 돌봐 줄 사람이 있다고 해도 쭉 맡길 수는 없습니다. 장기간 집을 비워 두기가 어려워진다는 점도 파악해 둡시다. 그 외 어린 새끼 고양이라면 침구 등에 배설을 하거나 세게 긁어서 벽이나 마루를 흠집내어 버리거나 하는 경우도 있습니다. 고양이를 기르는 것은 지금까지 설명한 것을 모두 받아들이고 10년 이상에 걸쳐 함께 살아가는 것입니다. 고양이의 수명까지 제대로 함께해 줄 수 있을지 충분히 검토를 한 후에 '기른다 · 기르지 않는다'의 판단을 합시다.

アナウンサーは何について話していますか。

1 猫と犬の違い
2 猫を飼う際の心構え
3 猫の行動とその理由
4 ペットとして猫が人気の理由

아나운서는 무엇에 대해서 이야기하고 있습니까?

1 고양이와 개의 차이
2 고양이를 기를 때의 마음가짐
3 고양이의 행동과 그 이유
4 반려동물로 고양이가 인기인 이유

**어휘** アナウンサー 아나운서 一般(いっぱん) 일반 社団法人(しゃだんほうじん) 사단법인 ペット 펫, 애완동물, 반려동물 フード 식품, 음식 協会(きょうかい) 협회 全国(ぜんこく) 전국 犬猫(いぬねこ) 견묘, 개와 고양이 飼育(しいく) 사육 実態(じったい) 실태 調査(ちょうさ) 조사 ～によると ～에 의하면[따르면] 猫(ねこ) 고양이 平均(へいきん) 평균 寿命(じゅみょう) 수명 ～歳(さい) ～세, ～살 20歳(はたち) 스무 살 生(い)きる 살다, 살아가다 飼(か)う (동물을) 기르다, 사육하다 命(いのち) 생명 預(あず)かる (책임을) 맡다, 돌보다 期間(きかん) 기간 餌(えさ) 먹이 水(みず) 물 あげる (내가 남에게) 주다 トイレ 화장실 *「トイレット」의 준말 環境(かんきょう) 환경 整(ととの)える 준비하다, 마련하다, 갖추다 ～にとって ～에(게) 있어서 快適(かいてき)だ 쾌적하다 用意(ようい) 준비 長期(ちょうき) 장기 旅行(りょこう) 여행 出(で)かける 외출하다, 나가다 場合(ばあい) 경우 世話(せわ) 보살핌, 돌봄 お+동사의 ます형+する ～하다, ～해 드리다 *겸양표현 願(ねが)う 부탁하다 ～なければいけない ～하지 않으면 안 된다, ～해야 한다 運(うん) 운 引(ひ)き受(う)ける 맡다, 떠맡다 ～てくれる (남이 나에게) ～해 주다 ～としても ～라고 해도 ずっと 쭉, 계속 ～わけにはいかない ～할 수는 없다 長期間(ちょうきかん) 장기간 家(いえ) 집 空(あ)ける 비우다 ～ておく ～해 놓다[두다] 難(むずか)しい 어렵다 点(てん) 점 把握(はあく) 파악 その他(ほか) 그 외 幼(おさな)い 어리다 子猫(こねこ) 새끼 고양이 ～なら ～라면 寝具(しんぐ) 침구 排泄(はいせつ) 배설 ひっかく (손톱 따위로) 세게 긁다, 할퀴다 壁(かべ) 벽 床(ゆか) 마루 傷付(きずつ)ける (물건을) 파손시키다, 흠내다 説明(せつめい) 설명 全(すべ)て 모두, 전부 受(う)け入(い)れる 받아들이다 以上(いじょう) 이상 ～にわたって ～에 걸쳐서 共(とも)に 함께, 같이 ～ということだ ～라는 것이다 *설명 · 결론 しっかり 제대로, 확실히 寄(よ)り添(そ)う 바싹 (달라)붙다 ～てあげる (내가 남에게) ～해 주다 十分(じゅうぶん) 충분히 検討(けんとう) 검토 동사의 た형+上(うえ)で ～한 후에, ～한 다음에 判断(はんだん) 판단 違(ちが)い 차이 ～際(さい) ～(할) 때 心構(こころがま)え 마음가짐 行動(こうどう) 행동 人気(にんき) 인기

memo

# 문제 4 즉시 응답

## 출제 유형

문제 4 즉시 응답은 질문 등의 짧은 발화를 듣고 즉시 적당한 응답을 찾는 문제로, 14문항이 출제된다. 아무런 상황 설명 없이 바로 발화가 시작되고 선택지도 바로 이어서 음성으로만 제시되기 때문에 재빠른 판단력과 순발력이 요구된다. 문제는 의문문으로 제시될 수도 있지만 그렇지 않은 경우도 있기 때문에 평소에 일상생활에서 자주 등장하는 대화와 문형을 많이 접해 두어야 당황하지 않고 답을 찾을 수 있다.

## 실제 시험 예시

### 問題 4

**問題4では、問題用紙に何も印刷されていません。まず文を聞いてください。それから、それに対する返事を聞いて、1から3の中から、最もよいものを一つ選んでください。**

－ メモ －

## [ 예제 스크립트 ]

### 例 1

女　<u>交通費の精算はもう済んでますか。</u>

① 의문문 형태의 발화

男　1 僕もそうだけど、ちゃんと食事代まで出てるんだから、
　　たまにはいいんじゃない?
　　2 あっ、タクシー代がまだだった。
　　3 えっ? 残業代はもうとっくに出てるよ。

② 세 개의 선택지(음성으로만 제시)

### 例 2

女　<u>寝る前にはたばこの火に十分気を付けてくださいね。</u>

① 평서문 형태의 발화

男　1 はい、明るくしないと寝られませんから。
　　2 はい、火事になったらここを押すんですね。
　　3 はい、いつも必ず水をかけて消してます。

② 세 개의 선택지(음성으로만 제시)

|정답| 1 2　2 3

### 시험 대책

즉시 응답은 문제지에 아무것도 인쇄되어 있지 않고 오직 음성만 듣고 문제를 풀어야 하기 때문에 어떤 상황인지, 말하는 사람의 의도가 무엇인지를 파악하면서 핵심표현을 메모해 두어야 한다. 인사말, 권유, 거절, 허가나 승낙, 과거의 경험, 몸 상태 등을 묻는 문제가 잘 나오는데, 특히 응답 중에서 거절과 관련된 표현들은 일본어에서는 말끝을 흐리는 경우가 많고 에둘러 말하기도 하므로 정답을 고를 때 주의해야 한다.

## 확인 문제 1 • 즉시 응답

# 問題 4

동영상 26

음원

問題4では、問題用紙に何も印刷されていません。まず文を聞いてください。それから、それに対する返事を聞いて、1から3の中から、最もよいものを一つ選んでください。

― メモ ―

# 확인 문제 1 • 스크립트 및 해석(즉시 응답)

음원

**1番**

| | | | |
|---|---|---|---|
| 女 | あっ、しまった! カフェに大事な書類を忘れてきちゃったわ! | 여 | 앗, 큰일이네! 카페에 중요한 서류를 두고 와 버렸어! |
| 男 | 1 本当? 早く取りに戻ってよ。<br>2 大したことしてないけど、よかったな。<br>3 そう? もう要らないんだね。 | 남 | 1 정말? 빨리 찾으러 되돌아가.<br>2 별로 한 것도 없는데 잘됐군.<br>3 그래? 이제 필요 없는 거구나. |

**어휘** しまった 아차, 큰일났다 *실수나 실패했을 때 내는 말 カフェ 카페 大事(だいじ)だ 중요하다 書類(しょるい) 서류 忘(わす)れる (물건을) 잊고 두고 오다 早(はや)く 빨리 取(と)る 가져[집어] 오다 동사의 ます형+に ~하러 *동작의 목적 戻(もど)る 되돌아가다 大(たい)した (부정어 수반) 별, 대단한, 큰 もう 이제 要(い)る 필요하다

**2番**

| | | | |
|---|---|---|---|
| 男 | 再来週、工場見学ができますか。 | 남 | 다다음 주에 공장 견학을 할 수 있나요? |
| 女 | 1 駄目じゃないでしょうか。あそこに立入禁止と書いてありますよ。<br>2 はい、明後日は定休日です。<br>3 はい、何曜日がいいですか。 | 여 | 1 안 되는 거 아닐까요? 저기에 출입금지라고 쓰여 있어요.<br>2 예, 모레는 정기 휴일이에요.<br>3 예, 무슨 요일이 좋으세요? |

**어휘** 再来週(さらいしゅう) 다다음 주 工場(こうじょう) 공장 見学(けんがく) 견학 駄目(だめ)だ 안 된다 立入禁止(たちいりきんし) 출입금지 타동사+てある ~해져 있다 *상태표현 明後日(あさって) 모레 定休日(ていきゅうび) 정기 휴일 何曜日(なんようび) 무슨 요일

**3番**

| | | | |
|---|---|---|---|
| 女 | わあ、この車、ほこりだらけですね。 | 여 | 와~, 이 차 먼지투성이네요. |
| 男 | 1 今朝、洗車したばかりですからね。<br>2 1か月間、乗ってなかったんですよ。<br>3 昨日、事故を起こしてしまったんです。 | 남 | 1 오늘 아침 막 세차했으니까요.<br>2 한 달 동안 안 탔거든요.<br>3 어제 사고를 내 버렸거든요. |

**어휘** ほこり 먼지 명사+だらけ ~투성이 今朝(けさ) 오늘 아침 洗車(せんしゃ) 세차 동사의 た형+ばかりだ 막 ~한 참이다, ~한 지 얼마 안 되다 乗(の)る (탈것에) 타다 事故(じこ) 사고 起(お)こす (나쁜 상태를) 일으키다, 발생시키다

**4番**

| | | | |
|---|---|---|---|
| 女 | 今度の研修会の経費、ざっと見積もってどのぐらいになりそう? | 여 | 이번 연수회 경비, 대충 어림해서 어느 정도가 될 것 같아? |
| 男 | 1 大体3年になりそうだなあ。<br>2 支払いは済んだんだから、心配は要らないよ。<br>3 さあ、今日中に計算してみるよ。 | 남 | 1 대략 3년이 될 것 같군.<br>2 지불은 끝났으니까, 걱정은 필요 없어.<br>3 글쎄, 오늘 중으로 계산해 볼게. |

**어휘** 今度(こんど) 이번 研修会(けんしゅうかい) 연수회 経費(けいひ) 경비 ざっと (수량 등을 셀 때) 대충, 대략 見積(みつ)もる 어림하다, 대중하다, 견적하다 大体(だいたい) 대체로, 대략 支払(しはら)い 지불 済(す)む 끝나다, 마치다 心配(しんぱい) 걱정 さあ 글쎄 *확실한 대답을 회피할 때 내는 소리 今日中(きょうじゅう) 오늘 중 計算(けいさん) 계산

**5番**

男 この住所、漢字が間違ってますよ。
女 1そうですね。漢字で書いた方がよさそうですね。
2あっ、すみません。すぐ書き直します。
3あっ、引き算をするべきところを足し算をしてしまいました。

남 이 주소, 한자가 틀렸어요.
여 1 그러네요. 한자로 쓰는 편이 좋을 것 같네요.
2 앗, 죄송해요. 바로 고쳐 쓸게요.
3 앗, 뺄셈을 해야 할 곳을 덧셈을 해 버렸어요.

어휘 住所(じゅうしょ) 주소 漢字(かんじ) 한자 間違(まちが)う 잘못되다, 틀리다
동사의 た형+方(ほう)がいい ~하는 편[쪽]이 좋다 すぐ 곧, 바로 書(か)き直(なお)す 고쳐[다시] 쓰다 引(ひ)き算(ざん) 뺄셈
동사의 기본형+べき (마땅히) ~해야 할 *단, 「する」의 경우에는 「するべき」, 「すべき」 모두 쓸 수 있음 足(た)し算(ざん) 덧셈

**6番**

女 念願のマンションを手に入れたの。
男 1へえ、それで引っ越し祝いはいつですか。
2へえ、大きな夢を持ってるんですね。
3へえ、庭付きの一戸建てなら高かったでしょう。

여 염원하던 아파트를 구입했어.
남 1 허, 그래서 집들이는 언제예요?
2 허, 큰 꿈을 가지고 있군요.
3 허, 마당이 딸린 단독 주택이라면 비쌌죠?

어휘 念願(ねんがん) 염원 マンション 맨션, (중·고층) 아파트 手(て)に入(い)れる 손에 넣다, 입수하다
へえ 허 *감탄하거나 놀랐을 때 내는 소리 それで 그래서 引(ひ)っ越(こ)し祝(いわ)い 집들이 大(おお)きな 큰 夢(ゆめ) 꿈
持(も)つ 가지다 庭付(にわつ)き 마당이 딸림 一戸建(いっこだ)て 단독 주택 高(たか)い 비싸다

**7番**

女 そろそろ霜が降りる季節だね。
男 1うん、当分の間は湿っぽい日が続くだろうなあ。
2うん、ぽかぽかした陽気になってきたね。
3うん、木枯らしも吹いてるからね。

여 이제 슬슬 서리가 내릴 계절이네.
남 1 응, 당분간은 눅눅한 날이 계속될 거야.
2 응, 날씨가 따뜻해졌어.
3 응, 찬바람도 불고 있으니까.

어휘 そろそろ 이제 슬슬 霜(しも) 서리 降(お)りる (서리·이슬이) 내리다 季節(きせつ) 계절
当分(とうぶん)の間(あいだ) 당분간 湿(しめ)っぽい 눅눅하다 日(ひ) 날 続(つづ)く 이어지다, 계속되다
ぽかぽか (「~する」의 꼴로) 따뜻하다, 훈훈하다 陽気(ようき) 계절, 날씨 木枯(こが)らし 늦가을부터 초겨울에 걸쳐 부는 찬바람
吹(ふ)く (바람이) 불다

**8番**

男 現状では経費にまだかなり余裕があります。
女 1経費や人数などを考えると、赤字は目に見えてるからね。
2商品の販売をもっと工夫しなきゃならないなあ。
3それじゃ、欲しかった参考資料を買おうよ。

남 현재 상태로는 경비에 아직 상당히 여유가 있어요.
여 1 경비나 인원수 등을 생각하면 적자는 뻔하니까 말이야.
2 상품 판매를 좀 더 궁리하지 않으면 안 되겠군.
3 그럼, 필요했던 참고 자료를 사자.

어휘 現状(げんじょう) 현상, 현재 상태 経費(けいひ) 경비 かなり 꽤, 상당히 余裕(よゆう) 여유
人数(にんずう) 인원수 赤字(あかじ) 적자 目(め)に見(み)える (「~て(い)る」의 꼴로) 결과를 뻔히 알 수 있다
商品(しょうひん) 상품 販売(はんばい) 판매 もっと 더, 좀 더 工夫(くふう) 궁리
~なきゃならない ~하지 않으면 안 된다, ~해야 한다 *「~なきゃ」는 「~なければ」의 회화체 표현임
欲(ほ)しい 갖고 싶다, 필요하다

**9番**

男 息子のことでご相談したいことがあるんですが。
女 1 息子は、今ドイツに留学中ですが。
2 私でお役に立てるなら何なりと。
3 もう私の手には負えないんですよ。

남 아들 일로 의논드리고 싶은 게 있는데요.
여 1 아들은 지금 독일에 유학 중인데요.
2 저로 도움이 될 수 있다면 뭐든지요.
3 이제 저로서는 감당할 수 없어요.

어휘 息子(むすこ) (자신의) 아들 ご+한자명사+する ~하다, ~해 드리다 *겸양표현 相談(そうだん) 상담, 의논 ドイツ 독일 留学(りゅうがく) 유학 役(やく)に立(た)つ 도움이 되다 何(なん)なりと 무엇이든지, 어떤 것이든 手(て)に負(お)えない 힘에 부치다, 당해 낼 수 없다

**10番**

男 その台の上に仰向けになってください。
女 1 上を向いて寝るんですね。
2 腹ばいになるんですね。
3 背中を診察するんですね。

남 그 대 위에 반듯하게 누워 주세요.
여 1 위를 향해서 눕는 거죠?
2 엎드리는 거죠?
3 등을 진찰하는 거죠?

어휘 台(だい) 대 上(うえ) 위 仰向(あおむ)け 위를 봄, 위를 향함 *「仰向(あおむ)けになる」 – 반듯하게 눕다 向(む)く 향하다 寝(ね)る 눕다 腹(はら)ばい 엎드림 背中(せなか) 등 診察(しんさつ) 진찰

**11番**

女 彼は仕事のパートナとしては申し分ないけど、何か息が詰まるのよ。
男 1 生真面目で、潔癖すぎるからなあ。
2 この業界では知らない人がいないからね。
3「七転び八起き」が彼の信条だからね。

여 그는 업무 파트너로서는 나무랄 데 없지만, 왠지 숨이 막혀.
남 1 고지식하고 결벽이 심하니까.
2 이 업계에서는 모르는 사람이 없으니까 말이야.
3 '칠전팔기'가 그의 신조니까 말이야.

어휘 パートナ 파트너 申(もう)し分(ぶん)ない 나무랄 데 없다 何(なん)か 왜 그런지, 어쩐지 息(いき)が詰(つ)まる 숨이 막히다 生真面目(きまじめ)だ 고지식하다 潔癖(けっぺき)だ 결벽하다 な형용사의 어간+すぎる 너무 ~하다 業界(ぎょうかい) 업계 知(し)る 알다 七転(ななころ)び八起(やお)き 칠전팔기 *일곱 번 넘어지고 여덟 번 일어난다는 뜻으로, 여러 번 실패해도 굴하지 않고 꾸준히 노력함을 이르는 말 信条(しんじょう) 신조

**12番**

女 迷った挙げ句、折衷案を取ることにしたみたい。
男 1 そうだね。和洋折衷の雰囲気というべきかな。
2 そうだね。もう少し時間をかけて議論すべきだね。
3 なるほどね。結局、両方からいいところを取ることにしたんだ。

여 망설인 끝에 절충안을 취하기로 한 것 같아.
남 1 그러네. 일본식과 서양식이 절충된 분위기라고 해야 할까?
2 그러네. 조금 더 시간을 들여서 토론해야겠군.
3 과연 그렇군. 결국 양쪽에서 좋은 점을 취하기로 한 거군.

어휘 迷(まよ)う 망설이다 동사의 た형+挙(あ)げ句(く) ~한 끝에 折衷案(せっちゅうあん) 절충안 取(と)る 취하다 동사의 보통형+ことにする ~하기로 하다 和洋折衷(わようせっちゅう) 일본식과 서양식의 절충 雰囲気(ふんいき) 분위기 かける (시간·비용을) 들이다 議論(ぎろん) 의논, 논의 なるほど 과연 結局(けっきょく) 결국 両方(りょうほう) 양쪽

청해 즉시 응답

13番

男 安全対策の再検討が要求されてますね。

女 1 ええ、安全には万全を期してますからね。

2 ええ、既存の安全対策では不安だということですね。

3 ええ、これで安全性が立証されたわけですね。

남 안전 대책 재검토가 요구되고 있네요.

여 1 네, 안전에는 만전을 기하고 있으니까요.

2 네, 기존의 안전대책으로는 불안하다는 거죠.

3 네, 이것으로 안전성이 입증된 셈이네요.

어휘 安全(あんぜん) 안전 対策(たいさく) 대책 再検討(さいけんとう) 재검토 要求(ようきゅう) 요구
万全(ばんぜん)を期(き)する 만전을 기하다 既存(きそん) 기존 不安(ふあん)だ 불안하다
〜ということだ 〜라는 것이다 *설명·결론 安全性(あんぜんせい) 안전성 立証(りっしょう) 입증
〜わけだ 〜인 셈[것]이다, 〜인 것이 당연하다

14番

男 今度経営のトップが交替するらしいよ。

女 1 3期連続赤字だったから、当然だろうね。

2 設備投資って品質の良い製品を作り出そうとする努力だから、別にいいんじゃない?

3 うん、そう聞いたよ。それに、最上階だから、眺めもとてもいいらしいよ。

남 이번에 최고 경영자가 교체되는 모양이야.

여 1 3기 연속 적자였으니까, 당연하겠지.

2 설비 투자라는 건 품질 좋은 제품을 만들어 내려는 노력이니까, 딱히 상관없잖아.

3 응, 그렇게 들었어. 게다가 제일 위층이라 전망도 아주 좋은 모양이야.

어휘 経営(けいえい) 경영 トップ 톱, 최고 간부 交替(こうたい) 교체 〜らしい 〜인 것 같다, 〜인 모양이다
〜期(き) 〜기 *(수량을 나타내는 말 뒤에 쓰여) 일정한 기간씩 되풀이되는 일의 일련의 과정을 세는 단위 連続(れんぞく) 연속
赤字(あかじ) 적자 当然(とうぜん)だ 당연하다 設備(せつび) 설비 投資(とうし) 투자 品質(ひんしつ) 품질
製品(せいひん) 제품 作(つく)り出(だ)す 만들어 내다, 생산하다 努力(どりょく) 노력 別(べつ)に (부정어 수반) 별로, 특별히, 딱히
最上階(さいじょうかい) (건물에서) 가장 위쪽에 있는 층 眺(なが)め 전망, 조망, 경치

## 확인 문제 2 • 즉시 응답

### 問題4

問題4では、問題用紙に何も印刷されていません。まず文を聞いてください。それから、それに対する返事を聞いて、1から3の中から、最もよいものを一つ選んでください。

― メモ ―

청해

즉시 응답

음원

# 확인 문제 2 · 스크립트 및 해석(즉시 응답)

**1番**

女 佐藤さんの話、すごくおかしくて涙が出てきちゃった。
男 1 へえ、そんなに面白かったの?
　 2 へえ、そんなに悲しかったの?
　 3 へえ、そんなに怖かったの?

여 사토 씨 이야기, 되게 웃겨서 눈물이 나 버렸어.
남 1 허, 그렇게 재미있었어?
　 2 허, 그렇게 슬펐어?
　 3 허, 그렇게 무서웠어?

어휘 話(はなし) 이야기 すごく 아주, 몹시, 되게 おかしい 우습다 涙(なみだ)が出(で)る 눈물이 나다
へえ 허 *감탄하거나 놀랐을 때 내는 소리 そんなに 그렇게 面白(おもしろ)い 재미있다 悲(かな)しい 슬프다 怖(こわ)い 무섭다

**2番**

男 友達が結婚するんだけど、お祝いは何がいいかな。
女 1 何が欲しいか本人に聞いてみたら?
　 2 いつももらってばかりですまないわ。
　 3 いや、役に立てて私も嬉しいわ。

남 친구가 결혼하는데 축하 선물은 뭐가 좋을까?
여 1 뭐가 갖고 싶은지 본인에게 물어보는 게 어때?
　 2 항상 받기만 해서 미안하네.
　 3 아니, 도움이 될 수 있어서 나도 기뻐.

어휘 友達(ともだち) 친구 結婚(けっこん) 결혼 祝(いわ)い 축하, 축하 선물 欲(ほ)しい 갖고 싶다, 필요하다
本人(ほんにん) 본인 ～たら(どう) ～하는 게 어때? *권유 ～ばかり ～만, ～뿐 すまない 미안하다 いや 아니
役(やく)に立(た)てる 도움이 되게 하다 嬉(うれ)しい 기쁘다

**3番**

女 スピーカーの修理、お願いしたいんですけど。
男 1 じゃ、早く修理に出した方がよさそうですね。
　 2 スピーカーの修理が済みましたので、お届けにまいりました。
　 3 一週間ぐらいかかるかもしれませんが、よろしいですか。

여 스피커 수리 부탁하고 싶은데요.
남 1 그럼, 빨리 수리하러 보내는 편이 좋을 것 같네요.
　 2 스피커 수리가 끝나서 갖다 드리러 왔습니다.
　 3 일주일 정도 걸릴지도 모르는데 괜찮으세요?

어휘 スピーカー 스피커 修理(しゅうり) 수리 早(はや)く 빨리 동작성 명사·동사의 ます형+に ～하러 *동작의 목적
出(だ)す 보내다 동사의 た형+方(ほう)がいい ～하는 편[쪽]이 좋다 済(す)む 끝나다
届(とど)ける (물건을) 가지러 가다, 배달하다 まいる 가다, 오다 *「行(い)く」, 「来(く)る」의 겸양어 かかる (시간이) 걸리다

**4番**

男 最近、マナーのない大人が増えてますね。
女 1 ええ、子供たちのいい見本になってますね。
　 2 ええ、年を取ると幼くなると言いますからね。
　 3 ええ、子供たちが真似をしないか心配ですね。

남 요즘 매너 없는 어른들이 늘고 있네요.
여 1 네, 아이들에게 좋은 본보기가 되고 있죠.
　 2 네, 나이를 먹으면 유치해진다고 하니까요.
　 3 네, 아이들이 흉내를 내지 않을까 걱정스럽네요.

어휘 マナー 매너 大人(おとな) 어른 増(ふ)える 늘다, 늘어나다 見本(みほん) 본보기 年(とし)を取(と)る 나이를 먹다
幼(おさな)い 어리다, 유치하다 ～と言(い)う ～라고 하다 真似(まね)をする 흉내를 내다

5番

女 寝転んでないで、起きて手伝ってよ。

男 1 実は、昨日遅く寝て朝寝坊しちゃった。

2 休みの日ぐらい、ゆっくりさせてよ。

3 じゃ、ぐっすり眠れるんだね。

여 뒹굴고 있지 말고 일어나서 도와줘.

남 1 실은 어제 늦게 자서 늦잠을 자 버렸어.

2 쉬는 날 정도는 느긋하게 쉬게 해 줘.

3 그럼, 푹 잘 수 있겠네.

어휘 寝転(ねころ)ぶ (누워) 뒹굴다 起(お)きる 일어나다, 기상하다 手伝(てつだ)う 돕다 実(じつ)は 실은 遅(おそ)い 늦다
寝(ね)る 자다 朝寝坊(あさねぼう)する 늦잠 자다 休(やす)みの日(ひ) 쉬는 날 ゆっくり 느긋하게, 푹
ぐっすり 푹 *깊이 잠든 모양 眠(ねむ)る 자다, 잠들다

6番

女 大きな荷物は、機内にお持ち込みになれませんが。

男 1 そうですか。じゃあ、バッグ以外は預けます。

2 搭乗手続きは、1時間前でも間に合いますか。

3 届くのはいつ頃になりそうですか。

여 큰 짐은 기내에 반입할 수 없으신데요.

남 1 그래요? 그럼, 가방 이외의 것은 맡길게요.

2 탑승 수속은 1시간 전이라도 충분한가요?

3 도착하는 건 언제쯤이 될 것 같아요?

어휘 大(おお)きな 큰 荷物(にもつ) 짐 機内(きない) 기내 お+동사의 ます형+になる ~하시다 *존경표현
持(も)ち込(こ)む 반입하다 バッグ 백, 가방 以外(いがい) 이외 預(あず)ける 맡기다 搭乗(とうじょう) 탑승
手続(てつづ)き 수속 間(ま)に合(あ)う 족하다, 충분하다 届(とど)く (보낸 물건이) 도착하다

7番

男 黄砂で市内が霞んで見えますね。

女 1 近くに川があるので、霧がかかっているからでしょう。

2 今日はできるだけ外出は避けた方がいいですね。

3 天気もいいし、遠くまではっきり見えますね。

남 황사로 시내가 뿌옇게 보이네요.

여 1 근처에 강이 있어서 안개가 끼어 있어서겠죠.

2 오늘은 되도록 외출은 삼가는 편이 좋겠네요.

3 날씨도 좋고 멀리까지 확실히 보이네요.

어휘 黄砂(こうさ) 황사 市内(しない) 시내 霞(かす)む 안개가 자욱이 낀 듯한 상태가 되다, 흐릿하게 보이다 見(み)える 보이다
近(ちか)く 근처 川(かわ) 강 霧(きり)がかかる 안개가 끼다 できるだけ 가능한 한, 되도록 外出(がいしゅつ) 외출
避(さ)ける 피하다, 삼가다 天気(てんき) 날씨 遠(とお)く 멀리 はっきり 분명히, 확실히

8番

女 鈴木君って、負けず嫌いな性格なんだね。

男 1 うん、でもそんな性格が張り切って仕事に臨む原動力にもなるんだよ。

2 最後に集中力が足りなくて負けてしまったんだね。

3 一度食べてみたら、好きになるかもしれないのになあ。

여 스즈키 군은 유달리 지기 싫어하는 성격이네.

남 1 응, 하지만 그런 성격이 의욕이 넘쳐서 일에 임하는 원동력도 되는 거야.

2 마지막에 집중력이 부족해서 져 버렸군.

3 한 번 먹어 보면 좋아하게 될지도 모르는데.

어휘 負(ま)けず嫌(ぎら)い (유달리) 지기 싫어함, 또는 그런 사람 性格(せいかく) 성격 張(は)り切(き)る 힘이 넘치다
臨(のぞ)む 임하다 原動力(げんどうりょく) 원동력 最後(さいご) 최후, 마지막 集中力(しゅうちゅうりょく) 집중력
足(た)りない 모자라다, 부족하다 負(ま)ける 지다, 패하다 ～かもしれない ~일지도 모른다 ～のに ~텐데

**9番**

女 部長の話、意図がつかめなかったわ。

男 1 うん、人の心をぎゅっとつかむ話し方だからね。

2 うん、話がどんどん脇道に逸れるからね。

3 うん、回りくどい時もあるけど、巧みな話術だよね。

여 부장님 이야기, 의도를 파악 못 했어.

남 1 응, 사람 마음을 꽉 잡는 말투니까.

2 응, 이야기가 점점 옆길로 빠지니까.

3 응, 빙 둘러서 말할 때도 있지만 능란한 화술이야.

어휘 話(はなし) 이야기 意図(いと) 의도 つかむ ①터득하다, 파악하다 ②붙잡다, 잡다 心(こころ) 마음 ぎゅっと 꽉, 단단히 話(はな)し方(かた) 말씨, 말투 どんどん 점점 脇道(わきみち)に逸(そ)れる 옆길로 새다, 주제를 벗어나다 回(まわ)りくどい (말 따위를) 빙 둘러서 하다 巧(たく)みだ 능란하다, 솜씨가 좋다 話術(わじゅつ) 화술

**10番**

男 個人情報の流出が社会問題になってますね。

女 1 企業の安易な管理体制がその原因でしょうね。

2 情報の流出は個人の責任としか言いようがありませんね。

3 窃盗などの犯罪もますます低年齢化してますよね。

남 개인정보 유출이 사회문제가 되고 있네요.

여 1 기업의 안이한 관리 체제가 그 원인이겠죠.

2 정보 유출은 개인의 책임이라고밖에 할 수 없죠.

3 절도 등의 범죄도 점점 더 연령이 낮아지고 있지요.

어휘 個人(こじん) 개인 情報(じょうほう) 정보 流出(りゅうしゅつ) 유출 企業(きぎょう) 기업 安易(あんい)だ 안이하다 管理(かんり) 관리 体制(たいせい) 체제 原因(げんいん) 원인 責任(せきにん) 책임 ～しか (부정어 수반) ～밖에 言(い)いようがない 말할 수 없다, 표현할 수 없다 窃盗(せっとう) 절도 犯罪(はんざい) 범죄 ますます 점점 低年齢化(ていねんれいか) 저연령화, 나이가 어려지는 현상

**11番**

男 この分野の研究の進歩には目を見張るものがありますね。

女 1 ええ、結論が出るまではかなり時間がかかりそうですね。

2 すぐ成果を期待するのは難しいかもしれませんね。

3 正に日進月歩と言えますね。

남 이 분야의 연구 진보에는 정말 눈이 휘둥그레지네요.

여 1 네, 결론이 나오기까지는 상당히 시간이 걸릴 것 같네요.

2 바로 성과를 기대하는 건 힘들지도 모르겠군요.

3 정말로 일취월장이라고 할 수 있겠군요.

어휘 分野(ぶんや) 분야 研究(けんきゅう) 연구 進歩(しんぽ) 진보 目(め)を見張(みは)る (놀라거나 하여) 눈을 크게 뜨다 ～ものがある ～인 것이 있다, 정말 ～하다 結論(けつろん)が出(で)る 결론이 나다 かなり 꽤, 상당히 かかる (시간이) 걸리다 すぐ 곧, 바로 成果(せいか) 성과 期待(きたい) 기대 ～かもしれない ～일지도 모른다 正(まさ)に 바로, 틀림없이, 정말로 日進月歩(にっしんげっぽ) 일진월보, 일취월장, 나날이 다달이 계속하여 진보·발전함

**12番**

女 公開質問では、さすがの部長も突っ込まれて冷や汗をかいてましたね。

男 1 別にやることもなかったから、ぶらぶらしてたよ。

2 あまりにも退屈なので、うとうとしてたよ。

3 相手の質問が鋭くて、たじたじだったよ。

여 공개 질문에서는 내로라하는 부장님도 추궁당해서 식은땀을 흘렸죠.

남 1 딱히 할 일도 없어서 빈둥거렸어.

2 너무나도 지루해서 꾸벅꾸벅 졸았어.

3 상대방 질문이 예리해서 쩔쩔맸지.

어휘 公開(こうかい) 공개 質問(しつもん) 질문 さすが (「～の」의 꼴로) 내로라하는 突(つ)っ込(こ)む 추궁하다 冷(ひ)や汗(あせ)をかく 식은땀을 흘리다 別(べつ)に (부정어 수반) 별로, 특별히, 딱히 やる 하다 ぶらぶら 어슬렁어슬렁, 빈둥빈둥 あまりにも 너무나도 退屈(たいくつ)だ 지루하다 うとうと 꾸벅꾸벅 조는 모양 相手(あいて) 상대방 質問(しつもん) 질문 鋭(するど)い 예리하다, 날카롭다 たじたじ 상대방에 압도당해 쩔쩔매는 모습

**13番**

女 この不景気じゃ、夏の賞与は期待薄ですね。
男 1 そうだね。そろそろ秋物用品に切り替えないといけないね。
2 そうだね。ボーナスを当てにして車を買ったのが誤算だったよ。
3 そうだね。顧客を引き付ける工夫をしないと失敗するね。

여 이런 불경기라면 여름 상여금은 기대하기 힘들겠네요.
남 1 그러게. 이제 슬슬 가을 용품으로 바꿔야겠네.
2 그러게. 보너스를 믿고 차를 산 게 오산이었어.
3 그러게. 고객을 사로잡을 궁리를 하지 않으면 실패하겠네.

어휘 不景気(ふけいき) 불경기 夏(なつ) 여름 賞与(しょうよ) 상여금, 보너스 期待(きたい) 기대
〜薄(うす) 〜이 적음, 그다지 〜않음 そろそろ 이제 슬슬 秋物用品(あきものようひん) 가을용 물품
切(き)り替(か)える 바꾸다, 갱신하다 〜ないといけない 〜하지 않으면 안 된다, 〜해야 한다 ボーナス 보너스
当(あ)てにする 기대다, 기대하다 買(か)う 사다 誤算(ごさん) 오산 顧客(こきゃく) 고객
引(ひ)き付(つ)ける (마음을) 끌다, 사로잡다, 매료하다 工夫(くふう) 궁리 失敗(しっぱい) 실패

**14番**

男 収賄事件の黒幕が逮捕されたそうです。
女 1 これで事件解明が加速しますね。
2 凶悪犯が捕まってやっと安心できますね。
3 主犯格の犯人の逮捕が急がれますね。

남 수뢰 사건의 배후 인물이 체포되었대요.
여 1 이로써 사건 해명이 속도를 내겠네요.
2 흉악범이 잡혀서 겨우 안심할 수 있겠네요.
3 주범 격인 범인의 체포가 시급하네요.

어휘 収賄(しゅうわい) 수뢰, 뇌물을 받음 事件(じけん) 사건 黒幕(くろまく) 배후에서 획책하거나 조종하는 사람
逮捕(たいほ) 체포 解明(かいめい) 해명 加速(かそく) 가속, 점점 속도를 더함 凶悪犯(きょうあくはん) 흉악범
捕(つか)まる 잡히다, 붙잡히다 やっと 겨우, 간신히, 가까스로 安心(あんしん) 안심 主犯(しゅはん) 주범 格(かく) 격
犯人(はんにん) 범인 急(いそ)ぐ 서두르다

## 확인 문제 3 • 즉시 응답

# もんだい 問題 4

**問題4では、問題用紙に何も印刷されていません。まず文を聞いてください。それから、それに対する返事を聞いて、1から3の中から、最もよいものを一つ選んでください。**

― メモ ―

# 확인 문제 3 • 스크립트 및 해석(즉시 응답)

**1番**

男 今日は風が強いですね。
女 1 私は風邪を引いたことがありません。
2 病院で薬をもらって来ました。
3 ほこりっぽくて嫌ですね。

남 오늘은 바람이 강하네요.
여 1 저는 감기에 걸린 적이 없어요.
2 병원에서 약을 받아 왔어요.
3 먼지가 많아서 싫으네요.

어휘 風(かぜ) 바람 強(つよ)い 강하다 風邪(かぜ)を引(ひ)く 감기에 걸리다 동사의 た형+ことがある ~한 적이 있다
病院(びょういん) 병원 薬(くすり) 약 もらう 받다 ほこりっぽい 먼지가 많다 嫌(いや)だ 싫다

**2番**

女 暖房設備が壊れて毎晩大変だわ。
男 1 エアコンを取り付けた甲斐があるなあ。
2 窓を開けて寝れば少しはましじゃない?
3 昼間もこんなに寒いのに、大変だろうなあ。

여 난방 설비가 고장 나서 매일 밤 힘들어.
남 1 에어컨을 단 보람이 있군.
2 창문을 열고 자면 조금은 낫지 않아?
3 낮에도 이렇게 추운데 힘들겠군.

어휘 暖房(だんぼう) 난방 設備(せつび) 설비 壊(こわ)れる 고장 나다 毎晩(まいばん) 매일 밤 大変(たいへん)だ 힘들다
エアコン 에어컨 取(と)り付(つ)ける 설치하다, 장치하다, 달다 甲斐(かい) 보람 窓(まど) 창문 開(あ)ける 열다 寝(ね)る 자다
ましだ 낫다, 더 좋다 昼間(ひるま) 주간, 낮 こんなに 이렇게 寒(さむ)い 춥다 ~のに ~는데(도)

**3番**

女 山田君、学費はどうしてるの?
男 1 今の学部が自分に向いてないような気がして…。
2 うーん、親から仕送りしてもらってるんだ。
3 今の成績なら十分もらえると思うよ。

여 야마다 군, 학비는 어떻게 하고 있어?
남 1 지금 학부가 나한테 맞지 않는 듯한 생각이 들어서….
2 음…, 부모님이 송금해 주고 있어.
3 지금 성적이라면 충분히 받을 수 있을 거라고 생각해.

어휘 学費(がくひ) 학비 学部(がくぶ) 학부 向(む)く 적합하다, 어울리다 気(き)がする 느낌[생각]이 들다 親(おや) 부모
仕送(しおく)り 생활비나 학비를 보내 줌 ~てもらう (남에게) ~해 받다, (남이) ~해 주다 成績(せいせき) 성적
十分(じゅうぶん) 충분히

**4番**

女 片付けてから部屋が広くなったように見えるわね。
男 1 うん、要る物と要らない物とを分けることから始めよう。
2 うん、前の部屋よりちょっと窮屈だなあ。
3 うん、要らない物は全部捨ててしまったからね。

여 치우고 나서 방이 넓어진 것처럼 보여.
남 1 응, 필요한 물건과 필요 없는 물건을 나누는 것부터 시작하자.
2 응, 전의 방보다 조금 답답하네.
3 응, 필요 없는 물건은 전부 버려 버렸으니까.

어휘 片付(かたづ)ける 치우다, 정리하다 ~てから ~하고 나서, ~한 후에 部屋(へや) 방 広(ひろ)い 넓다 見(み)える 보이다
要(い)る 필요하다 分(わ)ける 나누다 始(はじ)める 시작하다 窮屈(きゅうくつ)だ (비좁아) 답답하다 全部(ぜんぶ) 전부
捨(す)てる 버리다

**5番**

男　給料日までまだ10日も残ってるのに、もう懐が寒いなあ。

女　1 羨ましいわ。私なんかお金もないし、忙しくて旅行はなかなか…。

2 君って、金遣いが荒いから…。

3 すごいわ。こつこつ貯金した甲斐があったんだね。

남　월급날까지 아직 열흘이나 남았는데 벌써 돈이 궁해.

여　1 부럽다. 난 돈도 없고 바빠서 여행은 좀처럼….

2 너는 돈 씀씀이가 헤프니까….

3 대단해. 꾸준히 저금한 보람이 있었네.

어휘　給料日(きゅうりょうび) 급여일, 월급날　10日(とおか) 열흘　残(のこ)る 남다　～のに ~는데(도)　もう 벌써　懐(ふところ)が寒(さむ)い 돈이나 재산이 적다[없다]　羨(うらや)ましい 부럽다　～なんか ~등, ~따위, ~같은 것　忙(いそが)しい 바쁘다　旅行(りょこう) 여행　なかなか 좀처럼　君(きみ) 자네, 너　金遣(かねづか)いが荒(あら)い 돈 씀씀이가 헤프다　すごい 굉장하다, 대단하다　こつこつ 꾸준히　貯金(ちょきん) 저금　甲斐(かい) 보람

**6番**

男　初夏とはいえ、まだ肌寒い時がありますね。

女　1 ええ、ようやく過ごしやすくなりましたね。

2 ええ、朝夕はまだ上着が手放せませんね。

3 ええ、そろそろ扇風機が必要な季節ですね。

남　초여름이라고 해도 아직 쌀쌀할 때가 있네요.

여　1 네, 겨우 지내기 편해졌네요.

2 네, 아침저녁으로는 아직 겉옷을 손에서 놓을 수 없네요.

3 네, 이제 슬슬 선풍기가 필요한 계절이네요.

어휘　初夏(しょか) 초하, 초여름　～とはいえ ~라고 해도　肌寒(はださむ)い 으스스 춥다, 쌀쌀하다　ようやく 겨우, 간신히　過(す)ごす (시간을) 보내다, 지내다　동사의 ます형+やすい ~하기 쉽다[편하다]　朝夕(あさゆう) 조석, 아침저녁　上着(うわぎ) 겉옷　手放(てばな)す 손에서 놓다[떼다]　そろそろ 이제 슬슬　扇風機(せんぷうき) 선풍기　季節(きせつ) 계절

**7番**

女　会議は水曜日に隔週で行いますから、忘れないでくださいね。

男　1 じゃ、月に1回ということですね。

2 じゃ、月に4回から5回ということですね。

3 じゃ、今週あったから来週はないんですね。

여　회의는 수요일에 격주로 할 테니까, 잊지 마세요.

남　1 그럼, 한 달에 한 번이라는 거군요.

2 그럼, 한 달에 네 번에서 다섯 번이라는 거군요.

3 그럼, 이번 주 있었으니까 다음 주는 없는 거네요.

어휘　会議(かいぎ) 회의　水曜日(すいようび) 수요일　隔週(かくしゅう) 격주　行(おこな)う 하다, 행하다, 실시하다　忘(わす)れる 잊다　月(つき) (책력 상의) 한 달, 월　今週(こんしゅう) 이번 주　来週(らいしゅう) 다음 주

**8番**

女　近々大地震の恐れがあるんですって。

男　1 ということは、価格の暴騰は避けられないということだね。

2 そう? 非常用の食糧と水を買い集めておかなきゃ。

3 この間の洪水はひどかったから、無理もないなあ。

여　머지않아 대지진이 일어날 우려가 있대요.

남　1 결국은 가격 폭등은 피할 수 없다는 말이군.

2 그래? 비상용 식량과 물을 사 모아 두어야겠군.

3 지난번 홍수는 심했으니까 무리도 아니지.

어휘　近々(ちかぢか) 머지않아, 일간　大地震(だいじしん) 대지진　～の恐(おそ)れがある ~할 우려가 있다　～って ~대, ~래　ということは 결국은　価格(かかく) 가격　暴騰(ぼうとう) 폭등　避(さ)ける 피하다　～ということだ ~라는 것이다 *설명·결론　非常用(ひじょうよう) 비상용　食糧(しょくりょう) 식량　水(みず) 물　買(か)い集(あつ)める (물건 등을) 사 모으다, 매집하다　～ておく ~해 놓다[두다]　～なきゃ(ならない·いけない) ~하지 않으면 (안 된다), ~해야 (한다) *「～なきゃ」는 「～なければ」의 회화체 표현　この間(あいだ) 요전, 지난번　洪水(こうずい) 홍수　ひどい 심하다　無理(むり) 무리

**9番**

男 最終戦だけに、両チームの技量が伯仲してますね。

女 1 そうですね。最後まで見極める必要がありますね。

2 そうですね。決勝戦は手に汗を握るいい試合でしたね。

3 そうですね。予選より本選で拍車をかけてよかったですね。

남 최종전인 만큼 양 팀의 기량이 팽팽하네요.

여 1 그러게요. 끝까지 지켜볼 필요가 있겠네요.

2 그러게요. 결승전은 손에 땀을 쥐는 좋은 시합이었네요.

3 그러게요. 예선보다 본선에서 박차를 가하길 잘했네요.

어휘 最終戦(さいしゅうせん) 최종전 〜だけに ~인 만큼 両(りょう) 양, 양쪽 편 チーム 팀 技量(ぎりょう) 기량 伯仲(はくちゅう) 백중, (세력이) 팽팽함 最後(さいご) 최후, 마지막 見極(みきわ)める 끝까지 지켜보다 決勝戦(けっしょうせん) 결승전 手(て)に汗(あせ)を握(にぎ)る 손에 땀을 쥐다 試合(しあい) 시합 予選(よせん) 예선 本選(ほんせん) 본선 拍車(はくしゃ)をかける 박차를 가하다 〜てよかった ~해서 다행이다, ~하길 잘했다

**10番**

女 この品質でこの価格というのは割高じゃないですか。

男 1 手頃な価格設定ってことだね。

2 誰も振り向かないんじゃないかな。

3 うん、これはヒット間違いなしだね。

여 이 품질에 이 가격이라는 건 비싸지 않나요?

남 1 적당한 가격 설정이라는 거군.

2 아무도 거들떠보지 않는 거 아닐까?

3 응, 이건 히트칠 것임에 틀림없어.

어휘 品質(ひんしつ) 품질 価格(かかく) 가격 〜というのは ~라는 것은 割高(わりだか) (품질·분량에 비해) 값이 비쌈 手頃(てごろ)だ 알맞다, 적당하다 設定(せってい) 설정 〜ってことだ ~라는 것이다 *설명·결론, 「〜ということだ」의 회화체 표현 誰(だれ)も (부정어 수반) 아무도 振(ふ)り向(む)く 거들떠보다 ヒット 히트, 크게 성공함 間違(まちが)いなし 틀림없음

**11番**

男 地球上からテロや戦争が無くなって、早く平和な世界が訪れるといいですね。

女 1 国民の負担は増えても、防衛費を増やすべきですよね。

2 有事に備えて軍事力を増強すべきですよね。

3 軽率な対応は避けて、平和主義を押し通すべきですよね。

남 지구상에서 테러와 전쟁이 없어지고 빨리 평화로운 세계가 찾아오면 좋겠네요.

여 1 국민의 부담은 늘어도 방위비를 늘려야죠.

2 유사시에 대비해서 군사력을 증강해야죠.

3 경솔한 대응은 피하고 평화주의를 관철해야죠.

어휘 地球上(ちきゅうじょう) 지구상 テロ 테러 戦争(せんそう) 전쟁 無(な)くなる 없어지다 早(はや)く 빨리 平和(へいわ)だ 평화롭다 世界(せかい) 세계 訪(おとず)れる (어느 시기·상황 등이) 찾아오다 国民(こくみん) 국민 負担(ふたん) 부담 増(ふ)える 늘다, 늘어나다 防衛費(ぼうえいひ) 방위비 増(ふ)やす (수량을) 늘리다 동사의 기본형+べきだ (마땅히) ~해야 한다 *단, 「する」의 경우에는 「するべきだ」와 「すべきだ」 모두 쓸 수 있음 有事(ゆうじ)に備(そな)える 유사시에 대비하다 軍事力(ぐんじりょく) 군사력 増強(ぞうきょう) 증강 軽率(けいそつ)だ 경솔하다 対応(たいおう) 대응 避(さ)ける 피하다 平和主義(へいわしゅぎ) 평화주의 押(お)し通(とお)す 일관하다, 관철하다

**12番**

女 投資家の中では、今度の株価の暴落で手痛い損害を受けた人も多いって。

男 1 誰もこんなに落ちるとは想像だにしなかっただろうなあ。

2 うん、これからはだんだん回復するだろうなあ。

3 本当? 思い切って株を買っておいてよかったなあ。

여 투자가 중에는 이번 주가 폭락으로 심한 손해를 입은 사람도 많대.

남 1 아무도 이렇게 떨어지리라고는 상상조차 안 했을 거야.

2 응, 앞으로는 점점 회복될 거야.

3 정말? 큰맘 먹고 주식을 사 두길 잘했군.

어휘 投資家(とうしか) 투자가 株価(かぶか) 주가 暴落(ぼうらく) 폭락 手痛(ていた)い 심하다, 호되다 損害(そんがい)を受(う)ける 손해를 입다 〜って ~대, ~래 落(お)ちる 떨어지다 〜とは ~라고는 想像(そうぞう) 상상 〜だに (부정어 수반) ~조차 これからは 앞으로는 だんだん 점점 回復(かいふく) 회복 思(おも)い切(き)って 과감히, 큰맘 먹고 株(かぶ) 주식 〜てよかった ~해서 다행이다, ~하길 잘했다

**13番**

男　貴社は今年中に急成長されるだろうと専らの評判ですが。
女　1 そんな根も葉もない噂に怯えなくてもいいですよ。
　　2 つまり、今はひたすら我慢するしかないということですね。
　　3 そうなるように社員共々力を合わせて努力しております。

남　귀사는 올해 안에 급성장하실 거라고 한결같은 평판입니다만.
여　1 그런 아무 근거 없는 소문에 겁먹지 않아도 돼요.
　　2 즉, 지금은 오로지 참을 수밖에 없다는 거군요.
　　3 그렇게 되도록 사원 모두 힘을 합쳐 노력하고 있습니다.

어휘　貴社(きしゃ) 귀사　今年中(ことしじゅう) 올해 안　急成長(きゅうせいちょう) 급성장　専(もっぱ)ら 오로지, 한결같이　評判(ひょうばん) 평판　そんな 그런　根(ね)も葉(は)もない 뿌리도 잎도 없다, 아무 근거도 없다　噂(うわさ) 소문　怯(おび)える 무서워하다, 겁먹다　つまり 즉　ひたすら 오로지, 오직, 한결같이　我慢(がまん) 참음, 견딤　～しかない ～할 수밖에 없다　社員(しゃいん) 사원　共々(ともども) 모두 함께, 다 같이　力(ちから)を合(あ)わせる 힘을 합치다　努力(どりょく) 노력　～ておる ～하고 있다 *「～ている」의 겸양표현

**14番**

女　ねえ、忘年会の幹事、ジャンケンで決めない?
男　1 いいね。早速値段から調べてみよう。
　　2 それよりは不公平にならないように持ち回りでやろうよ。
　　3 うん、満場一致で決まったことだから、変わることはないと思うよ。

여　있잖아, 송년회 총무 말이야, 가위바위보로 결정하지 않을래?
남　1 좋아. 당장 가격부터 조사해 보자.
　　2 그것보다는 불공평하게 되지 않도록 돌아가면서 하자.
　　3 응, 만장일치로 결정된 일이니까, 바뀌는 일은 없을 거라고 생각해.

어휘　忘年会(ぼうねんかい) 송년회　幹事(かんじ) 간사, 총무　ジャンケン 가위바위보　決(き)める 정하다, 결정하다　早速(さっそく) 당장, 즉시　値段(ねだん) 가격　調(しら)べる 조사하다　不公平(ふこうへい)だ 불공평하다　持(も)ち回(まわ)り 역할[일] 등을 돌려가며 맡음　満場一致(まんじょういっち) 만장일치　決(き)まる 정해지다, 결정되다　変(か)わる 바뀌다

memo

# 문제 5 통합 이해

## 출제 유형

문제 5 통합 이해는 비교적 긴 텍스트를 듣고, 여러 가지 정보를 비교하고 통합하면서 내용 이해가 가능한지를 묻는다. 두 가지 유형의 4문항이 출제되는데, 처음 두 문제는 선택지가 음성으로 제시되지만, 뒤에 나오는 문제 3은 문제지에 선택지가 인쇄되어 있으므로 그것을 읽고 정답을 찾아야 한다.

## 실제 시험 예시

## 問題 5

**問題 5では、長めの話を聞きます。この問題には練習はありません。**
**問題用紙にメモをとってもかまいません。**

### 1番、2番

**問題用紙に何も印刷されていません。まず話を聞いてください。それから、質問とせんたくしを聞いて、1から4の中から、最もよいものを一つ選んでください。**

— メモ —

### 3番

**まず話を聞いてください。それから、二つの質問を聞いて、それぞれ問題用紙の1から4の中から、最もよいものを一つ選んでください。**

**質問 1**

1 東町
2 西町
3 南町
4 北町

**質問 2**

1 東町
2 西町
3 南町
4 北町

## [ 예제 스크립트 ]

**유형 1. 선택지가 음성으로 제시되는 유형(문제 1, 2)**

### 例

会社で女の人と若い社員二人が話しています。

① 이야기의 배경과 상황 설명

② 이야기

**女1** もうこんな時間! 報告書も一段落付いたし、帰りに何か食べて行かない?

**男** いいですね。さっきからお腹ぺこぺこですよ。

**女2** この間会社の前にできた食べ放題の焼肉屋に行ったんですけど、すごく美味しかったです。

**女1** あーあ、あそこ。確かに美味しかったけど、夜10時に焼肉はちょっとね。

**男** じゃ、会社の後ろにある中華料理店はどうですか。値段も手頃だったし、料理の種類も多かったです。

**女1** 中華料理か…。やっぱりこの時間に脂っこい中華料理もちょっとね。

**女2** じゃあ、課長は重い料理より胃に優しい料理の方がいいんですね。それなら、駅の近くにある和食の店はどうですか。落ち着いた雰囲気で旬の野菜や魚を生かした料理が楽しめるところですよ。

**女1** そう? その店って何時までやってるの?

**男** あそこ、先週僕も行ったことあるんですけど、店頭に夜12時まで営業すると書いてありました。でも、あそこは高級な料理が多くて値段がちょっと…。

**女2** いや、違いますよ。もちろん高級な料理も多いけど、2,000円程度で食べられる料理も色々ありますよ。

**女1** そう? じゃ、そこにしよう。二人とも今日は一日中頑張ってくれたし、今日は私がおごるから。

**男** ありがとうございます。

**女2** ありがとうございます。

三人はどの店に行くことにしましたか。

③ 질문

1 焼肉の店
2 中華料理の店
3 韓国料理の店
4 和食の店

④ 네 개의 선택지(음성으로만 제시)

| 정답 | 4

**유형 2. 선택지가 문제지에 인쇄되어 있는 유형(문제 3)**

## 例

テレビでアナウンサーがマラソン大会について話しています。

① 이야기의 배경과 상황 설명

② 이야기

**女1** みなさん、今日は日本国内で参加できるちょっと変わったマラソン大会を四つご紹介します。まず、東町の大会では、名産品であるスイカを食べながら走るレースです。給水所ならぬ「給スイカ所」ではドリンクの代わりにスイカが用意されているそうです。ゴールした時にはお腹いっぱいでしょうね。西町の大会は、海岸のコースで開催される大会で、タイムではなくレース前後の体重差、つまり、どれだけ痩せたかで順位が決まります。しかし、コース途中の給水所で給水しないと、失格というルールもありますので、ご注意ください。ちなみに、参加賞で昆布がもらえます。南町の大会の給水所では、200種類以上の甘いお菓子が食べ放題です。通常は男性の参加率が高いですが、この大会は参加者の50パーセント以上が女性だそうです。最後は北町の大会ですが、お馴染みのファンファーレで出そうな大会で、普段は馬しか走れない競馬場内を走れるレースです。ダートを走ることで、馬の気持ちが実感できるでしょうね。観覧席で観戦できたり、乗馬体験もできるそうです。

---

**男** へえ、変わったマラソン大会がいっぱいあるなあ。山田さん、一緒に出てみようか。いい思い出になると思うよ。

**女2** うん、楽しそう。

**男** どこの大会に参加する? やっぱり甘い物が好きだから、こっちの大会かな。

**女2** いや、最近ちょっと太り気味だから、ゆっくり走っても痩せたかどうかをすぐ確認できるこっちにしようと思ってる。

**男** そっか…。僕は競馬好きだから、こっちにしてみようか。何か面白そうだなあ。

**女2** そう? じゃ、あなたが走ってる間、私は観覧席で観戦するね。それも面白そう。

### 質問1

女の人はどこの大会に参加したいと言っていますか。

③ 질문1

1 東町
2 西町
3 南町
4 北町

④ 네 개의 선택지(텍스트로만 제시)

### 質問2

男の人はどこの大会に参加したいと言っていますか。

⑤ 질문2

1 東町
2 西町
3 南町
4 北町

⑥ 네 개의 선택지(텍스트로만 제시)

|정답| **1** 2 **2** 4



## 시험 대책

통합 이해는 두 가지 유형의 문제가 출제된다. 첫 번째는 '① 이야기의 배경과 상황 설명 듣기 → ② 이야기 듣기 → ③ 질문 듣기 → ④ 선택지 듣기'의 순서로 문제 3 개요 이해와 같은 방식으로 진행된다. 두 번째는 '① 이야기의 배경과 상황 설명 듣기 → ② 이야기 듣기 → ③ 질문1 듣기 → ④ 문제지에 있는 선택지에서 고르기 → ⑤ 질문2 듣기 → ⑥ 문제지에 있는 선택지에서 고르기' 순으로 진행된다. 통합 이해는 이야기가 비교적 길기 때문에 메모가 필수다. 또한 두 명 이상의 이야기를 듣고 정보를 비교·통합해야 하는 문제도 출제되므로, 누가 어떤 이야기를 했는지 각 인물별로 잘 메모를 하면서 들어야 실수가 없다. 마지막으로 선택지가 문제지에 인쇄되어 있는 문제 3은 미리 선택지를 봐 두면 질문을 어느 정도 유추할 수 있으므로, 먼저 선택지를 보고 메모하면서 듣도록 하자.

# 問題 5

동영상 27

음원

問題5では、長めの話を聞きます。この問題には練習はありません。
問題用紙にメモをとってもかまいません。

## 1番、2番

問題用紙に何も印刷されていません。まず話を聞いてください。それから、質問とせんたくしを聞いて、1から4の中から、最もよいものを一つ選んでください。

― メモ ―

## 3番

まず話を聞いてください。それから、二つの質問を聞いて、それぞれ問題用紙の1から4の中から、最も よいものを一つ選んでください。

### 質問1

1 東1ホール
2 東2ホール
3 東3ホール
4 東4ホール

### 質問2

1 東1ホール
2 東2ホール
3 東3ホール
4 東4ホール

음원

# 확인 문제 1 • 스크립트 및 해석(통합 이해)

**1番** 男の人と女の人が旅行について話しています。
남자와 여자가 여행에 대해서 이야기하고 있습니다.

男　中村君、京都出身だったよね。

女　うん、生まれて高校までずっと京都だったわ。

男　そう？ それはよかった。実は来週月曜日からの三連休の時に家族水入らずで京都に行こうと思ってるんだけど、どこかお勧めのとこある？ 子供も一緒なので、できれば子供と楽しめるとこがいいんだけど。

女　子供と楽しめるとこか…。京都市にある「市民防災センター」はどう？ 文字通り、災害時に不可欠な防災知識や行動が体験を通して学べる施設で、イベントや講演も多くあって子供から大人まで防災についての知識を深めることができるとこよ。

男　防災センターはここでも何回か行ったことあるんだから、ちょっとね。他のお勧めのとこは？

女　そう？ じゃ、紙や布などを使って自分の好きな物を作る「モーネ工房」ってとこもお勧め。ここも大人から子供まで、それぞれの個性を生かして楽しく取り組めるとこなのよ。

男　僕と妻は工作好きだけど、うちの息子がちょっとね…。そういうの、苦手なんだ。

女　そう？ じゃあ、「自然の森」っていう自然をたっぷり体験できるとこもあるわ。ここは味噌作りやパン作りの体験などを100円前後で参加できて、いつも家族連れが大勢訪れる人気のスポットなのよ。

男　妻も息子も食べ物作りは嫌いじゃないんだから、いいかも。また、どこかある？

女　うーん、最後に「かけはし」ってとこもお勧めだけど、ここは完全予約制で和菓子や京菓子のカルチャーが学べるとこ。体験や食事だけの利用も可能だから、いいと思うわ。ただここ、月曜日は定休日なんだ。

男　定休日か…。面白そうだけど、残念だなあ。三人が楽しめるとこは一つしかないのか。ありがとう。

남　나카무라 군, 교토 출신이었지?

여　응, 태어나서 고등학교까지 쭉 교토였어.

남　그래? 그거 잘됐다. 실은 다음 주 월요일부터의 사흘 연휴 때 가족끼리 교토에 가려고 생각하고 있는데, 어딘가 추천할 곳 있어? 아이도 함께라서 가능하면 아이와 즐길 수 있는 곳이 좋은데.

여　아이와 즐길 수 있는 곳이라…. 교토시에 있는 '시민 방재 센터'는 어때? 글자 그대로 재해 시에 불가결한 방재 지식이나 행동을 체험을 통해 배울 수 있는 시설로, 이벤트나 강연도 많이 있어서 아이부터 어른까지 방재에 대한 지식을 깊게 할 수 있는 곳이야.

남　방재 센터는 여기서도 몇 번인가 간 적이 있으니까, 좀 그래. 다른 추천할 곳은?

여　그래? 그럼, 종이나 천 등을 사용해서 자신이 좋아하는 물건을 만드는 '모네 공방'이라는 곳도 추천해. 여기도 어른부터 아이까지 각자의 개성을 살려서 즐겁게 몰두할 수 있는 곳이야.

남　나와 아내는 공작을 좋아하는데 우리 아들이 좀…. 그런 거 잘 못하거든.

여　그래? 그럼, '자연의 숲'이라는 자연을 실컷 체험할 수 있는 곳도 있어. 여기는 된장 만들기나 빵 만들기 체험 등을 100엔 내외로 참가할 수 있어서 항상 가족 동반이 많이 방문하는 인기 장소야.

남　아내도 아들도 음식 만들기는 싫어하지 않으니까, 좋을지도. 또 어딘가 있어?

여　음…, 마지막으로 '가케하시'라는 곳도 추천인데, 여기는 완전 예약제로 화과자나 교토과자의 문화를 배울 수 있는 곳이야. 체험이나 식사만 이용하는 것도 가능하니까, 괜찮을 거야. 다만 여기 월요일은 정기휴일이야.

남　정기휴일이라…. 재미있을 것 같은데 아쉽군. 세 사람이 즐길 수 있는 곳은 하나밖에 없는 건가. 고마워.

男の人はどの体験を選びますか。

1 防災知識や行動を学ぶ体験

2 味噌作りやパン作りができる体験

3 紙や布などを使って自分の好きな物を作る体験

4 和菓子や京菓子のカルチャーが学べる体験

남자는 어느 체험을 선택합니까?

1 방재 지식이나 행동을 배우는 체험

2 된장 만들기나 빵 만들기를 할 수 있는 체험

3 종이나 천 등을 사용해서 자신이 좋아하는 물건을 만드는 체험

4 화과자나 교토과자의 문화를 배울 수 있는 체험

어휘 京都(きょうと) 교토 *지명 出身(しゅっしん) 출신 生(う)まれる 태어나다
高校(こうこう) 고교 *「高等学校(こうとうがっこう)」(고등학교)의 준말 ずっと 쭉, 계속 来週(らいしゅう) 다음 주
月曜日(げつようび) 월요일 連休(れんきゅう) 연휴 家族水入(かぞくみずい)らず (남이 끼지 않은) 집안 식구끼리
勧(すす)め 추천 とこ 곳 *「ところ」의 준말 できれば 가능하면, 될 수 있으면 楽(たの)しむ 즐기다 市民(しみん) 시민
防災(ぼうさい) 방재 センター 센터 文字通(もじどお)り 글자 그대로 災害(さいがい) 재해 不可欠(ふかけつ)だ 불가결하다
知識(ちしき) 지식 行動(こうどう) 행동 体験(たいけん) 체험 〜を通(とお)して 〜을 통해서 学(まな)ぶ 배우다, 익히다
施設(しせつ) 시설 イベント 이벤트 講演(こうえん) 강연 〜から〜まで 〜에서 〜까지 大人(おとな) 어른
深(ふか)める 깊게 하다 동사의 기본형+ことができる 〜할 수 있다 紙(かみ) 종이 布(ぬの) 천 使(つか)う 쓰다, 사용하다
自分(じぶん) 자기, 자신, 나 好(す)きだ 좋아하다 物(もの) 물건, 것 作(つく)る 만들다 工房(こうぼう) 공방
それぞれ (제)각기, 각각, 각자 個性(こせい) 개성 生(い)かす 살리다, 발휘하다, 활용하다 取(と)り組(く)む 몰두하다
僕(ぼく) 나 *남자의 자칭 妻(つま) (자신의) 아내 工作(こうさく) 공작 うち 우리 息子(むすこ) (자신의) 아들
苦手(にがて)だ 서투르다, 잘 못하다 自然(しぜん) 자연 森(もり) 숲 たっぷり 듬뿍, 많이 味噌(みそ) 된장
명사+作(づく)り 〜만듦, 제작 パン 빵 前後(ぜんご) (접미어적으로) 전후, 내외 参加(さんか) 참가 〜連(づ)れ 〜동반
大勢(おおぜい) 많은 사람, 여럿 訪(おとず)れる 방문하다 人気(にんき) 인기 スポット 스폿, 장소
食(た)べ物(もの) 음식, 먹을 것 嫌(きら)いだ 싫어하다 最後(さいご) 최후, 마지막 完全(かんぜん) 완전
予約制(よやくせい) 예약제 和菓子(わがし) 화과자 *일본 고유의 과자 京菓子(きょうがし) 교토에서 만들어진 과자, 교토풍의 과자
カルチャー 컬처, 문화 利用(りよう) 이용 可能(かのう)だ 가능하다 ただ 단, 다만 定休日(ていきゅうび) 정기휴일
面白(おもしろ)い 재미있다 残念(ざんねん)だ 아쉽다, 유감스럽다 〜しか (부정어 수반) 〜밖에 選(えら)ぶ 고르다, 선택하다

**2番** 部品会社で部下二人と課長が話しています。

부품회사에서 부하 두 명과 과장이 이야기하고 있습니다.

男 課長、池田さん、すみません。ちょっといいでしょうか。今日の午後2時から1時間ほど予定されてた打ち合わせのことなんですが…。

女1 ええ、中山さん、どうかしました?

男 あの…、先ほど大阪の工場から連絡がありまして、製品生産の過程で不良品が見つかったそうです。それで、部長から今急遽大阪工場に行って現状を把握してほしいと言われまして…。

女1 そうですか。じゃ、今日の打ち合わせは難しいですね。明日は戻れますか。

男 はい、朝一番の新幹線で戻るつもりですので、たぶん午前10時には着くと思います。

女1 じゃ、明日の午後2時からなら、十分間に合うでしょうね。

女2 あっ! すみません。明日の2時半からちょっと別件がありまして、15分前には出ないといけないんです。打ち合わせを1時間繰り上げることはできるんでしょうか。

女1 1時から1時半までは私が企画会議があるから、ちょっと難しいですね。うーん、じゃ、ちょっとずらして明後日の同じ時間はどうですか。

男 明後日なら外回りもありませんし、私は大丈夫です。

女2 私もスケジュール上の予定はありません。

女1 それじゃ、決まりですね。

남 과장님, 이케다 씨, 죄송해요. 잠깐 괜찮으세요? 오늘 오후 2시부터 1시간 정도 예정되어 있던 사전 미팅 건 말인데요….

여1 네, 나카야마 씨, 무슨 일 있나요?

남 저…, 조금 전 오사카 공장에서 연락이 와서 제품 생산 과정에서 불량품이 발견됐대요. 그래서 부장님이 지금 서둘러 오사카 공장에 가서 현재 상태를 파악했으면 한다고 하셔서요….

여1 그래요? 그럼, 오늘 협의는 어렵겠네요. 내일은 돌아올 수 있나요?

남 예, 아침 일찍 신칸센으로 돌아올 생각이니까, 아마 오전 10시에는 도착할 거라고 생각해요.

여1 그럼, 내일 오후 2시부터라면 충분히 시간에 맞출 수 있겠네요.

여2 아! 죄송해요. 내일 2시 반부터 다른 일이 좀 있어서 15분 전에는 나가야 하거든요. 사전 미팅을 1시간 앞당기는 건 가능할까요?

여1 1시부터 1시 반까지는 내가 기획 회의가 있어서 좀 어렵겠네요. 음…, 그럼, 조금 미뤄서 모레 같은 시간은 어때요?

남 모레라면 외근도 없고 저는 괜찮아요.

여2 저도 스케줄상 예정은 없어요.

여1 그럼, 정해졌네요.

三人での打ち合わせはいつしますか。

1 今日の午後2時
2 明日の午前11時
3 明日の午後2時半
4 明後日の午後2時

세 사람끼리의 미팅은 언제 합니까?

1 오늘 오후 2시
2 내일 오전 11시
3 내일 오후 2시 반
4 모레 오후 2시

어휘 部品会社(ぶひんがいしゃ) 부품회사 部下(ぶか) 부하 課長(かちょう) 과장 午後(ごご) 오후 ～ほど ～정도
予定(よてい) 예정 打(う)ち合(あ)わせ 협의, 사전 미팅 どうかしました 무슨 일이에요?
先(さき)ほど 아까, 조금 전 *「さっき」보다 공손한 표현 大阪(おおさか) 오사카 *지명 工場(こうじょう) 공장
連絡(れんらく) 연락 製品(せいひん) 제품 生産(せいさん) 생산 過程(かてい) 과정 不良品(ふりょうひん) 불량품
見(み)つかる 발견하다, 찾게 되다 품사의 보통형+そうだ ～라고 한다 *전문 それで 그래서
急遽(きゅうきょ) 급거, 허둥지둥, 갑작스럽게 現状(げんじょう) 현상, 현재 상태 把握(はあく) 파악
～てほしい ～해 주었으면 하다, ～하길 바라다 ～と言(い)われる ～라는 말을 듣다, ～라고 하다 難(むずか)しい 어렵다
戻(もど)る 되돌아오다 朝一番(あさいちばん) 아침 일찍(함) 新幹線(しんかんせん) 신칸센
동사의 기본형+つもりだ ～할 생각[작정]이다 たぶん 아마 着(つ)く 도착하다 十分(じゅうぶん) 충분히
間(ま)に合(あ)う 시간에 맞게 대다, 늦지 않다 別件(べっけん) 별건, 다른 용무
～ないといけない ～하지 않으면 안 된다, ～해야 한다 繰(く)り上(あ)げる (예정보다) 앞당기다 企画(きかく) 기획
会議(かいぎ) 회의 ずらす 미루다 明後日(あさって) 모레 同(おな)じだ 같다 外回(そとまわ)り 외근
大丈夫(だいじょうぶ)だ 괜찮다 スケジュール 스케줄 ～上(じょう) ～상

**3番** 会場のアナウンスを聞いた後、女の人と男の人が話しています。
회장의 방송을 들은 후 여자와 남자가 이야기하고 있습니다.

**女1** 本日は東京ギフトショーにご来場いただき、誠にありがとうございます。会場についてご案内いたします。東1ホールでは、アニメのキャラクター、映像作品などのライセンサー・エージェントが大集合しております。普段からキャラクターやエンターテイメントにご関心のある方はお早めにお越しください。東2ホールでは、毎日の生活に欠かせない生活雑貨、家電、清掃用品などが揃っております。単に生活必需品としてだけでなく、アイデア・デザイン・機能・エンターテイメントの要素にスポットを当て、ついつい買いたくなる魅力的なアイテムとしてアピールできる、バラエティに富んだ商談エリアです。東3ホールでは、美の追求と、心と身体の健康を提案する商談エリアです。具体的にビューティー&コスメティックフェアは、化粧品や美容機器などが集結しており、一方、ヘルスケアフェアは健康食品や飲料、衛生関連用品、フィットネスツールといった日常を豊かに彩るアイテムまで揃っております。最後に東4ホールは、ファッションをキーワードに、毎日の生活を心地よくハッピーに過ごすためのアイテムや、お洒落を楽しむためのアイテムを集めたホールです。ファッションにご関心のある方は、是非ご来場ください。

---

**女2** 全部面白そうに見えるね。

**男** うん。でも、終わりまであと1時間しか残ってないなあ。ずいぶん込んでるし、時間もないから、ホールは一つしか見られないね。どこがいい?

**女2** そうね。私はキャラクターやエンターテイメントなんかには全く興味ないし、そろそろ引っ越ししなきゃならないんだから、生活用品が揃ってるここにしようと思ってる。

**男** そう? ビューティーやファッションなどに興味があると思ってたのに、意外だね。僕はどこにしようかな。

**女2** 最近、体調がよくないと言ってたから、ここはどう?

**男** ここ? いいな。来週から運動始めようと思ってるから、家で運動できるものがあるか探してみるよ。

**여1** 오늘은 도쿄 기프트쇼에 와 주셔서 정말로 감사합니다. 회장에 대해서 안내해 드리겠습니다. 동쪽 1홀에는 애니메이션 캐릭터, 영상 작품 등의 라이선서 · 에이전트가 총집합해 있습니다. 평소에 캐릭터나 엔터테인먼트에 관심이 있으신 분은 서둘러 가 주십시오. 동쪽 2홀에는 매일의 생활에 없어서는 안 될 생활 잡화, 가전, 청소용품 등이 모여 있습니다. 단순히 생활 필수품으로서만이 아니라 아이디어 · 디자인 · 기능 · 엔터테인먼트의 요소에 초점을 맞춰 자기도 모르게 사고 싶어지는 매력적인 아이템으로서 어필할 수 있는, 버라이어티가 풍부한 비즈니스 상담 구역입니다. 동쪽 3홀은 미(美)의 추구와 심신의 건강을 제안하는 비즈니스 상담 구역입니다. 구체적으로 뷰티&코스메틱 페어는 화장품과 미용기기 등이 집결되어 있고, 한편 헬스케어 페어는 건강식품과 음료, 위생 관련 용품, 피트니스 도구와 같은 일상을 풍요롭게 물들일 아이템까지 모여 있습니다. 마지막으로 동쪽 4홀은 패션을 키워드로, 매일의 생활을 기분 좋고 행복하게 보내기 위한 아이템과 멋을 즐기기 위한 아이템을 모은 홀입니다. 패션에 관심이 있으신 분은 꼭 와 주십시오.

---

**여2** 전부 재미있어 보이네.

**남** 응. 하지만 끝날 때까지 앞으로 1시간밖에 남지 않았어. 몹시 붐비는 데다 시간도 없으니까, 홀은 하나밖에 못 보겠네. 어디가 좋아?

**여2** 글쎄. 나는 캐릭터나 엔터테인먼트 같은 거에는 전혀 흥미가 없고, 이제 슬슬 이사하지 않으면 안 되니까, 생활용품이 모여 있는 여기로 하려고 생각하고 있어.

**남** 그래? 뷰티나 패션 등에 흥미가 있을 거라고 생각했었는데 의외네. 나는 어디로 할까?

**여2** 요즘 컨디션이 안 좋다고 했으니까, 여기는 어때?

**남** 여기? 좋군. 다음 주부터 운동 시작하려고 생각하고 있으니까, 집에서 운동할 수 있는 게 있는지 찾아볼게.

女2 じゃ、各自好きなホール回ってみてから1時間後に会場の入り口で会おうね。
男 うん、わかった。

여2 그럼, 각자 좋아하는 홀 돌아보고 나서 1시간 후에 회장 입구에서 만나.
남 응, 알겠어.

**質問1**

女の人はこのあと、どの会場に行きますか。

1 東1ホール
2 東2ホール
3 東3ホール
4 東4ホール

**질문1**

여자는 이후 어느 회장에 갑니까?

1 동쪽 1홀
2 동쪽 2홀
3 동쪽 3홀
4 동쪽 4홀

**質問2**

男の人はこのあと、どの会場に行きますか。

1 東1ホール
2 東2ホール
3 東3ホール
4 東4ホール

**질문2**

남자는 이후 어느 회장에 갑니까?

1 동쪽 1홀
2 동쪽 2홀
3 동쪽 3홀
4 동쪽 4홀

**어휘** 会場(かいじょう) 회장 アナウンス 방송 後(あと) 후, 뒤 本日(ほんじつ) 금일, 오늘 *「今日(きょう)」의 격식 차린 말 ギフトショー 기프트쇼 ご+한자명사+いただく (남에게) ~해 받다, (남이) ~해 주시다 *겸양표현 来場(らいじょう) 내장, 그 장소에 옴 誠(まこと)に 참으로, 정말로 ご+한자명사+いたす ~하다, ~해 드리다 *겸양표현 案内(あんない) 안내 東(ひがし) 동쪽 ホール 홀, 회관 アニメ 애니메이션 *「アニメーション」의 준말 キャラクター 캐릭터 映像(えいぞう) 영상 作品(さくひん) 작품 ライセンサー 라이선서 *라이선스 비즈니스에서, 특허(特許) 사용을 인정해 주는 사람 エージェント 에이전트 大集合(だいしゅうごう) 대집합, 총집합 ~ておる ~하고 있다 *「~ている」의 겸양표현 普段(ふだん) 평소 エンターテイメント 엔터테인먼트(=エンターテインメント) 関心(かんしん) 관심 方(かた) 분 早(はや)めに (정해진 시간보다) 조금 일찍 お+동사의 ます형+ください ~해 주십시오 *존경표현 越(こ)す (「お越(こ)し」의 꼴로) 가시다, 오시다 *「行(い)く」(가다), 「来(く)る」(오다)의 존경어 毎日(まいにち) 매일 生活(せいかつ) 생활 欠(か)かせない 빠뜨릴 수 없는, 없어서는 안 될 雑貨(ざっか) 잡화 家電(かでん) 가전 清掃(せいそう) 청소 用品(ようひん) 용품 揃(そろ)う 갖추어지다, (모두) 모이다 単(たん)に 그냥, 단순히 必需品(ひつじゅひん) 필수품 ~として ~로서 アイデア 아이디어 デザイン 디자인 機能(きのう) 기능 要素(ようそ) 요소 スポット 스포트라이트 *「スポットライト」의 준말 当(あ)てる 비추다 *「スポットを当(あ)てる」 – 스포트라이트를 비추다, 초점을 맞추다 ついつい 그만 자신도 모르게, 무의식중에 魅力的(みりょくてき)だ 매력적이다 アイテム 아이템 アピール 어필, 호소 バラエティ 버라이어티 富(と)む (「~に」의 꼴로) ~이 풍부하다, 많다 商談(しょうだん) 상담, 장사[거래] 얘기 エリア 구역 美(び) 미, 아름다움 追求(ついきゅう) 추구 心(こころ) 마음 身体(しんたい) 신체 健康(けんこう) 건강 提案(ていあん) 제안 具体的(ぐたいてき)だ 구체적이다 ビューティー 뷰티, 미용 コスメティック 코스메틱, 화장품 フェア 페어, 전시회 化粧品(けしょうひん) 화장품 美容(びよう) 미용 機器(きき) 기기 集結(しゅうけつ) 집결 一方(いっぽう) 한편 ヘルスケア 헬스케어, 건강 관리 飲料(いんりょう) 음료 衛生(えいせい) 위생 関連(かんれん) 관련 フィットネス 피트니스, 운동 ツール 툴, 도구 日常(にちじょう) 일상 豊(ゆた)かだ 풍부하다, 풍족하다 彩(いろど)る 물들이다 最後(さいご) 최후, 마지막 ファッション 패션 キーワード 키워드 心地(ここち)よい 기분 좋다, 상쾌하다 ハッピー 해피, 행복함 過(す)ごす (시간을) 보내다, 지내다 お洒落(しゃれ) 멋을 냄 楽(たの)しむ 즐기다 集(あつ)める 모으다 是非(ぜひ) 꼭 ご+한자명사+ください ~해 주십시오 *존경표현 全部(ぜんぶ) 전부 面白(おもしろ)い 재미있다 見(み)える 보이다 終(お)わり 끝 あと 앞으로 ~しか (부정어 수반) ~밖에 残(のこ)る 남다 ずいぶん 꽤, 몹시, 퍽 込(こ)む 붐비다 ~し (상반되는 조건을 열거할 때) ~한 데다 ~なんか ~따위, ~같은 것 全(まった)く (부정어 수반) 전혀 興味(きょうみ) 흥미 そろそろ 이제 슬슬 引(ひ)っ越(こ)し 이사 ~なきゃならない ~하지 않으면 안 된다, ~해야 한다 *「~なきゃ」는 「~なければ」의 회화체 표현 ~のに ~는데(도) 意外(いがい) 의외 僕(ぼく) 나 *남자의 자칭 体調(たいちょう) 몸 상태, 컨디션 来週(らいしゅう) 다음 주 運動(うんどう) 운동 始(はじ)める 시작하다 探(さが)す 찾다 各自(かくじ) 각자 好(す)きだ 좋아하다 回(まわ)る (여기저기) 돌다 入(い)り口(ぐち) 입구 会(あ)う 만나다

# 확인 문제 2・통합 이해

## 問題 5

問題5では、長めの話を聞きます。この問題には練習はありません。
問題用紙にメモをとってもかまいません。

### 1番、2番

問題用紙に何も印刷されていません。まず話を聞いてください。それから、質問とせんたくしを聞いて、1から4の中から、最もよいものを一つ選んでください。

― メモ ―

## 3番

まず話を聞いてください。それから、二つの質問を聞いて、それぞれ問題用紙の1から4の中から、最もよいものを一つ選んでください。

### 質問1

1 片付けで解決したい本当の悩みを知る方法
2 片付けの期日を決める方法
3 片付けを始める前に物を整理しておく方法
4 見せる収納と隠す収納を使い分ける方法

### 質問2

1 片付けで解決したい本当の悩みを知る方法
2 片付けの期日を決める方法
3 片付けを始める前に物を整理しておく方法
4 見せる収納と隠す収納を使い分ける方法

음원

# 확인 문제 2 • 스크립트 및 해석(통합 이해)

**1番** デパートで店員と客が話しています。

백화점에서 점원과 손님이 이야기하고 있습니다.

女 いらっしゃいませ。

男 あのう、通勤で気軽に使えるかばんを探してるんですけど。

女 何か考えてるタイプのかばんはおありですか。

男 そうですね。毎日ノートパソコンを使ってるから、ノートパソコンが入れられて背負えるタイプがいいです。

女 そうですか。じゃ、片手で持つこちらのモデル2は駄目ですね。

男 ええ。また普段書類などの荷物が多いので、できれば軽いものがいいです。それから…、あ、スマホや財布などの小物を入れるポケットもあってほしいですね。

女 あ、はい。こちらのモデル1は背負うことができてとても軽いんですけど、ポケットは一つしかありませんね。大きいポケットでも大丈夫でしょうか。

男 分けて入れたいので、それはちょっと…。

女 そうですか。じゃ、こちらのモデル3はいかがでしょうか。シンプルなデザインですけど、ショックを吸収できる素材で作られててノートパソコンを入れても安心できます。あと、外側にポケットも二つ付いてますので、お客様にぴったりだと思います。

男 悪くないですね。ところで、素材は布だけですか。布はちょっと安っぽく見えてあまり好きじゃないんです。

女 そうですか。じゃ、こちらのモデル4はモデル3と全く同じデザインで素材だけ革で作られたものです。ですが、革ですので、布よりは重いです。

男 うーん、通勤にはやっぱり軽い方がいいんだけど、しょうがないか。じゃ、これにします。

女 はい、かしこまりました。少々お待ちください。

여 어서 오세요.

남 저기, 출퇴근에 부담 없이 사용할 수 있는 가방을 찾고 있는데요.

여 뭔가 생각하고 있는 타입의 가방은 있으신가요?

남 글쎄요. 매일 노트북을 사용하고 있으니까, 노트북을 넣을 수 있고 멜 수 있는 타입이 좋아요.

여 그렇군요. 그럼, 한 손으로 드는 이쪽의 모델2는 안 되겠네요.

남 네. 또 평소에 서류 같은 짐이 많으니까, 가능하면 가벼운 게 좋아요. 그리고…, 아, 스마트폰이나 지갑 같은 자질구레한 물건을 넣는 주머니도 있으면 좋겠네요.

여 아, 예. 이쪽의 모델1은 멜 수 있고 아주 가볍지만, 주머니는 하나밖에 없네요. 큰 주머니라도 괜찮나요?

남 나눠서 넣고 싶으니 그건 좀….

여 그렇군요. 그럼, 이쪽의 모델3은 어떠신지요? 심플한 디자인이지만, 충격을 흡수할 수 있는 소재로 만들어져서 노트북을 넣어도 안심할 수 있어요. 그리고 바깥쪽에 주머니도 두 개 달려 있어서 손님께 딱이라고 생각해요.

남 나쁘지 않네요. 그런데 소재는 천뿐인가요? 천은 조금 싸구려로 보여서 별로 좋아하지 않거든요.

여 그렇군요. 그럼, 이쪽의 모델4는 모델3과 똑같은 디자인에 소재만 가죽으로 만들어진 거예요. 하지만 가죽이라서 천보다는 무거워요.

남 음…, 출퇴근에는 역시 가벼운 쪽이 좋지만, 어쩔 수 없나? 그럼, 이걸로 할게요.

여 예, 알겠습니다. 잠시만 기다려 주세요.

客(きゃく)はどのかばんを買(か)うことにしましたか。

1 モデル1のかばん

2 モデル2のかばん

3 モデル3のかばん

4 モデル4のかばん

손님은 어느 가방을 사기로 했습니까?

1 모델1 가방

2 모델2 가방

3 모델3 가방

4 모델4 가방

**어휘** デパート 백화점 *「デパートメントストア」의 준말 店員(てんいん) 점원 客(きゃく) 손님 いらっしゃいませ 어서 오십시오 通勤(つうきん) 통근, 출퇴근 気軽(きがる)だ 부담 없다 使(つか)う 쓰다, 사용하다 かばん 가방 探(さが)す 찾다 何(なに)か 무엇인가, 뭔가 タイプ 타입 お+동사의 ます형+です ~하시다 *존경표현 毎日(まいにち) 매일 ノートパソコン 노트북 入(い)れる 넣다 背負(せお)う 업다, 메다 片手(かたて) 한 손 持(も)つ 쥐다, 들다 モデル 모델 駄目(だめ)だ 소용없다, 안 되다 普段(ふだん) 평소 書類(しょるい) 서류 荷物(にもつ) 짐 できれば 가능하면, 될 수 있으면 軽(かる)い 가볍다 スマホ 스마트폰 *「スマートフォン」의 준말 財布(さいふ) 지갑 小物(こもの) 자질구레한 도구·부속품 ポケット 포켓, 주머니 ～てほしい ~해 주었으면 하다, ~하길 바라다 동사의 기본형+ことができる ~할 수 있다 ～しか (부정어 수반) ~밖에 大丈夫(だいじょうぶ)だ 괜찮다 分(わ)ける 나누다 いかがでしょうか 어떠신지요? *「どうでしょうか」(어떠세요?)의 공손한 표현 シンプルだ 심플하다 デザイン 디자인 ショック 쇼크, 충격 吸収(きゅうしゅう) 흡수 素材(そざい) 소재 安心(あんしん) 안심 あと 그리고 外側(そとがわ) 외측, 바깥쪽, 겉 付(つ)く 붙다, 달리다 お客様(きゃくさま) 손님 ぴったり 꼭, 딱 *꼭 알맞은[들어맞는] 모양 ところで 그것은 그렇고, 그런데 布(ぬの) 천 安(やす)っぽい 싸구려로 보이다 あまり (부정어 수반) 그다지, 별로 好(す)きだ 좋아하다 全(まった)く 완전히, 아주 同(おな)じだ 같다 革(かわ) 가죽 ですが 하지만, 그런데 *「だが」의 공손한 표현 重(おも)い 무겁다 やっぱり 역시 *「やはり」의 회화체 표현 しょうがない 어쩔 수 없다 かしこまりました 알겠습니다 *「わかりました」의 격식 차린 말 少々(しょうしょう) 잠시, 잠깐 お+동사의 ます형+ください ~해 주십시오 *존경표현 待(ま)つ 기다리다 동사의 보통형+ことにする ~하기로 하다

**2番** 大学で女の学生と男の学生が授業について話しています。

대학교에서 여학생과 남학생이 수업에 대해서 이야기하고 있습니다.

**女** 今学期の授業、どれ取るか決めた?

**男** いや、まだだよ。この4人の先生の授業は受けたことがなくてよく知らないんだ。受けたことある?

**女** うん、あるよ。4人とも私はよかったわ。

**男** そう? じゃ、悪いけど、授業のスタイルとか特徴とかちょっと説明してもらえる?

**女** わかった。まず、加藤先生の授業は、専門的なことが学べるけど、授業のほとんどが発表だから、資料の用意が大変だったわよ。次に、中村先生の授業は、最初に先生の講義が1時間ぐらいあってそれを聞いた後、グループに分けて話し合ってから一人が代表として発表する授業なんだ。講義自体がとても面白いと評判だから、受講者はちょっと多かったわ。

**男** ふーん、人前での発表は苦手だし、どちらかと言えば、少人数の方がいいなあ。他の先生の授業は?

**女** あと、山田先生の授業は、専門書はもちろん、副教材を活用して一つのテーマについての専門性を深められる授業。学生が中心になって何かをすることはほとんどなく、少人数でも真面目に勉強したがる学生だけで授業を進めていきたいというのが先生の方針だよ。最後に、鈴木先生の授業は、講義が中心で、学習の負担はあまりなかったわ。また、その日の授業の内容をまとめて提出し、それを根拠にして成績が出るから、試験がないのが特徴かしら?

**男** うーん、試験がないのはいいけど、何かを文章でまとめるのが苦手なんだよなあ。今学期は真剣にやってみようと思ってるから、この授業にするよ。

**女** そう? 頑張ってね。

**여** 이번 학기 수업, 어느 거 들을지 정했어?

**남** 아니, 아직이야. 이 네 분의 교수님 수업은 받은 적이 없어서 잘 모르거든. 받은 적 있어?

**여** 응, 있어. 네 분 모두 나는 좋았어.

**남** 그래? 그럼, 미안하지만 수업 스타일이라든지 특징이라든지 조금 설명해 줄 수 있어?

**여** 알았어. 우선 가토 교수님 수업은 전문적인 걸 배울 수 있지만, 수업 대부분이 발표라서 자료 준비가 힘들었어. 다음으로 나카무라 교수님 수업은 처음에 교수님 강의가 1시간 정도 있고 그것을 듣고 나서 그룹으로 나눠서 의논한 후에 한 명이 대표로 발표하는 수업이거든. 강의 자체가 아주 재미있다고 평판이 자자해서 수강자는 조금 많았어.

**남** 흠…. 남 앞에서 발표하는 건 질색인 데다 어느 쪽인가 하면 적은 인원수 쪽이 좋아. 다른 교수님 수업은?

**여** 그리고 야마다 교수님 수업은 전문서는 물론, 부교재를 활용해서 하나의 주제에 대한 전문성을 심화시킬 수 있는 수업이야. 학생이 중심이 되어서 뭔가를 하는 경우는 거의 없고, 적은 인원수라도 착실하게 공부하고 싶어 하는 학생만으로 수업을 진행해 나가고 싶다는 게 교수님 방침이야. 마지막으로 스즈키 교수님 수업은 강의가 중심이라 학습 부담은 별로 없었어. 또 그날의 수업 내용을 정리해서 제출하고 그것을 근거로 해서 성적이 나오니까, 시험이 없는 게 특징이려나?

**남** 음…, 시험이 없는 건 좋은데 뭔가를 글로 정리하는 건 잘 못하거든. 이번 학기는 진지하게 해 보려고 생각하고 있으니까, 이 수업으로 할래.

**여** 그래? 열심히 해.

男の学生はどの授業を受けることにしましたか。
1 加藤先生の授業
2 中村先生の授業
3 山田先生の授業
4 鈴木先生の授業

남학생은 어느 수업을 받기로 했습니까?
1 가토 교수님 수업
2 나카무라 교수님 수업
3 야마다 교수님 수업
4 스즈키 교수님 수업

**어휘** 大学(だいがく) 대학(교) 授業(じゅぎょう) 수업 今(こん)～ 이번～ 学期(がっき) 학기 取(と)る 취하다, 택하다
決(き)める 정하다, 결정하다 いや 아니 受(う)ける (어떤 행위를) 받다 동사의 た형+こと(が)ある ~한 적(이) 있다
悪(わる)い 미안하다 スタイル 스타일 ～とか ~든지 特徴(とくちょう) 특징 説明(せつめい) 설명
～てもらう (남에게) ~해 받다, (남이) ~해 주다 専門的(せんもんてき)だ 전문적이다 学(まな)ぶ 배우다, 익히다
ほとんど 거의, 대부분 発表(はっぴょう) 발표 資料(しりょう) 자료 用意(ようい) 준비 大変(たいへん)だ 힘들다
最初(さいしょ) 최초, 맨 처음 講義(こうぎ) 강의 グループ 그룹 分(わ)ける 나누다 話(はな)し合(あ)う 서로 이야기하다, 의논하다
～てから ~하고 나서, ~한 후에 代表(だいひょう) 대표 自体(じたい) 자체 面白(おもしろ)い 재미있다
評判(ひょうばん) 평판, 잘 알려져 화제에 오름 受講者(じゅこうしゃ) 수강자 人前(ひとまえ) 남의 앞
苦手(にがて)だ 잘 못하다, 질색이다 ～し (상반되는 조건을 열거할 때) ~한 데다 どちらかと言(い)えば 어느 쪽인가 하면
少人数(しょうにんずう) 적은 인원수 他(ほか)の～ 다른~ あと 그리고 専門書(せんもんしょ) 전문서
～はもちろん ~은 물론 副教材(ふくきょうざい) 부교재 活用(かつよう) 활용 テーマ 테마, 주제
専門性(せんもんせい) 전문성 深(ふか)める 깊게 하다 中心(ちゅうしん) 중심 何(なに)か 무엇인가, 뭔가
真面目(まじめ)だ 성실하다, 착실하다 勉強(べんきょう) 공부 동사의 ます형+たがる (제삼자가) ~하고 싶어 하다
進(すす)める 진행하다 方針(ほうしん) 방침 最後(さいご) 최후, 마지막 学習(がくしゅう) 학습
負担(ふたん) 부담 あまり (부정어 수반) 그다지, 별로 まとめる 정리하다 提出(ていしゅつ) 제출 根拠(こんきょ) 근거
成績(せいせき)が出(で)る 성적이 나오다 試験(しけん) 시험 特徴(とくちょう) 특징 ～かしら ~할까? *의문의 뜻을 나타냄
文章(ぶんしょう) 문장, 글 真剣(しんけん)だ 진지하다 頑張(がんば)る (끝까지) 노력하다, 열심히 하다
동사의 보통형+ことにする ~하기로 하다

**3番** ラジオで男の人が話しています。
라디오에서 남자가 이야기하고 있습니다.

**男1**「片付けたいという気持ちはあるけど、どこから手を付けていいのかわからない」。そんな片付けられない人にお勧めしたい、部屋の片付けが進む四つのコツをご紹介します。漠然と「きれいにしなきゃ」と思うと、範囲が広すぎて、どこから手を付けていいのかわからなくなってしまいます。まず、あなたが「片付けたい」と思っている箇所と、解決したい悩みを書き出してみましょう。そうすることで片付けの優先順位がわかり、「きれい」を持続しやすくなります。極端に言ってしまえば、今抱えている悩みや課題が解決できれば、多少部屋が片付いていなくても良しとするくらいの気構えでいることが、片付けを習慣にするコツになります。悩みや課題が明確になったら、次は期日を決めましょう。だらだらと続けるとやる気が無くなり、先延ばしや挫折の原因になってしまいます。私たちはよく「整理」と「収納」はセットで考えられがちですが、この二つの意味は全く異なります。「整理」とは、要る物と要らない物を分けて減らす作業のことで、「収納」とは、必要な物を使いやすい場所にしまう作業のことです。片付けを始めるにはまず「整理」をして物を減らし、必要な物だけを「収納」していきましょう。家族が一番長い時間を過ごすリビングは、物が多く散らかりやすい場所です。リモコンや雑誌、本や郵便物など、とりあえず置いてしまうと、どんどん物で溢れてしまいます。居心地の良い空間をキープするには、ソファーや床、テーブルに物を置きっ放しにせず、「見せる・隠す」を使い分け、めりはりのある空間を作りましょう。

---

**女** 最近、私の部屋も物が増えちゃって困ってるのよね。今出てる方法、やってみない?

**男2** そうだね。僕の部屋も同じだよ。片付けたいとはいつも思ってるんだけどなあ。

**女** 君って何かを食べた後、いつもちょっと休んでから片付けようと思ってるんでしょ? それが問題じゃない?

**男2** そうかもしれないなあ。早速片付けるか、片付ける期日を決めないと駄目なんだよなあ。じゃ、僕はこの方法で試してみるよ。

**남1** '치우고 싶다는 마음은 있는데, 어디서부터 손을 대면 좋을지 모르겠다'. 그런 정리를 못하는 사람에게 추천하고 싶은, 방 정리가 진척되는 네 가지 요령을 소개해 드리겠습니다. 막연하게 '깨끗하게 해야지'하고 생각하면 범위가 너무 넓어서 어디서부터 손을 대면 좋을지 모르게 되어 버립니다. 우선 당신이 '정리하고 싶다'고 생각하고 있는 곳과 해결하고 싶은 고민을 적어 봅시다. 그렇게 함으로써 정리의 우선순위를 알 수 있고 '깨끗함'을 지속하기 쉬워집니다. 극단적으로 말해 버리면 지금 안고 있는 고민이나 과제를 해결할 수 있다면 다소 방이 정리되어 있지 않아도 좋다고 할 정도의 마음가짐으로 있는 것이 정리를 습관화하는 요령입니다. 고민이나 과제가 명확해지면 다음은 기일을 정합시다. 질질 끌며 계속하면 의욕이 없어지고 나중으로 연기하거나 좌절의 원인이 되어 버립니다. 우리는 곧잘 '정리'와 '수납'은 세트로 생각하는 경향이 있는데, 이 둘의 의미는 전혀 다릅니다. '정리'란 필요한 물건과 필요 없는 물건을 나눠서 줄이는 작업이고, '수납'이란 필요한 물건을 사용하기 편한 장소에 넣는 작업을 말합니다. 정리를 시작하려면 우선 '정리'를 해서 물건을 줄이고 필요한 물건만을 '수납'해 갑시다. 가족이 가장 긴 시간을 보내는 거실은 물건이 많고 어질러지기 쉬운 장소입니다. 리모컨이나 잡지, 책이나 우편물 등 일단 놔둬 버리면 점점 물건으로 넘쳐나 버립니다. 있기 편한 공간을 유지하기 위해서는 소파나 마루, 테이블에 물건을 그냥 내버려 두지 말고 '보이다 · 숨기다'를 구분해서 변화가 있는 공간을 만듭시다.

---

**여** 요즘 내 방도 물건이 늘어나 버려서 곤란해. 지금 나오고 있는 방법, 해 보지 않을래?

**남2** 그러네. 내 방도 마찬가지야. 정리하고 싶다고는 항상 생각하고 있는데 말이야.

**여** 너는 뭔가를 먹은 후에 항상 조금 쉬고 나서 치우려고 생각하지? 그게 문제 아니야?

**남2** 그럴지도 모르겠네. 바로 정리하든지 정리할 기일을 정하지 않으면 안 되겠어. 그럼, 나는 이 방법으로 시험해 볼게.

**女** うん、それだけちゃんと決めとけば、君は別に問題ないと思うわ。ところで、私は何が問題かしら？ 使いやすい物まで全部収納しちゃうところかな？

**男2** うん、君の部屋って収納ボックスが多くて却って汚く見えちゃうんだよなあ。

**女** だよね？ じゃ、私はこの方法から試してみるわ。

여 응, 그것만 제대로 정해 두면 너는 특별히 문제없을 거야. 그런데 나는 뭐가 문제일까? 쓰기 편한 물건까지 전부 수납해 버리는 점인가?

남2 응, 네 방은 수납 박스가 많아서 오히려 지저분해 보여.

여 그렇지? 그럼, 나는 이 방법부터 시험해 볼게.

**質問1**

女の人はどんな方法を試しますか。

1 片付けで解決したい本当の悩みを知る方法
2 片付けの期日を決める方法
3 片付けを始める前に物を整理しておく方法
4 見せる収納と隠す収納を使い分ける方法

**質問2**

男の人はどんな方法を試しますか。

1 片付けで解決したい本当の悩みを知る方法
2 片付けの期日を決める方法
3 片付けを始める前に物を整理しておく方法
4 見せる収納と隠す収納を使い分ける方法

**질문1**

여자는 어떤 방법을 시험해 봅니까?

1 정리로 해결하고 싶은 진짜 고민을 아는 방법
2 정리 기일을 정하는 방법
3 정리를 시작하기 전에 물건을 정리해 두는 방법
4 보이는 수납과 숨기는 수납을 가리는 방법

**질문2**

남자는 어떤 방법을 시험해 봅니까?

1 정리로 해결하고 싶은 진짜 고민을 아는 방법
2 정리 기일을 정하는 방법
3 정리를 시작하기 전에 물건을 정리해 두는 방법
4 보이는 수납과 숨기는 수납을 가리는 방법

**어휘** ラジオ 라디오 片付(かたづ)ける 치우다, 정리하다 気持(きも)ち 기분, 마음 手(て)を付(つ)ける 손을 대다, 착수하다 お+동사의 ます형+する ~하다, ~해 드리다 *겸양표현 勧(すす)める 권하다 部屋(へや) 방 片付(かたづ)け 정리, 정돈 進(すす)む 나아가다, 진척되다 コツ 요령 ご+한자명사+する ~하다, ~해 드리다 *겸양표현 紹介(しょうかい) 소개 漠然(ばくぜん)と 막연하게 きれいだ 깨끗하다 ~なきゃ(ならない・いけない) ~하지 않으면 (안 된다), ~해야 (한다) *「~なきゃ」는 「~なければ」의 회화체 표현 範囲(はんい) 범위 広(ひろ)い 넓다 い형용사의 어간+すぎる 너무 ~하다 個所(かしょ) 개소, 장소 解決(かいけつ) 해결 悩(なや)み 고민 書(か)き出(だ)す 뽑아 쓰다[적다] ~ことで ~함으로써 優先順位(ゆうせんじゅんい) 우선순위 持続(じぞく) 지속 동사의 ます형+やすい ~하기 쉽다[편하다] 極端(きょくたん)だ 극단적이다 抱(かか)える 안다, (어려움 등을) 떠안다 課題(かだい) 과제 多少(たしょう) 다소 片付(かたづ)く 정리되다 気構(きがま)え 마음가짐, 결의, 각오 習慣(しゅうかん) 습관 明確(めいかく)だ 명확하다 期日(きじつ) 기일 決(き)める 정하다, 결정하다 だらだら 질질 *진력이 나도록 길게 끄는 모양 続(つづ)ける 계속하다 やる気(き) 할 마음, 의욕 無(な)くなる 없어지다 先延(さきの)ばし 기한 등을 뒤로 연장하는 것 挫折(ざせつ) 좌절 原因(げんいん) 원인 整理(せいり) 정리 収納(しゅうのう) 수납 동사의 ます형+がちだ (자칫) ~하기 쉽다, ~하기 십상이다, ~하기 일쑤다 全(まった)く 완전히, 전혀 異(こと)なる 다르다 ~とは ~라는 것은, ~란 *정의 要(い)る 필요하다 分(わ)ける 나누다 減(へ)らす 줄이다 作業(さぎょう) 작업 必要(ひつよう)だ 필요하다 場所(ばしょ) 장소 しまう 넣다, 간수하다 始(はじ)める 시작하다 ~には ~하려면 家族(かぞく) 가족 長(なが)い 길다 過(す)ごす (시간을) 보내다, 지내다 リビング 리빙 룸, 거실 *「リビングルーム」의 준말 散(ち)らかる 어질러지다 リモコン 리모컨 *「リモートコントロール」의 준말 雑誌(ざっし) 잡지 本(ほん) 책 郵便物(ゆうびんぶつ) 우편물 とりあえず 우선 置(お)く 놓다, 두다 どんどん 점점 溢(あふ)れる (가득 차서) 넘치다 居心地(いごこち) 어떤 장소에 있을 때의 기분 空間(くうかん) 공간 キープ (그 상태를) 유지함, 지킴 ソファー 소파 床(ゆか) 마루 テーブル 테이블 置(お)きっ放(ぱな)し 방치함, 그냥 내버려 둠 ~ず(に) ~하지 않고, ~하지 말고 *「する」(하다)의 경우 「しず(に)」가 아니라 「せず(に)」가 된다는 점에 주의 見(み)せる 보이다, 보여 주다 隠(かく)す 숨기다 使(つか)い分(わ)ける 가려 쓰다, 구분해서 쓰다 めりはり 신축, 강약, 변화 僕(ぼく) 나 *남자의 자칭 同(おな)じだ 같다 君(きみ) 너, 자네 동사의 た형+後(あと) ~한 후 休(やす)む 쉬다 問題(もんだい) 문제 ~かもしれない ~일지도 모른다 早速(さっそく) 당장, 즉시 駄目(だめ)だ 소용없다, 안 되다 方法(ほうほう) 방법 試(ため)す 시험하다, 실지로 해 보다 ちゃんと 제대로, 확실히 ~とく ~해 놓다[두다] *「~ておく」의 회화체 표현 ところで 그것은 그렇고, 그런데 ~かしら ~할까? *의문의 뜻을 나타냄 全部(ぜんぶ) 전부 ところ 부분, 점, 데 ボックス 박스 却(かえ)って 도리어, 오히려 汚(きたな)い 더럽다

## 확인 문제 3・통합 이해

# 問題 5

問題5では、長めの話を聞きます。この問題には練習はありません。
問題用紙にメモをとってもかまいません。

### 1番、2番

問題用紙に何も印刷されていません。まず話を聞いてください。それから、質問とせんたくしを聞いて、1から4の中から、最もよいものを一つ選んでください。

― メモ ―

## 3番

まず話を聞いてください。それから、二つの質問を聞いて、それぞれ問題用紙の1から4の中から、最も良いものを一つ選んでください。

### 質問1

1 A山
2 B山
3 C山
4 D山

### 質問2

1 A山
2 B山
3 C山
4 D山

음원

# 확인 문제 3 • 스크립트 및 해석(통합 이해)

**1番** 大学の学生課で職員と男の学生が話しています。
대학교 학생과에서 직원과 남학생이 이야기하고 있습니다.

女 こんにちは。

男 こんにちは。あの…、冬休みに短期でできるアルバイトを探してるんですが。

女 はい、どんなところがご希望ですか。

男 そうですね。僕、アメリカで2年間留学した経験があるので、できれば英語が生かせるところがいいですね。また、時給の方は1,200円以上はもらいたいですね。

女 そうですか。期間はいつでもかまいませんか。

男 うーん、1月の中旬頃はちょっと都合が悪いので、それ以外で2週間程度できるところを探しています。

女 はい。ちょっと調べてみますね。え～と、次の四つはいかがですか。まず、山田商社。時給は1,400円、期間は1月後半の2週間ですので、ちょうどいいですね。あ、ですが、外国語は不要となっていますが。

男 そうですか。できれば英語が生かせるところでお願いします。

女 はい、わかりました。次は田中商社。時給1,100円で、業務内容は一般事務の補助と英語の翻訳となっていますが、特に英語ができる方には優遇措置で時給が200円上がるそうです。

男 そうですか。

女 それから鈴木旅行代理店。ここは英語圏からの観光客を案内する仕事で、時給1,500円、期間は1月下旬の2週間と書いてありますが、旅行代理店ですので、会社の中での仕事はほとんどなく、外で英語で通訳する仕事が多いところですね。

男 うーん、時給もいいし、通訳にも興味はありますが、寒いのが大の苦手なので、外での仕事はちょっと…。

女 そうですか。最後は桃デパート。ここは時給1,200円で、業務内容はデパート内で英語の通訳を行う仕事です。あ、ですが、ここは期間が1月上旬の1週間と書いてありますね。

여 안녕하세요.

남 안녕하세요. 저기…. 겨울방학에 단기로 할 수 있는 아르바이트를 찾고 있는데요.

여 예. 어떤 곳을 희망하시나요?

남 글쎄요. 저는 미국에서 2년간 유학한 경험이 있으니까, 가능하면 영어를 살릴 수 있는 곳이 좋겠네요. 또 시급 쪽은 1,200엔 이상은 받고 싶네요.

여 그렇군요. 기간은 언제라도 상관없나요?

남 음…. 1월 중순경은 조금 사정이 안 돼서 그 외로 2주 정도 할 수 있는 곳을 찾고 있어요.

여 예. 잠시 조사해 볼게요. 어디 보자. 다음 네 회사는 어떠세요? 우선 야마다 상사. 시급은 1,400엔, 기간은 1월 후반 2주간이니 딱 좋네요. 아. 하지만 외국어는 필요 없다고 되어 있는데요.

남 그래요? 가능하면 영어를 살릴 수 있는 곳으로 부탁드려요.

여 예. 알겠어요. 다음은 다나카 상사. 시급 1,100엔이고, 업무 내용은 일반 사무 보조와 영어 번역이라고 되어 있는데요. 특히 영어가 가능한 분에게는 우대 조치로 시급이 200엔 올라간대요.

남 그래요?

여 그리고 스즈키 여행사. 여기는 영어권에서 온 관광객을 안내하는 일로, 시급 1,500엔, 기간은 1월 하순의 2주간이라고 쓰여 있는데요. 여행사이기 때문에 회사 안에서의 일은 거의 없고 밖에서 영어로 통역하는 일이 많은 곳이네요.

남 음…. 시급도 좋고 통역에도 흥미는 있지만, 추운 걸 아주 싫어해서 밖에서의 일은 좀….

여 그렇군요. 마지막은 모모 백화점. 여기는 시급 1,200엔이고, 업무 내용은 백화점 내에서 영어 통역을 하는 일이에요. 아. 하지만 여기는 기간이 1월 상순의 일주일이라고 쓰여 있네요.

男　1週間だけのアルバイトではお金にならないし…。時給と期間、英語が生かせるところはここしかないか…。すみません、ここに申し込みます。ありがとうございました。

남　일주일만의 아르바이트로는 돈이 되지 않고…. 시급과 기간, 영어를 살릴 수 있는 곳은 여기밖에 없나…. 죄송해요, 이곳에 신청할게요. 감사합니다.

男の学生はどのアルバイトに申し込みますか。

1 山田商社
2 田中商社
3 鈴木旅行代理店
4 桃デパート

남학생은 어느 아르바이트에 신청합니까?

1 야마다 상사
2 다나카 상사
3 스즈키 여행사
4 모모 백화점

어휘　大学(だいがく) 대학(교)　学生課(がくせいか) 학생과　職員(しょくいん) 직원　冬休(ふゆやす)み 겨울방학
短期(たんき) 단기　アルバイト 아르바이트　探(さが)す 찾다　ところ 곳　ご+한자명사+です ~하시다 *존경표현
希望(きぼう) 희망　僕(ぼく) 나 *남자의 자칭　アメリカ 아메리카, 미국　留学(りゅうがく) 유학　経験(けいけん) 경험
できれば 가능하면, 될 수 있으면　英語(えいご) 영어　生(い)かす 살리다, 발휘하다, 활용하다　時給(じきゅう) 시급
以上(いじょう) 이상　もらう 받다　期間(きかん) 기간　かまわない 상관없다　中旬(ちゅうじゅん) 중순　都合(つごう) 사정, 형편
以外(いがい) 이외　程度(ていど) 정도　調(しら)べる 조사하다　え~と 말이나 생각이 미처 나지 않아 생각할 때 내는 소리
いかがですか 어떠세요? *「どうですか」(어때요?)의 공손한 표현　まず 우선　商社(しょうしゃ) 상사　後半(こうはん) 후반
ちょうど 딱, 알맞게　ですが 하지만, 그런데 *「だが」의 공손한 표현　外国語(がいこくご) 외국어　不要(ふよう) 필요 없음
お+동사의 ます형+する ~하다, ~해 드리다 *겸양표현　願(ねが)う 부탁하다　業務(ぎょうむ) 업무　内容(ないよう) 내용
一般(いっぱん) 일반　事務(じむ) 사무　補助(ほじょ) 보조　翻訳(ほんやく) 번역　特(とく)に 특히, 특별히　優遇(ゆうぐう) 우대
措置(そち) 조치　上(あ)がる 오르다, 올라가다　품사의 보통형+そうだ ~라고 한다 *전문　それから 그 다음에, 그리고
旅行代理店(りょこうだいりてん) 여행대리점, 여행사　英語圏(えいごけん) 영어권　観光客(かんこうきゃく) 관광객
案内(あんない) 안내　仕事(しごと) 일, 업무　下旬(げじゅん) 하순　타동사+てある ~해져 있다 *상태표현　ほとんど 거의, 대부분
外(そと) 밖　通訳(つうやく) 통역　~し ~하고　興味(きょうみ) 흥미　寒(さむ)い 춥다
大(だい)の苦手(にがて) 아주 질색임, 몹시 싫어함　最後(さいご) 마지막　桃(もも) 복숭아
デパート 백화점 *「デパートメントストア」의 준말　行(おこな)う 하다, 행하다, 실시하다　~しか (부정어 수반) ~밖에
申(もう)し込(こ)む 신청하다

2番 会社で女の人と男の人が話しています。
회사에서 여자와 남자가 이야기하고 있습니다.

女 鈴木君、セミナーの会場の手配はどうなってるの?

男 あ、課長。今週の土日が予定の1泊2日のセミナーのことですね。先週、課長がおっしゃった駅からの距離、セミナーに必要な備品の具備や駐車場の有無などを総合的に考慮して四つに絞ってリストにしました。

女 そう? お疲れさん。じゃ、一つずつ説明してもらえる?

男 はい、わかりました。まず、今年オープンしたばかりの木下セミナーハウスです。建物もきれいで、基本的な備品も具備されててセミナーには持って来いのところかと思います。それに、すぐ駅の隣に位置してるから、交通の便も非常にいいところです。でも、駐車場の確保は多少難しいかもしれませんね。

女 今回のセミナーは遠方からの参加者も多いから、駐車場がないのはちょっとね。次は?

男 はい、次は中村ホテルで、駅から徒歩20分の距離で、一応徒歩圏内ではないかと思います。また、ここはセミナーに必要な備品も具備されており、建物の前に広めの駐車場もあります。それから、三つ目は高橋市民センターで、駅からの距離、駐車場は問題ありませんが、築10年の建物でセミナーに必要な備品がそれほどありませんでした。

女 泊まりで来られる方は荷物が多いと思うから、徒歩20分はちょっと遠くないかな。また、備品が少なくては、スムーズなセミナーの進行が難しいかもしれないね。

男 ええ、私もそれが気になりました。最後は岡田ホールです。ここは徒歩で10分、築3年の建物で備品の具備も充実してました。建物の前の駐車場も広くて車で来られる参加者が多い場合にも安心だと思います。

女 そう? うーん、総合的に考えてみても、やっぱり会場はここしかないね。

男 ええ、私もそう思います。

女 じゃ、鈴木君、予約を入れてくれる?

男 はい、わかりました。

여 스즈키 군, 세미나 회장 준비는 어떻게 되고 있어?

남 아, 과장님. 이번 주 주말이 예정인 1박 2일의 세미나 말씀이시죠. 지난주에 과장님이 말씀하신 역부터의 거리, 세미나에 필요한 비품 구비와 주차장 유무 등을 종합적으로 고려해서 네 곳으로 좁혀서 리스트로 만들었어요.

여 그래? 수고했어. 그럼, 하나씩 설명해 줄래?

남 예, 알겠습니다. 우선 올해 막 오픈한 기노시타 세미나 하우스입니다. 건물도 깨끗하고 기본적인 비품도 구비되어 있어서 세미나에는 안성맞춤인 곳이라고 생각합니다. 게다가 바로 역 옆에 위치하고 있기 때문에 교통편도 대단히 좋은 곳입니다. 하지만 주차장 확보는 다소 어려울지도 모르겠네요.

여 이번 세미나는 멀리서 오는 참가자도 많아서 주차장이 없는 건 좀 그러네. 다음은?

남 예, 다음은 나카무라 호텔로, 역에서 도보 20분 거리라 일단 도보권 내이지 않을까 싶습니다. 또한 여기는 세미나에 필요한 비품도 구비되어 있고 건물 앞에 좀 넓은 주차장도 있어요. 그리고 세 번째는 다카하시 시민센터로, 역부터의 거리, 주차장은 문제없지만, 지은 지 10년 된 건물이라 세미나에 필요한 비품이 그다지 없었습니다.

여 숙박으로 오시는 분은 짐이 많을 테니까, 도보 20분은 조금 멀지 않을까? 또 비품이 적어서는 원활한 세미나 진행이 어려울지도 모르겠네.

남 네, 저도 그게 신경 쓰였어요. 마지막은 오카다 홀입니다. 여기는 도보로 10분, 지은 지 3년 된 건물로 비품 구비도 충실했어요. 건물 앞의 주차장도 넓어서 차로 오시는 참가자가 많은 경우에도 안심이라고 생각해요.

여 그래? 음…, 종합적으로 생각해 봐도 역시 회장은 여기밖에 없네.

남 네, 저도 그렇게 생각합니다.

여 그럼, 스즈키 군, 예약을 해 줄래?

남 예, 알겠습니다.

女の人は男の人にどの会場を予約するよう頼みましたか。

1 木下セミナーハウス

2 中村ホテル

3 高橋市民センター

4 岡田ホール

여자는 남자에게 어느 회장을 예약하도록 부탁했습니까?

1 기노시타 세미나 하우스

2 나카무라 호텔

3 다카하시 시민센터

4 오카다 홀

어휘 セミナー 세미나 会場(かいじょう) 회장 手配(てはい) 수배, 준비 今週(こんしゅう) 이번 주 土日(どにち) 토요일과 일요일, 주말 予定(よてい) 예정 1泊2日(いっぱくふつか) 1박 2일 先週(せんしゅう) 지난주 おっしゃる 말씀하시다 *「言(い)う」(말하다)의 존경어 駅(えき) 역 距離(きょり) 거리 必要(ひつよう)だ 필요하다 備品(びひん) 비품 具備(ぐび) 구비 駐車場(ちゅうしゃじょう) 주차장 有無(うむ) 유무 総合的(そうごうてき)だ 종합적이다 考慮(こうりょ) 고려 絞(しぼ)る 좁히다 リスト 리스트, 목록 お疲(つか)れさん 수고했어 *손윗사람이 손아랫사람에게 씀 ～ずつ ～씩 説明(せつめい) 설명 ～てもらう (남에게) ～해 받다, (남이) ～해 주다 今年(ことし) 올해 オープン 오픈 동사의 た형+ばかり 막 ～한 참임, ～한 지 얼마 안 됨 セミナーハウス 세미나 하우스, (학생 · 사회인의) 연수 · 토의 시설 建物(たてもの) 건물 きれいだ 깨끗하다 基本的(きほんてき)だ 기본적이다 持(も)って来(こ)い 꼭 알맞음, 안성맞춤 それに 게다가 隣(となり) 옆 位置(いち) 위치 交通(こうつう)の便(べん) 교통편 非常(ひじょう)に 대단히, 매우 確保(かくほ) 확보 多少(たしょう) 다소 難(むずか)しい 어렵다 ～かもしれない ～일지도 모른다 今回(こんかい) 이번 遠方(えんぽう) 먼 곳 参加者(さんかしゃ) 참가자 ホテル 호텔 徒歩(とほ) 도보 一応(いちおう) 일단 広(ひろ)め 좀 넓음 それから 그다음에, 그리고 ～目(め) ～째 *순서 市民(しみん)センター 시민센터 築(ちく)～ (연수[햇수]를 나타내는 말이 뒤에 와서) 건축한[지은] 지～ それほど (부정어 수반) 그다지 泊(と)まり 숙박, 묵음 荷物(にもつ) 짐 遠(とお)い 멀다 少(すく)ない 적다 スムーズだ 원활하다 進行(しんこう) 진행 気(き)になる 신경이 쓰이다, 걱정되다 最後(さいご) 최후, 마지막 充実(じゅうじつ) 충실 場合(ばあい) 경우 安心(あんしん) 안심 やっぱり 역시 *「やはり」의 회화체 표현 ～しか (부정어 수반) ～밖에 予約(よやく)を入(い)れる 예약을 하다 ～てくれる (남이 나에게) ～해 주다 頼(たの)む 부탁하다

**3番** ラジオを聞きながら夫婦が話しています。
라디오를 들으면서 부부가 이야기하고 있습니다.

**女1** 一番有名な日本の山と言えば、やはり富士山。富士山は日本のシンボルであり、日本のガイドブックなどにも登場します。しかし、日本にはたくさんの山があります。国土地理院の地図に載っている山だけでも、1万6,667もあるそうです。今回は県内で紅葉が美しい山を四つご紹介します。まず、恋人や家族と一緒にハイキングを楽しむのに持って来いなのが東側にあるA山です。この山はなだらかで山の高さも500メートルぐらいなので、ゆっくり歩きながら紅葉狩りが満喫できます。次に、西側にあるB山も比較的低い山で、麓からロープウエーを利用すると、10分ほどで山頂に着くことができます。それから南側にあるC山は、日本で一番早いと言われる紅葉を堪能できる山ですが、ロープウエーがないため、山頂までは片道で約2時間はかかります。最後は北側にあるＤ山ですが、この山は2,000メートル級の山で、県内にある山の中では最も高く、2日かかる本格的な登山コースがあるのが大きな特徴です。この山は「絶対に行きたい山の絶景10選」に選ばれたほど全国的にも有名な山です。

---

**男** へえ、絶対に行きたい山の絶景ってどんな景色なんだろう。見てみたいなあ。今週末からの三連休を利用して行ってみようか。

**女2** あれ? 私言ってなかった? 来週の月曜日は急用で休めないの。

**男** そうだったっけ? まあ、それは残念だなあ。うーん、せっかくの連休なのに、一人でずっと家にいるのは退屈だし、友達の山田君を誘って行ってみるよ。彼も山登りは好きだから、きっと一緒に行くと思うよ。

**女2** うん、悪いけど、今度の三連休はそうした方がよさそうだね。じゃあ、私とは来週末に日帰りで行ける山に行くのはどう?

**男** 2週間連続で山登りか…。まあ、いいよ。で、どこに行きたい?

**女2** うーん、ハイキングだけではちょっと物足りないし、ロープウエーがないと、下りるのに疲れるから…。

**男** だったら、1か所しかないね。わかった。そうしよう。

**女2** うん、ありがとう。

**여1** 가장 유명한 일본의 산이라고 하면 역시 후지산. 후지산은 일본의 상징이자 일본의 가이드북 등에도 등장합니다. 그러나 일본에는 많은 산이 있습니다. 국토지리원 지도에 실려 있는 산만으로도 16,667개나 된다고 합니다. 이번에는 현내에서 단풍이 아름다운 산을 네 개 소개해 드리겠습니다. 우선 연인이나 가족과 함께 하이킹을 즐기는 데 안성맞춤인 것이 동쪽에 있는 A산입니다. 이 산은 가파르지 않고 산의 높이도 500m 정도여서 느긋하게 걸으면서 단풍놀이를 만끽할 수 있습니다. 다음으로 서쪽에 있는 B산도 비교적 낮은 산으로, 산기슭에서 공중 케이블카를 이용하면 10분 정도면 정상에 도착할 수 있습니다. 그리고 남쪽에 있는 C산은 일본에서 가장 이르다는 단풍을 실컷 볼 수 있는 산인데, 공중 케이블카가 없기 때문에 정상까지는 편도로 약 2시간은 걸립니다. 마지막은 북쪽에 있는 D산인데, 이 산은 2,000m급의 산으로 현내에 있는 산 중에서는 가장 높고 이틀 걸리는 본격적인 등산 코스가 있는 것이 큰 특징입니다. 이 산은 '꼭 가고 싶은 산의 절경 10선'에 뽑혔을 정도로 전국적으로도 유명한 산입니다.

---

**남** 허, 꼭 가고 싶은 산의 절경이란 어떤 경치인 걸까? 봐 보고 싶네. 이번 주말부터의 사흘 연휴를 이용해서 가 볼까?

**여2** 어? 내가 말 안 했어? 다음 주 월요일은 급한 용무 때문에 못 쉬어.

**남** 그랬던가? 뭐 그거 아쉽네. 음…, 모처럼의 연휴인데 혼자서 계속 집에 있는 건 심심하고, 친구인 야마다 군을 꼬셔서 가 볼게. 그도 등산은 좋아하니까 틀림없이 같이 갈 거라고 생각해.

**여2** 응, 미안하지만 이번 사흘 연휴는 그렇게 하는 편이 좋을 것 같네. 그럼, 나하고는 다음 주말에 당일치기로 갈 수 있는 산에 가는 건 어때?

**남** 2주 연속으로 등산이라…. 뭐, 좋아. 그래서 어디에 가고 싶어?

**여2** 음…, 하이킹만으로는 조금 어딘지 아쉽고, 공중 케이블카가 없으면 내려오는 게 피곤하니까….

**남** 그럼, 한 군데밖에 없네. 알았어. 그렇게 하자.

**여2** 응, 고마워.

## 質問1

男の人は今週の三連休にどの山に行きますか。

1 A山
2 B山
3 C山
4 D山

## 質問2

二人は来週の週末、どの山に行きますか。

1 A山
2 B山
3 C山
4 D山

**질문1**

남자는 이번 주 사흘 연휴에 어느 산에 갑니까?

1 A산
2 B산
3 C산
4 D산

**질문2**

두 사람은 다음 주 주말에 어느 산에 갑니까?

1 A산
2 B산
3 C산
4 D산

어휘 ラジオ 라디오 동사의 ます형+ながら ~하면서 *동시동작 夫婦(ふうふ) 부부 一番(いちばん) 가장, 제일
有名(ゆうめい)だ 유명하다 山(やま) 산 ～と言(い)えば ~라고 하면 やはり 역시 富士山(ふじさん) 후지산
シンボル 심벌, 상징 ガイドブック 가이드북, 안내책자 登場(とうじょう) 등장 国土地理院(こくどちりいん) 국토지리원 *국토 측량 및 지도 작성을 담당하는 「国土交通省(こくどこうつうしょう)」(국토교통성)의 산하 기관
地図(ちず) 지도 載(の)る (신문・잡지 등에) 실리다 숫자+も ~이나 품사의 보통형+そうだ ~라고 한다 *전문
今回(こんかい) 이번 県内(けんない) 현내 *현의 행정 구역 내 紅葉(こうよう) 단풍 美(うつく)しい 아름답다
ご+한자명사+する ~하다, ~해 드리다 *겸양표현 紹介(しょうかい) 소개 恋人(こいびと) 연인, 애인 家族(かぞく) 가족
ハイキング 하이킹 楽(たの)しむ 즐기다 持(も)って来(こ)い 꼭 알맞음, 안성맞춤 東側(ひがしがわ) 동쪽
なだらかだ 완만하다, 가파르지 않다 高(たか)さ 높이 メートル 미터, m ゆっくり 천천히, 느긋하게 歩(ある)く 걷다
紅葉狩(もみじが)り 단풍놀이 満喫(まんきつ) 만끽 西側(にしがわ) 서쪽 比較的(ひかくてき) 비교적 低(ひく)い 낮다
麓(ふもと) 산기슭 ロープウエー 공중 케이블카 利用(りよう) 이용 ～ほど ~정도 山頂(さんちょう) 산정, 산꼭대기, 정상
着(つ)く 도착하다 동사의 기본형+ことができる ~할 수 있다 それから 그다음에, 그리고 南側(みなみがわ) 남쪽
早(はや)い 이르다 ～と言(い)われる ~라는 말을 듣다, ~라고 하다 堪能(たんのう) 실컷 ~함 片道(かたみち) 편도
かかる (시간이) 걸리다 最後(さいご) 최후, 마지막 北側(きたがわ) 북쪽 ～級(きゅう) ~급 最(もっと)も 가장, 제일
2日(ふつか) 이틀 本格的(ほんかくてき)だ 본격적이다 登山(とざん) 등산 コース 코스 大(おお)きな 큰
特徴(とくちょう) 특징 絶対(ぜったい)に 절대로, 반드시, 꼭 絶景(ぜっけい) 절경 選(えら)ぶ 뽑다, 선발하다
全国的(ぜんこくてき)だ 전국적이다 へえ 허 *감탄하거나 놀랐을 때 내는 소리 景色(けしき) 경치
今週末(こんしゅうまつ) 이번 주말 連休(れんきゅう) 연휴 あれ 어, 아니 *놀라거나 의외로 여길 때 내는 소리
急用(きゅうよう) 급한 용무 休(やす)む 쉬다
～っけ ~던가?, ~였던가? *잊었던 일이나 불확실한 일을 상대방에게 질문하거나 확인할 때 씀
まあ 자기 또는 상대방의 말을 가볍게 제지하거나 무엇을 권하거나 할 때 쓰는 말
残念(ざんねん)だ 아쉽다, 유감스럽다 せっかく 모처럼 ～のに ~는데(도) ずっと 쭉, 계속 退屈(たいくつ)だ 지루하다
誘(さそ)う 꾀다, 권하다 山登(やまのぼ)り 산에 오름, 등산 きっと 분명히, 틀림없이 悪(わる)い 미안하다
今度(こんど) 이번 来週末(らいしゅうまつ) 다음 주말 日帰(ひがえ)り 당일치기
物足(ものた)りない 약간 부족하다, 어딘지 아쉽다 下(お)りる (아래로) 내려오다 疲(つか)れる 지치다, 피로해지다
だったら 그렇다면 ～か所(しょ) ~개소, ~군데 ～しか (부정어 수반) ~밖에

JLPT N1

# 실전모의고사

# N1

# 言語知識
## (文字・語彙・文法)
・
# 読解

## (110分)

동영상 28

동영상 29

동영상 30

**問題1 ＿＿＿の言葉の読み方として最もよいものを、1・2・3・4から一つ選びなさい。**

**1** この発明は、彼の10年にわたる血と汗の結晶である。

1 けつえき　2 けつらく　3 けっしゅう　4 けっしょう

**2** かなり登ったので、山頂までの距離も縮まった。

1 あつまった　2 たかまった　3 ちぢまった　4 ふかまった

**3** このサポートプログラムには経験の有無を問わず、誰でも志願できる。

1 うむ　2 ゆうむ　3 うぶ　4 ゆうぶ

**4** この件に関しては、迅速な対応が要求されると思う。

1 しんそく　2 じんそく　3 しんぞく　4 じんぞく

**5** 人は年を重ねていくに連れ、体力も衰えていくものである。

1 おとろえて　2 かなえて　3 そなえて　4 かまえて

**6** 朝の山の空気はとても清々しかった。

1 そうぞうしかった　2 りりしかった　3 ういういしかった　4 すがすがしかった

**問題2（　　　）に入れるのに最もよいものを、1・2・3・4から一つ選びなさい。**

7 暴力を排除して、議論や（　　　）をもって事態を解決したい。

1 愚痴　2 体裁　3 妥協　4 会得

8 いつも恩師の助言を（　　　）に置いて精進している。

1 夢中　2 脇　3 胸元　4 念頭

9 米国はその問題に対し、（　　　）な姿勢を取った。

1 強硬　2 諮問　3 難問　4 参上

10 人手が足りないので、急遽（きゅうきょ）他の部署に（　　　）を頼んだ。

1 ジレンマ　2 フォロー　3 ナンセンス　4 タイムリー

11 悩んでいたこともネットで検索すると、（　　　）答えが出る場合が多い。

1 うっとり　2 のんびり　3 あっさり　4 むすっと

12 厳しかった夏の日差しも、秋風と共に（　　　）きました。

1 及ぼして　2 躊躇って　3 持て成して　4 和らいで

13 彼の画期的な論文は、今までの定説を根底から（　　　）。

1 葬った　2 覆した　3 担いだ　4 営んだ

**問題3 ＿＿＿＿の言葉に意味が最も近いものを、1・2・3・4から一つ選びなさい。**

14 この映画は、最後の橋での戦闘シーンが圧巻だった。

1 最高　　2 独特　　3 意外　　4 無理

15 現段階で二人の実力差ははっきりしている。

1 唖然としている　　2 断然としている　　3 歴然としている　　4 突然としている

16 朝からどんよりした天気で、何だか気分が滅入ってしまう。

1 とても曇っている　　2 とても晴れている　　3 とても厳しい　　4 とても嫌な

17 彼女の写真は非常にシンプルだけど、白と黒のコントラストが映えている。

1 主張　　2 反論　　3 論理　　4 対比

18 やらなければならないとはわかっているが、億劫でどうしてもやる気にならない。

1 感心　　2 面倒　　3 驚愕　　4 呑気

19 このペンはとても書き心地がよくて、重宝している。

1 大勢の人に話題になっている　　2 他の人に勧めたいほどだ

3 便利で役に立っている　　4 使いたくてたまらない

**問題4 次の言葉の使い方として最もよいものを、1・2・3・4から一つ選びなさい。**

**20** 重複

1 景気重複のおかげで、企業の求人率が高まっているそうだ。

2 このバスは駅と遊園地の間を毎日5回重複している。

3 夫婦関係の重複には時間がかかるが、決して不可能ではない。

4 この一文は、同じ言葉が重複して使われているので修正してください。

**21** ブランク

1 機内では航路変更のブランクがあった。

2 家具のブランクを変えたら、見慣れた部屋が違った感じがした。

3 転職を考えているものの、1年以上のブランクがあって躊躇する人も少なくない。

4 彼女はバレーの経験があるためか、ブランクの取り方が上手だ。

**22** 心構え

1 彼女は何事が起きても、それに対する心構えができている。

2 彼は誰に対しても細心の注意を払って、心構えをする人だ。

3 彼は出世のために、上司の心構えばかり取っている。

4 居間にソファを置いたら、心構えがよくなってあまり外に出なくなった。

**23** 広大だ

1 彼は広大な土地を所有している大富豪である。

2 製薬会社では、新薬の開発と研究に広大な資金を投入している。

3 このお寺は、この地域の観光名所として広大だ。

4 株主の構成は、会社の経営安定に広大な影響を与える。

**24** 遂げる

1 富士山の頂上まで遂げるには、かなりの体力が要る。

2 その国は、第2次世界大戦後、高度経済成長を遂げた。

3 彼女とは去年一度会ったきり、今に遂げるまで音沙汰なしである。

4 原材料の価格が遂げているから、製品価格を上げないと企業の利益は減ってしまう。

**25** 思い詰める

1 いくら考えてみても、二人が離婚した原因がどうしても思い詰めない。

2 彼は思い詰めて今の会社を辞めることにした。

3 彼女がそんな行動をしたことに、全く思い詰める節(ふし)がない。

4 3年前のことがまるで昨日起きたことのように鮮やかに思い詰めてきた。

**問題5 次の文の(　　　)に入れるのに最もよいものを、1・2・3・4から一つ選びなさい。**

26 津波で家を失った彼には同情(　　　)。

1 めく　　2 の極みだ　　3 を禁じ得ない　　4 といったらない

27 小学生(　　　)、罪を犯したのであれば、それを償う努力をすべきだ。

1 を限りに　　2 をおいて　　3 を踏まえて　　4 といえども

28 砂漠では水が珍しいので、一滴(　　　)無駄にできない。

1 たりとも　　2 いかんで　　3 ともなく　　4 ことなしに

29 彼が無事に戦場から帰ってくることを信じて(　　　)。

1 なりません　　2 たまりません　　3 やみません　　4 仕方がありません

30 この辺りには、銀行もないし、郵便局もないし、本当に不便(　　　)。

1 には当たらない　　2 までもない　　3 極まりない　　4 には及ばない

31 転んだ(　　　)、足首を挫(くじ)いてしまった。

1 が最後　　2 ところで　　3 きり　　4 弾みに

**32** 祖父のお見舞い（　　　）、久しぶりに実家に帰ることにした。

1 いかんで　　2 だに　　3 たりとも　　4 かたがた

**33** 試験中にカンニングをするとは、許す（　　　）行為である。

1 まみれの　　2 ならではの　　3 まじき　　4 たる

**34** 年を取ると、周囲の忠告に耳を貸さなくなる（　　　）。

1 きらいがある　　2 にかたくない　　3 にたえない　　4 というところだ

**35** 今年は昇進し、子供にも恵まれ、いいこと（　　　）だ。

1 始末　　2 ずくめ　　3 限り　　4 一方

**問題6 次の文の ＿★＿ に入る最もよいものを、1・2・3・4から一つ選びなさい。**

---

**(問題例)**

あそこで ＿＿＿ ＿＿＿ ＿★＿ ＿＿＿ は山田（やまだ）さんです。

1 テレビ　2 見ている　3 を　4 人

**(解答のしかた)**

**1. 正しい文はこうです。**

あそこで ＿＿＿ ＿＿＿ ＿★＿ ＿＿＿ は山田（やまだ）さんです。
1 テレビ　3 を　2 見ている　4 人

**2. ＿★＿ に入る番号を解答用紙にマークします。**

(解答用紙)

| (例) | ① ● ③ ④ |
|---|---|

---

**36** ＿＿＿ ＿＿＿ ＿★＿ ＿＿＿、こんな初歩的なミスをするなんて情けないなあ。

1 なら　2 新入社員　3 知らず　4 いざ

**37** とてもお腹が空いていたのか、息子は ＿＿＿ ＿＿＿ ＿★＿ ＿＿＿ ケーキを食べ始めた。

1 早い　2 が　3 か　4 座る

38 こんな不祥事を起こしてしまった以上、＿＿＿＿ ＿＿＿＿ ＿★＿ ＿＿＿＿ だろう。

1 取らずには　2 すまない　3 責任を　4 部長も

39 記者 ＿＿＿＿ ＿＿＿＿ ＿★＿ ＿＿＿＿ に即して、記事を書くべきだ。

1 たる　2 きちんと　3 者は　4 事実

40 彼が ＿＿＿＿ ＿＿＿＿ ＿★＿ ＿＿＿＿、部署の雰囲気がよくなった。

1 になって　2 部長　3 というもの　4 から

**問題7 次の文章を読んで、文章全体の趣旨を踏まえて、41から45の中に入る最もよいものを、1・2・3・4から一つ選びなさい。**

対人関係に反応しやすい方は、自分を抑えて人と関わる傾向がある方で、この緊張感に疲れた時に頭痛が 41 。こういう方は決して人嫌いというわけではなく、どちらかと言うと、人付き合いがよくて誘われると断れない方も多いようです。自分でも自覚しないままに、大勢の中で 42 行動を取りますが、他人に合わせすぎて疲れやすいので、みんなとがやがやするような行動を取った後に疲れて頭痛が出やすいことや、学生時代はみんなと騒ぐ時間がある学校よりも、スケジュールは厳しくても塾の方が楽だという経験をしていたりします。

大人になって仕事に就いてからも、仕事が忙しすぎて雑談する暇がない日の方が楽で、仕事が暇な日は疲れて頭痛が出やすいという現象が起こります。こういう方は 43 知らない人に囲まれている環境の方が疲れにくく、 44 傾向があります。また、たぶん学生時代にもクラス替えや学校が変わると、しばらくは頭痛がなく、少々慣れてきた季節になると、頭痛が出やすくなったに違いありません。運動会や修学旅行、部活の遠征、学校行事などでも、みんなとがやがやした後に強い頭痛で寝込んでいたという経験を持つ人も少なくないようです。大人になってからも、転勤や転職で周囲の環境や人が 45 頭痛が出にくくなり、慣れてきた頃から頭痛が出てくる傾向があります。

41

1 起こるとは限りません　　2 起こるきらいがあります
3 起こるといったらありません　　4 起こるのみです

42

1 自分を抑えた　　2 自分をさらけ出した
3 自分を責めた　　4 自分を褒めた

43

1 辛うじて　　2 一向に　　3 却って　　4 直ちに

44

1 頭痛も起こりやすい　　2 頭痛も起こりにくい
3 体調もよくなる　　4 体調も悪くなる

45

1 少なくなると　　2 意識されないと　　3 変化がないと　　4 一新されると

**問題8 次の(1)から(4)の文章を読んで、後の問いに対する答えとして最もよいものを、1・2・3・4から一つ選びなさい。**

(1)

日々の生活を送っている上で、人間関係の悩みは尽きません。特に仕事の場合は、苦手な人がいたとしても、業務上の関係で避けることが難しいケースが多々あります。

そもそも、なぜ人間関係による悩みは発生するのでしょうか。人間関係の基本は、コミュニケーションです。私たちは、コミュニケーションを通じて、互いに情報のやりとりをしています。このコミュニケーションの中のどこかで「つまずき」が起こることがあります。つまずきが解消されないまま、「負のループ」がぐるぐると回ると、人間関係がこじれていく原因となります。人間関係を改善するには、負のループをどこかで断ち切る必要があります。相手の行動や感情を完全にコントロールすることは、至難(しなん)の業(わざ)(注)です。相手に完全に非がある場合もありますが、自分でコントロールできる領域で、負のループを食い止める努力をしていくことが、解決への近道です。

(注)至難(しなん)の業(わざ): 実現するのが極めて困難なこと

**46** 人間関係の悩みを解消する方法として、筆者が言っていることは何か。

1 人間関係の悩みを再認識すること

2 負のループをどこかで断ち切ること

3 ストレスを解消する方法を身に付けること

4 感情をコントロールする能力を養うこと

(2)

2012年から毎年国連が発表している「世界幸福度ランキング」という調査がある。世界150以上の国と地域を対象とした大規模調査で、GDP(国内総生産)や社会保障制度、人生の自由度や他者への寛容さなど、様々な項目を加味してジャッジされる。

南アジアにあるブータンは、発展途上国ながら、2013年には北欧諸国に続いて世界8位となり、「世界一幸せな国」として広く知られるようになった。国民が皆一様に「雨風を凌げる家があり、食べるものがあり、家族がいるから幸せだ」と答える姿が報じられたのを覚えている人もいるだろう。しかし、ブータンは2019年度版で156か国中95位に止(とど)まって以来、このランキングには登場していない。かつてブータンの幸福度が高かったのは、情報鎖国(さこく)(注)によって他国の情報が入ってこなかったからであろう。その後、徐々に情報が流入し、他国と比較できるようになったことで、隣の芝生が青く見えるようになり、順位が大きく下がったのではないだろうか。要するに、それまで幸せを感じていたにもかかわらず、人と比べ始めたとたんに幸福度が下がったと思われる。

(注)鎖国(さこく): 国を閉ざし、外国との交際を断つこと

**47** 筆者はブータンの世界幸福度ランキングが下がった理由は何だと言っているか。

1 日々の生活に刺激が少なくなったこと

2 情報鎖国(さこく)によって他国の情報が入ってこなかったこと

3 情報が流入し、他国と比較できるようになったこと

4 国内総生産が減少し、社会保障制度の質も落ちたこと

(3)

魔法瓶(注1)は、ガラスまたはステンレスが二重になった瓶でできています。中の瓶は銀メッキ(注2)されていて鏡になっていますが、どうして鏡が使われているのでしょう。驚いたことに、熱も、実は光のように反射されます。ストーブの後ろに鏡のような反射板が付いているのも、熱を反射するためです。中の熱は、鏡で反射して壁を通り抜けることができないので、外へは伝わりません。実は、魔法瓶の内瓶は、外壁も鏡になっています。これで、外から入ってくる熱も反射して、中へは伝わりません。また、鏡になっている内壁と外壁の間は真空なので、やはり熱が伝わらないようになっているのです。

(注1)魔法瓶: 内瓶と外瓶の二重構造で、その間を真空状態にすることにより、熱の移動を防ぎ、長時間保温・保冷できるようにした容器

(注2)メッキ: 表面処理の一種で、金属または非金属の材料の表面に金属の薄膜を被覆すること

**48** 本文の内容からみて、魔法瓶の中が鏡になっている理由は何か。

1 熱を集めるため

2 熱を反射するため

3 きれいに見えるため

4 物の付着を防ぐため

(4)

感圧紙とかノーカーボンペーパーと呼ばれるものがあります。2枚の紙が重なっていて、上の紙にボールペンのような先の固い筆記用具で書くと、下の紙にも写るというものです。間にカーボン紙が挟んであるわけでもなく、上の紙の裏にインクが付いているわけでもないのに、実に不思議です。

感圧紙の2枚の紙は、化学反応によって着色するような仕組みになっています。上の紙の裏には、無色の発色剤をマイクロカプセルに入れたものが塗ってあり、下の紙の表面には、酸性の顕色剤が塗布してあります。この紙の上からボールペンで強く書くと、マイクロカプセルが破れて発色剤が出ます。発色剤はそのままでは無色ですが、酸性の物質に接触すると発色します。それで、下の紙にも同じ文字が写るのです。

**49** 本文の内容からみて、感圧紙の下の紙に字が写る理由は何か。

1 感圧紙の2枚の紙にインクが付いているから

2 感圧紙の2枚の紙が薄すぎて圧力に弱いから

3 感圧紙の2枚の紙に無色の発色剤が塗ってあるから

4 感圧紙の2枚の紙が化学反応によって着色するから

**問題9 次の(1)から(3)の文章を読んで、後の問いに対する答えとして最もよいものを、1・2・3・4から一つ選びなさい。**

(1)

日本のテレビでも、すっかりお馴染み(注1)となった韓流コンテンツ。ドラマや音楽などで存在感を増す一方、一部で批判も上がり始めた。国外では「規制」に向けた動きまで出てきたという。確かに韓国番組は増えている。7月の番組表を調べると、フジテレビが韓国ドラマを放送した時間は約38時間で民間放送の中で最も多い。これは続くTBSの約19時間の2倍に当たる数値だ。このように韓流番組が増える根本的な理由は「安さ」だ。景気低迷などで広告費が減少している中、「自局で製作するより、他国から安く買う方がいい。韓国ドラマは視聴率もそこそこ取る」と、民間放送の関係者は言う。また、これはテレビ業界の課題である、制作費の切り詰め(注2)にも繋がる。ただ、総世帯視聴率が高いゴールデンタイムで放送される例は少ない。フジやTBSが主に流すのは平日朝や昼だ。韓国番組の普及の背景には韓国の「戦略」もある。1997年の経済危機を機に大手企業はグローバル戦略を強化した。このような流れを受け、テレビ局も国外市場を意識した作品作りを本格化させ、更に国まで後押し(注3)している。番組制作環境が厳しさを増す中、日本での海外番組はますます増えるのだろうか。砂河教授は「日本の番組の質はまだ高い。規制より海外への展開を後押しする方法を考える時期になった」と話す。

(注1)お馴染み: 互いによく知り合っていること
(注2)切り詰め: 経費などを節約すること
(注3)後押し: 助力すること。後援

**50** 日本のテレビで韓流番組が増える根本的な理由は何か。

1 日本より韓国で製作したドラマの方が面白いから

2 日本で製作するより韓流番組を買う方が安いから

3 韓流ブームで韓国への関心が高まりつつあるから

4 韓国の番組が多様な内容で日本で好評を博しているから

**51** 韓国番組についての説明の中で、正しいのはどれか。

1 日本で韓国番組は主に平日朝や昼放送される。

2 韓国ドラマの日本での視聴率は最初の予想よりかなり高い。

3 韓国番組の放送時間はTBSが民間放送の中で最も多い。

4 韓国番組の放送のおかげで、テレビ局の広告費が増加した。

**52** 本文の内容と合っているのはどれか。

1 韓国番組の日本での普及は文化交流のおかげである。

2 日本政府は日本の番組の海外への展開を後押しすることにした。

3 1997年以後、韓国のテレビ局は国外市場を意識した作品作りを本格化させた。

4 日本のテレビで放送されている韓流コンテンツに対して反感を持っている人はあまりいない。

(2)

スポーツ選手の引退後の生活を考えるセカンドキャリア(SC)対策は今年も拡大しにくそうだ。文部科学省は引退した一流選手を今後10年で300名の総合型地域スポーツクラブに指導者として配置し、新年度から66か所でスタートする方針だった。だが、新年度予算案ではわずか9か所に止(とど)まった。早くもSC対策の実現が危ぶまれて(注1)いる。国や競技団体が有効な対策を打ち出せない中、独自に活動する選手たちがいる。その一人が昨年11月、公認会計士の試験に合格したバスケットボール男子日本代表の岡田優介である。大学在学中に勉強を開始した彼は、決して引退後の生活を心配したわけではないが、「将来は資格を生かしてスポーツ界に貢献したい」という思いで難関試験に挑戦した。しかも、現役中での合格にこだわった。スポーツと勉強が両立できることを示したかったと岡田は話す。「スポーツでは飯が食えない」、「引退後が不安」など、才能がありながら競技を断念する若者が少なくない。その結果、選手層が薄くなり、国際競技力も衰える。抜本的な対策を立てない限り、少子化もあって競技人口は減り続ける。文部科学省が目指す過去最高の五輪メダル獲得も幻(まぼろし)(注2)になる。長期的な視野でスポーツという文化をどう普及、発展させていくか。その役割を果たせる立場の国が、自ら目先のメダルにこだわるのは、もう終わりにしたい。

(注1)危ぶむ: ことの成り行きが、悪い結果になるのではないかと不安に思う
(注2)幻(まぼろし): 実際にはないのに、あるように見えるもの

**53** 文部科学省が実施しようとするセカンドキャリア対策の目的は何か。

1 地域でのスポーツクラブを活性化させること
2 スポーツ選手の現役生活をサポートすること
3 スポーツに才能のある新しい人材を発掘すること
4 スポーツ選手の引退後の生活をサポートすること

**54** セカンドキャリア対策の現状として正しいのはどれか。

1 国や競技団体の支援で、拡大されつつある。
2 当初の計画より規模が大幅に減ってしまった。
3 予算の問題で、実施自体が取り消しになってしまった。
4 スポーツ選手からの注目が集まり、規模が大きくなった。

**55** セカンドキャリア対策に対する筆者の考えとして正しいのはどれか。

1 最初から実現可能性の低い対策だったから、一刻も早く止めた方がいい。
2 文部科学省は目の前の結果だけにこだわらず、長い目で見る必要がある。
3 現在でも十分な成果は上げているが、このまま持続させていくことが大事だ。
4 引退後の生活に役に立つかどうか検証されたことがないから、もう少し論議が必要だ。

(3)

世界の金融危機が再燃する中、財務省は今月4日、財界からの強い円高阻止の要請を受け、4兆円を超える大規模な為替介入に出た。この円売り介入には膨大なコストがかかり、最終的にはその多くが国民の負担になる。まず、介入でドルを買っても、日本の場合は米国に遠慮して、そのドルを売れない。既にこれまで為替介入で買ったドルが大きく目減り(注1)し、累積で30兆円以上の評価損を抱えている。かつては日米金利差分の運用益でカバーできたが、この10年では運用益を大幅に超える評価損が出ており、金利差がなくなった今日ではドルの下落がそのまま評価損になる。

財務省の運用によって生じた損失は財政負担、つまり国民の税金で補填(ほてん)(注2)される。そこへ更にドルを4兆円以上も買い増しした。これも売れないまま目減りするリスクが大きい。同じように介入で通貨高を抑制しようとしたスイス中央銀行に対して、株主からのクレームが相次いだ。介入後もフラン高が止まらず、為替評価損のために株主への配当が減ったためだ。介入に合わせて日本銀行が基金の増額を行ったが、国債市場は既にバブル気味となっている。そこへ日銀がドルを買い増しすれば、債権バブルを助長する。このように為替介入のコストは甚大である。しかもその効果が一時的となれば、壮大な無駄遣いとそしりも免れない。

(注1)目減り: 物の実質的な価値が低下すること
(注2)補填(ほてん): 不足を埋(うず)め、補うこと

56 財務省が大規模な為替介入に出た理由は何か。

1 米国からの圧力があったから
2 既に30兆円を超える評価損を抱えていたから
3 財界からの強い円高阻止の要請があったから
4 国民の負担を解消しようとする目論見があったから

57 スイス中央銀行に株主からのクレームが相次いだ理由は何か。

1 突然フラン高が安定気味になってしまったから
2 銀行側から通貨高を促す動きが出始めたから
3 為替評価損のために株主への配当が減ったから
4 通貨高を防ぐ具体的な対案が提示されなかったから

58 本文の内容と合っていないのはどれか。

1 評価損は現在でも日米金利差分の運用益でカバーできる。
2 財務省の大規模な為替介入は、結局国民の負担になる。
3 日本銀行のドル買い増しは、債権バブルを助長しかねない。
4 財務省の為替介入で、国債市場は既にバブル気味となっている。

**問題10 次の文章を読んで、後の問いに対する答えとして最もよいものを、1・2・3・4から一つ選びなさい。**

皆さんはアメリカなどの大統領制と、日本のような議院内閣制の違いについてご存知でしょうか。それぞれの制度には、メリットもあればデメリットもあります。今回は両者の特徴について簡単にまとめてみます。

議院内閣制と大統領制の大きな違いは二つあります。まず、誰が国のトップを決めるのかということです。議院内閣制の場合、国民には内閣総理大臣を決める権利はなく、国会議員によって決められます。一方、大統領制の場合は、国のトップを決めるのは国民です。

次は任期です。大統領制の場合には、アメリカの大統領の任期は4年間という保証がされており、議会が大統領を辞めさせることはできません。議院内閣制の場合には、国会が内閣不信任の決議を行うことができるので、「この人を内閣総理大臣にして失敗だったなあ」と思えば、辞めさせることも可能です。また、議院内閣制の場合は、内閣総理大臣が衆議院を解散することができます。しかし、大統領制の場合は、議会を解散させることはできず、国民が選んだ大統領と国会議員に、任期中の4年間は国の方針が委ねられることになります。

次に大統領制と議院内閣制、それぞれの制度のメリットとデメリットを三つずつご紹介します。まず、大統領と議員の両方を国民が選ぶので、国民の意見や考えが反映されやすいのがメリットです。トランプ氏は「アメリカを自分の手で生まれ変わらせる!」と言っていましたし、クリントン氏は「今のアメリカをより良くしていく!」と言っていました。根本から変えようとしているのか、それとも今の状態をベースにするのかでも全然違います。しかし、国のトップも議員も国民が選んでいるので、議会が大統領を辞めさせたり、大統領が議会の解散を命じることができず、どちらかに問題があったとしても、基本的には任期満了まで辞めさせることや解散することができないというデメリットがあります。

大統領制は権力の分立がはっきりしているというメリットもあります。大統領は行政、国会議員は立法と、両者の持つ権力がはっきりしています。しかし、大統領と国会議員の意見が対立しやすいので、政治運営がしにくいというデメリットがあります。両者一歩も譲らず、平行線のまま進展がないということもあります。

最後に条件さえ満たせば、政治経験がなくても大統領になれるということも大統領制のメリットです。アメリカ大統領に立候補する場合の条件は、出生によるアメリカ人であること、35歳以上であること、アメリカに14年以上住んでいることの三つです。しかし、アメリカの場合には、大統領の任期が4年と保障されています。つまり、「この大統領じゃ、アメリカが駄目になる!」と思っても、辞めさせる術(すべ)がなく、辞任を待つしかないのです。ちなみに、アメリカの場合、歴代の大統領で辞任したのは第37代リチャード・ニクソンのみです。このように、これまでになかった大胆な思想を持つ大統領を選出するということは、大きな可能性だけでなく、大きなリスクも伴うということです。

59 筆者が大統領制と議員内閣制の違いとして挙げているのはどれか。

1 議員数と任期

2 権力の分立と任期

3 国のトップの決定方法と任期

4 議員数と国のトップの決定方法

60 議院内閣制の特徴として、本文に出ているのはどれか。

1 内閣総理大臣に権力が集中する。

2 内閣総理大臣が衆議院を解散することができる。

3 国会議員の安定的な任期が保障される。

4 国民が直接内閣総理大臣を選ぶことができる。

61 筆者が大統領制のメリットとして、挙げていないのはどれか。

1 国民の生活の質が向上する。

2 国民の意見や考えが反映されやすい。

3 権力の分立がはっきりしている。

4 政治経験がなくても大統領になれる。

62 筆者が大統領制のデメリットとして、挙げているのはどれか。

1 大胆な政策を実行しにくい。

2 国会に対して連帯して責任を負う。

3 国会の多数派の属する政党に左右される。

4 基本的には任期満了まで辞めさせない。

**問題11 次のAとBの文章を読んで、後の問いに対する答えとして最もよいものを、1・2・3・4から一つ選びなさい。**

A

同じ年齢の二人がいます。片方は1年で1億円稼いでいて、もう片方は300万円稼いでいるとしましょう。1年間で稼いだお金は雲泥の差がありますが、その二人が使った時間は両方とも同じで、使える時間も同じだったので、お金より時間の方が大切だと主張している人がいます。

しかし、いくら時間が大切だと言ってもその時間でしたいことは、日常ではできないことがある場合も多いです。例えば、旅行や買い物に行く時、もちろん時間は大切かもしれませんが、その時間を有効に活用するには、お金が前提として必要になります。お金持ちは全ての人が幸せ者であるとは限りませんが、人生という時間を豊かにするにはお金が絶対的に必要であると思います。似た理由ですが、お金は通過点に過ぎないですが、その通過点がなければ、いくら時間を優先したところで、目標地点に到達することは不可能であると思います。

B

時間には感情はなく、実態も掴(つか)めないという特徴があります。お金を使って人を雇ったり動かすことはいくらでも可能ですが、時間だけは動かすことはできません。これはどんなに力のある人や権力を持っている人でもできないと言えます。実態が掴(つか)めない上に、抽象的だからでしょう。

高齢なお金持ちや権力者がほしがるのは、時間を取り返す手段ですが、これはどうやっても無理です。若い世代の方は時間や先がありますから、お金を得ることに意識を向けやすいですが、高齢な富豪などは時間が元に戻ってほしいと願う傾向があります。全ての人に当てはまるわけではありませんが、ほしい額のお金や権力を得ると、この世を去ることが惜しくなってくるのが、不思議な心理と仕組みです。そんな意味で、みなさんにはいつも時間を大切にしてほしいと思います。お金のせいで大切な時間を疎かにし、そのお金を手に入れた時には身体が壊れていたり、老化が激しくて困ってしまったという状況にはならないでください。

63 Aの考えと合っているのはどれか。

1 お金と幸せには相関関係がない。

2 お金がなくても、目標地点には到達できる。

3 人生を豊かにするためにはお金が必要だ。

4 お金があるからといって、幸せなわけではない。

64 AとBについての説明の中で、正しいのはどれか。

1 Aはお金を、Bは時間を優先している。

2 AとBともにお金と時間の均衡を主張している。

3 Aはお金と時間の均衡を、Bは時間だけを優先している。

4 Aはお金だけを、Bはお金と時間の均衡を主張している。

**問題12 次の文章を読んで、後の問いに対する答えとして最もよいものを、1・2・3・4から一つ選びなさい。**

日本国内でスマホ使用に関するアンケートを取ると、かなり多くの人が「スマホにかなり依存している」といったスマホ依存症に自覚的な回答をすることがわかっています。では、スマホ依存症とは、一体どのような症状や状態を意味し、お子様がスマホ依存症になった場合、どのような問題が起こるものなのでしょうか。今回はスマホ依存症の定義や概要をわかりやすい事例を踏まえて紹介した後、お子様がスマホ依存症になるリスクや予防のためにすぐできる対策についても解説します。

まず、定義から見てみます。「スマホ依存症」とは、常にスマホをチェックし、操作していないと落ち着かなくなる状態の総称です。日常生活で次のような行動をしてしまう人は、スマホ依存症が疑われます。

スマホ依存症になると、常にスマホのことが気になってしまうため、家族で囲む食卓にスマホを持ち込み、無意識に操作をしながら食事をすることもあります。また、スマホ依存症がひどくなると、たった数分でも画面が見られないことを恐れ、トイレやお風呂などにもスマホを持ち込むようになります。そして、スマホ依存症が疑われる人は、メッセージやそれを送信するフォロワー(注1)などの相手にも依存しがちです。

例えば、自分が送ったメッセージに返信がないと、「何か悪いことを言っちゃったかな」などの不安に襲われます。人によっては相手に返信を催促しすぎて人間関係を壊してしまうこともあります。また、スマホ依存症になった場合には、スマホがインターネットに繋がり続けている状態を維持することも非常に大切だと考えます。そのため、外出先で電源が切れた場合、インターネット上の仲間やフォロワーと繋がれなくなったストレスや不安で、パニック症状を起こすこともあります。

スマホ依存症を防ぐためには、長時間の使用で生じるリスクを知ることも大切です。スマホ依存症による学力低下のリスクは、様々な研究者も注目する大きな問題です。例えば、学習中にスマホ操作をする「ながら勉強」(注2)をした場合、集中力の低下などから成績が大きく下がることがわかっています。食卓やトイレにスマホを持ち込むほどの依存症になると、寝る時間になっても友人とのトークやSNS閲覧(えつらん)(注3)をなかなか止められません。その結果、休日に深夜遅くまでスマホを使い続けることで、昼夜逆転生活になる可能性もあります。また、スマホ依存症になると、いらいらが増大し、先生や同級生の言葉や環境音といった様々なことに対して神経質になります。その結果、普段は言わないような厳しい指摘や言葉を使うことで、人間関係が悪くなる可能性もあるでしょう。

このようなスマホ依存症を防ぐには、次のような対策や工夫をするのがお勧めです。まずは「一日の使用は1.5時間まで」といった時間制限ルールを作りましょう。子供の場合、「やるべきこと」を優先する時間の使い方を考えることも大切です。例えば、帰宅後のトークでこれらの「やるべきこと」が疎かになっている場合、夜はとりあえず早めに寝て、頭の冴(さ)

えて(注4)いる朝からトークをする習慣に変えてみてもよいでしょう。また、スマホのブルーライトには、脳を覚醒(かくせい)(注5)させてしまう特徴もあるため、夜よりも朝メーンの使用に変えることをお勧めします。最後に、ルールを決めてもなかなかスマホ使用が止められない時には、使い過ぎを防ぐアプリを活用することもお勧めです。

(注1)フォロワー: ソーシャルメディアにおいて、投稿内容を見られるように登録した人
(注2)ながら勉強: 何か他のことをしながら勉強すること
(注3)閲覧(えつらん): ウェブページなどの内容を調べながら読むこと
(注4)冴(さ)える: 頭の働きや体の調子などがはっきりする
(注5)覚醒(かくせい): 目が覚めること

**65** スマホ依存症の定義として、正しいのはどれか。

1 様々なブランドのスマホを集めている状態
2 新しいスマホが出たら、すぐ買いたくなる状態
3 音声ではなく、スマホの文字機能だけで連絡する状態
4 常にスマホをチェックしたり操作したりしないと落ち着かなくなる状態

**66** スマホ依存症の症状として、本文に出ていないのはどれか。

1 トイレに行く時、スマホを持ち込む。
2 スマホの見すぎで、視力が落ちてしまう。
3 メッセージの返信がないと、不安になる。
4 外出中にスマホの充電が切れると、不安になる。

**67** スマホ依存症になることのリスクとして、本文に出ていないのはどれか。

1 学力の低下
2 生活リズムの乱れ
3 精神面への影響
4 体力の低下

**68** スマホ依存症にならないためにできる対策として、本文に出ていないのはどれか。

1 時間の使い方を見直す。
2 使い過ぎを防ぐアプリを入れる。
3 使用した後はアクセス履歴をチェックする。
4 長時間利用にならないように時間制限を設ける。

**問題13 右のページはボランティアの参加者募集の案内である。下の問いに対する答えとして最もよいものを、1・2・3・4から一つ選びなさい。**

69 次の4人のうち、夏のボランティアに参加できる人は誰か。

1 7月9日午前10時に申し込もうとする20歳の橋本君
2 7月11日午後1時に申し込もうとする12歳の渡辺君
3 8月1日午後4時に申し込もうとする18歳の山田君
4 7月16日午後6時に申し込もうとする22歳の池田君

70 夏のボランティアについての説明の中で、正しくないのはどれか。

1 ボランティアの体験期間は、最大で1週間までである。
2 ボランティアの活動プログラムは先着順で、定員が決められている。
3 ボランティア保険未加入の人は、申し込み時に保険に加入できる。
4 具体的なプログラムは、直接ABC区地域共生ボランティアセンターに行かないと確認できない。

## 夏のボランティア参加者募集のご案内

夏の期間を利用して、様々なボランティア活動を体験できる! それが「夏! 体験ボランティア」です。ボランティア活動が初めての方にはきっかけ作りに、ボランティア経験がある方は新しい活動に出会えるチャンスに。この機会に、みなさんの気になる・興味のあるボランティア活動を探して、ぜひ「夏ボラ」にご参加ください。

| 夏ボラって? | どんな活動先があるの? | ボランティア保険 |
|---|---|---|
| 夏の期間を利用して、様々な分野のボランティア活動を体験できるのが「夏ボラ」です。 | 区内の福祉施設・保育園・NPO・地域団体・ボランティアグループなど。各活動先で様々なプログラムがあります。 | 活動の前日までにボランティア保険の加入が必要です。 |

| 対象 | 区内に在住・在勤・在学の中学生以上の方 |
|---|---|
| 体験期間 | 8月1日(月)～9月16(金)で希望する日程(1日～1週間まで) |
| 活動内容 | 高齢者や体の不自由な人などの区内福祉施設、保育園、区民活動団体などでのボランティア体験 |
| 定員 | 活動プログラムごとに定員があります。<br>(※先着順) |
| 申込方法 | 以下の受付日に、必ず活動を希望する本人が地域共生ボランティアセンターにお越しください。<br>(※中学生は保護者の「参加同意書」の提出をお願いします。) |
| プログラムの配布 | 窓口の配布期間は7月1日(金)～7月15日(金)の9:00～17:00、7月16日(土)の9:00～16:00(日祝は除く)になります。<br>(※ホームページにも掲載しています。) |
| ボランティア保険 | ボランティア保険未加入の方は、申し込み時に保険に加入していただきます。保険料はプランにより350円～1,400円です。<br>(※学校で加入済みの方は除きます。) |
| 受付日 | 7月9日(土)、7月11日(月)～15日(金)の10:00～16:00 |
| 申し込み先 | 社会福祉法人 ABC区社会福祉協議会<br>ABC区地域共生ボランティアセンター<br>住所: 〒144-0051 ABC区西蒲田7-49-2 5階<br>電話: 03-3736-5555 |

# N1

## 聴解

## (60分)

동영상 31

음원

# 問題1

問題1では、まず質問を聞いてください。それから話を聞いて、問題用紙の1から4の中から、最もよいものを一つ選んでください。

## 例

1 企画書を見せる
2 製品の説明を書き直す
3 データを新しくする
4 パソコンを準備する

## 1番

1 ホテルの予約をキャンセルする
2 社長にホテルに泊まるかどうかを聞く
3 飛行機の便の時間を変更する
4 社長の出張の日程を再度確認する

## 2番

1 健康診断書を発行してもらう
2 選考申請書を自筆で書き直す
3 指導教官に推薦状を依頼する
4 研究計画書の内容を書き足す

**3番**

1 会議の資料をコピーする
2 赤いファイルを部長に手渡す
3 赤いファイルをコピーする
4 女の人の代わりに会議に出席する

**4番**

1 サークルのミーティングに出席する
2 先生のところに行って判子を押してもらう
3 ミーティングの時に食べるおやつを買いに行く
4 大学本部の担当者のところに行って講義室の使用申請書をもらう

## 5番

1 洗濯機のデザインを改善する
2 発売日の案を出す
3 販売価格の案を出す
4 温水洗浄機能を追加する

## 6番

1 会場の手配と宛名の作成
2 招待状と宛名の作成
3 会場の変更と招待状の発送
4 会場の設備と招待客の住所の確認

# 問題2

問題2では、まず質問を聞いてください。そのあと、問題用紙のせんたくしを読んでください。読む時間があります。それから話を聞いて、問題用紙の1から4の中から、最もよいものを一つ選んでください。

## 例

1 昨日までに資料を渡さなかったから
2 飲み会で飲みすぎて寝てしまったから
3 飲み会に資料を持っていったから
4 資料を無くしてしまったから

## 1番

1 運動不足の解消になるから
2 彼女に何度も誘われたから
3 もともとのどかな景色を眺めるのが好きだったから
4 やらざるを得ない状況になってしまったから

## 2番

1 絶妙な恋愛描写
2 面白いストーリ展開
3 スタイリッシュなファッション
4 才能ある若手俳優の出演

### 3番

1 強風が吹いているから
2 飛行機が故障したから
3 貨物の飛行機への搬送が遅れているから
4 航空券の発券が遅れているから

### 4番

1 人に感謝される仕事がしたかったから
2 家族の介護を通じて介護の大切さを感じたから
3 もともと興味のある仕事だったから
4 他の仕事より給与が高いから

## 5番

1 水のやりすぎ
2 日当たりの悪さ
3 風通しの悪さ
4 肥料のやりすぎ

## 6番

1 講演の目的が明確ではなかったところ
2 質問が多くて講演会が長引いてしまったところ
3 講演の内容があまり面白くなかったところ
4 講師の力量を考慮しなかったところ

## 7番

1 筋書きが単純で、わかりやすいところ
2 主人公が教官として空の戦いを教えるところ
3 主な場面を主人公自身が特殊効果なしで撮影したところ
4 前作の設定を生かし、新たな興奮を創造したところ

# 問題3

問題3では、問題用紙に何も印刷されていません。この問題は、全体としてどんな内容かを聞く問題です。話の前に質問はありません。まず話を聞いてください。それから、質問とせんたくしを聞いて、1から4の中から、最もよいものを一つ選んでください。

— メモ —

# 問題4

問題4では、問題用紙に何も印刷されていません。まず文を聞いてください。それから、それに対する返事を聞いて、1から3の中から、最もよいものを一つ選んでください。

— メモ —

# 問題5

問題5では、長めの話を聞きます。この問題には練習はありません。
問題用紙にメモをとってもかまいません。

## 1番、2番

問題用紙に何も印刷されていません。まず話を聞いてください。それから、質問とせんたくしを聞いて、1から4の中から、最も よいものを一つ選んでください。

— メモ —

## 3番

まず話を聞いてください。それから、二つの質問を聞いて、それぞれ問題用紙の1から4の中から、最もよいものを一つ選んでください。

### 質問1

1 子供食堂でのボランティア
2 学習支援ボランティア
3 児童館でのボランティア
4 環境ボランティア

### 質問2

1 子供食堂でのボランティア
2 学習支援ボランティア
3 児童館でのボランティア
4 環境ボランティア

# 실전모의고사 • 정답

| 구분 | 문제 | | | | | | | | | | | | | | | |
|---|---|---|---|---|---|---|---|---|---|---|---|---|---|---|---|---|
| 언어지식(문자·어휘·문법)·독해 ↓ 110분 | 1 | 1 | 2 | 3 | 4 | 5 | 6 | | | | | | | | | |
| | | 4 | 3 | 1 | 2 | 1 | 4 | | | | | | | | | |
| | 2 | 7 | 8 | 9 | 10 | 11 | 12 | 13 | | | | | | | | |
| | | 3 | 4 | 1 | 2 | 3 | 4 | 2 | | | | | | | | |
| | 3 | 14 | 15 | 16 | 17 | 18 | 19 | | | | | | | | | |
| | | 1 | 3 | 1 | 4 | 2 | 3 | | | | | | | | | |
| | 4 | 20 | 21 | 22 | 23 | 24 | 25 | | | | | | | | | |
| | | 4 | 3 | 1 | 1 | 2 | 2 | | | | | | | | | |
| | 5 | 26 | 27 | 28 | 29 | 30 | 31 | 32 | 33 | 34 | 35 | | | | | |
| | | 3 | 4 | 1 | 3 | 3 | 4 | 4 | 3 | 1 | 2 | | | | | |
| | 6 | 36 | 37 | 38 | 39 | 40 | | | | | | | | | | |
| | | 4 | 1 | 1 | 2 | 4 | | | | | | | | | | |
| | 7 | 41 | 42 | 43 | 44 | 45 | | | | | | | | | | |
| | | 2 | 1 | 3 | 2 | 4 | | | | | | | | | | |
| | 8 | 46 | 47 | 48 | 49 | | | | | | | | | | | |
| | | 2 | 3 | 2 | 4 | | | | | | | | | | | |
| | 9 | 50 | 51 | 52 | 53 | 54 | 55 | 56 | 57 | 58 | | | | | | |
| | | 2 | 1 | 3 | 4 | 2 | 2 | 3 | 3 | 1 | | | | | | |
| | 10 | 59 | 60 | 61 | 62 | | | | | | | | | | | |
| | | 3 | 2 | 1 | 4 | | | | | | | | | | | |
| | 11 | 63 | 64 | | | | | | | | | | | | | |
| | | 3 | 1 | | | | | | | | | | | | | |
| | 12 | 65 | 66 | 67 | 68 | | | | | | | | | | | |
| | | 4 | 2 | 4 | 3 | | | | | | | | | | | |
| | 13 | 69 | 70 | | | | | | | | | | | | | |
| | | 1 | 4 | | | | | | | | | | | | | |
| 청해 ↓ 60분 | 1 | 예 | 1 | 2 | 3 | 4 | 5 | 6 | | | | | | | | |
| | | 3 | 3 | 2 | 3 | 4 | 1 | 2 | | | | | | | | |
| | 2 | 예 | 1 | 2 | 3 | 4 | 5 | 6 | 7 | | | | | | | |
| | | 3 | 4 | 1 | 3 | 2 | 4 | 2 | 3 | | | | | | | |
| | 3 | 예 | 1 | 2 | 3 | 4 | 5 | 6 | | | | | | | | |
| | | 2 | 3 | 2 | 2 | 1 | 4 | 3 | | | | | | | | |
| | 4 | 예 | 1 | 2 | 3 | 4 | 5 | 6 | 7 | 8 | 9 | 10 | 11 | 12 | 13 | 14 |
| | | 3 | 3 | 2 | 1 | 2 | 3 | 3 | 2 | 1 | 2 | 2 | 3 | 2 | 1 | 2 |
| | 5 | 1 | 2 | 3 (1) | 3 (2) | | | | | | | | | | | |
| | | 2 | 4 | 2 | 3 | | | | | | | | | | | |

# 실전모의고사 • 해석 및 스크립트

## 언어지식(문자 · 어휘 · 문법) · 독해

**문제 1 _____의 단어 읽기로 가장 적당한 것을 1 · 2 · 3 · 4에서 하나 고르시오.**

1 정답 4
해석 이 발명은 그의 10년에 걸친 피와 땀의 결정이다.
어휘 発明(はつめい) 발명 ～にわたる ～에 걸친 血(ち) 피
汗(あせ) 땀 結晶(けっしょう) 결정
けつえき(血液) 혈액 けつらく(欠落) 결락, 결여, 누락
けっしゅう(結集) 결집

2 정답 3
해석 꽤 올라갔기 때문에 정상까지의 거리도 짧아졌다.
어휘 かなり 꽤, 상당히 登(のぼ)る (높은 곳으로) 올라가다, 오르다 山頂(さんちょう) 산정, 정상, 산꼭대기
距離(きょり) 거리 縮(ちぢ)まる (시간 · 거리 따위가) 짧아지다
あつ(集)まる 모이다 たか(高)まる 높아지다, 고조되다
ふか(深)まる 깊어지다

3 정답 1
해석 이 지원 프로그램에는 경험 유무를 불문하고 누구든지 지원할 수 있다.
어휘 サポート 서포트, 지원 プログラム 프로그램
経験(けいけん) 경험 有無(うむ) 유무
～を問(と)わず ～을 불문하고 志願(しがん) 지원
うぶ(初) 숫됨, 순진함

4 정답 2
해석 이 건에 관해서는 신속한 대응이 요구된다고 생각한다.
어휘 件(けん) 건 ～に関(かん)しては ～에 관해서는
迅速(じんそく)だ 신속하다, 재빠르다 対応(たいおう) 대응
要求(ようきゅう) 요구
しんそく(神速)だ 신속하다, 몹시 빠르다, 귀신같이 빠르다
しんぞく(親族) 친족, 친척

5 정답 1
해석 인간은 나이를 먹어감에 따라 체력도 쇠약해져 가는 법이다.
어휘 年(とし) 나이 重(かさ)ねる 거듭하다
～に連(つ)れ ～함에 따라서 体力(たいりょく) 체력
衰(おとろ)える (세력이) 약해지다, (체력이) 쇠약해지다
～ものだ ～인 법[것]이다 *상식 · 진리 · 본성
かな(叶)える (소원 · 꿈 등이) 이루어지다
そな(備)える 대비하다, 준비하다
かま(構)える (다음 동작에 대비한) 자세를 취하다, 겨누다

6 정답 4
해석 아침 산의 공기는 매우 상쾌했다.
어휘 朝(あさ) 아침 山(やま) 산 空気(くうき) 공기
清々(すがすが)しい 상쾌하다, 시원하다
そうぞう(騒々)しい 시끄럽다, 떠들썩하다
りり(凛々)しい 늠름하다, 씩씩하다
ういうい(初々)しい 앳되다

**문제 2 (　　)에 넣을 것으로 가장 적당한 것을 1 · 2 · 3 · 4에서 하나 고르시오.**

7 정답 3
해석 폭력을 배제하고 논의와 (타협)으로 사태를 해결하고 싶다.
어휘 暴力(ぼうりょく) 폭력 排除(はいじょ) 배제
議論(ぎろん) 의논, 논의 妥協(だきょう) 타협
명사+をもって ～으로 *수단 · 방법 事態(じたい) 사태
解決(かいけつ) 해결 愚痴(ぐち) 푸념, 넋두리
体裁(ていさい) 체면, 외관 会得(えとく) 터득, 깨침

8 정답 4
해석 항상 은사님의 조언을 (염두)에 두고 정진하고 있다.
어휘 恩師(おんし) 은사 助言(じょげん) 조언
念頭(ねんとう) 염두 置(お)く 놓다, 두다
精進(しょうじん) 정진 夢中(むちゅう) 꿈속, 열중함, 몰두함
脇(わき) 겨드랑이, 옆, 곁 胸元(むなもと) 앞가슴

9 정답 1
해석 미국은 그 문제에 대해 (강경)한 자세를 취했다.
어휘 米国(べいこく) 미국 ～に対(たい)し ～에 대해
強硬(きょうこう)だ 강경하다 姿勢(しせい) 자세
取(と)る 취하다 諮問(しもん) 자문
難問(なんもん) 난문, 어려운 문제 参上(さんじょう) 찾아뵘

10 정답 2
해석 일손이 부족하기 때문에 급거 다른 부서에 (지원)을 부탁했다.
어휘 人手(ひとで) 일손 足(た)りない 모자라다, 부족하다
急遽(きゅうきょ) 급거, 허둥지둥, 갑작스럽게
他(ほか)の～ 다른～ 部署(ぶしょ) 부서 フォロー 보조, 지원
頼(たの)む 부탁하다 ジレンマ 딜레마 ナンセンス 난센스
タイムリー 적시임, 때에 알맞음

11 정답 3
해석 고민하던 것도 인터넷에서 검색하면 (간단하게) 답이 나오는 경우가 많다.
어휘 悩(なや)む 고민하다
ネット 인터넷 *「インターネット」의 준말
検索(けんさく) 검색 あっさり 간단하게, 쉽게
答(こた)え 답 出(で)る 나오다 場合(ばあい) 경우
うっとり 넋을 잃고, 황홀하게 のんびり 느긋하게
むすっと 뚱하게 *언짢고 불만스러운듯 함묵하고 있는 모습

12 정답 4
해석 혹독했던 여름 햇살도 가을 바람과 함께 (누그러졌)습니다.
어휘 厳(きび)しい 혹독하다 夏(なつ) 여름
日差(ひざ)し 햇살, 햇볕 秋風(あきかぜ) 추풍, 가을 바람
～と共(とも)に ～와 함께 和(やわ)らぐ 누그러지다, 풀리다
～てくる ～하게 되다, ～해지다 *과거에서 현재로의 변화
及(およ)ぼす 미치다, 끼치다
躊躇(ためら)う 망설이다, 주저하다
持(も)て成(な)す 대접하다, 접대하다

13 정답 2

해석 그의 획기적인 논문은 지금까지의 정설을 근본부터 (뒤엎었다).

어휘 画期的(かっきてき)だ 획기적이다 論文(ろんぶん) 논문
今(いま)まで 지금까지 定説(ていせつ) 정설
根底(こんてい) 근저, 근본 覆(くつがえ)す 뒤집다, 뒤엎다
葬(ほうむ)る 매장하다, 묻어 버리다 担(かつ)ぐ 지다, 메다
営(いとな)む 경영하다

**문제 3 ____의 단어에 의미가 가장 가까운 것을 1·2·3·4에서 하나 고르시오.**

14 정답 1

해석 이 영화는 마지막 다리에서의 전투 장면이 압권이었다.

어휘 映画(えいが) 영화 最後(さいご) 최후, 마지막
橋(はし) 다리 戦闘(せんとう) 전투 シーン 신, 장면
圧巻(あっかん) 압권 最高(さいこう) 최고
独特(どくとく) 독특 意外(いがい) 의외 無理(むり) 무리

15 정답 3

해석 현 단계에서 두 사람의 실력 차이는 뚜렷하다.

어휘 現段階(げんだんかい) 현 단계 実力(じつりょく) 실력
差(さ) 차, 차이 はっきりしている 뚜렷하다, 확실하다
唖然(あぜん)としている 아연해하다
断然(だんぜん) 단연, 단호히
歴然(れきぜん)としている 뚜렷하다
突然(とつぜん) 돌연, 갑자기

16 정답 1

해석 아침부터 잔뜩 흐린 날씨로 왠지 기분이 우울해지고 만다.

어휘 朝(あさ) 아침 どんよりした 잔뜩 흐린
天気(てんき) 날씨 何(なん)だか 웬일인지, 어쩐지
気分(きぶん) 기분 滅入(めい)る (마음이) 우울해지다
曇(くも)る 흐리다 晴(は)れる 맑다, 개다
厳(きび)しい 혹독하다 嫌(いや)だ 싫다

17 정답 4

해석 그녀의 사진은 매우 심플하지만, 흑과 백의 대조가 훌륭하다.

어휘 写真(しゃしん) 사진 非常(ひじょう)に 대단히, 매우
シンプルだ 심플하다, 단순하다 白(しろ) 백, 하양
黒(くろ) 흑, 검정 コントラスト 대조, 대비
映(は)える 훌륭하다, 돋보이다 主張(しゅちょう) 주장
反論(はんろん) 반론 論理(ろんり) 논리
対比(たいひ) 대비, 대조

18 정답 2

해석 해야 한다고는 알고 있지만 귀찮아서 도저히 의욕이 생기지 않는다.

어휘 ～なければならない ～하지 않으면 안 된다, ～해야 한다
億劫(おっくう)だ 귀찮다
どうしても (부정어 수반) 아무리 해도, 도저히
やる気(き) 할 마음, 의욕 感心(かんしん) 감탄
面倒(めんどう)だ 귀찮다 驚愕(きょうがく) 경악
呑気(のんき)だ 태평하다

19 정답 3

해석 이 펜은 매우 필기감이 좋아서 애용하고 있다.

어휘 ペン 펜 書(か)く (글씨·글을) 쓰다
동사의 ます형+心地(ここち) ～한[했을 때의] 기분
重宝(ちょうほう) (편리해서) 아낌, 애용함
大勢(おおぜい) 많은 사람, 여럿 話題(わだい) 화제
他(ほか)の～ 다른～ 勧(すす)める 권하다 ～ほど ～정도
便利(べんり)だ 편리하다 役(やく)に立(た)つ 도움이 되다
使(つか)う 쓰다, 사용하다 동사의 ます형+たい ～하고 싶다
～てたまらない ～해서 견딜 수 없다

**문제 4 다음 단어의 사용법으로 가장 적당한 것을 1·2·3·4에서 하나 고르시오.**

20 **重複** 중복 | 정답 4

해석 1 경기 회복 덕분에 기업의 구인율이 높아지고 있다고 한다. (重複じゅうふく ➜ 回復かいふく)
2 이 버스는 역과 유원지 사이를 매일 다섯 번 왕복하고 있다. (重複じゅうふく ➜ 往復おうふく)
3 부부 관계 회복에는 시간이 걸리지만, 결코 불가능하지는 않다. (重複じゅうふく ➜ 修復しゅうふく)
4 이 글은 같은 말이 중복되어 쓰이고 있으니 수정해 주세요.

어휘 重複(じゅうふく) 중복 景気(けいき) 경기
回復(かいふく) 회복 명사+の+おかげで ～덕분에
企業(きぎょう) 기업 求人率(きゅうじんりつ) 구인율
高(たか)まる 높아지다 バス 버스 駅(えき) 역
遊園地(ゆうえんち) 유원지 間(あいだ) 사이
毎日(まいにち) 매일 ～回(かい) ～회, ～번
往復(おうふく) 왕복 夫婦(ふうふ) 부부
関係(かんけい) 관계 修復(しゅうふく) 수복, 본래의 좋은 관계로 되돌아 감, 회복 時間(じかん)がかかる 시간이 걸리다
決(けっ)して 결코 不可能(ふかのう)だ 불가능하다
一文(いちぶん) 한 문장, 간단한 글 言葉(ことば) 말, 단어
修正(しゅうせい) 수정

21 **ブランク** 공백 기간 | 정답 3

해석 1 기내에서는 항로 변경 방송이 있었다. (ブランク ➜ アナウンス)
2 가구 배치를 바꿨더니 익숙했던 방이 다른 느낌이 들었다. (ブランク ➜ 配置はいち)
3 전직을 생각하고 있지만, 1년 이상의 공백 기간이 있어 주저하는 사람도 적지 않다.
4 그녀는 발레 경험이 있기 때문인지 균형 잡는 방식이 능숙하다. (ブランク ➜ バランス)

어휘 ブランク 공백 기간 機内(きない) 기내
航路(こうろ) 항로 変更(へんこう) 변경 アナウンス 방송
家具(かぐ) 가구 配置(はいち) 배치
変(か)える 바꾸다, 변경하다
見慣(みな)れる 늘 보아서 익숙하다, 낯익다 部屋(へや) 방
違(ちが)う 다르다 感(かん)じがする 느낌이 들다
転職(てんしょく) 전직 ～ものの ～이지만
以上(いじょう) 이상 躊躇(ちゅうちょ) 주저
少(すく)ない 적다 バレー 발레 経験(けいけん) 경험
～ためか ～때문인지 バランス 밸런스, 균형
取(と)り方(かた) 잡는 법 *「동사의 ます형+方(かた)」– ～하는 방법[방식] 上手(じょうず)だ 잘하다, 능숙하다

22 **心構え** 마음의 준비, 각오 | 정답 1

해석 1 그녀는 무슨 일이 일어나도 그것에 대한 마음의 준비가 되어 있다.

N1 실전모의고사 해석 및 스크립트

2 그는 누구에 대해서도 세심한 주의를 기울이고 배려를 하는 사람이다. (心構こころがまえ ➜ 気配きくばり)
3 그는 출세를 위해서 상사의 비위만 맞추고 있다. (心構こころがまえ ➜ 機嫌きげん)
4 거실에 소파를 두었더니 마음이 편해져서 별로 밖에 나가지 않게 되었다. (心構こころがまえ ➜ 居心地いごこち)

**어휘** 心構(こころがま)え 마음의 준비, 각오
何事(なにごと) 무슨 일 起(お)きる 일어나다, 발생하다
~に対(たい)する ~에 대한 できる 되다, 이루어지다
細心(さいしん) 세심
注意(ちゅうい)を払(はら)う 주의를 기울이다
気配(きくば)り 배려 出世(しゅっせ) 출세
명사+の+ために ~을 위해서 上司(じょうし) 상사
機嫌(きげん) 기분, 비위 *「機嫌(きげん)を取(と)る」 - 비위를 맞추다 ~ばかり ~만, ~뿐 居間(いま) 거실
ソファ 소파 置(お)く 놓다, 두다
居心地(いごこち) 어떤 장소에 있을 때의 기분
あまり (부정어 수반) 그다지, 별로
外(そと)に出(で)る 밖에 나가다

**23** **広大だ** 광대하다 | **정답** 1

**해석** 1 그는 광대한 토지를 소유하고 있는 대부호이다.
2 제약회사에서는 신약 개발과 연구에 막대한 자금을 투입하고 있다. (広大こうだいな ➜ 莫大ばくだいな)
3 이 절은 이 지역의 관광명소로 유명하다. (広大こうだいだ ➜ 有名ゆうめいだ)
4 주주 구성은 회사 경영 안정에 다대한 영향을 준다. (広大こうだいな ➜ 多大ただいな)

**어휘** 広大(こうだい)だ 광대하다 土地(とち) 토지
所有(しょゆう) 소유 大富豪(だいふごう) 대부호
製薬会社(せいやくがいしゃ) 제약회사 新薬(しんやく) 신약
開発(かいはつ) 개발 研究(けんきゅう) 연구
莫大(ばくだい)だ 막대하다 資金(しきん) 자금
投入(とうにゅう) 투입 寺(てら) 절 地域(ちいき) 지역
観光(かんこう) 관광 名所(めいしょ) 명소
有名(ゆうめい)だ 유명하다 株主(かぶぬし) 주주
構成(こうせい) 구성 経営(けいえい) 경영
安定(あんてい) 안정 多大(ただい)だ 다대하다, 매우 많다
影響(えいきょう) 영향 与(あた)える (주의·영향 등을) 주다

**24** **遂げる** 이루다, 완수하다 | **정답** 2

**해석** 1 후지산 정상까지 오르려면 상당한 체력이 필요하다. (遂とげる ➜ 登のぼる)
2 그 나라는 제2차 세계대전 후 고도경제성장을 이루었다.
3 그녀와는 작년에 한 번 만났을 뿐으로 지금에 이르기까지 연락이 없다. (遂とげる ➜ 至いたる)
4 원재료 가격이 오르고 있기 때문에 제품 가격을 올리지 않으면 기업의 이익은 줄어 버린다. (遂とげて ➜ 上あがって)

**어휘** 遂(と)げる 이루다, 완수하다
富士山(ふじさん) 후지산 頂上(ちょうじょう) 정상
登(のぼ)る (높은 곳으로) 올라가다, 오르다
かなりの 상당한, 어지간한 体力(たいりょく) 체력
要(い)る 필요하다 国(くに) 나라
第2次世界大戦(だいにじせかいたいせん) 제2차 세계대전
高度(こうど) 고도 経済(けいざい) 경제
成長(せいちょう) 성장 去年(きょねん) 작년
一度(いちど) 한 번 会(あ)う 만나다
동사의 た형+きり ~한[인] 채 至(いた)る 이르다, 도달하다
音沙汰(おとさた) 소식, 연락 なし 없음
原材料(げんざいりょう) 원재료 価格(かかく) 가격
上(あ)がる (값이) 오르다 製品(せいひん) 제품
価格(かかく) 가격 上(あ)げる (값을) 올리다
企業(きぎょう) 기업 利益(りえき) 이익
減(へ)る 줄다, 줄어들다

**25** **思い詰める** 골똘히 생각하다 | **정답** 2

**해석** 1 아무리 생각해 봐도 두 사람이 이혼한 원인이 도저히 짐작이 가지 않는다. (思おもい詰つめない ➜ 思おもい当あたらない)
2 그는 골똘히 생각하고 지금의 회사를 그만두기로 했다.
3 그녀가 그런 행동을 한 것에 전혀 짐작 가는 바가 없다. (思おもい詰つめる ➜ 思おもい当あたる)
4 3년 전 일이 마치 어제 일어난 일처럼 선명하게 머리에 떠올랐다. (思おもい詰つめて ➜ 思おもい浮うかんで)

**어휘** 思(おも)い詰(つ)める 골똘히 생각하다
いくら~ても 아무리 ~해도 考(かんが)える 생각하다
離婚(りこん) 이혼 原因(げんいん) 원인
どうしても (부정어 수반) 아무리 해도, 도저히
思(おも)い当(あ)たる 짚이다, 짐작이 가다
辞(や)める (일자리를) 그만두다
동사의 보통형+ことにする ~하기로 하다
行動(こうどう) 행동 全(まった)く (부정어 수반) 전혀
節(ふし) 군데, 점 まるで 마치 起(お)きる 일어나다, 발생하다
鮮(あざ)やかだ 선명하다
思(おも)い浮(う)かぶ 마음에 떠오르다, 생각나다

**문제 5 다음 문장의 (  )에 넣을 것으로 가장 적당한 것을 1·2·3·4에서 하나 고르시오.**

**26** **정답** 3

**해석** 쓰나미로 집을 잃은 그에게는 동정(을 금할 길이 없다).

**어휘** 津波(つなみ) 쓰나미, 지진 해일 失(うしな)う 잃다
同情(どうじょう) 동정
명사+を禁(きん)じ得(え)ない ~을 금할 길이 없다
명사+めく ~다워지다 명사+の+極(きわ)み ~의 극치
~といったらない ~하기 짝이 없다, 매우 ~하다

**27** **정답** 4

**해석** 초등학생(이라 할지라도) 죄를 저질렀다면 그것을 속죄하는 노력을 해야 한다.

**어휘** 小学生(しょうがくせい) 초등학생
~といえども ~라 해도, ~라 할지라도 罪(つみ) 죄
犯(おか)す 저지르다, 범하다 償(つぐな)う 속죄하다
努力(どりょく) 노력 동사의 기본형+べきだ (마땅히) ~해야 한다 *단, 「する」(하다)의 경우에는 「すべきだ」, 「するべきだ」 모두 쓸 수 있음
명사+を限(かぎ)りに ~을 끝으로
명사+をおいて ~을 제외하고, ~외에는
~を踏(ふ)まえて ~을 토대로, ~에 입각해서

**28** **정답** 1

**해석** 사막에서는 물이 귀하기 때문에 한 방울(이라도) 헛되이 할 수 없다.

**어휘** 砂漠(さばく) 사막 水(みず) 물

珍(めずら)しい 드물다, 진귀하다　一滴(いってき) 한 방울
명사+たりとも (단) ~라도[조차도]　無駄(むだ)だ 헛되다
~いかんで ~여하에 따라서
의문사+ともなく 확실히는 모르겠지만
동사의 기본형+ことなく ~하는 일 없이, ~하지 않고

29 정답 3
해석 그가 무사히 전쟁터에서 돌아오기를 믿어 (마지않습니다).
어휘 無事(ぶじ)だ 무사하다　戦場(せんじょう) 전장, 전쟁터
信(しん)じる 믿다
~てやまない ~해 마지않다, 진심으로 ~하다
~てならない 매우 ~하다
~てたまらない ~해서 견딜 수 없다, 너무 ~하다
仕方(しかた)がない 어쩔 수 없다

30 정답 3
해석 이 주위에는 은행도 없고 우체국도 없고 정말로 불편(하기 짝이 없다).
어휘 辺(あた)り 주위　銀行(ぎんこう) 은행
郵便局(ゆうびんきょく) 우체국　不便(ふべん)だ 불편하다
な형용사의 어간+極(きわ)まりない ~하기 짝이 없다, 극히 ~하다　~には当(あ)たらない ~할 것은 없다
동사의 기본형+までもない ~할 필요도 없다
~には及(およ)ばない ~에는 미치지 않는다

31 정답 4
해석 넘어지(는 바람에) 발목을 삐고 말았다.
어휘 転(ころ)ぶ 구르다, 넘어지다
동사의 た형+弾(はず)みに ~한 찰나, ~한 순간, ~한 바람에
足首(あしくび) 발목　挫(くじ)く 삐다, 접질리다
동사의 た형+が最後(さいご) (일단) ~하면
동사의 た형+ところで ~한다 해도, ~해 봤자, ~한들
동사의 た형+きり ~한[인] 채

32 정답 4
해석 할아버지 병문안 (겸) 오랜만에 친정에 돌아가기로 했다.
어휘 祖父(そふ) 조부, (자신의) 할아버지
お見舞(みま)い 병문안, 문병　명사+かたがた ~할 겸
久(ひさ)しぶり 오랜만임　実家(じっか) 생가, 친정
帰(かえ)る 돌아가다　동사의 보통형+ことにする ~하기로 하다
~いかんで ~여하에 따라서　~だに ~조차, ~하는 것만으로도
명사+たりとも (단) ~라도[조차도]

33 정답 3
해석 시험 중에 커닝을 하다니, 용서해(서는 안 되는) 행위이다.
어휘 試験(しけん) 시험　カンニング 커닝　~とは ~하다니
許(ゆる)す 용서하다　동사의 기본형+まじき ~해서는 안 되는
行為(こうい) 행위　명사+まみれ ~투성이
명사+ならではの ~이 아니고는 할 수 없는, ~만의
명사+たる ~인, ~된

34 정답 1
해석 나이를 먹으면 주위의 충고에 귀를 기울이지 않게 되(는 경향이 있다).
어휘 年(とし)を取(と)る 나이를 먹다　周囲(しゅうい) 주위
忠告(ちゅうこく) 충고
耳(みみ)を貸(か)す (남의 말에) 귀를 기울이다
~きらいがある ~하는 경향이 있다

동사의 기본형·명사+にかたくない ~하기 어렵지 않다
명사+というところだ ~정도이다, 잘해야 ~이다

35 정답 2
해석 올해는 승진하고 아이도 갖고 좋은 일(뿐)이다.
어휘 今年(ことし) 올해　昇進(しょうしん) 승진
~し ~하고　子供(こども)に恵(めぐ)まれる 아이를 갖다
명사+ずくめ ~일색, ~뿐
~始末(しまつ)だ ~라는 형편[꼴]이다
~限(かぎ)りだ ~할 따름이다, 매우 ~하다
동사의 기본형+一方(いっぽう)だ ~하기만 하다, 더더욱 ~하다

**문제 6 다음 문장의 ___★___에 들어갈 가장 적당한 것을 1·2·3·4에서 하나 고르시오.**

36 新入社員 なら いざ★ 知らず | 정답 4
해석 신입사원 이라면 어떨지★ 모르지만 이런 초보적인 실수를 하다니 한심하군.
어휘 新入社員(しんにゅうしゃいん) 신입사원
~なら ~이라면　~いざ知(し)らず (~은) 어떨지 모르지만
こんな 이런　初歩的(しょほてき)だ 초보적이다
ミス 미스, 실수　~なんて ~하다니　情(なさ)けない 한심하다

37 座る が 早い★ か | 정답 1
해석 너무 배가 고팠는지 아들은 앉 자 마★ 자 케이크를 먹기 시작했다.
어휘 お腹(なか)が空(す)く 배가 고프다
息子(むすこ) (자신의) 아들　座(すわ)る 앉다
동사의 기본형+が早(はや)いか ~하자마자　ケーキ 케이크
동사의 ます형+始(はじ)める ~하기 시작하다

38 部長も 責任を 取らずには★ すまない | 정답 1
해석 이런 불상사를 일으켜 버린 이상 부장님도 책임을 지지 않고는★ 끝나지 않을 것이다.
어휘 不祥事(ふしょうじ) 불상사
起(お)こす (나쁜 상태를) 일으키다, 발생시키다
~以上(いじょう) ~한[인] 이상　部長(ぶちょう) 부장
責任(せきにん)を取(と)る 책임을 지다
동사의 ない형+ずにはすまない ~하지 않고는 끝나지 않는다, 반드시 ~해야 한다

39 たる 者は きちんと★ 事実 | 정답 2
해석 기자 인 자는 제대로★ 사실 에 입각해서 기사를 써야 한다.
어휘 記者(きしゃ) 기자　명사+たる ~인, ~된
者(もの) 자, 사람　きちんと 제대로, 정확히
事実(じじつ) 사실　~に即(そく)して ~에 입각해서
記事(きじ) 기사　동사의 기본형+べきだ (마땅히) ~해야 한다

40 部長 になって から★ というもの | 정답 4
해석 그가 부장 이 되고 부터★ 는 부서의 분위기가 좋아졌다.
어휘 ~てからというもの ~한 후 (계속), ~하고부터는
部署(ぶしょ) 부서　雰囲気(ふんいき) 분위기

**문제 7 다음 글을 읽고 글 전체의 취지에 입각해서 41부터 45 안에 들어갈 가장 적당한 것을 1·2·3·4에서 하나 고르시오.**

대인관계에 쉽게 반응하는 분은 자신을 억제하고 남과 연관되는 경향이 있는 분으로, 이 긴장감에 지쳤을 때 두통이 41 일어나는 경향이 있습니다. 이러한 분은 결코 사람을 싫어한다고 할 수 없고, 어느 쪽인가 하면 붙임성이 좋아서 권유받으면 거절하지 못 하는 분도 많은 것 같습니다. 스스로도 자각하지 못한 채로 많은 사람 속에서 42 자신을 억제한 행동을 취하지만, 타인에게 너무 맞춰서 피로해지기 쉽기 때문에 모두와 왁자지껄하는 듯한 행동을 취한 후에 지쳐서 두통이 생기기 쉬운 경우나 학창시절에는 모두와 떠드는 시간이 있는 학교보다도 스케줄은 엄격해도 학원 쪽이 편하다는 경험을 했었기도 합니다.

어른이 되어 취업한 후에도 일이 너무 바빠서 잡담할 여유가 없는 날 쪽이 편안하고, 일이 한가한 날은 피곤해서 두통이 나기 쉬운 현상이 일어납니다. 이러한 분은 43 도리어 모르는 사람에게 둘러싸여 있는 환경 쪽이 덜 지치고 44 두통도 잘 일어나지 않는 경향이 있습니다. 또 아마 학창시절에도 반 교체나 학교가 바뀌면 한동안은 두통이 없고 조금 익숙해진 계절이 되면 두통이 생기기 쉬워졌을 것임에 틀림없습니다. 운동회나 수학여행, 동아리 활동의 원정, 학교 행사 등으로도 모두와 왁자지껄한 후에 강한 두통으로 몸져누운 경험을 가진 사람도 적지 않은 것 같습니다. 어른이 된 후에도 전근이나 전직으로 주위 환경이나 사람이 45 일신되면 두통이 잘 생기지 않게 되고 익숙해졌을 때부터 두통이 생겨나는 경향이 있습니다.

어휘 趣旨(しゅし) 취지
～を踏(ふ)まえて ～을 토대로, ～에 입각해서
対人関係(たいじんかんけい) 대인관계
反応(はんのう) 반응 동사의 ます형+やすい ～하기 쉽다
抑(おさ)える 억누르다, 억제하다
関(かか)わる 관계되다, 관계가 있다 傾向(けいこう) 경향
緊張感(きんちょうかん) 긴장감
疲(つか)れる 지치다, 피로해지다 頭痛(ずつう) 두통
こういう 이러한 決(けっ)して (부정어 수반) 결코
人嫌(ひとぎら)い 사람을 싫어함
～わけではない (전부) ～인 것은 아니다, (반드시) ～라고는 말할 수 없다 どちらかと言(い)うと 어느 쪽인가 하면
人付(ひとづ)き合(あ)い 대인관계, 사귐성, 붙임성
誘(さそ)う 권하다, 권유하다 断(ことわ)る 거절하다
自覚(じかく) 자각 ～ままに ～한 채로, ~상태로
大勢(おおぜい) 많은 사람, 여럿 行動(こうどう) 행동
取(と)る 취하다 他人(たにん) 타인, 남 合(あ)わせる 맞추다
동사의 ます형·い형용사의 어간+すぎる 너무 ～하다
がやがや 왁자지껄 *여러 사람이 떠들썩하게 이야기하고 있는 모양[소리] 学生時代(がくせいじだい) 학창시절
騒(さわ)ぐ 떠들다 スケジュール 스케줄
厳(きび)しい 엄하다 塾(じゅく) 학원 楽(らく)だ 편안하다
経験(けいけん) 경험 大人(おとな) 어른
仕事(しごと)に就(つ)く 취업하다 忙(いそが)しい 바쁘다
雑談(ざつだん) 잡담 暇(ひま) (한가한) 짬, 틈, 시간
現象(げんしょう) 현상 起(お)こる 일어나다, 발생하다
知(し)る 알다 囲(かこ)む 둘러싸다 環境(かんきょう) 환경
동사의 ます형+にくい ～하기 어렵다 たぶん 아마
クラス替(が)え 반 교체 変(か)わる 바뀌다
しばらくは 당분간은 少々(しょうしょう) 조금, 약간
慣(な)れる 익숙해지다 季節(きせつ) 계절
～に違(ちが)いない ～임에 틀림없다
運動会(うんどうかい) 운동회
修学旅行(しゅうがくりょこう) 수학여행
部活(ぶかつ) 동아리 활동 *「部活動(ぶかつどう)」의 준말
遠征(えんせい) 원정, 시합·조사·탐색 등의 목적으로 멀리 감
行事(ぎょうじ) 행사 동사의 た형+後(あと)に ～한 후에
寝込(ねこ)む (병으로) 오래 자리에 눕다 少(すく)ない 적다
転勤(てんきん) 전근 転職(てんしょく) 전직
周囲(しゅうい) 주위

**41**
해석 1 일어나는 것은 아닙니다
2 일어나는 경향이 있습니다
3 매우 일어납니다
4 일어날 뿐입니다
어휘 起(お)こる 일어나다, 발생하다
～とは限(かぎ)らない (반드시) ～하다고는 할 수 없다, ～하는 것은 아니다 ～きらいがある ～하는 경향이 있다
～といったらない ～하기 짝이 없다, 매우 ～하다
～のみ ～만, ～뿐

**42**
해석 1 자신을 억제한
2 자신을 드러낸
3 자신을 책망한
4 자신을 칭찬한
어휘 さらけ出(だ)す 드러내다 責(せ)める 책망하다, 나무라다
褒(ほ)める 칭찬하다

**43**
해석 1 겨우
2 전혀
3 도리어
4 즉시
어휘 辛(かろ)うじて 겨우, 간신히
一向(いっこう)に (부정어 수반) 전혀, 조금도
却(かえ)って 도리어, 오히려 直(ただ)ちに 당장, 즉시

**44**
해석 1 두통도 일어나기 쉬운
2 두통도 잘 일어나지 않는
3 몸 상태도 좋아지는
4 몸 상태도 나빠지는
어휘 体調(たいちょう) 몸의 상태, 컨디션 よ(良)い 좋다
悪(わる)い 나쁘다

**45**
해석 1 적어지면
2 의식되지 않으면
3 변화가 없으면
4 일신되면
어휘 意識(いしき) 의식 変化(へんか) 변화
一新(いっしん) 일신

**문제 8 다음 (1)부터 (4)의 글을 읽고 다음 질문에 대한 답으로 가장 적당한 것을 1・2・3・4에서 하나 고르시오.**

(1)

매일의 생활을 보내고 있는 데에 있어 인간관계의 고민은 끝이 없습니다. 특히 일의 경우에는 거북스러운 사람이 있다고 해도 업무상 관계로 피하는 게 어려운 경우가 많이 있습니다.

도대체 왜 인간관계에 의한 고민은 발생하는 걸까요? 인간관계의 기본은 커뮤니케이션입니다. 우리는 커뮤니케이션을 통해 서로 정보를 주고받고 있습니다. 이 커뮤니케이션 속의 어딘가에서 '실패'가 일어나는 경우가 있습니다. 실패가 해소되지 않은 채 '악순환'이 빙빙 돌면 인간관계가 틀어지는 원인이 됩니다. 인간관계를 개선하려면 이 악순환을 어딘가에서 끊을 필요가 있습니다. 상대의 행동이나 감정을 완전히 통제하는 것은 지극히 어려운 일(注)입니다. 상대에게 완전히 잘못이 있는 경우도 있지만, 스스로 통제할 수 있는 영역에서 악순환을 막는 노력을 해 가는 것이 해결을 위한 지름길입니다.

(注)至難の業(지극히 어려운 일): 실현하는 것이 극히 곤란한 일

어휘 日々(ひび) 매일, 나날
送(おく)る (세월을) 보내다, 지내다
～上(うえ)で ～하는 데 있어서
人間関係(にんげんかんけい) 인간관계 悩(なや)み 고민
尽(つ)きる 끝나다 特(とく)に 특히 場合(ばあい) 경우
苦手(にがて)だ 거북스럽다, 질색이다 ～としても ～라고 해도
業務上(ぎょうむじょう) 업무상 避(さ)ける 피하다
ケース 케이스, 경우 多々(たた) 많음
そもそも 도대체, 대저 ～による ～에 의한[따른]
発生(はっせい) 발생 基本(きほん) 기본
コミュニケーション 커뮤니케이션, 의사소통
～を通(つう)じて ～을 통해서 互(たが)いに 서로
情報(じょうほう) 정보 やりとり 주고받음
つまずき 좌절함, 실수, 실패 起(お)こる 일어나다, 발생하다
解消(かいしょう) 해소 ～まま ～한 채, ～상태로
負(ふ) 음, 마이너스
ループ 루프, 고리 *「負(ふ)のループ」- 악순환
ぐるぐると 빙빙 回(まわ)る 돌다 こじれる 뒤틀리다
原因(げんいん) 원인 改善(かいぜん) 개선
～には ～하려면 断(た)ち切(き)る 끊다, 잘라 버리다
相手(あいて) 상대 行動(こうどう) 행동
感情(かんじょう) 감정 完全(かんぜん)に 완전히
コントロール 컨트롤, 통제
至難(しなん)の業(わざ) 지극히 어려운 일
非(ひ) 비～, 나쁨, 잘못 領域(りょういき) 영역
食(く)い止(と)める 막다, 방지하다 努力(どりょく) 노력
解決(かいけつ) 해결 近道(ちかみち) 지름길
実現(じつげん) 실현 極(きわ)めて 지극히
困難(こんなん)だ 곤란하다

**46** 인간관계의 고민을 해소하는 방법으로 필자가 말하고 있는 것은 무엇인가?

1 인간관계의 고민을 재인식할 것
2 악순환을 어딘가에서 끊을 것
3 스트레스를 해소할 방법을 몸에 익힐 것
4 감정을 통제하는 능력을 기를 것

어휘 解消(かいしょう) 해소 筆者(ひっしゃ) 필자
再認識(さいにんしき) 재인식 ストレス 스트레스
身(み)に付(つ)ける 몸에 익히다, 습득하다
養(やしな)う (실력 등을) 기르다, 배양하다

(2)

2012년부터 매년 UN이 발표하고 있는 '세계 행복도 랭킹'이라는 조사가 있다. 세계 150개 이상의 나라와 지역을 대상으로 한 대규모 조사로, GDP(국내총생산))와 사회보장제도, 인생의 자유도와 타인에 대한 관용 등 여러 항목을 가미해서 판정된다.

남아시아에 있는 부탄은 발전도상국이지만 2013년에는 북유럽 여러 나라에 이어서 세계 8위가 되었고 '세계에서 가장 행복한 나라'로 널리 알려지게 되었다. 전 국민이 한결같이 "비바람을 견딜 수 있는 집이 있고 먹을 게 있으며 가족이 있어서 행복하다"라고 대답하는 모습이 보도된 것을 기억하고 있는 사람도 있을 것이다. 그러나 부탄은 2019년도판에서 156개국 중 95위에 그친 이래 이 랭킹에는 등장하지 않는다. 과거 부탄의 행복도가 높았던 것은 정보 쇄국(注)에 의해 다른 나라의 정보가 들어오지 않았기 때문일 것이다. 그 후 서서히 정보가 유입되어 다른 나라와 비교할 수 있게 됨으로써 남의 떡이 커 보이게 되어 순위가 크게 내려간 것은 아닐까? 요컨대 그때까지 행복을 느끼고 있었음에도 불구하고 남과 비교하기 시작하자마자 행복도가 내려갔다고 생각된다.

(注)鎖国(쇄국): 나라를 폐쇄하여 외국과의 교제를 끊는 것

어휘 毎年(まいとし) 매년 国連(こくれん) 국련, UN *「国際連合(こくさいれんごう)」(국제연합)의 준말
発表(はっぴょう) 발표 世界(せかい) 세계
幸福度(こうふくど) 행복도 ランキング 랭킹, 순위
調査(ちょうさ) 조사 以上(いじょう) 이상 国(くに) 나라
地域(ちいき) 지역 対象(たいしょう) 대상
大規模(だいきぼ) 대규모
GDP(国内総生産(こくないそうせいさん)) 국내총생산 *일정 기간 한 나라의 국민이 생산한 재화와 용역의 부가 가치를 시장 가격으로 평가한 총액
社会保障制度(しゃかいほしょうせいど) 사회보장제도
人生(じんせい) 인생 自由度(じゆうど) 자유도
他者(たしゃ) 타자, 타인 寛容(かんよう)さ 관용
様々(さまざま)だ 다양하다, 여러 가지다
項目(こうもく) 항목 加味(かみ) 가미
ジャッジ 저지, 심판, 판정 南(みなみ)アジア 남아시아
ブータン 부탄 *인도와 티베트 사이, 히말라야산맥 동부에 위치해 있는 나라 発展途上国(はってんとじょうこく) 발전도상국
～ながら ～이지만, ～면서도 *역접
北欧(ほくおう) 북구, 북유럽 諸国(しょこく) 제국, 여러 나라
続(つづ)く 이어지다 ～位(い) ～위
世界一(せかいいち) 세계 제일 幸(しあわ)せだ 행복하다

～として ～로서 広(ひろ)い 넓다 知(し)られる 알려지다
～ようになる ～하게(끔) 되다 *변화 国民(こくみん) 국민
皆(みんな) 모두 一様(いちよう)だ 한결같다, 똑같다
雨風(あめかぜ) 비바람 凌(しの)げる 참고 견디어 내다
家族(かぞく) 가족 答(こた)える 대답하다 姿(すがた) 모습
報(ほう)じる 알리다, 보도하다 覚(おぼ)える 기억하다
止(とど)まる 멈추다, 그치다 ～て以来(いらい) ～한 이래
登場(とうじょう) 등장 かつて 일찍이, 예로부터, 전에
情報(じょうほう) 정보 鎖国(さこく) 쇄국
～によって ～에 의해서 他国(たこく) 타국, 다른 나라, 외국
入(はい)る 들어오다 その後(ご) 그 후
徐々(じょじょ)に 서서히 流入(りゅうにゅう) 유입
比較(ひかく) 비교 ～ことで ～함으로써
隣(となり) 이웃, 이웃집 芝生(しばふ) 잔디
青(あお)い 푸르다 *「隣(となり)の芝生(しばふ)は青(あお)い」 – 이웃집 잔디는 푸르다, 남의 떡이 커 보인다
見(み)える 보이다 順位(じゅんい) 순위
下(さ)がる 내려가다 要(よう)するに 요컨대
それまで 그때까지 ～にもかかわらず ～임에도 불구하고
比(くら)べる 비교하다
동사의 ます형+始(はじ)める ～하기 시작하다
동사의 た형+とたんに ～하자마자, ～한 순간에
閉(と)ざす 폐쇄하다 外国(がいこく) 외국
交際(こうさい) 교제 断(た)つ (교제 · 관계 · 소식을) 끊다

**47** 필자는 부탄의 세계 행복도 랭킹이 내려간 이유는 뭐라고 말하고 있는가?

1 매일의 생활에 자극이 적어진 것
2 정보 쇄국에 의해 다른 나라의 정보가 들어오지 않은 것
3 정보가 유입되어 다른 나라와 비교할 수 있게 된 것
4 국내총생산이 감소하고 사회보장제도의 질도 떨어진 것

어휘 筆者(ひっしゃ) 필자 刺激(しげき) 자극
少(すく)ない 적다 減少(げんしょう) 감소 質(しつ) 질
落(お)ちる 떨어지다

(3)

보온병(주1)은 유리 또는 스테인리스가 이중으로 된 병으로 만들어져 있습니다. 안의 병은 은도금(주2)되어 있으며 거울로 되어 있는데요, 어째서 거울이 사용되고 있는 것일까요? 놀랍게도 열도 실은 빛처럼 반사됩니다. 난로 뒤에 거울과 같은 반사판이 달려 있는 것도 열을 반사하기 위함입니다. 안의 열은 거울로 반사해서 벽을 빠져나갈 수 없기 때문에 밖으로는 전해지지 않습니다. 실은 보온병의 안쪽 병은 외벽도 거울로 되어 있습니다. 이로써 밖에서 들어오는 열도 반사되어 안에는 전해지지 않습니다. 또한 거울로 되어 있는 내벽과 외벽 사이는 진공이기 때문에 역시 열이 전해지지 않도록 되어 있는 것입니다.

(주1)魔法瓶(보온병): 내병과 외병의 이중구조로 그 사이를 진공상태로 만듦으로써 열의 이동을 막고 장시간 보온 · 보냉할 수 있도록 한 용기

(주2)メッキ(도금): 표면 처리의 일종으로 금속 또는 비금속 재료의 표면에 금속의 얇은 막을 덮어씌우는 것

어휘 魔法瓶(まほうびん) 보온병 ガラス 유리
または 또는, 혹은 ステンレス 스테인리스
二重(にじゅう) 이중 できる 만들어지다
銀(ぎん)メッキ 은도금 鏡(かがみ) 거울
驚(おどろ)く 놀라다 ～ことに ～하게도 熱(ねつ) 열
実(じつ)は 실은 光(ひかり) 빛 反射(はんしゃ) 반사
ストーブ 스토브, 난로 後(うし)ろ 뒤, 뒤쪽
反射板(はんしゃばん) 반사판 付(つ)く 붙다, 달리다
壁(かべ) 벽 通(とお)り抜(ぬ)ける 빠져나가다
外(そと) 밖 伝(つた)わる 전해지다, 전달되다
内瓶(ないびん) 내병, 안쪽 병 外壁(がいへき) 외벽
入(はい)る 들어가다 間(あいだ) 사이, 간격
真空(しんくう) 진공 やはり 역시
～ようになっている ～하도록 되어 있다 移動(いどう) 이동
防(ふせ)ぐ 막다, 방지하다 長時間(ちょうじかん) 장시간
保温(ほおん) 보온 保冷(ほれい) 보냉 容器(ようき) 용기
表面(ひょうめん) 표면 処理(しょり) 처리
一種(いっしゅ) 일종 金属(きんぞく) 금속
非金属(ひきんぞく) 비금속 材料(ざいりょう) 재료
薄膜(はくまく) 박막, 얇은 막 被覆(ひふく) 피복, 덮어씌움

**48** 본문의 내용으로 보아 보온병 안이 거울로 되어 있는 이유는 무엇인가?

1 열을 모으기 위해
2 열을 반사하기 위해
3 깨끗하게 보이기 위해
4 사물의 부착을 방지하기 위해

어휘 ～からみて ～으로 보아 集(あつ)める 모으다
きれいだ 깨끗하다 見(み)える 보이다
付着(ふちゃく) 부착

(4)

감압지라든가 노카본지라고 불리는 것이 있습니다. 두 장의 종이가 포개져 있고 윗종이에 볼펜과 같은 끝이 단단한 필기구로 쓰면 아랫종이에도 찍히는 것입니다. 사이에 카본지가 끼워져 있는 것도 아니고 윗종이 뒤에 잉크가 묻어 있는 것도 아닌데 실로 불가사의합니다.

감압지 두 장의 종이는 화학반응에 의해 착색되는 구조로 되어 있습니다. 윗종이 뒤에는 무색의 발색제를 마이크로캡슐에 넣은 것이 칠해져 있고 아랫종이 표면에는 산성의 현색제가 도포되어 있습니다. 이 종이 위에서 볼펜으로 강하게 쓰면 마이크로캡슐이 깨져 발색제가 나옵니다. 발색제는 그 상태로는 무색이지만, 산성 물질에 접촉하면 발색합니다. 그래서 아랫종이에도 같은 글자가 찍히는 것입니다.

어휘 感圧紙(かんあつし) 감압지 ～とか ～라든가
ノーカーボンペーパー 노카본지, 감압 복사지
呼(よ)ぶ 부르다 ～枚(まい) ～장 紙(かみ) 종이
重(かさ)なる 겹치다, 포개지다 ボールペン 볼펜
先(さき) 끝 固(かた)い 딱딱하다, 단단하다
筆記用具(ひっきようぐ) 필기용구 写(うつ)る 찍히다

間(あいだ) 사이, 틈새 カーボン紙(し) 카본지 *얇은 종이에 기름, 납 등의 혼합물을 칠한 종이 挟(はさ)む 끼다, 사이에 두다
裏(うら) 뒤, 뒷면 インクが付(つ)く 잉크가 묻다
～のに ～는데(도) 不思議(ふしぎ)だ 불가사의하다, 이상하다
化学(かがく) 화학 反応(はんのう) 반응
～によって ～에 의해서 着色(ちゃくしょく) 착색
仕組(しく)み 구조 無色(むしょく) 무색
発色剤(はっしょくざい) 발색제
マイクロカプセル 마이크로캡슐 入(い)れる 넣다
塗(ぬ)る 칠하다, 바르다 表面(ひょうめん) 표면
酸性(さんせい) 산성 顕色剤(けんしょくざい) 현색제 *염색에 사용하는 아민이나 페놀류 용액 塗布(とふ) 도포, 칠함
타동사+てある ～해져 있다 *상태표현
破(やぶ)れる 깨지다 そのまま 그대로
物質(ぶっしつ) 물질 接触(せっしょく) 접촉
それで 그래서 同(おな)じ 같음 文字(もじ) 문자, 글자

**49** 본문의 내용으로 보아 감압지 아랫종이에 글자가 찍히는 이유는 무엇인가?

1 감압지 두 장의 종이에 잉크가 묻어 있기 때문에
2 감압지 두 장의 종이가 너무 얇아서 압력에 약하기 때문에
3 감압지 두 장의 종이에 무색의 발색제가 칠해져 있기 때문에
4 감압지 두 장의 종이가 화학반응에 의해서 착색되기 때문에

어휘 字(じ) 글자 薄(うす)い 얇다 圧力(あつりょく) 압력
弱(よわ)い 약하다

**문제 9 다음 (1)부터 (3)의 글을 읽고 다음 질문에 대한 답으로 가장 적당한 것을 1・2・3・4에서 하나 고르시오.**

(1)

일본 TV에서도 완전히 친숙(주1)해진 한류 콘텐츠. 드라마나 음악 등에서 존재감을 높이는 한편 일부에서 비판도 터지기 시작했다. 국외에서는 '규제'를 하려는 움직임까지 생겨났다고 한다. 확실히 한국 프로그램은 늘고 있다. 7월 프로그램표를 조사하니 후지TV가 한국 드라마를 방송한 시간은 약 38시간으로 민간방송 중에서 가장 많다. 이것은 그다음인 TBS의 약 19시간의 두 배에 해당하는 수치다. 이처럼 한류 프로그램이 늘어나는 근본적인 이유는 '저렴함'이다. 경기 침체 등으로 광고비가 감소하고 있는 상황에서 '우리 방송국에서 제작하는 것보다 다른 나라에서 싸게 사는 편이 낫다. 한국 드라마는 시청률도 그런 대로 나온다'고 민간방송 관계자는 말한다. 또 이것은 TV업계의 과제인 제작비 절감(주2)으로도 이어진다. 다만 총 세대 시청률이 높은 골든 타임 때 방송되는 예는 적다. 후지나 TBS가 주로 방송하는 것은 평일 아침이나 낮이다. 한국 프로그램의 보급 배경에는 한국의 '전략'도 있다. 1997년의 경제위기를 계기로 대기업은 세계화 전략을 강화했다. 이와 같은 흐름에 따라 TV 방송국도 국외 시장을 의식한 작품 제작을 본격화했고 나아가 정부까지 후원(주3)하고 있다. 프로그램 제작 환경이 혹독함을 더하고 있는 가운데 일본에서의 해외 프로그램은 점점 늘어날 것인가? 스나가와 교수는 '일본 프로그램의 질은 아직 높다. 규제보다 해외로의 전개를 후원하는 방법을 생각할 시기가 되었다'고 말한다.

(주1)お馴染み(친숙함): 서로 잘 알고 있는 것
(주2)切り詰め(절감): 경비 등을 절약하는 것
(주3)後押し(후원): 조력하는 것, 후원

어휘 すっかり 완전히, 아주 お馴染(なじ)み 친밀함, 친숙함
韓流(ハンりゅう) 한류 *2000년대 초반부터 일본에서 일어난 한국 대중문화의 유행 현상 コンテンツ 콘텐츠, 내용
存在感(そんざいかん) 존재감 増(ま)す 커지다, 더욱 ～해지다
～一方(いっぽう) ～하는 한편 一部(いちぶ) 일부
批判(ひはん) 비판 上(あ)がる (소리 등이) 일다
동사의 ます형+始(はじ)める ～하기 시작하다
国外(こくがい) 국외 規制(きせい) 규제
向(む)ける 향하다, 돌리다 動(うご)き 움직임, 동향
～という ～라고 한다 確(たし)かに 분명히, 확실히
番組(ばんぐみ) (방송・연예 등의) 프로그램
増(ふ)える 늘다, 늘어나다 番組表(ばんぐみひょう) 방송표
調(しら)べる 조사하다 フジテレビ 후지TV *일본의 민영방송사
放送(ほうそう) 방송 民間放送(みんかんほうそう) 민간방송
続(つづ)く 계속되다, 이어지다
～倍(ばい) ～배 当(あ)たる 해당하다
数値(すうち) 수치 根本的(こんぽんてき)だ 근본적이다
安(やす)さ (값이) 쌈, 저렴함 景気(けいき) 경기
低迷(ていめい) 침체 広告費(こうこくひ) 광고비
減少(げんしょう) 감소 自局(じきょく) 자국, 우리 방송국
製作(せいさく) 제작 他国(たこく) 타국, 다른 나라
視聴率(しちょうりつ) 시청률
そこそこ 그럭저럭 *충분하지는 않지만 최소한의 조건은 충족되는 모양 取(と)る 얻다, 거두다
業界(ぎょうかい) 업계 課題(かだい) 과제
切(き)り詰(つ)め 절감 繋(つな)がる 이어지다, 연결되다
総世代(そうせだい) 총 세대
ゴールデンタイム 골든 타임, 전성기
主(おも)に 주로 流(なが)す 흐르게 하다
平日(へいじつ) 평일 普及(ふきゅう) 보급
戦略(せんりゃく) 전략 経済(けいざい) 경제
危機(きき) 위기 大手(おおて) 대형 企業(きぎょう) 기업
グローバル 글로벌, 전세계적임 強化(きょうか) 강화
流(なが)れ 흐름, 물결 受(う)ける 받다
市場(しじょう) 시장 意識(いしき) 의식
명사+作(づく)り ～만들기, ～만듦
本格化(ほんかくか) 본격화 更(さら)に 그 위에, 더욱더
後押(あとお)し 뒷바라지하는 사람, 후원자
厳(きび)しさ 엄함, 혹독함 ますます 점점 더
教授(きょうじゅ) 교수 質(しつ) 질 展開(てんかい) 전개
互(たが)いに 서로 知(し)り合(あ)う 서로 알다
経費(けいひ) 경비 節約(せつやく) 절약
助力(じょりょく) 조력 後援(こうえん) 후원

**50** 일본 TV에서 한류 프로그램이 늘어나는 근본적 이유는 무엇인가?

1 일본보다 한국에서 제작한 드라마 쪽이 재미있기 때문에
2 일본에서 제작하는 것보다 한류 프로그램을 사는 쪽이 싸기 때문에
3 한류 붐으로 한국에 대한 관심이 높아지고 있기 때문에
4 한국 프로그램이 다양한 내용으로 일본에서 호평을 받고 있기 때문에

어휘 ～より ~보다 面白(おもしろ)い 재미있다
ブーム 붐, 유행 関心(かんしん) 관심 高(たか)まる 높아지다
동사의 ます형+つつある ~하고 있다
多様(たよう)だ 다양하다 好評(こうひょう) 호평
博(はく)す (명성 등을) 얻다, 떨치다

51 한국 프로그램에 대한 설명 중에서 옳은 것은 어느 것인가?

1 일본에서 한국 프로그램은 주로 평일 아침이나 점심 때 방송된다.
2 한국 드라마의 일본에서의 시청률은 최초 예상보다 상당히 높다.
3 한국 프로그램의 방송시간은 TBS가 민간방송 중에서 가장 많다.
4 한국 프로그램 방송 덕분에 TV 방송국의 광고비가 증가했다.

어휘 予想(よそう) 예상 かなり 상당히, 꽤
명사+の+おかげで ~덕분에

52 본문 내용과 맞는 것은 어느 것인가?

1 한국 프로그램의 일본에서의 보급은 문화교류 덕분이다.
2 일본 정부는 일본 프로그램의 해외로의 전개를 후원하기로 했다.
3 1997년 이후 한국의 TV 방송국은 국외 시장을 의식한 작품 제작을 본격화시켰다.
4 일본 TV에서 방송되고 있는 한류 콘텐츠에 대해 반감을 가지고 있는 사람은 별로 없다.

어휘 文化(ぶんか) 문화 交流(こうりゅう) 교류
政府(せいふ) 정부 以後(いご) 이후
～に対(たい)して ~에 대해서 反感(はんかん) 반감
あまり (부정어 수반) 그다지, 별로

(2)

운동선수의 은퇴 후 생활을 생각하는 세컨드 커리어(SC) 대책은 올해도 확대하기 힘들 것 같다. 문부과학성은 은퇴한 일류 선수를 금후 10년간 300명의 종합형 지역 스포츠 클럽에 지도자로 배치해 신년도부터 66곳에서 시작할 방침이었다. 하지만 신년도 예산안에서는 불과 9곳에 그쳤다. 벌써부터 SC 대책의 실현이 위태로워지고(주1) 있다. 국가나 경기 단체가 유효한 대책을 내세울 수 없는 상황에서 독자적으로 활동하는 선수들이 있다. 그중 한 사람이 작년 11월 공인회계사 시험에 합격한 농구 남자 일본대표인 오카다 유스케다. 대학 재학 중에 공부를 시작한 그는 결코 은퇴 후의 생활을 걱정한 것은 아니지만 '장래에는 자격을 살려 스포츠계에 공헌하고 싶다'는 생각으로 어려운 시험에 도전했다. 게다가 현역 중일 때의 합격에 얽매였다. 스포츠와 공부를 양립할 수 있다는 것을 보여주고 싶었다고 오카다는 말한다. '스포츠로는 먹고 살 수 없다', '은퇴 후가 불안' 등 재능이 있지만 경기를 단념하는 젊은이들이 적지 않다. 그 결과 선수층이 얇아지고 국제 경기력도 약해진다. 발본적인 대책을 세우지 않는 한 저출산도 있어서 경기 인구는 계속 줄어갈 것이다. 문부과학성이 목표로 하는 역대 최고의 올림픽 메달 획득도 환상(주2)이 된다. 장기적인 시야에서 스포츠라는 문화를 어떻게 보급, 발전시켜 갈 것인가? 그 역할을 담당해야 할 입장인 국가가 스스로 눈앞의 메달에 매달리는 것은 이제 끝냈으면 한다.

(주1)危ぶむ(위태롭다): 일의 추이가 나쁜 결과가 되지는 않을까 하고 불안하게 생각하다
(주2)幻(환상): 실제로는 없는데도 있는 것처럼 보이는 것

어휘 スポーツ 스포츠, 운동 選手(せんしゅ) 선수
引退(いんたい) 은퇴 ～後(ご) ~후
セカンドキャリア(일본식 조어 Second+Career) 세컨드 커리어, 스포츠 선수가 은퇴한 후 갖는 두 번째 직업
対策(たいさく) 대책 今年(ことし) 올해
拡大(かくだい) 확대 동사의 ます형+にくい ~하기 어렵다
い형용사의 어간+そうだ ~일 것 같다 *양태
文部科学省(もんぶかがくしょう) 문부과학성 *교육, 과학기술, 문화, 스포츠 등의 행정 사무를 담당하는 일본의 행정 기관
一流(いちりゅう) 일류 今後(こんご) 앞으로
総合型(そうごうがた) 종합형 地域(ちいき) 지역
スポーツクラブ 스포츠 클럽 指導者(しどうしゃ) 지도자
配置(はいち) 배치 新年度(しんねんど) 신년도
～か所(しょ) ~개소, ~군데 スタート 스타트, 시작
方針(ほうしん) 방침 予算案(よさんあん) 예산안
わずか 겨우, 불과 止(とど)まる 멈추다, 그치다
早(はや)くも 이미, 벌써 実現(じつげん) 실현
危(あや)ぶむ 위험하게 여기다, 위태로워하다
競技(きょうぎ) 경기 団体(だんたい) 단체
有効(ゆうこう)だ 유효하다
打(う)ち出(だ)す 내세우다, 주장하다 独自(どくじ) 독자
昨年(さくねん) 작년
公認会計士(こうにんかいけいし) 공인회계사
合格(ごうかく) 합격 バスケットボール 바스켓볼, 농구
男子(だんし) 남자 代表(だいひょう) 대표
在学(ざいがく) 재학 開始(かいし) 개시
決(けっ)して 결코, 절대로 心配(しんぱい) 걱정
～わけではない (전부) ~인 것은 아니다, (반드시) ~라고 할 수 없다 将来(しょうらい) 장래 資格(しかく) 자격
生(い)かす 살리다 貢献(こうけん) 공헌
難関(なんかん) 난관 挑戦(ちょうせん) 도전
しかも 게다가, 더욱이 現役(げんえき) 현역
こだわる 구애되다 両立(りょうりつ) 양립
示(しめ)す 보이다, 나타내다 飯(めし) 밥 食(く)う 먹다
不安(ふあん) 불안 才能(さいのう) 재능
동사의 ます형+ながら ~하면서 *동시동작
断念(だんねん) 단념 若者(わかもの) 젊은이
少(すく)ない 적다 選手層(せんしゅそう) 선수층
薄(うす)い 얇다, 연하다 国際(こくさい) 국제
競技力(きょうぎりょく) 경기력
衰(おとろ)える 쇠하다, 쇠퇴하다
抜本的(ばっぽんてき)だ 발본적이다, 좋지 않은 일의 원인을 제거하다 立(た)てる 세우다
～限(かぎ)り ~하는 한
少子化(しょうしか) 저출산으로 인하여 아이 수가 적어지는 현상, 저출산화 人口(じんこう) 인구 減(へ)る 줄다, 줄어들다
동사의 ます형+続(つづ)ける 계속 ~하다
目指(めざ)す 목표로 하다, 지향하다 過去(かこ) 과거, 역대

最高(さいこう) 최고 五輪(ごりん) 오륜, 올림픽
メダル 메달 獲得(かくとく) 획득 幻(まぼろし) 환상, 환영
長期的(ちょうきてき)だ 장기적이다 視野(しや) 시야
普及(ふきゅう) 보급 発展(はってん) 발전
役割(やくわり) 역할 果(は)たす 다하다, 완수하다
立場(たちば) 입장 自(みずか)ら 스스로, 몸소
目先(めさき) 눈앞, 목전 終(お)わり 끝, 결말
成(な)り行(ゆ)き 되어 가는 형편, 추이 実際(じっさい) 실제
〜のに 〜는데(도) 見(み)える 보이다

53 문부과학성이 실시하려고 하는 세컨드 커리어 대책의 목적은 무엇인가?

1 지역에서의 스포츠클럽을 활성화시키는 것
2 운동선수의 현역 생활을 지원하는 것
3 운동에 재능이 있는 새로운 인재를 발굴하는 것
4 운동선수의 은퇴 후 생활을 지원하는 것

어휘 実施(じっし) 실시 目的(もくてき) 목적
活性化(かっせいか) 활성화 サポート 서포트, 지원
人材(じんざい) 인재 発掘(はっくつ) 발굴

54 세컨드 커리어 대책의 현 상황으로 옳은 것은 어느 것인가?

1 국가나 경기 단체의 지원으로 계속 확대되고 있다.
2 당초의 계획보다 규모가 큰 폭으로 줄어 버렸다.
3 예산 문제로 실시 자체가 취소가 되어 버렸다.
4 운동선수로부터의 주목이 집중되어 규모가 커졌다.

어휘 現状(げんじょう) 현상, 현재 상태 支援(しえん) 지원
拡大(かくだい) 확대 동사의 ます형+つつある 〜하고 있다
当初(とうしょ) 당초 計画(けいかく) 계획 〜より 〜보다
規模(きぼ) 규모 大幅(おおはば)に 대폭적으로, 큰 폭으로
予算(よさん) 예산 自体(じたい) 자체
取(と)り消(け)し 취소 注目(ちゅうもく) 주목
集(あつ)まる 모이다, 집중되다

55 세컨드 커리어 대책에 대한 필자의 생각으로 옳은 것은 어느 것인가?

1 처음부터 실현 가능성이 낮은 대책이었기 때문에 한시라도 빨리 중지하는 편이 좋다.
2 문부과학성은 눈앞의 결과에만 얽매이지 말고 긴 안목으로 볼 필요가 있다.
3 현재에도 충분한 성과는 올리고 있지만 이대로 지속시켜 나가는 것이 중요하다.
4 은퇴 후의 생활에 도움이 될지 어떨지 검증된 적이 없기 때문에 좀 더 논의가 필요하다.

어휘 〜に対(たい)する 〜에 대한 考(かんが)え 생각
最初(さいしょ) 맨 처음, 최초 可能性(かのうせい) 가능성
低(ひく)い 낮다
一刻(いっこく)も早(はや)く 한시라도 빨리
止(や)める 그만두다, 중지하다
동사의 た형+方(ほう)がいい 〜하는 편[쪽]이 좋다
〜ず(に) 〜하지 않고
長(なが)い目(め)で見(み)る 긴 안목으로 보다
十分(じゅうぶん)だ 충분하다 成果(せいか) 성과
上(あ)げる (성과·수익 등을) 올리다, 거두다 このまま 이대로
持続(じぞく) 지속 大事(だいじ)だ 중요하다
役(やく)に立(た)つ 도움이 되다 〜かどうか 〜일지 어떨지
検証(けんしょう) 검증 論議(ろんぎ) 논의

(3)

세계 금융 위기가 재연되는 와중에 재무성은 이달 4일, 재계로부터의 강한 엔고 저지 요청을 받아 4조 엔을 넘는 대규모의 환율 개입에 나섰다. 이 엔 매도 개입에는 방대한 비용이 들어 최종적으로는 그 대부분이 국민의 부담이 된다. 우선 개입으로 달러를 사더라도 일본의 경우에는 미국을 생각해 그 달러를 팔 수 없다. 이미 지금까지 환율 개입으로 산 달러가 크게 가치가 떨어져(주1) 누적으로 30조 엔 이상의 평가 손실을 떠안고 있다. 과거에는 미일 금리 차이분의 운용 수익으로 커버할 수 있었지만 최근 10년 사이에는 운용 수익을 대폭적으로 웃도는 평가 손실이 생겨 금리 차이가 없어진 오늘날에는 달러 하락이 그대로 평가 손실이 된다.

재무성의 운용에 의해 생긴 손실은 재정 부담, 다시 말해 국민의 세금으로 보전(주2)된다. 거기에 더해 달러를 4조 엔 이상이나 추가 매수했다. 이것도 팔지 못한 채로 가치가 떨어질 위험이 크다. 마찬가지로 개입으로 통화고를 억제하려고 한 스위스 중앙은행에 대해 주주로부터 클레임이 잇따랐다. 개입 후에도 프랑화 강세가 멈추지 않아서 환율 평가 손실 때문에 주주에 대한 배당이 줄었기 때문이다. 개입에 맞춰 일본은행이 기금 증액을 단행했지만, 국채 시장은 이미 버블 조짐을 보이고 있다. 그런 상황에서 일본은행이 달러를 추가 매수하면 채권 버블을 조장한다. 이처럼 환율 개입 비용은 엄청나다. 게다가 그 효과가 일시적이 된다면 막대한 낭비와 비난도 면할 수 없다.

(주1)目減り(가치가 떨어짐): 사물의 실질적인 가치가 저하되는 것
(주2)補填(보전): 부족을 메우고 보충하는 것

어휘 金融(きんゆう) 금융 危機(きき) 위기
再燃(さいねん) 재연, 잠잠했던 일이 다시 시끄러워짐
財務省(ざいむしょう) 재무성 *우리의 기획재정부에 해당
財界(ざいかい) 재계 円高(えんだか) 엔고, 엔화 강세
阻止(そし) 저지 要請(ようせい)を受(う)ける 요청을 받다
〜兆(ちょう) 〜조 超(こ)える 넘다, 초월하다
大規模(だいきぼ)だ 대규모다 為替(かわせ) 환, 환율
介入(かいにゅう) 개입
円売(えんう)り 엔 매도, 엔화를 대가로 다른 나라의 통화를 사는 것
膨大(ぼうだい)だ 방대하다 コストがかかる 비용이 들다
最終的(さいしゅうてき)だ 최종적이다
国民(こくみん) 국민 負担(ふたん) 부담 まず 우선, 먼저
ドル 달러 場合(ばあい) 경우, 상황 米国(べいこく) 미국
遠慮(えんりょ) 미리 잘 헤아려 생각함 既(すで)に 이미
目減(めべ)り 가치가 상대적으로 감소함 累積(るいせき) 누적
評価損(ひょうかそん) 평가 손실
抱(かか)える (어려움 등을) 안다, 떠안다
かつては 과거에는, 전에는
日米(にちべい) 일미, 미일, 일본과 미국 金利(きんり) 금리
差(さ) 차, 차이 運用益(うんようえき) 운용 수익
カバー 커버, 손실을 보충함 大幅(おおはば)に 대폭적으로
〜ておる 〜하고 있다 *「〜ている」의 겸양표현
下落(げらく) 하락 生(しょう)じる 생기다
損失(そんしつ) 손실 財政(ざいせい) 재정

負担(ふたん) 부담
つまり 결국, 즉 補填(ほてん) 보전
更(さら)に 그 위에, 더욱더
買(か)い増(ま)し 추가 구매, 추가 매수
～まま ～한 채로, ～상태로 リスク 리스크, 위험
通貨高(つうかだか) 통화고, 통화 강세, (다른 통화에 비해) 어떤 통화의 가치가 올라가는 것 抑制(よくせい) 억제
スイス 스위스 中央銀行(ちゅうおうぎんこう) 중앙은행
株主(かぶぬし) 주주 クレーム 클레임, 불평, 불만
相次(あいつ)ぐ 잇따르다 フラン 프랑 *프랑스의 화폐 단위
～高(だか) ～고, ～높음 止(とど)まる 멈추다, 그치다
～ず ～하지 않아서 配当(はいとう) 배당
合(あ)わせる 맞추다, 맞게 하다 基金(ききん) 기금
増額(ぞうがく) 증액 行(おこな)う 하다, 행하다, 실시하다
国債(こくさい) 국채 バブル 버블, 거품 *투기로 인해 실제 가치보다 웃도는 시세나 경기 気味(きみ) 기미, 경향
日銀(にちぎん) 일본은행 *「日本銀行(にほんぎんこう)」의 준말 債権(さいけん) 채권 助長(じょちょう) 조장
甚大(じんだい)だ 심대하다, 매우 크다 しかも 게다가
一時的(いちじてき) 일시적 壮大(そうだい)だ 장대하다
無駄遣(むだづか)い 낭비 そしり 비방, 비난
免(まぬが)れる 면하다 実質的(じっしつてき)だ 실질적이다
価値(かち) 가치 低下(ていか) 저하 不足(ふそく) 부족
埋(うず)める (손해·부족분을) 메우다, 보충하다
補(おぎな)う 보충하다

56 재무성이 대규모 환율 개입에 나선 이유는 무엇인가?

1 미국으로부터의 압력이 있었기 때문에
2 이미 30조 엔을 넘는 평가 손실을 안고 있었기 때문에
3 재계로부터의 강한 엔고 저지 요청이 있었기 때문에
4 국민 부담을 해소하려는 목표가 있었기 때문에

어휘 圧力(あつりょく) 압력 解消(かいしょう) 해소
目論見(もくろみ) 계획, 의도

57 스위스 중앙은행에 주주로부터의 클레임이 잇따른 이유는 무엇인가?

1 갑자기 프랑화 강세가 안정 조짐을 보이고 말았기 때문에
2 은행 측에서 통화고를 촉진시킬 움직임이 나오기 시작했기 때문에
3 환율 평가 손실 때문에 주주에 대한 배당이 줄었기 때문에
4 통화고를 막을 구체적인 대안이 제시되지 않았기 때문에

어휘 突然(とつぜん) 돌연, 갑자기 安定(あんてい) 안정
促(うなが)す 앞당기다, 촉진하다 動(うご)き 움직임
동사의 ます형+始(はじ)める ～하기 시작하다
防(ふせ)ぐ 막다, 방지하다
具体的(ぐたいてき)だ 구체적이다 対案(たいあん) 대안
提示(ていじ) 제시

58 본문의 내용과 맞지 않는 것은 어느 것인가?

1 평가 손실은 현재도 미일 금리 차이분의 운용 수익으로 커버할 수 있다.
2 재무성의 대규모 환율 개입은 결국 국민의 부담이 된다.
3 일본은행의 달러 추가 매수는 채권 버블을 조장할지도 모른다.
4 재무성의 환율 개입으로 국채시장은 이미 버블 조짐을 보이고 있다.

어휘 동사의 ます형+かねない ～할 수도 있다, ～할지도 모른다

**문제 10 다음 글을 읽고 다음 질문에 대한 답으로 가장 적당한 것을 1・2・3・4에서 하나 고르시오.**

여러분은 미국 등의 대통령제와 일본과 같은 의원내각제의 차이에 대해서 알고 계신가요? 각각의 제도에는 장점도 있고 단점도 있습니다. 이번에는 양자의 특징에 대해서 간단히 정리해 보겠습니다.

의원내각제와 대통령제의 큰 차이는 두 가지가 있습니다. 우선 누가 나라의 수장을 결정하는가 하는 점입니다. 의원내각제의 경우 국민에게는 내각총리대신을 결정할 권리는 없고 국회의원에 의해 결정됩니다. 한편 대통령제의 경우는 나라의 수장을 결정하는 것은 국민입니다.

다음은 임기입니다. 대통령제의 경우에는 미국 대통령의 임기는 4년이라는 보증이 되어 있고 의회가 대통령을 사임시킬 수는 없습니다. 의원내각제의 경우에는 국회가 내각 불신임 결의를 할 수 있기 때문에 "이 사람을 내각총리대신으로 해서 실패였군"이라고 생각되면 사임시키는 것도 가능합니다. 또한 의원내각제의 경우는 내각총리대신이 중의원을 해산할 수 있습니다. 그러나 대통령제의 경우는 의회를 해산시킬 수는 없고 국민이 선택한 대통령과 국회의원에게 임기 중의 4년은 국가의 방침이 위임되게 됩니다.

다음으로 대통령제와 의원내각제, 각각의 제도의 장점과 단점을 세 개씩 소개하겠습니다. 우선 대통령과 의원 양쪽을 국민이 선택하기 때문에 국민의 의견이나 생각이 반영되기 쉬운 게 장점입니다. 트럼프 씨는 "미국을 내 손으로 새롭게 만들겠다!"라고 말했고, 클린턴 씨는 "지금의 미국을 보다 좋게 만들어 가겠다!"라고 말했습니다. 근본부터 바꾸려고 한 건지, 아니면 지금의 상태를 기초로 하는지에서도 전혀 다릅니다. 그러나 나라의 수장도 의원도 국민이 선택하기 때문에 의회가 대통령을 사임하게 하거나 대통령이 의회 해산을 명령할 수 없고 어느 쪽에 문제가 있다고 해도 기본적으로는 임기 만료까지 사임하게 하거나 해산할 수 없다는 단점이 있습니다.

대통령제는 권력의 분립이 확실하다는 장점도 있습니다. 대통령은 행정, 국회의원은 입법으로 양자가 가진 권력이 확실합니다. 그러나 대통령과 국회의원의 의견이 대립하기 쉽기 때문에 정치 운영을 하기 힘들다는 단점이 있습니다. 양자 모두 한 걸음도 물러서지 않고 평행선인 채로 진전이 없는 경우도 있습니다.

마지막으로 조건만 충족하면 정치 경험이 없어도 대통령이 될 수 있다는 점도 대통령제의 장점입니다. 미국 대통령에 입후보할 경우의 조건은 출생에 의한 미국인일 것, 35세 이상일 것, 미국에 14년 이상 살고 있을 것의 세 가지입니다. 그러나 미국의 경우에는 대통령의 임기가 4년으로 보장되어 있습니다. 즉, "이 대통령으로는 미국이 엉망이 된다!"고 생각해도 그만두게 할 방법이 없고 사임을 기다릴 수밖에 없습니다. 덧붙여 미국의 경우 역대 대통령

으로 사임한 것은 37대 리처드 닉슨뿐입니다. 이와 같이 지금까지 없던 대담한 사상을 가진 대통령을 선출한다는 것은 큰 가능성뿐 아니라 큰 위험도 수반하는 것입니다.

**어휘** アメリカ 아메리카, 미국
大統領制(だいとうりょうせい) 대통령제
議院内閣制(ぎいんないかくせい) 의원내각제 *행정을 담당하는 내각이 입법부인 의회의 신임에 의해 구성되고 다수당의 대표가 수상이 되어 행정권을 담당하는 정부 형태
違(ちが)い 다름, 차이
ご＋한자명사＋です ~하시다 *존경표현
存知(ぞんじ) 알고 있음 それぞれ 각각, 각자
制度(せいど) 제도 メリット 장점
~も~ば~も ~도 ~하고[하거니와] ~도 デメリット 단점
両者(りょうしゃ) 양자 特徴(とくちょう) 특징
簡単(かんたん)だ 간단하다 まとめる 모으다, 합치다
トップ 수뇌, 정상 決(き)める 정하다, 결정하다
内閣総理大臣(ないかくそうりだいじん) 내각총리대신, 수상
権利(けんり) 권리 国会議員(こっかいぎいん) 국회의원
一方(いっぽう) 한편 任期(にんき) 임기
保証(ほしょう) 보증 辞(や)める (일자리를) 그만두다, 사임하다
内閣不信任(ないかくふしんにん) 내각 불신임 *의회가 정부를 신임하지 않는다는 의사를 표시하는 일
決議(けつぎ) 결의 行(おこな)う 하다, 행하다, 실시하다
失敗(しっぱい) 실패 可能(かのう) 가능
衆議院(しゅうぎいん) 중의원, 일본의 하원
解散(かいさん) 해산 ~ず(に) ~하지 않고
選(えら)ぶ 고르다, 선택하다 方針(ほうしん) 방침
委(ゆだ)ねる 맡기다, 위임하다
동사의 보통형+ことになる ~하게 되다 ~ずつ ~씩
ご+한자명사+する ~하다, ~해 드리다 *겸양표현
紹介(しょうかい) 소개 両方(りょうほう) 양방, 양쪽
反映(はんえい) 반영 동사의 ます형+やすい ~하기 쉽다
~氏(し) ~씨 *성에 붙이는 존칭
生(う)まれ変(か)わる 다시 태어나다 ~し ~하고
根本(こんぽん) 근본 それとも 그렇지 않으면, 아니면
状態(じょうたい) 상태 ベース 베이스, 기본
全然(ぜんぜん) (부정어 수반) 전혀 違(ちが)う 다르다
命(めい)じる 명하다, 명령하다
基本的(きほんてき) 기본적 満了(まんりょう) 만료
権力(けんりょく) 권력 分立(ぶんりつ) 분립
はっきり 분명히, 확실히 行政(ぎょうせい) 행정
立法(りっぽう) 입법 対立(たいりつ) 대립
運営(うんえい) 운영 동사의 ます형+にくい ~하기 어렵다
一歩(いっぽ) 일보, 한 걸음 譲(ゆず)る 양보하다, 내주다
平行線(へいこうせん) 평행선 進展(しんてん) 진전
最後(さいご) 최후, 마지막 条件(じょうけん) 조건
~さえ~ば ~만 ~하면 満(み)たす 채우다, 만족시키다
立候補(りっこうほ) 입후보 出生(しゅっせい) 출생, 태생
住(す)む 살다, 거주하다 保障(ほしょう) 보장
つまり 결국, 요컨대 駄目(だめ)だ 안 되다, 소용없다
術(すべ) 방법, 수단 辞任(じにん) 사임 待(ま)つ 기다리다
~しかない ~할 수밖에 없다 ちなみに 덧붙여서
歴代(れきだい) 역대 ~のみ ~만, ~뿐 *격식 차린 말씨
大胆(だいたん)だ 대담하다 思想(しそう) 사상
選出(せんしゅつ) 선출 可能性(かのうせい) 가능성
リスク 리스크, 위험 伴(ともな)う 따르다, 수반하다

**59** 필자가 대통령제와 의원내각제의 차이로 들고 있는 것은 어느 것인가?
1 의원수와 임기
2 권력의 분립과 임기
3 국가 수장 결정 방법과 임기
4 의원수와 국가 수장 결정 방법

**어휘** 挙(あ)げる (예로서) 들다 議員数(ぎいんすう) 의원수

**60** 의원내각제의 특징으로 본문에 나와 있는 것은 어느 것인가?
1 내각총리대신에게 권력이 집중된다.
2 내각총리대신이 중의원을 해산할 수 있다.
3 국회의원의 안정적인 임기가 보장된다.
4 국민이 직접 내각총리대신을 선출할 수 있다.

**어휘** 権力(けんりょく) 권력 集中(しゅうちゅう) 집중
安定的(あんていてき)だ 안정적이다 直接(ちょくせつ) 직접

**61** 필자가 대통령제의 장점으로 들고 있지 않은 것은 어느 것인가?
1 국민의 생활의 질이 향상된다.
2 국민의 의견이나 생각이 반영되기 쉽다.
3 권력 분립이 확실하다.
4 정치 경험이 없어도 대통령이 될 수 있다.

**어휘** 質(しつ) 질 向上(こうじょう) 향상

**62** 필자가 대통령제의 단점으로 들고 있는 것은 어느 것인가?
1 대담한 정책을 실행하기 힘들다.
2 국회에 대해서 연대해 책임을 진다.
3 국회 다수파가 속한 정당에 좌우된다.
4 기본적으로는 임기 만료까지 사임하게 할 수 없다.

**어휘** 実行(じっこう) 실행 連帯(れんたい) 연대
責任(せきにん)を負(お)う 책임을 지다
多数派(たすうは) 다수파 属(ぞく)する 속하다
政党(せいとう) 정당 左右(さゆう) 좌우함, 좌지우지함

**문제 11 다음 A와 B의 글을 읽고 다음 질문에 대한 답으로 가장 적당한 것을 1・2・3・4에서 하나 고르시오.**

A

같은 나이의 두 사람이 있습니다. 한쪽은 1년에 1억 엔 벌고 있고 다른 한쪽은 300만 엔 벌고 있다고 칩시다. 1년 동안 번 돈은 큰 차이가 있지만, 그 두 사람이 사용한 시간은 양쪽 모두 같고 사용할 수 있는 시간도 같았기 때문에 돈보다 시간 쪽이 중요하다고 주장하는 사람이 있습니다.

그러나 아무리 시간이 중요하다고 해도 그 시간으로 하고 싶은 것은 일상에서는 할 수 없는 것이 있는 경우도 많습니다. 예를 들어 여행이나 쇼핑하러 갈 때, 물론 시간은 중요할지도 모르겠지만, 그 시간을 유효하게 활용하려면 돈이 전제로 필요해집니다. 부자는 모든 사람이 행운아라고는 할 수 없지만, 인생이라는 시간을 풍족하게 하기 위해서는 돈이 절대적으로 필요하다고 생각합니다. 비슷한 이

유입니다만, 돈은 통과점에 지나지 않지만 그 통과점이 없으면 아무리 시간을 우선해 봤자 목표 지점에 도달하는 것은 불가능하다고 생각합니다.

어휘 同(おな)じ 같음 年齢(ねんれい) 연령, 나이
二人(ふたり) 두 사람 片方(かたほう) 한쪽
稼(かせ)ぐ (돈을) 벌다
雲泥(うんでい)の差(さ) 큰 차이, 천양지차, 하늘과 땅 사이와 같이 엄청난 차이 両方(りょうほう) 양쪽
~より ~보다 方(ほう) 편, 쪽 大切(たいせつ)だ 중요하다
主張(しゅちょう) 주장
いくら~ても 아무리 ~해도
日常(にちじょう) 일상 場合(ばあい) 경우
例(たと)えば 예를 들면 旅行(りょこう) 여행
買(か)い物(もの) 쇼핑, 장을 봄 もちろん 물론
~かもしれない ~일지도 모른다
有効(ゆうこう)だ 유효하다 活用(かつよう) 활용
~には ~하려면 前提(ぜんてい) 전제 ~として ~로서
お金持(かねも)ち 부자 全(すべ)て 모두, 전부
幸(しあわ)せ者(もの) 복이 많은 사람, 행운아
~とは限(かぎ)らない (반드시) ~하다고는 할 수 없다, ~하는 것은 아니다 人生(じんせい) 인생
豊(ゆた)かだ 풍부하다, 풍족하다
絶対的(ぜったいてき)だ 절대적이다 似(に)る 닮다, 비슷하다
通過点(つうかてん) 통과점
~に過(す)ぎない ~에 지나지 않다, ~에 불과하다
優先(ゆうせん) 우선
동사의 た형+ところで ~한다 해도, ~해 봤자, ~한들
目標(もくひょう) 목표 地点(ちてん) 지점
到達(とうたつ) 도달 不可能(ふかのう)だ 불가능하다

B

시간에는 감정은 없고 실태도 파악할 수 없다는 특징이 있습니다. 돈을 써서 사람을 고용하거나 움직이게 하는 것은 얼마든지 가능하지만, 시간만은 움직이게 할 수는 없습니다. 이것은 아무리 힘이 있는 사람이나 권력을 가지고 있는 사람이라도 불가능하다고 할 수 있습니다. 실태를 파악할 수 없는 데다 추상적이기 때문이겠죠.

고령인 부자나 권력자가 갖고 싶어 하는 것은 시간을 되돌리는 수단이지만, 이것은 어떻게 해도 무리입니다. 젊은 세대인 분은 시간과 장래가 있으니까 돈을 얻는 일에 의식을 쏟기 쉽습니다만, 고령인 부호 등은 시간이 처음으로 돌아갔으면 좋겠다고 바라는 경향이 있습니다. 모든 사람에게 들어맞는 것은 아니지만, 갖고 싶은 액수의 돈이나 권력을 얻으면 이 세상을 떠나는 게 아쉬워지는 것이 불가사의한 심리와 구조입니다. 그런 의미에서 여러분은 항상 시간을 소중히 했으면 좋겠다고 생각합니다. 돈 때문에 소중한 시간을 소홀히 하고 그 돈을 손에 넣었을 때는 건강이 나빠져 있거나 노화가 심해서 곤란해져 버린 상황은 되지 마세요.

어휘 感情(かんじょう) 감정 実態(じったい) 실태
掴(つか)む 파악하다 特徴(とくちょう) 특징
雇(やと)う 고용하다
動(うご)かす 움직이(게 하)다, (~하도록) 시키다
いくらでも 얼마든지 可能(かのう)だ 가능하다
どんなに~でも 아무리 ~라도 力(ちから) 힘
権力(けんりょく) 권력
~上(うえ)に ~인 데다가, ~일 뿐만 아니라
抽象的(ちゅうしょうてき)だ 추상적이다
高齢(こうれい) 고령 ほしがる 갖고 싶어 하다, 탐내다, 원하다
取(と)り返(かえ)す (원상을) 되찾다, 회복하다, 돌이키다
手段(しゅだん) 수단 無理(むり)だ 무리다
若(わか)い 젊다 世代(せだい) 세대 先(さき) 앞날, 장래
得(え)る 얻다 意識(いしき) 의식 向(む)ける 쏟다, 기울이다
동사의 ます형+やすい ~하기 쉽다 富豪(ふごう) 부호
元(もと)に戻(もど)す 원래로 되돌리다
~てほしい ~해 주었으면 하다, ~하길 바라다
願(ねが)う 원하다, 바라다 傾向(けいこう) 경향
当(あ)てはまる 꼭 들어맞다, 적합하다
~わけではない (전부) ~인 것은 아니다, (반드시) ~라고 할 수 없다 ほしい 갖고 싶다, 탐나다 額(がく) 액수
この世(よ) 이 세상 去(さ)る 떠나다
惜(お)しい 아깝다, 애석하다
不思議(ふしぎ)だ 불가사의하다, 이상하다
心理(しんり) 심리 仕組(しく)み 구조
大切(たいせつ)だ 소중하다
명사+の+せいで ~탓에, ~때문에 疎(おろそ)かだ 소홀하다
手(て)に入(い)れる 손에 넣다
身体(しんたい)が壊(こわ)れる 몸이 망가지다, 건강이 나빠지다
老化(ろうか) 노화 激(はげ)しい 심하다, 격렬하다
困(こま)る 곤란하다 状況(じょうきょう) 상황

**63** A의 생각과 맞는 것은 어느 것인가?

1 돈과 행복에는 상관관계가 없다.
2 돈이 없어도 목표 지점에는 도달할 수 있다.
3 인생을 풍족하게 하기 위해서는 돈이 필요하다.
4 돈이 있다고 해서 행복한 것은 아니다.

어휘 幸(しあわ)せ 행복
相関関係(そうかんかんけい) 상관관계
目標(もくひょう) 목표
동사의 보통형+ためには ~하기 위해서는
~からといって ~라고 해서

**64** A와 B에 대한 설명 중에서 옳은 것은 어느 것인가?

1 A는 돈을, B는 시간을 우선하고 있다.
2 A와 B 모두 돈과 시간의 균형을 주장하고 있다.
3 A는 돈과 시간의 균형을, B는 시간만을 우선하고 있다.
4 A는 돈만을, B는 돈과 시간의 균형을 주장하고 있다.

어휘 優先(ゆうせん) 우선 とも(共)に 모두, 다
均衡(きんこう) 균형 主張(しゅちょう) 주장

**문제 12 다음 글을 읽고 다음 질문에 대한 답으로 가장 적당한 것을 1・2・3・4에서 하나 고르시오.**

일본 국내에서 스마트폰 사용에 관한 앙케트를 하면 상당히 많은 사람이 '스마트폰에 상당히 의존하고 있다'와 같은 스마트폰 의존증에 자각적인 회답을 하는 것을 알 수 있습니다. 그럼, 스마트폰 의존증이란 도대체 어떤 증상이나 상태를 의미하고 자녀가 스마트폰 의존증이 된 경우 어떠한 문제가 일어나는 것일까요? 이번에는 스마트폰 의존증의 정의와 개요를 이해하기 쉬운 사례에 입각해 소개한 후 자녀가 스마트폰 의존증이 될 위험이나 예방을 위해서 당장 할 수 있는 대책에 대해서도 해설하겠습니다.

우선 정의부터 보겠습니다. '스마트폰 의존증'이란 항상 스마트폰을 체크하고 조작하고 있지 않으면 안정이 안 되는 상태의 총칭입니다. 일상생활에서 다음과 같은 행동을 해 버리는 사람은 스마트폰 의존증이 의심됩니다.

스마트폰 의존증이 되면 항상 스마트폰이 신경 쓰여 버리기 때문에 가족이 둘러싼 식탁에 스마트폰을 가져가 무의식적으로 조작을 하면서 식사를 하는 경우도 있습니다. 또 스마트폰 의존증이 심해지면 단 몇 분이라도 화면을 볼 수 없는 것을 두려워해서 화장실이나 욕실 등에도 스마트폰을 가지고 들어가게 됩니다. 그리고 스마트폰 의존증이 의심되는 사람은 메시지나 그것을 송신하는 팔로워(주1) 등의 상대에게도 의존하기 쉽습니다.

예를 들면 자신이 보낸 메시지에 답장이 없으면 "뭔가 좋지 않은 소릴 해 버렸나?" 등의 불안에 휩싸입니다. 사람에 따라서는 상대에게 답장을 너무 재촉해서 인간관계를 망쳐 버리는 경우도 있습니다. 또한 스마트폰 의존증이 되었을 경우에는 스마트폰이 인터넷에 계속 연결되어 있는 상태를 유지하는 것도 대단히 중요하다고 생각합니다. 그렇기 때문에 외출한 곳에서 전원이 꺼졌을 경우 인터넷상의 친구나 팔로워와 연결할 수 없게 된 스트레스나 불안으로 패닉 증상을 일으키는 경우도 있습니다.

스마트폰 의존증을 방지하기 위해서는 장시간 사용으로 생기는 위험을 아는 것도 중요합니다. 스마트폰 의존증에 의한 학력 저하 위험은 여러 연구자도 주목하는 큰 문제입니다. 예를 들면 학습 중에 스마트폰 조작을 하는 'ながら勉強(뭔가 다른 것을 하면서 공부하는 것)'(주2)를 한 경우 집중력 저하 등으로 성적이 크게 내려가는 것을 알 수 있습니다. 식탁이나 화장실에 스마트폰을 가지고 들어갈 정도의 의존증이 되면 잘 시간이 되어도 친구와의 대화나 SNS 열람(주3)을 좀처럼 그만둘 수 없습니다. 그 결과 휴일에 밤늦게까지 스마트폰을 계속 사용함으로써 밤낮이 뒤바뀌는 생활이 될 가능성도 있습니다. 또한 스마트폰 의존증이 되면 초조함이 증대해 선생님이나 동급생의 말투나 환경음과 같은 여러 가지 것에 대해서 신경질적이 됩니다. 그 결과 평소에는 하지 않는 심한 지적이나 말을 씀으로써 인간관계가 나빠질 가능성도 있겠죠.

이러한 스마트폰 의존증을 방지하려면 다음과 같은 대책이나 궁리와 같은 것을 권합니다. 우선은 '하루 사용은 1.5시간까지'라는 시간 제한 규칙을 만듭시다. 아이의 경우 '해야 할 것'을 우선하는 시간 사용법을 생각하는 것도 중요합니다. 예를 들면 귀가 후의 대화에서 이런 '해야 할 것'이 소홀히 되어 있는 경우, 밤에는 일단 조금 일찍 자고 머리가 맑아진(주4) 아침부터 대화를 하는 습관으로 바꿔 봐도 좋겠지요. 또한 스마트폰의 블루 라이트에는 뇌를 각성(주5)시켜 버리는 특징도 있기 때문에 밤보다도 아침에 주로 사용하는 것으로 바꾸는 것을 권해 드립니다. 마지막으로 규칙을 정해도 좀처럼 스마트폰 사용을 그만둘 수 없을 때에는 과용을 방지하는 앱을 활용할 것도 권합니다.

(주1)フォロワー(팔로워): 소셜 미디어에서 투고 내용을 볼 수 있도록 등록한 사람
(주2)ながら勉強: 뭔가 다른 것을 하면서 공부하는 것
(주3)閲覧(열람): 웹 페이지 등의 내용을 찾으면서 읽는 것
(주4)冴える((머리가) 맑아지다): 머리 회전이나 몸 상태 등이 개운해지다
(주5)覚醒(각성): 잠이 깨는 것

어휘 国内(こくない) 국내
スマホ 스마트폰 *「スマートフォン」의 준말
使用(しよう) 사용 ~に関(かん)する ~에 관한
アンケートを取(と)る 앙케트를 하다 かなり 상당히, 꽤
依存(いぞん) 의존 ~といった ①~라고 하는 ②~와 같은
依存症(いぞんしょう) 의존증
自覚的(じかくてき)だ 자각적이다 回答(かいとう) 회답
~とは ~라는 것은, ~란 *정의 一体(いったい) 도대체, 대관절
症状(しょうじょう) 증상 状態(じょうたい) 상태
お子様(こさま) 자제분 *남의 아이를 높여 부르는 말
場合(ばあい) 경우 起(お)こる 일어나다, 발생하다
定義(ていぎ) 정의 概要(がいよう) 개요
동사의 ます형+やすい ~하기 쉽다 事例(じれい) 사례
~を踏(ふ)まえて ~을 토대로, ~에 입각해서
紹介(しょうかい) 소개 동사의 た형+後(あと) ~한 후
リスク 리스크, 위험 予防(よぼう) 예방
対策(たいさく) 대책 解説(かいせつ) 해설
常(つね)に 항상, 늘 チェック 체크
操作(そうさ) 조작 落(お)ち着(つ)く 안정되다, 침착해지다
総称(そうしょう) 총칭
日常生活(にちじょうせいかつ) 일상생활
疑(うたが)う 의심하다 気(き)になる 신경이 쓰이다, 걱정되다
囲(かこ)む 둘러싸다 食卓(しょくたく) 식탁
持(も)ち込(こ)む 가지고 들어오다
無意識(むいしき) 무의식 *「無意識(むいしき)に」 - 무의식적으로 동사의 ます형+ながら ~하면서 *동시동작
ひどい 심하다 たった 단지, 단, 겨우 数分(すうふん) 몇 분
画面(がめん) 화면 恐(おそ)れる 두려워하다
トイレ 화장실 *「トイレット」의 준말 お風呂(ふろ) 욕실
メッセージ 메시지 送信(そうしん) 송신
フォロワー 팔로워 *소통망 서비스에서 특정한 사람이나 업체 따위의 계정을 즐겨 찾고 따르는 사람을 이르는 말
동사의 ます형+がちだ (자칫) ~하기 쉽다, ~하기 십상이다, ~하기 일쑤다 例(たと)えば 예를 들면
送(おく)る 보내다 返信(へんしん) 회신
不安(ふあん) 불안 襲(おそ)う 사로잡히다
~によっては ~에 따라서는 催促(さいそく) 재촉

동사의 ます형+すぎる 너무 ~하다
人間関係(にんげんかんけい) 인간관계 壊(こわ)す 망치다
インターネット 인터넷 繋(つな)がる 연결되다
동사의 ます형+続(つづ)ける 계속 ~하다 維持(いじ) 유지
非常(ひじょう)に 대단히, 매우 大切(たいせつ)だ 중요하다
そのため 그 때문에 外出先(がいしゅつさき) 외출한 곳
電源(でんげん)が切(き)れる 전원이 꺼지다
仲間(なかま) 동료 ストレス 스트레스 パニック 패닉, 공포
起(お)こす (나쁜 상태를) 일으키다, 발생시키다
防(ふせ)ぐ 막다, 방지하다 長時間(ちょうじかん) 장시간
使用(しよう) 사용 生(しょう)じる 생기다, 발생하다
~による ~에 의한[따른]
学力低下(がくりょくていか) 학력 저하
様々(さまざま)だ 다양하다, 여러 가지다
研究者(けんきゅうしゃ) 연구자 注目(ちゅうもく) 주목
ながら勉強(べんきょう) 뭔가 다른 것을 하면서 공부하는 것
集中力(しゅうちゅうりょく) 집중력 成績(せいせき) 성적
下(さ)がる (값·온도·지위·기능 등이) 떨어지다
友人(ゆうじん) 친구
トーク 토크, 이야기 閲覧(えつらん) 열람
なかなか (부정어 수반) 좀처럼
止(や)める 끊다, 그만두다, 중지하다
休日(きゅうじつ) 휴일 深夜(しんや) 심야
昼夜(ちゅうや) 주야, 낮과 밤
逆転(ぎゃくてん) 역전, 진행 방향이 반대로 됨
可能性(かのうせい) 가능성 いらいら 조바심, 안달
増大(ぞうだい) 증대 同級生(どうきゅうせい) 동급생
環境音(かんきょうおん) 환경음 *환경이나 주변에서 들려오는 소리를 나타내는 말 ~に対(たい)して ~에 대해서
神経質(しんけいしつ) 신경질 普段(ふだん) 평소
厳(きび)しい 심하다 指摘(してき) 지적
工夫(くふう) 궁리 お勧(すす)め 권함
制限(せいげん) 제한 ルール 룰, 규칙
동사의 기본형+べき (마땅히) ~해야 할 優先(ゆうせん) 우선
동사의 ます형+方(かた) ~하는 방법[방식] 帰宅(きたく) 귀가
疎(おろそ)かだ 소홀하다 とりあえず 우선
早(はや)めに (정해진 시간보다) 조금 일찍
冴(さ)える (머리가) 맑아지다 習慣(しゅうかん) 습관
変(か)える 바꾸다, 변경하다
ブルーライト 블루 라이트 *컴퓨터나 핸드폰 액정 화면에서 나오는 푸른 빛으로 눈의 피로 등의 원인이 됨
覚醒(かくせい) 각성 特徴(とくちょう) 특징
メーン 메인, 주
お+동사의 ます형+する ~하다, ~해 드리다 *겸양표현
勧(すす)める 권하다, 권장하다 決(き)める 정하다, 결정하다
なかなか (부정어 수반) 좀처럼
使(つか)い過(す)ぎ 너무 많이 씀, 과용
アプリ 앱(app), 어플 *「アプリケーション(ソフト)」의 준말
活用(かつよう) 활용
ソーシャルメディア 소셜 미디어 *인터넷 커뮤니케이션의 총칭
~において ~에 있어서, ~에서 投稿(とうこう) 투고
登録(とうろく) 등록 ウェブページ 웹 페이지
調(しら)べる 조사하다 働(はたら)き 작용, 기능, 회전
調子(ちょうし) 상태 はっきりする (머리 등이) 개운해지다
目(め)が覚(さ)める (잠에서) 깨다, 눈이 뜨이다

**65** 스마트폰 의존증의 정의로 옳은 것은 어느 것인가?
1 여러 브랜드의 스마트폰을 모으고 있는 상태
2 새로운 스마트폰이 나오면 바로 사고 싶어지는 상태
3 음성이 아니라 스마트폰의 문자 기능만으로 연락하는 상태
4 항상 스마트폰을 체크하거나 조작하거나 하지 않으면 불안정해지는 상태

어휘 定義(ていぎ) 정의 ブランド 브랜드, 상표
集(あつ)める 모으다 すぐ 곧, 바로 音声(おんせい) 음성
文字(もじ) 문자 機能(きのう) 기능 連絡(れんらく) 연락

**66** 스마트폰 의존증의 증상으로 본문에 나와 있지 않은 것은 어느 것인가?
1 화장실에 갈 때 스마트폰을 가지고 간다.
2 스마트폰을 너무 봐서 시력이 떨어져 버린다.
3 메시지 답장이 없으면 불안해진다.
4 외출 중에 스마트폰 배터리가 나가면 불안해진다.

어휘 視力(しりょく)が落(お)ちる 시력이 떨어지다
外出中(がいしゅつちゅう) 외출 중 充電(じゅうでん) 충전
切(き)れる 끊어지다, 다 되다

**67** 스마트폰 의존증이 되는 것의 위험으로 본문에 나와 있지 않은 것은 어느 것인가?
1 학력 저하
2 생활 리듬의 흐트러짐
3 정신적인 면에 미치는 영향
4 체력 저하

어휘 生活(せいかつ)リズム 생활 리듬
乱(みだ)れ 흐트러짐, 난조
精神面(せいしんめん) 정신면, 정신적인 방면
影響(えいきょう) 영향 体力(たいりょく) 체력

**68** 스마트폰 의존증이 되지 않기 위해서 할 수 있는 대책으로 본문에 나와 있지 않은 것은 어느 것인가?
1 시간 사용법을 재고한다.
2 지나친 사용을 방지하는 앱을 깐다.
3 사용한 후에는 접속 이력을 체크한다.
4 장시간 이용이 되지 않도록 시간 제한을 둔다.

어휘 見直(みなお)す 다시 보다, 재검토하다 入(い)れる 넣다
アクセス 액세스, 접속 履歴(りれき) 이력
設(もう)ける 만들다, 마련하다, 설치하다

**문제 13 오른쪽 페이지는 자원봉사 참가자 모집 안내이다. 아래 질문에 대한 답으로 가장 적당한 것을 1·2·3·4에서 하나 고르시오.**

**여름 자원봉사 참가자 모집 안내**

여름 기간을 이용해 다양한 자원봉사 활동을 체험할 수 있다! 그것이 '여름! 체험 자원봉사'입니다. 자원봉사 활동이 처음인 분께는 계기 만들기로, 자원봉사 경험이 있는 분은 새로운 활동을 접할 수 있는 기회로. 이 기회에 여러분이 신경 쓰이는·흥미 있는 자원봉사 활동을 찾아서 꼭 '여름 자원봉사'에 참가해 주세요.

| 여름 자원봉사란? | 어떤 활동지가 있나? | 자원봉사 보험 |
|---|---|---|
| 여름 기간을 이용해 여러 분야의 자원봉사 활동을 체험할 수 있는 것이 '여름 자원봉사'입니다. | 구내의 복지시설 · 보육원 · NPO · 지역 단체 · 자원봉사 그룹 등, 각 활동지에서 다양한 프로그램이 있습니다. | 활동 전날까지 자원봉사 보험 가입이 필요합니다. |

| | |
|---|---|
| 대상 | 구내에 거주 · 재직 · 재학 중인 중학생 이상인 분 |
| 체험 기간 | 8월 1일(월)~9월 16일(금)에서 희망하는 일정(1일~일주일까지) |
| 활동 내용 | 고령자나 몸이 불편한 사람 등의 구내 복지 시설, 보육원, 구민 활동단체 등에서의 자원봉사 체험 |
| 정원 | 활동 프로그램마다 정원이 있습니다.<br>(※선착순) |
| 신청 방법 | 이하의 접수일에 반드시 활동을 희망하는 본인이 지역 공생 자원봉사센터로 오십시오.<br>(※중학생은 보호자의 '참가 동의서' 제출을 부탁드립니다.) |
| 프로그램 배포 | 창구 배포 기간은<br>7월 1일(금)~7월 15일(금) 9:00~17:00,<br>7월 16일(토) 9:00~16:00<br>(일요일과 경축일은 제외)입니다.<br>(※홈페이지에도 게재되어 있습니다.) |
| 자원봉사 보험 | 자원봉사 보험에 가입하지 않으신 분은 신청 시에 보험에 가입해 주시기 바랍니다.<br>보험료는 플랜에 따라 350엔~1,400엔입니다.<br>(※학교에서 가입하신 분은 제외합니다.) |
| 접수일 | 7월 9일(토), 7월 11일(월)~15일(금)<br>10:00~16:00 |
| 신청할 곳 | 사회복지법인 ABC구 사회복지협의회<br>ABC구 지역 공생 자원봉사센터<br>주소: 〒144-0051<br>ABC구 니시카마타7-49-2 5층<br>전화: 03-3736-5555 |

**어휘** ボランティア 자원봉사 参加者(さんかしゃ) 참가자
募集(ぼしゅう) 모집 案内(あんない) 안내
問(と)い 물음, 질문 答(こた)え (문제의) 답
体験(たいけん) 체험 きっかけ 계기
~作(づく)り ~만들기, ~만듦 活動(かつどう) 활동
出会(であ)う 만나다 チャンス 찬스, 기회
機会(きかい) 기회 気(き)になる 신경이 쓰이다, 걱정되다
興味(きょうみ) 흥미 探(さが)す 찾다 ぜひ 꼭
ご+한자명사+ください ~해 주십시오 *존경표현
分野(ぶんや) 분야 活動先(かつどうさき) 활동지, 활동하는 곳
区内(くない) 구내 福祉(ふくし) 복지
保育園(ほいくえん) 보육원
NPO(Non Profit Organization) 비영리 단체, 자체의 이익을 추구하지 아니하고 공익을 목적으로 하는 단체
地域(ちいき) 지역 団体(だんたい) 단체 グループ 그룹
プログラム 프로그램 保険(ほけん) 보험
前日(ぜんじつ) 전날 ~までに ~까지 *최종기한
加入(かにゅう) 가입 対象(たいしょう) 대상
在住(ざいじゅう) 재주, 거주 在勤(ざいきん) 재근, 재직
在学(ざいがく) 재학 希望(きぼう) 희망
日程(にってい) 일정 高齢者(こうれいしゃ) 고령자
不自由(ふじゆう)だ (신체가) 불편하다 ~ごとに ~마다
定員(ていいん) 정원 先着順(せんちゃくじゅん) 선착순
申込(もうしこみ) 신청 受付日(うけつけび) 접수일
共生(きょうせい) 공생
越(こ)す (「お越(こ)し」의 꼴로) 가시다, 오시다 *「行(い)く」(가다), 「来(く)る」(오다)의 존경어
保護者(ほごしゃ) 보호자 同意書(どういしょ) 동의서
提出(ていしゅつ) 제출 配布(はいふ) 배포
窓口(まどぐち) 창구 日祝(にっしゅく) 일요일과 경축일
除(のぞ)く 제외하다 ホームページ 홈페이지
掲載(けいさい) 게재
~ていただく (남에게) ~해 받다, (남이) ~해 주시다 *「~てもらう」((남에게) ~해 받다, (남이) ~해 주다)의 겸양표현
プラン 플랜, 계획, 안 加入(かにゅう) 가입
~済(ず)み ~끝남, ~필 法人(ほうじん) 법인
協議会(きょうぎかい) 협의회

**69** 다음 네 사람 중 여름 자원봉사에 참가할 수 있는 사람은 누구인가?

1 7월 9일 오전 10시에 신청하려고 하는 20세 하시모토 군
2 7월 11일 오후 1시에 신청하려고 하는 12세 와타나베 군
3 8월 1일 오후 4시에 신청하려고 하는 18세 야마다 군
4 7월 16일 오후 6시에 신청하려고 하는 22세 이케다 군

**어휘** 申(もう)し込(こ)む 신청하다 20歳(はたち) 스무 살

**70** 여름 자원봉사에 대한 설명 중에서 옳지 않은 것은 어느 것인가?

1 자원봉사 체험 기간은 최대로 일주일까지다.
2 자원봉사 활동 프로그램은 선착순으로 정원이 정해져 있다.
3 자원봉사 보험에 가입하지 않은 사람은 신청 시에 보험에 가입할 수 있다.
4 구체적인 프로그램은 직접 ABC구 지역 공생 자원봉사센터에 가지 않으면 확인할 수 없다.

**어휘** 最大(さいだい) 최대 定員(ていいん) 정원
決(き)める 정하다, 결정하다
具体的(ぐたいてき)だ 구체적이다

음원

## 청해

**(日本語能力試験 聴解 N1**
**これからN1の聴解試験を始めます。問題用紙にメモをとってもかまいません。問題用紙を開けてください。問題用紙のページがない時は手を上げてください。問題がよく見えない時も手を上げてください。いつでもいいです。)**

**(일본어능력시험 청해 N1**
**이제부터 N1 청해 시험을 시작합니다. 문제지에 메모를 해도 좋습니다. 문제지를 펴 주세요. 문제지의 페이지가 없을 때는 손을 들어 주세요. 문제가 잘 보이지 않을 때도 손을 들어 주세요. 언제든지 좋습니다.)**

### 問題 1

**問題1では、まず質問を聞いてください。それから話を聞いて、問題用紙の1から4の中から、最もよいものを一つ選んでください。**
(では、練習しましょう。)

**문제 1**
**문제 1에서는 먼저 질문을 들어 주세요. 그리고 나서 이야기를 듣고 문제지의 1부터 4 중에서 가장 적당한 것을 하나 고르세요.**
**(그럼, 연습합시다.)**

例(예)

女の人が新しい製品の企画書について男の人と話しています。女の人はこの後何をしなければなりませんか。
여자가 새 제품의 기획서에 대해서 남자와 이야기하고 있습니다. 여자는 이후 무엇을 해야 합니까?

**女** 課長、明日の会議の企画書、見ていただけたでしょうか。
과장님, 내일 회의 기획서, 보셨을까요?

**男** うん、分かりやすく出来上がってるね。
응, 알기 쉽게 되어 있군.

**女** あ、ありがとうございます。ただ、実は製品の説明が弱いかなって気になってるんですが。
아, 감사합니다. 다만 실은 제품 설명이 약한가 하고 걱정이 되는데요.

**男** うーん、そうだね。でもまあ、この部分はいいかな。で、ええと、この11ページのグラフ、これ、随分前のだね。
음…, 그러네. 하지만 뭐 이 부분은 괜찮아. 그런데 저기 이 11페이지 그래프, 이거 꽤 전에 거네.

**女** あ、すみません。
아, 죄송해요.

**男** じゃ、このグラフは替えて。あ、それから、会議室のパソコンやマイクの準備はできてる?
그럼, 이 그래프는 교체해. 아, 그리고 회의실 컴퓨터와 마이크 준비는 다 되어 있어?

**女** あ、そちらは大丈夫です。
아, 그건 문제없어요.

女の人はこの後何をしなければなりませんか。
여자는 이후 무엇을 해야 합니까?

1 企画書を見せる
기획서를 보여 준다

2 製品の説明を書き直す
제품 설명을 다시 쓴다

3 データを新しくする
데이터를 새롭게 한다

4 パソコンを準備する
컴퓨터를 준비한다

**(最もよいものは3番です。解答用紙の問題1の例のところを見てください。最もよいものは3番ですから、答えはこのように書きます。では、始めます。)**

**(가장 적당한 것은 3번입니다. 해답용지 문제 1의 예를 봐 주세요. 가장 적당한 것은 3번이므로, 답은 이와 같이 씁니다. 그럼, 시작합니다.)**

어휘 製品(せいひん) 제품 企画書(きかくしょ) 기획서
～なければならない ～하지 않으면 안 된다, ～해야 한다
明日(あす) 내일(=明日(あした))
～ていただく (남에게) ～해 받다, (남이) ～해 주시다 *「～てもらう」((남에게) ～해 받다, (남이) ～해 주다)의 겸양표현
分(わ)かる 알다, 이해하다
동사의 ます형+やすい ～하기 쉽다[편하다]
出来上(できあ)がる 완성되다, 다 되다 ただ 단지, 다만
実(じつ)は 실은 説明(せつめい) 설명 弱(よわ)い 약하다
気(き)になる 신경이 쓰이다, 걱정되다
ええと 말을 망설이거나 생각할 때 내는 소리 グラフ 그래프
随分(ずいぶん) 꽤, 몹시, 퍽 前(まえ) 전, 이전
替(か)える (새로) 바꾸다, 갈다 それから 그리고
できる 다 되다 大丈夫(だいじょうぶ)だ 괜찮다, 문제없다
見(み)せる 보이다, 보여 주다
書(か)き直(なお)す 고쳐 쓰다, 다시 쓰다 データ 데이터

1番

会社で男の人と女の人が話しています。女の人はまず何をしますか。
회사에서 남자와 여자가 이야기하고 있습니다. 여자는 우선 무엇을 합니까?

**男** 中村さん、この間お願いした社長の海外出張の件だけど…。
나카무라 씨, 요전에 부탁했던 사장님 해외출장 건 말인데….

**女** はい、何か問題でもありますか。
예, 뭔가 문제라도 있나요?

**男** それがちょっと日程に変更が出ちゃったんだよね。
그게 조금 일정에 변경이 생겨 버렸어.

**女** どういう変更ですか。
어떤 변경이에요?

**男** 飛行機の便の時間を変更するようにって言われてるんだけど。
비행기편 시간을 변경하라던데.

**女** あ、何時にですか。
아, 몇 시로요?

**男** 社長は10日ソウルから帰国する予定だったんだけど、当日の朝8時から緊急会議が入ったそうよ。で、飛行機を前日の便に変更してほしいんだって。あ、そうだ! 9日の朝早く工場の視察の予定があるから、午後の便でお願いするね。
사장님은 10일 서울에서 귀국할 예정이었는데, 당일 아침 8시부터 긴급회의가 생겼대. 그래서 비행기를 전날 편으로 변경해 주었으면 좋겠다고 하셨어. 아, 맞다! 9일 아침 일찍 공장 시찰 예정이 있으니까, 오후 편으로 부탁해.

**女** はい。じゃ、お泊まりになるホテルもキャンセルしましょうか。
예. 그럼, 머무르시는 호텔도 취소할까요?

**男** いや、ホテルの方は飛行機の時間がどうなるかわからないから、一応そのままにしといて。
아니, 호텔 쪽은 비행기 시간이 어떻게 될지 모르니까, 일단 그대로 둬.

**女** そうですね。午後の出発だったら、それまで少しでもホテルでお休みになった方がいいですからね。
그러네요. 오후 출발이면 그때까지 조금이라도 호텔에서 쉬시는 편이 좋으니까요.

**男** うん、私もそう思うよ。他の日程に変更はないから、さっき話したことだけお願いするね。
응, 나도 그렇게 생각해. 다른 일정에 변경은 없으니까 조금 전에 말한 것만 부탁해.

**女** はい、わかりました。
예, 알겠어요.

女の人はまず何をしますか。
여자는 우선 무엇을 합니까?

1 ホテルの予約をキャンセルする
호텔 예약을 취소한다

2 社長にホテルに泊まるかどうかを聞く
사장에게 호텔에 머무를지 어떨지를 묻는다

3 飛行機の便の時間を変更する
비행기편 시간을 변경한다

4 社長の出張の日程を再度確認する
사장의 출장 일정을 재차 확인한다

어휘 まず 우선 この間(あいだ) 요전, 지난번
お+동사의 ます형+する ~하다, ~해 드리다 *겸양표현
願(ねが)う 부탁하다 海外(かいがい) 해외
出張(しゅっちょう) 출장 件(けん) 건
何(なに)か 무엇인가, 뭔가 日程(にってい) 일정
変更(へんこう) 변경 飛行機(ひこうき) 비행기
便(びん) (우편·운송 수단 등의) 편
~って言(い)われる ~라는 말을 듣다, ~라고 하다
帰国(きこく) 귀국 予定(よてい) 예정 当日(とうじつ) 당일
朝(あさ) 아침 緊急(きんきゅう) 긴급 会議(かいぎ) 회의
入(はい)る 들다, 생기다 で 그래서 前日(ぜんじつ) 전날
~てほしい ~해 주었으면 하다, ~하길 바라다
~って ~대, ~래 朝早(あさはや)く 아침 일찍
工場(こうじょう) 공장 視察(しさつ) 시찰 午後(ごご) 오후
お+동사의 ます형+になる ~하시다 *존경표현
泊(と)まる 묵다, 숙박하다 キャンセル 캔슬, 취소
一応(いちおう) 일단 そのまま(に) 그대로
~とく ~해 놓다[두다] *「~ておく」의 회화체 표현
出発(しゅっぱつ) 출발 それまで 그때까지 休(やす)む 쉬다
동사의 た형+方(ほう)がいい ~하는 편[쪽]이 좋다
他(ほか)の~ 다른~ さっき 아까, 조금 전 聞(き)く 묻다
再度(さいど) 재차, 다시 確認(かくにん) 확인

**2番**

大学の留学担当課で事務の女の人と男の学生が話しています。男の学生はこの後何をしなければなりませんか。
대학교 유학 담당과에서 여사무원과 남학생이 이야기하고 있습니다. 남학생은 이후 무엇을 해야 합니까?

**女** こんにちは。
안녕하세요.

**男** こんにちは。あの、交換留学生の選考申請書を書いてみたんですが、これで大丈夫でしょうか。
안녕하세요. 저기 교환 유학생 전형 신청서를 써 봤는데요. 이걸로 괜찮을까요?

**女** そうですか。ちょっと見せてください。あ、手書きじゃなく、パソコンで作成したんですね。
그래요? 잠시 보여 주세요. 아, 손으로 쓴 게 아니라 컴퓨터로 작성했네요.

**男** はい、何か問題でも…?
예, 뭔가 문제라도…?

**女** こちらの募集案内にも書いてありますが、選考申請書は自筆で書かなければなりません。
여기 모집 안내에도 쓰여 있지만, 전형 신청서는 자필로 써야 해요.

**男** あっ! 本当だ! すぐ書き直します。
앗! 정말이네! 바로 다시 쓸게요.

**女** それから…、こちらが研究計画書ですね。
그리고…, 이게 연구 계획서네요.

**男** はい、研究計画書はちゃんと自筆で書きました。
예, 연구 계획서는 제대로 자필로 썼어요.

**女** はい。すみませんが、これで何字ぐらいですか。
예. 죄송한데, 이걸로 몇 자 정도인가요?

**男** 1,000字以内と書いてあったので、900字程度でまとめました。
1,000자 이내라고 쓰여 있었기 때문에 900자 정도로 정리했어요.

**女** はい。でしたら、書き足さなくても十分でしょう。
예. 그렇다면 더 쓰지 않아도 충분하겠네요.

**男** あっ、そうだ! 指導教官の推薦状と成績証明書も今出しますか。
앗, 맞다! 지도교수 추천장과 성적증명서도 지금 제출하나요?

**女** 来週の金曜日が提出期限ですので、今出してもかまいませんし、もう一度検討した後、提出期限までに出してもかまいません。
다음 주 금요일이 제출기한이니까 지금 제출해도 상관없고, 한 번 더 검토한 후에 제출기한까지 제출해도 상관없어요.

**男** そうですか。じゃ、今出します。
그래요? 그럼, 지금 제출할게요.

**女** はい。他に…、こちらは健康診断書と語学能力証明書ですね。
예. 그 외에…, 이건 건강진단서와 어학능력증명서네요.

**男** はい。
예.

**女** これで問題ないでしょう。先ほど申し上げた一つだけお願いします。
이걸로 문제없겠죠. 조금 전에 말씀 드린 하나만 부탁드려요.

**男** はい、わかりました。ありがとうございました。
예, 알겠습니다. 감사합니다.

男の学生はこの後何をしなければなりませんか。
남학생은 이후 무엇을 해야 합니까?

1 健康診断書を発行してもらう
건강진단서를 발행해 달라고 한다
2 選考申請書を自筆で書き直す
전형 신청서를 자필로 다시 쓴다
3 指導教官に推薦状を依頼する
지도교수에게 추천장을 의뢰한다
4 研究計画書の内容を書き足す
연구계획서의 내용을 더 쓴다

**어휘** 大学(だいがく) 대학(교) 留学(りゅうがく) 유학
担当課(たんとうか) 담당과 事務(じむ) 사무
~なければならない ~하지 않으면 안 된다, ~해야 한다
交換(こうかん) 교환 留学生(りゅうがくせい) 유학생
選考(せんこう) 전형 申請書(しんせいしょ) 신청서
大丈夫(だいじょうぶ)だ 괜찮다 見(み)せる 보이다, 보여 주다
手書(てが)き 손으로 씀, 또는 그 쓴 것
募集(ぼしゅう) 모집 案内(あんない) 안내
타동사+てある ~해져 있다 *상태표현 自筆(じひつ) 자필
書(か)き直(なお)す 고쳐[다시] 쓰다 それから 그리고
研究(けんきゅう) 연구 計画書(けいかくしょ) 계획서
ちゃんと 제대로, 확실히 何字(なんじ) 몇 자
以内(いない) 이내 程度(ていど) 정도 まとめる 정리하다
でしたら 그렇다면 *「だったら」의 정중한 표현
書(か)き足(た)す 보충해서 더 쓰다, 가필하다
十分(じゅうぶん)だ 충분하다 指導(しどう) 지도
教官(きょうかん) 교관, 교원
推薦状(すいせんじょう) 추천장
成績証明書(せいせきしょうめいしょ) 성적증명서
出(だ)す 내다, 제출하다 期限(きげん) 기한
~てもかまわない ~해도 상관없다 ~し ~하고
検討(けんとう) 검토 동사의 た형+後(あと) ~한 후
~までに ~까지 *최종기한 他(ほか)に 그 외에
健康診断書(けんこうしんだんしょ) 건강진단서
語学(ごがく) 어학 能力(のうりょく) 능력
先(さき)ほど 아까, 조금 전 *「さっき」보다 공손한 표현
申(もう)し上(あ)げる 말씀드리다 *「言(い)う」(말하다)의 겸양어
お+동사의 ます형+する ~하다, ~해 드리다 *겸양표현
願(ねが)う 부탁하다 発行(はっこう) 발행
~てもらう (남에게) ~해 받다, (남이) ~해 주다
依頼(いらい) 의뢰

**3番**

電話で女の人と男の人が話しています。男の人はこの後まず何をしなければなりませんか。

전화로 여자와 남자가 이야기하고 있습니다. 남자는 이후 우선 무엇을 해야 합니까?

**女** もしもし、山田さん? おはようございます。橋本ですが、風邪を引いたのか、昨夜から体調が悪くて…。
여보세요, 야마다 씨? 안녕하세요. 하시모토인데 감기에 걸린 건지 어젯밤부터 몸 상태가 좋지 않아서요….

**男** あっ、大丈夫ですか。
앗, 괜찮아요?

**女** ちょっと熱が出てね…。それで、今日はどうしても出勤できそうにありません。本当に申し訳ありませんが、ちょっとお願いしてもいいですか。
열이 좀 나서요…. 그래서 오늘은 아무래도 출근을 못할 것 같아요. 정말로 죄송한데요, 부탁 좀 드려도 될까요?

**男** はい、何なりと任せてください。
예, 뭐든지 맡겨 주세요.

**女** ありがとうございます。実は、午前中に部長に提出しなければならない書類があるんです。
고마워요. 실은 오전 중에 부장님께 제출해야 하는 서류가 있거든요.

**男** はい。
예.

**女** 私の机の2番目の引き出しの中にあるファイルです。
제 책상 두 번째 서랍 안에 있는 파일이에요.

**男** ちょっと待ってください。ええと、一番上にある青いファイルですか。
잠시 기다려 주세요. 어디 보자, 맨 위에 있는 파란색 파일 말이에요?

**女** いいえ、その下にある赤いファイルです。
아니요, 그 밑에 있는 빨간색 파일이요.

**男** あ、これですね。
아, 이거군요.

**女** それ、会計課に提出する書類なんですけど、昨日提出する前に部長が検討したいとおっしゃったので、部長に手渡してもらえますか。
그거, 회계과에 제출할 서류인데, 어제 제출하기 전에 부장님이 검토하고 싶다고 하셨으니 부장님께 건네줄 수 있을까요?

**男** はい、わかりました。
예, 알겠어요.

**女** あっ、部長に手渡す前に、そのファイルのコピーも1枚お願いできますか。
앗, 부장님께 전하기 전에 그 파일 복사도 한 장 부탁할 수 있을까요?

**男** わかりました。
알겠어요.

**女** ありがとうございます。あっ、そうだ! 午後4時からの会議、私が報告することになってますが、こんな状態なので…。悪いんですけど、それもやってくれますか。
고마워요. 아, 맞다! 오후 4시부터 있는 회의, 제가 보고하기로 되어 있는데 이런 상태라…. 미안한데 그것도 해 줄래요?

**男** 4時ですね。ちょっと僕のスケジュールを確認してみます。ええと、大丈夫です。
4시요? 잠시 내 스케줄을 확인해 볼게요. 어디 보자, 괜찮아요.

**女** 助かった。報告する資料は私の机の上にあります。
살았다. 보고할 자료는 제 책상 위에 있어요.

**男** 机の上ですか。あっ、これですね。ありました。
책상 위요? 아, 이거네요. 있어요.

**女** それを5枚コピーして会議の前にみんなに配ってください。
그걸 5장 복사해서 회의 전에 모두에게 나눠 주세요.

**男** わかりました。
알겠어요.

**女** 色々お願いばかりして申し訳ありません。
여러 가지로 부탁만 해서 죄송해요.

**男** いいえ、全然気にしないで、今日はゆっくり休んでください。
아니요, 전혀 신경 쓰지 말고 오늘은 푹 쉬세요.

**女** ええ、本当にありがとうございます。
네, 정말 고마워요.

男の人はこの後まず何をしなければなりませんか。

남자는 이후 우선 무엇을 해야 합니까?

1 会議の資料をコピーする
회의 자료를 복사한다

2 赤いファイルを部長に手渡す
빨간색 파일을 부장에게 건넨다

3 赤いファイルをコピーする
빨간색 파일을 복사한다

4 女の人の代わりに会議に出席する
여자 대신에 회의에 참석한다

**어휘** 電話(でんわ) 전화
〜なければならない 〜하지 않으면 안 된다, 〜해야 한다
風邪(かぜ)を引(ひ)く 감기에 걸리다 昨夜(ゆうべ) 어젯밤
体調(たいちょう)が悪(わる)い 몸 상태가[컨디션이] 좋지 않다
大丈夫(だいじょうぶ)だ 괜찮다
熱(ねつ)が出(で)る 열이 나다
どうしても (부정어 수반) 아무리 해도, 도저히
出勤(しゅっきん) 출근
동사의 ます형+そうにない 〜할 것 같지 않다
申(もう)し訳(わけ)ありません 죄송합니다 *「すみません」보다 정중한 표현 何(なん)なりと 무엇이든지, 어떤 것이든지
任(まか)せる 맡기다 実(じつ)は 실은
提出(ていしゅつ) 제출 書類(しょるい) 서류
机(つくえ) 책상 〜番目(ばんめ) 〜번째
引(ひ)き出(だ)し 서랍 ファイル 파일 待(ま)つ 기다리다
ええと 말이나 생각이 미처 나지 않아 좀 생각할 때 내는 소리
一番(いちばん) 가장, 제일 青(あお)い 파랗다
下(した) (위치에서) 아래, 밑 赤(あか)い 빨갛다
会計課(かいけいか) 회계과 検討(けんとう) 검토
おっしゃる 말씀하시다 *「言(い)う」(말하다)의 높임말
手渡(てわた)す (직접) 건네다, 전하다
〜てもらえますか (남에게) 〜해 받을 수 있습니까?, (남이) 〜해 줄 수 있습니까?
コピー 카피, 복사 〜枚(まい) 〜장 報告(ほうこく) 보고
동사의 보통형+ことになっている 〜하게[하기로] 되어 있다
状態(じょうたい) 상태 悪(わる)い 미안하다
〜てくれる (남이 나에게) 〜해 주다 僕(ぼく) 나 *남자의 자칭
スケジュール 스케줄 確認(かくにん) 확인
助(たす)かった 살았다 資料(しりょう) 자료
配(くば)る 나누어 주다, 배포하다 色々(いろいろ) 여러 가지
〜ばかり 〜만, 〜뿐 気(き)にする 마음에 두다, 신경 쓰다
〜ないで 〜하지 말고 ゆっくり 느긋하게 休(やす)む 쉬다
명사+の+代(か)わりに 〜대신에
出席(しゅっせき) 출석, 참석

**4番**

大学で女の学生と男の学生が話しています。男の学生はこの後まず何をしなければなりませんか。
대학교에서 여학생과 남학생이 이야기하고 있습니다. 남학생은 이후 우선 무엇을 해야 합니까?

**女** 池田君、先週私がお願いしたの、やってくれた?
이케다 군, 지난주에 내가 부탁했던 거 해 줬어?

**男** 先週お願いしたことって…、何だったっけ?
지난주에 부탁했던 거라니… 뭐였지?

**女** ほら、来週のサークルのミーティングで使う講義室の使用願い。大学本部の担当者に出してくれってお願いしたじゃない?
아니, 다음 주 동아리 회의에서 사용할 강의실 사용원. 대학 본부 담당자에게 내 달라고 부탁했잖아?

**男** あ、あれ。ごめんごめん、すっかり忘れてた。
아, 그거. 미안미안, 까맣게 잊고 있었어.

**女** もう…。今回は出席者が30人ほどで多いから、できるだけ大きい講義室にお願いするね。前回はちょっと狭かったわ。
정말이지…. 이번에는 참석자가 30명 정도로 많으니까, 되도록 큰 강의실로 부탁해. 지난번에는 조금 좁았어.

**男** わかった。すまないけど、もう一度言ってくれない?
알겠어. 미안한데 한 번 더 얘기해 주지 않을래?

**女** 大学本部の担当者のところに行って使用申請書をもらって来て。作成した後は、指導教官の中村先生の判子も要るから、判子を押してもらって提出してね。
대학 본부 담당자한테 가서 사용신청서를 받아 와. 작성한 후에는 지도교수인 나카무라 교수님 도장도 필요하니까, 도장을 받아서 제출해.

**男** うん、わかった。
응, 알겠어.

**女** あっ! その前にミーティングの時に食べる簡単なおやつも用意しないと。
앗! 그 전에 회의 때 먹을 간단한 간식도 준비해야 해.

**男** ミーティングは朝9時からだろう? その時間に大学の前にあるスーパーは開いてないよ。他に買えるところもないし…。
회의는 아침 9시부터지? 그 시간에 대학 앞에 있는 슈퍼는 안 열려 있어. 달리 살 수 있는 데도 없고….

**女** うーん、じゃあ、買い物を先にしておいた方がいいかしら?
음…, 그럼, 장보는 걸 먼저 해 두는 편이 좋을까?

**男** うん、そうした方がいいと思うよ。
응, 그렇게 하는 편이 좋다고 생각해.

**女** わかった。買い物は私がしとくから、さっき頼んだの、よろしくね。
알겠어. 장 보는 건 내가 해 둘 테니까 조금 전에 부탁한 거, 잘 부탁해.

**男** うん、わかった。
응, 알겠어.

男の学生はこの後まず何をしなければなりませんか。
남학생은 이후 우선 무엇을 해야 합니까?

1 サークルのミーティングに出席する
동아리 회의에 참석한다

2 先生のところに行って判子を押してもらう
교수님께 가서 도장을 받는다

3 ミーティングの時に食べるおやつを買いに行く
회의 때 먹을 간식을 사러 간다

4 大学本部の担当者のところに行って講義室の使用申請書をもらう
대학 본부 담당자에게 가서 강의실 사용신청서를 받는다

**어휘** やる 하다 ～てくれる (남이 나에게) ~해 주다
～っけ ~던가?, ~였더라? *잊었던 일이나 불확실한 일을 상대방에게 질문하거나 확인함을 나타냄
ほら 급히 주의를 환기할 때 내는 소리 サークル 서클, 동아리
ミーティング 미팅, 회의 講義室(こうぎしつ) 강의실
使用(しよう) 사용 명사+願(ねが)い ~원, ~원서
本部(ほんぶ) 본부 担当者(たんとうしゃ) 담당자
出(だ)す 내다, 제출하다 ごめんごめん 미안미안
すっかり 완전히, 아주 忘(わす)れる 잊다
もう 정말 *감동·감정을 강조할 때 쓰는 말
今回(こんかい) 이번 出席者(しゅっせきしゃ) 출석자, 참석자
～ほど ~정도 できるだけ 가능한 한, 되도록
前回(ぜんかい) 지난번 狭(せま)い 좁다 すまない 미안하다
もう一度(いちど) 한 번 더 ところ 곳, 데
申請書(しんせいしょ) 신청서 もらう 받다
作成(さくせい) 작성 동사의 た형+後(あと) ~한 후
指導(しどう) 지도 教官(きょうかん) 교원, 교관
判子(はんこ) 도장 要(い)る 필요하다
押(お)す (도장을) 누르다, 찍다
～てもらう (남에게) ~해 받다, (남이) ~해 주다
提出(ていしゅつ) 제출 簡単(かんたん)だ 간단하다
おやつ 간식 用意(ようい) 준비
～ないと(ならない·いけない) ~하지 않으면 (안 된다), ~해야 (한다)
スーパー 슈퍼 *「スーパーマーケット」(슈퍼마켓)의 준말
開(あ)く (가게 문이) 열리다, 영업하다 買(か)う 사다
買(か)い物(もの) 쇼핑, 장을 봄 先(さき) 먼저
동사의 た형+方(ほう)がいい ~하는 편[쪽]이 좋다
～かしら ~할까? *의문의 뜻을 나타냄
～とく ~해 놓다[두다] *「～ておく」의 회화체 표현
さっき 아까, 조금 전 頼(たの)む 부탁하다
出席(しゅっせき) 출석, 참석
동사의 ます형+に ~하러 *동작의 목적

**5番**

会社で課長と女の職員が話しています。女の職員はまず何をしなければなりませんか。
회사에서 과장과 여직원이 이야기하고 있습니다. 여직원은 우선 무엇을 해야 합니까?

**男** 渡辺さん、渡辺さんのチームが開発を進めてきた新しいドラム式の洗濯機、いよいよ今日の会議で発売することに決まったよ。
와타나베 씨, 와타나베 씨 팀이 개발을 진행시켜 온 새로운 드럼식 세탁기, 마침내 오늘 회의에서 발매하기로 결정되었어.

**女** そうですか。ありがとうございます。チームのみんなも喜ぶと思います。
그래요? 감사합니다. 팀원 모두 기뻐할 거예요.

**男** うん、搭載されてるAIが洗濯物の量や水温、水の硬度などを判断し、最適な量の水や洗剤などを自動で投入可能なのが認められたんだね。また、洗濯物の汚れ度合いに応じて洗濯時間が自動的に調節される機能もよかったと思うよ。ただ、会議では少し要望も出たんだ。製品の機能自体は申し分ないけど、他社の製品と比べてみた時にどうもデザインの方が弱いという意見があったんだ。で、もう少し目を引くようなもので作ってほしいという注文があったんだ。
응, 탑재되어 있는 AI가 세탁물의 양이나 수온, 물의 경도 등을 판단해 최적인 양의 물과 세제 등을 자동으로 투입 가능한 점이 인정받았어. 또 세탁물의 오염 정도에 따라 세탁 시간이 자동적으로 조절되는 기능도 좋았다고 생각해. 다만, 회의에서는 조금 요망도 나왔어. 제품의 기능 자체는 나무랄 데 없지만, 타사 제품과 비교해 봤을 때 아무래도 디자인 쪽이 약하다는 의견이 있었어. 그래서 좀 더 시선을 끄는 것으로 만들어 줬으면 좋겠다는 주문이 있었어.

**女** そうでしたか。早速デザイナーと相談していくつか案を持って参ります。
그랬군요. 즉시 디자이너와 의논해서 몇 가지 안을 가지고 가겠습니다.

**男** うん、再来週の月曜日に最終的に会議をするから、今週の金曜日までに頼むよ。
응, 다다음 주 월요일에 최종적으로 회의를 하니까, 이번 주 금요일까지 부탁해.

**女** わかりました。他に何か意見はありませんでしたか。
알겠습니다. 그 외에 뭔가 의견은 없었나요?

**男** あ、そう言えば、温水洗浄機能も追加できるかという意見があったんだ。
아, 그러고 보니 온수 세정 기능도 추가할 수 있는지 하는 의견이 있었어.

女　理論的には可能ですが、現段階で追加するにはちょっと…。
이론적으로는 가능하지만, 현 단계에서 추가하기에는 좀….

男　だよな? あとは特になかったね。販売価格の決定は開発チームが出してくれた案を営業部と相談した後決める予定だから、問題ないし、発売日は社長と相談しないと決められないからなあ。
그렇지? 그리고는 딱히 없었어. 판매가격 결정은 개발팀이 내 준 안을 영업부와 상담한 후에 결정할 예정이니까 문제 없고, 발매일은 사장님과 의논하지 않으면 결정할 수 없으니까.

女　そうですね。
그렇군요.

男　とにかく会議での要望は頼むね。
어쨌든 회의에서의 요망은 부탁해.

女　はい、わかりました。
예, 알겠습니다.

女の職員はまず何をしなければなりませんか。
여직원은 우선 무엇을 해야 합니까?

1 洗濯機のデザインを改善する
세탁기 디자인을 개선한다

2 発売日の案を出す
발매일 안을 낸다

3 販売価格の案を出す
판매가격 안을 낸다

4 温水洗浄機能を追加する
온수 세정 기능을 추가한다

**어휘** 職員(しょくいん) 직원
～なければならない ~하지 않으면 안 된다, ~해야 한다
チーム 팀　開発(かいはつ) 개발　進(すす)める 진행하다
ドラム式(しき) 드럼식　洗濯機(せんたくき) 세탁기
いよいよ 마침내, 드디어　会議(かいぎ) 회의
発売(はつばい) 발매　決(き)まる 정해지다, 결정되다
喜(よろこ)ぶ 기뻐하다　搭載(とうさい) 탑재
AI(エーアイ) AI, 인공지능　洗濯物(せんたくもの) 세탁물, 빨래
量(りょう) 양　水温(すいおん) 수온
硬度(こうど) 경도, [화학] 물이 마그네슘 · 칼슘 등의 염류를 함유한 정도　判断(はんだん) 판단
最適(さいてき)だ 최적이다　洗剤(せんざい) 세제
自動(じどう) 자동　投入(とうにゅう) 투입
可能(かのう)だ 가능하다　認(みと)める 인정하다
汚(よご)れ 때, 오염　度合(どあ)い 정도
～に応(おう)じて ~에 따라서, ~에 맞게
自動的(じどうてき)だ 자동적이다　調節(ちょうせつ) 조절
機能(きのう) 기능　ただ 단, 다만　要望(ようぼう) 요망
製品(せいひん) 제품　自体(じたい) 자체
申(もう)し分(ぶん)ない 나무랄 데 없다, 더할 나위 없다
他社(たしゃ) 타사, 다른 회사　比(くら)べる 비교하다
どうも 아무래도　デザイン 디자인　弱(よわ)い 약하다
意見(いけん) 의견　目(め)を引(ひ)く 눈길을 끌다
～てほしい ~해 주었으면 하다, ~하길 바라다
注文(ちゅうもん) 주문　早速(さっそく) 당장, 즉시
デザイナー 디자이너　相談(そうだん) 상담, 의논
案(あん) 안
参(まい)る 가다, 오다 *「行(い)く」,「来(く)る」의 겸양어
再来週(さらいしゅう) 다다음 주
最終的(さいしゅうてき)だ 최종적이다
～までに ~까지 *최종기한　頼(たの)む 부탁하다
そう言(い)えば 그러고 보니　温水(おんすい) 온수
洗浄(せんじょう) 세정, 세척　追加(ついか) 추가
理論的(りろんてき)だ 이론적이다
現段階(げんだんかい) 현 단계
特(とく)に (부정어 수반) 딱히, 특별히
販売(はんばい) 판매　価格(かかく) 가격
決定(けってい) 결정　出(だ)す 내다
～てくれる (남이 나에게) ~해 주다
営業部(えいぎょうぶ) 영업부　동사의 た형+後(あと) ~한 후
予定(よてい) 예정　～し ~하고　発売日(はつばいび) 발매일
とにかく 어쨌든　改善(かいぜん) 개선

**6番**

大学で女の人と男の人が話しています。男の人はこの後何をしなければなりませんか。
대학교에서 여자와 남자가 이야기하고 있습니다. 남자는 이후 무엇을 해야 합니까?

女　鈴木さん、再来週の土曜日が留学生の日本語スピーチ大会だよね?
스즈키 씨, 다다음 주 토요일이 유학생 일본어 스피치 대회 맞지?

男　はい、そうです。
예, 맞아요.

女　そろそろ招待客に出す招待状を作成しなきゃ。悪いけど、ちょっと作ってもらえる?
이제 슬슬 초대손님에게 보낼 초대장을 작성해야겠네. 미안한데 좀 만들어 줄 수 있을까?

男　わかりました。
알겠어요.

女　書式や招待客のリストは去年のが事務室のパソコンの中に保存してあるから、一応それを参考にして作って。はい、これ。今年から新しく招待する方たちのリスト。これも追加しといて。
서식과 초대손님 목록은 작년 게 사무실 컴퓨터에 저장되어 있으니까, 일단 그걸 참고로 해서 만들고. 자, 이거. 올해부터 새롭게 초대할 분들 목록. 이것도 추가해 둬.

男 はい。
예.

女 ところで、会場の手配はどうなってるの?済んだ?
그런데 회장 준비는 어떻게 되고 있어? 끝났어?

男 はい、設備が整ってた例年通りのホールを予約しておきました。マイクやスピーカー、クーラーなどに異常がないかも確認しておきました。
예, 설비가 갖추어져 있던 예년과 같은 홀을 예약해 두었어요. 마이크와 스피커, 냉방장치 등에 이상이 없는지도 확인해 뒀어요.

女 ありがとう。あそこなら、問題なさそうね。残ってるのは…、招待状の宛名だね。
고마워. 거기라면 문제없겠네. 남아 있는 건…, 초대장의 수신인명이네.

男 宛名はボールペンでもかまいませんか。
수신인명은 볼펜이라도 상관없나요?

女 ボールペンはちょっとね。宛名は毛筆または万年筆で書くのが正式だけど、どうしても字に自信がないなら、パソコンの毛筆フォントで印刷してもかまわないわ。
볼펜은 좀 그래. 수신인명은 붓이나 만년필로 쓰는 게 정식이지만, 도저히 글씨에 자신이 없으면 컴퓨터의 모필 폰트로 인쇄해도 상관없어.

男 わかりました。
알겠어요.

女 じゃ、お願いするね。
그럼, 부탁할게.

男の人はこの後何をしなければなりませんか。
남자는 이후 무엇을 해야 합니까?

1 会場の手配と宛名の作成
회장 준비와 수신인명 작성

2 招待状と宛名の作成
초대장과 수신인명 작성

3 会場の変更と招待状の発送
회장 변경과 초대장 발송

4 会場の設備と招待客の住所の確認
회장 설비와 초대손님의 주소 확인

**어휘** 大学(だいがく) 대학(교)
~なければならない ~하지 않으면 안 된다, ~해야 한다
再来週(さらいしゅう) 다다음 주 土曜日(どようび) 토요일
スピーチ 스피치, 연설 そろそろ 이제 슬슬
招待客(しょうたいきゃく) 초대손님 出(だ)す 보내다, 부치다
招待状(しょうたいじょう) 초대장 作成(さくせい) 작성
~なきゃ(ならない·いけない) ~하지 않으면 (안 된다)
*「~なきゃ」는 「なければ」의 회화체 표현
悪(わる)い 미안하다
~てもらう (남에게) ~해 받다, (남이) ~해 주다
書式(しょしき) 서식 リスト 리스트, 목록
去年(きょねん) 작년 事務室(じむしつ) 사무실
パソコン (개인용) 컴퓨터 *「パーソナルコンピューター」의 준말 保存(ほぞん) 보존, 저장
타동사+てある ~해져 있다 *상태표현
一応(いちおう) 일단, 우선 参考(さんこう) 참고
今年(ことし) 올해 招待(しょうたい) 초대
~たち (사람이나 생물을 나타내는 말에 붙어) ~들 *복수
追加(ついか) 추가
~といて ~해 두고 *「~ておいて」의 회화체 표현
ところで 그것은 그렇고, 그런데 会場(かいじょう) 회장
手配(てはい) 수배, 준비 済(す)む 끝내다, 마치다
設備(せつび) 설비 整(ととの)う 정돈되다, 갖추어지다
例年(れいねん) 예년 명사+通(どお)り ~대로
ホール 홀, 회관 予約(よやく) 예약
~ておく ~해 놓다[두다] マイク 마이크
スピーカー 스피커 クーラー 쿨러, 냉각기
異常(いじょう) 이상 確認(かくにん) 확인 残(のこ)る 남다
宛名(あてな) 수신인명 ボールペン 볼펜
~でもかまわない ~라도 상관없다 毛筆(もうひつ) 모필, 붓
または 또는, 혹은 万年筆(まんねんひつ) 만년필
正式(せいしき) 정식 どうしても (부정어 수반) 아무리 해도
字(じ) 글자 自信(じしん) 자신
フォント 폰트 *활자에서 크기와 서체가 같은 한 벌
印刷(いんさつ) 인쇄 変更(へんこう) 변경
発送(はっそう) 발송 住所(じゅうしょ) 주소

**問題 2**

**問題2では、まず質問を聞いてください。そのあと、問題用紙のせんたくしを読んでください。読む時間があります。それから話を聞いて、問題用紙の1から4の中から、最もよいものを一つ選んでください。**
**(では、練習しましょう。)**

**문제 2**

**문제 2에서는 먼저 질문을 들어 주세요. 그다음 문제지의 선택지를 읽어 주세요. 읽는 시간이 있습니다. 그리고 나서 이야기를 듣고 문제지의 1부터 4 중에서 가장 적당한 것을 하나 고르세요.**
**(그럼, 연습합시다.)**

例(예)

大学で男の学生と女の学生が話しています。この男の学生は先生がどうして怒ったと言っていますか。 대학교에서 남학생과 여학생이 이야기하고 있습니다. 이 남학생은 교수님이 왜 화를 냈다고 말하고 있습니까?

男 ああ、先生を怒らせちゃったみたいなんだよね。困ったな。
아-, 교수님을 화나게 한 것 같네. 난처하네.

**女** え、どうしたの?
뭐? 무슨 일이야?

**男** うーん。いや、それがね、先生に頼まれた資料、昨日までに渡さなくちゃいけなかったんだけど、いろいろあって渡せなくて。
음…. 아니, 그게 말이야 교수님이 부탁하신 자료, 어제까지 건네드렸어야 했는데, 여러 가지 사정이 있어서 못 드려서.

**女** えー、それで怒られちゃったの?
어머, 그래서 화가 나신 거야?

**男** うん、いや、それで怒られたっていうより、一昨日、授業の後、飲み会があってね。で、ついそれを持っていっちゃったんだけど、飲みすぎて寝ちゃって、忘れてきちゃったんだよね。
응, 아니, 그래서 화가 나셨다기보다 그저께 수업 후에 술자리가 있었거든. 그래서 무심코 그걸 가지고 갔는데 너무 마셔서 잠들어 버려서 깜빡하고 두고 와 버렸어.

**女** え? じゃ、無くしちゃったわけ?
뭐? 그럼, 잃어버렸다는 거야?

**男** いや、出てはきたんだけどね。うーん、先生が、何でそんな大事な資料を飲み会なんかに持っていくんだって。
아니, 나오기는 했는데 말이야. 음…, 교수님이 어째서 그런 중요한 자료를 술자리 같은 데 가지고 가느냐고.

**女** ま、そりゃそうね。
뭐 그건 그러네.

この男の学生は先生がどうして怒ったと言っていますか。
이 남학생은 교수님이 왜 화를 냈다고 말하고 있습니까?

1 昨日までに資料を渡さなかったから
어제까지 자료를 건네지 않았기 때문에

2 飲み会で飲みすぎて寝てしまったから
술자리에서 너무 마셔서 잠들어 버렸기 때문에

3 飲み会に資料を持っていったから
술자리에 자료를 가지고 갔기 때문에

4 資料を無くしてしまったから
자료를 잃어버리고 말았기 때문에

**(最もよいものは3番です。解答用紙の問題2の例のところを見てください。最もよいものは3番ですから、答えはこのように書きます。では、始めます。)**

**(가장 적당한 것은 3번입니다. 해답용지 문제 2의 예를 봐 주세요. 가장 적당한 것은 3번이므로, 답은 이와 같이 씁니다. 그럼, 시작합니다.)**

**어휘** 大学(だいがく) 대학(교) 怒(おこ)る 성내다, 화를 내다 困(こま)る 곤란하다, 난처하다 頼(たの)む 부탁하다 資料(しりょう) 자료 ～までに ～까지 *최종기한 渡(わた)す 건네다, 건네주다 ～なくちゃいけない ～하지 않으면 안 된다, ～해야 한다 *「～なくちゃ」는 「～なくては」의 회화체 표현 いろいろ 여러 가지 ～っていうより ～라고 하기보다 *「～というより」의 회화체 표현 一昨日(おととい) 그저께 授業(じゅぎょう) 수업 後(あと) (시간적으로) 후, 뒤 飲(の)み会(かい) 술자리, 회식 で 그러니까, 그래서 つい 그만, 무심코 持(も)つ 가지다 飲(の)みすぎる 과음하다 寝(ね)る 자다 忘(わす)れる (물건을) 잊고 두고 오다 無(な)くす 잃어버리다, 분실하다 わけ 의미, 뜻 いや 아니 出(で)る 나오다 何(なん)で 왜, 어째서 そんな 그런 大事(だいじ)だ 중요하다 ～なんか ～등, ～따위, ～같은 것 ～って ～대, ～래 そりゃ 그것은 *「それは」의 회화체 표현

**1番**

会社の食堂で女の人と男の人が話しています。男の人がゴルフを始めた理由は何ですか。
회사 식당에서 여자와 남자가 이야기하고 있습니다. 남자가 골프를 시작한 이유는 무엇입니까?

**女** 佐々木さん、最近、運動を始めたそうですね。
사사키 씨, 최근 운동을 시작했다면서요.

**男** はい、そうです。
예, 맞아요.

**女** どんな運動ですか。
어떤 운동인가요?

**男** ゴルフです。
골프예요.

**女** そうですか。もともとゴルフに興味があったんですか。
그래요? 원래 골프에 흥미가 있었나요?

**男** いいえ、彼女から一緒にやらないかって何度も誘われたんですけど、なかなか時間が合わなくて諦めてました。ところが、先月営業部に移ってから取引先などの接待でやらざるを得ない状況になっちゃって…。「始めてみたら、はまった!」という感じかな。
아니요, 여자친구가 함께 하지 않겠냐고 몇 번이나 권유했지만, 좀처럼 시간이 맞지 않아서 단념하고 있었어요. 그런데 지난달에 영업부로 옮기고 나서 거래처 등의 접대에서 하지 않을 수 없는 상황이 되어 버려서…. '시작해 보니 빠졌다!'라는 느낌이랄까요.

**女** そうなんですか。運動不足の解消にもなりそうですね。
그렇군요. 운동부족 해소도 될 것 같네요.

**男** ええ、そういう理由で始める人も多いみたいんですけど、実際にやってみると、のどかな景色を眺めながら歩くのもなかなかよかったです。ゴルフをやってるうちは心も落ち着きますよ。
네, 그런 이유로 시작하는 사람도 많은 것 같지만, 실제로 해 보니 한적한 경치를 바라보면서 걷는 것도 상당히 좋았어요. 골프를 치고 있는 동안에는 마음도 차분해져요.

**女** そうですか。私も始めてみようかな。
그래요? 나도 시작해 볼까?

男の人がゴルフを始めた理由は何ですか。
남자가 골프를 시작한 이유는 무엇입니까?

1 運動不足の解消になるから
운동부족 해소가 되기 때문에

2 彼女に何度も誘われたから
여자친구에게 몇 번이나 권유받았기 때문에

3 もともとのどかな景色を眺めるのが好きだったから
원래 한적한 경치를 바라보는 것을 좋아했기 때문에

4 やらざるを得ない状況になってしまったから
하지 않을 수 없는 상황이 되어 버렸기 때문에

어휘 食堂(しょくどう) 식당 ゴルフ 골프
始(はじ)める 시작하다 理由(りゆう) 이유
最近(さいきん) 최근, 요즘 運動(うんどう) 운동
もともと 원래 興味(きょうみ) 흥미 やる 하다
何度(なんど)も 몇 번이나, 여러 번
誘(さそ)う 권하다, 권유하다
なかなか ①(부정어 수반) 좀처럼 ②꽤, 상당히 合(あ)う 맞다
諦(あきら)める 체념하다, 단념하다
ところが 그것은 그렇고, 그런데 先月(せんげつ) 지난달
営業部(えいぎょうぶ) 영업부 移(うつ)る 옮기다, 이동하다
~てから ~하고 나서, ~한 후에
取引先(とりひきさき) 거래처 接待(せったい) 접대
동사의 ない형+ざるを得(え)ない ~하지 않을 수 없다
状況(じょうきょう) 상황 はまる 빠지다, 열중하다
感(かん)じ 느낌 運動不足(うんどうぶそく) 운동부족
解消(かいしょう) 해소 そういう 그런, 그러한
~みたいだ ~인 것 같다 実際(じっさい)に 실제로
のどかだ 한적하다 景色(けしき) 경치
眺(なが)める 바라보다
동사의 ます형+ながら ~하면서 *동시동작
歩(ある)く 걷다 동사의 보통형+うちは ~하는 동안에는
落(お)ち着(つ)く (마음이) 가라앉다, 차분해지다

**2番**

女の人と男の人がドラマについて話しています。男の人はドラマのどんなところが気に入ったと言っていますか。
여자와 남자가 드라마에 대해서 이야기하고 있습니다. 남자는 드라마의 어떤 점이 마음에 들었다고 말하고 있습니까?

**女** ねえ、村田君、先週始まった韓国のドラマ見てる?
저기, 무라타 군, 지난주에 시작된 한국 드라마 보고 있어?

**男** ああ、「ソウルクラス」ってドラマ? 韓流スターが出てるって言ってたよね。
아-, '서울 클래스'라는 드라마? 한류스타가 나온다고 했지?

**女** うん。最初は俳優が好きで見始めたんだけど、高校中退の主人公が、居酒屋をオープンさせて一から事業を始め、業界一の大手飲食企業の会長と対立しながら伸し上がっていくストーリーが面白くて見てる。村田君は?
응. 맨 처음에는 배우를 좋아해서 보기 시작했는데, 고등학교 중퇴인 주인공이 선술집을 오픈시켜 처음부터 사업을 시작해 업계 제일의 대형 요식업 회장과 대립하면서 성공해 가는 스토리가 재미있어서 보고 있어. 무라타 군은?

**男** 僕はどっちかって言うと、物語を盛り上げる絶妙な恋愛描写が見所だったかな。
나는 어느 쪽인가 하면 이야기를 고조시키는 절묘한 연애 묘사가 볼 만한 점이었달까?

**女** やっぱりね。
역시 그렇군.

**男** とにかく美貌が輝く女優との切ない恋愛模様には僕までどきどきしたよ。
어쨌든 미모가 빛나는 여배우와의 애절한 연애 모습에는 나까지 두근두근했어.

**女** へえ、そうだったんだ。あっ、そう言えば、あのドラマには才能ある若手俳優もたくさん出てるね。それに、若者を中心に人気のあるホットスポットが舞台ということもあるし、登場人物のファッションも今、かなり話題になってるそうよ。
허, 그랬구나. 앗, 그러고 보니 그 드라마에는 재능 있는 젊은 배우도 많이 나오네. 게다가 젊은이를 중심으로 인기가 있는 핫한 장소가 무대라는 점도 있고 등장인물의 패션도 지금 상당히 화제가 되고 있대.

**男** そう？ 僕ってファッションにはあまり興味ないからなあ。まあ、どんな結末になるか楽しみだね。

그래? 나는 패션에는 별로 흥미 없어서 말이지. 뭐 어떤 결말이 될지 기대돼.

**女** うん、私も楽しみだわ。

응, 나도 기대돼.

男の人はドラマのどんなところが気に入ったと言っていますか。

남자는 드라마의 어떤 점이 마음에 들었다고 말하고 있습니까?

1 絶妙な恋愛描写
 절묘한 연애묘사

2 面白いストーリ展開
 재미있는 스토리 전개

3 スタイリッシュなファッション
 스타일리시한 패션

4 才能ある若手俳優の出演
 재능 있는 젊은 배우의 출연

**어휘** ドラマ 드라마　気(き)に入(い)る 마음에 들다
先週(せんしゅう) 지난주　始(はじ)まる 시작되다
ソウル 서울　クラス 클래스　〜って 〜라는
韓流(ハンりゅう) 한류　スター 스타　出(で)る 나오다
最初(さいしょ) 최초, 맨 처음　俳優(はいゆう) 배우
동사의 ます형+始(はじ)める 〜하기 시작하다
高校(こうこう) 고교 *「高等学校(こうとうがっこう)」(고등학교)의 준말　中退(ちゅうたい) 중퇴
主人公(しゅじんこう) 주인공　居酒屋(いざかや) 선술집
オープン 오픈　一(いち) 처음　事業(じぎょう) 사업
業界一(ぎょうかいいち) 업계 제일
大手(おおて) (시장에서) 큰손, 대형　飲食(いんしょく) 음식
企業(きぎょう) 기업　会長(かいちょう) 회장
対立(たいりつ) 대립
동사의 ます형+ながら 〜하면서 *동시동작
伸(の)し上(あ)がる 뻗어 오르다, 지위·순위가 두드러지게[급속히] 높아지다　ストーリー 스토리
どっちかって言(い)うと 어느 쪽인가 하면
物語(ものがたり) 이야기
盛(も)り上(あ)げる (기분 등을) 돋우다, 고조시키다
絶妙(ぜつみょう)だ 절묘하다　恋愛(れんあい) 연애
描写(びょうしゃ) 묘사　見所(みどころ) 볼만한 장면[곳]
やっぱり 역시 *「やはり」의 회화체 표현　とにかく 어쨌든
美貌(びぼう) 미모　輝(かがや)く 빛나다
女優(じょゆう) 여배우　切(せつ)ない 애달프다
模様(もよう) 모양, 상황　僕(ぼく) 나 *남자의 자칭
どきどき 두근두근　そう言(い)えば 그러고 보니
才能(さいのう) 재능　若手(わかて) (한창때의) 젊은이, 젊은 축
それに 게다가　若者(わかもの) 젊은이
中心(ちゅうしん) 중심　人気(にんき) 인기
ホットスポット 핫 스폿, 인기를 끌고 있는 장소
舞台(ぶたい) 무대　登場(とうじょう) 등장
人物(じんぶつ) 인물　ファッション 패션　かなり 상당히, 꽤
話題(わだい) 화제　あまり (부정어 수반) 그다지, 별로
興味(きょうみ) 흥미　結末(けつまつ) 결말
楽(たの)しみ 즐거움, 낙　展開(てんかい) 전개
スタイリッシュだ 스타일리시하다, 멋지다
才能(さいのう) 재능　出演(しゅつえん) 출연

**3番**

空港の案内デスクで男の人と女の人が話しています。大阪行きの飛行機の出発時間が遅れている理由は何ですか。

공항 안내데스크에서 남자와 여자가 이야기하고 있습니다. 오사카행 비행기의 출발 시간이 지연되고 있는 이유는 무엇입니까?

**男** すみません。

저기요.

**女** はい。

예.

**男** さっきの放送、周囲がうるさくてよく聞こえなかったんですが、12時の大阪行きの便は出発時間が変更になったんですか。

조금 전 방송, 주위가 시끄러워서 잘 안 들렸는데요, 12시 오사카행 편은 출발 시간이 변경이 되었나요?

**女** はい、大変申し訳ございませんが、1時間遅延の午後1時に変更となりました。

예, 대단히 죄송하지만, 1시간 지연인 오후 1시로 변경이 되었어요.

**男** えっ？ 困ったなあ。出発遅延の理由は何ですか。強風も吹いてないし、航空券発券の時に何も聞いていませんが。

네? 곤란한데. 출발 지연의 이유는 뭔가요? 강풍도 불지 않고 항공권 발권 때 아무 말도 듣지 못했는데요.

**女** 本当に申し訳ございません。先ほど入った情報によりますと、貨物の飛行機への搬送が遅れてるとのことです。

정말 죄송합니다. 조금 전 들어온 정보에 의하면 화물의 비행기로의 반송이 늦어지고 있다고 해요.

**男** はあ…、そうですか。飛行機の故障かと思いました。じゃ、これ以上遅れることはないですよね。

아…, 그래요? 비행기 고장인가 하고 생각했어요. 그럼 이 이상 늦어지는 일은 없겠죠?

**女** 断言しかねますが、作業が終わり次第、出発できると思いますので、少々お待ちください。

단언하기 힘들지만, 작업이 끝나는 대로 출발할 수 있을 거라고 생각하니까 잠시 기다려 주세요.

**男** しょうがないなあ。わかりました。ありがとうございます。
어쩔 수 없군. 알겠어요. 고마워요.

**女** いいえ、どういたしまして。
아니요, 천만에요.

大阪行きの飛行機の出発時間が遅れている理由は何ですか。
오사카행 비행기의 출발 시간이 지연되고 있는 이유는 무엇입니까?

1 強風が吹いているから
강풍이 불고 있기 때문에

2 飛行機が故障したから
비행기가 고장났기 때문에

3 貨物の飛行機への搬送が遅れているから
화물의 비행기로의 반송이 늦어지고 있기 때문에

4 航空券の発券が遅れているから
항공권 발권이 늦어지고 있기 때문에

**어휘** 空港(くうこう) 공항 案内(あんない)デスク 안내데스크
大阪(おおさか) 오사카 *지명 ～行(い)き ～행
飛行機(ひこうき) 비행기 出発(しゅっぱつ) 출발
遅(おく)れる 늦다, 늦어지다 さっき 아까, 조금 전
放送(ほうそう) 방송 周囲(しゅうい) 주위
うるさい 시끄럽다 聞(き)こえる 들리다
便(びん) (우편·운송 수단 등의) 편 変更(へんこう) 변경
大変(たいへん) 대단히
申(もう)し訳(わけ)ございません 죄송합니다 *「申(もう)し訳(わけ)ありません」보다 정중한 표현
遅延(ちえん) 지연 困(こま)る 곤란하다 理由(りゆう) 이유
強風(きょうふう) 강풍 吹(ふ)く(바람이) 불다 ～し ～하고
航空券(こうくうけん) 항공권 発券(はっけん) 발권
何(なに)も (부정어 수반) 아무것도
先(さき)ほど 아까, 조금 전 *「さっき」보다 공손한 표현
入(はい)る 들어오다 情報(じょうほう) 정보
～によると ～에 의하면[따르면] 貨物(かもつ) 화물
搬送(はんそう) 반송, 운송
～とのことだ ～라는 것이다 *설명·결론
故障(こしょう) 고장 断言(だんげん) 단언
동사의 ます형+かねる ～하기 어렵다 作業(さぎょう) 작업
동사의 ます형+次第(しだい) ～하는 대로
少々(しょうしょう) 잠시, 잠깐
お+동사의 ます형+ください ～해 주십시오 *존경표현
待(ま)つ 기다리다 しょうがない 어쩔 수 없다
どういたしまして 천만에요

**4番**

介護施設で男の職員と女の職員が話しています。女の職員が介護の仕事に関心を持つようになったきっかけは何ですか。
요양시설에서 남직원과 여직원이 이야기하고 있습니다. 여직원이 간병일에 관심을 갖게 된 계기는 무엇입니까?

**男** 木村さんって、前は銀行に勤めていたんだろう?
기무라 씨는 전에는 은행에 근무했었지?

**女** うん、そうよ。
응, 맞아.

**男** 今やってる介護の仕事とは全く関係のない仕事だったんだよね。
지금 하고 있는 간병일과는 전혀 관계가 없는 일이었네.

**女** うん、私も介護の仕事をするようになるなんて、考えたこともなかったわ。
응, 나도 간병일을 하게 되다니 생각한 적도 없었어.

**男** そう? じゃ、何かきっかけになったことでもあるの?
그래? 그럼, 뭔가 계기가 된 일이라도 있어?

**女** 実は母が要介護状態になったことを契機に、介護の仕事に関心を持つようになって、その大切さもしみじみ感じたわ。その後、今まで未経験の仕事だから、業務を理解するために、通信制の大学に通いながら勉強して今見てる通り、この職に就くようになったんだわ。
실은 어머니가 간병을 요하는 상태가 된 것을 계기로 간병일에 관심을 갖게 되었고 그 중요성도 절실히 느꼈어. 그 후 지금까지 경험이 없는 일이니까, 업무를 이해하기 위해 통신제대학에 다니면서 공부해서 지금 보고 있는 대로 이 직업에 종사하게 되었어.

**男** へえ、そうだったんだ。で、やってみてどう?
허, 그랬구나. 그래서 해 보니 어때?

**女** うーん、利用者の体重を支えたり、立ち仕事の時間が多くてかなり体力が要る仕事だなあと思うわ。また、介護を必要としてるお年寄りの方が体調を崩してしまった場合、冷静で的確な判断と対応力も要ると思うよ。でも、人のために役立つ仕事という誇りを持って働いてるわ。
음…, 이용자의 체중을 떠받치거나 서서 일하는 시간이 많아서 상당히 체력이 필요한 일이구나 하고 생각해. 또 간병을 필요로 하고 있는 어르신들이 건강 상태를 해쳐 버린 경우 냉정하고 정확한 판단과 대응력도 필요하다고 생각해. 하지만 남을 위해서 도움이 되는 일이라는 자부심을 가지고 일하고 있어.

**男** そうなんだ。これからも色々大変なこともあると思うけど、一緒に頑張ろう。

그렇구나. 앞으로도 여러 가지 힘든 일도 있을 거라고 생각하지만 함께 열심히 하자.

**女** うん、頑張るわ。

응, 열심히 할게.

女の職員が介護の仕事に関心を持つようになったきっかけは何ですか。

여직원이 간병일에 관심을 갖게 된 계기는 무엇입니까?

1 人に感謝される仕事がしたかったから
　남에게 감사받는 일을 하고 싶었기 때문에

2 家族の介護を通じて介護の大切さを感じたから
　가족 간병을 통해서 간병의 중요성을 느꼈기 때문에

3 もともと興味のある仕事だったから
　원래 흥미가 있는 일이었기 때문에

4 他の仕事より給与が高いから
　다른 일보다 급여가 높기 때문에

**어휘** 介護施設(かいごしせつ) 요양시설 *「介護(かいご)」- 간병 職員(しょくいん) 직원
関心(かんしん)を持(も)つ 관심을 갖다 きっかけ 계기
銀行(ぎんこう) 은행 勤(つと)める 근무하다
全(まった)く (부정어 수반) 전혀 関係(かんけい) 관계
～ようになる ~하게(끔) 되다 *변화 ～なんて ~하다니
동사의 た형+こともない ~한 적도 없다
母(はは) (자신의) 어머니 要介護(ようかいご) 간병을 필요로 함
状態(じょうたい) 상태 契機(けいき) 계기
大切(たいせつ)さ 중요함 しみじみ 절실히
感(かん)じる 느끼다 その後(ご) 그 후
未経験(みけいけん) 아직 경험이 없음, 미경험
業務(ぎょうむ) 업무 理解(りかい) 이해
通信制(つうしんせい) 통신제 通(かよ)う 다니다
동사의 ます형+ながら ~하면서 *동시동작
～通(とお)り ~대로 職(しょく) 직업 就(つ)く 종사하다
で 그러니까, 그래서 利用者(りようしゃ) 이용자
体重(たいじゅう) 체중 支(ささ)える 지탱하다, 떠받치다
立(た)ち仕事(しごと) 서서 하는 일 かなり 꽤, 상당히
体力(たいりょく) 체력 要(い)る 필요하다
お年寄(としよ)り 노인 方(かた) 분
体調(たいちょう)を崩(くず)す 건강 상태를 해치다
場合(ばあい) 경우 冷静(れいせい)だ 냉정하다
的確(てきかく)だ 적확[정확]하다
対応力(たいおうりょく) 대응력 人(ひと) 남, 타인
役立(やくだ)つ 도움이 되다 誇(ほこ)り 긍지, 자부심
働(はたら)く 일하다 これから 앞으로
色々(いろいろ) 여러 가지 大変(たいへん)だ 힘들다
一緒(いっしょ)に 함께, 같이
頑張(がんば)る (끝까지) 노력하다, 열심히 하다
感謝(かんしゃ) 감사 もともと 원래 興味(きょうみ) 흥미
他(ほか)の～ 다른~ 給与(きゅうよ) 급여
高(たか)い 높다

**5番**

花屋で男の人と店員が話しています。店員は花が枯れてしまった理由は何だと言っていますか。

꽃가게에서 남자와 점원이 이야기하고 있습니다. 점원은 꽃이 시들어 버린 이유는 뭐라고 말하고 있습니까?

**男** すみません。あの、1か月ほど前にここで花を買って育ててるんですけど、最近枯れてしまったんですが。

저기요. 저, 한 달쯤 전에 여기에서 꽃을 사서 키우고 있는데요, 최근에 시들어 버렸거든요.

**女** そうですか。ふーん、どうしたんでしょうね。花が枯れる原因の中で、最も多いのが水のやりすぎなんですけど。水やりは、土の内部が乾いたら、鉢底の穴から水が流れ出すまで与えるのが基本です。表面が乾いてるくらいの状態だと、根は水を求めて伸びていきます。常に土が湿ってないといけないと誤解されがちなんですが、それだと根が呼吸できず腐ってしまいます。

그래요? 흠…, 어떻게 된 걸까요? 꽃이 시드는 원인 중에서 가장 많은 게 물을 너무 많이 주는 건데요. 물 주기는 흙 내부가 마르면 화분 밑의 구멍에서 물이 흘러나올 때까지 주는 게 기본이에요. 표면이 말라 있는 정도의 상태라면 뿌리는 물을 원해서 자라나요. 항상 흙이 촉촉히 젖어 있지 않으면 안 된다고 오해하시기 쉬운데, 그러면 뿌리가 호흡을 못해서 썩어 버려요.

**男** 水は買った時のアドバイス通り、やりすぎないようにいつも注意してました。

물은 샀을 때의 조언대로 너무 주지 않도록 항상 주의했어요.

**女** そうですか。じゃ、日当たりと風通しはどうなさってますか。

그래요? 그럼, 볕이나 통풍은 어떻게 하고 계시나요?

**男** 買う時に日陰でも楽しめる植物だと聞いたので、ちゃんと室内で育ててます。

살 때 그늘에서도 즐길 수 있는 식물이라고 들었기 때문에 제대로 실내에서 키우고 있어요.

**女** そうですか。それは問題なさそうですね。肥料の方は?

그래요? 그건 문제없을 것 같네요. 비료 쪽은요?

**男** 肥料ですか。よく育ってほしいと思って、週に2回ちゃんとやってます。

비료요? 잘 자랐으면 해서 일주일에 두 번 제대로 주고 있어요.

女 ああ、そうでしたか。肥料は与えなければ花が咲かなくなったり、弱って病気になりやすいし、与えすぎれば根焼けして枯れてしまう恐れがあります。
아-, 그러셨어요? 비료는 안 주면 꽃이 피지 않게 되거나 약해져서 병에 걸리기 쉽고, 너무 주면 비료 농도가 짙어져서 뿌리가 상해 버릴 우려가 있어요.

男 えっ? そうですか。ただ肥料をたっぷりやれば成長も速くなるだろうと思ってたんですけど。問題はこれだったんですね。
네? 그래요? 그저 비료를 듬뿍 주면 성장도 빨라질 거라고 생각했는데요. 문제는 이거였군요.

女 ええ、私もそれが原因だと思います。
네, 저도 그게 원인이라고 생각해요.

店員は花が枯れてしまった理由は何だと言っていますか。
점원은 꽃이 시들어 버린 이유는 뭐라고 말하고 있습니까?

1 水のやりすぎ
물을 너무 줌

2 日当たりの悪さ
볕이 잘 들지 않음

3 風通しの悪さ
통풍이 잘 되지 않음

4 肥料のやりすぎ
비료를 너무 줌

**어휘** 花屋(はなや) 꽃집 店員(てんいん) 점원
枯(か)れる (초목이) 시들다, 마르다 ～か月(げつ) ～개월
ほど 정도 育(そだ)てる 키우다 最近(さいきん) 최근, 요즘
原因(げんいん) 원인 最(もっと)も 가장, 제일
동사의 ます형+すぎ 너무 ~함 水(みず)やり 물 주기
土(つち) 흙 内部(ないぶ) 내부 乾(かわ)く 마르다, 건조하다
鉢底(はちぞこ) 화분 밑 穴(あな) 구멍
流(なが)れ出(だ)す 흘러나가다 与(あた)える 주다
基本(きほん) 기본 表面(ひょうめん) 표면
状態(じょうたい) 상태 根(ね) 뿌리
求(もと)める 요구하다, (요)청하다 伸(の)びる 자라다
常(つね)に 늘, 항상 湿(しめ)る 촉촉히 젖다
～ないといけない ~하지 않으면 안 된다, ~해야 한다
誤解(ごかい) 오해
동사의 ます형+がちだ (자칫) ~하기 쉽다, ~하기 십상이다, ~하기 일쑤다 呼吸(こきゅう) 호흡
～ず ~하지 않아서 腐(くさ)る 썩다, 상하다
アドバイス 조언, 충고 명사+通(どお)り ~대로
注意(ちゅうい) 주의 日当(ひあ)たり 볕이 듦
風通(かぜとお)し 통풍 なさる 하시다 *「する」(하다)의 존경어
日陰(ひかげ) 응달, 그늘 楽(たの)しむ 즐기다
植物(しょくぶつ) 식물 ちゃんと 제대로, 확실히
室内(しつない) 실내 肥料(ひりょう) 비료
～てほしい ~해 주었으면 하다, ~하길 바라다
週(しゅう) 일주일 咲(さ)く (꽃이) 피다 弱(よわ)る 약해지다
病気(びょうき)になる 병이 나다
동사의 ます형+やすい ~하기 쉽다 ～し ~하고
根焼(ねや)け 비료의 농도가 짙어져 뿌리가 상하는 현상
～恐(おそ)れがある ~할 우려가 있다 ただ 단지, 그저, 오직
成長(せいちょう) 성장 速(はや)い (속도가) 빠르다
原因(げんいん) 원인 悪(わる)さ 나쁨

**6番**

市役所で係長と女の職員が話しています。女の職員が講演会で反省するところとして言っていることは何ですか。
시청에서 계장과 여직원이 이야기하고 있습니다. 여직원이 강연회에서 반성할 점으로 말하고 있는 것은 무엇입니까?

男 鈴木さん、昨日のごみのリサイクルに関する講演会、どうだった?
스즈키 씨, 어제 쓰레기 재활용에 관한 강연회, 어땠어?

女 あ、係長、お陰様で、予定通り午後1時に始まって会場の全席が埋まるほどの大盛況でした。
아, 계장님, 덕분에 예정대로 오후 1시에 시작해서 회장 전석이 다 찰 정도의 대성황이었어요.

男 そう? それはよかったな。
그래? 그거 잘됐군.

女 ええ、1か月前から地域紙に広報活動をしたのが実を結んだと思います。
네, 한 달 전부터 지역신문에 홍보활동을 한 게 결실을 맺었다고 생각해요.

男 うん、お疲れさん。じゃ、講演会についてもうちょっと詳しく話してくれ。
응, 수고했어. 그럼, 강연회에 대해서 좀 더 상세하게 이야기해 줘.

女 はい。講演が終わった後、参加した皆さんにアンケートを取ったんですけど、目的も明確だったし、講演の内容、講師の力量も申し分なかったという声を多くいただきました。
예. 강연이 끝난 후에 참가한 모든 분께 앙케트를 실시했는데요, 목적도 명확했고 강연 내용, 강사의 역량도 나무랄 데 없었다는 의견을 많이 받았어요.

男 そっか。他には?
그렇군. 그 밖에는?

女　はい。講演後の質問が多くて50分の予定が2倍近く長引いてしまったので、次回は質問の数をある程度決めといた方がよいかと思いました。

예. 강연 후 질문이 많아서 50분 예정이 2배 가깝게 길어져 버려서 다음 번에는 질문 수를 어느 정도 정해 두는 편이 좋겠다고 생각했어요.

男　そうだな、講演後に次の日程がある参加者も多いからなあ。今話したのを報告書としてまとめてくれ。

그렇겠군. 강연 후에 다음 일정이 있는 참가자도 많으니까 말이야. 지금 이야기한 것을 보고서로 정리해 줘.

女　はい、まとまり次第、ご報告に伺います。

예. 정리되는 대로 보고드리러 찾아뵐게요.

女の職員が講演会で反省するところとして言っていることは何ですか。

여직원이 강연회에서 반성할 점으로 말하고 있는 것은 무엇입니까?

1 講演の目的が明確ではなかったところ
강연 목적이 명확하지 않았던 점

2 質問が多くて講演会が長引いてしまったところ
질문이 많아서 강연회가 길어져 버렸던 점

3 講演の内容があまり面白くなかったところ
강연 내용이 별로 재미있지 않았던 점

4 講師の力量を考慮しなかったところ
강사의 역량을 고려하지 않았던 점

**어휘** 市役所(しやくしょ) 시청　係長(かかりちょう) 계장
職員(しょくいん) 직원　講演会(こうえんかい) 강연회
反省(はんせい) 반성　ところ 부분, 데, 점
～として ～로서　ごみ 쓰레기
リサイクル 재활용　～に関(かん)する ～에 관한
お陰様(かげさま)で 덕분에 *「おかげで」의 공손한 말씨
予定(よてい) 예정　명사+通(どお)り ～대로
始(はじ)まる 시작되다　会場(かいじょう) 회장
全席(ぜんせき) 전석, 모든 좌석　埋(う)まる 메워지다, 가득 차다
ほど 정도　大盛況(だいせいきょう) 대성황
～か月(げつ) ～개월　地域紙(ちいきし) 지역지, 지역신문
広報(こうほう) 홍보　活動(かつどう) 활동
実(み)を結(むす)ぶ 열매를[결실을] 맺다, 노력한 성과가 나타나다
お疲(つか)れさん 수고했어 *손윗사람이 손아랫사람에게 씀
詳(くわ)しい 상세하다, 자세하다
～てくれる (남이 나에게) ～해 주다　終(お)わる 끝나다
동사의 た형+後(あと)に ～한 후에　参加(さんか) 참가
アンケートを取(と)る 앙케트를 실시하다
目的(もくてき) 목적　明確(めいかく)だ 명확하다
講師(こうし) 강사　力量(りきりょう) 역량
申(もう)し分(ぶん)ない 나무랄 데 없다, 더할 나위 없다
声(こえ) 목소리, 의견　他(ほか)に 그 밖에, 그 외에
質問(しつもん) 질문　～倍(ばい) ～배
近(ちか)く (접미어적으로) 수량이 ～에 가까움
長引(ながび)く 오래 끌다, 지연되다　次回(じかい) 차회, 다음 번
数(かず) 수　ある 어느　程度(ていど) 정도
決(き)める 정하다, 결정하다
동사의 た형+方(ほう)がよい ～하는 편[쪽]이 좋다
日程(にってい) 일정　参加者(さんかしゃ) 참가자
報告書(ほうこくしょ) 보고서　まとめる 정리하다
동사의 ます형+次第(しだい) ～하는 대로
報告(ほうこく) 보고　동작성 명사+に ～하러 *동작의 목적
伺(うかが)う 찾아뵙다 *「訪(おとず)れる」(방문하다)의 겸양어
あまり (부정어 수반) 그다지, 별로
面白(おもしろ)い 재미있다　考慮(こうりょ) 고려

**7番**

コーヒーショップで男の人と女の人が映画について話しています。女の人は映画のどんなところに魅力を感じたと言っていますか。

커피숍에서 남자와 여자가 영화에 대해서 이야기하고 있습니다. 여자는 영화의 어떤 점에 매력을 느꼈다고 말하고 있습니까?

男　今度の国際映画祭で大賞を取った映画、昨日見たんだって? どうだった?

이번 국제 영화제에서 대상을 받은 영화, 어제 봤다면서? 어땠어?

女　うん、すごく面白かった。

응, 굉장히 재미있었어.

男　そう? アメリカ空軍のエリート飛行士訓練校に、かつて天才パイロットと呼ばれた人が教官として帰ってくる内容だろう?

그래? 미국 공군의 엘리트 비행사 훈련학교에 과거 천재 파일럿이라 불렸던 사람이 교관으로 돌아오는 내용이지?

女　うん、特にメーンの戦闘シーンは、主人公自身が特殊効果なしで撮影したんだって。その事実だけでも鳥肌が立ったわ。

응, 특히 메인 전투 장면은 주인공 자신이 특수효과 없이 촬영했대. 그 사실만으로도 소름이 돋았어.

男　へえ、そうなんだ。

허, 그렇구나.

女　主人公がもともと私の好きな俳優だったから、もっと没頭できたかも。

주인공이 원래 내가 좋아하는 배우였기 때문에 더 몰두할 수 있었을지도.

男　聞いただけでも、面白そうだなあ。で、悪い評価はあんまりないの?

듣기만 해도 재미있을 것 같네. 그래서 나쁜 평가는 별로 없어?

**女** さあ、強いて言えば…、今回の映画は前作を見なかった人にはちょっとわかりづらいと思うよ。また、筋書きが単純すぎて、時間を引き延ばしてるように見える部分があったのはちょっと残念だったね。とにかく山田君の好きなアクションシーンも多いから、是非見に行ってね。

글쎄, 굳이 말하자면…, 이번 영화는 전작을 보지 않았던 사람에게는 조금 이해하기 힘들 거라고 생각해. 또 줄거리가 너무 단순해서 시간을 끌고 있는 것처럼 보이는 부분이 있었던 건 조금 아쉬웠어. 어쨌든 야마다 군이 좋아하는 액션 장면도 많으니까 꼭 보러 가.

**男** うん、わかった。いい情報ありがとう。

응, 알겠어. 좋은 정보 고마워.

女の人は映画のどんなところに魅力を感じたと言っていますか。

여자는 영화의 어떤 점에 매력을 느꼈다고 말하고 있습니까?

1 筋書きが単純で、わかりやすいところ
줄거리가 단순해서 이해하기 쉬운 점

2 主人公が教官として空の戦いを教えるところ
주인공이 교관으로서 공중전을 가르치는 점

3 主な場面を主人公自身が特殊効果なしで撮影したところ
주요 장면을 주인공 자신이 특수효과 없이 촬영한 점

4 前作の設定を生かし、新たな興奮を創造したところ
전작의 설정을 살려 새로운 흥분을 창조한 점

**어휘** コーヒーショップ 커피숍 映画(えいが) 영화
魅力(みりょく) 매력 感(かん)じる 느끼다
国際(こくさい) 국제 映画祭(えいがさい) 영화제
大賞(たいしょう) 대상 取(と)る 받다 すごく 굉장히, 몹시
空軍(くうぐん) 공군 エリート 엘리트
飛行士(ひこうし) 비행사 訓練校(くんれんこう) 훈련학교
かつて 일찍이, 예로부터, 전에 天才(てんさい) 천재
パイロット 파일럿, (비행기 등의) 조종사
～と呼(よ)ばれる ~라고 불리다 教官(きょうかん) 교관
内容(ないよう) 내용 特(とく)に 특히 メーン 메인
戦闘(せんとう) 전투 シーン 신, (극·영화의) 장면
主人公(しゅじんこう) 주인공
自身(じしん) 자신 *체언에 접속하여 그 말을 강조함
特殊(とくしゅ) 특수 効果(こうか) 효과 なし 없음
撮影(さつえい) 촬영 ～って ~대, ~래
事実(じじつ) 사실 ～だけでも ~만으로도
鳥肌(とりはだ)が立(た)つ (깊은 감명을 받아) 소름이 돋다
もともと 원래 俳優(はいゆう) 배우
もっと 더, 더욱 没頭(ぼっとう) 몰두
～かも (「～しれない」의 꼴로) ~일지도 (모른다)
評価(ひょうか) 평가
あんまり (부정어 수반) 그다지, 별로 *「あまり」의 강조표현
強(し)いて言(い)えば 굳이 말하자면 前作(ぜんさく) 전작
동사의 ます형+づらい ~하기 힘들다[거북하다]
筋書(すじが)き (소설 등의) 줄거리
単純(たんじゅん)だ 단순하다
な형용사의 어간+すぎる 너무 ~하다
引(ひ)き延(の)ばす 끌다, 지연시키다 見(み)える 보이다
残念(ざんねん)だ 아쉽다, 유감스럽다 とにかく 어쨌든
アクション 액션 是非(ぜひ) 꼭
동사의 ます형+に ~하러 *동작의 목적
동사의 ます형+やすい ~하기 쉽다
空(そら)の戦(たたか)い 공중전 教(おし)える 가르치다
主(おも)な 주된 場面(ばめん) 장면 設定(せってい) 설정
生(い)かす 살리다, 발휘하다, 활용하다 新(あら)ただ 새롭다
興奮(こうふん) 흥분 創造(そうぞう) 창조

### 問題3

**問題3では、問題用紙に何も印刷されていません。この問題は、全体としてどんな内容かを聞く問題です。話の前に質問はありません。まず話を聞いてください。それから、質問とせんたくしを聞いて、1から4の中から、最もよいものを一つ選んでください。**

**(では、練習しましょう。)**

### 문제 3

**문제 3에서는 문제지에 아무것도 인쇄되어 있지 않습니다. 이 문제는 전체로서 어떤 내용인지를 묻는 문제입니다. 이야기 전에 질문은 없습니다. 먼저 이야기를 들어 주세요. 그리고 나서 질문과 선택지를 듣고 1부터 4 중에서 가장 적당한 것을 하나 고르세요.**

**(그럼, 연습합시다.)**

例(예)

女の人が男の人に映画の感想を聞いています。

여자가 남자에게 영화 감상을 묻고 있습니다.

**女** この間話してた映画、見に行ったんでしょ? どうだった?

요전에 이야기했던 영화, 보러 갔었지? 어땠어?

**男** うん、すごく豪華だった。衣装だけじゃなくて、景色もすべて、画面の隅々までとにかくきれいだったよ。でも、ストーリーがな。主人公の気持ちになって、一緒にドキドキして見られたらもっとよかったんだけど、ちょっと単調でそこまでじゃなかったな。娯楽映画としては十分楽しめると思うけどね。

응, 굉장히 호화로웠어. 의상뿐만 아니라 경치도 모두 화면 구석구석까지 어쨌든 예뻤어. 하지만 스토리가 말이야. 주인공의 심정이 되어서 함께 두근거리며 볼 수 있었으면 더 좋았을 텐데, 좀 단조로워서 거기까지는 아니었어. 오락 영화로서는 충분히 즐길 수 있을 거라고 생각하지만 말이야.

男の人は映画についてどう思っていますか。
남자는 영화에 대해서 어떻게 생각하고 있습니까?

1 映像も美しく、話も面白い
영상도 아름답고 이야기도 재미있다

2 映像は美しいが、話は単調だ
영상은 아름답지만, 이야기는 단조롭다

3 映像もよくないし、話も単調だ
영상도 좋지 않은 데다가 이야기도 단조롭다

4 映像はよくないが、話は面白い
영상은 좋지 않지만, 이야기는 재미있다

**(最もよいものは2番です。解答用紙の問題3の例のところを見てください。最もよいものは2番ですから、答えはこのように書きます。では、始めます。)**

**(가장 적당한 것은 2번입니다. 해답용지 문제 3의 예를 봐 주세요. 가장 적당한 것은 2번이므로 답은 이와 같이 씁니다. 그럼, 시작합니다.)**

어휘 映画(えいが) 영화 感想(かんそう) 감상
この間(あいだ) 요전, 지난번
동사의 ます형+に ~하러 *동작의 목적 すごく 굉장히, 몹시
豪華(ごうか)だ 호화롭다 ストーリー 스토리
主人公(しゅじんこう) 주인공 気持(きも)ち 마음, 심정
一緒(いっしょ)に 함께, 같이 ドキドキ 두근두근
もっと 더, 더욱 単調(たんちょう)だ 단조롭다
娯楽(ごらく) 오락 十分(じゅうぶん) 충분히
楽(たの)しむ 즐기다 映像(えいぞう) 영상 ～し ~한 데다가

1番

教室で生徒がスピーチをしています。
교실에서 학생이 스피치를 하고 있습니다.

男 現代の社会における生活は、人間が力を合わせて作ってきた結果です。人は自分一人でできることというのは限られています。たった一人では能力の限界があります。ですから、人間は分業という方法で、それぞれ専門分野の職業に分かれて仕事をしているのです。工場で働いて生産する人、お店で商品を売る人、あるいは学校で知識を教える先生など、色んな職業があります。その職業というのは、価値を提供するためにあります。そして、お金で価値を交換し合って、生活に必要な物を手に入れているのです。これが、たった一人だけで生きていくとなると、一人で食料を作り、家を建てて、着るものも作り、病気になった時は自分で治さないといけません。普段何も考えずに生活していますが、よく考えてみると、色んな職業の人が働いているおかげで、自分は生活できることがよくわかります。

현대 사회에서의 생활은 인간이 힘을 합쳐 만들어 온 결과입니다. 인간은 자기 혼자서 할 수 있는 것이라는 건 한정되어 있습니다. 단 한 사람으로는 능력의 한계가 있습니다. 그래서 인간은 분업이라는 방법으로 각각 전문 분야의 직업으로 나뉘어 일을 하고 있는 것입니다. 공장에서 일하며 생산하는 사람, 가게에서 상품을 파는 사람, 혹은 학교에서 지식을 가르치는 선생님 등 다양한 직업이 있습니다. 그 직업이라는 것은 가치를 제공하기 위해서 존재합니다. 그리고 돈으로 가치를 서로 교환해서 생활에 필요한 물건을 손에 넣고 있는 것입니다. 이것이 단 한 사람만으로 살아가게 되면 혼자서 음식물을 만들고 집을 짓고 입을 것도 만들고 병에 걸렸을 때는 스스로 치료하지 않으면 안 됩니다. 평소에 아무것도 생각하지 않고 생활하고 있습니다만, 잘 생각해 보면 다양한 직업의 사람이 일하고 있는 덕분에 나 자신은 생활할 수 있다는 것을 알 수 있습니다.

生徒が伝えたいことは何ですか。
학생이 전하고 싶은 것은 무엇입니까?

1 世界にはお金で買えない物がたくさんある
세계에는 돈으로 살 수 없는 것이 많이 있다

2 人付き合いは自分の心構え次第だ
대인관계는 자신의 마음가짐에 달려 있다

3 人はお互いに助け合って生きている
인간은 서로 도우며 살고 있다

4 自分の能力の限界を理解しておくことはとても大切だ
자기 능력의 한계를 이해해 두는 것은 아주 중요하다

어휘 教室(きょうしつ) 교실 生徒(せいと) (중·고교) 학생
スピーチ 스피치, 연설 現代(げんだい) 현대
～における ~에 있어서의, ~에서의 人間(にんげん) 인간
力(ちから)を合(あ)わせる 힘을 합치다 結果(けっか) 결과
自分(じぶん) 자기, 자신, 나 限(かぎ)る 한정하다, 제한하다
たった 단 能力(のうりょく) 능력 限界(げんかい) 한계
ですから 그러니까, 그래서 *「だから」의 정중한 표현
分業(ぶんぎょう) 분업 方法(ほうほう) 방법
それぞれ 각각 専門(せんもん) 전문 分野(ぶんや) 분야
職業(しょくぎょう) 직업 分(わ)かれる 구분되다, 나뉘다
工場(こうじょう) 공장 働(はたら)く 일하다
生産(せいさん) 생산 商品(しょうひん) 상품 売(う)る 팔다
あるいは 또는, 혹은 知識(ちしき) 지식
教(おし)える 가르치다 色(いろ)んな 여러 가지, 다양한
価値(かち) 가치 提供(ていきょう) 제공 そして 그리고
交換(こうかん) 교환 동사의 ます형+合(あ)う 서로 ~하다
物(もの) 물건 手(て)に入(い)れる 손에 넣다, 입수하다
食料(しょくりょう) 식료, 음식물

建(た)てる (집을) 짓다, 세우다　着(き)る (옷을) 입다
病気(びょうき)になる 병이 나다　治(なお)す 치료하다
～ないといけない ~하지 않으면 안 된다, ~해야 한다
普段(ふだん) 평소　何(なに)も (부정어 수반) 아무것도
～ずに ~하지 않고　～おかげで ~덕분에
伝(つた)える 전하다　世界(せかい) 세계
人付(ひとづ)き合(あ)い 대인관계, 교제
心構(こころがま)え 마음의 준비, 각오, 마음가짐
동사의 ます형+次第(しだい)だ ~에 달려 있다, ~나름이다
理解(りかい) 이해　大切(たいせつ)だ 중요하다

**2番**

テレビで料理研究家が話しています。
TV에서 요리연구가가 이야기하고 있습니다.

**女** 買ったばかりの卵でゆで卵を作ると、白身と周囲の薄皮がしっかりくっついてしまってなかなか剥けず、いらいらしながら剥くと、でこぼこだらけの悲惨な姿になってしまうことがあります。ゆで卵の白身が殻にくっついてしまうのは、白身に溶けている炭酸ガスが熱せられて体積が増え、その圧力で白身と薄皮が殻に押し付けられるためです。白身の炭酸ガスは、産卵時が一番多く、その後はだんだんと空気中に抜け出ていきます。だから、古い卵の殻は剥きやすいのです。しかし、新しい卵でも加熱時間を長くすると、炭酸ガスがよく抜けて剥きやすくなります。

산 지 얼마 안 된 계란으로 삶은 계란을 만들면 흰자와 주위의 얇은 막이 딱 붙어 버려서 좀처럼 까지지 않고, 안달하면서 까면 울퉁불퉁투성이의 비참한 모습이 되어 버리는 경우가 있습니다. 삶은 계란의 흰자가 껍질에 붙어 버리는 것은 흰자에 녹아 있는 탄산가스가 뜨거워져 체적이 증가해 그 압력으로 흰자와 얇은 막이 껍질에 강하게 눌리게 되기 때문입니다. 흰자의 탄산가스는 산란 시가 가장 많고 그 후는 점점 공기 중으로 빠져나갑니다. 그래서 오래된 계란의 껍질은 까기 쉬운 것입니다. 그러나 새 계란이라도 가열 시간을 길게 하면 탄산가스가 잘 빠져서 까기 쉬워집니다.

料理研究家は何について話していますか。
요리연구가는 무엇에 대해서 이야기하고 있습니까?

1 ゆで卵の殻に炭酸ガスが入る理由
　삶은 계란의 껍질에 탄산가스가 들어가는 이유
2 ゆで卵の殻が新鮮なほど剥きにくい理由
　삶은 계란의 껍질이 신선할수록 까기 힘든 이유
3 古い卵で作ったゆで卵がむしろ美味しく感じられる理由
　오래된 계란으로 만든 삶은 계란이 오히려 맛있게 느껴지는 이유
4 卵の加熱時間を長くしなければならない理由
　계란의 가열 시간을 길게 하지 않으면 안 되는 이유

**어휘** 料理(りょうり) 요리　研究家(けんきゅうか) 연구가
買(か)う 사다
동사의 た형+ばかり 막 ~한 참임, ~한 지 얼마 안 됨
卵(たまご) 달걀, 계란　ゆで卵(たまご) 삶은 달걀
白身(しろみ) (계란의) 흰자　周囲(しゅうい) 주위
薄皮(うすかわ) 얇은 막　しっかり 단단히, 꽉
くっつく 달라붙다　なかなか (부정어 수반) 좀처럼
剥(む)ける (껍질이) 벗겨지다, 까지다　～ず(に) ~하지 않고
いらいらする 안달하다, 초조해하다
동사의 ます형+ながら ~하면서 *동시동작
剥(む)く (껍질을) 벗기다, 까다　でこぼこ 요철, 울퉁불퉁
명사+だらけ ~투성이　悲惨(ひさん)だ 비참하다
姿(すがた) 모습　殻(から) 껍질　溶(と)ける 녹다
炭酸(たんさん)ガス 탄산가스
熱(ねっ)する 뜨겁게 하다, 가열하다　体積(たいせき) 체적
増(ふ)える 증가하다　圧力(あつりょく) 압력
押(お)し付(つ)ける 강하게 누르다　産卵(さんらん) 산란
だんだん 점점　空気(くうき) 공기
抜(ぬ)け出(で)る 빠져나오다　だから 그러므로, 그래서
古(ふる)い 오래되다　동사의 ます형+やすい ~하기 쉽다
加熱(かねつ) 가열　抜(ぬ)ける 빠지다
新鮮(しんせん)だ 신선하다　入(はい)る 들어가다
동사의 ます형+にくい ~하기 어렵다　むしろ 오히려
美味(おい)しい 맛있다　感(かん)じる 느끼다
～なければならない ~하지 않으면 안 된다, ~해야 한다

**3番**

町の議会で、町長が話しています。
마을 의회에서 읍장이 이야기하고 있습니다.

**男** 文化施設は、舞台装置や設備、備品に至るまで特殊なものであり、継続的な保守点検、絶え間ない改善および改修が求められ、他の公共施設に比べ格段に大きなランニングコストが必要となり、その全てを貸館などの収入で賄うことは難しい状況です。しかしながら、文化施設には地域への文化的貢献、市民への芸術文化に接する機会の保障や教育普及、地域振興、文化観光への寄与、経済的な効果など、様々な有形無形の効果を地域にもたらすと言われております。新施設につきましては、これらの効果を最大限に発揮できるような運営と共に、適切な経営に努めたいと考えております。

문화시설은 무대 장치나 설비, 비품에 이르기까지 특수한 것이며, 계속적인 보수 점검, 끊임없는 개선 및 보수가 요구되어 다른 공공시설에 비해 현격하게 큰 운용 비용이 필요하며, 그 모든 것을 대관 등의 수입으로 조달하는 것은 어려운 상황입니다. 그러나 문화시설에는 지역에 대한 문화적 공헌, 시민에 대한 예술 문화를 접할 기회 보장이나 교육 보급, 지역 진흥, 문화 관광에 대한 기여, 경제적인 효과 등 여러 가지 유형무형의 효과를 지역에 가져온다고들 합니다. 새로운 시설에 대해서는 이러한 효과를 최대한으로 발휘할 수 있는 운영과 함께 적절한 경영에 힘쓰고 싶다고 생각하고 있습니다.

町長は今、どんな意見について反論していますか。
읍장은 지금 어떤 의견에 대해서 반론하고 있습니까?

1 施設の目的がわからない
시설의 목적을 모르겠다

2 赤字施設を作るべきではない
적자 시설을 만들어서는 안 된다

3 利用者の意見を聞かないのはおかしい
이용자의 의견을 듣지 않는 것은 이상하다

4 ホールの客席規模は、市民が利用するには大きすぎる
홀의 객석 규모는 시민이 이용하기에는 너무 크다

**어휘** 町(まち) 마을 議会(ぎかい) 의회
町長(ちょうちょう) 읍장 文化(ぶんか) 문화
施設(しせつ) 시설 舞台(ぶたい) 무대 装置(そうち) 장치
設備(せつび) 설비 備品(びひん) 비품
～に至(いた)るまで ～에 이르기까지
特殊(とくしゅ)だ 특수하다
継続的(けいぞくてき)だ 계속적이다 保守(ほしゅ) 보수
点検(てんけん) 점검 絶(た)え間(ま)ない 끊임없다
改善(かいぜん) 개선 および 및 改修(かいしゅう) 개수, 보수
求(もと)める 요구하다, (요)청하다 他(ほか)の～ 다른～
公共(こうきょう) 공공 ～に比(くら)べ ～에 비해
格段(かくだん) 현격함, 각별함 大(おお)きな 큰
ランニングコスト 러닝 코스트, 운용 자금[비용] *건축 · 장치 등을 유지 · 관리하기 위해 드는 비용 全(すべ)て 모두, 전부
貸館(たいかん) 대관 収入(しゅうにゅう) 수입
賄(まかな)う 조달하다, 마련하다 状況(じょうきょう) 상황
しかしながら 그러나, 하지만 *「しかし」의 약간 격식 차린 말씨
地域(ちいき) 지역 文化的(ぶんかてき)だ 문화적이다
貢献(こうけん) 공헌 市民(しみん) 시민
芸術(げいじゅつ) 예술 接(せっ)する 접하다
機会(きかい) 기회 保障(ほしょう) 보장
教育(きょういく) 교육 普及(ふきゅう) 보급
振興(しんこう) 진흥 寄与(きよ) 기여
経済的(けいざいてき)だ 경제적이다 効果(こうか) 효과
様々(さまざま)だ 다양하다, 여러 가지다
有形無形(ゆうけいむけい) 유형무형, 모양으로 나타난 것과 나타나지 않는 것 もたらす 가져오다, 초래하다
～と言(い)われておる ～라고 하다, ～라고들 하다 *「～ておる」는 「～ている」의 겸양표현임
～につきましては ～에 대해서는 *「～については」의 공손한 표현 最大限(さいだいげん) 최대한
発揮(はっき) 발휘 運営(うんえい) 운영
～と共(とも)に ～와 함께 適切(てきせつ)だ 적절하다
経営(けいえい) 경영 努(つと)める 힘쓰다, 노력하다
反論(はんろん) 반론 目的(もくてき) 목적
赤字(あかじ) 적자 동사의 기본형+べきではない ～해서는 안 된다 *단, 「する」의 경우에는 「するべきではない」, 「すべきではない」 모두 쓸 수 있음
利用者(りようしゃ) 이용자 おかしい 이상하다
ホール 홀, 회관 客席(きゃくせき) 객석
規模(きぼ) 규모 い형용사의 어간+すぎる 너무 ～하다

**4番**

テレビでアナウンサーが話しています。
TV에서 아나운서가 이야기하고 있습니다.

**女** 1970年頃からの歴史を持つ電子書籍は多くの方から利用されてきました。今まで紙の本を利用していた方が、電子書籍へと移行したのは、それなりの長所が存在するからです。では、どんな長所があるのでしょうか。まず、電子書籍には在庫がありません。紙の本だと店頭に並んでいるものや、最大でも倉庫にある在庫までと、店舗ごとに数に限りがあります。電子書籍は、運営しているサイトが、データで管理しており、在庫というのが存在しないので、買おうと思ったのに買えなかったというリスクがありません。また、電子書籍はスペースが無限なので、取り扱っている本の種類が豊富です。紙の本の場合、ほしかった本がそもそも店頭で売られていなかったという経験がある方は多いでしょう。電子書籍ストアの中には、種類が豊富で600万冊以上の電子書籍があるストアも存在します。どうしても読みたい本がなかった場合は、電子書籍を利用するのがお勧めです。

1970년경부터의 역사를 가진 전자서적은 많은 분으로부터 이용되어 왔습니다. 지금까지 종이책을 이용했던 분이 전자서적으로 이행한 것은 그 나름의 장점이 존재하기 때문입니다. 그럼, 어떤 장점이 있는 걸까요? 우선 전자서적에는 재고가 없습니다. 종이책이라면 매대에 놓여 있는 것이나 최대

라도 창고에 있는 재고까지로 점포마다 수에 한계가 있습니다. 전자서적은 운영하고 있는 사이트가 데이터로 관리하고 있어서 재고라는 것이 존재하지 않기 때문에 사려고 생각했는데 살 수 없었다는 리스크가 없습니다. 또한 전자서적은 공간이 무한하기 때문에 취급하고 있는 책의 종류가 풍부합니다. 종이책의 경우 갖고 싶었던 책이 애초에 매대에서 팔리고 있지 않았다는 경험이 있는 분은 많을 것입니다. 전자서적 스토어 중에는 종류가 풍부해서 600만 권 이상의 전자서적이 있는 스토어도 존재합니다. 꼭 읽고 싶은 책이 없었던 경우에는 전자서적을 이용하는 것을 추천합니다.

アナウンサーの話のテーマは何ですか。
아나운서 이야기의 주제는 무엇입니까?

1 電子書籍のメリット
 전자서적의 장점
2 電子書籍の変遷過程
 전자서적의 변천 과정
3 電子書籍の効果的な使い方
 전자서적의 효과적인 사용법
4 電子書籍の利用者を増やす試み
 전자서적 이용자를 늘리는 시도

**어휘** アナウンサー 아나운서 歴史(れきし) 역사
電子書籍(でんししょせき) 전자서적 方(かた) 분
利用(りよう) 이용 紙(かみ) 종이 移行(いこう) 이행
それなり 그 나름 長所(ちょうしょ) 장점
存在(そんざい) 존재 まず 우선 在庫(ざいこ) 재고
店頭(てんとう) 점두, 가게 앞
並(なら)ぶ (나란히) 늘어서다, 놓여 있다 最大(さいだい) 최대
倉庫(そうこ) 창고 店舗(てんぽ) 점포 ～ごとに ～마다
数(かず) 수 限(かぎ)り 한계 運営(うんえい) 운영
サイト 사이트 データ 데이터 管理(かんり) 관리
～ておる ～하고 있다 *「～ている」의 겸양표현
～のに ～한데(도) リスク 리스크, 위험
スペース 스페이스, 공간 無限(むげん) 무한
取(と)り扱(あつか)う 취급하다, 다루다 種類(しゅるい) 종류
豊富(ほうふ)だ 풍부하다 場合(ばあい) 경우
ほしい 갖고 싶다 そもそも 애초에 売(う)る 팔다
経験(けいけん) 경험 ストア 스토어, 가게 ～冊(さつ) ～권
以上(いじょう) 이상 どうしても 무슨 일이 있어도, 꼭
勧(すす)め 추천 メリット 장점 変遷(へんせん) 변천
過程(かてい) 과정 効果的(こうかてき)だ 효과적이다
동사의 ます형+方(かた) ～하는 방법[방식]
増(ふ)やす 늘리다 試(こころ)み 시도

**5番**

テレビで医者が話しています。
TV에서 의사가 이야기하고 있습니다.

**男** 健康診断の血液検査で血を抜かれた時、あまりのどす黒さにびっくりしたことはありませんか。あれは、静脈から血を取るからです。動脈の血はもっと鮮やかな赤い色をしているので、ご安心ください。でも、どうして静脈と動脈で血の色が違うのでしょう。血の色は赤血球の色です。赤血球の中に含まれていて体中に酸素を運ぶ働きをするヘモグロビンが赤い色をしているために、血は赤く見えるのですが、このヘモグロビンは、酸素をくっつけている時と酸素を放した時とでは色が違います。酸素とくっついた時には、鮮やかな赤い色になり、酸素を放した時には赤紫色になります。ですから、体中に酸素を運ぶ働きをしている動脈の血はきれいな赤い色になり、静脈の血は黒っぽい色になるのです。

건강검진의 혈액검사에서 피를 뽑았을 때 너무 거무죽죽해서 깜짝 놀란 적은 없습니까? 그것은 정맥에서 피를 뽑기 때문입니다. 동맥의 피는 좀 더 선명한 빨간색을 띠고 있으니 안심하세요. 하지만 왜 정맥과 동맥에서 피 색깔이 다른 걸까요? 피 색깔은 적혈구의 색입니다. 적혈구 안에 포함되어 있으면서 온몸에 산소를 운반하는 역할을 하는 헤모글로빈이 빨간색을 띠고 있기 때문에 피는 빨갛게 보이는 것인데요, 이 헤모글로빈은 산소를 들러붙게 하고 있을 때와 산소를 멀리했을 때와는 색이 다릅니다. 산소와 붙어 있을 때에는 선명한 빨간색이 되고 산소를 멀리했을 때에는 자홍색이 됩니다. 그러므로 온몸에 산소를 운반하는 역할을 하고 있는 동맥의 피는 깨끗한 붉은색이 되고 정맥의 피는 거무스름한 색이 되는 것입니다.

医者は何について話していますか。
의사는 무엇에 대해서 이야기하고 있습니까?

1 ヘモグロビンの働き
 헤모글로빈의 기능
2 定期的な健康診断の重要性
 정기적인 건강검진의 중요성
3 血液が体を循環する過程
 혈액이 몸을 순환하는 과정
4 静脈と動脈で血液の色が違う理由
 정맥과 동맥에서 혈액의 색이 다른 이유

**어휘** 医者(いしゃ) 의사
健康診断(けんこうしんだん) 건강진단, 건강검진
血液(けつえき) 혈액 検査(けんさ) 검사 血(ち) 피
抜(ぬ)く 뽑다, 빼내다 あまり 너무, 지나치게
どす黒(ぐろ)さ 거무죽죽함 *「どす+形容詞」 – 거무스름한 모양을 나타냄 びっくりする 깜짝 놀라다
静脈(じょうみゃく) 정맥 取(と)る 뽑다

動脈(どうみゃく) 동맥 もっと 좀 더
鮮(あざ)やかだ 선명하다 赤(あか)い 빨갛다 色(いろ) 색
ご+한자명사+ください ~해 주십시오 *존경표현
安心(あんしん) 안심 違(ちが)う 다르다
赤血球(せっけっきゅう) 적혈구 含(ふく)む 포함하다
体(からだ) 몸, 신체 ~中(じゅう) 온~
酸素(さんそ) 산소 運(はこ)ぶ 옮기다, 운반하다
働(はたら)き 기능 ヘモグロビン 헤모글로빈
見(み)える 보이다 くっつける 들러붙게 하다
放(はな)す 멀리하다 赤紫色(あかむらさきいろ) 자홍색
ですから 그러므로, 그래서 *「だから」의 정중한 표현
きれいだ 깨끗하다 黒(くろ)っぽい 거무스름하다
定期的(ていきてき)だ 정기적이다
重要性(じゅうようせい) 중요성 循環(じゅんかん) 순환
過程(かてい) 과정

**6番**

ラジオで経済専門家が話しています。
라디오에서 경제전문가가 이야기하고 있습니다.

女 少し早すぎるのですが、再来年の世界景気についても考えてみました。景気は循環するということを前提に、来年は今年とは明暗が逆転する可能性があると考えています。今、世界景気は、不景気からの回復で好調です。私は、世界景気は来年まで好調を保つと予想しています。ただし、その場合、再来年には世界景気が失速する可能性が高まります。景気は循環します。いつまでも好景気が続くことはありません。不景気からの回復もいつか息切れし、景気が失速する時が来るはずです。それが、来年でないならば、再来年になる可能性があるということです。逆に、来年に世界景気が想定外の悪化局面を迎えた場合は、再来年は回復局面になると考えます。世界景気が悪化すると、必ず「バブル崩壊」という話が出ます。2001年ITバブル崩壊、2008年リーマンショックのように、後から振り返ると、循環的な景気悪化局面にすぎないのに、その時は「バブル崩壊」と言われるので、不況がいつまでも続くイメージが広がります。それでも、いつか必ず回復局面が来ます。

조금 너무 이릅니다만, 내후년의 세계 경기에 대해서도 생각해 봤습니다. 경기는 순환한다는 것을 전제로 내년은 올해와는 명암이 역전될 가능성이 있다고 생각하고 있습니다. 지금 세계 경기는 불황에서의 회복으로 호조입니다. 저는 세계 경기는 내년까지 호조를 유지할 것으로 예상하고 있습니다. 다만 그 경우 내후년에는 세계 경기가 급강하할 가능성이 높아집니다. 경기는 순환합니다. 언제까지나 호황이 계속되는 경우는 없습니다. 불황에서의 회복도 언젠가 끝나고 경기가 급강하할 때가 올 것입니다. 그것이 내년이 아니라면 내후년이 될 가능성이 있다는 것입니다. 반대로 내년에 세계 경기가 예상밖의 악화 국면을 맞이한 경우에는 내후년은 회복 국면이 될 것이라고 생각합니다. 세계 경기가 악화되면 반드시 '버블 붕괴'라는 이야기가 나옵니다. 2001년 IT 버블 붕괴, 2008년 리먼 쇼크처럼 나중에 돌이켜보면 순환적인 경기 악화 국면에 불과한데도 그때는 '버블 붕괴'라고 하므로 불황이 언제까지나 계속되는 이미지가 확대됩니다. 그래도 언젠가 반드시 회복 국면이 옵니다.

経済専門家は何について話していますか。
경제전문가는 무엇에 대해서 이야기하고 있습니까?

1 世界景気が好調を保つための条件
세계 경기가 호조를 유지하기 위한 조건
2 世界景気の悪化を防ぐための各国の努力
세계 경기 악화를 막기 위한 각국의 노력
3 再来年の世界景気についての展望
내후년의 세계 경기에 대한 전망
4 世界景気が悪化局面に陥ってしまった原因
세계 경기가 악화 국면에 빠져 버린 원인

어휘 ラジオ 라디오 経済(けいざい) 경제
専門家(せんもんか) 전문가 早(はや)い 이르다, 빠르다
い형용사의 어간+すぎる 너무 ~하다
再来年(さらいねん) 다다음 해, 내후년 景気(けいき) 경기
循環(じゅんかん) 순환 前提(ぜんてい) 전제
来年(らいねん) 내년 今年(ことし) 올해
明暗(めいあん) 명암 逆転(ぎゃくてん) 역전
可能性(かのうせい) 가능성 不景気(ふけいき) 불경기, 불황
回復(かいふく) 회복 好調(こうちょう) 호조
保(たも)つ 유지되다 予想(よそう) 예상 ただし 단, 다만
失速(しっそく) 급강하, 속도가 갑자기 떨어지는 것, 갑자기 활기가 없어지는 것 高(たか)まる 높아지다
好景気(こうけいき) 호경기, 호황
続(つづ)く 이어지다, 계속되다 回復(かいふく) 회복
息切(いきぎ)れ 기력이 다해 계속하지 못함
~はずだ (당연히) ~할 것[터]이다 ~ならば ~하다면, ~라면
逆(ぎゃく)に 반대로
想定外(そうていがい) 상정외, 예상한 범위를 넘어섬
悪化(あっか) 악화 局面(きょくめん) 국면
迎(むか)える (때를) 맞다, 맞이하다
必(かなら)ず 반드시, 꼭
バブル崩壊(ほうかい) 버블 붕괴 *버블 경제가 꺼지면서 경제가 급속도로 후퇴하는 모양 IT(アイティー) IT, 정보기술
リーマンショック 리먼 쇼크 *2008년 미국의 대형 투자 은행 리먼 브라더스의 파산으로 촉발된 세계적인 금융 위기

振(ふ)り返(かえ)る 돌이켜보다, 회고하다
循環的(じゅんかんてき)だ 순환적이다
～にすぎない ～에 지나지 않다, ～에 불과하다
不況(ふきょう) 불황 イメージ 이미지
広(ひろ)がる 확대되다 それでも 그런데도, 그래도
条件(じょうけん) 조건 防(ふせ)ぐ 막다, 방지하다
各国(かっこく) 각국 努力(どりょく) 노력
展望(てんぼう) 전망 陥(おちい)る (나쁜 상태에) 빠지다

**問題4**

**問題4では、問題用紙に何も印刷されていません。まず文を聞いてください。それから、それに対する返事を聞いて、1から3の中から、最もよいものを一つ選んでください。**

**(では、練習しましょう。)**

**문제 4**

**문제 4에서는 문제지에 아무것도 인쇄되어 있지 않습니다. 먼저 문장을 들어 주세요. 그리고 나서 그에 대한 대답을 듣고, 1부터 3 중에서 가장 적당한 것을 하나 고르세요.**
**(그럼, 연습합시다.)**

例(예)

男 ああ、今日は、お客さんからの苦情が多くて、仕事にならなかったよ。
아-, 오늘은 고객 불평이 많아서 일이 안 됐어.

女 1 いい仕事、できてよかったね。
좋은 일자리 생겨서 잘됐네.
2 仕事、なくて大変だったね。
일 없어서 힘들었겠네.
3 お疲れ様、ゆっくり休んで。
수고했어, 푹 쉬어.

**(最もよいものは3番です。解答用紙の問題4の例のところを見てください。最もよいものは3番ですから、答えはこのように書きます。では、始めます。)**

**(가장 적당한 것은 3번입니다. 해답용지 문제 4의 예를 봐 주세요. 가장 적당한 것은 3번이므로, 답은 이와 같이 씁니다. 그럼 시작합니다.)**

어휘 お客(きゃく)さん 손님 苦情(くじょう) 불평, 불만
できる 생기다 ～てよかった ～해서 다행이다[잘됐다]
大変(たいへん)だ 힘들다
お疲(つか)れ様(さま) 수고하셨습니다
ゆっくり 느긋하게, 푹 休(やす)む 쉬다

1番

女 このセーター、肌触りがいいわね。
이 스웨터, 촉감이 좋네.

男 1 上着を着ないと肌寒いね。
겉옷을 안 입으니 으스스 춥네.
2 こんなにごわごわしちゃ、着られないんじゃないかな。
이렇게 뻣뻣해서는 못 입는 거 아니야?
3 君にぴったりだと思うよ。着てみたら?
너한테 딱이라고 생각해. 입어 보는 게 어때?

어휘 セーター 스웨터 肌触(はだざわ)り 감촉, 촉감
上着(うわぎ) 겉옷 着(き)る (옷을) 입다
肌寒(はだざむ)い 으스스 춥다 こんなに 이렇게(나)
ごわごわ 종이나 헝겊 등이 부드럽지 않고 뻣뻣함
君(きみ) 너, 자네 ぴったり 딱, 꼭 *꼭 알맞은[들어맞는] 모양
～てみたら(どう) ～해 보는 게 어때? *권유

2番

男 さっきから、あくびばかりしてどうしたんですか。
아까부터 하품만 하고 왜 그래요?

女 1 甘いものを食べ過ぎて虫歯になったんですよ。
단걸 너무 먹어서 충치가 생겼거든요.
2 昨日借りた本、面白くて朝4時まで読んでたんですよ。
어제 빌린 책, 재미있어서 아침 4시까지 읽었거든요.
3 接待を頼まれたんですが、気が進まないんですよ。
접대를 부탁받았는데, 내키지 않아서요.

어휘 さっき 아까, 조금 전 あくび 하품 ～ばかり～만, ～뿐
甘(あま)い 달다 食(た)べ過(す)ぎる 과식하다
虫歯(むしば) 충치 *「虫歯(むしば)になる」– 충치가 생기다
借(か)りる 빌리다 接待(せったい) 접대 頼(たの)む 부탁하다
気(き)が進(すす)まない 마음이 내키지 않다

3番

女 玄関の蛍光灯、ちかちかしてるわ。
현관 형광등, 반짝거리네.

男 1 寿命じゃないか。買い置きあったかな。
수명이 다 된 거 아니야? 사다 놓은 게 있나?
2 本当だ。なかなかきれいだね。
정말이네. 꽤 예쁘군.
3 眩しすぎて、目が開けられないよ。
너무 눈부셔서 눈을 못 뜨겠어.

어휘 玄関(げんかん) 현관 蛍光灯(けいこうとう) 형광등
ちかちか 반짝반짝 *그리 세지 않은 빛이 반짝거리는 모양
寿命(じゅみょう) 수명, (물건 등이) 사용에 견디는 기간

買(か)い置(お)き (불의의 사고나 필요에 대비해) 사서 비치함, 또 그 비치한 물건　なかなか 꽤, 상당히
きれいだ 예쁘다　眩(まぶ)しい 눈부시다
い형용사의 어간+すぎる 너무 ~하다　開(あ)ける (눈을) 뜨다

**4番**

男　パソコンの購入を考えてるんですけど、どっちのタイプがいいか迷ってるんですよ。
컴퓨터 구입을 생각하고 있는데, 어느 쪽 타입이 좋을지 망설이고 있거든요.

女　1 私、方向音痴で一度行った道もすぐ迷っちゃいます。
저 길치라서 한 번 갔던 길도 금방 헤매고 말아요.

2 価格と機能の両面から考えて、こちらの方をお勧めします。
가격과 기능 양면에서 생각해서 이쪽을 추천드려요.

3 こちらも色々事情がありまして、これ以上は下げかねますが…。
저희도 여러 가지 사정이 있어서 이 이상은 내리기 어려운데요….

**어휘**　パソコン (개인용) 컴퓨터 *「パーソナルコンピューター」의 준말　購入(こうにゅう) 구입
どっち 어느 쪽　タイプ 타입
方向音痴(ほうこうおんち) 방향치, 길치 *「~音痴(おんち)」 – 어떤 방면에 감각이 둔함
迷(まよ)う ①망설이다 ②헤매다　価格(かかく) 가격
機能(きのう) 기능　両面(りょうめん) 양면
こちら ①이쪽, 이 물건 ②(자신의) 이쪽, 나　方(ほう) 쪽, 편
お+동사의 ます형+する ~하다, ~해 드리다 *겸양표현
勧(すす)める 추천하다　色々(いろいろ) 여러 가지
事情(じじょう) 사정　以上(いじょう) 이상
下(さ)げる (위치·값 등을) 내리다
동사의 ます형+かねる ~하기 어렵다

**5番**

女　ずいぶん焼けましたね。真っ黒じゃないですか。
꽤 탔네요. 새까맣잖아요.

男　1 この頃、忙しくて洗う時間がなかったんです。
요즘 바빠서 씻을 시간이 없었거든요.

2 テレビを見てて、焦がしちゃったんですよ。
TV를 보다가 태우고 말았거든요.

3 夏休みにしょっちゅう海へ行ってましたからね。
여름 휴가에 노상 바다에 가 있었거든요.

**어휘**　ずいぶん 꽤, 상당히
焼(や)ける (햇볕 등에) 피부가 검게 타다, 그을다
真(ま)っ黒(くろ)だ 새까맣다　この頃(ごろ) 요즘
忙(いそが)しい 바쁘다　洗(あら)う 씻다
テレビ 텔레비전, TV *「テレビジョン」의 준말
焦(こ)がす 눌리다, 태우다　夏休(なつやす)み 여름 휴가
しょっちゅう 노상, 언제나　海(うみ) 바다

**6番**

男　今度の企画は君が中心になって進めてもらえるかな?
이번 기획은 자네가 중심이 되어 진행시켜 주겠나?

女　1 そうですね。有能な課長のことだから、私はきっと成功すると思ってましたよ。
그러게요. 유능한 과장님이니까, 저는 틀림없이 성공할 거라고 생각했어요.

2 大変申し訳ありません。責任は私が取らせていただきます。
대단히 죄송합니다. 책임은 제가 지겠습니다.

3 はい、全力を尽くして取り組ませていただきます。
예, 전력을 다해서 임해 보겠습니다.

**어휘**　今度(こんど) 이번　企画(きかく) 기획　君(きみ) 너, 자네
中心(ちゅうしん) 중심　進(すす)める 진행하다
~てもらう (남에게) ~해 받다, (남이) ~해 주다
有能(ゆうのう)だ 유능하다　きっと 분명히, 틀림없이
成功(せいこう) 성공　大変(たいへん) 대단히, 매우
申(もう)し訳(わけ)ありません 죄송합니다 *「すみません」보다 정중한 표현　責任(せきにん)を取(と)る 책임을 지다
~(さ)せていただく ~하다 *겸양표현
全力(ぜんりょく)を尽(つ)くす 전력을 다하다
取(と)り組(く)む (진지하게 일에) 대처하다

**7番**

女　社長が臨時の会議を至急開くっておっしゃったわ。
사장님이 임시 회의를 급히 연다고 하셨어.

男　1 去年の忘年会は評判がよくなかったからね。
작년 송년회는 평판이 좋지 않았으니까 말이야.

2 そう? 外出中の部長にも急いで連絡しなきゃ。
그래? 외출 중인 부장님께도 서둘러 연락해야겠군.

3 いや、今回は受付で全員にお土産を渡すらしいよ。
아니, 이번에는 접수처에서 전원에게 선물을 주는 모양이야.

어휘 社長(しゃちょう) 사장 臨時(りんじ) 임시
会議(かいぎ) 회의 至急(しきゅう) 지급, 시급, 급히
開(ひら)く(회의 등을) 열다, 개최하다
おっしゃる 말씀하시다 *「言(い)う」(말하다)의 존경어
去年(きょねん) 작년 忘年会(ぼうねんかい) 망년회
評判(ひょうばん) 평판 外出(がいしゅつ) 외출
急(いそ)ぐ 서두르다 連絡(れんらく) 연락
～なきゃ(ならない・いけない) ～하지 않으면 (안 된다), ～해야 (한다) *「～なきゃ」는「～なければ」의 회화체 표현
いや 아니 受付(うけつけ) 접수처 全員(ぜんいん) 전원
お土産(みやげ) 선물 渡(わた)す 건네다, 건네주다
～らしい ～인 것 같다

**8番**

女 何と言っても、最後に相手の作戦に巻き込まれたのが敗因でしょうね。
뭐니 뭐니 해도 마지막에 상대 작전에 말려든 게 패인이겠죠.

男 1 ええ、完全に自分のペースを崩してしまいました。
네, 완전히 자신의 페이스를 잃어버렸어요.

2 ええ、まさか逆転勝ちするとは、誰も思ってなかったんでしょう。
네, 설마 역전승하리라고는 아무도 생각하지 못했겠죠.

3 でも、引き分けで終わったのはちょっと残念でしたね。
하지만 무승부로 끝난 건 좀 아쉬웠죠.

어휘 何(なん)と言(い)っても 뭐라고 해도, 뭐니 뭐니 해도
最後(さいご) 최후, 마지막 相手(あいて) 상대
作戦(さくせん) 작전 巻(ま)き込(こ)む 말려들게 하다
敗因(はいいん) 패인 完全(かんぜん)だ 완전하다
自分(じぶん) 자기, 자신, 나 ペース 페이스, 속도
崩(くず)す 무너뜨리다, 흩뜨리다 まさか 설마
逆転勝(ぎゃくてんが)ち 역전승
誰(だれ)も (부정어 수반) 아무도
引(ひ)き分(わ)け 무승부, 비김
残念(ざんねん)だ 아쉽다, 유감스럽다

**9番**

女 この地域、昔はあんなに開けてたのに、今はずいぶんと廃れたわね。
이 지역, 옛날에는 그렇게 개발됐었는데 지금은 몹시 쇠퇴했네.

男 1 商店が増えて、まるで別の町に来たかのようだよ。
상점이 늘어서 마치 다른 마을에 온 것 같아.

2 鉱山が廃坑して、ほとんどの住民が引っ越しちゃったからなあ。
광산이 폐갱되어서 대부분의 주민이 이사해 버렸으니까.

3 生活が便利になるのはいいけど、環境もちょっと考えてほしいよなあ。
생활이 편리해지는 건 좋지만, 환경도 좀 생각해 주었으면 좋겠어.

어휘 地域(ちいき) 지역 昔(むかし) 옛날
開(ひら)ける 개발되다 ～のに ～는데(도)
ずいぶん 꽤, 몹시, 퍽 廃(すた)れる 쇠퇴하다
商店(しょうてん) 상점 増(ふ)える 늘다, 늘어나다
まるで 마치 別(べつ)の～ 다른～ 町(まち) 마을
～かのようだ ～인 것 같다 鉱山(こうざん) 광산
廃抗(はいこう) 폐갱, 탄광이나 광산의 갱을 폐쇄함
ほとんど 거의, 대부분 住民(じゅうみん) 주민
引(ひ)っ越(こ)す 이사하다 生活(せいかつ) 생활
便利(べんり)だ 편리하다 環境(かんきょう) 환경
～てほしい ～해 주었으면 하다, ～하길 바라다

**10番**

男 御社の製品から不良品が出てきましたが…。
귀사 제품에서 불량품이 나왔는데요….

女 1 みんなの努力が功を奏したようで、嬉しい限りです。
모두의 노력이 주효한 것 같아서 기쁠 따름입니다.

2 本当に申し訳ございません。これから品質管理にもっと万全を期します。
정말 죄송합니다. 앞으로 품질 관리에 더욱 만전을 기하겠습니다.

3 この製品が若い人に受けてるというのを聞いて、実は私も驚きました。
이 제품이 젊은 사람에게 호평을 받고 있다는 걸 듣고 실은 저도 놀랐습니다.

어휘 御社(おんしゃ) 귀사 *상대편 회사를 높여 이르는 말
製品(せいひん) 제품 不良品(ふりょうひん) 불량품
出(で)る 나오다 努力(どりょく) 노력
攻(こう)を奏(そう)する 주효하다 嬉(うれ)しい 기쁘다
～限(かぎ)りだ ～할 따름이다, 매우 ～하다
申(もう)し訳(わけ)ございません 죄송합니다 *「申(もう)し訳(わけ)ありません」보다 정중한 표현
品質(ひんしつ) 품질 管理(かんり) 관리 もっと 더, 더욱
万全(ばんぜん)を期(き)する 만전을 기하다
製品(せいひん) 제품 若(わか)い 젊다
受(う)ける 인기를 모으다, 호평을 받다
驚(おどろ)く 놀라다

**11番**

男 組合側の要求に会社側は難色を示してますね。
노조 측 요구에 회사 측은 난색을 보이고 있네요.

女 1 紆余曲折はあったけど、とうとう妥結に漕ぎ着けましたね。
우여곡절은 있었지만, 드디어 타결에 도달했네요.
2 会社側もすんなりと要求を飲んだというわけですね。
회사 측도 순순히 요구를 받아들였다는 거군요.
3 この分じゃ、決裂する恐れがありますね。
이 상태라면 결렬될 우려가 있겠네요.

어휘 組合側(くみあいがわ) 노조 측 要求(ようきゅう) 요구
難色(なんしょく)を示(しめ)す 난색을 보이다
紆余曲折(うよきょくせつ) 우여곡절, 뒤얽혀 복잡해진 사정
とうとう 드디어, 결국, 마침내 妥結(だけつ) 타결
漕(こ)ぎ着(つ)く 겨우 목표에 도달하다, (간신히) ~하기에 이르다
すんなり(と) 척척, 순조롭게, 쉽게 *일이 저항 없이 잘 되는 모양
飲(の)む 받아들이다 ~わけだ ~인 셈[것]이다
この分(ぶん) 이 상태, 이 모양 決裂(けつれつ)する 결렬되다
~恐(おそ)れがある ~할 우려가 있다

12番

女 幼児を対象にあんな犯罪を犯したのに、2年の実刑は軽すぎると思わない?
유아를 대상으로 그런 범죄를 저질렀는데도 2년의 실형은 너무 가볍다고 생각하지 않아?
男 1 うん、警視庁の調査によると、犯罪の低年齢化がますます進んでるそうだよ。
응, 경시청 조사에 따르면 범죄의 저연령화가 점점 진행되고 있대.
2 うん、この事件を機に刑罰の見直しが必要だと思うよ。
응, 이 사건을 계기로 형벌의 재검토가 필요하다고 생각해.
3 うん、飲酒運転の件数が去年の半分に減ったそうだから、大成功だね。
응, 음주운전 건수가 작년의 반으로 줄었다고 하니까 대성공이군.

어휘 幼児(ようじ) 유아 対象(たいしょう) 대상
犯罪(はんざい) 범죄 犯(おか)す 범하다, 저지르다
実刑(じっけい) 실형 軽(かる)い 가볍다
い형용사의 어간+すぎる 너무 ~하다
警視庁(けいしちょう) 경시청 *「東京都(とうきょうと)」(도쿄도)를 관할 구역으로 하는 경찰 기관 調査(ちょうさ) 조사
~によると ~에 의하면[따르면]
低年齢化(ていねんれいか) 저연령화 ますます 점점
進(すす)む 나아가다, 진행되다
동사의 보통형+そうだ ~라고 한다 *전문 事件(じけん) 사건
~を機(き)に ~을 계기로 刑罰(けいばつ) 형벌
見直(みなお)し 다시 살펴봄, 재검토
飲酒運転(いんしゅうんてん) 음주운전
件数(けんすう) 건수 去年(きょねん) 작년
半分(はんぶん) 반, 절반 減(へ)る 줄다, 줄어들다
大成功(だいせいこう) 대성공

13番

女 この法案は果たして国会の審議を通過できるかしら?
이 법안은 과연 국회 심의를 통과할 수 있을까?
男 1 さあ、野党の反対は目に見えてるから、スムーズには行かないだろうなあ。
글쎄, 야당의 반대는 뻔하니까, 순조롭게는 되지 않을 거야.
2 本当に? じゃ、家計の負担も少しは和らぐだろうなあ。
정말? 그럼, 가계 부담도 조금은 덜어지겠군.
3 審議会で満場一致で通過したのは初めてじゃない?
심의회에서 만장일치로 통과한 건 처음이지 않나?

어휘 法案(ほうあん) 법안 果(は)たして 과연
国会(こっかい) 국회 審議(しんぎ) 심의 通過(つうか) 통과
~かしら ~할까? *의문의 뜻을 나타냄
さあ 글쎄 *확실한 대답을 피할 때의 소리 野党(やとう) 야당
反対(はんたい) 반대
目(め)に見(み)える 뚜렷이 눈에 보이다, 결과를 뻔히 알 수 있다
スムーズ 원활함, 순조로움 家計(かけい) 가계
負担(ふたん) 부담 和(やわ)らぐ 누그러지다, 풀리다
審議会(しんぎかい) 심의회
満場一致(まんじょういっち) 만장일치
初(はじ)めて 처음, 첫 번째

14番

男 石油価格の上昇ばかりか、原料の値上げも我が社にとって深刻な問題ですね。
석유 가격 상승뿐만 아니라 원료 가격 인상도 우리 회사에게는 심각한 문제네요.
女 1 どちらも現状は我々に有利に働いてるということですね。
둘 다 현재 상태는 우리한테 유리하게 작용하고 있다는 말이네요.
2 急いでそれぞれの対策を講じる必要がありますね。
서둘러 각각의 대책을 강구할 필요가 있겠네요.
3 そのせいか、河川や大気の汚染などが急激にひどくなってるらしいですよ。
그 탓인지 하천이나 대기 오염 등이 급격하게 심해지고 있는 모양이에요.

어휘 石油(せきゆ) 석유 価格(かかく) 가격
上昇(じょうしょう) 상승 ~ばかりか ~뿐만 아니라

原料(げんりょう) 원료　値上(ねあ)げ 가격 인상
我(わ)が社(しゃ) 우리 회사　〜にとって 〜에(게) 있어서
深刻(しんこく)だ 심각하다
現状(げんじょう) 현상, 현재 상태　我々(われわれ) 우리(들)
有利(ゆうり)だ 유리하다　働(はたら)く 작용하다, 작동하다
〜ということだ 〜라는 것이다 *설명 · 결론
急(いそ)ぐ 서두르다　それぞれ 각각　対策(たいさく) 대책
講(こう)じる 강구하다　せい 탓　河川(かせん) 하천
大気(たいき) 대기　汚染(おせん) 오염
急激(きゅうげき)だ 급격하다　ひどい 심하다
〜らしい 〜인 것 같다

**問題5**

**問題5では、長めの話を聞きます。この問題には練習はありません。問題用紙にメモをとってもかまいません。**

**문제 5**

**문제 5에서는 약간 긴 이야기를 듣습니다. 이 문제에는 연습은 없습니다. 문제지에 메모를 해도 상관없습니다.**

**1番、2番**

**問題用紙に何も印刷されていません。まず話を聞いてください。それから、質問とせんたくしを聞いて、1から4の中から、最もよいものを一つ選んでください。**

**(では、始めます。)**

**1번, 2번**

**문제지에 아무것도 인쇄되어 있지 않습니다. 우선 이야기를 들어 주세요. 그리고 나서 질문과 선택지를 듣고 1부터 4 중에서 가장 적당한 것을 하나 고르세요.**

**(그럼, 시작합니다.)**

**1番**

スポーツクラブで、男の人と受付の人が話しています。
스포츠 클럽에서 남자와 접수처 사람이 이야기하고 있습니다.

**男** こんにちは。
안녕하세요.

**女** こんにちは。
안녕하세요.

**男** あの…、こちらに入会したいんですけど、どんなプログラムがありますか。
저기…, 여기에 입회하고 싶은데 어떤 프로그램이 있나요?

**女** 予算の方は、月1万円以内でよろしいでしょうか。
예산 쪽은 한 달에 만 엔 이내로 괜찮으신가요?

**男** はい、それでお願いします。
예, 그걸로 부탁드려요.

**女** かしこまりました。お客様のご予算に合うプログラムは四つございます。まず、Aプログラムは、テンポの速い音楽に合わせてミニトランポリンの上で楽しくエクササイズするプログラムです。1回のクラスで大凡400から900キロカロリーが消費できるし、床で行う運動に比べてトランポリンが足と腰への衝撃を緩和してくれるので、安全にエクササイズできます。
알겠습니다. 고객님 예산에 맞는 프로그램은 네 가지가 있어요. 우선 A프로그램은 템포가 빠른 음악에 맞춰 미니 트램펄린 위에서 즐겁게 운동하는 프로그램이에요. 한 번 수업으로 대략 400~900kcal를 소비할 수 있고, 바닥에서 하는 운동에 비해 트램펄린이 다리와 허리에 가는 충격을 완화해 주기 때문에 안전하게 운동할 수 있어요.

**男** うーん、そうですか。
음…, 그렇군요.

**女** 次はミラーボール、ムービングライトなどの暗闇空間での光の演出で、周囲を気にすることなく、集中してエクササイズができるBプログラムです。これはちょっと人目が気になって参加を遠慮してた方や集中してプログラムに取り組みたいという方にお勧めです。
다음은 미러볼, 무빙 라이트 등의 어두운 공간에서의 빛의 연출로 주위를 신경 쓰지 않고 집중해서 운동을 할 수 있는 B프로그램이에요. 이건 좀 남의 눈이 신경 쓰여서 참가를 꺼렸던 분이나 집중해서 프로그램에 몰두하고 싶은 분께 추천드려요.

**男** はい。
예.

**女** Cプログラムは、ステップや動きにこだわることなく、ラテン音楽のリズムに乗りながらパーティーのような雰囲気を楽しむだけで、脂肪燃焼効果もばっちり狙えるプログラムです。最後のDプログラムは、しっかり汗をかいてシェイプアップしたい方向けのプログラムです。32℃から36℃のスタジオで実施しますので、ストレス解消にも役に立ちます。
C프로그램은 스텝이나 동작에 구애되지 않고 라틴 음악의 리듬을 타면서 파티와 같은 분위기를 즐기는 것만으로, 지방 연소 효과도 확실히 노릴 수 있는 프로그램이에요. 마지막인

D프로그램은 제대로 땀을 흘려서 체형을 다듬고 싶은 분 대상의 프로그램이에요. 32℃에서 36℃의 스튜디오에서 실시하기 때문에 스트레스 해소에도 도움이 돼요.

**男** そうですか。うーん、運動音痴なので、音楽に合わせてするのはちょっと苦手だし、蒸し暑いのもあまり好きじゃないし…。これしかありませんね。じゃ、これでお願いします。

그렇군요. 음…, 몸치라서 음악에 맞춰 하는 건 좀 질색이고 무더운 것도 별로 좋아하지 않고…. 이것밖에 없겠네요. 그럼, 이걸로 부탁해요.

**女** はい、かしこまりました。少々お待ちください。

예, 알겠습니다. 잠시 기다려 주세요.

男の人はどのプログラムの会員になりますか。

남자는 어느 프로그램의 회원이 됩니까?

1 Aプログラム
A프로그램

2 Bプログラム
B프로그램

3 Cプログラム
C프로그램

4 Dプログラム
D프로그램

**어휘** スポーツクラブ 스포츠클럽 受付(うけつけ) 접수
入会(にゅうかい) 입회 プログラム 프로그램
予算(よさん) 예산 月(つき) 한 달, 월 以内(いない) 이내
よろしい 좋다, 괜찮다 *「いい · 良(よ)い」의 공손한 표현
お+동사의 ます형+する ~하다, ~해 드리다 *겸양표현
願(ねが)う 부탁하다
かしこまりました 알겠습니다 *「わかりました」의 격식 차린 말
お客様(きゃくさま) 손님, 고객 合(あ)う 맞다 ミニ 미니
トランポリン 트램펄린 *탄력 있는 즈크의 4각형 천을 이용해 도약 · 공중제비 따위를 하는 운동, 또 그 기구
楽(たの)しい 즐겁다
エクササイズ (건강 유지나 미용을 위해서 하는) 운동
~回(かい) ~회, ~번 クラス 클래스, 수업
大凡(おおよそ) 대체로, 대략 キロカロリー 킬로칼로리, kcal
消費(しょうひ) 소비 床(ゆか) 마루, 바닥
行(おこな)う 하다, 행하다, 실시하다 運動(うんどう) 운동
~に比(くら)べて ~에 비해서 足(あし) 다리 腰(こし) 허리
衝撃(しょうげき) 충격 緩和(かんわ) 완화
~てくれる (남이 나에게) ~해 주다
安全(あんぜん)だ 안전하다 ミラーボール 미러볼 *댄스홀 등의 천정에 달아 놓은 거울 달린 장식등
ムービングライト 무빙 라이트 *극장이나 콘서트장에서 사용되는 스포트라이트 暗闇(くらやみ) 어둠, 어두운 곳
空間(くうかん) 공간 光(ひかり) 빛 演出(えんしゅつ) 연출
周囲(しゅうい) 주위 気(き)にする 신경을 쓰다, 걱정하다
동사의 기본형+ことなく ~하는 일 없이, ~하지 않고
集中(しゅうちゅう) 집중 人目(ひとめ) 남의 눈
気(き)になる 신경이 쓰이다, 걱정되다 参加(さんか) 참가
遠慮(えんりょ) 삼감, 꺼림 取(と)り組(く)む 몰두하다
勧(すす)め 추천 ステップ (댄스의) 스텝
動(うご)き 움직임, 동작 こだわる 구애되다
ラテン音楽(おんがく) 라틴 음악 リズム 리듬
乗(の)る (가락을) 타다
동사의 ます형+ながら ~하면서 *동시동작 パーティー 파티
雰囲気(ふんいき) 분위기 楽(たの)しむ 즐기다
脂肪(しぼう) 지방 燃焼(ねんしょう) 연소
効果(こうか) 효과 ばっちり 결과가 잘되어 가는 모양
狙(ねら)う (목표 · 기회를) 노리다 最後(さいご) 최후, 마지막
しっかり 제대로, 확실히 汗(あせ)をかく 땀을 흘리다
シェイプアップ 셰이프 업 *미용 등을 위해 운동이나 감량으로 체형을 다듬는 일 ~向(む)け ~대상, ~용
スタジオ 스튜디오 実施(じっし) 실시
ストレス解消(かいしょう) 스트레스 해소
役(やく)に立(た)つ 도움이 되다
運動音痴(うんどうおんち) 운동을 잘 못함, 몸치 *「~音痴(おんち)」 – 특정한 감각이 둔함, 또는 그런 사람
苦手(にがて)だ 거북스럽다, 질색이다 ~し ~하고
蒸(む)し暑(あつ)い 무덥다 あまり (부정어 수반) 그다지, 별로
好(す)きだ 좋아하다 ~しかない ~밖에 없다
少々(しょうしょう) 잠시, 잠깐
お+동사의 ます형+ください ~해 주십시오 *존경표현
会員(かいいん) 회원

**2番**

レストランで店長と二人の従業員が話しています。

레스토랑에서 점장과 두 종업원이 이야기하고 있습니다.

**男1** 最近、不景気の影響なのか、売り上げが今一つだなあ。

최근 불경기 영향인지 매상이 그저 그렇군.

**男2** やはりデリバリーやテークアウトによる食事が一般化した影響なのでしょうか。

역시 배달이나 테이크아웃에 의한 식사가 일반화된 영향인 걸까요?

**男1** うん、その影響もあると思うよ。で、何か新しいサービスを始めようと思ってるんだけど、いいアイデアないかな。

응, 그 영향도 있다고 생각해. 그래서 뭔가 새로운 서비스를 시작하려고 생각하고 있는데, 좋은 아이디어 없을까?

**女** うーん、そうですね。特定の料理やドリンクを注文することで、ゲームへの参加券を獲得して、指定するゲーム条件をクリアすれば特典がもらえるというサービスはいかがでしょうか。顧客の興味は十分引けると思いますが。

음…, 글쎄요. 특정 요리나 음료를 주문함으로써 게임 참가권을 획득해서 지정된 게임조건을 클리어하면 특전을 받을 수 있는 서비스는 어떨까요? 고객의 흥미는 충분히 끌 수 있다고 생각하는데요.

**男2** そうですね。印象に残って楽しかった思い出がまた来るきっかけになるかもしれませんね。

그러네요. 인상에 남아서 즐거웠던 추억이 또 오는 계기가 될지도 모르겠네요.

**男1** 悪くはないけど、特定の料理やドリンクだけ売れる恐れがあるなあ。

나쁘지는 않은데, 특정 요리나 음료만 팔릴 우려가 있겠어.

**男2** では、特定の条件に一致した顧客にだけ割引が適用されるサービスはいかがでしょうか。例えば、店長の名前と一致する人だけが注文できるスペシャルメニューを提供したり、曜日ごとに割引がもらえる血液型割引なども面白いサービスになると思います。

그럼, 특정 조건에 일치한 고객에게만 할인이 적용되는 서비스는 어떨까요? 예를 들어 점장님 성함과 일치하는 사람만이 주문할 수 있는 스페셜 메뉴를 제공하거나 요일마다 할인을 받을 수 있는 혈액형 할인 등도 재미있는 서비스가 될 거라고 생각해요.

**男1** うーん、そのサービスは公的な身分証明書を提示する必要もあって、顧客によっては面倒に感じるかもしれないよ。

음…, 그 서비스는 공적인 신분증을 제시할 필요도 있고 고객에 따라서는 귀찮게 느낄지도 몰라.

**男2** 考えてみれば、そうかもしれませんね。

생각해 보니 그럴지도 모르겠네요.

**女** 店長、では、もうすぐお盆ですので、「お盆祭り家族イベント」というタイトルで、3代が揃って食事をすると、トリンクを提供するサービスはいかがでしょうか。これだけの条件なら、顧客が殺到するかもしれないので、三日15チーム限定にした方がいいと思いますが。

점장님, 그럼, 이제 곧 오봉이니, '오봉 마쓰리 가족 이벤트'라는 타이틀로, 3대가 모여서 식사를 하면 음료를 제공하는 서비스는 어떨까요? 이 정도 조건이라면 손님이 쇄도할지도 모르니까, 사흘 15팀 한정으로 하는 편이 좋다고 생각하는데요.

**男1** 親孝行を強調するイベントか…。

효를 강조하는 이벤트인가….

**女** はい、そうです。

예, 맞아요.

**男1** 悪くないね。

나쁘지 않군.

**男2** では、そこにルーレットで当たった料理をサービスで提供するのも面白いと思いますが。

그럼, 거기에 룰렛으로 당첨된 요리를 서비스로 제공하는 것도 재미있을 거라고 생각하는데요.

**男1** いいアイデアだけど、そりゃ、ちょっと博打みたいな気もするね。久しぶりに家族が集まる席だからな。

좋은 아이디어지만, 그거 조금 도박 같은 느낌도 드네. 오랜만에 가족이 모이는 자리니까 말이야.

**男2** ああ、はい、そうですね。

아~. 예, 그렇겠네요.

**男1** とにかく二人ともご苦労さん。

어쨌든 둘 다 수고했어.

**女·男2** ありがとうございます。

감사합니다.

**男1** じゃ、親孝行イベントで進めてみよう。

그럼, 효 이벤트로 진행해 보자고.

どのサービスをすることになりましたか。

어느 서비스를 하게 되었습니까?

1 ゲームクリアで割引が可能なサービス
게임 클리어로 할인이 가능한 서비스

2 ルーレットで当たった料理をサービスで提供するサービス
룰렛으로 당첨된 요리를 서비스로 제공하는 서비스

3 特定の条件に一致したお客にだけ割引が適用されるサービス
특정 조건에 일치한 손님에게만 할인이 적용되는 서비스

4 3代が揃って食事をすれば、ドリンクを提供するサービス
3대가 모여서 식사를 하면 음료를 제공하는 서비스

**어휘** レストラン 레스토랑 店長(てんちょう) 점장
従業員(じゅうぎょういん) 종업원 最近(さいきん) 최근, 요즘
不景気(ふけいき) 불경기, 불황 影響(えいきょう) 영향
売(う)り上(あ)げ 매상 今一(いまひと)つ 조금만 더 하면 되는데 뭔가 하나 중요한 게 부족한 모양
やはり 역시 デリバリー 딜리버리, 배달
テークアウト 테이크아웃 ~による ~에 의한[따른]

一般化(いっぱんか) 일반화 サービス 서비스
始(はじ)める 시작하다 アイデア 아이디어
特定(とくてい) 특정 ドリンク 드링크, 음료
注文(ちゅうもん) 주문 ～ことで ～함으로써 ゲーム 게임
参加券(さんかけん) 참가권 獲得(かくとく) 획득
指定(してい) 지정 条件(じょうけん) 조건
クリア 클리어, (난관·난문을) 헤쳐나가다, 통과하다
特典(とくてん) 특전 もらう 받다
いかがでしょうか 어떠신지요? *「どうでしょうか」(어떠세요?)의 공손한 표현 顧客(こきゃく) 고객
興味(きょうみ) 흥미 十分(じゅうぶん) 충분히
引(ひ)く (남의 마음을) 끌다 印象(いんしょう) 인상
残(のこ)る 남다 楽(たの)しい 즐겁다 思(おも)い出(で) 추억
きっかけ 계기 ～かもしれない ～일지도 모른다
売(う)れる (잘) 팔리다 ～恐(おそ)れがある ～할 우려가 있다
一致(いっち) 일치 割引(わりびき) 할인
適用(てきよう) 적용 例(たと)えば 예를 들어
名前(なまえ) 이름 スペシャルメニュー 스페셜[특별] 메뉴
提供(ていきょう) 제공 曜日(ようび) 요일
～ごとに ～마다 血液型(けつえきがた) 혈액형
面白(おもしろ)い 재미있다 公的(こうてき)だ 공적이다
身分証明書(みぶんしょうめいしょ) 신분증명서, 신분증
面倒(めんどう)だ 귀찮다 感(かん)じる 느끼다
もうすぐ 이제 곧
お盆(ぼん) 오봉, 백중맞이 *음력 7월 보름을 중심으로 치러지는 일본의 명절로, 조상의 영혼을 맞아들여 대접하고 모두의 건강과 행복을 기원함 祭(まつ)り 마쓰리, 축제
家族(かぞく) 가족 イベント 이벤트
～という ～라고 하는, ～라는 タイトル 타이틀
～代(だい) ～대 揃(そろ)う (모두) 모이다
殺到(さっとう) 쇄도 三日(みっか) 사흘 チーム 팀
限定(げんてい) 한정 親孝行(おやこうこう) 효도
強調(きょうちょう) 강조
ルーレット 룰렛 *회전하는 원반 위에 구슬을 굴려 나오는 수를 맞히는 도박 当(あ)たる (현상·제비에) 당첨되다
そりゃ 그것은 *「それは」의 회화체 표현
博打(ばくち) 도박 気(き)がする 느낌[생각]이 들다
久(ひさ)しぶり 오랜만임 集(あつ)まる 모이다 席(せき) 자리
ご苦労(くろ)さん 수고했어 *손윗사람이 손아랫사람에게 쓰는 말
進(すす)める 진행하다, 진척시키다
동사의 보통형+ことになる ～하게 되다
可能(かのう)だ 가능하다

**3番**

**まず話を聞いてください。それから、二つの質問を聞いて、それぞれ問題用紙の1から4の中から、最もよいものを一つ選んでください。**

**(では、始めます。)**

**3번**

**우선 이야기를 들어 주세요. 그리고 나서 두 개의 질문을 듣고 각각 문제지의 1부터 4 중에서 가장 적당한 것을 하나 고르세요.**

**(그럼, 시작합니다.)**

**3番**

校内放送で女の先生が話しています。

교내 방송에서 여자 선생님이 이야기하고 있습니다.

**女1** ボランティア活動は、一回だけで終わる場合もあれば、週に一回必ず参加しないといけない場合もあります。学校の授業や部活と両立できるよう、みなさんにはまずは単発のボランティアから参加することがお勧めです。そういう意味で今日はみなさんが気軽に参加できる単発のボランティアを四つ紹介します。まず、子供食堂でのボランティアで、子供食堂で食事の準備や片付けを手伝うボランティアです。次は学習支援ボランティアです。難民として日本に在住している人の子供たちに学習支援をするボランティアで、主に日本語や算数などの学校教科をサポートします。また、児童館でできるボランティアもあります。このボランティアは、直接児童館に行って日常のボールゲームや工作で子供たちと一緒に遊んだり、ハロウィンなどのイベントの手伝いをします。最後は環境に関心のある生徒にお勧めできる環境ボランティアで、学校周辺を歩きながら友人と遊ぶように楽しく行うことができるボランティアです。この四つのボランティアの中で、何か参加したいボランティアがある生徒は、今日午後1時までに鈴木先生に申し込んでください。

자원봉사 활동은 한 번만으로 끝나는 경우도 있고 일주일에 한 번 반드시 참가해야 하는 경우도 있습니다. 학교 수업이나 동아리 활동과 양립할 수 있도록 여러분에게는 우선은 단발성인 자원봉사부터 참가하기를 권합니다. 그런 의미에서 오늘은 여러분이 부담 없이 참가할 수 있는 단발성 자원봉사를 네 개 소개하겠습니다. 우선 어린이식당에서의 자원봉사로, 어린이식당에서 식사 준비나 정리를 돕는 자원봉사입니다. 다음은 학습지원 자원봉사입니다. 난민으로 일본에 거주하고 있는 사람의 아이들에게 학습지원을 하는 자원봉사로, 주로 일본어나 산수 등의 학교 교과를 지원합니다. 또 아동센터에서 할 수 있는 자원봉사도 있습니다. 이 자원봉사는 직접 아동센터에 가서 일상의 공놀이나 공작으로 아이들과

함께 놀거나 핼러윈 등의 이벤트를 돕습니다. 마지막은 환경에 관심이 있는 학생에게 권할 수 있는 환경 자원봉사로, 학교 주변을 걸으면서 친구와 놀듯이 즐겁게 할 수 있는 자원봉사입니다. 이 네 가지 자원봉사 중에서 뭔가 참가하고 싶은 자원봉사가 있는 학생은 오늘 오후 1시까지 스즈키 선생님께 신청해 주세요.

---

**女2** 色々なボランティアがあるんだね。私たちもやってみない?
다양한 자원봉사가 있네. 우리도 해 보지 않을래?

**男** うん、いいね。
응, 좋지.

**女2** 本を読むのが好きな私は、これがいいかしら?
책을 읽는 걸 좋아하는 나는 이게 좋을까?

**男** そうね。作文もうまいから、君にぴったりだと思うよ。うーん、僕は何にしようかな。もともと何かを作るのが好きだから、遊び感覚でできるこっちにしようかな。
그러네. 작문도 잘하니까, 너한테 딱이라고 생각해. 음…, 나는 뭘로 할까? 원래 뭔가를 만드는 걸 좋아하니까, 놀이 감각으로 할 수 있는 이쪽으로 할까?

**女2** うん、いいんじゃない? 君って片付けるのも面倒くさがるし、ごみ拾いも嫌なんじゃない。
응, 괜찮을 거 같은데. 너는 치우는 것도 귀찮아하고 쓰레기 줍기도 싫잖아.

**男** ひどいなあ。
너무하네.

**女2** はははははは。
하하하하하하.

**男** ボランティア活動することも決まったし、早速鈴木先生のところに申請しに行こう。
자원봉사 활동할 것도 정해졌고, 당장 스즈키 선생님께 신청하러 가자.

**女2** うん、そうしよう。
응, 그러자.

**質問1**

女の生徒はどのボランティアに参加しますか。
여학생은 어느 자원봉사에 참가합니까?

1 子供食堂でのボランティア
어린이식당에서의 자원봉사

2 学習支援ボランティア
학습지원 자원봉사

3 児童館でのボランティア
아동센터에서의 자원봉사

4 環境ボランティア
환경 자원봉사

**質問2**

男の生徒はどのボランティアに参加しますか。
남학생은 어느 자원봉사에 참가합니까?

1 子供食堂でのボランティア
어린이식당에서의 자원봉사

2 学習支援ボランティア
학습지원 자원봉사

3 児童館でのボランティア
아동센터에서의 자원봉사

4 環境ボランティア
환경 자원봉사

어휘 校内(こうない) 교내 放送(ほうそう) 방송
ボランティア 자원봉사 活動(かつどう) 활동
一回(いっかい) 일회, 한 번 終(お)わる 끝나다
場合(ばあい) 경우 ～も～ば～も ～도 ～하고[하거니와] ～도
週(しゅう) 일주일 必(かなら)ず 반드시, 꼭
参加(さんか) 참가
～ないといけない ～하지 않으면 안 된다, ～해야 한다
授業(じゅぎょう) 수업
部活(ぶかつ) 동아리 활동 *「部活動(ぶかつどう)」의 준말
両立(りょうりつ) 양립, 병행
単発(たんぱつ) 단발, 한 발씩 발사하는 것, (비유적으로) 후속이 없고 일회뿐인 것 お+동사의 ます형+です ～하시다 *존경표현
勧(すす)める 권하다, 권유하다 そういう 그런, 그러한
意味(いみ) 의미 気軽(きがる)だ 부담 없다
紹介(しょうかい) 소개 食堂(しょくどう) 식당
食事(しょくじ) 식사 準備(じゅんび) 준비
片付(かたづ)け 치움, 정리 手伝(てつだ)う 돕다
学習(がくしゅう) 학습 支援(しえん) 지원
難民(なんみん) 난민 在住(ざいじゅう) 재주, 거주
～たち (사람이나 생물을 나타내는 말에 붙어) ～들 *복수
主(おも)に 주로 日本語(にほんご) 일본어
算数(さんすう) 산수 教科(きょうか) 교과
サポート 서포트, 지원
児童館(じどうかん) 아동센터 *아동복지법상의 0~18세의 아동, 청소년을 대상으로 하는 아동복지시설
直接(ちょくせつ) 직접 日常(にちじょう) 일상
ボールゲーム 볼 게임, 공놀이 工作(こうさく) 공작
遊(あそ)ぶ 놀다 ハロウィン 핼러윈 イベント 이벤트
手伝(てつだ)い 도와줌 最後(さいご) 최후, 마지막
環境(かんきょう) 환경 関心(かんしん) 관심
生徒(せいと) (중·고교) 학생 周辺(しゅうへん) 주변
동사의 ます형+ながら ～하면서 *동시동작
友人(ゆうじん) 친구 楽(たの)しい 즐겁다

行(おこな)う 하다, 행하다, 실시하다
동사의 기본형+ことができる ~할 수 있다
午後(ごご) 오후 ~までに ~까지 *최종기한
申(もう)し込(こ)む 신청하다 色(いろ)んな 여러 가지, 다양한
~かしら ~할까? *의문의 뜻을 나타냄 作文(さくぶん) 작문
うまい 잘하다, 능숙하다 君(きみ) 너, 자네
ぴったり 꼭, 딱 *꼭 알맞은[들어맞는] 모양
僕(ぼく) 나 *남자의 자칭 もともと 원래 作(つく)る 만들다
遊(あそ)び感覚(かんかく) 놀이 감각
片付(かたづ)ける 치우다, 정리하다
面倒(めんどう)くさい 귀찮다
い형용사의 어간+がる (~해)하다, (~하게) 여기다
ごみ拾(ひろ)い 쓰레기 줍기 嫌(いや)だ 싫다
ひどい 심하다 早速(さっそく) 당장, 즉시
申請(しんせい) 신청

**절대합격 JLPT N1** 나홀로 30일 완성 **解答用紙**

# N1 言語知識(文字・語彙・文法)・読解

| 受験番号 Examinee Registration Number | |
|---|---|

| 名前 Name | |
|---|---|

〈ちゅうい Notes〉

1. くろいえんぴつ (HB、No.2) でかいてください。
   Use a black medium soft (HB or No.2) pencil.
   (ペンやボールペンではかかないでください。)
   (Do not use any kind of pen.)
2. かきなおすときは、けしゴムできれいにけしてください。
   Erase any unintended marks completely.
3. きたなくしたり、おったりしないでください。
   Do not soil or bend this sheet.
4. マークれい Marking Examples

| よいれい Correct Example | わるいれい Incorrect Examples |
|---|---|
| ● | ⊗ ◯ ⊖ ⦶ ⊘ ◐ ◯ |

| 問題 1 | | | | |
|---|---|---|---|---|
| 1 | ① | ② | ③ | ④ |
| 2 | ① | ② | ③ | ④ |
| 3 | ① | ② | ③ | ④ |
| 4 | ① | ② | ③ | ④ |
| 5 | ① | ② | ③ | ④ |
| 6 | ① | ② | ③ | ④ |
| 問題 2 | | | | |
| 7 | ① | ② | ③ | ④ |
| 8 | ① | ② | ③ | ④ |
| 9 | ① | ② | ③ | ④ |
| 10 | ① | ② | ③ | ④ |
| 11 | ① | ② | ③ | ④ |
| 12 | ① | ② | ③ | ④ |
| 13 | ① | ② | ③ | ④ |
| 問題 3 | | | | |
| 14 | ① | ② | ③ | ④ |
| 15 | ① | ② | ③ | ④ |
| 16 | ① | ② | ③ | ④ |
| 17 | ① | ② | ③ | ④ |
| 18 | ① | ② | ③ | ④ |
| 19 | ① | ② | ③ | ④ |
| 問題 4 | | | | |
| 20 | ① | ② | ③ | ④ |
| 21 | ① | ② | ③ | ④ |
| 22 | ① | ② | ③ | ④ |
| 23 | ① | ② | ③ | ④ |
| 24 | ① | ② | ③ | ④ |
| 25 | ① | ② | ③ | ④ |

| 問題 5 | | | | |
|---|---|---|---|---|
| 26 | ① | ② | ③ | ④ |
| 27 | ① | ② | ③ | ④ |
| 28 | ① | ② | ③ | ④ |
| 29 | ① | ② | ③ | ④ |
| 30 | ① | ② | ③ | ④ |
| 31 | ① | ② | ③ | ④ |
| 32 | ① | ② | ③ | ④ |
| 33 | ① | ② | ③ | ④ |
| 34 | ① | ② | ③ | ④ |
| 35 | ① | ② | ③ | ④ |
| 問題 6 | | | | |
| 36 | ① | ② | ③ | ④ |
| 37 | ① | ② | ③ | ④ |
| 38 | ① | ② | ③ | ④ |
| 39 | ① | ② | ③ | ④ |
| 40 | ① | ② | ③ | ④ |
| 問題 7 | | | | |
| 41 | ① | ② | ③ | ④ |
| 42 | ① | ② | ③ | ④ |
| 43 | ① | ② | ③ | ④ |
| 44 | ① | ② | ③ | ④ |
| 45 | ① | ② | ③ | ④ |
| 問題 8 | | | | |
| 46 | ① | ② | ③ | ④ |
| 47 | ① | ② | ③ | ④ |
| 48 | ① | ② | ③ | ④ |
| 49 | ① | ② | ③ | ④ |

| 問題 9 | | | | |
|---|---|---|---|---|
| 50 | ① | ② | ③ | ④ |
| 51 | ① | ② | ③ | ④ |
| 52 | ① | ② | ③ | ④ |
| 53 | ① | ② | ③ | ④ |
| 54 | ① | ② | ③ | ④ |
| 55 | ① | ② | ③ | ④ |
| 56 | ① | ② | ③ | ④ |
| 57 | ① | ② | ③ | ④ |
| 58 | ① | ② | ③ | ④ |
| 問題 10 | | | | |
| 59 | ① | ② | ③ | ④ |
| 60 | ① | ② | ③ | ④ |
| 61 | ① | ② | ③ | ④ |
| 62 | ① | ② | ③ | ④ |
| 問題 11 | | | | |
| 63 | ① | ② | ③ | ④ |
| 64 | ① | ② | ③ | ④ |
| 問題 12 | | | | |
| 65 | ① | ② | ③ | ④ |
| 66 | ① | ② | ③ | ④ |
| 67 | ① | ② | ③ | ④ |
| 68 | ① | ② | ③ | ④ |
| 問題 13 | | | | |
| 69 | ① | ② | ③ | ④ |
| 70 | ① | ② | ③ | ④ |

**절대합격 JLPT N1** 나홀로 30일 완성 **解答用紙**

# N1 聴解

| 受験番号 Examinee Registration Number | |
|---|---|

| 名前 Name | |
|---|---|

〈ちゅうい Notes〉

1. くろいえんぴつ (HB、No.2) でかいてください。
Use a black medium soft (HB or No.2) pencil.
(ペンやボールペンではかかないでください。)
(Do not use any kind of pen.)
2. かきなおすときは、けしゴムできれいにけしてください。
Erase any unintended marks completely.
3. きたなくしたり、おったりしないでください。
Do not soil or bend this sheet.
4. マークれい Marking Examples

| よいれい Correct Example | わるいれい Incorrect Examples |
|---|---|
| ● | ⊗ ○ ○ ○ ○ ○ ○ |

| 問題 1 | | | | |
|---|---|---|---|---|
| 例 | ① | ② | ● | ④ |
| 1 | ① | ② | ③ | ④ |
| 2 | ① | ② | ③ | ④ |
| 3 | ① | ② | ③ | ④ |
| 4 | ① | ② | ③ | ④ |
| 5 | ① | ② | ③ | ④ |
| 6 | ① | ② | ③ | ④ |

| 問題 2 | | | | |
|---|---|---|---|---|
| 例 | ① | ② | ● | ④ |
| 1 | ① | ② | ③ | ④ |
| 2 | ① | ② | ③ | ④ |
| 3 | ① | ② | ③ | ④ |
| 4 | ① | ② | ③ | ④ |
| 5 | ① | ② | ③ | ④ |
| 6 | ① | ② | ③ | ④ |
| 7 | ① | ② | ③ | ④ |

| 問題 3 | | | | |
|---|---|---|---|---|
| 例 | ① | ● | ③ | ④ |
| 1 | ① | ② | ③ | ④ |
| 2 | ① | ② | ③ | ④ |
| 3 | ① | ② | ③ | ④ |
| 4 | ① | ② | ③ | ④ |
| 5 | ① | ② | ③ | ④ |
| 6 | ① | ② | ③ | ④ |

| 問題 4 | | | |
|---|---|---|---|
| 例 | ① | ② | ● |
| 1 | ① | ② | ③ |
| 2 | ① | ② | ③ |
| 3 | ① | ② | ③ |
| 4 | ① | ② | ③ |
| 5 | ① | ② | ③ |
| 6 | ① | ② | ③ |
| 7 | ① | ② | ③ |
| 8 | ① | ② | ③ |
| 9 | ① | ② | ③ |
| 10 | ① | ② | ③ |
| 11 | ① | ② | ③ |
| 12 | ① | ② | ③ |
| 13 | ① | ② | ③ |
| 14 | ① | ② | ③ |

| 問題 5 | | | | | |
|---|---|---|---|---|---|
| 1 | | ① | ② | ③ | ④ |
| 2 | | ① | ② | ③ | ④ |
| 3 | (1) | ① | ② | ③ | ④ |
| | (2) | ① | ② | ③ | ④ |